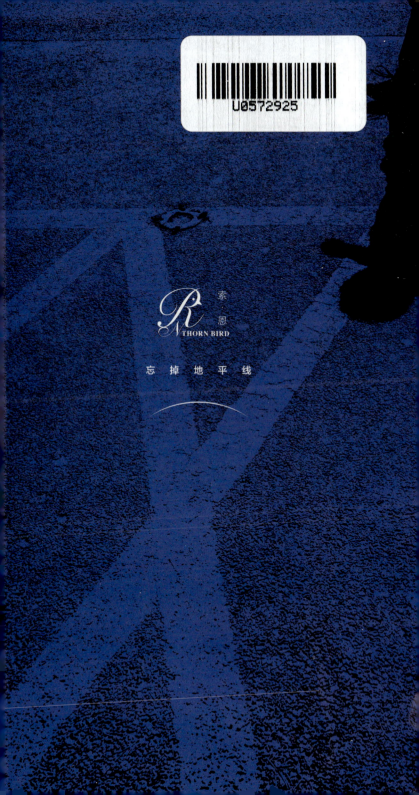

U0572925

索恩

*R*
THORN BIRD

忘 掉 地 平 线

**LIBERTY'S EXILES**
Copyright ©2011, Maya Jasanoff

〔美〕马娅·亚桑诺夫 / 著

马 睿 / 译

The Loss of America and
the Remaking of the British Empire

永失美国
与
大英帝国
的
东山再起

自由的
流亡者

Liberty's Exiles

帝国往事三部曲 I

上

Maya Jasanoff

社会科学文献出版社
SOCIAL SCIENCES ACADEMIC PRESS (CHINA)

图书策划人　视觉设计师

联合创立

# 本书获誉

这本书研究精深、书写流畅，带给读者很多启发……亚桑诺夫为［效忠派］书写了一篇恰如其分的颂词。

——安德鲁·罗伯茨（Andrew Roberts），《每日野兽》（*The Daily Beast*）

精到的叙事……亚桑诺夫的惊人成就在于她能吸引读者，让他们带着同情的兴趣去关注革命失败者的艰辛历程。

——《波士顿环球报》（*The Boston Globe*）

"充满灵气和趣味……［亚桑诺夫］用自己出色的史学天赋书写了数万名效忠派被迫从北美殖民地出走

的经历，那里已经变成了美国。……她的这部著作钩深索隐，长处之一就是她能够极为精准动人地再现某些效忠派难民的故事。

——戈登·S. 伍德（Gordon S. Wood），《纽约书评》（*The New York Review of Books*）

一部全面而诱人的综述。

——《新闻周刊》（*Newsweek*）

一部有趣、有意义且文笔优美的研究著作，任何人如果认为美国的建国历程可以毫不含糊地定义为自由和公正摆脱了暴政和压迫之枷锁，都应该读一读这本书。

——《西雅图时报》（*The Seattle Times*）

失败者鲜有机会撰写历史，但北美效忠派总算有了自己的历史学家马娅·亚桑诺夫。这本书不仅写了他们在独立战争期间辛酸乃至悲惨的命运，还写了效忠派大流散，6万多黑人和白人男女流散到加拿大、加勒比地区、非洲和印度的经历。从未有人讲述过这个故事，且听亚桑诺夫用她不同寻常的优雅风格娓娓道来。

——约瑟夫·J. 埃利斯（Joseph J. Ellis），《那一代——可敬的开国元勋》作者

一部才华横溢的重要作品。

——《达拉斯晨报》（Dallas Morning News）

由胜利者撰写美国历史且历史中仅有胜利者出场的日子早就一去不复返了。但这样一部与美国革命为敌并最终战败的效忠派的历史，还是让我们等了太久。马娅·亚桑诺夫不仅让他们摆脱了后人的傲慢俯视，更让他们鲜活立体地跃现于纸上。《自由的流亡者》对革命年代种种事件的阐释充满才华和启迪，在过去三十年出版的书籍中，鲜有匹敌。这不仅是一部堪比琳达·科利的《英国人》的一流学术著作，还是一部感人至深的杰作，它实现了历史学家最难实现的抱负：让过往的经历重获新生。

——尼尔·弗格森（Niall Ferguson），《帝国：英国世界秩序的兴衰以及给全球强权的启示》作者

《自由的流亡者》这本书无论眼界还是立意，所涉之广还是研究之深，求真精神还是诱人气派——甫一开始就颠覆了所有毫无异议的假设——直可媲美琳达·科利或年轻时的西蒙·沙玛。事实上，马娅·亚桑诺夫不仅是一位出色的作家、勤奋的研究人员和优秀的历史学家，还是一个天才。

——威廉·达尔林普尔（William Dalrymple），《最后的莫卧儿：王朝的陨落，德里1857》作者

马娅·亚桑诺夫的《自由的流亡者》从全新的视角再现了效忠派的经历和美国革命的余波。除了"1776年精神"外，亚桑诺夫还再现了致力于重建无敌大英帝国的"1783年精神"，随后又对效忠派在该重建中所起的复杂作用进行了极富魅力的重新解读。她这本析毫剖厘的著述写得优美动人，以最幽微的笔触修正了我们所知的历史，也奠定了她跻身于新一代优秀历史学家的地位。

——肖恩·威兰茨（Sean Wilentz），《美国民主的兴起》作者

马娅·亚桑诺夫的"帝国往事三部曲"还包括

《守候黎明：全球化世界中的约瑟夫·康拉德》

《帝国边缘：英国在东方的征服与收藏，1750~1850》

谨以此书纪念

卡马拉·森（1914~2005）

伊迪丝·亚桑诺夫（1913~2007）

他们是移居海外的侨民

也是说故事的人

上　册

## 下　册

# 地图列表

## 历史叙事的双重反转（代译序）

美国革命的影响无远弗届。它的发生和胜利不仅是十多年后波澜壮阔的法国大革命和海地革命的先声，也成为 20 世纪亚非拉殖民地、半殖民地人民争取民族独立和解放运动的启迪和鼓舞。多少争取民族独立的仁人志士热泪盈眶地诵读《独立宣言》："我们认为下述真理是不言而喻的：人人生而平等，造物主赋予他们若干不可让与的权利，其中包括**生存权、自由权和追求幸福的权利**。为了保障这些权利，人们才在他们中间建立政府，而政府的正当权利，则是经被统治者同意授予的。任何形式的政府一旦对这些目标的实现起了破坏的作用，人民便有权予以更换或废除，以建立一个新的政府……"多少在旧大陆受到宗教或政治迫害的革命斗士远渡重洋，去膜拜纽约港自由岛上"照耀世界"的自由女神像。教科书上往往更偏爱称为的"美国独立战争"（又称"美国革命"），仿佛"美国"

在战争发生时已是既存事实，像爱默生在《康科德颂》（*The Concord Hymn*）中吟咏的，"耕农们在这里揭竿而起，那一声枪响传遍了世界"。仿佛在"一声枪响"的那个时间点，独立战争的两方已然壁垒分明、严阵以待，揭竿而起的一方代表正义的、进步的、必将胜利的被压迫者，而另一方毫无疑问是邪恶的、反动的、注定失败的独裁者。时至今日，还有很多人会在每年7月4日这一天倾听德沃夏克（Antonín Leopold Dvořák）的《自新大陆》（*From The New World*），让两个多世纪前那场正义压倒邪恶、进步遏制保守、自由战胜压迫的革命及其胜利激起心头的一腔热血。

哈佛大学柯立芝历史学教授马娅·亚桑诺夫（Maya Jasanoff）在《自由的流亡者：永失美国与大英帝国的东山再起》一书中反转了这些关于美国革命的传统叙事。她指出美国革命首先是一场"内战"，在革命发生的那一刻，交战双方，"爱国者"和"效忠派"，都是大英帝国的臣民。无论美国的开国元勋们为我们描述过怎样闪闪发光的自由理想，它首先是一场尸山血海的鏖战，对身处其中的每一个人，都意味着暴力肆虐、枪林弹雨、妻离子散、颠沛流离。亚桑诺夫在本书开头阐述了"谁是效忠派"这个问题，揭示了几个我们从未了解、关注或思考的事实。

普遍存在的观念认为，效忠派是一群"保守精英"：身份优越，家有良田，是英国圣公会教徒，与英国有着密切的联系——简言之，既然是独立和革命的对立面，他们就一定是有产者、压迫者、独裁者、暴君或者他们的代言人。亚桑诺夫教授告诉我们并非如此。"事实上，历史学家估计，美国殖民者中始终效忠国王的人数在五分之一到三分之一之间。效忠思想广泛地存在于早期美国的整个社会、地理、种族和民族谱系中，跟他们那些爱国同胞相比，这些人的'美国性'一点儿也不弱。保守派既包括刚来不久的移民，也包括五月花号登陆者的后代。他们可能是王室公职人员，也可能是面包师、木匠、裁缝和印刷商。他们中既有英国圣公会牧师，也有卫理公会和贵格会教徒，既有见多识广的波士顿人，也有卡罗来纳偏僻乡村的农民。最重要的是，并非所有的效忠派都是白人"，还有黑人和印第安人。也就是说，"效忠派"并非一个先验的概念，不是一小撮人的先天和生活条件决定了他们是效忠派，而是一大群人因选择对国王效忠、对帝国尽责而成为效忠派。效忠派的构成复杂多样，他们作出效忠选择的逻辑也大不相同。美国开国元勋本杰明·富兰克林之子威廉·富兰克林（William Franklin）虽然不是专制政权的朋友，也支持帝国改革，却无法公开放弃对国王效忠。出生在马萨诸塞的英国圣公会传教士雅各布·贝利（Jacob Bailey）认为，他曾宣誓对国王，也就是对他的教会元首效忠，如果公开放弃对国王效忠，既是叛国，也是渎圣。但很多人持效忠立场并非出于家国大义，只是个人希望维持现有秩序，觉得最好还是跟着那个熟悉的魔鬼。他们认为面对大英帝国全副武装的军队，北美外省叛乱获胜的可能性微乎其微。此外还有一种实用主义观点广泛存在，即无论在经济上还是战略上，殖民地作为大英帝国的一分子要更有前途。还有人，例如留下了回忆录的伊丽莎白·约翰斯顿（Elizabeth Johnston），以及革命发生时年仅5岁的凯瑟琳·斯金纳（Catherine Skinner），则根本没有选择，只是因为父辈是效忠派，她们就被革命的洪流裹挟，半生流离。尤其令人吃惊的是，最是出于"逐利"考虑而采取效忠立场的人群，当属在殖民地（乃至美国独立后很久）处于极端弱势地位的黑人和北美印第安人。革命为十三殖民地的50万黑奴提供了一个动人机遇，英方提出，同意参战的奴隶即可获得自由。2万名奴隶把握住这一承诺，从而使独立战争成为美国内战之前最大规模的北美奴隶解放运动。革命同样为美洲印第安原住民提供了一个难以推却的选择。经历了对土地如饥似渴的几代殖民者的入侵和蚕食，好几个印第安部族，特别是北方的莫霍克人和南方的克里克人，选择与大英帝国结盟。

历史从来都是胜利者书写的，美国革命的历史也更多是限定在美国疆域之内的叙事，忽略了革命发生时根本不存在"美国"，独立后的年轻共和国亦前途未卜。亚桑诺夫教授的这部效忠派大流散的全球史，则将深邃的目光投向了那场革命的失败者，尤其是循着选择与失败者同一阵线，并在战败后选择继续跟随失败者的那些人的足迹，让我们有机会重新审视历史中的胜与败、善与恶、进步与保守、自由与束缚。英国战败，与独立的美国签订《巴黎条约》后，每一位效忠派都要作出去留的选择。为捍卫帝国的荣誉，英国提出那些无家可归、面对爱国者持续暴力威胁的效忠派可以选择前往大英帝国的其他领地殖民，大英帝国将为这些殖民者提供免费通道、供给和可耕种的土地。于是大约 60000 名效忠派（包括白人、黑人和印第安人）在革命中和革命后离开了美国，前往英国本土、加拿大、加勒比地区、西非乃至印度。

除了向效忠派承诺提供保护、供给和土地之外，在前往英国本土的效忠派，尤其是中上层阶级效忠派的游说下，英国议会在 1783 年 7 月通过了一项法案，正式任命了一个委员会"调查在北美刚刚结束的这场纷争中因为忠于国王陛下并依附于英国政府而导致权利、财产和职业受损的所有人士的损失和贡献"。这就是效忠派赔偿委员会。它将力求证实每一位索赔人对帝国的忠诚，查明其财产的价值，并就赔偿金额提出建议。效忠派赔偿委员会的索赔申请截止日期原定在 1784 年 3 月，后来又延长到了 1786 年。最终，英国政府总共支付给效忠派 3033091 英镑——相当于今天的 3 亿英镑；2291 位效忠派收到了对自己所丧失财产的赔偿金，另有588人收到了政府补贴，算是弥补了他们的损失。虽然除了少数人，大多数普通人得到的赔偿金都微薄得令人失望，可以说单是亲自到英国本土向委员会呈交证据这一条，就排除了大量无力支付路费的穷人，黑人和女性索赔人更是处于极其不利的地位。但在1780年代，公共福利跟现代福利制度几乎毫无可比性，这一救济项目毫无先例可循，不得不说赔偿效忠派的做法是捍卫大英帝国荣誉的一大壮举。亚桑诺夫写道："效忠派的存在本是在提醒世人帝国的失败，多亏了效忠派赔偿委员会，它变成了骄傲的资本，变成了英国人慷慨丰厚的证明。"效忠派赔偿委员会成为现代国际援助组织工作的重要先例和先驱。

与此同时，看到黑人效忠派流落英国街头的苦难生活，1786年初，伦敦著名慈善家乔纳斯·汉韦（Jonas Hanway）和几位朋友一起成立了"穷苦黑人救济委员会"。该委员会发起了帮助黑人效忠派及其饥饿同胞的筹资活动。这样的人道主义行动发生在当时废奴运动日益兴起的英国，对黑人效忠派难民的命运产生了至关重要的长期影响。后来他们看到，为黑人设立施粥厂和诊所只不过是权宜之策，既然白人效忠派可以去往大英帝国的其他领地，何不让这些黑人效忠派也去碰碰运气，还可以去个更为暖和的地方，比方说西非海岸，那个他们的祖先被掳走的地方？于是短短数月之后，一支舰队在格林威治启航，把穷苦黑人送到塞拉利昂去做拓荒殖民者。其后在 1789 年 4 月，约克郡议员威廉·威尔伯福斯（William Wilberforce）提出了英国历史上第一个废除奴隶制度的议案。亚桑诺夫认为废奴主义的兴起和英国奴隶制的废除，与英国永失美国有着密切的联系。美国革命不但使得 50 万奴隶离开了大英帝国，还移除了一个重大的利益集团，即美国奴隶主阶级。如此一来，废奴主义者们就能在英国和美利坚合众国之间进行自觉的道德评判，英国在 1772 年的"萨默塞特案（Somerset Case）"之后即判定拥有奴隶为不可执行之非法行为，而在"自由照耀世界"的美国，奴隶制仍然得到宪法的保护，一直持续到 1860 年代中期。

通过英国政府对效忠派难民的保护和赔偿承诺，亚桑诺夫教授总结出大英帝国"1783 年精神"的第二个特征：明确致力于自由和人道主义理想。所谓"1783 年精神"，与美国革命和《独立宣言》所高扬的致力于生存权、自由权和追求幸福的权利的"1776 年精神"相对，而是致力于威权、自由和全球扩张的精神。亚桑诺夫认为，英国虽然在这场战争中失败了，却经受了美国共和制异见的考验，战后对效忠派各项事务的处理更使它拥有了一套现成的做法和政策，在不到十年后的法国大革命中，英国祭出了王权和稳定等级制度下的有限自由模式，与法国的自由、平等、博爱相抗衡，并最终获得了优势。这一切有助于解释一个看似矛盾的事实，那就是为什么美国革命是大英帝国在第二次世界大战之前最大的一次惨败，然而它仅仅用了十年时间就大大挽回了颓势，它的势力在世界各地重组、扩张和重建，蓬勃的活力一直延续到 20 世纪中期。

如果认为效忠派大流散只是一群顺从的效忠派难民在英国的保护下前往大英帝国的各个领土，在那里以帝国臣民的身份重建家园、安居乐业，你就错了。这引出了本书历史叙事的又一重反转：北美效忠派从来就不是单纯的反动保守派，许多人在十三殖民地时就主张帝国改革；在随后去往大英帝国各处的大流散中，白人和黑人效忠派难民为当地带去了美国的革命价值观和政治观，在各地英国当局的家长制政府看来，这些难民和他们留在美国的爱国者同胞一样桀骜不驯、难以管制。面对期待与现实之间的矛盾、帝国承诺与实际履行之间的差异，效忠派难民在各地诉诸英国宪法来捍卫自己的权利，高声反对违宪行为，并为实现自己的目标运用了印刷媒介、请愿手段和法律。他们在英属北美进行了探索帝国可能性的实验，开启了关于帝国权力的性质和界限的争论，推动了当地的宪政改革以及后来《加拿大法案》的通过。他们在巴哈马群岛掀起了暴动，口号是"不羁之民，没有主人"，随时准备必要时抄起棍棒和刀枪，与总督彻底决裂。他们在塞拉利昂围绕着土地分配问题争论不休，与派来管理他们的政府吵个不停。这些"忠君"的效忠派从来就不会不假思索地"忠于"自上而下的指令，在权利和代表权等问题上与统治者偏威权主义的风格截然不同。效忠派难民把关于权利的话语，把这些"革命"的价值观和政治观带往帝国各地，成为当地政治景观和大英帝国历史变局中一个不可忽视的侧面。

这是一本充满趣味和智慧的历史研究作品，对貌似熟悉的历史，它为我们展开了一幅截然不同的画卷，充满另类、偶然与惊喜。它的标题"自由的流亡者"，本身就是一个悖论。为诠释这个悖论，不妨回顾一下本书中提到的一个有趣的细节。1775 年 11 月 7 日，时任弗吉尼亚殖民地总督的邓莫尔勋爵发布公告，宣布"凡（叛乱者名下的）契约佣仆、黑奴和其他人等，只要能够和愿意拿起武器加入国王陛下的部队，将立即获得自由"。公告发布后两周之内，据称就有 200~300 名奴隶加入了英军的战斗队伍。这些黑人士兵参战时戴着统一的胸章，上面铭刻着"给奴隶以自由"，这是一个让鼓吹自由的白人爱国者们毛骨悚然的口号。乔治·华盛顿名下的好几个奴隶都从弗农山庄逃到了邓莫尔的舰上。弗吉尼亚议员帕特里克·亨利（Patrick Henry）的几个奴隶也跑了，这位因著名的战斗口号"不自由，毋宁死"而留名千古的爱国者宣称，邓莫尔的公告是北美人应当宣布独立的原因之一。

马　睿

2019 年 4 月

# 人物介绍

（按本书中出现的先后顺序）

贝弗利·鲁宾逊（BEVERLEY ROBINSON）及家人

贝弗利·鲁宾逊（1722~1792）生于弗吉尼亚，
1748 年移居纽约，娶了富有的女继承人苏珊娜·菲利
普斯（Susanna Philipse）。他在 1777 年出资筹建了
效忠国王的北美军团。从纽约撤离后，鲁宾逊定居英
格兰，直到 1792 年去世。他的遗孀和两个女儿——苏
珊和乔安娜——也至死居住在英格兰。他的五个儿子
分别在大英帝国各处建功立业。长子小贝弗利·鲁宾
逊（BEVERLEY ROBINSON JR., 1754~1816）曾担
任效忠国王的北美军团陆军中校，1787 年定居弗雷德
里克顿（Fredericton）城外，成为新不伦瑞克省精英
阶层的一员。次子弗雷德里克·菲利普斯·菲尔·鲁
宾逊（FREDERICK PHILIPSE "PHIL" ROBINSON,

1763~1852）是职业军人，也是半岛战争 ① 和 1812 年战争中功勋卓著的将军，并为此获封爵位。鲁宾逊将军去世时，是英军中的"祖父"，是英国军队有史以来服役时间最长的军官。幼子威廉·亨利·鲁宾逊（WILLIAM HENRY ROBINSON, 1765~1836）凭借着在英军军需处的出色表现，也同样获封爵位。他娶了凯瑟琳·斯金纳（Catherine Skinner）为妻，她是效忠派将军科特兰·斯金纳之女，也是玛丽亚·斯金纳·纽金特的姐姐。

## 约瑟夫·布兰特［JOSEPH BRANT, 族名泰因德尼加（THAYENDANEGEA）, 1743~1807］

在他还是殖民地纽约的一名少年时，莫霍克印第安人约瑟夫·布兰特——莫霍克语名泰因德尼加——就得到了英国印第安人事务督察专员威廉·约翰逊爵士（Sir William Johnson）的资助，后者娶了布兰特的

---

① 半岛战争（1808~1814）是拿破仑战争的主要部分之一，地点发生在伊比利亚半岛，交战方分别是西班牙帝国、葡萄牙王国、大英帝国和拿破仑统治下的法兰西第一帝国。这场战役被称作"铁锤与铁砧"战役，"铁锤"代表的是数量为 4 万 ~8 万的英葡联军，指挥官是威灵顿公爵；同另一支"铁砧"力量——西班牙军队、游击队及葡萄牙民兵相配合，痛击法国军队。战争从 1808 年法国军队占领西班牙开始，至 1814 年第六次反法同盟打败拿破仑军队终告结束。（本书脚注分两种，* 为原书页下注，①等圈码为译者注。除特殊情况外，后不再说明。）

姐姐莫莉（MOLLY，约 1736~1796）为妻。布兰特在康涅狄格惠洛克的印第安人学校接受教育，后来为英国出战，参加了"七年战争"①和庞蒂亚克战争②。美国革命期间，约瑟夫和莫莉·布兰特帮助招募易洛魁人加入英国一方。1783 年，布兰特提议无家可归的莫霍克人在加拿大安家。在自己位于格兰德里弗［Grand River，如今安大略省的布兰特福德（Brantford）］的新家，他试图重新统一被加美边境分离的易洛魁族人，建立一个新印第安人联盟，并向西扩张。他曾于 1775 和 1785 年两度访英，为莫霍克人提出领土要求；但随着 1790 年代接近尾声，他与英国殖民地官员的分歧越来越大，建立西部联盟的希望也化为泡影。他于 1807 年去世，葬在布兰特福德的莫霍克教堂之侧。

## 伊丽莎白·利希滕斯坦·约翰斯顿
（ELIZABETH LICHTENSTEIN
JOHNSTON，1764~1848）

伊丽莎白·约翰斯顿半生颠沛流离。她是独女，

---

① "七年战争"发生在 1754~1763 年，主要冲突集中于 1756~1763 年。当时世界上的主要强国均参与了这场战争，影响覆盖欧洲、北美洲、中美洲、西非海岸、印度及菲律宾。

② 庞蒂亚克战争（1763~1766）是由美国原住民部落的松散联盟发起，主要来自五大湖地区的伊利诺伊和俄亥俄，他们对英国在英法北美战争中战胜法国后对五大湖地区的政策感到不满。来自众多部落的勇士加入了起义，试图将英国士兵和殖民者赶出该地区。

10 岁丧母，革命之初，父亲约翰·利希滕斯坦在效忠国王的军队中作战，她过着与世隔绝的生活。1779年，她嫁给了威廉·马丁·约翰斯顿（WILLIAM MARTIN JOHNSTON，1754~1807），这位效忠派陆军上尉曾就读于医学院，是著名的佐治亚效忠派刘易斯·约翰斯顿医生（Dr. Lewis Johnston）的儿子。约翰斯顿随英军从萨凡纳、查尔斯顿和东佛罗里达撤离，于 1784 年定居爱丁堡。1786 年，约翰斯顿一家移居牙买加，威廉在那里以行医为业。约翰斯顿在牙买加的日子过得非常艰难；她于 1796~1802 年待在爱丁堡，1806 年移居新斯科舍（1807 年威廉去世后，她又于 1807 年重返牙买加，关闭丈夫的行医诊所）。她人生的后四十年远比前四十年安定，与成年的孩子们和她自己的父亲为伴，后者于 1813 年死于安纳波利斯罗亚尔（Annapolis Royal）。约翰斯顿的 10 个孩子中，有 6 个都先于她去世，长子安德鲁于 1805年在牙买加死于黄热病，长女凯瑟琳于 1819 年死于波士顿的一家疯人院。

**戴维·乔治（DAVID GEORGE，约 1743~1810）**

戴维·乔治生于弗吉尼亚的一个奴隶家庭。1762 年他从主人家逃了出来，最终落脚在南卡罗来纳的希尔弗布拉夫（Silver Bluff），由印第安人贸易商乔治·加尔芬（George Galphin）抚养。在那里，半是由于受到了乔治·利勒的影响，他皈依了浸礼会信仰，成为希尔弗布拉夫浸礼会的一名元老。1778 年，乔治随英国军队来到萨凡纳，在那里以屠夫为业，并继续随利勒布道。随着英军撤退，乔治携家人以自由黑人效忠派身份前往新斯科舍。乔治在那里成为一名积极的福音传教士，在谢尔本（Shelburne）创建教会，向滨海诸省① 的黑人和白人教众讲道。1791 年，乔治成为塞拉利昂公司在非洲重新安置黑人效忠派这一项目的主要支持者，帮助约翰·克拉克森（John Clarkson）为该计划招募殖民者。1792 年，他成为弗里敦（Freetown）的首批定居者之一。乔治曾于 1792~1793 年到访英格兰，除此之外，余生皆在塞拉利昂度过，他在那里创立了另一个浸礼教会（非洲首个），于 1810 年去世。

## 第四代邓莫尔伯爵约翰·默里
## （JOHN MURRAY, FOURTH EARL OF DUNMORE, 1732~1809）

邓莫尔是一位苏格兰贵族，他的父亲曾于 1745 年

---

① 加拿大滨海诸省地处大西洋西岸，由新不伦瑞克、新斯科舍和爱德华王子岛组成，与后来加入加拿大联邦的纽芬兰和拉布拉多共同构成了更大范围的加拿大大西洋省份。

支持"小僭王"①。这个家族虽然同情詹姆斯党人，却仍然保留了贵族头衔，邓莫尔也在上议院担任苏格兰贵族的代表近三十年。他于 1770 年作为纽约殖民地总督前往北美，1771 年成为弗吉尼亚地区总督。1775 年因宣布只要爱国者名下的奴隶愿意加入英军服役即可获得自由身而名声大噪。邓莫尔成为效忠派利益的拥护者，推进了多项继续战争的计划（包括约翰·克鲁登的计划），支持效忠派为赢得财务赔偿而付出的努力。他于 1786 年被任命为巴哈马总督，在任上支持威廉·奥古斯塔斯·鲍尔斯建立马斯科吉国的提议。邓莫尔于 1796 年被召回国，去世前一直待在英国。

## 第一代多切斯特男爵盖伊·卡尔顿
## （GUY CARLETON, FIRST BARON DORCHESTER, 1724~1808）

英裔爱尔兰人卡尔顿是一名职业军人，他于 1742 年参军，参与了 1759 年攻占魁北克的战役，其后将近

006

---

① 1688 年英格兰发生"光荣革命"，詹姆斯二世被推翻，其女玛丽二世及其信奉新教的丈夫、荷兰执政奥兰治的威廉被拥立为斯图亚特王朝国王。詹姆斯二世逃亡法国，致力于争取各方面的支持，重返英国夺回王位。支持他的人即被称为"詹姆斯党人（Jacobites）"。詹姆斯二世之子詹姆斯·弗朗西斯·爱德华·斯图亚特，在流亡中长大，认为自己有权得到王位，要求英格兰、爱尔兰、苏格兰王位，称英格兰和爱尔兰国王詹姆斯三世、苏格兰国王詹姆斯八世，并得到表叔、法国国王路易十四的认可，史称"老僭王"。他死后，其子查理·爱德华·斯图亚特成为詹姆斯党继承人，被称为"小僭王"。

四十年的生活一直与那个地方有联系。1766~1778年，卡尔顿担任魁北克省总督，因参与撰写1774年《魁北克法案》而闻名。不过真正让他在效忠派中名声大振的，是他在1782~1783年担任英军总司令，在该任上指挥撤离英军占领的城市并帮助组织了效忠派流亡。卡尔顿1786年重返魁北克担任英属北美总督（并新晋获封多切斯特男爵）。多切斯特虽然深受效忠派爱戴，却并不赞同1791年《加拿大法案》中确立的英帝国政策的多项发展。与他职业生涯的其他多个时段一样，多切斯特常常与同僚发生冲突，终于一怒之下在1794年辞官退休。他于1796年回到英格兰，过上了闲适的乡绅生活。他的弟弟托马斯·卡尔顿（THOMAS CARLETON，约1735~1817）于1784~1817年担任新不伦瑞克省总督，但从1803年到他去世，他一直待在英格兰，遥控着北美的行政事务。

乔治·利勒（GEORGE LIELE，约1750~1820）

利勒生而为奴，在佐治亚长大。他于1772年受洗，成为一名四处奔波的浸礼会讲道牧师，是戴维·乔治的精神导师。利勒被自己的效忠派主人赋予自由，战争时期，他大部分时间都住在英军占领的萨凡纳。他在那里为安德鲁·布莱恩（Andrew Bryan）施洗，后者后来建立了萨凡纳的第一座非洲浸礼会教堂。1782年撤离萨凡纳后，利勒以效忠派种植园主摩西·柯克兰（Moses Kirkland）的契约佣仆的身份前往牙买加。他在金斯敦建立了该岛上的第一座浸礼会教堂，但在整个1790年代，他因为自己的宗教活动而受到了越来越多的迫害。在一次煽动暴乱的罪名未能成立之后，利勒却因负债而入狱三年。虽然他仍积极参与各类商业活动，但1800年后他再也未能重返讲坛为大众布道，他生命中的最后几年是在默默无闻中度过的。

### 约翰·克鲁登（JOHN CRUDEN，1754~1787）

克鲁登1770年之前从苏格兰移民至北卡罗来纳的威尔明顿，在那里加入了他叔叔（也是同名长辈）的商行约翰·克鲁登公司。战争期间，克鲁登在一个效忠派军团中服役，1780年被任命为查尔斯顿被扣押财产专员，受托管理很多爱国者名下的种植园，以及数千奴隶组成的劳动大军，让他们生产补给品，以敷英军军需和商业销售。撤离查尔斯顿后，克鲁登移居东佛罗里达，在那里试图阻止将该殖民地割让给西班牙。1785年，和许多东佛罗里达难民一样，克鲁登移民巴哈马群岛，和叔叔一起住在埃克苏马（Exuma）岛上。他继续推行重建英属美洲帝国的计划。1787年，早已精神失常的克鲁登在巴哈马去世。

## 威廉·奥古斯塔斯·鲍尔斯
## （WILLIAM AUGUSTUS BOWLES，1763~1805）

鲍尔斯是他那个时代最张扬炫目的效忠派冒险家。他于1777年加入一个效忠派军团，但1779年就做了逃兵，在克里克印第安人部落中安了家。他娶了一个克里克酋长的女儿，在她的村庄里住了好几年。革命之后，鲍尔斯开始谋划在克里克地盘上（此时已成为西属佛罗里达的地盘）罢免政敌和商业竞争对手。他的这些目标得到了邓莫尔伯爵和其他各类帝国官员的支持。1788年，首次入侵佛罗里达以惨败告终。1791年，第二次野心更大的远征让鲍尔斯接近了自己建立亲英的克里克国——马斯科吉国——的梦想，但他在1792年被西班牙人俘虏，先后被关进了哈瓦那、加的斯和菲律宾的监狱。1798年，鲍尔斯越狱逃跑，途经塞拉利昂回到佛罗里达，为建立马斯科吉国作最后的努力。这虽然是他最为成功的提议，他甚至还曾于1800年在现今塔拉哈西（Tallahassee）附近建立了一个都城，且在自己的领地上称王好几年，却还是在1803年被美国影响下的克里克人出卖了。1805年，他死于哈瓦那，至死都是西班牙人的囚徒。

## 次要人物

### 十三殖民地

托马斯·布朗（Thomas Brown），主管印第安人事务的效忠派指挥官。

约瑟夫·加洛韦（Joseph Galloway），帝国联盟的支持者和效忠派说客。

查尔斯·英格利斯（Charles Inglis），牧师、效忠派檄文执笔人，后担任新斯科舍主教。

威廉·富兰克林（William Franklin），本杰明·富兰克林之子，前宾夕法尼亚殖民地总督，效忠派组织者。

威廉·史密斯（William Smith），先后担任纽约和魁北克首席大法官，盖伊·卡尔顿爵士的心腹。

帕特里克·托宁（Patrick Tonyn），东佛罗里达地区总督，1774~1785年。

### 英国

萨缪尔·休梅克（Samuel Shoemaker），宾夕法尼亚难民，画家本杰明·韦斯特的好友。

约翰·厄德利·威尔莫特（John Eardley Wilmot），议员和效忠派赔偿委员会委员。

艾萨克·洛（Isaac Low），前纽约议员和商人。

格兰维尔·夏普（Granville Sharp），废奴主义者和塞拉利昂定居地的资助者。

## 新斯科舍

雅各布·贝利（Jacob Bailey），牧师和作家。

约翰·帕尔（John Parr），新斯科舍省总督，1782~1791 年。

本杰明·马斯顿（Benjamin Marston），谢尔本测绘师。

波士顿·金（Boston King），黑人效忠派木匠。

"老爹"摩西·威尔金森（"Daddy" Moses Wilkinson），黑人卫理公会牧师。

## 新不伦瑞克和魁北克

爱德华·温斯洛（Edward Winslow），创立新不伦瑞克省计划的游说者。

弗雷德里克·哈尔迪曼德（Frederick Haldimand），魁北克省总督，1777~1785 年。

约翰·格雷夫斯·西姆科（John Graves Simcoe），上加拿大省总督，1791~1798 年。

## 巴哈马群岛

约翰·马克斯韦尔（John Maxwell），巴哈马群岛总督，1780~1785 年（活跃期）。

约翰·韦尔斯（John Wells），印刷商，政府批评者。

威廉·威利（William Wylly），副检察长，邓莫尔勋爵的反对者。

## 牙买加

路易莎·韦尔斯·艾克曼（Louisa Wells Aikman），效忠派印刷商家族的成员。

玛丽亚·斯金纳·纽金特（Maria Skinner Nugent），日记作者，总督之妻。

## 塞拉利昂

托马斯·彼得斯（Thomas Peters），"黑人拓荒者"军团老兵，重新定居项目领袖。

约翰·克拉克森，效忠派移民组织者，弗里敦负责人，1791~1792 年。

扎卡里·麦考利（Zachary Macaulay），塞拉利昂总督，1794~1799 年。

## 印度

戴维·奥克特洛尼（David Ochterlony），东印度公司将军，尼泊尔的征服者。

威廉·林尼厄斯·加德纳（William Linnaeus Gardner），军事冒险家。

## 引言 1783 年精神

美国独立战争有着对立的两方——但 1783 年 11 月 25 日的那个午后，乔治·华盛顿将军骑着一匹灰色骏马进入纽约城时，只有一方出现在世人面前。在华盛顿的身边，纽约总督快马加鞭，两侧还有骑从卫队护驾。发福的将军亨利·诺克斯（Henry Knox）紧随其后，他的身后是八排大陆军军官，浩浩荡荡地行进在鲍厄里（Bowery）街上。市民排成很长的一列列队伍尾随着他们，有人骑马，有人步行，帽子上都戴着黑白帽章和月桂树枝。[1] 数千人挤入街道，观看这事先排练的游行队伍朝曼哈顿南端的巴特里（Battery）行进。自 1776 年以来，整整七年的战争与和谈期间，纽约一直被英军占领。今天，英国人终于要走了。下午一时，随着一声炮响，最后一批英军部队离开了哨所。他们朝码头行进，爬上大划艇，划向等在海港的运兵船。英国人占领美国的时代正式宣告结束了。[2]

乔治·华盛顿在纽约的胜利出场无异于美国革命获胜一方的凯旋阅兵。整整一周，爱国者们大摆筵席，点燃篝火，张灯结彩地庆祝英军撤离，还举行了北美地区有史以来最盛大的烟花表演。[3] 在弗朗萨斯客栈（Fraunces's Tavern），华盛顿和他的朋友们觥筹交错、把酒言欢，直至深夜。为美利坚合众国干杯！为美国的欧洲盟友法国和西班牙干杯！为美国那些"为了我们的自由而牺牲的英雄"干杯！"愿美国成为地球上每一位受迫害者的避难天堂！"[4] 几天后，一份报纸刊登了一则逸事，说有位英国军官到海岸边走了一遭。这位军官本来坚信权力交接之后的纽约此时已被骚乱弄得焦头烂额，却惊奇地发现"城中的一切井然有序，没有暴民，没有暴动，没有骚乱"。"这些美国人啊，"他惊叹道，"真是一群奇人，*他们知道如何自治，别人谁也治不了他们。*"[5] 一代又一代纽约人在 11 月 25 日这天纪念"撤离日"，这一周年纪念日后来被并入了感恩节，那是美国人在 11 月份庆祝国民团结的更为恒久和不朽的节日。[6]

但是如果有人不想让英国人离开呢？当天，在喜气洋洋的纽约民众间，还夹杂着一些不那么开心的面孔。[7] 对于效忠派，也就是在独立战争期间支持英国的殖民者而言，英军的撤离令他们愁肠百转，而不是兴高采烈。战争期间，数万效忠派曾为了安全搬进了纽约和英军占领的其他城市。英国人的撤离，把未来该何去何从的紧迫问题摆在了他们眼前。在新独立的美国，他们还能指望什么待遇呢？他们会被投入监狱吗？会遭到袭击吗？还能保有自己的财产或保住饭碗吗？由于对自己的生命、自由乃至在美国能否幸福充满疑虑，6 万效忠派决定跟随英国人，到大英帝国的其他地方去碰碰运气。他们还带走了逾 15000 个黑奴，这样一来，外流总人数就达到了 75000 人，相当于当时美国人口的 2.5%。[8]

他们北上来到加拿大，乘船前往英国，远行至巴哈马群岛和西印度群岛；有些人甚至到了更远的非洲和印度。但不管他们去向何方，这流放之旅终究是一段未知的征程。美国有难民们挚爱的亲友，他们的事业和土地、他们的家园和自幼于此长大的街道，他们曾经赖以为生的一切，全都要忍痛抛舍。在他们看来，美国与其说是"受迫害者的避难天堂"，不如说是虎视眈眈的迫害者。只有大英帝国才会为他们提供避难所、土地、紧急救助和财务激励，帮助他们重建家园。撤离日对效忠派难民并不是一切的终结，而是崭新的开始，会把他们带向一个新世界，纵然前途未卜，却充满活力。

*

举例而言，雅各布·贝利就生动地记述了导致他逃离革命中的美国的原因。贝利在马萨诸塞出生和长大，自 1760 年便作为一名英国圣公会（英国国教）传教士，在缅因的波纳尔伯勒（Pownalborough）边境地区传教。他在当时地处偏远的荒野传教之时，他的哈佛同班同学约翰·亚当斯（John Adams）在波士顿高声表达了各殖民地对英国的不满，成为独立事业强有力的倡导者。然而贝利曾宣誓对国王也就是他的教会元首效忠，他认为誓言是神圣的，因而在他看来，如果公开放弃对国王效忠，既是叛国，也是渎圣。随着加入反叛一方的压力日增，贝利勉强保持着自己的忠诚。当他拒绝为殖民地议会宣布的一个特殊感恩日赋予荣耀时，波纳尔伯勒的爱国者们威胁要在教会门前竖起一根自由之杆，如果他不为节日祈福，就在那里鞭打他。[9] 另一个吓人的凶兆是他发现自己有七只羊被宰杀了，还有一头"漂亮的小母牛"在他的牧场上遭到枪杀。[10] 到 1778 年，这位牧师已经"遭到愤怒暴民的两次袭击——四度被拖到冷漠无情的委员会前问话……三度被从家中驱赶出去……两次遭枪杀未遂"。他为逃避被捕而在乡间流浪，其间他年轻的妻子和孩子们只好忍饥挨饿，"接连几天都没有东西吃"。在贝利看来，爱国者们明摆着就是迫害者，是"一群乖戾粗野之人，他们手握权柄、心怀怨毒，只要看见任何人与大不列颠有关或对它有所依恋，便张牙舞爪山呼海啸，恨不得扒其皮、噬其血、食其肉"。[11]

贝利当然颇有点儿语言天分，擅长耸人听闻。然而他夸张的描写也的确表达了他对家人安全发自内心的担忧。他仍然不愿意公开背叛国王，也同样不愿意因为拒绝这么做而身陷囹圄，眼前似乎只剩下一个选择了，哪怕它乏善可陈。1779 年 6 月的一天，天光未亮，贝利一家人便面色严峻地"开始为我们的放逐准备行装了"。他们穿着仅存的各色七零八落的残破衣服，收拾起被褥和"我们所剩无几的一点儿值钱东西"，走向一条船，它将载着他们驶向最近的英属避难所新斯科舍。虽然遭受了种种磨难，离开故土仍然让雅各布和萨莉·贝利难抑"心中的悲苦"。两周后当他们驶入哈利法克斯港，看到"不列颠的旗帜飘扬"[12] 时，忍不住大松一口气。贝利感谢上帝"引导我和家人安然无恙地撤退到这自由与安全之所，从此远离暴政之癫狂，压迫之凶残"。他们总算来到大英帝国的领地，总算安全了。但贝利一家人落脚"在一片陌生的土地上，不名一文、衣食无着、连个住处也没有，更别说家什了"，未来如何，只能听天由命。[13]

本书将追随雅各布·贝利这类从革命的美国出走的难民的足迹，呈上首部效忠派大流散的全球史。虽然已有历史学家探讨过效忠派在殖民地内部的经历（特别是像贝利这样长于表达之人的思想意识），却从未有人充分描述过效忠派在美国革命期间和之后散居世界各处的历史。[14] 这些难民是什么人？他们为什么要离开美国？答案五花八门，盖因他们千差万别。人们往往有这样的成见，认为效忠派是一小撮保守派精英：有产业、有文化，是英国圣公会教徒，与英国有着密切的联系——所有这些属性被囊括在一个贬义的标签"托利"中，这也是英国保守党的绰号。[15] 事实上，历史学家估计，美国殖民者中始终效忠国王的人数在五分之一到三分之一之间。[16] 效忠思想广泛地存在于早期美国的整个社会、地理、种族和民族谱系中，跟他们那些爱国同胞相比，这些人的"美国性"一点儿也不弱。保守派既包括刚来不久的移民，也包括*五月花号*登陆者的后代。他们可能是王室公职人员，也可能是面包师、木匠、裁缝和印刷商。他们中既有英国圣公会牧师，也有卫理公会和贵格会教徒，既有见多识广的波士顿人，也有卡罗来纳偏僻乡村的农民。

最重要的是，并非所有的效忠派都是白人。革命为十三殖民地的 50 万黑奴提供了一个异常动人的机遇，英国军官提出，同意参战的奴隶即可获得自由身。2 万名奴隶把握住这一承诺，从而使独立战争成为美国内战之前最大规模的北美奴隶解放运动。革命同样为美洲原住民印第安人提供了一个难以推却的选择。经历了对土地如饥似渴的几代殖民者的入侵和蚕食，好几个印第安部族，特别是北方的莫霍克人和南方的克里克人，选择与大英帝国结盟。迄今为止，效忠派白人、黑人和印第安人的经历一般都被割裂为互不相关的历史叙事，他们之间当然有着重要差异，[17] 然而随着英国的战败，不同背景的效忠派面临着同样的两难抉择——是去是留，且所有这些人都被算入了革命的难民。他们的故事是相似的，在很多重要方面也相互纠缠、难解难分，因而本书将把他们视为一个整体来书写。

关于效忠派难民，或许最令人吃惊的一个真相是在他们的决策中，意识形态所起的作用大相径庭。他们虽然都对国王效忠，对帝国尽责，但除此之外，他们的具体信仰却有着极大差异。其中有些人，像贝利这样的，陈明了自己所持立场背后的复杂的思想原因。但其他人持效忠立场只是因为个人希望维持现有秩序，觉得最好还是跟着那个熟悉的魔鬼。此外还有一种实用主义观点广泛存在，即无论在经济上还是战略上，殖民地作为大英帝国的一分子都要更有前途。[18] 效忠派观点的广度和深度直指这次冲突的一个基本特点，一直以来，它都被大而化之的"革命"一词掩盖了。这明摆着是一场内战——通常被当代人描述为大西洋两岸双方之间的一场内战。[19] 这是越南战争之前美国人参战时间最长的一场战争，也是 1861~1865 年美国内战之前最为血腥的一场战争，它导致族群分化、友人反目、家人决裂——其中最著名的要数开国元勋本杰明·富兰克林与他唯一的儿子、效忠派威廉之间的故事。再现美国独立战争的偶然性、高压性和极端暴力就能解释为什么那么多效忠派会选择出走，像雅各布·贝利一样，他们远离故土是因为忠于原则，也是因为害怕骚扰。同样，私利也是与核心信仰一样强有力的激励因素，逃跑的奴隶和英国的印第安人同盟的例子或许最能说明这一问题。

各种各样的意识形态和非意识形态因素，导致本书中的每个人都作出了同一个决定命运的选择：离开革命的美国。[20] 本书着笔探讨了他们在那以后的命运。在逃离美国的 60000 名效忠派中，大约有 8000 个白人和 5000 个获得自由的黑人到了英国，而在那里，他们往往只是陌生国度里的陌生人。绝大多数难民接受了免费土地、物品和供给等激励，奔向其他英属殖民地。一半以上移居到了北方的英属新斯科舍、新不伦瑞克和魁北克等省，促成了这些一度由法国人明显占优的区域转变成如今以英语为主要语言的加拿大。*还有约 6000 个移民，特别是来自美国南方的移民，前往牙买加和巴哈马群岛，还带去了 15000 个黑奴中的绝大多数。有些人去了更远的远方。东印度公司雇佣军中不久便会零星出现美国出生的军官，包括臭名

---

\* 从美国革命到 1867 年加拿大联邦建立，这些省份统称"英属北美（British North America）"。1791 年以前，"加拿大"这个词等同于魁北克省，1791 年该省分裂为上加拿大省（今天的安大略省）和下加拿大省（今天的魁北克省）。

昭著的叛徒贝内迪克特·阿诺德（Benedict Arnold）的两个儿子。少数不走运的人最终被送往澳大利亚植物湾（Botany Bay），成为那里最早一批囚犯。其中最惊人的移民过程，或许当属在英国废奴主义者的资助下，近12000个黑人效忠派迁往非洲，在塞拉利昂建立了弗里敦乌托邦聚居地。简言之，效忠派的足迹遍及大英帝国的各个角落。经过还算天下太平的十年，效忠派大流散的路线图看上去已经与大英帝国的地图相差无几了。

好几项研究曾关注过这一移民过程中的具体人物和具体地点，然而效忠派在全世界范围的大流散却从未得到过完整的重构。[21] 之所以如此，一个关键原因在于，历史往往是在国家边界的框架之内书写的。在美国，美国革命的历史是由胜利者书写的，他们主要的兴趣点在于探讨独立战争的诸多创新和成就，效忠派难民的故事根本不在美国国家叙事框架之内。他们同样很少得到英国历史学家的关注，因为这会勾起曾经战败的难堪回忆，特别是英国人在他们可以倾其兵力的"七年战争"和拿破仑战争中均大获全胜。另一方面，效忠派在加拿大历史中的作用最为举足轻重，某些19世纪的加拿大保守派称他们是缔造了光荣的帝制盎格鲁—加拿大传统的"开国元勋"，冠之以"联合帝国效忠派（United Empire Loyalists）"的荣誉，这是帝国政府赋予难民及其后代的称号。然而这些待遇再次印证了"托利"这个成见，很可能也是近代学者们忽略这段历史的原因之一。

之所以从未有人写过这段全球史，还有一个现实原因。1840 年代，首位探索这一主题的美国历史学家洛伦佐·萨拜因（Lorenzo Sabine）曾经哀叹："那些……远离故土之人……变成了亡命天涯的流浪者——这些人很少会留下什么记录。他们的文件早已散佚，就连他们的名字也已被世人遗忘。"[22] 事实上，我们会吃惊地发现，还有很多东西保存了下来：私人信件、日记、回忆录、请愿书、花名册、外交急件、法律诉讼，等等。难点在于如何把它们拼凑起来。21 世纪的学者是幸运的（在资金和资料读取方面有得天独厚的优势），得益于最新的技术，我们可以用全新的方式去探索国际历史。轻触一键，就能搜索世界各地的图书馆书目和数据库，膝上架一台笔记本电脑，就能在客厅里阅读数字化的修缮本书籍和文件。旅行也越来越方便，我们可以去拼接散落在各个大陆的文件线索，一睹难民世界中的遗迹：效忠派在巴哈马的小岛上盖起的房子、在弗里敦城上的陡坡上开垦的耕田，抑或他们的墓碑，历经沧桑，仍然伫立在加拿大的海风中。

从这些出发点来考察美国革命和大英帝国，无疑是以一种全新的方式来审视这场革命的国际影响。传统上，人们对美国独立战争的全球反响的理解一直与

"1776年精神"有关，它启迪了其他民族，特别是法国人，去伸张自己的平等和自由权利。[23] 探寻效忠派的足迹则会展示出那场革命在世界上留下的一个不同的印记：不是镌刻在新兴共和国而是镌刻在经久不衰的大英帝国上的印记。效忠派难民亲自把美国的事物和观念带入大英帝国。幸运儿带来了他们珍爱的实物：制作精美的糖盒、食谱，或者还有更沉重的东西，如查尔斯顿家族用于印制圣奥古斯丁和巴哈马群岛首张报纸的印刷机。[24] 然而他们也带来了文化和政治影响，其中不容小觑的就是效忠派大规模转运奴隶所彰显的种族态度。一个引发剧变的文化输出就是那些黑人效忠派讲道牧师把浸礼会信仰从卡罗来纳的偏僻乡村带往四方，他们在新斯科舍和新不伦瑞克、牙买加和塞拉利昂建立了首批浸礼会教堂。所有这些文化输出中最具"美国性"的，是效忠派难民随身携带着一种反对帝国权力的抱怨话语。在英属北美、巴哈马群岛和塞拉利昂，效忠派难民向倒霉的英国总督们提出了各种政治代表权要求，在后者听来，其诡异程度一点也不亚于他们的爱国者同胞们提出的要求。如今，"效忠派"一词往往暗含着誓死效忠某一目标的意味，但北美效忠派显然并非无条件地拥护英国统治者。

考察这些类型的革命遗产，会让我们注意到大英帝国的一个显著的过渡期，并有助于解释一个看似矛盾的事实。美国革命是大英帝国在第二次世界大战之前最大的一次惨败。然而它仅仅用了十年时间就大大挽回了颓势，不可谓不惊人。在早期先例的基础上，英国的势力在世界各地重组、扩张和重建，包括爱尔兰和印度、加拿大和加勒比地区、非洲和澳大利亚。[25] 总起来说，1780 年代成为 1940 年代之前大英帝国历史变故最多的十年。此外，这些年发生的诸多事件为英国统治的原则和做法确立了一个经久不衰的框架。我们姑且称之为"1783 年精神"，它为大英帝国带来了一直延续到 20 世纪中期的蓬勃活力，也建立起一个开明立宪帝国的模式，在美国、法国和拉丁美洲等地逐渐成形的民主共和国的对立面，树起了一个极为重要的替代选择。

这一战后重建经历了怎样的过程？效忠派难民又在其中扮演了怎样的角色呢？"1783 年精神"包括三个主要元素。[26] 第一个也是最明显的，是大英帝国在世界各地的领土大大扩张了，而效忠派充当了帝国扩张的代理人和拥护者。历史学家过去总是喜欢把美国革命描述为"第一"和"第二"大英帝国的分水岭，前者多是商业的、殖民的、大西洋两岸的，而后者则以亚洲为中心，涉及对显然是异族的成百上千万臣民实施直接统治。但效忠派难民在两者间起到了桥梁作用。作为英属北美、巴哈马群岛和塞拉利昂的先驱殖民者，他们显示了这个大西洋帝国在所谓帝国"向东摇摆"过程中的持久生命力。他们还在世界其他地方推动了野心勃勃的扩张进程，支持将英国主权延伸至西属美洲或美国的西部边界。虽然这些想法在今天回望之下会有些牵强，但在当时，美国的未来还未知，而英国已经（超越其他欧洲帝国）在地球上某些最远的角落站稳脚跟之时，很难说这些想法纯属荒诞不经。在澳大利亚殖民的第一个严肃提议，正是由一位北美效忠派提出的。[27]

效忠派难民还启迪了"1783年精神"的第二个特征：明确致力于自由和人道主义理想。虽然美国革命宣称海外的英国臣民与英国国内民众的待遇不尽相同，至少在政治代表权上处于弱势，但革命也产生了另一个结果，那就是深化了帝国保证将所有臣民——无论其族群归属和信仰如何——纳入英国权利体系的承诺。效忠派难民成为家长制统治显而易见的关注对象。黑人效忠派从越来越倾向于废奴的帝国当局获得了自由，自觉地与蓄奴的美国形成了鲜明对比。那些贫困匮乏的效忠派，不管他们属于哪一类，都能从一个涵盖整个帝国的难民救助项目中获得土地和供给，该项目堪称现代国际援助组织的先驱。效忠派甚至还因为遭受损失而从一个由英国政府建立的委员会那里获得了财务赔偿，这是国家福利制度的一座里程碑。

然而效忠派也近距离地看到，开明价值观也有种种局限。美国革命后，英国官员大体上得出的结论是，十三个殖民地获得的自由太多了，而不是太少，因而强化了行政管控。对中央集权的等级制政府的兴趣增加，便标志着"1783年精神"的第三个元素，也就是效忠派难民们始终在抵制的元素。面对自上而下的统治，他们屡次要求获得更多的代表权，而帝国当局却不愿回应，当初正是这一矛盾从根本上导致了美国独立战争的爆发。效忠派固然从各种人道主义项目中获益，但他们也须直面英国政策中无数看似矛盾的地方。这个帝国一方面赋予黑人效忠派以自由，另一方面又积极推动向外贩卖效忠派名下的奴隶；它给予北方的莫霍克印第安人同盟以土地，却基本上背弃了南方的克里克人和其他同盟；它承诺赔偿效忠派的损失，但事实上往往供给不足；它把开明原则融入了等级分明的治理。统观整个大流散，难民效忠派的经历突出了承诺与期待、臣民所愿与统治者所予之间的不对等。这样的不满最终成为后革命时期大英帝国的一个持久特点，也是从"第一"帝国到"第二"帝国、从殖民地争取独立的第一次世界大战到后期反殖民地运动的另一个延续性特征。

　　几乎没有人预见到，在一场革命的余波中得以巩固的"1783年精神"——致力于威权、自由和全球扩张的精神——竟然很快就在另一场革命中经历了考验。1793年初，距离撤离日还不满十年，英国就与革命的法国开始了一场史无前例的冲突，这场战争几乎不间断地持续到1815年。幸运的是，英国已经经受了美国共和制异见的考验，"1783 年精神"为它提供了一套现成的做法和政策，用以对抗法国模式。与法国的自由、平等、博爱相反，英国祭出了王权和稳定等级制度下的有限自由模式。与其说这是一种反革命观点，不如说是一种后革命视野，它的形成部分得益于在北美那场战争中吸取的教训。它最终获得了优势。英国 1815 年在战场和谈判桌上对法国的全面胜利，证明"1783 年精神"战胜了法兰西共和国和拿破仑模式，也使得自由主义和立宪君主制成为欧洲内外的一种明确的政府模式。[28]

时至今日，大英帝国的自由宪政遗产仍然与美国的民主共和制长期并存，如此一来，可以说"1783 年精神"与"1776 年精神"一样，都对 21 世纪的政治文化产生了重要影响。然而从某些特定的视角来看，或许"1776 年精神"与"1783 年精神"本就没有太大差别。后革命时期的美国同样要与各种野心和问题纠缠，跟它所决裂的大英帝国面对的那些问题大体相当：地理扩张的冲动、与欧洲各帝国的竞争、对原住民的管理、关于民主的局限和奴隶制是否合乎道义的争论。[29]当美国在起草它自己的宪法时，英帝国当局也在为他们从魁北克到孟加拉的各个殖民领地制定宪法。[30]当大英帝国扩张到新的殖民地、弥补了在北美的损失时，美国也很快着手建立自己的帝国，仅仅用了一代人的时间，便一路西扩，将国土面积增加了一倍多。虽然它们的政治制度存在着一个根本分歧：一个是君主制，另一个是共和制，但关于"自由"和法治的核心重要性，联合王国与美利坚合众国所见略同。[31]

1815 年，英国及其同盟在滑铁卢大胜，大英帝国站上了世界之巅。那时，效忠派难民已经在他们出走的各个地点建立起新的家园和社会。经历了重重劫难和动荡、失望和压力，许多幸存的难民最终找到了安心之处，他们的子女更是如此。他们从失去家园到融入新社会的轨迹，映照出大英帝国从战败到荣升全球霸主的历程。那些离开美国而投奔大英帝国的效忠派变成了一个全球大国的臣民，在接下来的一个多世纪，这个大国的国际影响力无出其右。从某种意义上说，效忠派笑到了最后。

\*

本书再现了那些个人生活被历史事件搅得天翻地覆的普通人的故事。记录他们的旅程本身也是在探寻他们的足迹。前三章描述了效忠派所经历的美国革命；导致他们去国的原因；大部分人出走的过程，即从英国占领的各个城市大规模撤离，这是美国革命历史中一个很重要但鲜为人知的片段。第 4~6 章记录了那些前往英国和英属北美（如今加拿大东部三省）的难民，探讨了效忠派定居的三个特点：难民的衣食来源和接受赔偿情况；他们如何建立新的社区；以及他们如何影响了战后帝国政府的重组。第7~9章将目光投向南方，考察了前往巴哈马群岛、牙买加和塞拉利昂的难民的命运。这些地区的难民即便在最好的年景，也须克服艰苦的自然环境和经济条件，法国革命的爆发更是雪上加霜，因为它加剧了关于政治权利的冲突和围绕奴隶制和种族等问题的矛盾。最后一章纵览拿破仑战争和1812年战争，考察了在移民过程开始了一个世代之后，效忠派从他们的出发点美国来到对帝国的意义超过了美国的地方——印度，他们的现状如何。

没有人能够在一本书中囊括60000个故事，因此我选择关注一群代表各种不同的难民经历的人物。他们合起来可以让我们近距离感受到这次大出走事实上意味着什么，参与者的切身感受如何。那些难民既属于一个很大的世界——一个不断扩张的全球帝国，也属于一个小得惊人的世界，散居各处的人们跨越巨大的时空间隔，彼此保持着联系。值得一提的是，其中不少人迁徙了不止一次。对反复出现在本书中的帝国公职人员而言，迁徙是他们的职责所在，比如说纽约指挥官和加拿大总督盖伊·卡尔顿爵士，还有革命前的弗吉尼亚殖民地总督和革命后的巴哈马地区总督邓莫尔勋爵。然而对四处漂泊的平民来说，多次迁徙更加重了战争的动荡离乱后果，也凸显出帝国引导人口沿着特定路线流动的能力。[32]

　　来自佐治亚的中产阶级效忠派伊丽莎白·利希滕斯坦·约翰斯顿就深切地体会到了生活在动荡世界是何滋味。战争结束时她还未满20岁，便带着家人穿越南方一个个日渐荒芜的英属偏远村镇：萨凡纳、查尔斯顿和圣奥古斯丁，其间她的孩子一个接着一个出生。这些迁徙变成了战后更远大行程的预演，约翰斯顿一家先后迁往苏格兰、牙买加，最后总算在新斯科舍安顿下来，而这距他们开始这场漫长游历，已经过去了整整二十年。有家有产的纽约大亨贝弗利·鲁宾逊的故事则可与约翰斯顿一家的故事比照着看，对人颇有启发，他们来自更富裕的特权阶层。原本在美国拥有良田万顷，后来一家人却挤在英国格罗斯特郡（Gloucestershire）的一处不大的居所。但他把自己所剩的资源全都投资在参军的孩子们身上，这是当时大英帝国能够提供的向上流动的最佳机制。鲁宾逊的孩子们在帝国的各个角落建功立业，从新不伦瑞克到牙买加、直布罗陀、埃及和印度。鲁宾逊孙辈中有些人甚至回到纽约，在先辈们失守的地方再造辉煌。约翰斯顿和鲁宾逊两家人一样，演绎了白人效忠派难民共有的长久考虑：保住自己的社会阶层和地位；重建家业；为孩子们的成功创造条件。他们留下的文件也让我们感同身受地体察到：对那些面对失败、漂泊和离散的难民来说，战争给他们造成了怎样的情感创伤！

许多难民把自己的历程看作人生中毁灭性的挫败，但也有些人意识到，这样的动荡时局或许也意味着良好的机遇。这类幻想家中最有远见的，或许要数北卡罗来纳的商人约翰·克鲁登了，他亲眼看到自己的家业与英国的权威一起崩溃，却不屈不挠地推行各种重建计划，希望自己和大英帝国一样东山再起。克鲁登重建英属美洲帝国的各项计划表明，即便在战后，英国人的野心仍然蓬勃地持续和发展着。出于同一目的，马里兰效忠派威廉·奥古斯塔斯·鲍尔斯则选择"利用［克里克印第安人］原住民"，并利用他在不同文化间的桥梁作用，倡导在美国西南边境建立一个效忠派的印第安国。为伸张印第安人主权所进行的更为实质性的努力是由莫霍克酋长约瑟夫·布兰特领导的，他是当时北美最杰出的印第安人，自称效忠派。战后布兰特在安大略湖附近避难，打算从那里起家，建立一个西部印第安人联盟，保护原住民的独立自主，以免被不断前进的白人殖民者蚕食殆尽。

革命对黑人效忠派造成的损失当然被一个重要的获益抵销了：他们获得了自由。这是迈向未来的第一步，而那样的未来在当时是超乎想象的。出生在弗吉尼亚一个奴隶家庭的戴维·乔治既获得了自由，又获得了信仰，在革命进行中的南卡罗来纳皈依了浸礼会。战后他迁徙到新斯科舍，在那里开始布道，很快便拥有了一批浸礼会教众。几年后，当他决定在塞拉利昂寻找新的耶路撒冷时，很多信徒随他一起踏上了征程。信仰的网络把大西洋沿岸的黑人效忠派联系在一起。乔治的精神导师乔治·利勒选择了从偏远乡村到大英帝国的另一条路线，他和英国人一起撤离到牙买加，在那里创立了岛上的第一个浸礼会教堂。

为了再现这些个体的艰辛旅程，我探访了效忠派每个重要目的地的档案馆，力求找到这些难民本人对自己经历的叙述。人们对他们行为的解读往往经过了事后加工，效忠派们关于自己的许多著述也难免有某种目的。显然，现存最大的文件宝库、效忠派赔偿委员会的记录就是如此，该委员会是为了赔偿效忠派所遭受的损失而成立的。每一位索偿者都力图证明自己对帝国的忠诚、经历的百般痛苦和遭受的巨大财物损失，这与他们的利益直接相关。与黑人效忠派有关的最佳资料显示了另一种偏见，要归咎于那些急于推行某种传教事业的英国传教士。有关印第安部族的最现成的资料都是由白人官员为了自己的目的而撰写，戴着帝国滤镜对其内容进行了筛选。还有通常因为记忆偏差而对事实的扭曲。战后多年撰写的个人叙事，像伊丽莎白·约翰斯顿的记述，往往会强调悲剧、不公和愤怒，这些在人们心头萦绕的时间要比美好的记忆长得多。19 世纪初在英属北美出版的记录尤其如此，它们将效忠派描述成受害者，与美国人对立性地将他们描写成恶人相比，其曲解和误导的程度不落下风。

这类材料中没有一个是完全客观的，但人们讲述自身故事的方式——强调什么，又对什么避而不谈——本身就能让历史学家了解到那个年代的许多事实，价值丝毫不亚于他们讲述的具体细节。难民的悲剧叙述值得我们用心倾听，一个重要原因就是我们很少能听到这样的话语。它所抓取的人类经验的某些方面往往会被关于这一时期的传统政治、经济或外交史所遗漏，但遗漏了这一部分，我们就无法正确理解革命对参与者的影响、帝国与臣民之间的互动，以及难民如何面对迁徙漂泊。它反转了我们熟悉的叙事，展开了一幅截然不同的画面，充满另类、偶然与惊喜。谁也无法一开始就预见到美国独立战争的结局、预见到美国的生死存亡，或大英帝国将何去何从。对于1775 年即将打响内战的美国殖民者而言，前路漫漫，必将充满动荡、苦痛和莫测的未知。

## 注　释

1　该队列顺序整版刊印在 1783 年 11 月 24 日的报纸上，"早期美国印刷品"系列 1，第 44426 号。除其他报纸报道外，见 Pennsylvania Evening Post, November 28, 1783, pp.261–62。

2　整个过程中还有一个小故障，美国士兵发现英国的王家舰旗仍在乔治堡的旗杆上迎风飘扬。英国军队不但拒绝降下他们的旗帜，事实上还把它钉在了旗杆上，砍去了升降索，还在旗杆上抹了润滑油。士兵们左摇右摆地试图爬上旗杆，着实可笑地努力了几次之后，一位动作敏捷的上尉终于踩防滑钉爬了上去，扯下了那面挑衅的舰旗。James Riker, "*Evacuation Day*," *1783, Its Many Stirring Events: with Recollections of Capt. John Van Arsdale of the Veteran Corps of Artillery* ( New York: Printed for the Author, 1883 ).

3　Judith L. Van Buskirk, *Generous Enemies: Patriots and Loyalists in Revolutionary New York* ( Philadelphia: University of Pennsylvania Press, 2002 ), p.183.

4　祝酒词刊登在*Rivington's New-York Gazette*, November 26,1783, p.3。

5　*New-York Packet*, January 15, 1784, p.3.

6　Clifton Hood, "An Unusable Past: Urban Elites, New York City's Evacuation Day, and the Transformations of Memory Culture," *Journal of Social History* 37, no.4 ( Summer 2004 ): 883-913.

7　当时一家报纸的报道评论了爱国者们不安地"悲喜交集"。一方面，撤离"让千万人喜上眉梢"，另一方面，"也有人不得不在一个风暴肆虐的季节启程，在一个毫不舒服的地方寻找新的落脚地，十分悲惨"。*New-York Packet*, January 15, 1784, p.3.

8　历史学家广泛认可1775年殖民地人口的估计数字为250万。美国人口普查局估计在未来的1780年美国的人口可达到278万，而1790年进行的第一次美国人口普查记录的人口数字为3929625。见Robert V. Wells, "Population and Family in Early America," in Jack P.Greene and J. R. Pole, eds., *A Companion to the American Revolution* ( Malden, Mass.: Blackwell Publishing, 2000 ), p.41。

9　"雅各布·贝利牧师解释他发布政治通知的行为，" 1775年3月1日，LOC: 雅各布·贝利文件。又见James S. Leamon, "The Parson, the Parson's Wife, and the Coming of the Revolution to Pownalborough, Maine," *New England Quarterly* 82, no.3 ( September 2009 ): 514-28。

10　William S. Bartlet, *The Frontier Missionary: A Memoir of the Life of the Rev. Jacob Bailey, A. M.* ( Boston: Ide and Dutton, 1853 ), p.111.

11　1778年8月26日雅各布·贝利致John Pickering, 及1778年11月24日雅各布·贝利致[?]夫人，"1777年3月21日至1778年12月30日致各类人士的信件"。PANS: 雅各布·贝利全宗，MG 1 ( reel 14895 ), item 21, pp.59-74, 112-14。

12　Bartlet, pp.129-31. 雅各布·贝利，"含有各类事件的日志"。1779年6月21日，PANS: 雅各布·贝利全宗，MG 1( reel 14900 ), vol. IV, p.13。

13　雅各布·贝利，"含有各类事件的日志"。1779年6月21日，PANS: 雅各布·贝利全宗，MG 1 ( reel 14900 ), vol. IV, pp.6, 21-22。

14　两本经典的研究对于理解革命时期的效忠派必不可少: Bernard Bailyn, *The Ordeal of Thomas Hutchinson* ( Cambridge, Mass.: Harvard University Press, 1974 ) 和 Robert M. Calhoon, *The Loyalists in Revolutionary America, 1760-1781* ( New York: Harcourt, Brace, Jovanovich, 1973 )。关于非精英阶层的效忠派，见，Robert M. Calhoon, Timothy M. Barnes, and George A. Rawlyk, eds., *Loyalists and Community in North America* ( Westport, Conn.: Greenwood Press, 1994 ); Joseph S. Tiedemann, Eugene R. Fingerhut, and

Robert W. Venables, eds., *The Other Loyalists: Ordinary People, Royalism, and the Revolution in the Middle Colonies, 1763-1787* (Albany: State University of New York Press, 2009)。

15 马萨诸塞总督托马斯·哈钦森提到"托利"一词"总有责备的意味"。引文出自 Wallace Brown, *The Good Americans: The Loyalists in the American Revolution* (New York: Morrow, 1969), p.30。一个很好的类比是给法国迁出者贴上"贵族"标签, 而事实上他们根本不是什么贵族。效忠派难民及其奴隶相当于美国人口的 2.5%, 而法国革命时期迁出法国的人口数量接近 0.5%。

16 五分之一的估计数字是 Paul H. Smith 根据效忠派军团的登记数字提出的: Paul H. Smith, "The American Loyalists: Notes on Their Organization and Numerical Strength," *William & Mary Quarterly* 25, no.2 (April 1968): 259-77。三分之一的数字常常被历史学家用作标准, 有时可追溯到约翰·亚当斯写于 1815 年的一封信件, 他在其中提出的论断非常有名, 说在革命之初, 美国人口中有三分之一的效忠派、三分之一的爱国者, 还有三分之一的人"相当温和"。约翰·亚当斯致 James Lloyd, 1815 年 1 月, 见约翰·亚当斯: *The Works of John Adams*, ed. Charles Francis Adams, 10 vols. (Boston: Little, Brown and Company, 1856), X, p.110。关于约翰·亚当斯在那封信件中提到的是美国革命还是法国革命, 仍有争论。不过在其他文件中, 亚当斯重复了这一估计数字, 说"殖民地约有三分之一的人反对革命"(引文出自 Thomas McKean 致亚当斯, 1814 年 1 月, 见 Adams, X, p.87), 还说英国大臣们"诱骗了殖民地近三分之一的人"支持他们(亚当斯致 Dr. J. Morse, 1815 年 12 月 22 日, 见 Adams, X, p.193)。在写到 1774 年第一届大陆会议的成员时, 亚当斯说,"如果给他们一一画像……现在可能就有一本漫画册了: 三分之一托利, 三分之一辉格, 剩下的三分之一五花八门"。(约翰·亚当斯致托马斯·杰斐逊, 1813 年 11 月 12 日, 见 Adams, X, p.79。)

17 近期的一份珍贵节选文字是 Jim Piecuch, *Three Peoples, One King: Loyalists, Indians, and Slaves in the Revolutionary South, 1775-1782* (Columbia: University of South Carolina Press, 2008)。

18 试图笼统归纳效忠派的社会和心理状况的著作包括: William Nelson, *The American Tory* (Oxford: Oxford University Press, 1961); Kenneth S. Lynn, *A Divided People* (Westport, Conn.: Greenwood Press, 1977); N. E. H. Hull, Peter C. Hoffer, and Steven L. Allen, "Choosing Sides: A Quantitative Study of the Personality Determinants of Loyalist and Revolutionary Political Affiliation in New York," *Journal of American History* 65, no.2 (September 1978): 344-66。

19 虽然把革命描述为内战的做法并没有深深嵌入美国公众的意识, 但各类历史著作广泛认可这一点, 包括 John Shy, *A People Numerous and Armed: Reflections on the Military Struggle for American Independence*, rev. ed. (Ann Arbor: University of Michigan Press, 1990), Kevin Phillips, *The Cousins' Wars: Religion, Politics, and the Triumph of Anglo-America* (New York: Basic Books, 1999)。

又见 Robert M. Calhoon, "Civil, Revolutionary, or Partisan: The Loyalists and the Nature of the War for Independence," in Robert M. Calhoon et al., *The Loyalist Perception and Other Essays* (Columbia: University of South Carolina Press, 1989), pp.147–62; Allan Kulikoff, "Revolutionary Violence and the Origins of American Democracy," *Journal of the Historical Society* 2, no.2 (March 2002): 229–260。

20 因此，虽然 Barry Cahill 认为逃亡奴隶不一定拥有效忠派的意识形态，因而严重质疑将逃亡奴隶视为"效忠派"，我还是认为这些人应该被归入效忠派难民之类。见 Barry Cahill, "The Black Loyalist Myth in Atlantic Canada," *Acadiensis* 29, no.1 (Autumn 1999): 76–87; James W. St. G. Walker, "Myth, History and Revisionism: The Black Loyalists Revised," *Acadiensis* 29, no.1 (Autumn 1999): 88–105。

21 本书从头到尾的注释中都引用了相关的区域文献。不过有一份宝贵的论文把效忠派移民纳入了更广泛的大西洋背景: Keith Mason, "The American Loyalist Diaspora and the Reconfiguration of the British Atlantic World," in Peter Onuf and Eliga Gould, eds., *Empire and Nation: The American Revolution in the Atlantic World* (Baltimore: Johns Hopkins University Press, 2005), pp.239–259。

22 Lorenzo Sabine, *The American Loyalists, or, Biographical Sketches of Adherents to the British Crown in the War of Revolution*, 1st ed. (Boston: Charles C. Little and James Brown, 1847), p.iii.

23 这种经典说法见 R. R. Palmer, *The Age of the Democratic Revolution: A Political History of Europe and America*, 2 vols. (Princeton, N. J.: Princeton University Press, 1959–64)。近期将美国历史国际化的领先学术研究包括 David Armitage, *The Declaration of Independence: A Global History* (Cambridge, Mass.: Harvard University Press, 2007) 和 Thomas Bender, *A Nation Among Nations: America's Place in World History* (New York: Hill and Wang, 2006)。

24 Peter Oliver 法官远赴英格兰时随身携带着一个宝贵的家用糖盒，目前属于 Winterthur 收藏品。(关于效忠派的物质文化，见 Katherine Rieder 的 2009 年哈佛博士论文。) 新斯科舍总督约翰·温特沃斯之妻 Frances Wentworth 在哈利法克斯使用的还是美国的菜谱。("Memorandum of Cash Expended for the use of Mrs. Wentworth's House," September 1786, PANS: RG1, vol.411 [reel 15457], item 10.) 约翰和威廉·查尔斯·韦尔斯在佛罗里达和巴哈马群岛使用印刷机。(Wilbur Henry Siebert, *Loyalists in East Florida, 1774 to 1785: The Most Important Documents Pertaining Thereto, Edited with an Accompanying Narrative*, 2 vols. [Deland: Florida State Historical Society, 1929], I, p.189.)

25 我的意思并非这些原则都是在美国革命期间发展成形的；七年战争已经让大英帝国成为无可争议的多民族帝国，而这些特征中有许多是在未来的法国革命和拿破仑战争中阐明的。尤见 P.J. Marshall, *The Making and Unmaking of Empires: Britain, India, and America, c.1750–1783*

（Oxford: Oxford University Press, 2005）, and C. A. Bayly, *Imperial Meridian: The British Empire and the World, 1780-1830* （London: Longman, 1989）。

26 关于革命对大英帝国的诸多后果和影响，我的理解部分借鉴了：Marshall, *Making and Unmaking*; Eliga Gould, *The Persistence of Empire: British Political Culture in the Age of the American Revolution* （Chapel Hill: University of North Carolina Press, 2000）; Stephen Conway, *The British Isles and the War of American Independence* （Oxford: Oxford University Press, 2000）; H. T. Dickinson, ed., *Britain and the American Revolution* （Harlow: Addison Wesley Longman, 1998）; Kathleen Wilson, *The Sense of the People: Politics, Culture, and Imperialism in England, 1715-1785* （Cambridge, U. K.: Cambridge University Press, 1995）; Linda Colley, *Britons: Forging the Nation, 1707-1837* （New Haven, Conn.: Yale University Press, 1992）; Christopher Leslie Brown, *Moral Capital: Foundations of British Abolitionism* （Chapel Hill: University of North Carolina Press, 2006）。

27 Alan Frost, *The Precarious Life of James Mario Matra: Voyager with Cook, American Loyalist, Servant of Empire* （Carlton, Victoria: Miegunyah Press, 1995）.

28 Jeremy Adelman, "An Age of Imperial Revolutions," *American Historical Review* 113, no.2 （April 2008）: 319-40. 早期曾有人对美国革命和法国革命进行了有趣的对比，认为前者是"防御性"，因而是合法的，而后者是"进攻性"，因而充满暴力，见 Friedrich Gentz, *The Origin and Principles of the American Revolution, Compared with the Origin and Principles of the French Revolution* （Philadelphia: Asbury Dickins, 1800）。

29 Cf.Peter S. Onuf, "Federalism, Democracy, and Liberty in the New American Nation," in Jack P.Greene, ed., *Exclusionary Empire: English Liberty Overseas, 1600-1900* （Cambridge, U. K.: Cambridge University Press, 2010）, pp.132-59; David C. Hendrickson, *Peace Pact: The Lost World of the American Founding* （Lawrence: University Press of Kansas, 2003）; Alison La Croix, *The Ideological Origins of American Federalism* （Cambridge, Mass.: Harvard University Press, 2010）.

30 关于印度的宪政，见 Robert Travers, *Ideology and Empire in Eighteenth-Century India: The British in Bengal* （Cambridge, U. K.: Cambridge University Press, 2007）。当然，美国制宪过程本身就是借鉴了英国的先例，见 Daniel J. Hulsebosch, *Constituting Empire: New York and the Transformation of Constitutionalism in the Atlantic World, 1664-1830* （Chapel Hill: University of North Carolina Press, 2005）。

31 与苏格兰签署的《1707 年合并法案》创建了"大不列颠联合王国"，而与爱尔兰签署的《1800 年合并法案》又把这个联合王国扩大成为"大不列颠及爱尔兰联合王国。"这些"联合"实体的先例或许是 1581 年缔结的"尼德兰联合省"之名，虽然美国人在构想《独立宣言》时并没有援引尼德兰人的例子：Armitage, pp.42-44。

32  关于 18 世纪大西洋世界的移民、奴隶制和革命，尤见 Bernard Bailyn, *The Peopling of British North America: An Introduction* ( New York: Knopf, 1986 ); Bernard Bailyn, *Voyagers to the West: A Passage in the Peopling of British North America on the Eve of the Revolution* ( New York: Knopf, 1986 ); Marcus Rediker and Peter Linebaugh, *The Many-Headed Hydra: Sailors, Slaves, Commoners, and the Hidden History of the Revolutionary Atlantic* ( Boston: Beacon Press, 2000 ); Stephanie E. Smallwood, *Saltwater Slavery: A Middle Passage from Africa to American Diaspora* ( Cambridge, Mass.: Harvard University Press, 2007 ); Alexander X. Byrd, *Captives and Voyagers: Black Migrants Across the Eighteenth-Century British Atlantic World* ( Baton Rouge: Louisiana State University Press, 2008 ); Sarah M. S. Pearsall, *Atlantic Families: Lives and Letters in the Later Eighteenth Century* ( Oxford: Oxford University Press, 2008 )。

# 第一部分　难民

上图：摘自托马斯·波纳尔（Thomas Pownall）的《美国中部的英属殖民地一览图》（*A General Map of the Middle British Colonies in America*，1776）。

下图：摘自伯纳德·罗曼斯（Bernard Romans）的《美国南部的英属殖民地一览图》（*A General Map of the Southern British Colonies in America*，1776）。

## 第一章　内战

托马斯·布朗永远不会忘记那一天，美国革命彻
底改变了他的生活。那是 1775 年夏，25 岁的他登陆
北美后的第一个夏天。一年前，他带着 74 个契约仆
役刚刚从风暴肆虐的英格兰港口惠特比（Whitby）来
到殖民地，在佐治亚殖民地奥古斯塔（Augusta）附
近的乡间经营一个种植园。这些新来的移民一定对那
充满异国风情的亚热带景观啧啧称奇，高大的黑橡树
像一个个近 20 米高的木桩子一样直耸云霄。[1]九个月
后，布朗和他的仆役们就把大部分树林变成了耕地。
5600 英亩的庄园欣欣向荣，他在自己那座富丽堂皇的
大房子里监管着庄园的大小事务，佃户们在周围建起
了自己的 36 所农舍。布朗的马厩里马匹成群，牛群
和公猪也用牧草和饲料养得膘肥体壮。他向总督申请
了更多的土地，派人去英国再带来一船工人，"心满
意足地看着自己在那个国家的事业蒸蒸日上，超出了

他最乐观的期待"。[2] 然而另一股势力却在暗流涌动，悄然改变着托马斯·布朗的新世界。那年 8 月的一天，那股势力终于涌向他，一支 130 人的武装队伍径直朝他的房子走来。

来北美之前，布朗就听说了过去十年导致英美关系日益破裂的"麻烦"。英国征收的一系列税负触发了关于议会权限和居住于殖民地的英国臣民权利的激烈冲突。布朗蛮有把握地认为，佐治亚远在动乱中心新英格兰的千里之外，应当"不会 [ 与这类事件 ] 有所牵连或瓜葛"。时至 1774 年，把全部资产和未来投入北美殖民地看来仍是个不错的选择。然而 1775 年 4 月，英军和北美军队在波士顿郊外打响了革命的第一枪，从此殖民地就再也没有哪一个角落能长久地置身事外了。在距离布朗的庄园最近的大城市萨凡纳和查尔斯顿，爱国者们集结起来支持叛乱，要求布朗和他的邻居们也加入。这么做对他有任何好处吗？其实没有。他初来乍到——1775 年，殖民地的白人中有 10% 都是最近十五年来的新移民，但他打算余生都生活在殖民地，就此而言，他是不是新移民无关紧要。他的土地和地位都要仰仗佐治亚殖民地总督的保护，他还担任了一个地方治安官的公职。何况他觉得，面对大英帝国全副武装的军队，这一外省叛乱获胜的可能性微乎其微。不管他曾心怀怎样的家国大义，仅私利一项就让布朗清晰地看到了自己的选择。他拒绝了爱国者的提议，反而加入了一个对立的效忠派组织。紧接着，爱国者的邀请就变成了要求，门前的这群武装分子就是来传达要求的。

布朗站在自家廊下，黏湿的热气粘在身上，仿佛衬衫里又加了一件紧身衣。起初他试图冷静地与来人周旋，说自己无意与邻居为敌，但"绝不能拿起武器对抗他赖以为生的国家"。谈话很快就变成了对峙。有些爱国者威胁说："除非他加入组织，否则就强行把他拖到奥古斯塔去。"布朗回到屋里拿起了武器，"决心尽一切可能抵抗暴力"。"看谁敢这么做，后果自负！"他喊道，挥舞着自己的手枪。6个人冲向他，刀光闪过，枪声响起，一只枪托从他的头顶砸下，打破了他的头骨。他眼前一黑。[3]

接下来发生的故事是布朗后来根据自己迷迷糊糊的记忆补全的。他的头被打破了，抽痛不已，身上还流着血，被拖着一路疾行，最终来到奥古斯塔。他被推倒在地，双臂被捆在一棵树的树干上。他看到自己裸露的双腿向外张着，像是怪里怪气的陌生物事，他看见他们把灼热的棕色沥青浇在上面，烫伤了双腿，紧紧地粘在皮肤上。在他的脚下，他们堆起并点燃了柴火。火焰遇到沥青后燃烧得更旺，皮肉都被烤焦了。他的双脚着起了火，两个脚趾被烧成了残肢。袭击者们拽着他的头发，拉过他被砸破的头，把头发一簇簇揪下来。头发揪光之后，他们又用小刀割下一条条的头皮，血沿着他的耳朵、脸颊和脖颈流淌。布朗被剥下一半头皮，颅骨破裂，双脚残跛，浑身多处遭到砍伤和殴打，但他居然奇迹般地活了下来。后来，有个医生到他被关的地方给他包扎伤口，他身上的骨折伤慢慢长好了。一个心怀同情的卫兵可怜眼前这位严重伤残之人，同意放了布朗。他逃出生天，骑马越过殖民地边界到了南卡罗来纳，在一位效忠派朋友家里藏身。[4]

后来许多年里，布朗经常想起爱国者们"对他施以惨无人道的酷刑"。他有选择性地不提他在奥古斯塔被强行拖去游街受到公众嘲笑，也没提他和这类袭击的许多受害者一样，终于崩溃了，同意加入组织（他一逃出来就立即公开否认了这一行为）。[5]但向袭击者屈服带来的屈辱更坚定了布朗反击的决心。这一事件把他从一般市民变成了与革命势不两立的武装敌人。仅用了几周时间，在他仍然因为脚伤不能行走，头上还绑着绷带时，布朗就召集了数百位乡间居民组成了一个效忠派民兵组织——"国王突击队"，给爱国者以回击。由于遭受了爱国者身心两方面的虐待，布朗后来成了一名复仇心切的效忠派指挥官，残忍的恶名远近皆知。[6]

长久以来的一个历史传统，是宣扬美国革命首先是一场关乎理想的战争，而非尸山血海的鏖战。[7]然而在布朗和成千上万被卷入这场冲突的平民看来，这就是美国革命的面目：暴徒横行、邻人反目，每个人都被迫在重压之下作出选择。随着革命在各个殖民地愈演愈烈，一个又一个北美人面临抉择。他们是加入叛军，还是继续对国王和帝国效忠？答案与很多因素相关，包括核心价值观和信仰、私利、当地局势以及人际关系网。但不管他们当时的反应有多少偶然因素，所产生的结果均影响深远，令他们始料不及。

　　何为效忠派，效忠派期望中的北美和大英帝国是怎样的？[8] 首先必须指出，跟本土英国人相比，同为北美殖民者的效忠派和爱国者之间有着更多的共同点。效忠派和爱国者关心的都是获得土地、保有奴隶和监管殖民地贸易。原籍也不一定是导致政治分歧的一个重要因素。比方说，托马斯·布朗是个效忠派，但他从奥克尼群岛带来的一位契约佣仆却立即逃走并加入了一个爱国者民兵组织。[9] 归根结底，关于效忠的选择更多地取决于雇主、职业、利润、土地、信仰、家庭和朋友关系，而不是作为一个北美人或英国人所隐含的任何身份认同感。战争之初，殖民者们往往认为自己既是北美人也是英国人，因为他们既是殖民地的居民，也是英国的臣民。

　　真正将殖民地的北美人分成效忠派和爱国者两大

阵营的，是革命事件的压力日增：威胁、暴力、强制宣誓以及最终的战争爆发。到 1776 年，爱国者们拒绝承认国王的权威，并为这种做法发展出了新的政治和哲学理由，而效忠派却希望保留英国臣民的身份，希望十三殖民地仍然是大英帝国的领土。效忠派大概能就这些基本观点保持一致。然而如果认为效忠派在思想意识上是整齐划一的，或者认为他们只想保持现状，就大错特错了。事实上，许多效忠派领袖都曾寻求改革帝国关系。他们抵制可能出现的威权统治，并急于捍卫自己的代表权。的确，在 1760 年代和 1770 年代的殖民地抗议声中，未来的效忠派和爱国者们同样齐声反对他们看到的英国暴政。他们往往在权利和自由等问题上持有相同的外省视角，也用同一种语言反对帝国当局的不公正对待。这将在未来的战后年代产生重要的影响，那时效忠派难民将看到，自己作为英国臣民的期待与英国本土统治者的期待时有不和。

说来也怪，殖民地的一切麻烦都始于英帝国历史上最大的一次胜利。1763 年英国在"七年战争"中大获全胜，为帝国版图增加了法属加拿大、西属佛罗里达和宝贵的加勒比群岛，也让它在印度站稳了脚跟。但与此同时，英国也债台高筑。为了抵销成本，议会通过了一系列旨在促进帝国安全和繁荣的殖民地举措，然而它却无意间激起了殖民地的反对。最臭名昭著的要数 1765 年的《印花税法案》（Stamp Act），这项对纸质产品加收的税负看似无伤大雅，却产生了声势浩大的不良后果，北美人（和很多英国人）指责这是滥用帝国权力，是由没有充分代表殖民者的议会强加的。很多未来的效忠派都曾发声反对《印花税法案》，但这些反对之声也遭到了对北美"托利派"的首次全面攻击，怀疑他们这么做是希望加强王室与贵族的权力。街头帮派——其中一个帮派自称"自由之子（Sons of Liberty）"——破坏财产，袭击个人，最鲜明的做法就是在人身上涂满沥青、插上羽毛，这是爱国正义的新标志。[10]

到 1773 年，一项对茶叶征收的税负引发更大的麻烦之时，暴力在殖民地已经是家常便饭了。12 月的一天深夜，波士顿的"自由之子"们在脸上涂满条纹，看上去像印第安武士的样子，涌上了停泊在波士顿港的英国茶叶船，把贵重的货物倾倒入海。英国议会对此的反应是通过了所谓的《强制法案》（Coercive Acts），关闭了波士顿港口，要求赔偿茶叶。北美人立即宣称这些法案是《不可容忍法案》。来自十三殖民地的代表决定在费城召开一次大陆会议，制定协调一致的反应策略。

在 1774 年 9 月到达费城的议员中，有少数几位已经准备好开战了。在一次大会晚宴上，当激进的檄文执笔人、刚刚从英格兰回来支持爱国者一方的托马斯·潘恩举杯祝酒时，现场一定响起了热烈的欢呼声:"愿英国火石与美国钢铁碰撞能产生自由之火花,以照耀……之苗裔焉!"但绝大多数代表可能还是在全体举杯祝愿"英国和殖民地在宪法的基础上和谐统一"时,发出了更为由衷的欢呼。[11] 在大多数议员看来,可能发生的战争根本没有必要,何况那还是自毁的极端行为。最好能找到一种途径,既能主张殖民地的权利和自由,又能继续存留在帝国的羽翼之下。

为实现这一目标,宾夕法尼亚议会的议长约瑟夫·加洛韦提出了一个很有说服力的方案。[12] 加洛韦与大多数同僚一样,认为殖民地没有"在大不列颠的议会中被[充分]代表",但他们"讨厌被人认为渴望独立"。相反,加洛韦提议北美建立自己的议会:由一位大统领担任议长的"大议会"。该北美议会应由每个殖民地派代表组成,将为管理殖民地事务"保持和行使一切[必要的]立法权利、权力和权限"。它还应有权否决英国议会制定的任何涉及北美的立法。这样一来,殖民地既能享有地方自治,又能保留帝国贸易和保护的好处。加洛韦声称,如果殖民地想要远离"内战的恐怖"以及必然随之而来的"北美的毁灭",这样一个"联盟计划"是唯一的出路。[13]

加洛韦的计划是革命前夕最重要的殖民地改革计划,但它并不是凭空产生的。加洛韦的导师本杰明·富兰克林本人曾经在二十年前提出过一个非常相似的计划[他与后来被痛斥为"托利派"的马萨诸塞殖民地总督托马斯·哈钦森（Thomas Hutchinson）一同制订了该计划]，即 1754 年的奥尔巴尼联盟计划（Albany Plan of Union of 1754）。[14] 曾有一幅令人难忘的政治漫画将殖民地画成一条断蛇，富兰克林在下面题写过一句话，"不联合，即死亡（Join, or Die）"，指出北美大陆的联合对北美未来的繁荣意义重大。[15] 加洛韦把自己的联盟计划寄给当时住在伦敦的富兰克林看，后者在英国高层官员中传阅了该计划；富兰克林唯一反对的是，它可能会让北美卷入过多的大英帝国战争。富兰克林的儿子、时任新泽西殖民地总督的威廉，则全心全意地支持该计划。毕竟，它有很多诉诸北美人理性的内容。加洛韦的计划给予殖民地管理除参战之外的一切事务的权力，提议赋予北美殖民地的自治权高于包括苏格兰在内的其他任何英属领地。根据他的提议，北美立法机关所受到的约束也小于爱尔兰议会。最重要的是，加洛韦称，他的计划将有助于北美自身的发展。如果殖民地想要继续发展和繁荣，就必须有一种至高无上的权威将它们团结起来，这符合富兰克林的"不联合，即死亡"的精神；他指出，那或许就是所谓的"北美宪法"。[16]

1774 年 9 月底的一天，议会从早到晚一直在辩论加洛韦的联盟计划。纽约代表团特别赞同该计划，德高望重的律师约翰·杰伊（John Jay）明确表示赞成。一位来自南卡罗来纳的年轻正直的种植园主宣称，它

"几乎是一项完美的计划"。加洛韦对自己的成就暗自得意,"每一位有产之士、许多最贤能的议员,都支持计划"。但并非所有的同事都被他说服了。弗吉尼亚殖民地的帕特里克·亨利(Patrick Henry)坚称,"我们无法满足于被其他代表所代表"。[17]"自由之子"的创始人萨缪尔·亚当斯(Samuel Adams)认为,殖民地彻底退出大英帝国会更有前途。加洛韦的计划被投票表决,五个殖民地投了赞成票,六个殖民地反对,计划因而被搁置了。[18]议会没有选择进一步与英国结盟,反而公布了一系列决议,声明北美人有权拥有英国臣民的"所有权利、自由和豁免权",言辞铿锵,很像后来的《独立宣言》。[19]

加洛韦计划的赞成和反对票数如此接近,为历史学家提出了一个"如果"的有趣问题。如果那一票投向了另一边呢?如果加洛韦的计划被采纳,十三殖民地后来的走向如何?爱尔兰或许能为这些问题提供一个答案:1782年的一系列改革之后,爱尔兰议会被赋予了加洛韦曾为美国寻求的那种立法自由。1800年,爱尔兰将直接与大不列颠联合,它的议会也被威斯敏斯特吞并了。但更好的答案将在北美本地成形:1867年,上下加拿大两省、新不伦瑞克和新斯科舍合并成为大英帝国内部的一个联邦自治领。这一联合体被称为"加拿大",是帝国的首个"地方自治"(对本土政策拥有自治权)的范例,为19世纪后期的爱尔兰和印度自治运动提供了一个模板。在 1774 年的费城，加洛韦提出的帝国改革模式可以说是提前好几个世纪预言了地方自治。这是一个典型的例子，说明效忠派有他们自己充满活力的政治愿景。

看到自己的预言部分应验，加洛韦当然不会感到欣慰。但他的计划是北美试图维系与大英帝国之联系的最后一次集体努力，议会否决了它，便不可阻挡地逼近内战了。紧张关系已经达到风暴边缘，正面冲突一触即发，只是时间早晚的问题了。

警报最终在 1775 年 4 月 19 日的黎明之前响起，马萨诸塞殖民地列克星敦的民兵组织成员听到消息说英国士兵正从波士顿赶来，要查封康科德附近的一个爱国者武器库，纷纷从床上爬起。民兵们以最快的速度在列克星敦绿地集合，快速准备好毛瑟枪等待着，700 名训练有素的英军正规部队有人步行、有人推车，朝他们的方向前进。随后便响起了枪声。谁也不知道哪一方打响了那"传遍世界的枪声"（如诗人拉尔夫·沃尔多·爱默生后来那句著名的诗中所写），是英国士兵还是北美民兵。[20] 但那无关紧要，因为虽然力量悬殊、目的不同，这两队人马之间的相似度要高于他们此前面对的其他任何敌人。对他们乃至成千上万已经卷入战争的人来说，美国革命不是一部关于缔造新国家的世界历史大片。这是一场关于旧帝国分裂的艰苦内战。它加速了英国臣民日益分裂成北美人和英国人两大对立阵营的痛苦过程。[21]效忠派的问题在于他们与两方面都有着千丝万缕的联系，既是扎根于此的北美殖民者，也是忠心耿耿的英国臣民。

\*

对于在费城开会的议员而言，思想和信仰是他们争论的明确主题。然而对于被迫卷入一场内战的250万北美人来说，思想早已被暴力变得残酷无情，乃至彻底取代。冲突一开始就足以将某些哪怕曾当选议员的人推到另一边，其中就包括著名的纽约商人艾萨克·洛。虽然自1760年代起，洛一直反对帝国滥用权力，但步入战争的深渊却让他越来越无法认同。1775年5月第二次大陆会议召开之时，洛退出了议会，待在家里；没过几天，当有人请他出钱为爱国者部队购买武器时，他更是彻底辞去了公职，不久便转而支持英国了。[22]列克星敦和康科德的小规模战斗打响之后，殖民地在几周之内便建立起各级安全委员会，对新成立的爱国者立法机构宣誓效忠。这些誓言成为爱国者和效忠派之间分歧的重要标志。拒绝宣誓的人可能会被监禁，遭到没收财产或直接驱逐出境的处罚。拒不服从之人随后还将面临大众司法审判。波纳尔伯勒的牧师雅各布·贝利还算是幸运的，只是庄园里的牛羊受到了袭击。1775年，至少二三十人有过跟托马斯·布朗一样的遭遇，被施以酷刑，涂上沥青，插上羽毛，当众羞辱。[23]

随后，战争本身的暴力开始蔓延。凯瑟琳·斯金纳第一次亲身体验到革命时只有 5 岁，一天夜里，士兵们闯入她家里，把她猛扯下床，用刺刀捅入床垫，查看她的父亲有没有藏在床底下。凯瑟琳的父亲科特兰·斯金纳（Cortlandt Skinner）是新泽西的最后一任王家首席检察官，他（像布朗一样）拒绝了爱国者的提议，逃到英国人的地盘，把家人留在新泽西乡下。叛军袭击把斯金纳一家人困在他们自己的房子里，他们藏在地窖里躲避枪击，饥寒交迫，每日以泪洗面。最后，凯瑟琳的母亲总算带着 10 个年幼的孩子逃到她大女儿的庄园避难。冬天来了，寒风凛冽，白昼渐短。每次他们外出，都会看到又一间附属建筑被焚烧了，他们又有一头猪或牛被叛军毒死了。斯金纳一家靠着贮存在已经冻得硬邦邦的田地底下的荞麦勉强熬过了 1776~1777 年的那个冬天。在一个极寒之日，家里最小的孩子，一个笑眯眯的、年仅 14 个月的男婴，死去了。接连几天，他们把他幼小的尸体留在屋里，因为没有牧师为他举行葬礼，也找不到教堂，无法下葬。最后凯瑟琳的大哥大姐们"乘夜把那个可怜的小东西带出去，埋在了田间角落里"。[24] 这类痛苦场景给凯瑟琳留下了极其深刻的创伤，以至于六十多年后，她还能清晰地回忆起来当时的一幕幕——她的妹妹玛丽亚大概也是一样。

效忠派密切关注着战争的进展，有时他们藏起来避免正面冲突，有时则前往英军的地界寻求庇护。当然，一开始，他们理所当然地认为英国会轻易获胜。但当英军在1776年3月面对爱国者的袭击而决定撤离波士顿时，事态却明显朝着令人不安的方向发展了。在撤离这座城市的命令中，英国将军威廉·豪向任何希望追随他们的效忠派平民开放了自由通道，无意间为接踵而来的数次撤离开了先例。至少1100名效忠派跟随撤离的部队一起乘船前往新斯科舍的哈利法克斯。[25] "据说，世上再没有比这些可怜的人此刻的样子更悲惨的活物了，"大陆军总指挥乔治·华盛顿继续说，"他们知道自己忘恩负义实属邪恶，因而宁愿将命运……交付给海上肆虐的风暴，也不愿面对他们被冒犯的同胞。"[26] 抛开华盛顿话里话外的轻蔑，难民们大概会同意他对他们悲惨情境的描述。波士顿难民们几乎放弃了自己的一切财产和社会关系，成为第一批经历大规模撤退的效忠派，也成为第一批体验到种种艰辛的帝国流放者。

在此时英军火力集中的纽约，三一教堂的助理牧师查尔斯·英格利斯焦灼地目睹着局势日益恶化。作为被英国圣公会授予圣职的牧师，英格利斯（和雅各布·贝利一样）无法容忍放弃对国王效忠，那毕竟是他所在教会的最高元首。但看到自己的国家陷入战争更让他难过。1776年1月，托马斯·潘恩发表了题为《常识》的小册子，咄咄逼人、掷地有声地为北美的独立与共和制辩护。英格利斯随即写出了一本小册子，动之以情、晓之以理地反驳潘恩的观点，题为《公正地论述北美的真正利益所在》(The True Interest of America, Impartially Stated)。"我在这本小册子中看不到常识，只看到癫狂，"英格利斯写道，"就连霍布斯也会因为有该书作者这样的信徒而脸红。"英格利斯生动地描述了他认为潘恩的观点会给北美带来怎样灾难性的后果："残酷的战争……将摧毁我们曾经的乐土……血流成河，千万生灵如蹈水火。"英格利斯申辩道，北美真正需要的是改革帝国关系，以确保北美人的"自由、财产和贸易安全"。"没有哪一个活着的人像我此刻一样，为北美当前的局势而痛彻肺腑，"他说，"抑或为能看到这一切在眼前消失，看到我们把自由建立在恒久的宪法基础上，而欢喜若狂。"但他发自内心地认为，共和必将导致混乱失序，独立必会带来衰落凋零。他理当"为上帝、为我的国王和国家"而抵制这一切。潘恩的文本匿名出版时署名"一个英国人"，但出生于爱尔兰的英格利斯却在自己出版的小册子上骄傲地署名"一个北美人"。[27]

英格利斯希望潘恩的小册子"像其他文字一样被世人遗忘"。[28] 但事实上，它甫一出版便轰动一时，据说单是 1776 年一年就售出了 50 万册，相当于每 5 个北美人便拥有一册，正是这本小册子推动了北美人一边倒地拥护独立。[29] 相反，英格利斯的小册子却被印刷商全数收回并付之一炬，英格利斯谴责这是"对出版自由的无情践踏"。更多的冒犯随之而来。纽约安全委员会命令国王学院（也就是如今的哥伦比亚大学）里倾向效忠派的董事们把学院的图书馆清空，好把整个建筑变成大陆军的军营。1776 年 5 月，被怀疑是纽约效忠派的人们被赶拢到一处，被迫上交了他们拥有的全部武器。随后的那个月，更多人被暴民抓捕，"被迫骑在木棍上，赤身裸体，身上伤痕累累。许多人被迫逃离了城市，再也不敢回来"。到夏天，谣言传来，说有人正密谋暗杀乔治·华盛顿时，英格利斯和他的朋友们已生活在"极大的惊惧和恐怖中"。[30]

随后，国会在 1776 年 7 月 4 日投票通过了《独立宣言》。关于联盟、改革和身为英国人之自由的一切爱国言论皆被一扫而空，代之以托马斯·杰斐逊关于普世的、"不证自明"和"不可剥夺的权利"的清晰表述。理论上，该宣言把英属十三殖民地变成了独立的"美利坚合众国"。虽然美国真正成为现实还要经历很长一段时间，但该宣言对于巩固爱国者和效忠派各自的立场起到了关键作用。从这时开始，独立变成了营垒分明的界线，要么支持独立，要么反对独立。独立使得任何协助或支持英国的人变成了美国的叛徒。它还附带着一个象征意义:《独立宣言》所使用的语言,把英王乔治三世变成了爱国者们恨之入骨的英国统治的化身。效忠派则相反,国王成为他们团结的焦点;支持国王是他们每个人共有的信仰。

不再有国王,不再有英国议会,不再有大英帝国:随着《独立宣言》通过的消息传遍北美,人们立即明白了它的意义所在。象征国王权威的标志在狂热的反偶像运动中被砸碎。爱国者们行进在波士顿街头,只要看到有客栈招牌、匾额或任何带有王家象征的东西,便毫不留情地拆除捣毁。在巴尔的摩,他们用车推着国王的雕像游街,像推着一个被判死刑的人前往刑场,然后在千万人面前将其焚毁。在纽约市的鲍灵格林(Bowling Green),一伙士兵和急切的市民用绳子围住英王乔治三世的一座骑马雕像,把它从大理石基座上拉下来,斫去雕像的头部,把它插在铁篱尖上。英格利斯记录了那个被斩首的雕像被拉着横穿城市,一直来到大陆军兵营,也就是"在几个军团的首领面前宣读《独立宣言》"的地方。雕像中宝贵的铅将被熔化,制成了四万多颗子弹。[31]

英格利斯被"当前严重的事态"和"对任何胆敢为国王祈祷的人发出的最为凶残的威胁"吓坏了。他还算幸运,很快就找到了逃脱的途径。因为准备进攻纽约市,许多王家海军的船只停在港口,"像林中

树木一样密集"。[32] 1776 年 8 月的最后一周，一支
30000 人的英军在布鲁克林登陆，身穿红色军服的英
军远看就像红浪翻滚。他们在布鲁克林高地击溃了华
盛顿的大陆军，横渡东河占领了曼哈顿。英国在纽约
的全面胜利几乎当场就终结了战争，只是因为英国方
面的错误决策和美国的好运，才让华盛顿得以逃生，
他日卷土重来。相反，在战争余下的时间里，纽约市
成了英国军事行动的中心基地，它也成为效忠派在殖
民地的最大据点，效忠派纷纷从周围饱受战争蹂躏的
地区涌入这一避难所。[33] 1776 年 9 月英军占领开始时，
这座城市仅有 5000 个居民，看到英军到来，许多爱
国者都逃走了。不到六个月，效忠派难民就让城市人
口增加了一倍，不久，纽约收容了 25000~30000 名效
忠派难民，成为北美殖民地的第二大城市。[34]

难民们来纽约寻求保护和稳定，但他们也为此付
出了代价。英军到达后刚过了几个夜晚，曼哈顿东南
端的一条船道失火。火舌吞噬了百老汇，继而焚毁了
整个城市四分之一的建筑物。英军指挥官们认为大火
是由爱国者纵火犯点燃的，立即宣布纽约全城戒严，
戒严一直持续到战争结束。[35] 效忠派们痛恨生活在军
事占领区，不得不忍受喧嚣的英军士兵各种心血来潮
的古怪念头。[36]（英军士兵在北美家庭中解决食宿一
直让殖民地怨声载道，不是没有理由的。）1776 年秋，
愤愤不平的纽约难民向英军总指挥提交了一份抱怨戒

严的请愿书。"值此时艰，吾等穿荆度棘，攀藤附葛，仍一贯扛鼎助力，今特此上书表明心迹，坚定吾等对大不列颠于殖民地合宪权威之响应支持，"请愿者强调道，"[故]对令当世蒙羞，至为邪恶、无端违逆之叛军，吾等未曾予以分毫弘奖激励；自其兴起之日，乃至逞凶肆虐，吾等始终不以为然，甘冒虎口之险，倾荡家财，针锋相对。"如此耿耿忠心，他们辩称，他们理应受到"勉励嘉奖"，而不是任帝国的铁拳比以往任何时候更紧地勒住他们的咽喉。[37]

这份请愿书作为一份坦荡直白的依附宣言，显然不似《独立宣言》那样言辞优美、催人振奋，但它清楚地表明了广大北美效忠派民众希望从大英帝国那里得到什么。他们无意像《独立宣言》宣称的那样，"解消[与英国之]政治捆缚"。相反，他们寻求"迅速恢复[英国与殖民地之]同盟"，因为该同盟曾带来了那么多"共同幸福与繁荣"。然而另一方面，这些纽约人可不是落后的反动派。他们所追求的与英国和平地重建同盟更倾向于像约瑟夫·加洛韦等人的计划那样，让殖民地获得更大的自治权。他们也不是不假思索地对某支事实上的占领军"效忠"。

该"依附宣言"还准确地阐明了这些效忠派都是何许人也。1776年11月底，这份请愿书在华尔街斯科特客栈（Scott's Tavern）的一张桌子上放了三天，任何人均可在其上签名。共有700多人来到客栈，在那张羊皮纸上签上了自己的名字——是《独立宣言》签名人数的 12 倍。这一长串签名人来自社会各个阶层，从有家有产的显贵人物到无足轻重的当地农民和手工业者。第一位签名人休·华莱士（Hugh Wallace）是城里最富裕的商人之一；他和弟弟亚历山大都是爱尔兰移民，因为分别娶了前议员艾萨克·洛的两个妹妹，进一步巩固了自己白手起家的产业。查尔斯·英格利斯和纽约其他主要牧师紧随其后。纽约市最显赫的地主家族，包括德兰西家族、利文斯顿家族和菲利普斯家族，也派代表在请愿书上签上了自己的名字。但绝大多数签名者都属于维持纽约现状的普通人阶层：有客栈老板和木匠，也有来自哈得孙河谷和新泽西的农民，包括日耳曼人、荷兰人、苏格兰人和威尔士人。他们中间有为英军供应面包的烘焙师约瑟夫·奥查德（Joseph Orchard），有理发师和香水商詹姆斯·迪斯（James Deas）。很多签名人后来还参加了战斗：像阿莫斯·卢卡斯（Amos Lucas）离开了自己位于长岛的农田，加入了一个效忠派军团，格林威治的铁匠詹姆斯·斯图尔特（James Stewart）是"七年战争"的老兵，也于 1777 年加入英军。这份请愿书一方面记录了那个时代的社会等级阶序——位于最上面的是"显赫的市民"，他们的扈从和普通市民尾随其后，但另一方面，它也彰显了效忠派的社会多样性。[38]

正如爱国者围绕着一个独立国家的理想团结在一起，对国王的忠诚也促成了一个与之并立的北美联合体，它的理想是维护一个长治久安的帝国。然而这些纽约效忠派一开始就面临着一个不祥的预兆，后来则成为效忠派经常深陷其中的困境。他们的确找到了一个安全之所，但那不一定是个舒适的所在。他们希望从英国获得的东西不一定是英国当局愿意给予的。此外，他们虽然不打算与帝国彻底断绝关系，但也不希望被当作摇尾乞怜的杂役对待。在战争期间遭到这样的待遇是一回事，但很多人会失望地发现，效忠派的期待与英国的做法之间的这类割裂会一直持续到和平时期。

如此说来，难怪会有倾向于国王的殖民者觉得自己身处两难之地，不愿公开宣称投身效忠派，那只会让他们受到处罚、被没收财产、背井离乡，承受随之而来的百般痛苦。1777 年冬天，纽约大地主贝弗利·鲁宾逊就面临着这样的困境。战争打了将近两年，鲁宾逊仍不知如何是好。他出生于弗吉尼亚，1740 年代作为一个殖民地军团的军官来到纽约，同行的还有他的儿时好友和军官同僚乔治·华盛顿。他在那里遇到了纽约大地产主家族成员苏珊娜·菲利普斯并娶了她。（华盛顿追求苏珊娜的妹妹未果，后者拒绝了他，嫁给了一位未来的效忠派。）因为这次婚姻，鲁宾逊成了该地区拥有地产最多的显贵之一。

鲁宾逊一家住在纽约市以北 60 英里的哈得孙高地的一所奢华大宅里。从富足的租户那里收取丰厚的地租、友邻和睦，还育有天真活泼的 2 个女儿和 5 个儿子，贝弗利·鲁宾逊有足够的理由相信，1770 年代会成为他一生中最闪亮的年华。"自从那个黄金年代以后，他和家人就再也没有享受过那么完美的天伦之乐和田园之趣了。"鲁宾逊的四子弗雷德里克·菲利普斯·菲尔·鲁宾逊曾在回忆中畅诉幽情。[39] 相反，此时的贝弗利·鲁宾逊必须要面对他一生中最大的抉择了。

他会公开宣称效忠国王吗？毕竟他作为一名民兵军官和县法官，已经屡次宣誓对国王效忠了。他还能继续保持沉默吗？抑或他能和自己的许多熟人一起，与那个已经变质的帝国断绝关系？他的选择要冒极大的风险。鲁宾逊的内心深处不希望自己的世界发生变化——他怎么会有那样的希望呢？作为一名上流社会的地主，他在北美的生活与英国贵族无异。然而公开效忠派身份则会给自己、家人和财产带来巨大的危险。更何况他深爱着这片国土，也牵挂着它的未来。如果殖民地打赢了这场战争，美利坚合众国宣布独立了，他不一定乐意因此而放弃纽约的一切。

鲁宾逊还算幸运，叛军没有找上门来，像他们对托马斯·布朗那样。但 1777 年 2 月，事情终于到了紧要关头，鲁宾逊被一个"阴谋侦察委员会"传唤，就他的中立态度接受了审讯。审讯官中有一位是鲁宾逊的老朋友、纽约律师和议员约翰·杰伊。"阁下，"杰伊冷静地告诉他，"我们已经渡过了卢比孔河①，现在每个人都必须表明立场，放弃对大不列颠国王效忠，宣誓对北美合众国忠诚，否则就是投敌，因为我们已经宣布独立了。"[40] 这样的两难选择触到了鲁宾逊的要害。"我还无法想象背弃对国王的忠诚，"他在他们见面之后沮丧地写信给杰伊说，也"不愿意让自己或家人离开这个国度"。他说自己会最后跟朋友们商量一下，"想想我这可怜的千疮百孔的国度当前这可悲可叹、失魂落魄的境遇"。"如果我确信无法公正合理地达成和解，"鲁宾逊最后说道，"我将……乐意与我的国家同甘共苦。任何事情也无法诱惑或强迫我做出任何我认为……有损我的国家利益的事情。"[41]

鲁宾逊的思想斗争也让杰伊焦虑不安。杰伊本人也曾有很长时间希望能与英国和平和解，因此他也支持加洛韦的联盟计划。面对独立的卢比孔河，他跨了过去，但好几位密友却留在了对岸。[42] 由于迫切

---

① 卢比孔河（Rubicone）是意大利北部的一条河流。在西方，"渡过卢比孔河（Crossing the Rubicon）"是一句成语，意为"破釜沉舟"，它源于公元前49年，恺撒破除了将领不得带兵渡过卢比孔河的禁忌，带兵进军罗马，与格奈乌斯·庞培展开内战，并最终获胜的典故。

希望阻止又一起友谊破裂，杰伊发自内心地恳求苏珊娜·鲁宾逊，请她说服丈夫不要公开自己的效忠主张。"鲁宾逊先生已经将他自己和家人及后代的幸福置于险境——为的是什么？是在自己的想象中维护对一位国王的不切实际的忠诚……这位国王利用自己的议会……宣称有权在一切情况下对您和您的子女加以束缚。"他请她考虑一下如果他们仍然效忠英王，鲁宾逊一家会有怎样的遭遇。"切记，如果您带着这么大一家子人前往纽约，大概会饥寒交迫，无尽的焦虑会让您不得安宁，"他警告说：

> 想象一下那个兵临城下的场景吧，您本人和孩子们将身陷交战两军之中——如果撤离，您将撤向哪里，跟谁一起，又将以何种方式开启那段旅程？您能想象永远生活在军队的羽翼之下，惶惶不可终日么？如果上帝的旨意是美国必将自由，您准备在哪个国度过余生，如何抚养孩子们长大成人？这些事情可能只是我危言耸听，但请别忘了它们也有可能成为现实。[43]

事实证明，杰伊的警告竟字字透着先见之明。但这样的远见也未能让友人改变心意，即便面临内战，鲁宾逊最终还是拒绝与国王决裂。1777 年 3 月，贝弗利·鲁宾逊终于表明立场，旗帜鲜明地站在英国人一边。很长时间以来，鲁宾逊一家一直都是这场冲突的旁观者，此时却全身心投入了战争。鲁宾逊筹资建立了一个新的外省军团（是附属于英国军队的效忠派军旅之一），名为"效忠国王的北美军团（Loyal American Regiment）"，他本人亲自担任上校。他的长子小贝弗利·鲁宾逊担任该军团的陆军中校，次子担任上尉。[44] 当他的四子菲尔·鲁宾逊符合参战年龄（年满13岁）时，这位少年也在一支英国步兵部队中担任了职务。苏珊娜·鲁宾逊和其他几个孩子撤退到被占领的纽约寻求保护。在那里，查尔斯·英格利斯主持了一个小小的仪式，小贝弗利娶了另一名效忠国王的北美军团军官的妹妹安娜·巴克利。就在鲁宾逊一家为维护他们心目中的帝国而战时，纽约州政府以独立之名没收了鲁宾逊的庄园。后来，华盛顿和手下他的军官们将鲁宾逊的宅邸用作总部，他曾以座上宾的身份在那些房间里和自己的效忠派友人推杯换盏，后来却又在同样的房间里指挥向英军发动进攻。[45]

\*

就在贝弗利·鲁宾逊还在为是否在这场战争中采取立场而摇摆不定时，附近的一群纽约人已经在积极地为大英帝国而战了。他们是莫霍克印第安人，是参与美国革命的众多原住民民族之一。虽然他们的经历显然与殖民者和奴隶不同，但他们却因为好几个原因而跟白人和黑人效忠派站在了同一阵营。在殖民者看来，印第安人参战意义尤其重大，对他们自己选择立场也不无影响。[46] 但这并不仅仅是一场白人之间的内战，也导致了北美原住民的站队和分裂。就莫霍克人的例子而言，与英国人并肩作战导致的结果与白人和黑人效忠派既相似又有交集，最终也把他们拉入了效忠派难民的队伍。

在白人殖民地的边境，美国革命看起来并不像是一场关于赋税和代表权的战争。这是一场关于土地权利的战争，战争的导火索与其说是制定《印花税法案》等提高政府收入的措施，不如说是《1763 年公告》( Proclamation of 1763 )，根据该公告，英国禁止殖民者在阿巴拉契亚山脉以西的地区建立殖民地。[47] 英国官员之所以通过了这个措施，部分原因是为了制止白人和印第安人之间因扩张而产生不可避免的暴力。对渴望土地的殖民者来说，没有什么比这样的立法更邪恶了。殖民者和印第安"野蛮人"之间数十年的战争产生了一些极端野蛮的作战方式，在白人看来，最登峰造极的莫过于剥头皮。[48]（当托马斯·布朗声称 1775 年 8 月那天，"我的头皮被剥下了三四处"时，他使用了北美殖民者所能使用的最恶毒的中伤：把袭击他的人比作印第安人。）[49] 印第安人—白人关系的暴力历史对拓荒殖民者们效忠与否的决定产生了重要影响。布朗和他的邻居们之所以选择效忠英王，原因之一就是他们指望英国政府保护他们免受印第安人的袭击，而爱国者们反叛的原因之一则是英国人未能保护他们。

革命的到来也给了印第安人一个选择。长期以来，欧洲列强一直指望印第安人在殖民战争中和他们并肩作战，这次也不例外。英国人和爱国者都派人前去招募印第安人为他们服役，这也就给了印第安人机会去权衡自己的信仰、良心和集体利益等问题。哪一方会让他们最大限度地保护自己的自治权？就这方面的考虑而言，没有哪一个原住民民族比莫霍克人记录得更完整，或许他们也是算计得最精明的。由于这一时期印第安各民族还是自治力量，历史学家往往拒绝把那些替英国人作战的印第安人定义为"效忠派"，而只是把他们视为"同盟"。但莫霍克人跟英国的联系尤其长久深入。在他们自己乃至同时代的白人看来，他们也可以被视为效忠派。

作为易洛魁族联盟，即所谓"六族联盟（Six Nations）"的一部分，莫霍克人与英国人的结盟要追溯至革命以前很长时间。英国与易洛魁人的联盟被称为"链条盟约（Covenant Chain）"，其基础既是双方签订的条约，私人之间的关系也起到了很大的变革作用。将近二十年来，拥有巨大影响力的北部印第安人事务督察专员威廉·约翰逊爵士一直都在维护着这种关系。约翰逊堪称爱尔兰移民的成功典型，1738 年到达纽约时，他可以利用的资源只有一个很好的亲戚（他的叔叔是一名著名的海军上将）和他招募来在他叔叔的庄园上耕作的十几个家庭。他最终建立了一个庞大的个人帝国，占地 40 万英亩，横亘莫霍克河谷（Mohawk Valley）。在他自己的约翰逊庄园，威廉爵士过着一种新式封建主的富贵生活，有几百个佃农为他服务。与此同时，他还和自己的第三任妻子，杰出的莫霍克人玛丽·莫莉·布兰特合作，监管着一片多元文化领地。夫妇二人生养了 8 个白人—莫霍克人混血儿，他们住的房子是具最卓越的乔治王时代风格的建筑，有黑奴服侍他们，往来的宾客既有白人，也有印第安人。在定期举办的印第安人会议上，约翰逊夫妇为数百人举办奢华的宴会，围着会议篝火谈判和签订条约。约翰逊在殖民者和印第安人中的权威和影响力使得他在 1768 年促成了《斯坦威克斯堡条约》① 的签订，在纽约和宾夕法尼亚两地的英国和印第安人的地盘之间划出了明确的边界。

---

① 1768 年的《斯坦威克斯堡条约》（Treaty of Fort Stanwix）是六族联盟（或易洛魁联盟）与英国北部印第安人事务督察专员威廉·约翰逊爵士签署的，是根据《1763 年王家公告》谈判的第一个主要条约。在该公告将殖民地的边界确定为阿巴拉契亚山脉、把大部分北美腹地仍保留为原住民领土之后五年，《斯坦威克斯堡条约》又把该边界向西推到了俄亥俄河。

1774 年，就在他的世界分崩离析的前夜，约翰逊去世了。但"约翰逊"仍然是纽约北部地区的一个号召力很强的名字。督察专员的职位将由他的女婿盖伊·约翰逊和儿子约翰·约翰逊爵士相继担任，另一位女婿担任副专员。约翰逊一家根据英国的政策给予莫霍克人许多特权，与此同时，莫霍克人也给了他们特别的优待。威廉爵士去世后仅仅数月，战争就爆发了，约翰逊庄园中地位最高的女性前辈莫莉·布兰特积极召集易洛魁人为英国人而战。效忠派是她显而易见的立场：无论是亲友关系网还是与殖民者之间的夙仇，抑或仔细权衡的私利，都指向英国一方。六族联盟的其他成员也都追随莫霍克人的选择，只有一个著名的例外。奥奈达印第安人认为爱国者可能会赢得这场战争，并基于这一考虑选择加入了另一方。就这样，美国革命分解了易洛魁联盟，把六族联盟变成了五族与一族之间的对立；它还从内部分化了印第安人，有些村落仍然保持中立，其他村落则纷纷参战。[50]

莫莉·布兰特的行为让英国人相信，"对五族来说，她的一句话比任何白人说一千句话都管用，无一例外"。[51] 因此，英国人反复承诺给她特殊待遇，如房子和高达每年 3000~4000 英镑的津贴。[52] 与此同时，纽约爱国者们则就布兰特的影响提出了全然不同的证词。"玛丽·布兰特（别名约翰逊）"是记录在案的效忠派名单上仅有的五个女人之一，根据纽约州没收法，她们被正式剥夺了全部财产。（另外四个女人也全都姓约翰逊。）[53] 不管她本人如何描述自己的立场，英国人和北美人的这些行为显然都把莫莉·布兰特描绘成了一位效忠派。

但最为鲜明地体现英国人与莫霍克人之间关系的，还要数莫莉那位 40 岁的弟弟泰因德尼加，他的非印第安人朋友们喜欢叫他约瑟夫·布兰特。[54] 在莫霍克语中，"泰因德尼加"意为"两根树枝"，或者"两边下注之人"；约瑟夫在两种文化中成长起来，由姐姐莫莉带入约翰逊庄园那个多种族的社会中，威廉爵士几乎待他如养子，因而他这个名字真是恰如其分。18 岁时，约瑟夫已经是"七年战争"的授勋老兵了，约翰逊资助他前往康涅狄格，在由传教士依利沙·惠洛克（Eleazer Wheelock）创办的著名的"印第安学校"中学习。他后来自谦地说自己在那所学校里精修的英语是"一半英语一半印第安语"，但这个标签倒也合适，因为惠洛克的学校的确帮助布兰特巩固了自己的双重身份。[55] 得益于自己的家世和婚姻关系，布兰特在莫霍克社会和政界享有很高的地位，在父母位于莫霍克河谷的农场里过着舒适的生活。与此同时，他也颇擅长与白人结交，成了一个虔诚的基督徒，并担任前来为莫霍克人传教的圣公会传教士约翰·斯图尔特（John Stuart）的翻译。[56]

革命把布兰特的跨文化角色搬上了一个国际舞台。不久，他就成了莫霍克人的酋长，族名泰因德尼加，还担任军职，人称约瑟夫·布兰特上尉，是英军中军衔最高的印第安人。他还学会了把盎格鲁—莫霍克人的角色扮演到极致，完美得令人炫目。1775年底，他陪同印第安人事务督察专员盖伊·约翰逊一起前往伦敦，希望直接向国王求助，为莫霍克人争取土地赢得支持。"他身穿普通的欧洲服装时，似乎根本没有什么出众之处"，当时的一家报纸如是说。但他知道如何让自己显得与众不同。他请著名的肖像画家乔治·罗姆尼为自己画了一幅肖像，他头戴一绺猩红色羽毛，左手上横搭着斗篷，右手握着一把印第安战斧，脖子上戴着闪闪发光的十字架和甲胄。他的魅力迷住了詹姆斯·博斯韦尔（James Boswell），被引荐到宫廷，还被请入一所著名的共济会会所。说到自己对伦敦的印象，他说那里的淑女们给他留下的印象最深——还有就是那里俊美矫健的良马。[57]

莫霍克人在布兰特姐弟的带领下以约翰逊庄园为基地参与美国革命一事，是多民族利益在大英帝国旗帜下的一次真正的融合。作为效忠派，莫霍克人可以从英国人那里获得比其他印第安部族更多的支持和施恩。英国人也依赖他们帮助守护加拿大边境，那是英美之间最长的边境线。但当战争开始将矛头指向莫霍克人时，效忠立场并没能最终保护他们免受损失。

1777 年夏天对莫霍克河谷而言是一个野蛮而血腥的夏天,因为惨烈的战斗分化了易洛魁联盟。爱国者和奥奈达人军队洗劫了莫莉·布兰特的家乡卡纳约汉利村,还把她的房子抢劫一空;一位军官屡次返回,把她的丝质长袍和金银首饰装了好几大车带走了。爱国者们住进莫霍克人漂亮的房子,用他们贮存的玉米、卷心菜和土豆大摆筵席。[58] 但那一年之所以载入史册,更是因为英军在纽约发起的另一次进攻。这次战役由约翰·伯戈因(John Burgoyne)将军指挥,初衷原是分化殖民地,为英国打赢这场战争。结果却事与愿违。英军进攻过程中的一次意外成了糟糕的凶兆,一位北美少妇被杀,还被英国的印第安人同盟剥了头皮。这一事件激起了爱国者对英国人歇斯底里的仇恨,让他们前所未有地将英国人的红色军服与其所雇佣的红皮肤"野蛮人"联系起来。[59] 志愿兵纷纷加入爱国者军队,而伯戈因的军队节节败退。到 10 月,英军的规模已经从大约 8000 人减少到 5000 人,而与他们对峙的北美军队人数则是他们的 2 倍。他们被北美军队不停地追赶和骚扰,最终到达纽约奥尔巴尼附近的萨拉托加村,士兵们疲惫到极点,不顾大雨滂沱就纷纷倒在湿漉漉的地上睡去了。1777 年 10 月 17 日,伯戈因将军经受不住团团包围和持续火攻,带着他的军队向爱国者投降了。[60]

英军在萨拉托加投降成为美国革命的转折点。英国最高指挥官在屈辱中辞了职，远在威斯敏斯特的英国政府也开始不可挽回地分裂了。意义最为重大的是，萨拉托加为北美带来了一个至关重要的欧洲盟友，法国开始与美国并肩作战。一年后，西班牙也步其后尘。突然之间，英国不光是与北美的爱国者为敌，而变成了在一场全球战争中与自己最大的两个帝国对手作战。外国势力的加入对于强化爱国者与效忠派、美国人和英国人之间的分裂感也发生了关键影响。对效忠派的迫害在萨拉托加之后大幅增加绝非巧合，体现在一系列反效忠派法律上。那场战斗之后仅仅六个月，就有六个州强化和扩大了各类考验法案，强迫人们进行效忠宣誓。1778 年，新罕布什尔、马萨诸塞、纽约和南卡罗来纳都通过了允许逮捕或流放效忠派的惩罚性法律。宾夕法尼亚通过了一个对"各种叛国者"没收财产、剥夺公民权的法案。新泽西建立了一个安全委员会。特拉华禁止与敌人进行贸易。佐治亚实施了一部语词含混但目的险恶的法律，要求严防"本州境内的不忠……人士的行为可能导致的危险后果"。[61] 当英国人在占领宾夕法尼亚仅仅九个月后，于 1778 年 6 月战略性地放弃该地时，又有数千效忠派成为难民，其中就包括约瑟夫·加洛韦和他的女儿贝琪，他们准备动身前往英国。

逃跑的不光是白人。萨拉托加几乎敲响了易洛魁人支持英国的丧钟。"伯戈因将军惨败的消息传来"，莫莉·布兰特"就发现五族变得非常动摇和不稳定了"。但她仍然把盟友集合起来，提醒一位塞内卡酋长"牢记他和已故的威廉·约翰逊爵士之间长久的伟大友谊和眷爱，只要一提起约翰逊爵士，她的双眼便噙满泪水"，并牢记他曾承诺"与英国国王及其朋友结成生死与共的友谊和同盟"。她的言辞说服了酋长"和在场的其他五族成员，他们向她作出了忠实承诺，谨守与她值得敬仰的亡友的承诺，为了他和她，坚定而持久地拥护国王，为她所受的冤屈和伤痛报仇"。[62] 莫霍克人的效忠立场占了优势。但这时，莫莉·布兰特和大部分莫霍克人本身都已经变成了难民，他们向西逃往加拿大边境寻求安全，与其他效忠派的命运无异。

\*

自 1775 年以来，英国官员一直希望效忠派能够在人数上获得优势，以便战争速战速决——这是他们的期待和指望。大约 19000 名效忠派人士加入了各个外省军团，与大陆军 25000 人的鼎盛军力相比尚可匹敌，但与包括爱国民兵在内的北美联合力量相比就弱小得多了，更不要说一直缺少兵力的英军到处都缺少人手。[63] 萨拉托加之后，召集效忠派人马变得尤为紧迫。约瑟夫·加洛韦和其他几位杰出的难民在英格兰说服英国大臣们，尤其是殖民大臣乔治·杰曼（George Germain）勋爵，如果给他们足够的支持，仍将有更多的效忠派为英国而战。最大的胜算要仰仗南卡罗来纳和佐治亚，这两个南方的殖民地在人口组成、经济和文化上和邻近的东西佛罗里达及英属西印度（这些地方都是效忠派的领地）相近的程度，与它们和革命策源地新英格兰的相似程度差不多。在这两个地方，奴隶与白人的比率是各个殖民地中最高的（高达 1∶1 上下），这往往会鼓励那里害怕奴隶暴动的白人想尽办法维护社会稳定。尤其是建立于 1733 年的佐治亚殖民地，白人人口只有 35000 人左右，许多人都与英国和英属加勒比地区保持着密切联系。[64] 因此在萨拉托加之后，英国应该把战略重点转向南方。

约翰·利希滕斯坦（他时常把自己的姓氏英语化，自称莱顿斯通）恰是那种英国希望能够提供支持的南方效忠派。1762 年，利希滕斯坦从欧洲东部边缘移民到了佐治亚：他出生于俄国圣彼得堡的一个日耳曼新教牧师家庭。在佐治亚，他娶了凯瑟琳·德勒加尔（Catherine Delegal）为妻，岳父是该殖民地的第一批殖民者，一位胡格诺派教徒。利希滕斯坦在萨凡纳以南的斯基达韦岛上得到了一片规模适中的靛青种植园，还有十几个奴隶；他还在一条政府侦察船上担任船长，在海岸附近的水道巡逻，并因而挣得一份佣金。利希滕斯坦家唯一的孩子伊丽莎白生于 1764 年，她回忆说自己儿时在斯基达韦岛上的家是真正的乐园，种满了"无花果、桃子、石榴、榅桲、李子、桑葚、油桃和橘子"。但宁静的牧歌生活没有持续多久。伊丽莎白 10 岁时，母亲去世了；两年后，战争的爆发再次让她的世界天翻地覆。利希滕斯坦继续指挥侦察船，直到爱国者们要求他把侦察船交给他们。他拒绝了，选择效忠于为他提供生计的政府。但爱国者还是没收了船，利希滕斯坦退到了斯基达韦岛上。[65]

1776 年的一天清晨，利希滕斯坦正在刮胡子，看到窗外一群武装分子正朝他家走来。他还算幸运，有个奴隶勇敢地引开了那群人，给了他时间赶紧穿好衣服，带着三个奴隶乘坐一条小船逃走了。这几位逃亡者来到停泊在萨凡纳城外的一艘英国军舰上。利希滕斯坦随这艘军舰（船上还带着如今已被免职的佐治亚殖民地总督詹姆斯·赖特爵士）来到新斯科舍哈利法克斯的避风港。他在哈利法克斯参加了 1776 年攻打纽约的远征军，在那里被正式任命为英军的军需官。

正因为担任这一职位，利希滕斯坦成为 1778 年底在萨凡纳城外沼泽地上登陆的 3000 名英国和效忠派士兵之一，拉开了英军向南进攻的序幕。对于他和许多在稻田中行军的人来说，这是为重返家园而战。利希滕斯坦对这片区域了如指掌，帮助来自苏格兰高地的陆军上校阿奇博尔德·坎贝尔（Archibald Campbell）选择了下船的地点。英国人迅速占领了萨凡纳，把那里作为后续军事行动的一个据点。在托马斯·布朗的突击队员和其他效忠派援军的帮助下，坎贝尔向奥古斯塔进军，以保住那些边远地区不受侵袭。詹姆斯·赖特爵士恢复了总督职位，使佐治亚成为唯一一个正式恢复国王控制的叛乱殖民地。

这段时期，伊丽莎白·利希滕斯坦一直在乡下一个姨妈的种植园中躲避战乱。利希滕斯坦如今重返萨凡纳，他立即签发了一个通行证，让他分别已久的女儿前来跟他重逢。她进城时，那里仍然处处是战斗的痕迹：街上铺满了从书籍和账本上撕下的纸张；从褥里扯下的羽毛与尘土一起到处飞扬。她对周围的一切都不熟悉。首先是父亲，她已经三年没有见过父亲了，对他敬畏有加，却无法亲近。城市生活也让这位"不谙世故、不了解世界及其风俗习惯的女孩儿"觉得陌生，过去几年，她一直都在避世隐居。尽管如此，伊丽莎白已经不再是个12岁的孩子了。15岁的她是个年轻姑娘，和父亲新结交的效忠派朋友们打成一片。的确如此，父亲很快便惊慌地发现，她恋爱了。[66]

伊丽莎白在萨凡纳时，住在刘易斯·约翰斯顿医生家里，这位苏格兰人1750年代初在圣基茨（St. Kitts）短暂停留后移民到佐治亚，在圣基茨娶了一位种植园主的侄女。约翰斯顿能者多劳，从事着多种职业，既是行医医生，也是富裕的种植园主，又是一位公务员，他是总督议会成员，还担任议会的议长。战争爆发时，医生和他的家人拒绝放弃忠诚，成为萨凡纳最著名的效忠派人士之一。约翰斯顿的一个弟弟是萨凡纳首屈一指的印刷商，拒绝在自己的报纸上印制爱国宣言。为了保护自己和他宝贵的印刷字模，他关闭了印刷厂，把设备带到安全的乡下。[67] 约翰斯顿医生的几个儿子抱持着家庭的政治立场上了战场。一个儿子安德鲁加入布朗的突击队，在佛罗里达边境艰苦作战。另一个儿子威廉·马丁·约翰斯顿与约翰·利希滕斯坦乘坐同一条船逃出萨凡纳，又和他成了好友，并在纽约加入一个效忠派军团。战前，"比利"①是个交友广泛却不负责任的医学生（师从宾夕法尼亚德高望重的医生和爱国者本杰明·拉什），整日寻欢作乐，不务正业。在被占的纽约驻地，这位上尉很快就成了城中"时髦的花花公子"之一，是个大众情人、纨绔子弟、无赖赌徒。难怪当利希滕斯坦这位25岁的朋友开始追求比他小10岁的年轻的伊丽莎白，当伊丽莎白看似反应热烈时，护女心切的父亲立即收拾行装，把她送回姨妈与世隔绝的庄园里。威廉·约翰斯顿离开萨凡纳，加入远征南卡罗来纳的部队，伊丽莎白则无声地思念着他。[68]

然而这场致使那么多人骨肉分离的战争，却让这对年轻人再度重逢了。1779 年 9 月初，一支法国舰队

———————

① 比利是威廉的昵称。

出现在萨凡纳城外，一支法美联军开始包围城市，人数是守军的五倍。威廉所在的军团赶来保卫萨凡纳。那时伊丽莎白已经回到城中，又住进了约翰斯顿医生的家里。轰炸开始时，她和约翰斯顿家里的老人们一起退到了近海的一座小岛上，与58名妇孺一起挤在一个谷仓里，那些人"每人都有至少一个亲戚在军队里作战"。围城中的平民还算幸运，炸弹掠过守军的头顶，在萨凡纳尚未铺砌的沙地街道上嘶嘶响着，熄火了。连续轰炸了六天后，法国人和美国人试图以闪电战攻占城市，但被成功击退了。效忠派市民们在战斗结束之后回到城市，看到道路"被炸弹砸出了深深的裂痕"，他们的房子也"被如雨点般落下的炮弹炸得不成样子"。但利希滕斯坦和约翰斯顿两家人全都安然无恙。此次经历围城而幸存或许让利希滕斯坦放松了对女儿未来的担忧。紧接着那个月，伊丽莎白·利希滕斯坦和威廉·约翰斯顿结婚了。[69]这次联姻使得新婚的约翰斯顿太太在社会阶层上攀升了一大步，从中等庄园主变成了佐治亚效忠派精英中受过高等教育、拥有政治影响力的富裕家族的一分子。在后来的岁月中，威廉的家族关系在很大程度上决定了这对夫妇的人生走向。

南方效忠派以为收复佐治亚是一个良好的开端，更多的胜利会接踵而来。的确，有一段时间，前几年的挫败看似已被逆转了。1780年，英军占领了南卡罗来纳的查尔斯顿，把那个城市也变成了效忠派的避难所。[70] 爱国者曾经剥夺了南卡罗来纳效忠派的财产，迫使他们以国家敌人的身份流亡，如今有些人回来收回了他们被没收的财产。[71] 爱国者曾把宣誓效忠加入新的州立法，如今英国人让成百上千的查尔斯顿居民（包括这座城市的大部分犹太社区）在证明书上签字，承诺"忠于大不列颠国王陛下"。[72] 爱国者曾没收了效忠派的财产，如今他们自己的种植园和奴隶被英国人"扣押"或征用了。一位名叫约翰·克鲁登的北卡罗来纳商人被任命为管理这些被扣押财产的专员，他积极着手经营，力求为英国人创造最大的经济效益。[73]

新婚的约翰斯顿夫妇尤其享受这段时局好转的日子。因为曾冒着生命危险去奥古斯塔送军事情报，威廉一直"主诉神经紧张"。他去了纽约，希望那里更温和的气候能有助于康复，因为"浪漫愚蠢"的一时冲动，他坚持要带自己的新娘一起穿越这饱受战争蹂躏的国土。1780 年，这对夫妇就在英军占领的长岛乡下度过了一个宁静放松的夏天。[74]

但随着约翰斯顿夫妇迟来的蜜月渐入尾声，英国人在南方相对的好运也要结束了。在战略上，占领查尔斯顿的部分原因是为了确保萨凡纳的安全。如今为了控制整个南卡罗来纳，指挥南方军队的将军查尔斯·康沃利斯（Charles Cornwallis）勋爵觉得必须占领北卡罗来纳，为此，康沃利斯认为他有必要再次北上入侵弗吉尼亚。他走后，佐治亚和卡罗来纳乡下的爱国者和效忠派民兵爆发了激烈的冲突。托马斯·布朗受到了直接的冲击。他曾把奥古斯塔变成效忠派的一个基地，还设立了一个南方印第安人事务督察专员的新职位，寻求克里克人和切罗基人的支持。1780年秋，爱国者袭击了奥古斯塔，布朗的军队被团团围住，无力反抗。待援军终于到达时，布朗因为被子弹打穿了两条大腿，又一次变成了跛子，他最信任的中尉之一安德鲁·约翰斯顿也牺牲了。效忠派为这次胜利付出了高昂的代价，对此，爱国者的反应是指控布朗和他的手下剥下了伤病员的头皮，对战俘就地正法施以绞刑，还任由被斩首的爱国者暴尸街头，不得安葬。[75]

这类骇人听闻的报道导致整个佐治亚和南北卡罗来纳腹地爱国者的起义暴动激增，升级为一场游击战争，让英国人应接不暇。奥古斯塔战役几周后，发生在北卡罗来纳的国王山（King's Mountain）的一场游击战（系美国革命时期南方战场的一场重要战役）大大削弱了英军后方的力量。与此同时，康沃利斯的军队只能龟速前行，补给严重不足，人员不断缩减，还三天两头受到爱国者的袭击。[76]弗吉尼亚仍遥不可及。

\*

弗吉尼亚是北美最早的殖民地，当时无论面

积还是人口，都是十三殖民地中最大的，位于革命中的北美的地理中心。弗吉尼亚和马萨诸塞一起构成了革命的两个意识形态标杆。它是乔治·华盛顿和托马斯·杰斐逊等开国元勋的故乡，也是北美奴隶种植园业的腹地。战争的第一枪在马萨诸塞打响仅仅一天后，就有冲突在弗吉尼亚的首府威廉斯堡（Williamsburg）自行爆发了。然而尽管弗吉尼亚的地位如此重要，直到康沃利斯1781年入侵之前，这里却很少发生军事冲突。相反，这片殖民地的突出地位是作为另一场革命的震中，其冲击波也影响到了数千英里之外。戴维·乔治就是那场革命的20000名黑人参与者之一。[77]

戴维1740年前后出生于弗吉尼亚东部泰德沃特地区一个种植园的奴隶家庭，从记事起，他就在田地里劳动了，担水、梳理棉花、用长满茧的手指摘烟叶。他度过了一个极其残酷的少年时代：亲眼看到自己的姐姐被鞭打，直到她裸露的后背看上去"像是腐烂了"。他逃跑的哥哥被人们用猎犬追了回来，被双手吊在一棵樱桃树上狠命抽打，以至于当人们用盐水泼向他开裂的伤口时，他大概都没有感觉了。他听到自己的母亲被人鞭打，还低声"祈求慈悲"。20岁那年，戴维决定逃离这地狱般的生活。他走了一夜，第二天又走了一整天，出了埃塞克斯县（Essex County），又出了弗吉尼亚，过了罗阿诺克河

（Roanoke River），又过了皮迪河（Pee Dee），一直
走到了佐治亚边境。他在那里安然地劳动了两年，直
到他的主人再次找到他，戴维又一次逃跑了，一直逃
到了奥古斯塔。即便在那里，距离他弗吉尼亚的主人
500英里的地方，戴维的处境仍不安全。六个月后，
主人的儿子出现在附近抓他，戴维再次逃跑了。这一
次他在希尔弗布拉夫被一个很有势力的印第安人贸易
商乔治·加尔芬收养了，希尔弗布拉夫坐落在萨凡纳
河岸，与奥古斯塔隔河相望。

出生于爱尔兰的加尔芬娶了一位克里克印第安人
妻子，育有混血子女，可看作是与威廉·约翰逊爵士
大致对等的南方人。在南方的偏僻乡间，希尔弗布拉
夫是个真正意义上的多种族王国，在那里，逃跑的戴
维融入了一个多元化的社区，总共有100多个奴隶，
与白人和印第安人相对自由地混居在一起。他说主人
"对我很好"，劳动条件舒适宽松，后来他还遇到了一
个黑人和克里克人混血的女人菲莉丝，娶她为妻。但
在希尔弗布拉夫的那些年，对戴维影响最为持久和深
远的，却是另一件事。1770年代初，一位黑人牧师来
到树林里向奴隶们宣讲浸礼会教义。戴维觉得牧师的
讲道让他时而着迷、时而不安。"我发现自己充满罪
恶"，他忏悔道，意识到他"必须祈祷，才能获救"。
一次，在加尔芬种植园的一个磨坊里兴高采烈地聚会
之后，戴维和菲莉丝一起在磨坊的水沟里接受了洗

礼。戴维难以抑制信仰带给他的狂喜。倾听着另一位充满神性的黑人浸礼会教徒乔治·利勒在一片玉米田里讲道，戴维有种难以抗拒的渴望，希望有朝一日自己也能带领教众祈祷。利勒鼓励这位刚刚皈依的教徒得偿所愿。得到加尔芬的允许后（那个时代，许多种植园主都害怕自己的奴隶接受基督教教义，加尔芬很了不起），戴维开始在希尔弗布拉夫向奴隶们布道，还把导师利勒的名字作为自己的姓氏。不久，他在那里主持了北美第一个黑人浸礼会教众集会。[78]

到1775年战争爆发时，弗吉尼亚似乎已经远在戴维·乔治的生活之外了。然而冲突的影响很快就侵入了他的飞地，原因就肇始于他所逃离的那个地方。英军在弗吉尼亚的运气从一开始就不好，为此，殖民地总督第四代邓莫尔伯爵约翰·默里要承担一定的责任。邓莫尔勋爵虽然生于苏格兰贵族家庭，是含着金钥匙出生的，但他成长期间却敏锐地感受到了命运的不可捉摸。1745年，他的父亲支持查尔斯·爱德华·斯图尔特（"英俊王子查理"，也就是詹姆斯党僭王）夺权，试图从汉诺威国王乔治二世手中夺回英国王位。选择效忠斯图尔特王朝让许多著名的詹姆斯党人都丢掉了爵位，有些人还付出了更大的代价。邓莫尔的家族虽然躲过了严厉的惩罚，但这次侥幸脱险一定影响了他后来不屈不挠地追求权力和个人利益。1770年，他被任命为纽约总督，一年后又被任命为弗吉尼亚总督，他最为人所知的，或许就是通过与印第安人作战的方式强势占有土地，他专制、傲慢和自私的臭名很快便远播四方了。在列克星敦和康科德战役结束那天，邓莫尔就表现出了这些特质，他命令手下把威廉斯堡弹药库中的火药取出，以防它们落入可能的叛军手中。他的这一单方面行动对中间派和爱国者一样不友好。[79] 听到武装志愿兵要求归还火药，邓莫尔居然用一支上膛的枪在军火库设下陷阱，导致三个试图闯入的志愿兵受伤。弗吉尼亚首府的人发誓要总督以血还血。一天夜里，邓莫尔和家人趁天黑逃到英军位于詹姆斯河的一艘护卫舰上寻求保护。

邓莫尔这么做倒不是认输。他旋即把王家海军的**福伊号（Fowey）**军舰变成了一个非常时期流亡政府的总部，利用舰队发起军事行动，攻击汉普顿、诺福克和其他临海城镇的爱国者。成百上千的效忠派出海加入了这个英属弗吉尼亚的水上前哨，逃跑的奴隶们也获准上船避难。不久，邓莫尔便管辖起一个"水上城镇"，共有 3000 人居住在近 200 艘军舰上。[80] 爱国者们谴责邓莫尔"毫无必要地放弃了政府的行政职能，把本殖民地的事务置于极端混乱之中"。但那还不是最糟的，因为邓莫尔似乎还把枪支塞到了逃亡奴隶的手中，"挑动我们的奴隶起来暴动"。[81]

如果说担心印第安人的袭击在让边境殖民者们人心惶惶，那么奴隶叛乱就在每一个英属殖民地奴隶社会种下了噩梦的种子。自 1774 年起，焦虑的爱国者们就传言英军可能会将奴隶武装起来，在北美社会底层内部激起暴动。[82] 如今邓莫尔就是这么做的。1775年 11 月 7 日，他发布了一个公告，宣布："凡（叛乱者名下的）契约佣仆、黑奴和其他人等，只要能够和愿意拿起武器加入国王陛下的部队，将立即获得自由。"[83] 公告发布后两周之内，邓莫尔报告说有200~300 名奴隶来到他的军舰上，加入了战斗队伍。逃跑者"一来就被组织成了一个兵团"，名为"埃塞俄比亚军团"，这些黑人士兵参战时戴着统一的胸章，上面铭刻着"给奴隶以自由"，这是让鼓吹自由的白人爱国者们毛骨悚然的口号。

邓莫尔的公告或许并非源于道德准则，不过是权宜之计。赋予自由身的承诺即便仅限于爱国者们名下的奴隶，也为英军带来了宝贵的新兵，在没有明显削弱效忠派奴隶主的支持的前提下，大大挫伤了叛军的士气。然而撇开动机不提，我们很难低估这份公告的社会效应：口口相传，自由的话题很快就传遍了南方的大小种植园，奴隶们开始逃跑了。单身母亲领着孩子们投奔英国人；老人和年轻人并肩前行，有时整个社区一起出逃，每个种植园都有几十个奴隶逃走。邓莫尔的埃塞俄比亚军团很快就扩充到 800 多人，如果不是一场天花瘟疫导致邓莫尔军舰上的数百人丧生，该军团的兵力很可能会翻倍。具有尖刻讽刺意味的是，有些最德高望重的爱国者的奴隶却跑到了英国人的麾下。乔治·华盛顿有好几个奴隶都从弗农山庄（Mount Vernon）逃到水上城镇。弗吉尼亚议员帕特里克·亨利的几个奴隶也跑了，这位因著名的战斗口号"不自由，毋宁死"而名垂千古的爱国者宣称，邓莫尔的公告是北美人应当宣布独立的原因之一。[84]

然而，到 1776 年 7 月 4 日，邓莫尔的水上城镇因为疾病而大量减员，也看不到任何好转的迹象。邓莫尔被迫和他的埃塞俄比亚军团一起撤退到纽约。虽说这位总督天性百折不挠，但他在弗吉尼亚维护王室权威的努力却变成了一场闹剧，成为曾经的詹姆斯党人一生中的又一场败局。但邓莫尔的公告本身却获得了持久的生命力。它邀请非裔北美人加入战斗，大大改变了支持英国的效忠派的性质乃至实际兵力。英国军事指挥官们立即如法炮制，对愿意参战的奴隶作出自由的承诺。英军在 1776 年春轰炸北卡罗来纳的威尔明顿（Wilmington）时，很多奴隶逃跑并加入他们，以至于将军亨利·克林顿爵士把他们组成了另一个黑人军团，名为"黑人拓荒者（Black Pioneers）"。（从威尔明顿逃跑出来的奴隶中，有一个名叫托马斯·彼得斯的人后来成为流亡黑人效忠派的一位重要领袖。）总共有大约 20000 个黑人奴隶在革命期间加入了英军，与加入效忠派军团的白人数大致相当。英国指挥官们想要白人效忠派人数激增的希望眼看就要破灭了，但邓莫尔等人始终心存幻想，希望黑人能帮助英国保住这些殖民地。

关于黑人解放的消息传遍了南方的各个角落，也传到了远在希尔弗布拉夫的戴维·乔治和他朋友们的耳朵里。乔治的主人加尔芬本人是一个爱国者，或者用乔治更为含混的说法，是一个"反效忠派"。加尔芬被爱国者们任命为印第安人督察专员，他在这一职位上与效忠派对手托马斯·布朗争夺克里克人的支持。由于加尔芬的努力，当英军进入乡间时，克里克人对是否支持英军仍摇摆不定。但当英军在对岸的希尔弗布拉夫安营扎寨时，加尔芬名下的黑奴们的选择却十分明朗。1779 年 1 月 30 日，戴维·乔治和家人与加尔芬的其他奴隶总共 90 人横渡萨凡纳河来到英军的营地，作为黑人效忠派而赢得了自由身。[85] 乔治一家来到了英军占领的萨凡纳，戴维在那里找到了杂货商和屠夫的工作，菲莉丝为英国士兵洗衣服。在乔治看来更棒的是，他在萨凡纳和他的精神导师乔治·利勒团聚了。他们一起继续布道，把其他逃跑的黑奴团结成为一个有信仰的群体。黑人之间这样的信仰纽带与白人之间的纽带一样，在其后的岁月里，在奔赴未知世界的旅途上，让他们拥有了一种至关重要的归属感。[86]

到 1781 年，随着北方的军事行动停止，康沃利斯将军指挥的南方军队陷入麻烦，某些人认为，英军大批解放奴隶的行为看似比以往任何时候都符合战略需要。1781 年 8 月，黑人拓荒者军团中的一位名叫墨菲·施蒂勒（Murphy Stiele）的中士遭遇了一起超自然的怪异之事。他坐在位于纽约城中华尔特街（Water Street）的军团兵营中，听到了一个刺耳的人的叫声，却看不见发出声音的人。它指示施蒂勒（此时的总指挥）让克林顿将军“带话给华盛顿将军，说他必须带兵向国王的军队投降，否则上帝的愤怒将会落在他们身上”。如果华盛顿拒绝，克林顿“就告诉他，他会发动全北美的黑人起来跟他作战”。[87] 那个声音足足纠缠了施蒂勒两周时间，最后他把话传给了总指挥。施蒂勒关于黑人踊跃加入英军的愿景（那是增加效忠派支持这一不断复燃的希望的一个非常特殊的版本）一定让克林顿认真思索了一番，因为他一直倡导英军招募奴隶。如此众多的奴隶大概也正是康沃利斯此时急需的增援。

康沃利斯行军期间，黑奴继续加入英军，其中包括《独立宣言》的作者托马斯·杰斐逊本人名下的二十几个奴隶。然而尽管有这些援兵到来，康沃利斯仍然没有足够的人力把“上帝的愤怒”降于任何人。他指挥着大概 6000 名士兵，物资极速耗尽。康沃利斯决定在威廉斯堡附近的一个危险的半岛上扎营，等待增援。[88] 炎炎烈日下，士兵们在这个名为约克敦（Yorktown）的新前哨附近修筑防御工事。天花和斑

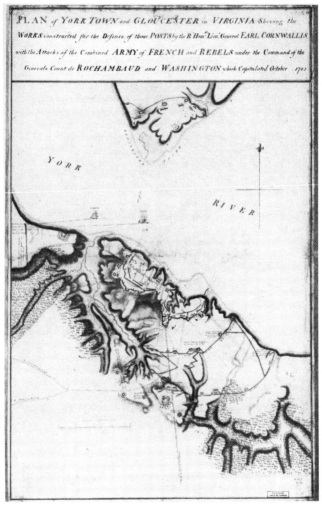

PLAN of YORK TOWN and GLOUCESTER in VIRGINIA Shewing the WORKS constructed for the Defence of those POSTS by the R.Hon.ble Lieu.t General EARL CORNWALLIS with the Attacks of the Combined ARMY of FRENCH and REBELS under the Command of the Generals Count de ROCHAMBAUD and WASHINGTON which Capitulated October 1781

YORK

RIVER

　　弗吉尼亚的约克敦和格洛斯特（Gloucester）平面图（1781），展示了在法国人和叛军联军的进攻下，尊敬的康沃利斯伯爵中将阁下修筑的防御工事。

疹伤寒在营地肆虐，由于大多数黑人没有注射过天花疫苗，所以瘟疫致使他们大批倒下。由于供给短缺，几乎每个人，包括英军地盘上的数百个效忠派平民，都患上了贫血。[89] 到了夏末，康沃利斯的部队只剩下将将一半人还能打仗。随后，在 1781 年 8 月的最后一天，侦察兵看到一支舰队朝他们开来，却发现那不是他们期盼已久的英军增援部队，而是法国人。敌人的海军从海上逼近英国人。与此同时，华盛顿从宾夕法尼亚赶来，从陆路包抄英国人。两周后，16000 人组成的法美联军在约克敦城外驻扎下来。寡不敌众，还要照顾效忠派平民的英国军队被包围了。"此地已无法守卫，"绝望的康沃利斯向克林顿将军报告说，"如果您无法立即救我于水火，大概就要为最坏的消息作打算了。"[90]

轰炸始于 10 月 9 日夜间，法国和北美联军有条不紊地朝英军阵地进发，把小心建起的土垒炸成了流沙。阵地之内，约克敦变成了一片火与血的地狱。逃兵们纷纷逃出被围的军营，报告说里面的士兵"因为过度劳累和疾病"早已精疲力竭了。看着身边的伤亡人数激增，黑人和白人效忠派每天都经历着饥饿和疾病的严酷考验。为节省物资，康沃利斯命令人们把马杀死，把天花病人从医院赶出去，还驱逐了很多跑来加入英军的黑人。[91] 但他们还是弹尽粮绝，援兵迟迟不到。是时候谈判了。就在萨拉托加战役的周年纪念日——这是大陆军不会错失的巧合——康沃利斯派一名信使带着一面休战旗，前往敌营谈判投降事宜。[92]

1781 年 10 月 19 日下午 2 时，康沃利斯和他的军队走出约克敦，向乔治·华盛顿和他的法国盟军投降了。他们排成整齐的队伍走出那可怕的地狱，"武器扛在肩上，旗帜装入箱内，鼓乐队奏着不列颠或日耳曼的一首进行曲"。[93]传说那天，乐队演奏的曲调名为《世界颠倒了》(*The World Turned Upside Down*)。如今回想起来，这实在是令人难以置信的巧合，因为从某些角度看来，旧的世界秩序的确被颠倒了。不被看好的弱势一方凯旋，不可一世的帝国却摇摇欲坠。此曲大概会在时人心中引起特别的共鸣。这首歌谣最初出现于一个多世纪以前的英国内战，围绕着王权和议会权力等问题，冲突把英国人分裂成了不同的阵营。[94]它大概会让听者想起这么多经历了美国革命的人这些年来的遭遇。内战往往会彻底颠覆参与者的世界，有时那些被颠倒的世界再也不会重整河山了。

虽然约克敦战事残酷血腥，康沃利斯和华盛顿很快就商定了双方都能接受的投降条件和英军战俘的命运——这往往是此类谈判的关键要点。但在约克敦的幸存者中，有一群人发现自己根本没有受到任何保护。在他发给华盛顿的投降协议草案中，康沃利斯写道："如今在约克[敦]和格洛斯特的来自这个国家各个地方的原住民人或居民，不应由于参加英军而受到惩罚。"在他看来，幸存的效忠派蹒跚地走出被蹂躏的军营，已经受到了足够的惩罚。但华盛顿直言："本条款不予同意。"[95] 在康沃利斯提出的很多要求中，遭到彻底拒绝的只有这一条。效忠派选择了英国人，此时他们将不得不直面自己的选择带来的后果。

## 注 释

1 著名博物学家 William Bartram 将之称为"我此生见到过的最壮观的森林"。William Batram, *Travels through North and South Carolina, Georgia, East and West Florida* ( Philadelphia: James and Johnson, 1791 ), pp.53-56, 259-62。

2 《托马斯·布朗陆军中校的补充回忆录》，拿骚，1788 年 4 月 21 日，NA: AO 13/34 ( Part 1 ), f.100。

3 《托马斯·布朗陆军中校的补充回忆录》，拿骚，1788 年 4 月 21 日，NA: AO 13/34 ( Part 1 ), f.100。

4 托马斯·布朗致康沃利斯勋爵，1780 年 7 月 16 日，NA: PRO 30/11/2, f.308。

5 Edward J. Cashin, *The King's Ranger: Thomas Brown and the American Revolution on the Southern Frontier* ( Athens: University of Georgia Press, 1989 ), pp.28-29。

6 早在 1784 年，关于布朗的黑传奇就被写入了历史书，即 Hugh McCall's *The History of Georgia* ( Atlanta: A. B. Caldwell, 1909 [ 1784 ]), 19 世纪的知名历史学家 Charles Colcock Jones 也支持这个故事。Jones 曾说"在这段谋杀、纵火、偷盗、残忍和犯罪横行的非常时期有过那么多残暴之人，罄竹难书，但其中最臭名昭著的当属托马斯·布朗"。Charles Colcock Jones Jr., *The History of Georgia*, 2 vols. ( Boston: Houghton Mifflin, 1883 ), II, p.475. 重新评价见 Cashin, passim; Bernard Bailyn, *Voyagers to the West: A Passage in the Peopling of America on the Eve of the Revolution* ( New York: Vintage, 1988 ), pp.555-58; Jim Piecuch, *Three Peoples, One King: Loyalists, Indians, and Slaves*

*in the Revolutionary South, 1775–1782* (Columbia: University of South Carolina Press, 2008), pp.4–5。

7 这些包括 Bernard Bailyn's classic *The Ideological Origins of the American Revolution* (Cambridge, Mass.: Harvard University Press, 1967) and Gordon S. Wood, *The Radicalism of the American Revolution* (New York: Knopf, 1991)。更粗暴的颠覆视角见，例如 Ray Raphael, *A People's History of the American Revolution: How Common People Shaped the Fight for Independence* (New York: New Press, 2001); Gary B. Nash, *The Unknown American Revolution: The Unruly Birth of Democracy and the Struggle to Create America* (New York: Viking, 2005); T. H. Breen, *American Insurgents, American Patriots: The Revolution of the People* (New York: Hill and Wang, 2010)。

8 关于在这一时期效忠派的意义，一个很好的综述见 Jerry Bannister and Liam Riordan, "Loyalism and the British Atlantic, 1660–1840," in Jerry Bannister and Liam Riordan, eds., *The Loyal Atlantic: Remaking the British Atlantic in the Revolutionary Era* (Toronto: University of Toronto Press, forthcoming 2011)。感谢 Jerry Bannister 赠送这篇论文的预备稿给我阅读。关于效忠派的意识形态，除其他外，见 Robert M. Calhoon et al., *The Loyalist Perception and Other Essays* (Columbia: University of South Carolina Press, 1989), Part I; Bernard Bailyn, *The Ordeal of Thomas Hutchinson* (Cambridge, Mass.: Harvard University Press, 1974); Carol Berkin, *Jonathan Sewall: Odyssey of an American Loyalist* (New York: Columbia University Press, 1974); John E. Ferling, *The Loyalist Mind: Joseph Galloway and the American Revolution* (University Park, Pa.: Pennsylvania State University Press, 1977); Janice Potter-MacKinnon, *The Liberty We Seek: Loyalist Ideology in Colonial New York and Massachusetts* (Cambridge, Mass.: Harvard University Press, 1983)。

9 Bailyn, *Voyagers*, pp.26, 552–553.

10 Benjamin H. Irvin, "Tar, Feathers, and the Enemies of American Liberties, 1768–1776," *New England Quarterly* 76, no.2 (June 2003): 197–238. "自由之子"最初被出生于爱尔兰的议员和"美国的朋友" Isaac Barré 用在一次反对《印花税法案》的议会演讲中。"Isaac Barré," q. v., *DNB*。

11 约翰·亚当斯:《约翰·亚当斯全集》, ed. Charles Francis Adams, 10 vols. (Boston: Little, Brown, and Company, 1865), II, pp.363–364。

12 对加洛韦其人最好的论述见 Ferling, *The Loyalist Mind*。

13 加洛韦的演讲全文见约瑟夫·加洛韦, *Historical and Political Reflections on the Rise and Progress of the American Rebellion*(London, 1780), pp.70–81。关于加洛韦联盟计划的全文，见 Worthington Chauncey Ford, ed., *Journals of the Continental Congress, 1774–1789*, 4 vols. (Washington: Government Printing Office, 1904), pp.49–51。

14 本杰明·富兰克林致约瑟夫·加洛韦, 1775 年 2 月 25 日，见 Jared

Sparks, ed., *The Works of Benjamin Franklin* (Chicago: Townsend McCoun, 1882), VIII, pp.144-48。

15 富兰克林在他继《印花税法案》争议之后发表的一幅漫画中传达了类似的情绪，那幅漫画把大英帝国画成一个被肢解的女体，其被割下的四肢代表着殖民地。

16 Galloway, p.81. 关于这场辩论，见约翰·亚当斯的记录：Adams, II, pp.387-391。

17 Adams, II, p.390.

18 Ferling, p.26. 似乎没有现存资料显示哪些殖民地投了赞成票和反对票。加洛韦声称关于他的计划的辩论被从国会记录中有意"删去"了，使得后代对它一无所知。不过这一疏忽有可能是程序原因，见Robert M. Calhoon, "'I Have Deduced Your Rights': Joseph Galloway's Concept of His Role, 1774-1775," in Calhoon et al., p.89。

19 "Declaration and Resolves of the First Continental Congress," 耶鲁大学法学院阿瓦隆计划，http://avalon.law.yale.edu/18th_century/resolves.asp，2009年10月7日访问。

20 这个短语出自爱默生1837年的诗作《康科德颂》(*Concord Hymn*)，但第一枪是在列克星敦打响的。

21 关于这场战争对英国人身份的后果，尤见Dror Wahrman, "The English Problem of Identity in the American Revolution," *American Historical Review* 106, no.4 (October 2001): 1236-1262; Stephen Conway, "From Fellow Nationals to Foreigners: British Perceptions of the Americans, circa 1739-1783," *William & Mary Quarterly* 59, no.1 (January 2002): 65-100; Linda Colley, *Britons: Forging the Nation* (New Haven, Conn.: Yale University Press, 1992), pp.137-145。

22 Rick J. Ashton, "The Loyalist Congressmen of New York," *New-York Historical Society Quarterly* 60, no.1 (January-April 1976): 95-106. 又见Joseph S. Tiedemann, *Reluctant Revolutionaries: New York City and the Road to Independence, 1763-1776* (Ithaca, N. Y.: Cornell University Press, 1997)。

23 有记录的案件清单，见Irvin, pp.233-237。

24 凯瑟琳·斯金纳·鲁宾逊：《鲁宾逊夫人回忆录》(London: Barrett, Sons and Co., Printers, 1842), pp.19-20。(我在LAC找到了这本私人印制的书：凯瑟琳·鲁宾逊女士全宗，缩微胶卷A-1985) "Cortlandt Skinner," q. v., *DNB*.

25 关于撤离波士顿，见David McCullough, *1776* (New York: Simon and Schuster, 2005), pp.97-105; Piers Mackesy, *The War for America, 1775-1783* (Cambridge, Mass.: Harvard University Press, 1964), p.80。一份包括926人的波士顿撤离者名单见Samuel Curwen, *The Journal and Letters of Samuel Curwen, 1775-1783*, ed., George Atkinson Ward (Boston: Little, Brown and Company, 1864), pp.485-488。

26 引自Lorenzo Sabine, *The American Loyalists: Or, Biographical Sketches of Adherents to the British Crown in the War of the Revolution*(Boston:

内战

Charles C. Little and James Brown，1847），p.14。

27　查尔斯·英格利斯：《公正地说，北美的真正利益所在，对一本名为〈常识〉的小册子的某些批驳》（Philadelphia：James Humphreys，1776），pp.vi，34，51。

28　［Inglis］，p.vi．

29　Isaac Kramnick，"Editor's Introduction," 见 Thomas Paine，*Common Sense*，ed. Isaac Kramnick（New York：Penguin，1986），pp.8-9。但更保守的出版估计，见 Trish Loughran，*The Republic in Print：Print Culture in the Age of U. S. Nation-Building*（New York：Columbia University Press，2007），pp.33-58。

30　查尔斯·英格利斯，"Breif［sic］Notes or Memoirs of Public & Various Other Transactions：Taken to assist my Memory，& begun Jan.1775," February 20，April 4，May 8，June 14，June 22，1776，LAC：查尔斯·英格利斯及其家族全宗，Microfilm A-710。在纽约焚烧的英格利斯的小册子是《公正地说，北美的真正利益所在，对一本名为〈常识〉的小册子的某些批驳》的早期版本（New York：Samuel Loudon，1776）。

31　Brendan McConville，*The King's Three Faces：The Rise and Fall of Royal America，1688-1776*（Chapel Hill：University of North Carolina Press，2006），pp.306-11。关于鲍灵格林，见 Inglis，"Breif Notes," July 9，1776，LAC：查尔斯·英格利斯及其家族全宗，Microfilm A-710；and Holger Hoock，*Empires of the Imagination：Politics，War，and the Arts in the British World，1750-1850*（London：Profile Books，2010），pp.49-54。

32　引自 Judith L. Van Buskirk，*Generous Enemies：Patriots and Loyalists in Revolutionary New York*（Philadelphia：University of Pennsylvania Press，2002），p.18。

33　早在战斗开始之前，他们就已经划船驶向舰队去寻求保护了：Thomas Moffat Diary，July 3，July 8，August 6，November 23-24，December 1，1776，LOC。

34　Mary Beth Norton，*The British-Americans：The Loyalist Exiles in England，1774-1789*（London：Constable，1974），p.32. 关于效忠派在纽约的更宏观背景，以及对该殖民地效忠派实力的评估，见 Philip Ranlet，*The New York Loyalists*（Knoxville：University of Tennessee Press，1986）。

35　Benjamin L. Carp，"The Night the Yankees Burned Broadway：The New York City Fire of 1776," *Early American Studies* 4，no.2（Fall 2006）：471-511.

36　关于效忠派与英国的关系，见 Van Buskirk，特别是第一章，以及 Ruma Chopra，"New Yorkers' Vision of Reunion with the British Empire：'Quicken Others by our Example，'" Working Paper 08-02，International Seminar on the History of the Atlantic World，Harvard University，2008。

37　《效忠派依附宣言》，1776 年 11 月 25 日，NYHS。

38  R. W. G. Vail, "The Loyalist Declaration of Dependence of November 28, 1776," *New-York Historical Society Quarterly* 31, no.2（April 1947）: 68-71. 我还参考了由纽约历史学会编纂的加注版《1776 年 11 月 28 日纽约〈效忠派依附宣言〉签名者转录抄本和部分名单》（"Transcription and Partial List of the Signatories of the New York Loyalist Declaration of Dependence of November 28, 1776"）。

39  弗里德里克·菲利普斯·鲁宾逊爵士的日记，RMC，p.5。

40  "Minutes of the Committee for Detecting Conspiracies," February 22, 1777, Richard B. Morris, ed., *John Jay: The Making of a Revolutionary; Unpublished Papers, 1745-1780*（New York: Harper and Row, 1975）, p.348.

41  贝弗利·鲁宾逊致约翰·杰伊，1777 年 3 月 4 日，见 Morris, ed., pp.349-50。

42  Aaron Nathan Coleman, "Loyalists in War, Americans in Peace: The Reintegration of the Loyalists, 1775-1800"（Ph. D. dissertation, University of Kentucky, 2008）, pp.41-52, 246-48.

43  杰伊致苏珊娜·菲利普斯·鲁宾逊，1777 年 3 月 21 日，见 Morris, ed., pp.352-354。

44  弗雷德里克·菲利普斯·鲁宾逊爵士的日记，RMC，p.6。

45  Charles A. Campbell, "Robinson's House in the Hudson Highlands: The Headquarters of Washington," *Magazine of American History* 4（February 1880）: 109-117.

46  Colin G. Calloway, *The American Revolution in Indian Country: Crisis and Diversity in Native American Communities*（Cambridge, Mass.: Cambridge University Press, 1995）. 关于印第安人参与革命的更长期的背景，见 Richard White, *The Middle Ground: Indians, Empires, and Republics in the Great Lakes Region, 1650-1815*（Cambridge, U. K.: Cambridge University Press, 1991）。

47  关于将美国革命看作边境战争，见 Patrick Griffin, *American Leviathan: Empire, Nation, and Revolutionary Frontier*（New York: Hill and Wang, 2007）。

48  关于印第安战争对塑造早期美国身份的决定性影响，见 Peter Silver, *Our Savage Neighbors: How Indian War Transformed Early America*（New York: Norton, 2008）; Jill Lepore, *The Name of War: King Philip's War and the Origins of American Identity*（New York: Knopf, 1998）。

49  布朗致康沃利斯，1780 年 7 月 16 日，NA: PRO 30/11/2, f.308。

50  Karim M. Tiro, "The Dilemmas of Alliance: The Oneida Indian Nation in the American Revolution," in John Resch and Walter Sargent, eds., *War and Society in the American Revolution: Mobilization and Home Fronts*（DeKalb: Northern Illinois University Press, 2007）, pp.215-234.

51  丹尼尔·克劳斯致弗雷德里克·哈尔迪曼德，1779 年 8 月 30 日，BL: Add. Mss.21774, f.58。

52  "Hannah Lawrence Schieffelin 婚后致父母的第一封信。1780 年 12 月 4 日从尼亚加拉大瀑布对面的海军大厅写给她人在纽约的父亲约翰·劳伦斯" NYPL: Schieffelin Family Papers, Box 1。

53  《根据没收法作出判决的效忠派名单》, NYPL。

54  "Sir William Johnson," q. v., *DNB*; Alan Taylor, *The Divided Ground*, pp.3–45. 我对约翰逊家族和布兰特家族的理解在很大程度上借鉴了 Kirk Davis Swinehart 的研究: 见 "This Wild Place: Sir William Johnson Among the Mohawks, 1715–1783" ( Ph. D. dissertation, Yale University, 2002 ) and Kirk Davis Swinehart, "Object Lessons: Indians, Objects, and Revolution," *Common-Place* 2, no.3 ( April 2002 ), http: //www.historycooperative.org/journals/cp/vol-02/no-03/lessons/, 2009 年 12 月 30 日访问。

55  William Leete Stone, *Life of Joseph Brant ( Thayendanegea )*, 2 vols. ( Albany, N. Y.: J. Munsell, 1865 ), II, p.247.

56  Taylor, p.75; Charles Inglis, "Journal of Occurrences, beginning, Wednesday, October 13, 1785," October 13, 1785, LAC: 查尔斯·英格利斯及其家族全宗, Microfilm A-709。

57  *The London Magazine* 46 ( July 1776 ).

58  Barbara Graymont, *The Iroquois in the American Revolution* ( Syracuse, N. Y.: Syracuse University Press, 1972 ), pp.146–149.

59  Linda Colley, *Captives: Britain, Empire and the World, 1600–1850* ( London: Jonathan Cape, 2002 ), pp.228–31.

60  Mackesy, pp.130–41.

61  这些立法措施的总结, 见 Claude Halstead Van Tyne, *The Loyalists in the American Revolution* ( New York: Macmillan, 1902 ), appendices B and C, pp.318–341。

62  克劳斯致哈尔迪曼德, 1779 年 8 月 30 日, BL: Add. Mss.21774, ff.57–58。

63  Charles H. Lesser, ed., *The Sinews of Independence: Monthly Strength Reports of the Continental Army* ( Chicago: University of Chicago Press, 1976 )。

64  Andrew Jackson O' Shaughnessy, *An Empire Divided: The American Revolution and the British Caribbean* ( Philadelphia: University of Pennsylvania Press, 2000 ); Jack P.Greene, *Pursuits of Happiness: The Social Development of the Early Modern British Colonies and the Formation of American Culture* ( Chapel Hill: University of North Carolina Press, 1988 ).

65  伊丽莎白·利希滕斯坦·约翰斯顿:《一个佐治亚效忠派的回忆录》( New York: M. F.Mansfield and Company, 1901 ), pp.41, 45–46. Memorial of John Lightenstone, NA: AO 13/36B, Georgia H-M, f.441。

66  约翰斯顿, pp.48–49, 52。

67  约翰·格雷厄姆致威廉·诺克斯, 1779 年 3 月 8 日, NA: AO 13/36A, Georgia H-M, ff.69–70。

68　Johnston, pp.52-57. 威廉学生时代的古怪行为让他收到了父亲很多责备的来信：见刘易斯·约翰斯顿致威廉·马丁·约翰斯顿，1773 年 7 月 17 日，1773 年 9 月 6 日，1773 年 11 月 17 日，1774 年 2 月 5 日，1774 年 7 月 15 日，PANS: Almon Family Papers, reel 10362。

69　约翰斯顿对围城的记录相当凌乱：约翰斯顿，pp.57-63. 又见 Mackesy, pp.277-78。

70　Alexander Chesney, *The Journal of Alexander Chesney*, *a South Carolina Loyalist in the Revolution and After*, ed., E. Alfred Jones ( Columbus: Ohio State University Press, 1921 ), p.10; Mackesy, pp.340-43.

71　《威廉·查尔斯·韦尔斯医学博士自己撰写的回忆录》，见威廉·查尔斯·韦尔斯, *Two Essays: One upon Single Vision with Two Eyes; the Other on Dew* ( London: Printed for Archibald Constable and Co., 1818 ), p.xviii. 有一位约翰·韦尔斯于 1780 年 6 月 24 日签署了一份效忠证书，还有一位小约翰·韦尔斯于 1780 年 6 月 23 日签署。NA: CO 5/527.

72　NA: CO 5/527. 这是查尔斯顿的好几卷效忠宣誓书中的一卷。

73　例如，见克鲁登关于被扣押的爱国者地产的声明，见 *Pennsylvania Packet*, January 20, 1781, p.3。

74　Johnston, pp.64-66.

75　Cashin, pp.114-119; Jones, II, pp.455-459; McCall, pp.483-487. 安德鲁·约翰斯顿的讣告可在线查阅：http://www.royalprovincial. com/military/rhist/kcarrng/kcrngobit.htm, 2009 年 10 月 7 日访问。

76　Cashin 认为国王山战役作为南方战争的一个转折点，源于奥古斯塔围城。Cashin, pp.120-121.

77　将美国革命诠释为一场关于奴隶制和黑人解放的战争的里程碑式解读，见 Sylvia R. Frey, *Water from the Rock: Black Resistance in a Revolutionary Age* ( Princeton, N. J.: Princeton University Press, 1991 )。

78　《戴维·布朗先生生平记录……》重印于 Vincent Carretta, ed., *Unchained Voices: An Anthology of Black Authors in the English-Speaking World of the Eighteenth Century* ( Lexington: University of Kentucky Press, 1996 ), pp.333-334。

79　威廉斯堡的市政官员立即向邓莫尔提出了书面抗议，重印于各个殖民地报纸上，例如 *Newport Mercury*, May 15, 1775, p.2。

80　James Corbett David, "A Refugee's Revolution: Lord Dunmore and the Floating Town, 1775-1776," Working Paper 08-04, International Seminar on the History of the Atlantic World, Harvard University, 2008.

81　*Pennsylvania Evening Post*, November 4, 1775, Supplement, p.507. 同一份报纸早先还嘲笑了邓莫尔的海上行动："我们听说邓莫尔勋爵一直（像该隐一样）在海上漂流，上一次风暴发生之时，他漂流到了詹姆斯河。"( *Pennsylvania Evening Post*, September 19, 1775, p.426. )

82　Philip Morgan and Andrew Jackson O'Shaughnessy, "Arming Slaves in the American Revolution," in Christopher Leslie Brown and Philip Morgan, eds., *Arming Slaves: From Classical Times to the Modern Age* ( New Haven, Conn.: Yale University Press, 2006 ), pp.188-189; Frey, pp.49-80. 奴隶们本人也曾好几次引述国王打算解放他们的谣言，为自己的叛逃行为辩护: McConville, pp.175-182。

83　1775 年 11 月 7 日《 公 告 》, Early American Imprints, Series 1, no.14592。

84　Cassandra Pybus, *Epic Journeys of Freedom: Runaway Slaves of the American Revolution and Their Global Quest for Liberty* ( Boston: Beacon Press, 2006 ), pp.13-20; Cassandra Pybus, "Jefferson's Faulty Math: The Question of Slave Defections in the American Revolution," *William & Mary Quarterly* 62, no.2 ( April 2005 ): paras.11-15.

85　阿奇博尔德·坎贝尔:《远征讨伐佐治亚叛军日志》, ed. and intr. Colin Campbell ( Darien, Ga.: Ashantilly Press, 1981 ), pp.52-53。收到加尔芬的善意提议之后，坎贝尔把奴隶们送到萨凡纳"由加尔芬先生看管，以便他继续对我们保持友好"。加尔芬于次年去世。

86　《戴维·乔治先生生平记录》, 见 Carretta, ed., pp.334-36; Pybus, *Epic Journeys*, pp.38-40; Walter H. Brooks, *The Silver Bluff Church: A History of Negro Baptist Churches in America* ( Washington, D. C.: R. L. Pendleton, 1910 )。

87　Morgan and O'Shaughnessy, p.191. 施蒂勒的书面证词转载于如下网址: http: //www.royalprovincial.com/Military/rhist/blkpion/blklet4. htm, 2010 年 9 月 11 日访问。

88　Mackesy, pp.409-412.

89　Elizabeth A. Fenn, *Pox Americana: The Great Smallpox Epidemic of 1775-1782* ( New York: Hill and Wang, 2001 ), pp.126-33; Pybus, *Epic Journeys*, pp.49-51.

90　康沃利斯致亨利·克林顿爵士, 1781 年 9 月 16 日, NA: PRO 30/11/74, f.91。

91　爱国者们把康沃利斯驱逐伤病员解读为生物战行为: Fenn, pp.131-132。

92　康沃利斯致克林顿, 1781 年 10 月 20 日, NA: PRO 30/11/74, ff.106-10; Henry Dearborn Diary, October 16 and 17, 1781, NYPL; Pybus, *Epic Journeys*, pp.51-53; Johann Ewald, *Diary of the American War: A Hessian Journal*, trans. and ed. Joseph P.Tustin( New Haven, Conn.: Yale University Press, 1979 ), pp.334-337。

93　投降条款出版于 *Pennsylvania Packet*, October 25, 1781, p.3。

94　关于这首民谣及其后世改编，见 Christopher Hill, *The World Turned Upside Down: Radical Ideas during the English Revolution* ( London: Penguin, 1991 ), pp.379-381。

95　Articles of Capitulation "Done in the Trenches before York," October 19, 1781, NA: PRO 30/11/74, ff.128-132.

## 第二章　惶惶不安的和平

在大西洋的另一侧，四面楚歌的英国首相诺斯勋爵听到康沃利斯投降的消息时，他仿佛"胸口挨了一枪"。"哦天呐！一切都结束了。"他一边挥舞着双手惊呼，一边慌乱地在房间里踱来踱去。[1] 在某个层面上，他说对了。传统上一直认为约克敦战役是美国独立战争的终点。那是英国军队和大陆军之间的最后一场对阵，直接导致和平谈判，英国在谈判后承认了美国独立。

然而就连诺斯本人也一定知道，投降并不意味着战争结束。在北美大陆之外，英国与法国和西班牙的全球冲突仍在激烈地进行。约克敦没有改变此刻印度南部的英军进程，他们正挥汗如雨地与法国的盟友蒂普苏丹 ① 苦战，但这并没有丝毫减轻正在为守卫直布

---

① 蒂普苏丹（Tipu Sultan，1750~1799），南印度迈索尔王国苏丹海德尔·阿里之子，其父阿里去世后继任迈索尔苏丹，在任上曾进行了一系列军事和经济改革。他是虔诚的穆斯林，但对其他宗教很宽容，曾让法国人建起迈索尔的第一座教堂。

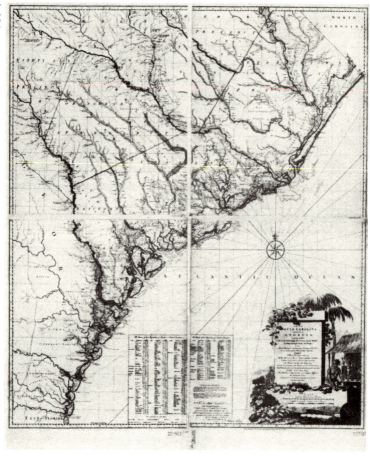

威廉·法登（William Faden）:《南卡罗来纳和部分佐治亚地图》(*A Map of South Carolina and a Part of Georgia*，1780）。

罗陀和梅诺卡岛（Minorca）而与西班牙对垒的英国士兵的压力。最重要的是，它没有阻止此前在弗吉尼亚包围康沃利斯将军的法国舰队驶入加勒比海，对英国那些宝贵的蔗糖小岛虎视眈眈。在北美，冲突也在继续，只不过规模不大，正统的革命历史往往对其忽略不计罢了。康沃利斯勋爵和乔治·华盛顿之间的战争或许在约克敦城外的战壕里结束了，但托马斯·布朗的战争还在继续，约瑟夫·布兰特的战争也是如此。从纽约城外郊区到佛罗里达边陲，游击战仍在折磨和困扰着全美各个社区。英国在 1782 年 1 月停止军事行动之后，这里的冲突比以往任何时候都更像一场效忠派、爱国者和印第安人之间的内战。

效忠派听到约克敦的消息时，他们的反应跟诺斯截然不同。起初，有人甚至不相信。"一份康沃利斯勋爵投降的传单从泽西传来……震惊了全城，"约克敦战役六天之后，纽约效忠派首席法官威廉·史密斯（William Smith）在日记中写道："我不相信。"他对自己的结论蛮有把握，"怀疑这是敌人使诈，为了阻止效忠派起义或阻止我方军事行动"。[2] 这位 53 岁的法官生性多疑，这是他和贝弗利·鲁宾逊一样迟迟不肯公开立场的原因之一，他一直拖到最后，直到被一个爱国者委员会传唤，迫使他要么宣誓效忠合众国，要么搬到英军占领的纽约去住。最后关头，史密斯搬到了纽约。当然，他很快就意识到关于约克敦的可怕传言是真的，老兵们开始回到纽约，诉说他们亲眼见到战斗结束，以及"[效忠派]难民落入篡位者之手"的悲惨命运。然而在史密斯和其他位高权重的效忠派看来，仍然没有理由认为战争结束或自己战败了。史密斯和他的朋友们炮制出英军继续进攻以"抵消南方的灾难"的各种策略。其中一人坚称，"这里，包括加拿大和[圣]奥古斯丁在内……有4万人呢"，"如果我们当初合理部署，一切理当尽在掌握，不过……仍然不该丧失信心"。[3] 查尔斯顿被扣押财产专员约翰·克鲁登提出了一个稍有不同的增兵计划。他说，如果能召集一支由10000名被解放的奴隶组成的军队，北美仍然可以"被它自己的力量征服"。克鲁登把这条建议寄给了他的保护人邓莫尔勋爵，后者又激动地把它拿给亨利·克林顿将军看。[4]

即便英国已经停战，效忠派仍然相信英国可以保住对殖民地的统治权。英国可以拒绝承认殖民地独立，赋予它们一定的自治权，像约瑟夫·加洛韦的联盟计划或威廉·史密斯提出的建立北美议会的类似提议。[5] 这是战时英国和平倡议的重点，即答应殖民地截止到1775年的所有要求，甚至提出可能允许北美代表进入下议院。虽然美国国会拒绝了英国人意义最为重大的建议，即1778年卡莱尔和平委员会的调解，坚称独立是继续谈判的前提条件，但史密斯和加洛韦等人仍然坚决主张建立一个帝国联邦。[6] 如果他们知道国王乔治三世本人强烈反对独立，或许会感到些许安慰。国王甚至威胁说，如果允许美国独立，他就退位。"与北美分离会让大英帝国丧失在欧洲诸国中的地位，"他宣称，"我这个国王的地位也随之变得一钱不值。"[7]

正是由于在约克敦战役之后仍然存在着各种可能性，当然还有其他原因，英美谈判人员用了一年时间才制定出初步和平条约，又用了一年时间才签订最后的和平条约，英国军队这才最终撤离。历史学家们往往会把这两年一笔带过，仿佛最终的结局早已注定。然而对于北美效忠派，特别是那些已经逃到英军占领的城市的人来说，这几年的和谈与战时一样令人惶惶不安。效忠派眼看着自己维系英国与殖民地关系的希望一个个破灭。他们希望继续军事进攻，但英国已经宣布停战。他们希望殖民地仍然是联合帝国的一部分，但英国承认了美国独立。他们希望能免于报复行为并保证自己的财产安全，但英美条约让许多人觉得他们像约克敦的效忠派一样被英国人"抛弃"了。他们希望留在大英帝国，却眼睁睁地看着英国人启程离去。到1782年中，英军占领的纽约、查尔斯顿和萨凡纳的效忠派不得不就未来何去何从作出选择：是留在美国，还是前往大英帝国的其他地盘。面对持续的暴力和乱局，绝大多数人选择与英国人一起撤离。然而和平的结果如此令人心碎，也让他们对协商出这等结果的英国当局深感失望。因此，很多效忠派往往带着怨愤之情踏上流亡之路，而让他们怨恨的正是以往依靠的政府。他们在美国的最后数月着实令人心灰意冷，也奠定了他们未来在大英帝国其他各地反复上演的不满模式，其影响波及之处，远至新斯科舍、牙买加和塞拉利昂。

效忠派的梦想破碎之地近在弗吉尼亚的战场，远在欧洲的各大政治和外交会议。在威斯敏斯特，继续作战和诺斯勋爵那个摇摇欲坠的政府一样，再也得不到任何支持。毕竟，很多英国人本来就不想在殖民地开战。"美国的朋友"包括当时一些最伟大的政治家，如杰出的政治哲学家埃德蒙·伯克（Edmund Burke），还有年仅21岁便于1781年入选议会的未来的领导人小威廉·皮特（William Pitt the Younger），以及激进贵族查尔斯·詹姆斯·福克斯（Charles James Fox），此人身穿浅黄色和蓝色衣服招摇过市，这是华盛顿部队的军装颜色，以表达自己对美国的支持。虽然长期以来，诺斯的政敌们一直因为内部分歧而未能施展雄才伟略，但在约克敦战役之后，反对派终于团结起来，决心彻底终结北美的这场战争。[8]

1782年2月的一天深夜，一位深受敬重的将军从下议院狭窄的木制板凳上站起身来，高声痛斥这场战争"染上了帝国最优秀子弟的鲜血"，"处处……攻城略地，家破人亡；北美的每一个角落都充斥着愤怒，国内也未能免遭破坏"。[9] 他接着提出一个动议，阻止"北美大陆这场为武力降服叛乱殖民地之目的而起的可恶战争继续下去"。凌晨 1 时 30 分，议会投票，以 19 票的微弱优势通过了该动议。[10] 两周后，诺斯在一次"不再信任"投票中（这是英国历史上首次使用这一举措）① 落败，递交了辞呈。[11] 诺斯第二天前去跟国王乔治三世告别时，国王仍然固执地不肯同意美国独立，他冷冷地打发了首相，说："记住，阁下，这次是你负我，非我负你。"[12]

1782 年 6 月，美国的另一位朋友、新任首相谢尔本伯爵威廉·佩蒂（William Petty）作出了承认美国独立的重要决定。从英国人老谋深算的视角来看，这一让步是有道理的，因为十三殖民地的未来只是战略大局的一部分，而大局还要考虑法国和西班牙。对英国来说，美利坚合众国独立与否并没有那么重要，关

① 不信任投票（vote of no confidence）或不信任决议（resolution of no confidence），中文俗称"倒阁"，是议会制及半总统制国家议会的一种议会议案。传统上由反对派提交给议会，希望打败政府（内阁）或使政府难堪。在少数情况下，它也可能由对政府已失去信心的昔日支持者放入议会的议程，该议案由议会投票决定通过或拒绝。一般而言，假如议会表决通过不信任动议或无法通过信任动议，政府只有辞职或解散议会并进行大选这两个选择。这里提到"这是英国历史上首次使用这一举措"，即首开先河。

键是它仍然属于英国的势力范围，而不致投靠法国。然而对效忠派来说，这可是迄今最坏的消息，其终结了他们继续与帝国有瓜葛的一切可能。它还为行政管理者提出了下一个重大挑战——该如何从事实上解除殖民地关系？这个问题由两个截然不同的部分组成，其中一个在巴黎解决，英国和美国的和谈者们已经开始敲定美国独立的细节了。他们要划清边界，要厘清从贸易优惠到解决跨大西洋债务等大大小小的经济关系。第二个问题才是效忠派们最关注的，即会制定哪些条款来保护他们免受法律和社会报复，为他们被没收的财产提供补偿。

与此同时，在北美，英国官员必须制定出英国人淡出这片大陆的具体步骤。总共有大约 35000 名英国士兵和黑森士兵①要撤离，英国在纽约、查尔斯顿和萨凡纳这三个城市的庞大驻防地也要拆除。这些城市中还有至少 60000 个效忠派人士和奴隶生活在英国的保护之下，他们的福利也必须考虑在内。更麻烦的是，亨利·克林顿爵士在约克敦战役之后立即辞去了总指挥一职，因而当时没有人具体负责这一重大任

---

① 黑森士兵（Hessian soldiers）是 18 世纪受大英帝国雇佣的德意志佣兵组织。美国独立战争期间大约有 30000 人在北美十三殖民地服役，其中近半数来自德意志的黑森地区，其他人则来自类似的小邦。在英国服役的背景下，他们全被归类为"黑森人（Hessians）"，北美殖民地居民则称他们为"雇佣兵"。

务。做他的继任者着实令人敬畏，却又不值得羡慕：要做的工作不啻为把一个帝国的整套机构连根拔起。谁会被委以这样的重任呢？幸亏，国王和他的大臣们虽有许多分歧，却在这一人选上很快达成了一致：退伍军官和殖民地行政官员盖伊·卡尔顿爵士。

\*

在左右效忠派难民命运的所有英国官员中，盖伊·卡尔顿爵士无疑举足轻重，也是最被人信任和爱戴的人物。（比方说，邓莫尔勋爵一直参与效忠派事务，却很少得到人们的信任，更不要说喜爱了。）作为英国从美国撤离过程中的主要管理者，卡尔顿是关照英国保护下的难民和奴隶的第一责任人。他的行动在极大程度上决定了他们的未来走向，是其他任何决策者无法匹敌的，他的想法也以非常关键的方式影响了效忠派迁徙的路线。那么，这位新任总指挥究竟是个什么样的人呢？英王乔治时代最犀利的评论家之一霍勒斯·渥波尔（Horace Walpole）认为卡尔顿是"一个严肃庄重的人，一代良将，人们眼中的智者"，比他之前那些无能的指挥官都要强得多。[13] 许多见过这位将军的人都同意渥波尔的说法。卡尔顿态度生硬而保守，他身高六英尺，（在那个时代算是）高大威猛，还长着一只威严的长鼻子，居高临下的眼神多半会让下属们脊背发凉。不过如果有人在 1782 年 4 月 1 日，也就是这位将军来到朴次茅斯，等待刻瑞斯号（Ceres）带他驶向纽约那天见到他，一定会在他刻板的面容后面看到自信，还有至少一丝沾沾自喜。卡尔顿曾经来过北美，三次都令他终生难忘，此前他又经历了很长一段政治迷茫期，这次任命无疑给了他证明自我的机会。

卡尔顿本人正是英国大西洋世界的产物，他战前在北美的经历也大大影响了他的态度，在他后来的职业生涯中发挥了很大作用。卡尔顿 1724 年出生于伦敦德里之外的一个英裔爱尔兰乡绅家庭，像出身英伦三岛边缘那些野心勃勃家庭的很多男孩子一样，不到 20 岁便入伍参军，这也是他兄弟们选择的道路。不久，他就和小他两岁的另一位军官詹姆斯·沃尔夫结为密友。卡尔顿还在中尉军阶上埋头服役时，沃尔夫已经连升几级，令上司们刮目相看，并在那个时代的几次关键战役中建功立业了。不久，卡尔顿的好友就成了他最重要的保护人。1758 年，沃尔夫准备在加拿大指挥部队同法国人作战时，帮助卡尔顿获得了那场战役的兵站总监的任命。两人于 1759 年起航出海（那是卡尔顿第一次北美之行），并一起度过了一个令人沮丧的夏天，魁北克城久攻不下。1759 年 9 月，沃尔夫策划对这座守卫森严的首府发动一场闪电战，希望能一举攻克。进攻那天，当晨雾升起之时，在城墙外的亚伯拉罕平原（Plains of Abraham）上，卡尔顿站在英军士兵的前列，指挥一支近卫军先遣队攻城。到那天下午，他头部受伤，好友沃尔夫则牺牲了。但他们打赢了这次战役，而且这场胜利的确意义重大。正因为他们占领了魁北克，整个法属加拿大才在1763年的《巴黎条约》中被割让给英国。在遗嘱中，沃尔夫把自己"所有的书籍和文件"都留给了卡尔顿，还给了他一份1000英镑的丰厚遗产。[14]

1771年，出生于北美的艺术家本杰明·韦斯特创作了一幅空前轰动的油画作品《沃尔夫将军之死》（The Death of General Wolfe），让沃尔夫（和韦斯特）名声大噪，但卡尔顿却不愿意在那幅画作中露脸，此时他一定已经感受到，如果说沃尔夫的死让他失去了一位知心好友，那么失去了沃尔顿的保护和提拔至少是同样重大的损失。到那时，卡尔顿已经以帝国总督和准将的身份回到了魁北克。这一次他在这座首府的石筑城墙内任职，距离他们在城外疆场上鏖战的日子已经过去了将近七年。当他站在古老的、摇摇欲坠的圣路易城堡（Château Saint-Louis）上，从那里的窗子向外俯瞰城市时，卡尔顿大概觉得自己又从另一个方面回到了原点。魁北克作为绝对多数人口（虽然是白人却是不说英语的天主教徒）的殖民地，比大英帝国的其他任何地方都更像他的家乡爱尔兰。卡尔顿努力学习法语，并设法协调大多数法语天主教人口（**法语居民**）与人数虽少但勇于发声的英语清教徒商人之间相互冲突的利益。卡尔顿认为，英国的治理方式"永远不会产生与国内相同的效果，主要是因为无法在北美的森林里体现王权或贵族阶层的尊严"。因此，他全面支持维持法国的制度体系，而不是引进英国的法律和政府机构，因为它们"不适应加拿大人的天性"，他还同样强烈地支持专制直辖权。[15] 1770 年，他前往英格兰，就如何改革加拿大行政管理咨询了政府。这些讨论最终形成了 1774 年的《魁北克法案》，被公认为是大英帝国通过立法适应和包容不同文化、不同种族之臣民的一座里程碑。

当年晚些时候，卡尔顿回到魁北克继续任职，根据《魁北克法案》逐步厘清权力关系。这一次他还带来了新婚不久的美丽妻子——她出身贵族，接受法语教育，比他小 30 岁——以及他们的两个年幼的儿子。《魁北克法案》保留了法国的民法，并确保天主教徒的信仰自由，但唯一的立法权掌握在总督和议会手中，因而保护法裔加拿大人的利益只是表面文章。没有民选议会、没有陪审团审判、没有人身保护法——卡尔顿坚称，法裔加拿大人不需要这些。埃德蒙·伯克等人谴责这是一个专制的立法，但一位大臣反唇相讥："如果说专制政府可以放心地交给谁管理……我坚信它在［卡尔顿的］手中再安全不过了。"[16] 卡尔顿本人非常满意这个大部分根据他自己的设计而起草的法案，也很高兴看到大多数魁北克人都乐意接受其中的条款。[17]

问题在于英裔加拿大人不接受，更不用说十三殖民地的英国臣民了。他们觉得这个法案既是彻头彻尾的威权主义，也是对他们自身权利和利益的无礼冒犯。导致南方的北美殖民地分裂的不满之声很快就传到了加拿大街头的咖啡馆里。有报道说来自波士顿的游人被加拿大的持不同政见者当街拦住搜身，为的是割断英国官员之间的通讯联系。来自马萨诸塞的特务渗透到魁省，组织反政府抗议。列克星敦和康科德战役打响几天后，蒙特利尔城内的英裔加拿大爱国者在一座乔治三世的半身像上泼黑漆，给它戴了一顶主教冠，还在它身上挂了一块粗鄙的牌子，上书"看看这位加拿大教宗或英格兰傻瓜吧"。[18] 让卡尔顿感到非常欣慰的是，**法语居民**总算没有大规模加入这类爱国集会，但他们对他组织民兵保卫本省的动员似乎也不怎么积极响应。[19]

中立固然不错，然而被入侵就是另一回事了。因为装备不良，又不愿（像某些英国官员鼓励他做的那样）招募大批印第安人参军，卡尔顿只能用他有限的兵力勉强抵挡住游击队的袭击。但 1775 年 9 月，大陆军在贝内迪克特·阿诺德和理查德·蒙哥马利

（Richard Montgomery）两位将军的指挥下入侵加拿大，准备在冬天到来之前速速攻入魁北克。想到他本人就曾成功地包围这座他如今正设法守卫的城市，也不知卡尔顿是喜是悲、是振奋还是懊悔？ 1775 年最后一天的黎明之前，又饿又冷的美国人顶着一场肆虐的暴风雪攻城，到傍晚的夕阳在天边铺开云锦之时，战斗就结束了。和 1759 年那场战役一样，指挥战斗的人倒在城墙外：阿诺德的左腿严重受伤，蒙哥马利则战死在风雪中。但美国画家约翰·特朗布尔（John Trumbull）试图用自己的画作《蒙哥马利将军之死》（*The Death of General Montgomery*）使这一事件名垂千古，却远没有他的老师本杰明·韦斯特所画的沃尔夫那么成功。因为这一次，胜利的是魁北克守军，他们守卫的是大英帝国的外省。吊诡的是，多年后，当残疾的阿诺德首次一瘸一拐地觐见国王之时，卡尔顿还上前扶了美国人一把。[20]

美国人的入侵被击退，**法语居民**也拒绝了美国国会发出的参加革命的外交建议之后，卡尔顿发起了对纽约的反攻。1776 年 10 月，他在尚普兰湖（Lake Champlain）大败爱国者，与伯戈因的军队会师。然而，看到"严酷的季节很快就要开始了"，他又退回加拿大过冬去了。[21] 伯戈因等人谴责他没有继续向南打到泰孔德罗加堡（Fort Ticonderoga），让美国人跑掉了，犯下了（他们所谓的）致命错误。不管他们是对是错，这个决定对卡尔顿的职业生涯都是毁灭性的。他此前已经跟势力极大的殖民大臣乔治·杰曼勋爵结下了梁子。听取了伯戈因的恶意中伤，杰曼更是变本加厉，免去了卡尔顿军事指挥的职务，还试图撤掉他的总督一职。卡尔顿抢得先手，于1777年辞去了所有职务，心怀厌恶地回到英格兰。

第六次横跨大西洋时，他的未来一片迷茫，声名受损，职位遭贬。然而离开北美最终却把卡尔顿推到了最有利的处境。一个又一个英国将军功败北美，与此同时，身处千里之外、远离这场经营不善的战争的盖伊爵士和玛丽亚夫人却活跃在伦敦的社交圈中，巩固了他们在英国上流社会的关系网。不知不觉间，卡尔顿的政治立场也给他带来了好运。他的能力一向为国王所赏识，现在他与杰曼的宿怨又让他深受议会反对派的喜爱。在先前辞去军事指挥官职务之后，再次被任命为北美英军总指挥给了他一种复仇的快感，要是知道他被复职一事还促使他的宿敌杰曼被赶下台，他一定更加春风得意。[22]

因此，当他在1782年春再次登陆美洲时，盖伊爵士百感交集。但他是时候直面前路上的挑战了。他敲破了首相密令的封印，阅读自己的使命说明。最"紧迫、其他一切事项均须为此让路的目标"听起来似乎很简单：卡尔顿要从纽约、查尔斯顿和萨凡纳——如有必要，还须从东佛罗里达的圣奥古斯丁——撤离"驻军、炮兵部队、给养、一切物资、各种公共设施"。与此同时,身为和平专员,他还须尽可能安抚美国人,以便"恢复旧日的友谊,平息近期的仇恨",这是为了离间美国人和法国人的攻心术。卡尔顿必须对效忠派施以"最温情和正直的照顾",帮助他们迁往"国王陛下所属的美洲的任何其他地方,从其所愿"。[23]

任务概述得相当清晰,但执行起来却困难重重。在英军占领的城市,有多达 100000 名士兵和平民要撤离,但他可用的资源严重短缺,没有足够的物资供给,也没有人明确指示他究竟该把他们送往哪里,而他能调遣的船只还不到 50 艘。何况虽然官方宣布停战了,卡尔顿在当地看到的现实却截然不同。从纽约到南方的沼泽和森林,内战仍在继续,为即将开始的撤离蒙上了暴力的阴影。

\*

重温约克敦战役之后那几个月继续在北美大陆肆虐的暴力,有助于理解某些效忠派何以如此炽烈地捍卫他们心目中的英属北美。同样重要的是,它还有助于解释为什么那么多效忠派选择跟英国人一起走。战时的暴力曾让成千上万的效忠派逃到英国地盘,希望能短暂地避一避风头。但自相残杀一直持续到和平时期，眼前的危险和未来可能遭遇的报复让效忠派为自己在美国的长期福祉惶恐不安，导致把他们的迁移变成了一场全球性的大流散。

1782 年 5 月 5 日，卡尔顿一在纽约登陆，就立即卷入了一场争端，它显示了仍在殖民地持续的派系之争有多激烈。争端部分围绕着纽约的效忠派领袖威廉·富兰克林展开，他是新泽西最后一任王家总督，也是爱国政治家本杰明·富兰克林唯一的儿子。那是多少年前的事了？父子俩一起去放风筝，汗湿的绳子在威廉的小手中缠绕牵引，方形的弹力丝质风筝摆动着，飞舞着，随风冲向雨云密布的天空。整整三十年，富兰克林父子在生活中相互陪伴，在工作中通力合作，一起往来于伦敦和北美之间，一起分享威廉的幼子坦普尔的童真稚趣。然而战争的到来却造成了父子间无法弥合的分歧。本杰明·富兰克林与英国当局决裂，签署了《独立宣言》，迁居巴黎，此刻他正在巴黎担任和平专员，也是美利坚合众国最受人尊敬的公众人物之一。威廉·富兰克林虽然不是专制政权的朋友，也支持帝国改革，却无法公开放弃对国王效忠，还因为拒绝这么做，在一个爱国者监狱里被囚禁了两年。在他入狱期间，他心爱的妻子伊丽莎白病危，但华盛顿不准威廉探视妻子。她未能见丈夫最后一面，"心碎而死"。还有一件事令威廉痛心不已，本杰明事实上收养了坦普尔·富兰克林，把坦普尔带到巴黎，成了美国和平专员的秘书。本杰明和威廉·富兰克林的关系再也没有好转，成为这场内战中最受人关注的骨肉分离的实例。[24]

　　威廉·富兰克林获释之后来到纽约，遍体鳞伤、心灰意冷的他决心以牙还牙。他不断地组织效忠派，在 1780 年正式成立了所谓的效忠派联合委员会（Board of Associated Loyalists），它支持准军事组织"安全公司"（相当于爱国者的安全委员会），在大后方保护效忠派。[25] 在该委员会的资助下，派系之战在约克敦战役之后很久仍在大纽约地区激烈地进行着。1782 年早春的一天，一个名叫乔舒亚·哈迪（Joshua Huddy）的爱国者上尉被发现吊死在桑迪胡克（Sandy Hook）的一棵树上，哈迪本人生前因为在新泽西中部施暴而臭名昭著。尸体胸前钉着一张纸，上面写着："我们这些难民长期以来目睹自己的兄弟被残杀，现在……决定只要还有一个难民活在世上，就一命抵一命……**处死哈迪为菲利普·怀特报仇。**"一个效忠派上尉显然是在收到威廉·富兰克林的指示之后才下令处死哈迪的，为的是报复前几天另一位效忠派菲利普·怀特被爱国者就地正法。听说这一事件后，乔治·华盛顿怒不可遏，要求效忠派交出凶手，否则他就要下令处死一个英国战俘为其抵命。更糟的是，美国人选出来进行报复的军官是约克敦战俘，青春年少、人脉深厚的准男爵爵位继承人查尔斯·阿斯吉尔（Charles Asgill）。不久，纽约的争吵就变成了一场国际事件，首相谢尔本请本杰明·富兰克林亲自出面为阿斯吉尔求情。[26]

新任总指挥到达纽约城时，爱国者正高声要求公正执法，效忠派也拿起武器捍卫自己的正义，英国正规军则因为一名无辜军官成为华盛顿**报复律法**的牺牲品而蠢蠢欲动。登陆第一天，卡尔顿花了两个小时跟威廉·富兰克林和威廉·史密斯密谈，讨论此事。阿斯吉尔最终还是被释放了，多亏他母亲直接向美国的另一个同盟、玛丽·安托瓦内特王后①求情。此事令华盛顿快快不悦：他的立场是绝不宽容，眼看就要采取残暴行动了。而威廉·富兰克林更是满腹牢骚。当人们把此案肮脏恶劣的细节提交到调查委员会和军事法庭审理时，富兰克林一副深仇夙怨的样子，言语轻率，失于谨慎，难免有损他贤明领袖的形象。此事令前总督心灰意冷。1782 年仲夏，消息传到美国，说英国已经同意承认美国独立，也就是说富兰克林的父亲赢了，更令他悲愤交加。1782 年 8 月，威廉·富兰克

---

① 玛丽·安托瓦内特（1755~1793），法国大革命前的最后一个王后，于 1774 年嫁给路易－奥古斯特，也就是后来的路易十六。法国大革命爆发后，王室出逃未成，1792 年 9 月 21 日，路易十六被废，法国宣布废除君主制。王室遭拘于圣殿塔内。安托瓦内特被控犯有叛国罪，路易十六被处决九个月后，即 1793 年 10 月 16 日，她被交给革命法庭审判，被判处死刑，魂断断头台，终年 38 岁。

林乘船前往英国，开始了流放生涯，随身携带着——威廉·史密斯认为那只是"借口"——的"一份效忠派献给国王的请愿书，强烈反对帝国分裂，并恳求国王的保护"，其中列出了一长串不满，都是针对他此去寻求庇护的政府的。[27]

仍然笼罩全美的暴力让卡尔顿疲于应付，阿斯吉尔事件只是冰山一角。在纽约和宾夕法尼亚的西部边缘，英国的印第安同盟则卷入了另一场激烈的派系斗争。萨拉托加战役之后，莫莉·布兰特和村里的其他莫霍克人一起迁居尼亚加拉。和许多难民一样，她也"根本无法适应这个地方和国度"，因为"起初她似乎很难抛弃自己的老母亲……和朋友们，住在这个全然陌生的国度"。[28]尽管如此，她仍继续为英国集结支持力量，作为回报，英国人在安大略湖最东端的卡尔顿岛（Carleton Island）上为她盖了一座房子。约瑟夫·布兰特参与了一系列愈演愈烈的进攻和反攻：爱国者在整个芬格湖群（Finger Lakes）地区发动了一次焦土战役；印第安人部队和效忠派民兵则突然袭击了从莫霍克河到俄亥俄河这一大片地区的数十个爱国者前哨基地。[29]仅一个月时间，布兰特的袭击就导致90人被捕或被杀，100多座房子被毁，500多头（匹）牛马被劫。[30]这类残暴的边境战争表明，白人殖民者与印第安人之间的冤仇根深蒂固，英美之间正式宣布停火根本无法化解这样的深仇大恨。约克敦战役结束五个月后，这些仇恨汇聚成了一场大概是整个美国革命期间最大规模的平民屠杀。在宾夕法尼亚最西部，爱国者逮捕了整村的和平主义的摩拉维亚特拉华印第安人，一个个杀死了他们，像屠杀牲口那样，先重击每个男性受害者的头部，然后剥下他们的头皮。[31] 卡尔顿能否压制住边境暴力，将对莫霍克人难民的未来有着特别重要的意义。

然而在所有这些持续冲突的战场中，最激烈的也是卡尔顿最迫切需要解决的。在南部腹地，效忠派正在为留住英国势力而决一死战。威廉·约翰斯顿和他的岳父约翰·利希滕斯坦仍然奋战在最前线，指挥骑兵旅在萨凡纳沼泽丛生的郊外巡逻。约克敦战役两周后的一天，约翰斯顿和手下正在营地休息，看到 300 位爱国者从森林里朝他们走来。他们很快就被包围了，约翰斯顿无疑不想重复弟弟安德鲁在奥古斯塔战死的命运，正准备把剑交给对方的指挥官投降，一个爱国者士兵突然袭击了约翰斯顿的一位下属。约翰斯顿被这样的侮辱激怒了，立即开始奋力守卫阵地。还好，没过多久，托马斯·布朗的突击队就派了一个先遣队来支援寡不敌众的效忠派，指挥先遣队的是约翰斯顿的世交好友威廉·威利。[32]

约翰斯顿与死神擦肩而过，但南方内战期间，这类事件多得数不胜数。一位美国军官回忆道："辉格派和托利派之间剑拔弩张，以至于'佐治亚假释'

成了'被枪杀'的同义词。"[33] 爱国者和效忠派的休战跟他们火爆脾气一样阴晴不定。布朗大概从不承认自己残忍的名声，但另一位效忠派军官却用骄傲的口气赞美他如何在卡罗来纳边境烧掉敌人的房子、把逃兵用绳子吊死在树上、逮捕人质、劫掠奴隶和马匹。[34] 所有这些导致卡罗来纳和佐治亚乡间"被不同的作战部队彻底瓜分"，以至于那一大片土地竟没有一头活的牲畜，连麻雀或鸣禽也没有，只有红头鹫俯身啄食尸体。[35] 1782 年春，美国军队驻扎在萨凡纳城外几英里处，忙着煽动英军开小差。托马斯·布朗从城里突围出来，打算与 300 名印第安盟军里应外合，把美国人驱赶回去。然而布朗未能与印第安人联合起来，他的突击陷入了僵局。几周后，印第安人也被击败了，幸存的战士纷纷涌入英国人的地盘寻求保护。至此，在佐治亚挽救英国统治的战斗彻底结束了。[36]

正是在这样的背景下，卡尔顿启动了一连串关键行动：从英军占领的萨凡纳和查尔斯顿撤离。卡尔顿认为这一步"无关乎选择，而是战败后必须接受的惨痛后果"。[37] 英军已经没有足够的兵力守卫这些城市了，更不要说此时加勒比地区还急需增援。1782 年 6 月初，卡尔顿寄出的一封标记为"绝密"的信件到达了查尔斯顿的英军总部。"收到此函后一两天内，"信中告诫指挥官亚历山大·莱斯利（Alexander

Leslie），"将有一支运输舰队在查尔斯顿城外靠岸；那是我派去协助萨凡纳和圣奥古斯丁撤离的；不仅要撤出士兵及一切军事和公共设施，还要带走选择一同离开的效忠派。"[38] 莱斯利将军立即把消息传到萨凡纳，请佐治亚总督詹姆斯·赖特爵士通知"国王的忠实臣民……在当前令人不安的情形下，向他们提供安全和膳宿……一直是总指挥的首要考虑"。[39] 两个月后，莱斯利受命撤离查尔斯顿，执行的正是同样的任务。

卡尔顿眼中不可避免的战略举措在两个城市的数千效忠派看来却无疑是一场灾难。撤离的消息激起了他们抗议和悲愤。赖特总督坚信只需再增派 500 人的部队，就能"把叛军彻底逐出本殖民地了"。[40] 但英国人却放弃了它。"您很难想象国王陛下忠实的臣民们心中有多么失望和痛苦，"赖特报告说，"我想阁下也不知道……这意味着抛弃了多么庞大的产业。"[41] 在查尔斯顿，一份署名为"公民"（注意，不是英王的"臣民"）的传单挖苦地提议效忠派可以尝试各种方式，祈求即将前来的爱国者施恩。

一个男人求太太或某个朋友写信代他求情——另一个男人的太太的姨妈有个表兄此时正在美国军营里服役……最后还有个人想出了一个绝妙的主意，那就是即便他此时此地正在英军城卫队服役，在内心深处，他仍一直是美国人的朋友。[42]

然而对大多数效忠派来说，英军撤退可不是一个玩笑。他们听说了城外发生的灾凶祸患，听说了效忠派正在被怀恨在心的爱国者追杀。[43] 佐治亚和南卡罗来纳的爱国立法者于1782年通过的没收法案将500位著名的效忠派当作叛国者驱逐出境，违者处死，没收了他们的财产，还对"其他""以叛徒方式协助、唆使和参与……叛国行为的各色人等"予以同样的处罚。[44] 当效忠派商人代表团前去会见爱国者当局，询问如果他们留下来会有什么待遇时，得到的答复一点儿也不乐观。萨凡纳的效忠派被告知他们可以花"合理的时日……处理财产以及与钱有关的问题"，但大陆军无法承诺提供充分的保护，当然，根据《没收和放逐法案》（Confiscation and Banishment Act），（定义含糊的）"叛国者"始终有可能被追究责任。[45] 南卡罗来纳的类似规定让查尔斯顿的商人们坚信，爱国者准备"报复和惩罚无辜"。[46] 对数百名地位低下的难民，例如在查尔斯顿城内临时建造的"不蔽风雨的茅舍"里避难的人来说，前景也好不到哪儿去。800多名"贫苦难民"依靠英国军队派发的微薄现金度日，也很难指望如果回到被战争蹂躏得千疮百孔的家园，生活会有多大的改善。[47]

他们该怎么做？这个国家刚刚经历了一场内战，可能会对效忠派实施报复，很有可能他们的财产已经在他们离家时被没收或摧毁了。英国船只停泊在海港里，免费提供前往陌生国度的自由通道。前路茫茫，但至少有一点是肯定的：离境的效忠派仍然可以安全地生活在大英帝国的领地里。撤离命令下达后短短数周，萨凡纳和查尔斯顿的绝大多数市民就已经决心要走了。

在 21 世纪，这样大批人离开家园、倾城而出的情景虽令人沮丧，却似乎已经是司空见惯的战争后果了。然而在 1780 年代，英国根本没有过这样大规模市民撤离的先例，也从没有任何研究美国革命的历史学家详细描述过英国人撤离的情况。然而英国势力在美国这最后数月遭遇的一切，为我们熟悉的美国建国形象举起了一面镜子，所呈现的景象令人震惊。因为就在美国的爱国者们考虑如何把十三殖民地改造为美利坚合众国，如托马斯·潘恩所说，"把世界推倒重来"的同时，数万难民却启程前往大英帝国，如一位效忠派所说，"让一切从头开始"。[48]

\*

那么，他们将去往哪里？对萨凡纳和查尔斯顿的许多白人效忠派来说，目的地的选择围绕着一个最重要的考虑，跟一种非常特殊的财产有关，它是可携带的、宝贵的、活的：奴隶。效忠派以何种价格出售或雇佣奴隶的问题，对他们是否逃亡以及逃往何处的决定有着至关重要的影响。战时，大多数离开殖民地的难民都去了英国或新斯科舍。但在英国，从 1770 年代初开始，拥有奴隶在事实上就已属非法，而在新英格兰和纽约难民们偏爱的新斯科舍，人们认为那里的气候不适合南方种植园的奴隶生活。牙买加和其他英属西印度群岛看似为更好的选择，但这些岛屿的殖民开发已臻成熟，已经没有多少未开垦的土地了，而且众所周知，那里的生活成本很高，死于热带疾病的概率也很大。

如此一来，只剩下一个英属领土吸引着南方奴隶主：邻近的英属殖民地东佛罗里达。东佛罗里达在气候和地质条件上多少有点像佐治亚，还有大片未开垦的土地，在效忠派种植园主看来，似乎是他们复制现有生活方式的最后一根救命稻草。东佛罗里达那位野心勃勃的总督帕特里克·托宁热心地鼓励效忠派迁居到此。"听说康沃利斯伯爵不幸战败的消息之后"，他发布了一份公告，邀请"邻近殖民地那些处境悲惨和遭受迫害的效忠派""成为本殖民地的殖民者"。49 数百人已经来了。唯一的麻烦是在卡尔顿最初的命令中，圣奥古斯丁也被列入了撤离计划。沮丧的效忠派和同情的官员们齐声抗议该举措，赖特和托宁两位总督也一样。[50] 在效忠派的压力下，卡尔顿取消了撤离命令，理由是佛罗里达能为效忠派们提供"方便的避难所，他们最为宝贵的财产可以不费力气地运输至此地，在这片国土上，他们的黑奴也可以继续使用"。[51] 于是东佛罗里达成为南方效忠派的首选目的地——突出显示了财产考虑，特别是奴隶劳动，在效忠派决定出走路线过程中的重要性。

萨凡纳的效忠派是第一批直面出走现实的人，在接下来的数月，这样的现实一遍遍重演，一次比一次规模大。7000 名白人市民和奴隶准备在不到四周的时间内离境。效忠派如何以及是否在心理上做好了背井离乡的准备，早已无从知晓，但他们有很多具体的杂事要一一处理。这座棋盘式布局、四四方方的城市，如今变成了一个移动的嵌合体。人们每天忙着售卖、打包、交易、话别。士兵们把军备物资堆在城墙下面，准备用船运到海边。奴隶们拖着家具和行李，几百人聚集在一起，准备随主人一起前往海外。最终，萨凡纳城里的 5000 个黑奴几乎全都要走，跟效忠派的财产一起被运出城市。1782年 7 月 11 日，卫戍部队在驳船上集合，绕着杂草丛生的曲折河岸驶向海滨。"许多居民看到我们离去，都悲痛万分，"一位纽约士兵在日记中写道，"特别是那些女士，她们的爱人必须随同我们的撤离弃城而去；有些女士改变了心意和信仰，也离开城市，跟我们一起走了。"[52]

如果说我们很难了解那些去国离乡的效忠派心中所想，要洞察出走人口的绝大多数，也就是大约5000个黑奴（人数比白人移民者多出一倍多）的态度，就更是难上加难。不过，作为极少数一同撤离的自由黑人的一员，乔治·利勒有一些记述，谈到了自己出走的原因。利勒或许为此次旅程找到了某种更大的慰藉，因为他是追随着两个主人前往海港的：一个在天国，一个在人间。自从他的前主人——在战前就已经解放了利勒的一位效忠派——被爱国者的子弹炸飞一只手而死之后，在大约三年的时间里，利勒一直作为自由人生活在萨凡纳城里。利勒很可能像许多其他自由黑人一样，在萨凡纳做车夫为生，帮忙为英军运送补给，正如他的朋友戴维·乔治就曾在自己的肉铺里支持英军。但利勒（以及乔治）真正的工作是为上帝服务：像他曾在希尔弗布拉夫附近的玉米地、林中空地和谷仓里所做的那样，为城里的黑人布道。戴维·乔治在萨凡纳大乱之前举家搬到查尔斯顿，但利勒却留下来继续布道，直到英军占领期的最后一刻。

利勒知道，自由可能并非常态。有一次，一些白人把他关进了监狱，因为不相信他的旧主人已经解放了他。他向他们出示了自己的自由证明书之后，才在一个白人保护人的帮助下获释，那位保护人就是乡间种植园主和效忠派军官摩西·柯克兰。（1775 年，托马斯·布朗遭受酷刑之后，也是柯克兰收留了他。）利勒欠柯克兰的人情还不止这些。利勒的妻子和四个年幼的孩子全都生而为奴，柯克兰显然帮他赎回了他们的自由。作为回报，利勒同意放弃自己的部分自由，以契约奴仆的身份为柯克兰劳动几年时间。如今英国人要撤离萨凡纳，柯克兰被流放，乔治·利勒"在某种意义上必须"跟他一起走，他的身份不再是奴隶，但也不完全是自由人。和其他人一样，利勒在出发前也有很重要的准备工作要做。他站在萨凡纳河的浅滩上，在城墙脚下为安德鲁、汉娜和小黑格·布赖恩施了洗礼，为教会添了三位新成员，这三人都是一个效忠派浸礼会教徒名下的奴隶。既然上帝要乔治兄弟把他的训谕带到美国以外的地方，那么也就需要安德鲁兄弟接替他的工作，为佐治亚的黑人传道解惑了。[53]

1782 年 7 月 20 日，利勒和家人随第一批船队驶出萨凡纳，前往牙买加的罗亚尔港（Port Royal）。[54] 他和英国人一起撤离的原因看似简单：为了保护自己和家人有限的自由。然而在上船的那一刻，利勒大概看到了这么多白人选择离开的那个压倒一切的理由：为了保护他们被奴役的财产。单桅帆船**斑马号**（Zebra）（这是个容易引起联想的名字，因为乘客包括黑白分明的两个种族）及其两翼的 12 艘船上只有区区 50 个白人效忠派。乘客中占绝大多数的是 1900 个黑人，几乎全都是奴隶。[55] 整个黑人社区全都乘船出海了，其中 200 多个奴隶为总督詹姆斯·赖特爵士一人所有，赖特曾经把 500 多个奴隶安排在 11 个种植园中劳动，这 200 多人只是他拥有的庞大奴隶劳动力中的一小部分。奴隶们在战争中幸存了下来，却要在赖特的一位副手纳撒尼尔·霍尔（Nathaniel Hall）的监护下被运往牙买加，在那里要么被雇佣，要么被出售，成为加勒比地区奴隶劳动力的一员，那里的艰苦条件和残酷待遇可是臭名远扬。[56]

第二天，另一支撤离舰队驶向圣奥古斯丁。这支船队上也是奴隶占多数；佐治亚代理总督约翰·格雷厄姆（John Graham）管理着他自己和其他人名下的不少于 465 个黑人男人、女人和孩子。[57] 与此同时，托马斯·布朗也护送着另一支更不寻常的非白人队伍。大约 200 名跟他并肩与爱国者作战的克里克人和巧克陶人（Choctaw）武士在战场上奋战了一年之后，这时准备返回自己的村庄。[58] 他们出现在船上表明英国人罕见地对自己的南方印第安人同盟让步了，而且他们也是这次大出走中的唯一的逆行人群：对他们且只有对他们而言，这次远行是回归故乡。圣奥古斯丁船队还带着威廉·约翰斯顿那一大家子人中的大多数：他的父亲老刘易斯·约翰斯顿、他的哥哥小刘易斯·约翰斯顿以及他的妹妹妹夫们和他们的子女。约翰斯顿一家有充分的理由偏爱佛罗里达，他们家里共有 71 个奴隶男女和孩子，老刘易斯·约翰斯顿是佐治亚难民中最大的奴隶主之一。

然而，伊丽莎白和威廉·约翰斯顿却随威廉所在的军团一起加入了开往查尔斯顿的舰队。伊丽莎白居然和威廉一起前往查尔斯顿，而不是跟婆家人一起去圣奥古斯丁，显然很不寻常，多半是因为她那时怀着七个月的身孕，但还是拒绝了威廉的一位爱国者好友的好心：提出可以保护她住在萨凡纳，直到她"更适合旅行"再说。约翰斯顿夫妇短暂的婚姻生活聚少离多，伊丽莎白受够了那样的日子。在威廉离家作战期间，她已经独自一人抚养了他们的长子安德鲁——一个"漂亮可爱的小伙子"，"热烈奔放的性情""很像"父亲。当然，她希望待在威廉身边还有另一个理由。没有她的陪伴，威廉又重拾赌博的旧习，"此恶行的破坏力如此之大"，眼看着就要毁了他们这个不断添丁增口的家庭。[59] 他没有对妻子坦白自己赌输的巨大数额，而是写信向岳父沮丧地忏悔，恳求利希滕斯坦在需要时帮他们一把。[60] 更糟的是，威廉的行为使他跟自己的父亲和姐妹们产生了裂痕。"你不知道你让我多难过，"伊丽莎白说，"一个父亲唯一希望和挂怀的就是自己的孩子们快乐，你让他忧心如焚，该多么残酷啊！"[61] 刘易斯·约翰斯顿医生虽然有钱有势，却不是个可以轻易离间的人。与他决裂可能会断了这对年轻夫妇最好的经济来源。

因此，当她看到英军在萨凡纳溃败之时，伊丽莎白·约翰斯顿冲动之下，选择了跟丈夫一起走："我丈夫不喜欢分离，我也坚决不肯留下。"她从没有提起过背井离乡有何道义担当。更值得注意的是，她也从没有提起过导致她那一大家子人出走的显而易见的原因。根据佐治亚的《没收和放逐法案》，约翰斯顿的每一位男性近亲都被放逐了，包括威廉·约翰斯顿、他的父亲刘易斯和她的父亲约翰·利希滕斯坦。在她自己的叙述中，约翰斯顿不是因为政治情绪，而是因为感情因素才离开的，是他们的爱情让他选择了出走。

约翰斯顿夫妇到了查尔斯顿，才发现那里同样是一片撤离前的骚乱。日复一日，英国官员们要面对食物、朗姆酒、船只和现金短缺；场面越来越乱、士气越来越低；还有一万多平民要求救济和保护。"这里的平民问题如此混乱，我已无力安排，特此宣布本人无法完成如此重任，也没有机构支持来承担该任务，每天从早到晚，我要面对这么多令人沮丧的建议书和请愿书，等等等等"，查尔斯顿的指挥官莱斯利悲叹道。[62] 爱国者正在朝他们进军，切断了城市的粮食来源，迫使莱斯利不得不派觅食分队去乡间抢劫谷物。[63] 士兵们变得越来越焦躁不安和自由散漫，他们"放浪形骸"，并且逃跑的士兵也越来越多。[64] 为了杀鸡儆猴，他们当着 2000 人将一位逃跑未遂的士兵处以绞刑；还有两个人"因为窝藏两名逃兵，在城里的闹市区各挨了 500 下鞭刑，然后被逐出驻地"。[65] 赤贫的难民的情况也没好多少。从 1781 年 11 月到 1782 年 11 月，一个社区的棺材匠为死去的效忠派制作了 213 口木棺：那一长串配偶、祖父母，特别是孩子的名字令人心碎；其中有一个少女名叫"阿梅里卡（America）"（意为"美洲"），还有一些人死时除了身高，什么记录也没有留下。[66]

1782 年 8 月撤离命令下达后的几周内，总共有 4230 名白人效忠派宣布将跟随英国人一起离开，还将带走 7163 个黑人，主要是奴隶。[67] 遵循萨凡纳的先例，东佛罗里达成为首选目的地。但查尔斯顿要比萨凡纳大得多，经济也更发达，撤离这么多奴隶使得情况尤其复杂混乱。

英国占领期间，有大约 100 个爱国者名下的地产及 5000 多个奴隶被"扣押"，由效忠派的被扣押财产专员约翰·克鲁登经营，收益归英国军队所有。如今撤离在即，许多效忠派自己名下的奴隶被爱国者抓走了，想带走被扣押的奴隶作为补偿。这样的交换听起来虽然符合逻辑，却是非法的，因为效忠派无权拥有这些爱国者名下的奴隶。让事情更趋复杂的是，还有好几百个在查尔斯顿生活和工作的黑人效忠派——包括此时正在查尔斯顿的戴维·乔治及其家人——有合法证明，可以作为自由人随英国人一起离开。爱国者们害怕他们宝贵的奴隶，不管是被扣押的还是被赋予自由的，随船驶入大英帝国。英国怎么能一面撤离黑人，以防爱国者名下的奴隶非法被抓，一面又向黑人效忠派承诺人身自由呢？莱斯利写信给卡尔顿请求指示。"无论我们如何处理那些在被扣押财产上被抓的奴隶，"他认为，"对那些因为相信我们的保护而自愿加入我们的人，出于道义，我们都不能抛弃，任由前主人对他们实施残忍的处罚。"[68] 卡尔顿非常赞同："既然承诺给他们自由，就必须兑现承诺。"[69]

面对效忠派和爱国者要求公平分配财产，以及眼前身处困境的黑人自由人和奴隶，约翰·克鲁登专员忙得不可开交，深感力不从心。尤其是克鲁登本人也身陷债务：很多人雇佣劳动力时没有付钱给他，也没有上缴被扣押财产的收成，他的政府账目上欠账已高达 10000 英镑。[70]（与此同时，他和弟弟两人也债台高筑，以至于他们可怜的父亲，住在伦敦的一位长老会牧师，请经纪人不要再给两个儿子贷款了。）[71] 然而约翰·克鲁登天性积极乐观，只需看看在约克敦战役之后，他曾建议自己的保护人邓莫尔勋爵组织一支自由黑人的军队继续作战，就知道了。1782 年夏，查尔斯顿的供给严重不足，克鲁登装备了一支桨帆船船队，派他们进入低地水路去抢夺爱国者的谷物供给。[72] 随后那几个月，克鲁登仍然尽其所能地帮助效忠派解燃眉之急，只不过他的想法和办法有时颇有些怪诞不经。

克鲁登对自己管理被扣押财产的业绩十分满意，断言许多"地产的耕种情况比我接管的时候好多了，[而且如果没有他的照管] 它们早就被贫穷的债主毁得不成样子了"。当然，他认为关于奴隶的纠纷很好解决。他自己的指导原则是尽量把所有被扣押的奴隶归还给他们的主人，"希望并坚信这样做会对他们有类似的影响，让他们归还英国臣民的财产"。[73] 因此，克鲁登警惕地防范着效忠派带走本不属于他们的爱国者名下的奴隶。他相信爱国者也会同样尊重效忠派的财产和黑人效忠派的自由。在他看来，在一个领域维护奴隶主的权利，同时在另一个领域支持被解放黑人的自由，两者之间没有矛盾：这关乎名誉问题。

1782 年 10 月，当第一批船只即将驶离查尔斯顿时，莱斯利和南卡罗来纳的爱国者总督就交换俘虏和被扣押财产的交接达成了一致。"所有奴隶，如果是**南卡罗来纳境内美国臣民的财产**，均应留在原地，归还原主，"莱斯利下令，"那些因在**英国**军队服役而被受到特别憎恶的奴隶，以及被单独承诺自由之人除外。"为了安抚爱国者，并"防止财产的巨大损失，从而毁掉很多家庭"，他主动提出如有黑人效忠派的前主人就奴隶事项提出争议，他愿意支付合理的价格补偿他们。[74] 然而自称自由效忠派的黑人人数过多，所涉的"巨额费用"让莱斯利目瞪口呆。[75] 因此，莱斯利组织了一个审查委员会，调查那些"因坚信各种公告和承诺而来，希望获得自由"的黑人，判断他们的身份是真是假。[76] 美国审查者则有权检查出港船只，看有没有被非法带走的奴隶。莱斯利处理此事的方法为盖伊·卡尔顿爵士不久以后在纽约监督规模更大的黑人撤离提供了重要模板。

戴维·乔治和他的家人就是被委员会确认为自由黑人的，据估计，共有 1500 个自由黑人撤离了查尔斯顿，他们一家就在其中。[77] 乔治惊喜地发现他的家人和白人难民一样，有权自由前往大英帝国的其他领地。1782 年 11 月初那几天，他们跟着首批船队驶出了查尔斯顿。[78] 绝大多数船只驶向纽约或圣奥古斯丁，但乔治一家人的目的地更不同寻常。他们和大约 500 名同船乘客一起去了新斯科舍，未来一年，将有成千上万的效忠派难民涌向这个英属北美省份，他们是最早到达的一批。[79]

碰巧，威廉·约翰斯顿或许就是批准乔治离境的军官之一。威廉和其他十个人一起接受委任，组成了莱斯利的审查委员会，在查尔斯顿的最后那些天里，他听取了很多逃离奴隶制的黑人男女的故事。伊丽莎白·约翰斯顿在一座被扣押的富丽堂皇的房子里诞下两人的长女凯瑟琳。外面，城市的人烟日渐稀少，"一切都在移动，乱七八糟的，"一位士兵写道，"各个教派的人似乎都陷入了混乱，那场面根本无法描述。这人在倾其所有购买物资，补足存货；那人在想办法去国王陛下军队的另一个驻地；还有人挨家挨户地收债。"[80] 约翰斯顿家在查尔斯顿倒是没有财产要处理，但他们也要面对新的选择。威廉的军团正准备出发，和查尔斯顿的大部分驻军一起驶向纽约。纽约路途遥远，而且它本身可能也即将面临撤离，不大适合伊丽莎白和孩子们去。这一次他们决定她独自去圣奥古斯丁，和威廉的亲人们住在一起，他处理完手头的事再去找他们，在那里建起他们第一个真正的家。[81]

1782年12月初，伊丽莎白·约翰斯顿带着她蹒跚学步的儿子、刚出生不久的女儿和一个黑人保姆一起走上一艘小船，划入海港，登上了准备驶向佛罗里达的纵帆船。水路弯弯曲曲，像个谜团一样不知所终。她的头顶上悬着一座水上城市的弧形木质城墙，被泥浆和焦油涂得黝黑；人影绰绰，沿着甲板和索具急速小跑着，帆布船帆在纵横交错的桅杆上延伸开去。很多轻舟和小船在水面上划出波浪，运送效忠派和奴隶、桶装的食物和供给、家具和牲畜到等在海港的大船上，连圣迈克尔教堂那些宝贵的吊钟都运来了。[82] 逾 1200 个白人效忠派和 2600 个黑人划着船，加入了驶向牙买加的船队。另一群人包括 200 多名黑人效忠派士兵，他们准备驶向圣卢西亚①。还有包括各级政府官员在内的几百人加入一个前往英国的船队。最后，12 月 12 日下午，士兵们开始在城市码头集合，上船前往纽约。两天后，美国人正式收复了查尔斯顿，而约翰斯顿夫妇却分别前往相反的方向：他和驻军一起去了纽约市，她则去了东佛罗里达，加入了正在迅速扩大的效忠派社区。[83]

在萨凡纳和查尔斯顿的撤离中，总共有 2 万多效忠派难民、奴隶和士兵踏上旅途：那么多人背井离乡、抛家舍业，那么多人漂在海上、前路未卜。这些撤离过程中的混乱局面所暴露的矛盾，将一直伴随着难民的流放生涯。效忠派去国离乡既是因为仇恨，也是出于道义，明知他们投奔的行政管理人员问题重重，却仍然依赖他们。自由黑人和奴隶也登上了同样的船只，身份混乱，且随时可能受到虐待。约翰斯顿一家和乔治一家都曾两度撤离，这揭示了另一个后来不断重复的现象：这些难民中有许多人终将一而再地举家迁徙。然而虽说这次移居海外意味着未知的命运，让效忠派忧心忡忡，但它也可能意味着更好的未来，让他们有机会以大英帝国臣民的身份重建新生活。虽

---

① 圣卢西亚（Saint Lucia），东加勒比海邻近大西洋一岛国，19 世纪时为英国殖民地。

然比起焦虑和哀叹，我们很少听到这样的声音，但确有难民对撤离的态度更加乐观。损失了这么多，他们一定会有新的发现。约翰·克鲁登在乘船前往圣奥古斯丁时，就是这么想的，他的梦想还没有终结。他想，"这或许是世界史上最重要的一个时刻"。[84] 如果不能利用这个重大机遇做出一番事业，活在这样宝贵的时刻不就没有意义了吗？

*

在约克敦战役一年之后，随着那些船只驶出查尔斯顿，效忠派们终于接受了失败的现实，真正开始让生活继续了。战争结束了，美国真的独立了。至少有8000个白人和黑人难民已经在其他英属殖民地——特别是东佛罗里达——定居了。但效忠派仍有些希望悬在空中。美利坚合众国将会怎样保护效忠派免受报复并补偿他们的损失？答案要由远在巴黎的和平专员们讨论解决，这将对那些仍未决定去留的效忠派产生重大的影响。

英美和谈的结果掌握在区区五人手中，每个人的态度都有着举足轻重的意义。美国和平委员会中资格最老的成员是本杰明·富兰克林，他的同伴包括纽约律师约翰·杰伊和马萨诸塞的约翰·亚当斯，第四个美国专员，南卡罗来纳的种植园主亨利·劳伦斯（Henry Laurens）后来也加入了他们。英国方面的谈判仅由一人主持，理查德·奥斯瓦尔德（Richard Oswald）被首相谢尔本勋爵亲自委以此职。奥斯瓦尔德担此大任虽说不上出人意料，但也相当不同寻常。这位来自格拉斯哥的商人年近八旬，曾靠跨大西洋贸易起家，主要是从切萨皮克①向英国运送烟草，从他与合伙人在塞拉利昂的邦斯岛（Bance Island）上所拥有的一个贸易要塞向美国运送奴隶。奥斯瓦尔德在东佛罗里达投资购买了大量地产。最重要的是，他有很多亲密的美国朋友，包括富兰克林和劳伦斯。的确，在这个意义上，他可以说是"美国的朋友"，以至于许多人觉得不能指望他替英国人主持公道。其他政府大臣还派了一位副手去监视他，这位亨利·斯特雷奇（Henry Strachey）是个机敏的公务员，最初曾做过东印度公司指挥官罗伯特·克莱夫（Robert Clive）的秘书，和奥斯瓦尔德一样，他也在东佛罗里达拥有大片地产，跟劳伦斯等人关系亲密。85

在酒店套房里，在晚餐桌上，在往来于巴黎各个街区的信件中，谈判者们就如何把十三殖民地分出大英帝国争论不休。到1782年秋末，只有几个关键问题还悬而未决。美国人希望能自由前往盛产鳕鱼的纽

---

① 切萨皮克（Chesapeake），弗吉尼亚州东南部的一个城市。

芬兰海岸，还希望能划定美国的西部和北部边界。许多美国人都欠英国债主的钱，关于这些债务如何清偿也有些争论。但最麻烦的未决问题还是跟效忠派有关：美国是否打算，又将如何补偿他们？解决方案一点点出台。奥斯瓦尔德让出了捕鱼权。双方同意以密西西比河为美国的西部边界。约翰·亚当斯随后提出债务问题应该与效忠派的财产问题分开处理，这个决定真是帮了大忙，"让斯特雷奇先生大喜；我觉得我在他脸上的每一个皱纹里都看到了笑意"。亚当斯还坚称，美国人战前的债务都应该偿还，此事关乎扬基佬的名誉。[86]

只剩下效忠派这个问题了。放下道义责任不谈，谢尔本勋爵和手下的大臣们知道，如果不能为效忠派争取让步，必将招来政敌的攻击，因此他叮嘱奥斯瓦尔德和斯特雷奇严肃对待此事。[87]然而当他们坐下来就这最后一项展开谈判时——这是战争与和平之间的最后一道障碍了——他们或许没有意识到，美国对手中一位成员的抵制态度有多坚决。本杰明·富兰克林固执地反对给效忠派任何补偿。就连杰伊和亚当斯也很奇怪富兰克林何以在这个话题上如此言辞激烈："富兰克林对托利派的态度非常强硬，在这个问题上，他比杰伊先生和我坚决得多"，亚当斯如此写道。[88]几周过去了，富兰克林的态度越来越强硬。他威胁说，如果英国要求补偿效忠派的财产，他就要求英国赔偿美国在战争期间的一切损失。他说，效忠派那些年"肆意烧毁和破坏农舍、村庄和城镇"，直言拒绝退还任何东西给他们，"你最好别提难民"，他向奥斯瓦尔德宣称。[89] 要么接受他的条件，要么继续开战。显然，两个国家就事关两国关系的每一个重大问题达成协议，都要比一个父亲原谅儿子的背叛来得容易。富兰克林拒绝补偿效忠派的态度也将反映在他生命的最后时刻对威廉采取的行动上。富兰克林在遗嘱中明确指出，只把自己在新斯科舍（效忠派的首要避难处）的地产及一批书籍和文件留给威廉。"他在上一场战争中针对我的行为能够解释我为什么不能把他企图从我手中夺走的地产留给他"，耿耿于怀的父亲解释道。[90]

富兰克林的挑战起了作用。初步和平条款中只有一处微弱含混地涉及了效忠派的利益。第五条指出："国会将诚挚地建议各州立法机关促成归还此前属于真正的英国臣民的一切地产、权利和财产。"也就是说，国会将恳请各州施恩，把效忠派的财产还给他们，但具体实施与否，还要看各州的脸色。由于富兰克林的坚持，该条款在措辞上只限于那些"没有拿起武器对抗上述美利坚合众国"的效忠派，一下子就把数万效忠派老兵排除在外了。[91] "真正的英国臣民"这一措辞后来还会造成效忠派内部的争执，他们认为这是在英国臣民内部建立邪恶的等级制度，不认为他们都一样是"真正的"英国臣民。

1782 年 11 月底,就在条约的最后定稿即将签署之时,第四个美国和平专员到达巴黎,刚好够他在条约中加入最后一条利己条款。亨利·劳伦斯为了跟荷兰谈判一项贷款,于两年前乘船前往欧洲,但他的船只却被王家海军拦截了,他以叛国罪名被关在伦敦塔中。他在一个很小的石头牢房中被监禁了 15 个月,其间不时生病,被密切监视,还被卫兵嘲弄,他们演奏着"《扬基歌》的曲调……我觉得就是在嘲笑我"。[92] 最终,多亏他的老朋友和熟人——此人不是别人,正是理查德·奥斯瓦尔德——多方游说,又交了保释金,他才获释。劳伦斯在条约签署前夜加入了同事们,补充了一条细节加入到文本中。他说,英国必须同意撤离过程"不会导致任何毁坏或带走任何黑人,或美国居民的其他财产"。奥斯瓦尔德与劳伦斯一起做了几十年的奴隶贸易,对这一条自然没有异议,于是它被写入了条约,后来对黑人效忠派造成了深远影响。

1782 年 11 月 30 日,五位专员聚集在莫斯科人大酒店(Grand Hotel Muscovite)内奥斯瓦尔德的套房里,签署了初步和平条款。当时的许多人都觉得不可思议,即英国为何对自己的前殖民地如此慷慨,但预言家们另有高见。后来在富兰克林的宅邸举办的一场聚会上,一个法国人讽刺英国代表团,预言说"联合起来的 13 个殖民地或许会成为世界上最大的帝国"。
"的确如此,"奥斯瓦尔德的秘书骄傲地答道,"但他
们**全都**说英语,无一例外。"[93] 不管美利坚合众国未
来会变得多伟大,语言本身就确保了它将始终维系着
与英国的纽带,这是其他任何主要的外国势力望尘莫
及的。在英国看来,这次和谈实现了一个最重要的目
标,那就是确保美国还在英国的势力范围之内,而没
有落入它的对手法国人手中。还不止这些,如果果真
如许多时人所言,美国未能集结成一个单一的国家,
那么根据该条约,英国就能够优先拼凑起那些分散的
领土。约克敦战役之后持续数月的战斗表明,投降本
身并没有结束战争。那些了解内情的人知道,这份条
约的慷慨条款同样暗示,在美国境内和周边,英国人
的野心也不是这一纸条约所能终结的。

有了美国人的协议在手,英国谈判者旋即结束
了与法国和西班牙的和谈,以一种老练的 18 世纪外
交赌博的方式交换领土。法国和英国同意大致回归到
战前状态。对效忠派来说影响更大的是,英国安排将
东西佛罗里达割让给了西班牙,换取继续保有直布罗
陀。1783 年 9 月,英国与美利坚合众国、法国和西班
牙签署了最终的和平条约,统称《巴黎和约》(Peace
of Paris)。那张羊皮纸为美国革命战争画上了句号。
然而在北美大地上,撤离还远未结束。

# 注 释

1 Nathaniel William Wraxall, *Historical Memoirs of My Own Time* (London: Kegan, Paul, Trench, Trübner and Co., 1904 ), p.398.

2 William Smith, *Historical Memoirs of William Smith, 1778-1783*, ed., W. H. W. Sabine ( New York: New York Times and Arno Press, 1971 ), p.461.

3 Smith, pp.461-463.

4 Simon Schama, *Rough Crossings: Britain, the Slaves, and the American Revolution* ( London: BBC Books, 2005 ), pp.124-125. 约翰·克鲁登致邓莫尔勋爵, 1782 年 1 月 5 日, NA: CO 5/175。( 感谢 Jim David 给了我这份文件的副本。) 1782 年 4 月, 威廉·史密斯听说邓莫尔仍在讨论 "以自由承诺为交换条件, 聚集几个黑人兵团"。Smith, p.497.

5 Robert M. Calhoon, "'The Constitution Ought to Bend': William Smith Jr. 's Alternative to the American Revolution," 见 Robert M. Calhoon et al., *The Loyalist Perception and Other Essays* ( Columbia: University of South Carolina Press, 1989 ), pp.14-27。

6 对这些和平倡议的重要的重新评估, 见 Andrew Jackson O'Shaughnessy, "Lord North and Conciliation with America," 未出版手稿。

7 英王乔治三世致诺斯勋爵, 1782 年 1 月 21 日, *The Correspondence of King George the Third with Lord North from 1768 to 1783*, ed., W. Bodham Donne, 2 vols. ( London: John Murray, 1867 ), II, pp.403-404。

8 关于这些事件, 见 Ian R. Christie, *The End of Lord North's Ministry, 1780-1782* ( London: Macmillan, 1958 ); John Cannon, *The Fox-North Coalition: Crisis of the Constitution, 1782-1784* ( London: Cambridge University Press, 1969 )。

9 1782 年 2 月 22 日的辩论, *Cobbett's Parliamentary History of England*, 36 vols. ( London: R. Bagshaw, 1806-1820 ), XXII, columns 1028-1029。

10 1782 年 2 月 27 日 的 辩 论, *Parliamentary History*, XXII, columns 1071, 1085。

11 1782 年 3 月 15 日的辩论, *Parliamentary History*, XXII, column 1199。

12 Horace Walpole, *Journal of the Reign of King George the Third from the Year 1771 to 1783*, 2 vols. ( London: Richard Bentley, 1859 ), II, p.521.

13 Walpole, p.500.

14 关于卡尔顿的早期职业生涯, 见 Paul David Nelson, *General Sir Guy Carleton, Lord Dorchester: Soldier-Statesman of Early British Canada* ( Madison, N. J.: Fairleigh Dickinson University Press, 2000 ), pp.17-27。

15 引自 Nelson, pp.45-46。

16 引自 Nelson, p.55。

17 Philip Lawson, *The Imperial Challenge: Quebec and Britain in the Age of the American Revolution* (Montreal: McGill-Queen's University Press, 1989). 又见 Hilda Neatby, *Quebec: The Revolutionary Age, 1760-1791* (Toronto: McClelland and Stewart, 1966), chapter 9。

18 Nelson, pp.58-60.

19 Neatby, chapter 10.

20 Nelson, p.136; Neatby, pp.151-152.

21 引文出自 Nelson, p.102。

22 Christie, pp.291-294.

23 Nelson, pp.142-143.

24 我从以下书籍中获取了关于威廉和本杰明·富兰克林的生平资料：Sheila L. Skemp, *William Franklin: Son of a Patriot, Servant of a King* (New York: Oxford University Press, 1990); Sheila L. Skemp, *Benjamin and William Franklin: Father and Son, Patriot and Loyalist* (Boston: Bedford Books of St. Martin's Press, 1994); Walter Isaacson, *Benjamin Franklin: An American Life* (New York: Simon and Schuster, 2003)。

25 与效忠派联合委员会有关的备忘录和其他文件，见 NA: CO 5/82, ff.23-88, 178-203。

26 Skemp, *William Franklin*, pp.256-263; Smith, pp.499-521 passim; Schama, pp.141-144; Nelson, pp.152-155。

27 Smith, p.545; Skemp, *William Franklin*, pp.263-266.

28 丹尼尔·克劳斯致弗雷德里克·哈尔迪曼德，1779 年 8 月 30 日，BL: Add. Mss.21774, f.58。

29 关于这些后来的战役，见 Barbara Graymont, *The Iroquois in the American Revolution* (Syracuse, N. Y.: Syracuse University Press, 1972), pp.192-258。

30 "Return of Prisoners & Killed, by the Different Partys under the Direction of Captain Brant, In Augt.1780—of Col. Johnsons Departmt," BL: Add. Mss.21769, f.70.

31 Peter Silver, *Our Savage Neighbors: How Indian War Transformed Early America* (New York: W. W. Norton, 2008), pp.268-274. 很少有白人在听说了印第安人的报复行动之后能够轻易原谅他们。德拉瓦人曾抓到一名美国上校，以酷刑折磨致其死亡：用烧红的木棍在他身上凿洞，迫使他在烧热的煤炭上行走，对着他点燃爆管，直到他"祈求……一位袖手旁观的白人变节者给他一枪，但那人说，'你没看见吗，我手里没枪'。"他很快就被剥了头皮，他们把灰烬和煤炭铲在他的身上，他在里面扭动着，直到停止呼吸。William Croghan 少校致 William Davies 上校，皮特堡，1782 年 7 月 6 日，LAC: William A. Smy Collection, MG31 G36。

32 Edward J. Cashin, *The King's Ranger: Thomas Brown and the American Revolution on the Southern Frontier* (New York: Fordham

University Press, 1999), pp.143-144; Hugh McCall, *The History of Georgia* (Atlanta: A. B. Caldwell, 1909 [1784]), pp.532-533; Elizabeth Lichtenstein Johnston, *Recollections of a Georgia Loyalist* (New York: M. F.Mansfield and Company, 1901), pp.69-73.

33 William Moultrie, *Memoirs of the American Revolution: So Far as It Related to the States of North and South Carolina and Georgia*, 2 vols. (New York: David Longworth, 1802), II, p.336.

34 David Fanning, *The Adventures of David Fanning in the American Revolutionary* War, ed. A. W. Savary (Ottawa: Golden Dog Press, 1983).

35 Moultrie, II, p.355. 这些约克敦战役后的交战情况，详细描写见 Jim Piecuch, *Three Peoples, One King: Loyalists, Indians, and Slaves in the Revolutionary South* (Columbia: University of South Carolina Press, 2008), pp.272-327。

36 Cashin, pp.150-153.

37 盖伊·卡尔顿爵士致亚历山大·莱斯利，1782 年 7 月 15 日，引自 *Report on American Manuscripts in the Royal Institution of Great Britain*, 4 vols.(London: HMSO, 1904), III, p.19。

38 卡尔顿爵士致莱斯利，1782 年 5 月 23 日，NYPL: Alexander Leslie Letterbook。

39 莱斯利致阿留雷德·克拉克，1782 年 6 月 4 日，以及莱斯利致詹姆斯·怀特爵士，1782 年 6 月 4 日，NYPL: Alexander Leslie Letterbook。

40 怀特致谢尔本勋爵，1782 年 9 月，引自 Charles Colcock Jones, *The History of Georgia*, 2 vols.(Boston: Houghton Mifflin Company, 1883), II, p.526。

41 怀特致卡尔顿，1782 年 7 月 6 日，引自 *Report on American Manuscripts*, III, p.11。

42 "To the Citizens of Charles-Town, South-Carolina," August 9, 1782, LOC: "American Papers Respecting the Evacuation of Charlestown 1782," George Chalmers Collection.

43 Piecuch, pp.292-298.

44 关于南卡罗来纳的法案: Thomas Cooper, ed., *The Statutes at Large of South Carolina* (Columbia, S. C.: A. S. Johnston, 1838), IV, pp.516-523。这些名称刊登在 *Royal Gazette* (Charleston), March 20, 1782。关于佐治亚的法案（这里引用了原文）: Allen D. Candler, ed., *The Revolutionary Records of the State of Georgia* (Augusta, Ga.: Franklin-Turner Company, 1908), I, pp.373-397; Robert S. Lambert, "The Confiscation of Loyalist Property in Georgia, 1782-1786," *William & Mary Quarterly* 20, no.1 (January 1963): 80-94。

45 Jones, II, pp.516-517.

46 "Proceedings of the Merchants & Citizens of Charlestown upon a Report that the Garrison was shortly to be evacuated; with the Letters and other Papers which passed between them Genls. Leslie, Govr Mathews & c," LOC: "American Papers Respecting the Evacuation of

Charlestown 1782," George Chalmers Collection.

47  Moultrie, II, p.279; Lambert, p.230. 接受发放现金的难民名单，见 Murtie June Clark, *Loyalists in the Southern Campaign of the Revolutionary War*, 3 vols. (Baltimore: Genealogical Publishing Company, 1981), I, pp.512-529。

48  Thomas Paine, *Common Sense* (New York: Penguin, 1986), p.120. Fanning, p.60.

49  帕特里克·托宁致乔治·杰曼勋爵，1782 年 5 月 1 日，NA: CO 5/560, p.421。

50  "Address of the Upper and Commons Houses of Assembly to Lieut. Gen. Alexander Leslie," June 16, 1782, 引自 *Report on American Manuscripts*, II, p.527; 托宁致卡尔顿，1782 年 6 月 20 日和 21 日 (*Report on American Manuscripts*, II, p.529, p.531)。又见州议会致托宁，1782 年 6 月 19 日，NA: CO 5/560, p.752。

51  莱斯利致卡尔顿，1782 年 6 月 28 日，NYPL: Alexander Leslie Letterbook。

52  Henry Nase Diary, July 11, 1782, NBM, p.13.

53  "An Account of Several Baptist Churches, consisting chiefly of Negro Slaves: particularly of one at Kingston, in Jamaica; and another at Savannah, in Georgia," reprinted in Vincent Carretta, ed., *Unchained Voices: An Anthology of Black Authors in the English-Speaking World of the Eighteenth Century* (Lexington: University of Kentucky Press, 1996), pp.326-327.

54  这些航海日期摘自 Henry Nase 的日记，1782 年 7 月 20-27 日，NBM, pp.13-14。

55  Michael John Prokopow, "'To the Torrid Zones': The Fortunes and Misfortunes of American Loyalists in the Anglo-Caribbean Basin, 1774-1801," (Ph. D. dissertation, Harvard University, 1996), pp.17-20. 莱斯利曾请求卡尔顿派遣足够的运输力量运送 50 个白人和 1900 个黑人前往牙买加。莱斯利致卡尔顿，1782 年 7 月 6 日，NYPL: Alexander Leslie Letterbook。

56  "Nathaniel Hall," q. v., "A List of Loyalists in Jamaica," NLJ: MS 1841, p.14. 詹姆斯·怀特爵士的索赔见 *Report of Bureau of Archives*, II, p.1306。

57  "A Return of Refugees, with their Negroes, who came to the Province of East Florida in consequence of the evacuation of the Province of Georgia," n. d., NA: CO 5/560, pp.806-808.

58  约翰·格雷厄姆致卡尔顿，1782 年 7 月 20 日，引自 *Report on American Manuscripts*, III, p.30。当时的一份报纸报道声称：布朗、他的 1200 名兵团士兵和 300 个印第安人是与 3000 个黑人一起出发的。*New England Chronicle*, September 19, 1782, p.3.

59  伊丽莎白·约翰斯顿致威廉·约翰斯顿，1781 年 5 月 25 日，PANS: Almon Family Papers, reel 10362。

60  威廉·约翰斯顿致约翰·利希滕斯坦，1781 年 5 月 20 日，PANS:

Almon Family Papers, reel 10362。

61 伊丽莎白·约翰斯顿致威廉·约翰斯顿，1781 年 9 月 3 日和 9 月 2 日，PANS: Almon Family Papers, reel 10362。

62 莱斯利致亨利·克林顿爵士，1782 年 3 月 27 日，引自 *Report on American Manuscripts*, II, p.434。又见莱斯利致克林顿，1782 年 4 月 17 日，引自 *Report on American Manuscripts*, II, p.457。

63 莱 斯 利 致 卡 尔 顿，1782 年 9 月 8 日，NYPL: Alexander Leslie Letterbook。

64 Autobiography of Stephen Jarvis, NYHS, p.78.

65 Henry Nase Diary, November 20, 1782, NBM, p.15.

66 Clark, ed., I, pp.545–550.

67 Lambert, p.254. "Return of the Loyal Inhabitants within the British Lines at Charles Town South Carolina who have given in their names as intending to leave that Province···," August 29, 1782, *Report on American Manuscripts*, III, p.97. Schama, p.134.

68 莱 斯 利 致 卡 尔 顿，1782 年 6 月 27 日，引自 *Report on American Manuscripts*, II, p.544；莱斯利致卡尔顿，1782 年 8 月 16 日，NYPL: Leslie Letterbook。

69 卡 尔 顿 致 莱 斯 利，1782 年 7 月 15 日，引自 *Report on American Manuscripts*, III, p.20。

70 莱 斯 利 致 卡 尔 顿，1782 年 8 月 10 日，NYPL: Alexander Leslie Letterbook。

71 Samuel Rogers 致 Joseph Taylor, 1782 年 5 月 1 日, LOC: Lovering-Taylor Family Papers。克鲁登的父亲威廉是位于考文特花园王家法院的苏格兰长老会的一位牧师。"William Cruden," q. v., *DNB*; Alexander Chesney, *The Journal of Alexander Chesney*, ed. E. Alfred Jones ( Columbus: Ohio State University Press, 1921 ), p.91.

72 John Cruden, *Report on the Management of the Estates Sequestered in South Carolina, by Order of Lord Cornwallis, in 1780–82*," ed. Paul Leicester Ford ( Brooklyn, N. Y.: Historical Printing Club, 1890 ), pp.13–14. Jeffrey J. Crow, "What Price Loyalism?The Case of John Cruden, Commissioner of Sequestered Estates," *North Carolina Historical Review* 58, no.3 ( July 1981 ): 215–233.

73 约翰·克鲁登致 Robert Morris, 1782 年 8 月 15 日, LOC: Lovering-Taylor Family Papers。

74 "Articles of a Treaty, Respecting Slaves within the *British* Lines, *British* Debts, Property secured by Family Settlements, & c.," LOC: "American Papers Respecting the Evacuation of Charlestown 1782," George Chalmers Collection.

75 莱斯利致卡尔顿，1782 年 10 月 18 日和 11 月 18 日，NYPL: Alexander Leslie Letterbook。莱斯利致卡尔顿，"保密"，1782 年 10 月 18 日，引自 *Report on American Manuscripts*, III, pp.175–76. Moultrie, II, pp.343–52。

76 "Commission for the examination of Negroes," n. d., NYPL:

Alexander Leslie Letterbook.

77  Cassandra Pybus, *Epic Journeys of Freedom: Runaway Slaves of the American Revolution and Their Global Quest for Liberty* ( Boston: Beacon Press, 2006 ), p.60. Moultrie 等人认为总共从查尔斯顿带走了 25000 个黑人，其中很多是非法带走的。

78  Pybus, p.59; "An Account of the Life of Mr. David George…" in Carretta, ed., p.336. Carretta 的注释说乔治是和陆军上将 James Patterson 一起前往新斯科舍的，但这么说是没有根据的：Patterson 这段时期一直在哈利法克斯，不可能是"P 上将"。乔治在查尔斯顿有一位保护人，Pybus 和 Carretta 都说乔治是在 11 月 19 日出发的，但前往唯一有据可查的哈利法克斯的船队似乎是在 10 月份起航的——记录上现实的效忠派人数几乎正好符合乔治估计的人数。

79  关于 1782 年 10 月 20 日离开查尔斯顿前往哈利法克斯的效忠派人数的报道，见 *Report on American Manuscripts*, III, p.179。

80  Henry Nase Diary, November 27 and 30, 1782, p.15, NBM.

81  威廉·约翰斯顿接受任命加入"黑人调查委员会"，无日期，NYPL: Alexander Leslie Letterbook. Johnston, p.74。

82  P.Traille 上将致 Martin 准将，1783 年 1 月 29 日，NYPL: Carleton Papers, Box 29, no.6835。卡尔顿下令将钟送回原处，因为那是被非法没收的美国人的财产。

83  被撤离平民的正式报告刊印在 Joseph W. Barnwell, "The Evacuation of Charleston by the British," *South Carolina Historical and Genealogical Magazine 11*, no.1 ( January 1910 ): 26。关于撤离命令，见 *Magazine of American History with Notes and Queries*, vol.8 ( New York: A. S. Barnes and Company, 1882 ), pp.826-830。

84  克鲁登致 Morris, 1783 年 8 月 15 日，LOC: Lovering-Taylor Family Papers。

85  Richard B. Morris, *The Peacemakers: The Great Powers and American Independence* ( New York: Harper and Row, 1965 )。奥斯瓦尔德的发家史详情见 David Hancock, *Citizens of the World: London Merchants and the Integration of the British Atlantic Community, 1735-85* ( Cambridge, U. K.: Cambridge University Press, 1995 )。

86  约翰·杰伊，《1782~1783 年的和平谈判》，见 Justin Winsor, ed., *Narrative and Critical History of America* ( Boston: Houghton Mifflin, 1888 ), p.137。

87  见谢尔本致亨利·斯特雷奇，1783 年 10 月 20 日，LOC: Papers of Henry Strachey, ff.93-94。

88  亚当斯，引自 Isaacson, p.414。

89  本杰明·富兰克林致理查德·奥斯瓦尔德，1783 年 11 月 6 日和 26 日，见本杰明·富兰克林等, *Memoirs of Benjamin Franklin* ( Philadelphia: McCarty & Davis, 1834 ), I, pp.460-464。

90  "The Last Will and Testament of Benjamin Franklin," http://sln.fi.edu/franklin/family/lastwill.html, 2009 年 12 月 27 日访问。

91  Isaacson, p.415.

92 亨 利·劳 伦 斯,"Journal of Voyage, Capture, and Confinement,"
　　 NYPL。即便与他一同被监禁的狱友 George Gordon 勋爵向他伸出了友
　　 好的橄榄枝,劳伦斯的处境也丝毫没有好转。George Gordon 是一位反
　　 天主教的煽动政客,曾煽动了伦敦历史上最大的骚乱,他邀请劳伦斯与
　　 他一同在伦敦塔四周散步。监狱长听到这个消息后"破口大骂",禁止劳
　　 伦斯走出牢房门外一步。Gordon 还送了他一块蛋糕,让劳伦斯陷入了更
　　 大的麻烦。
93 Morris, pp.381-82.

NEW SOUTH WALES
JAMES BAY
LAKE SUPERIOR
LAKE MICHIGAN
LAKE HURON
LAKE ONTARIO
LAKE ERIE
PENNSYLVAN
VIRGINIA
NORTH CAROLINA
SOUTH CAROLINA
GEORGIA
WEST FLORIDA
EAST FLORIDA
LOUISIANA
PROVINCE
PART OF NEW MEXICO
Country of the
Extensive Meadows full of Buffaloes
GULF OF MEXICO
GULF of FLORIDA
BAHAMA

威廉·法登:《根据 1783 年条约，内有英国和西班牙领土的美利坚合众国》(The United States of North America with the British and Spanish Territories According to the Treaty of 1783，1785)。

## 第三章　无序新世界

　　1783 年 3 月 25 日，全美各家报纸刊登了交战各方签订的初步和平条款。爱国者们鸣钟祝酒、燃放烟花，庆祝这场历时八年的战争终于正式结束了。然而对于纽约和东佛罗里达还处于英国人保护下的四五万效忠派来说，这不啻为一则噩耗，宛如通常刊登在黑框里的讣告。十三个英属殖民地不复存在了，看看他们是如何授人以柄的吧。就连英国内务大臣本人在敦促盖伊·卡尔顿爵士"请尽一切努力和解调停，以促使第五条完全生效"时，大概也意识到这是强人所难。那是本杰明·富兰克林关于财产补偿不置可否的表示，"它的实现，在很大程度上要仰仗美国国会的善意"。[1] 的确要仰仗善意。战争结束了，美国获得了独立，如今效忠派得不到任何确切的补偿承诺，和平条约的第五条会成为效忠派永远的耻辱，那是到那时为止他们的利益被出卖得最惨的一次。东佛罗里达的效忠派还将听到更坏的消息，英国已经同意把他们的避难所拱手让给西班牙。然而除了英国政府之外，这些效忠派还能求助于谁呢？英国人最后也是最大规模的撤离——从纽约和东佛罗里达撤离——就在这样心灰意冷的氛围中开始了。

卡尔顿本人一直不满和谈在巴黎而非纽约进行，自然也不满他本人无法在和谈中发挥重要作用。在纽约，效忠派领袖们如今视他为忠实可靠的朋友，是他们的利益的捍卫者。卡尔顿与威廉·史密斯的关系尤其亲密，很长时间以来，他和史密斯一样，希望与美国建立某种帝国联盟。就在和平条约签署的前夜，他还对史密斯说自己"坚信我们可以重新联合起来，如果帝国出现了一丝裂缝，定是由于我们的愚蠢所致"。[2] 他几乎把条约看成是对他个人的重大打击，对涉及效忠派的"可耻条款尤其感到难过"。更有甚者，他们签订了如此虚弱无力的条款，如今居然让他来扛起努力恢复（如白厅 [①] 所指示的）"两国之间的和谐与团结"的重担。他根本就是反对美国独立

---

① 白厅（Whitehall，又译怀特霍尔）是英国伦敦威斯敏斯特市内的一条大道，自特拉法加广场向南延伸至国会广场，也是英国 A3212 号公路（特拉法加广场至切尔西）的首段。这里是英国政府中枢所在地，包括英国国防部、王家骑兵卫队阅兵场和英国内阁办公室在内的诸多部门均坐落于此，因此"白厅"一词亦为英国中央政府的代名词。

的，如今却不得不利用自己的"明智判断"和"人道精神……去安抚和说服人们，诚挚地杜绝任何一方即将发生的或可能已经发生的一切人身伤害"。[3] 不过，在魁北克的那些年让卡尔顿学会了不少治理殖民地的诀窍，他在这场内战的废墟上想出了一些有创意的点子帮助人们走出困境。他会尽一切可能帮助北美效忠派，因为他自己的忠诚感，以及他自己关于帝国的愿景，全都有赖于此。

截至此时，卡尔顿一直都在遥控着北美各个城市的撤离。如今他目睹着一场迄今为止最大也是最复杂的撤离，其规模远超南方的那些。撤出纽约城意味着一整套令人生畏的后勤挑战。驻防军已经驻守了七年之久，人数超过 20000 人，单单清退他们就已经是严峻的任务了。还有城市在加固要塞时使用的各式大炮要打包装船，若干个马厩里的马匹要运走，还要为数千人寻找和派发粮食和供给。这只是卡尔顿的部分任务。纽约还有大约 35000 个效忠派平民，如果遵循萨凡纳和查尔斯顿的旧例，这些人几乎全都要走。到哪里去找船只来运送他们，又该如何配给粮食给他们？他们要去向哪里，定居需要什么样的设备？在自己的纽约总部，卡尔顿发现难民们去往四面八方，直让他分身乏术。残疾人和无依无靠之人的恳求源源不断地朝他涌来。他要监督与印第安人的外交事务，要应付北美腹地仍在持续的暴力，要处理来自佛罗里达、牙买加、魁北克和新斯科舍等地的求助函，还要与英国官员通信，敦促他们对迁徙者采取慷慨的政策。然而在如此千斤重担之下，卡尔顿和手下还是及时制订了一系列措施，为跨大西洋难民救济项目奠定了基础。

南方的撤离开始时，卡尔顿曾建议英国政府在新斯科舍、佛罗里达等殖民人口相对稀少的殖民地给效忠派难民分赠一些地块，免收费用和代役税。18 世纪中期，在新斯科舍曾有过先例，从法裔阿卡迪亚人手中没收的土地被重新分配给了讲英语的殖民者；类似的分地政策也曾惠及"七年战争"中的老兵，收效良好——既能鼓励殖民，也能为复员军人提供收益丰厚的就业，但他们也一贯被看作是潜在的社会不稳定因素。不过卡尔顿提出的为效忠派分地的方案是更为庞大的帝国重建计划的一部分。他认为，在美国的失败使得"我们必须与那些仍然效忠的殖民地保持最为密切与诚挚的联系"。在英属北美和其他地方为效忠派分地，可以确保"每个人都乐意拿起武器保卫家园，因为只有这样他们才能自保。不仅应该免收代役税和各种政府办公费用，大不列颠在未来也不应对其征税"。[4] 于是该政策就有了两重目的：既奖励了那些已证明对帝国忠诚的人，同时也让大英帝国的其他地方变得更加忠诚和安全。

1783 年 1 月，一个纽约效忠派联合组织派代表去新斯科舍察看位于罗斯韦港（Port Roseway）的一个殖民地，那是个未经开发的港口，位于哈利法克斯以南大约 100 英里处。新斯科舍省总督约翰·帕尔（John Parr）尚未从伦敦方面收到任何关于分地的指示，但他承诺为难民提供 400000 块木板建造新房。就是从那些木板开始，一个名副其实的效忠派都市一点一点地建立起来。起初大约 600 个效忠派人士加入了准备迁出的罗斯韦港联合会。当他们的舰队在 1783 年 4 月准备出发时，签约一道离境的人"超过了七千人"。[5] 卡尔顿的兵站总监、能干的伦敦商人布鲁克·沃森（Brook Watson）为这些拓荒者们准备了壮观的一长串物资：锛子和锯、水桶和黄油桶、游标卡尺和钳子、枪弹、火药、炮弹、油灯、锁，还有长柄勺。[6] 船只从英国驶来接殖民者时，他们带着斧头和锄头，各种可能用得上的木瓦、"木钻"和"钻头"。[7]当第一批纽约撤离舰队在他面前装货完毕、准备出海时，卡尔顿写信给帕尔总督，说他很欣慰"我们能够给这些理应得到救济之人一些庇护，我相信他们未来一定会促进财富增加、商业繁荣和政权稳固，给我们这个领土大大减少的帝国提供丰厚的回报"。[8] 几个月后，卡尔顿得知英国内阁已经批准了他的分地提议。效忠派重新定居的几个关键要素全都到位了——自由通道、免费供给和获得土地。

卡尔顿没有提及效忠派出走新斯科舍的另一个同样意义重大的考量，也是他极力促成的，那就是黑人效忠派的迁徙。如果说初步和平条约的第五条让白人效忠派大为震惊，那么第七条——亨利·劳伦斯关于禁止英国"带走任何黑人或其他财产"的规定，则让黑人们惊恐万状。南卡罗来纳的前奴隶波士顿·金记得，和平的消息"让所有的人欢天喜地，除了我们这些逃脱了奴隶制、在英国军队中寻求保护的人；因为纽约城里到处都在传，说所有的奴隶……都要被送还给他们的主人"。金好不容易才"感觉到自由的快乐，那是我从未品尝过的滋味"。他从一个残忍的主人家里逃到了查尔斯顿，在一场天花瘟疫中九死一生幸存下来，忍受了在军队中服役的种种不适。1781 年底，金来到纽约，因为找不到工具重操自己的木匠手艺，他在一个又一个主人家里打杂，挣扎着果腹蔽体。至少他还有自由。但整个 1783 年春天，金和他的同伴们都心神不宁，生怕将来"我们的旧主人会从弗吉尼亚、北卡罗来纳和其他地方赶来，在纽约街头抓住他们的奴隶，甚至把他们从睡觉的床上拽起来"。由于"难以形容的痛苦和恐惧"，纽约的一些黑人效忠派吓得茶饭不思、"夜不能寐"。[9]

1783 年 4 月 15 日，一份张贴于纽约城各处的传单一定更令他们心灰意冷，该传单誊抄了第七条的内容，又加上了卡尔顿的命令："任何未在英国地盘上住满 12 个月，也没有指挥官签发的特殊护照之人，均不得以难民身份上船。"[10] 将有三位军官负责检查每一艘离境的船只，看看有无财产——这里是指人——被非法转移。有些黑人效忠派持有证书证明自己曾在军中服役，但很多人没有。这就是他们历尽艰辛逃跑的结果吗：当街被绑，或者在码头上再度沦为奴隶？

然而当初查尔斯顿撤离之时，卡尔顿曾坚称获得了自由承诺的奴隶就应该拥有自由——如今在纽约城里，他信守诺言。他效仿莱斯利将军在查尔斯顿成立委员会的做法，成立了一个自己的委员会，负责评估声称自由的黑人的案子。每周三从上午10时到下午2时，该委员会的成员（由四名英国代表和三名美国代表组成）坐在珍珠街（Pearl Street）上的弗朗西斯客栈里听取关于前奴隶的纠纷。那些被委员会批准放行的人会获得一份印刷的自由证书，上有纽约指挥官萨缪尔·伯奇（Samuel Birch）将军的签名。然后在码头，审查员把每个离境黑人的姓名登记在一个不断拉长的登记表上，还有他们的年龄、前主人的姓名、简略的体格描述以及备注——讽刺的是，这些大致就是奴隶买卖时登记的信息。这份登记表，即所谓的"黑人登记表（Book of Negroes）"，成为大出走中真正独一无二的文件；数万白人效忠派难民就没有这样一份登记表。之所以如此详细地登记，是因为跟白人比起来，这些迁出者的身份也是特殊的。他们是人，但也可以被当作财产。就这样，这份记录黑人效忠派的自由身份的文件再度登记了他们曾经身为奴隶的事实。[11]

英国人的自由承诺仍然有效，但美国人可不怎么高兴。1783 年 5 月初的一个周二上午，卡尔顿乘坐毅力号（Perseverance，这船名起得倒是贴切）沿哈得孙河逆流而上，前往塔潘齐（Tappan Zee）的宽阔水域，与乔治·华盛顿会面。整整一年，两位指挥官一直以措辞冷淡的信件往来，这是他们第一次见面。在岸上彼此打量一番之后，两人大概都会因为在对方身上看到了自己的影子而略有些尴尬：他们身高相仿，大概都是六英尺高，都长着大鼻子、薄嘴唇，身穿镶有穗带的制服大衣和高筒靴，服饰的威严与他们与生俱来的庄重气质相得益彰。两位指挥官有迫在眉睫的事项要讨论，包括帮派抢劫者正在乡间破坏打劫、交换战俘，以及撤离的时间表等。但华盛顿在会议一开始先就他觉得最为紧迫的事项对卡尔顿来了一番训话：从纽约撤出人类财产之事。卡尔顿平静地解释说有一支舰队已经起航前往新斯科舍了，船上的黑人效忠派都登记在册。"已经起航了！"华盛顿惊叫道。（如果他知道船上的一名黑人哈里·华盛顿曾经属于他名下，大概更要惊掉下巴了。）卡尔顿回答说，他不能遵守条约中任何"与此前事关国家荣誉的承诺相矛盾的［条款］，无论肤色如何，那些承诺都必须兑现"。[12]

当天晚上，华盛顿在自己位于奥兰治的总部给卡尔顿写了一封充满指责的信。

> 听您说已经有船起航，带走了大批奴隶之
> 事，我深感震惊。这一行为是否符合或者在何种
> 程度上可被视为违反了条约，非我所能决定。但
> 我无法对阁下您隐瞒我个人的意见，我认为此举
> 迥异于条约的文本和精神。

他要求卡尔顿详细解释他们目前采取了哪些措施来防
止此类不当行为再次发生。但卡尔顿逐条回复了对手
的指责，面对震怒，他充满了道德优越感。他冷冷地
写道，华盛顿听到这个消息居然会感到"震惊"，着
实古怪，因为一切程序都是以最公开透明的方式进行
的。所有开往新斯科舍的船只都被检查过了，唯一的
纠纷"是由在我到达之前就已被宣布自由的黑人引起
的。由于我无权剥夺那份自由……对有关他们的每一
则事项都进行了精确的登记"。此外，他最后说，"如
果阻止这些黑人起航，无论动用何种方式，他们均会
找到各种办法离开此地，让前主人再也无法找到他
们，当然那样一来，前主人们无论如何都没有任何机
会获得补偿了"。简言之，他的做法完全符合英国法
律的精神和文本。"相关的黑人……在我到达纽约之
时就已经获得了自由，因此我无权……阻止他们前往
他们认为合适的任何地方。"[13]

在珍珠街，委员会在萨缪尔·弗朗西斯的热心招待下继续从事他们每周的工作——据说弗朗西斯本人就有一半黑人血统。他们发放了数百份自由证明书，在码头上，名单登记册越来越长，记录着"粗壮结实"等细节，有时还有"多病少妇""漂亮姑娘"，还有"孱弱"又"纤细"的"小伙子"。到委员们工作结束之时，已经有2000多个名字被登记在"黑人登记表"上了。波士顿·金手握证明书，带着大他12岁的新婚妻子维奥莱特，和132个自由黑人（包括哈里·华盛顿）一起登上了驶向罗斯韦港的**拉邦当斯号**（L'Abondance），开始了新的生活。"黑人拓荒者"军团的成员，包括墨菲·施蒂勒，就是曾被超自然的声音困扰，说一个伟大的黑人军队可以赢得这场战争的那位，以及未来的黑人效忠派难民领袖托马斯·彼得斯，也领到通往自由的船票，登上了开向安纳波利斯罗亚尔的**约瑟夫号**（Joseph）。

卡尔顿刚正无私地捍卫黑人效忠派之举有理有据，无可辩驳，凸显出某些美国人和英国人对待奴隶的态度正在形成强烈的反差。卡尔顿亲自挑选的私人秘书莫里斯·摩根（Maurice Morgann）是个能言善辩的废奴主义者，曾在1772年发表了英国第一个提出逐渐在西印度群岛解放奴隶的建议书。[14] 卡尔顿本人并非废奴主义者，他从未公开宣称要解放奴隶。在某种意义上，他的行为只是出于一种个人荣誉感：君子言出必行，但也反映了他坚信国家荣誉的概念，并坚信一个家长作风的政府有责任捍卫国家荣誉，这一观念很快也会在战后大英帝国各个领地的统治者中蔚然成风。和许多行政管理同僚一样，他在担任魁北克总督期间锤炼了自己的信念，认为一个臣民多样化的帝国最好由强有力的行政当局来治理。毕竟，他或许曾想过，如果行使帝国权力的统治者不能代表无权无势的臣民的利益，帝国权力又有什么意义呢？

\*

纽约的大约 35000 个效忠派平民大概很少有人曾经料到，有朝一日他们会沦落到在出境和险境之间作出选择。1783 年春夏两季，他们筛选比较了一长串承诺和威胁，决定走不走、什么时候走、往哪儿走。套用美国报纸上刊登的一则由爱国者撰写的讽刺打油诗《托利派的独白》里的话："出走还是留下——这是个值得考虑的问题吗？／是把命运托付给阴冷的芬迪湾那／肆虐的狂风，阴冷的天空／还是与叛乱者共处一国！／何况，我们的留下会激起他们最强烈的愤怒，／在我们如今已经没人庇护的头顶爆发／把我们击垮。"[15]

听到和平的消息，爱国者们纷纷回到纽约收复他们的财产，但那些逆流而动的效忠派却显然看不到有谁对他们伸出和解之手。"那些企图回家的人几乎全都受到了极端恶劣的对待，很多人被打，钱和衣服被抢，又被送了回来"，卡尔顿对英国内阁如是说。[16] 在韦斯特切斯特县（Westchester County），著名的效忠派德朗西家族的一位年长成员遭到了"最暴力的"殴打，让他"滚回哈利法克斯，或者滚回他该死的国王那里去，无论他还是他的崽子们都不会得到宽恕，被这个国家收留"。[17] 另一个城镇宣布效忠派"在收到离境的正式警告之后，逗留时间不得超过七天，违者将被处以等同于弑亲罪的处罚"。波基普西（Poughkeepsie）的市民们宣布效忠派理应受到"这个国家的憎恶和责罚。1775 年精神仍在闪耀，并将继续发扬光大，否则美国的自由就不复存在了"。[18] 一位自称"布鲁图斯"①的作者发布了一个凶险的警告，被广泛刊登在地区报纸上，题为"致所有英国政府的拥趸和英国军队的信徒，也就是通常所谓的托利派"。他命令道："趁你们还力所能及，赶紧逃吧！因为过不了多久，你们困顿和沮丧的日子就会来临；如果你们中有人拒绝这及时的劝告，届时除了全体公民理所当然的复仇之外，你们什么也不会得到。"[19]

① 布鲁图斯（Brutus），在文学和艺术作品中一般指马尔库斯·尤里乌斯·布鲁图斯（Marcus Junius Brutus），罗马共和国晚期的元老会议员。他是恺撒的朋友，后来组织和参与了暗杀恺撒的行动。

169 / 092

无 序 新 世 界

跟这些令人忧心的报道相反的另一面，是出现在纽约报纸上的正面宣传，还带有效忠派移民的签名，夸耀他们新的定居地多么宜人。一位在罗斯韦港定居的效忠派描述那里真正是一派群鱼跃出水面的场景：鳟鱼、鲑鱼、鳕鱼、"大比目鱼（这确实是肉质最鲜美的鱼）"，还有鲱鱼，数量之多，"据说一个人带着捞网过去，一天能打捞 20 大桶"。[20] 另一个人说，"我常常为我来到了这个地方而感谢上帝，并真诚地认为罗斯韦港不久就会成为北美最繁荣的首府之一"。[21] 在芬迪湾邻近的圣约翰（Saint John），一个移民夸耀那里气候凉爽、土地肥沃，还有各种美味的野生动物，"驼鹿（我觉得比任何牛肉都好吃）、野兔、兔子、山鹑、鸽子"。[22] 圣约翰岛 [St. John's Island，如今的爱德华王子岛（Prince Edward Island）] 上的效忠派宣称，"大概和你们一样，我们也曾听说过这片国土上最糟糕的事；什么这里的人们都在挨饿；什么我们找不到吃的，自己还会被昆虫吃掉……事实上恰好相反……来看看吧，要亲眼所见，才能作出正确的判断"。[23] 如果这些北方地区都没有吸引力，那么还有遍地绿松石的巴哈马群岛，那个群岛"只需一些居民稍事耕种，就会变得和西印度群岛中的任何岛屿一样繁荣"。[24]

到 1783 年夏末，纽约城里的效忠派一批批离境，有些爱国者回来了。作为全北美最大的城市之一，它天翻地覆的情景一定很怪异。"这里的人们每天谈论的只有撤离,"一位略显困惑的(无疑是爱国者)评论人如此写道,"这……让这些人的样貌看上去很可笑。——有人面带微笑,有人面露愁容,还有人疯疯癫癫。听他们的谈话简直会令你感到欢乐:有人……说新斯科舍那个天寒地冻的地方是新建的天堂,还有人说那根本就是个不适合任何人类居住的地方。托利跟托利争个不休;他们诅咒自己效忠的权势,这把他们自己也变成了*叛乱者*。"[25]《王家公报》(*Royal Gazette*)的各个栏目上充斥着售卖和生意关张广告,以及提醒效忠派从哪个码头上船的通知。英国正规军和黑森士兵打包装备,准备整个军团撤离。火炮被撤下城墙,弹药也装箱待运。杂货铺正在出售多余的库存:63596 双鞋子和 68093 双精纺毛料袜子,10100 个鞋扣,21000 根缝衣针。[26] 夏日的周三和周六,货运处会拍卖它的役用马和骑乘马、拉车和各种装备。[27]

在英军占领结束之前那兵荒马乱的最后几个月里,贝弗利·鲁宾逊上校对效忠派的艰难处境有过特别细致的观察。作为三位难民巡视员之一,他和同事们去拜访了数百位一度从远至佛罗里达的地方涌入纽约城的"贫苦效忠派",评估他们有何需求。单是1783 年第一季度,巡视员就为 529 个难民分发了近9000 纽镑(纽约货币)。[28] 他亲眼看到该名单上有大约212个纽约人从安适怡然的小康生活沦为赤贫。如今他和他们一样，也不得不就未来安家何处作出决定了。

鲁宾逊一家打了一场大仗。鲁宾逊上校本人促成了这场革命中最丧失名誉的事件之一：1780年大陆军将军贝内迪克特·阿诺德变节投诚英军。作为西点的爱国者指挥官，阿诺德曾在鲁宾逊被没收的宅邸内居住，密谋西点向英军投降之事，那座宅邸就在哈得孙河岸边，与西点要塞隔河相望。鲁宾逊是英国人派去联系阿诺德的完美诱饵。他乘坐英国军舰**秃鹫号**（Vulture）前往西点，以与房子有关的私人事务为借口，要求与阿诺德会面，没过多久，阿诺德就乘坐**秃鹫号**逃到了英国人的地盘，从此臭名远扬。很快，鲁宾逊的长子小贝弗利就跟随这位投诚的将军在弗吉尼亚作战了。与此同时，他的两个儿子莫里斯和菲尔·鲁宾逊成了爱国者的战俘。上校为了让两个孩子获释，花了18个月的时间多方努力，最后因为他和乔治·华盛顿之间那"尚未熄灭的友谊之火还存有最后一点点余烬"才总算成功了。[29]

鲁宾逊清楚地看到，美国独立将迫使"北美效忠派得依靠敌人的恩惠才能要回他们的财产，而事实上我们都确信，他们根本不会归还那些财产"。和平条约的条款更让他确信，效忠派在美国根本没有立足之地。鲁宾逊的效忠国王的北美军团获得了在新斯科舍的分地承诺。和绝大多数效忠派老兵一样,他的下属们也一道前往北方,在军团分派的地块上定居下来,用他们的战友情谊换得邻近的农庄。上校本人更钟情于英国,"希望政府……不会任由我们饿死,还会给我们一些微薄的薪俸"。[30](他那位新泽西同人科特兰·斯金纳也作出了同样的选择,举家迁往英格兰,而他的前军团也在圣约翰河谷安顿下来。)[31]但鲁宾逊在写给卡尔顿的一份尴尬的备忘录中承认,"我的处境非常艰难,必须依靠政府的资助才能离开此地"。他请求政府预支六个月的薪水给他,供他支付搬迁中的具体费用。[32]1783年夏末,鲁宾逊和妻子、女儿及几个儿子一起乘船驶向英格兰。小贝弗利和效忠国王的北美军团的人一起去了新斯科舍,而菲尔还跟他所在的英国步兵部队一起驻扎在纽约。此次星离云散之后,鲁宾逊家族再也没能团聚,成为众多因迁出故土而骨肉分离的家族之一。未来若干年,散居各处的亲戚们还会写亲情满满的信件互报平安,但有些人再也没有见过面。

当然,和其他英军占领的城市一样,在纽约,效忠派也没有全部撤离。有些家族选择共同分担去留的难题,女性家庭成员留在原地继续索要财产(在某些州,嫁妆财产被排除在没收范围之外),男人们则出去寻找新的居住地。虽然故土难离乃人之常情,选择出走之人的数量却着实多得惊人。最终,纽约效忠派中单是出走至新斯科舍一处的登记人数就高达将近30000人。另有约25000人去了魁北克和巴哈马群岛的阿巴科（Abaco）。[33]总的说来，纽约撤离可能是美国历史上（与总人口相比）规模最大的平民迁徙。

卡尔顿把自己出发的日期定在了1783年11月，到那时，纽约城里已经没有多少效忠派平民了。撤离日那天，等在史泰登岛附近的舰队将驶向英国，船上都是政府职员，还有剩下的部队和难民。19岁的菲尔·鲁宾逊就在撤离日当天行军出城的最后一批英军部队中，是"家族中唯一一个目睹那屈辱场面的人"。[34]卡尔顿的心腹威廉·史密斯也滞留到令人心酸的最后一刻。他给留下来处理家族事务的妻子珍妮特写了一份授权委托书，起草了遗嘱，打包好箱子，和卡尔顿一起乘坐小船划向**剑桥斯号**，也就是18个月前带总指挥来到北美的同一条船。挤在一个"五个人坐在一张桌子上写字"的船舱里，史密斯充满爱意地给留在岸上的珍妮特回信。他安慰妻子说，"不要担心，这里的一切都会好的"。然而史密斯自己却迫不及待地想要出发了，特别是他们还莫名其妙抛锚一周之久，让他目睹了庆祝独立的烟花在鲍灵格林的上空燃起。在写给妻子的"又一封告别信"中，他希望"我看到的烟花不会引发事故……跟所有的人说再见。抱一抱哈丽雅特，告诉她我永远不会忘记爱她，只要她爱你，听你的话。你永远永远的，威·史"。两天后，*刻瑞斯号*终于绕桑迪胡克一圈，驶入了公海。[35]

就这样，英国占领美国的日子正式结束了。那以后效忠派难民的故事将在英属世界的其他各地继续，从哈利法克斯到拿骚，从伦敦到尚未建起的其他城市。但即便纽约城已经正式投降，效忠派的出走还没有完全结束。因为在英属北美的最南端，在东佛罗里达的海滨，效忠派还将开始最后也是最出人意料的撤离，他们惊恐地听说自己的避难天堂即将被割让给西班牙，就撤离与否经过了一番激烈的争论。从孕育希望的避难所到最后一个出发点，东佛罗里达成为两段难民经历之间的桥梁，把由战争引起的离家迁徙变成了对和平避风港的持久探寻。

\*

伊丽莎白·约翰斯顿花了三周时间才筋疲力尽地沿佐治亚海岸来到圣奥古斯丁，她被困在船上，连睡觉时也在行路。最后他们终于转入了圣奥古斯丁水湾，船却撞上一块沙洲，吓得他们心惊肉跳。还好，他们总算清除了障碍，但查尔斯顿的另一支船队就没那么好运了，他们的船在浅滩撞毁，毁坏了许多难民小心运出的财产。六七条船斜靠在沙滩上，一看就知道损失很大。约翰斯顿对这片平坦的异乡的第一印象一点儿也不好。她看出婆家人都"对现状很不满意"，对未来抱怨不已。小安德鲁一直在生病，天气"一直很潮湿，要么就是多云"，如她在写给丈夫的信中所说，"真的很后悔没有随你一起去纽约……和我心爱的威廉分开的日子多么难熬啊"。[36]

但他们安定下来之后，天气好转，阳光照耀，很快便让约翰斯顿迷上了这个"非常宜居的"地方，对这里充满好奇。她认出了很多来自萨凡纳的熟悉面孔，虽然这里不是佐治亚：从壳灰岩石头房子上的压缩贝壳，到如今已被用作军营的前圣方济各会修道院的栏杆，再到身穿各色服装的梅诺卡人和地中海其他小岛上的居民，十年前他们被作为劳工招募到这里来开垦南部的新士麦那（New Smyrna），都在提醒着她这里不是佐治亚。她偶尔会瞥一眼该计划招募的拓荒者安德鲁·特恩布尔那位充满异国风情的妻子，一个"士麦那的淑女，总是穿着自己国家的服饰，看上去是个雍容高贵的女人"。约翰斯顿喜欢在宽阔而突出的环城堡垒上散步，让微风轻拂她的衣裙。经历过战时萨凡纳和查尔斯顿的物资短缺，如今能吃上从海里钓上来的鲜鱼，是多大的享受啊！"我从未像住在……那里那段日子那样健康，也的确从没有那么胖过"，她后来回忆道。最好的消息是，威廉从纽约请假准备回来小住一段时日，届时他们就能一起规划未来了。[37]

到 1783 年初，已经有 12000 个效忠派和奴隶在东佛罗里达定居。[38] 虽然总督帕特里克·托宁要养活这么多"没有物资、钱财、衣物，也没有农具，处境极为悲惨"的难民有些勉为其难，但他欢迎他们的到来，认为这即将开启"本殖民地的美好时代"。[39] 托宁满面红光地预言他的地盘将会向南北两端扩张，进一步扩大圣约翰河和圣玛丽河两岸日益成熟的社区。英国在"七年战争"结束后从西班牙手中获得了这片领土，它很快就被几百个英国地主在投机热潮中瓜分了，其中许多是贵族和显要，光是他们占有的土地面积就超过了 280 万英亩。托宁总督"亲爱的朋友"亨利·斯特雷奇，也就是那位英国的副和平专员，就拥有 10000 英亩，而托宁本人则抢占了另外 20000 英亩。[40] 但很少有地主实际居住在他们的土地上（斯特雷奇和托宁除外），因而该殖民地基本上还处于未开发状态。

东佛罗里达最值钱的土地都已经被占了，这当然是新来的殖民者（如伊丽莎白的公公刘易斯·约翰斯顿医生）初来该殖民地时"极为不满"的原因之一；另一些肥沃的土地位于印第安人的地盘，更让他们可望而不可即。[41] 造成不满的另一个原因或许是听说很少有英国人的种植园开发成功。新士麦那的景象真是糟糕透顶。这个矮棕榈围成的乐园变成了近代版的黑暗之心。疟疾和营养不良导致数百殖民者死亡，而它的创建者安德鲁·特恩布尔变成了一个奴隶监工，用鞭子和锁链强制执行这个灾难性的劳动制度。

然而即便新士麦那失败了——到 1777 年，它的幸存者们都退回了圣奥古斯丁——在东佛罗里达殖民的回报却看似比以往任何时候都近在眼前。[42] 托宁总督知道，效忠派和奴工的涌入可能恰是该殖民地从此翻盘、走向繁荣所需的。为了满足效忠派对土地的需求，他想出了一个计划，把大地块内部的小地块没收充公。托马斯·布朗（和约翰斯顿医生一样）是托宁的政府议会成员，他把很多旧日的士兵都安排在圣约翰河周围，还为他自己在该地区争取了十块地，总计100000 英亩，大大超过了他在奥古斯塔失去的 5600英亩。[43] 富裕的效忠派把自己的奴隶租出去赚钱，而较为贫苦的殖民者只能建造茅草房和小木屋，做些伐木和清理林地的工作，为种植玉米和水稻作准备。[44] 多亏了像勤劳创业的南卡罗来纳印刷商威廉·查尔斯·韦尔斯（William Charles Wells）这样的难民，圣奥古斯丁呈现出一派大都会盛景，托宁在那里住了十年，还从未见它如此繁荣过。韦尔斯拆除了他的家族在查尔斯顿的印刷厂（战前查尔斯顿最主要的报纸就是在那里印刷的），把全套设备带到了圣奥古斯丁。在那里，他利用一本名叫《印刷商的语法》（*The Printer's Grammar*）的书中提供的宝贵示意图，以及"一位普通的黑人木匠"的协助，成功地重建了印刷厂，还在 1783 年初出版了佛罗里达的第一份报纸。业余时间，韦尔斯经营着一个由迷恋戏剧的军官们组成的剧团，并参与表演，该剧团上演一些业余创作，"为苦闷的难民们带去一丝慰藉"。[45]

在东佛罗里达，富有想象力的英国殖民者们用了二十年时间也未能实现的目标——在亚热带湿地上开垦出利润丰厚的种植园，把勉强维持的边疆哨所变成富裕繁荣的城镇——能否由效忠派来实现？托宁自然希望如此，他是欢迎这场难民危机，把它看成殖民地扩张的天赐良机的众多官员之一。约翰·克鲁登，也就是曾在查尔斯顿负责管理被扣押财产的那位专员，持同样的看法。克鲁登如今是一位流离在佛罗里达的难民，但他和托宁一样，对东佛罗里达的未来充满信心。区别是克鲁登的热情已经开始变得近乎癫狂。他仍然执着于自己身为专员的职责，主张追踪被效忠派非法从南卡罗来纳带出的奴隶。1783 年 3 月，他来到加勒比海上的托尔托拉岛，那里是个著名的奴隶交易中心，他在那里看到"很多南部殖民地居民名下的黑人都在出售，而出售之人根本无权处理他们"。[46]他从托尔托拉回到圣奥古斯丁，但他索回被扣押奴隶的想法却受到了政府和议会的阻挠。[47]托宁总督不理解克鲁登何以一片痴心地为爱国者索回奴隶，在托宁看来，正是爱国者把效忠派害得如此之惨。同样重要的是，托宁是个土地投机者，"每天主要考虑的就是如何牺牲很多人的利益中饱私囊"，他可不打算牺牲本殖民地的宝贵劳动力。[48] 到 5 月，克鲁登就去纽约寻求卡尔顿的支持了。6 月，他继续出发前往伦敦，请求政府内阁的批准。[49]

一个热心的效忠派居然以此为业，似乎是个古怪的执念——当然，从他所写的文字来判断的话，他还是个准废奴主义者——但这样做既符合克鲁登念念不忘的公义感，也是他个人的野心所在。他的跨大西洋游历无疑是因为看到这么多奴隶被根本无权拥有他们的人抓走了，他发自内心地愤怒，但也反映了他渴望自我提升和被官方认可的积极心态。克鲁登是一个明显的例子，表明逆境确实鼓励某些难民想出了富有创意的替代方案，即便那些方案有时会牵扯到不一般的同盟和不寻常的目标。[50] 不管和平的结果如何，克鲁登仍然能够为他自己和效忠派同胞们想出某种办法从中获利。随着时间的流逝，他的想法变得越来越不切实际了。

终于，1783 年 4 月，和平条约签订的消息传来，对东佛罗里达的效忠派来说，仿佛遭到了飓风袭击。与美国签订的和平条约的第五条，让他们再无可能从美国获得任何补偿，但在他们看来，跟英国与西班牙和法国签订的和平条约第五条相比，这一条也不算什么了：英国同意把东西佛罗里达割让给西班牙，没有任何附加条件。英国外交官们似乎认为这是个合理的安排，他们更尽心地保住在战略上非常宝贵的直布罗陀，而不是经济表现令人失望的东西佛罗里达。但和平条约无异于彻底铲除了效忠派立足的根基。他们经历了在胁迫下背井离乡的磨难，往往还不止一次，也直面挑战，准备在一片未经开发的土地上重建家园。现在就连这个来之不易的避风港也要从他们手里被夺走了——而且还是被他们自己的政府夺走的。除非效忠派已经准备好宣誓效忠西班牙政府并皈依天主教，否则他们必须在 18 个月的限期内打包走人。

"对这些不幸的效忠派来说，战争带来的痛苦还不及这次和平条约的一半，"伊丽莎白·约翰斯顿写道，"除了建议他们指望美国国会的慈悲之外，没有任何涉及他们的条款，事实上就是彻底抛弃了他们。"她的公公刘易斯"因为这样的和平消息对他的精神打击太大，身体不适，精神萎靡，但有这么大一家人要养活，他别无选择，单是未卜的前景就已足够令他分心了"。[51] 这个可怕的消息传来几天后，在晚餐上，约翰·克鲁登回忆起难民聚会中举杯祝愿国王健康时的情绪反应："如果他［国王］看到这群人，不知他感觉如何；两位绅士痛苦地用手帕掩住面颊，却没能遮住泪水从他们忠诚的面孔上淌下。"[52] 在另一位年轻的佐治亚效忠派看来，和平的消息：

使我们的感情遭受了最为剧烈的冲击。我们被自己的国王抛弃了，被自己的国家流放了，灾难一个接着一个，我们还有什么依靠……上帝啊！这是怎样的苦难！我们曾经非但衣食无忧，还过着那般奢华的生活……如今居然沦为无家可归的流浪者，又被英国议会抛入了悲惨和绝望的旋涡，议会不再指望我们的服务了，便如此轻视和嘲弄我们的苦难。

"我们都被抛弃了，"他说道，"我会安心地记得，这次不是我辜负了我的国王，而是我的国王抛弃了我。"[53]

这样的哀鸣凸显出效忠派痛苦的实质。"自己的国家"美国的大门已经对他们彻底关闭，如今他们自己的国王也要对他们避而远之，真是雪上加霜。在经历了"过去这场战争期间这么多五花八门的场面和颠沛流离"之后，一位效忠派"根本不相信"这个消息，直到他在报纸上"看到了国王的演讲"，读过他所效忠的君主同意和平的文字之后，他才接受了这个事实：他们被彻底出卖了。[54]东佛罗里达效忠派宣泄情感的方式如此深情，简直近乎矫揉造作，恰恰表明了帝国臣民对国王的形象多么发自内心地依恋，还体现了成千上万个被多年战争和流离弄得遍体鳞伤的人还要被迫再一次迁居，这种打击的心理冲击力有多大。再次迁居在他们的心中留下了伤痕，会在若干年后的某个目的地突然爆发。

白人效忠派并不是唯一被他们的君主伤害的佛罗里达人。关于东佛罗里达被割让的消息很快就传到了印第安人的领地，曾长期与英国人结盟的克里克人无法相信自己的耳朵。在听到这个消息的震惊之余，他们与托宁总督和印第安人事务督察专员托马斯·布朗召开了一个会议。"我们居然在分不清谁是朋友谁是仇敌时，拿起斧头站在了英国人一边，"一位克里克酋长回忆道：

> 国王和他的武士们曾说他们永远不会抛弃我们。难道伟大的国王被征服了吗？还是他真的打算抛弃我们了？抑或他准备把自己的朋友出卖为奴，还是干脆把我们的土地让给了他和我们共同的敌人？你认为我们可以转过脸去恳求敌人施恩吗？不会的。只要他还有土地接纳我们（我们是不会投奔敌人的），并派船来接我们跟朋友们一起走。

另一位酋长回忆说，他还是个孩子时，便在父亲的膝上了解到他的族人与英国人之间的亲密纽带，两个族群的人之间的联系根深蒂固，已经通婚"结成了一体"。他也觉得与其被美国或西班牙压制，还不如流亡："如果英国人真打算放弃这片土地，我们会跟他们一起走。我们无法与弗吉尼亚人或西班牙人握手言和。我们根本无法与他们共处。"[55] 克里克人的新领袖亚历山大·麦吉利夫雷（Alexander McGillivray）进一步加强了抗议的力度。看看他非同寻常的名字就知道，麦吉利夫雷有苏格兰血统：他的父亲是奥古斯塔的一个著名的效忠派印第安商人，母亲是法国人和克里克人混血。麦吉利夫雷在克里克人中的地位相当于约瑟夫·布兰特之于莫霍克人，是一个与白人社会关系密切，致力于引导自己的民族面对白人帝国的入侵，维护自身利益的印第安人领袖。[56] "我想我们有权从利用我们为他们的目标血战到底的国家那里获得保护和支持"，他写信给布朗说，克里克人"怀抱感恩和友谊的原则为英国"而战，在八年的忠诚服务之后，看到"我们自身和自己的领土被出卖给了敌人，被瓜分给了西班牙人和美国人"，这是"残酷和不公平的"。[57]

布朗本人也无颜面对这些印第安人朋友："我们这些不幸的可怜同盟的境况对我的打击很大。他们对我一贯忠诚，我也从未欺骗过他们。"自战争一开始，他们始终并肩作战，他觉得把他们抛给西班牙人统治的决定简直损害了他的个人荣誉。[58] 布朗知道有些酋长誓死反抗，他担心"他们因为愤怒和失望，会把自己的仇恨发泄在那片土地上的那些不幸的居民身上"。不管克里克人"很严肃地提议放弃自己的国土跟随我们"听上去"有多么荒诞不经",事实上这样的迁徙是有先例可循的。西班牙人1763年离开佛罗里达时，雅玛西印第安人（Yamassee Indians）就跟他们一起去了古巴；如今在加拿大，也有一个莫霍克人效忠派定居地正在英国人的资助下日渐成形。布朗建议卡尔顿把克里克人"迁到巴哈马群岛"，到了那里，他们可以在英国的保护下从头开始。[59]

但克里克人不是黑人效忠派：卡尔顿不觉得英国违背了与"那些你如此亲近地称之为'受骗的印第安人'"的诺言。如果他们想去巴哈马群岛，那么他愿意提供船只带他们去，但最好"劝服他们不要采取如此摧毁自己幸福的行动"。[60] 相反，布朗和他的同事们试图软化印第安人与西班牙人的关系，维护印第安人对英国的好感，作为防御美国人的缓冲带。在布朗的敦促下，亚历山大·麦吉利夫雷接受了为西班牙服务的职位，与那家一直垄断着宝贵的佛罗里达印第安人贸易的苏格兰商业公司沉默地展开了合作。[61] 托宁总督一想到"在这些未开化的野蛮人心中还深植着无法浇灭的对英国人的诚挚友谊和忠实爱恋的火种；它可以燃烧成烈焰，可以在未来加以改善，为我们所用"，[62] 便充满了自豪感。后来的英国官员发现他们仍然维系着这样持久的忠诚，该是多么宝贵啊！

东佛罗里达的效忠派始终抱有一线希望，妄想条约中的条款还有可能被逆转或废除，但他们离境的18

个月期限很快就要到了，当地社会随之变得越来越混乱无序。佛罗里达北部与佐治亚的边界变成了帮派横行的无人区，南下的美国人和目无法纪的准效忠派黑帮在那里肆意抢劫破坏。效忠派的日子在惶恐中度过，生怕不满的印第安人袭击他们。一位难民报告说，"本殖民地居民陷入一片混乱，抢劫和掠夺频发"。[63] 何况他们接下来究竟该去往何处？直到 1784 年春，托宁仍对撤离的具体安排"一无所知"。[64] 托宁说：

> 效忠派根本不知如何自处。西印度群岛已经人满为患了，需要一个大体上比现有首府更大的都市才能容他们定居……巴哈马群岛上除了岩石什么也没有，只适合渔夫居住，那里的居民多是船难之后漂流到那里的。对那些一直住在南方殖民地的人来说，新斯科舍太冷了，全然不是个好的出路，奴隶主也不可能在那里过上舒适的生活。[65]

刘易斯·约翰斯顿医生去巴哈马地区考察了一番，想看看有无可能在那里定居。约翰斯顿在移民到佐治亚之前曾在圣基茨短暂居住过一段时间，因而对西印度群岛还有些了解。但大西洋中的巴哈马群岛就完全不同了。他报告说，"他们认为这里最好的土地"不过是"贫瘠的砂土"，长期回报基本无望。"我本来就没有什么乐观的期待，如今则彻底失望了"，约翰斯顿医生回到圣奥古斯丁时"和以往任何时候一样，对于自己和家人将去向何方，茫然无知"。[66]

得到父亲的指示，威廉·约翰斯顿去了英国一趟（很可能是跟着从纽约撤离的舰队一起去的），在爱丁堡继续学医。他的离开让伊丽莎白一人独守空房、烦恼忧伤，每天都对他和他们两人的未来充满各种焦虑的想象。她难过地写出长篇大论，祈求道："希望这是我们最后一次痛苦的分离了。"威廉这位效忠派上尉只领一半薪水，不够他们全家在英国生活，因此伊丽莎白和孩子们要继续依靠他父亲的保护。然而数月过去，刘易斯·约翰斯顿仍然"没有决定接下来要去往哪里"，与此同时，他还试图在一夜之间突然变得供过于求的市场上出售奴隶。伊丽莎白在 1784 年初写给威廉的信中说，"或许等你父亲卖掉了奴隶，他就能去英格兰了，不过在这一点上我还有些担心，因为他似乎想去牙买加，他听到了一些不错的反馈，那里的效忠派说他们的靛青收成很不错"。让她更担心的是，她又怀孕了——"我变得好臃肿"——"目前这不明朗的状态让我很不安，生怕我的产期临近，而你父亲又要走了……我会留在这里，不会在临近生产时乘船旅行，简言之，我们都失魂落魄的，不知道该怎么解决这一切难题。"[67]

在听说东佛罗里达被割让之后整整十个月，刘易斯·约翰斯顿终于卖掉了奴隶，下定决心移居苏格兰了。伊丽莎白和孩子们会跟他一起走。他还把威廉的奴隶们卖给了托马斯·布朗，卖了450英镑，只留下了黑格一人，伊丽莎白要把她"留作保姆，因为那个小小的陌生人大概很快就要降生了"。[68] 她出发前往英国的日期真不算早。威廉最近那封信让她在很多方面十分不安，先是指责她写信不够勤。（"相信我，"她辩解道，"我心里一直想着你，因为这难过的分离让我太焦虑了，我不可能错过任何一个写信的机〔会〕。"）他的信在其他方面也不够体贴："我很伤心，你连提都没提肚子里的孩子，也没有祝愿我平安生产，因为你离开之前一定知道我怀孕了。"更糟的是，因为远离家人，无人监督，威廉还没有继续前往爱丁堡，而是不明所以地在伦敦"那个令人堕落的城市"住下了，那里"充满诱惑"，尤其是赌博，那是"你这样性情的美国人根本无法抵御的"。[69]

1784年5月，在她21岁生日前几天，伊丽莎白·约翰斯顿在圣玛丽河口登上了一条蛀蚀严重的船，离开了佛罗里达，此时的她已经比15个月前到达这里时成熟多了。这是她难民生涯的残酷开端：刚刚开始了解新环境就不得不离开那里，然后又要经历数月挥之不去的忧愁和疑虑。这次她怀中抱着另一个刚出世的婴儿——3月份刚刚出生的刘易斯——作为一个单身母亲要应付的事情太多，"多动的"长子安德鲁摔断了腿，而凯瑟琳这个"佛罗里达最烦人的女孩"生了很重的病。她自己的父亲和丈夫一样远在英国；她不得不靠着一点点钱和婆家的资助度日。此外，她觉得跟丈夫分开给她带来了难以承受的压力。她日益需要"用那种使人坚强的宗教（那是她压力重重时唯一的慰藉）让我的心灵更有力量"——正如她越来越害怕迁居，害怕跟威廉分开。在佛罗里达登船开始自己的首次跨大西洋旅行时，她并不知道未来还有多少次远行和分离在等着她。[70]

\*

作为难民，约翰斯顿一家是相对幸运的：显然，他们是极少数选择支付昂贵的费用远赴英国的佛罗里达人（大约 2%），因为他们有出售奴隶的费用可供支持。[71]绝大多数佛罗里达效忠派，包括新购入奴隶的托马斯·布朗，都选择移民巴哈马群岛，虽然关于那里的负面说法很多，但至少距离不远，还有可用的耕地。一位效忠派军官宣称，"在每一件事情上，英国人的诺言"都已经"瓦解了"。"我们被剥夺了财产，驱离了家园……没有一个自由温和的政府的保护，被自己的朋友出卖和抛弃了"，现在他们被"抛到陌生的世界，无亲无故，无依无靠"。他了解到一件事："只要大不列颠发现，撤出军队不再保护我们符合它的利益"，它就会毫不犹豫地这么做。对他的一切承诺都不算数了。几天后这位不满的军官和其他七个效忠派家庭一起乘坐一条驳船划向海滨，到位于英国势力范围之外的密西西比的纳奇兹（Natchez）寻找新的致富机会去了。

这么多东佛罗里达效忠派心中深切的不平之感是值得倾听的，它们不仅表达了沮丧的个人情绪，还引发了政治上的余震。后来在巴哈马地区尤其明显，两度被迫迁居的难民们到达那里时，深怀着一种被出卖的感觉。还在东佛罗里达境内时，这就足以把某些效忠派英国臣民推向激进行动的边缘了。"如果英格兰卷入另一场战争（这一点不久就应验了），"一位佐治亚效忠派警告说，"它可别指望我们数万效忠派中有一个人为它挺身而出……人们已经出离愤怒，甚至无法忍受被称为英国人。"因为愤怒，他满脑子只有一个念头，发动一场政变，推翻西班牙的统治。"或许西班牙的先生们会发现他们被骗了，他们不可能占领这片国土。我们有精良的殖民军部队驻扎在此，什么仗都能打。"他说，他们可以一起拿起武器抵抗。有传言说效忠派部队正在密谋哗变，把奴隶武装起来，"要是哪个白人胆敢反对他们独占此地就杀了他，因为他们宁死也不愿被送去哈利法克斯。"[72]

这些具体的计划并没有付诸实施。但在效忠派空想家约翰·克鲁登那里，同样的想法却获得了非凡的生命力。效忠派 1784 年春离开佛罗里达时，克鲁登却登上了反向的船只，在英国暂居之后回到了这片他热爱的土地。割让东佛罗里达粉碎了克鲁登准备在圣奥古斯丁做贸易的全部商业计划。他一直执着于公平，所以才会有那么多跟黑人效忠派和奴隶有关的行为。但白人难民此番受了多大的委屈啊，还有"可怜的印第安人，我们珍视他们的友谊……也被无耻地抛弃不管了"。（"虽然看起来有些<u>古怪</u>"，但他认为有些印第安人是"古英国人的后裔"而且"说的是<u>威尔士语</u>"。）[73] 他意识到再也没有可能推翻和平条约，保持东西佛罗里达的领土完整了。然而还是可以纠正错误，甚至获得回报的。克鲁登到达圣玛丽河口时，梦想着在那里重建一个社会。一张存留至今的纸片暴露了他的雄心。"在圣玛丽河上与效忠派代表们开会时，"纸片上写道，"大家一致决定在效忠派当前面临的形势下，应由克鲁登先生一人执掌大权，在可以适当发动另一场政变之前，效忠派应该认定他的每一个行为都对他们有着总统的约束力。"签名是："联合保王国总统约翰·克鲁登"。如果英国不把东佛罗里达给效忠派，那么好吧，效忠派可以自己去争取它的部分领土。通过建立一个独立的效忠派难民国家，圣玛丽的新任独裁者克鲁登会为他自己的公正而战，正如他曾一向为他人的公义而奔走一样。[74]

东佛罗里达总督托宁对密谋中的行动略知一二。

他通知远在白厅的上司，说克鲁登和他的朋友们一直在炮制"他们激动地想象出来的计划，最终他们会愚蠢地想出糟糕透顶的方案，用武力篡夺本殖民地政府的权力，与西班牙人为敌"。为了粉碎他们的阴谋，托宁希望利用克鲁登和该地区其他居民之间的矛盾，那些都是声名狼藉的盗匪，已经反抗当局多年了。托宁批准克鲁登建立一支"地方武装队"打击匪徒，如此一来，"既不必危险地兵戈相向，导致流血……又避免了灾难"，为此托宁很是自豪。[75] 他向西班牙派来的总督比森特·曼努埃尔·德·泽斯彼得斯（Vicente Manuel de Zéspedes）保证说，"西班牙政府无须害怕克鲁登先生"；他的言论只不过是英国人言论自由的习惯所致。但看到效忠派的不满情绪仍在西班牙接手的地盘上发酵，边境骚动不安，印第安人还倾向于投靠英国人，想必他也暗自得意了一阵子。就连他也没有充分掂量过克鲁登的计划能执行到何种程度。

1784 年 7 月 12 日，在枪炮齐发的庆礼声中，西班牙国旗在圣马科斯堡（Castillo de San Marcos）上空升起；梅诺卡社区的神父举行了弥撒典礼，还唱了完整的庆典弥撒，"我们以极大的幸福经历了这一切，"泽斯彼得斯报告说，"新的天主教臣民也欢呼雀跃。"（大约有 500 个出生于地中海、战前就居住在东佛罗里达的殖民者决定留下来接受西班牙的统治。）

权力交接正式完成了。但在北部的河流附近"那些湿地上、树丛中",克鲁登和他的"暴徒们"仍然企图建立一个独立的效忠派国家。[76] "佛罗里达的圣玛丽河和圣约翰河之间总共有1200人,"克鲁登的弟弟詹姆斯向英国驻维也纳大使汇报说,拿骚和纳奇兹还有1200人,"全都愿意合作,帮助他实现目标。""已经派代理人进入了印第安人的地盘,"他解释说,"委派专员前去集结那些已经到达新斯科舍的效忠派……也派合适的人去查尔斯顿和费城打探大陆军军官的意见;这些安排,再加上整个大陆普遍存在的无政府状态,我们对成功怀有最乐观的希望。"[77] "美国仍将是我们的,"克鲁登发誓说,"但不伦瑞克王室①不配拥有它的主权。"[78] 是时候向西班牙求助了。

在效忠派难民们提交的数千份请愿书中,最明确地表达了效忠派在战争失败又眼睁睁地看着自己被英国出卖之后,经历了怎样深切的绝望的,或许就数约翰·克鲁登1784年10月写给西班牙国王卡洛斯三世(Carlos III)的那份请愿书了。

> 我们曾为自己的君主牺牲了生命中最宝贵的东西,曾为那个国家浴血奋战,却被君主抛弃,

---

① 不伦瑞克王室(House of Brunswick),指1714~1901年统治英国的汉诺威王朝,因为建立该王朝的是汉诺威选帝侯不伦瑞克公爵,故得此名。

> 又被那个国家驱逐……我们……沦落到今天这般田地，只剩下最糟糕的选择，要么回家，对于精神高尚的人来说，受辱比死亡更可怕；要么冒着被冷血杀害的危险；要么去新斯科舍那片陌生的土地，抑或在巴哈马地区贫瘠的岩石上避难，直面贫穷和苦难的命运。难道我们的精神可以忍受（请陛下恕我直言）背弃我们的国家，玷污［原文如此］父辈的宗教，成为您的臣民吗？

克鲁登接着恳求西班牙国王把圣约翰河和圣玛丽河之间那片地区的"内陆政府管辖权和自行决定权"给予效忠派，作为交换，"我们愿意向陛下支付一笔合理的贡金，承认您是这片土地的君主"，捍卫本殖民地不受"除我们母国之外的任何势力的侵犯"。[79]

因为克鲁登最大的敌人不是西班牙，甚至不是英国，而是美利坚合众国和那些颠覆了他的世界的共和派爱国者。他接二连三地写信给西班牙当局，让他们相信自己的良好意愿；他之所以自称独裁者，只是为了"防止贵国政府担心频繁会面，你们知道，这对我们来说已经司空见惯，但在西班牙统治的地区并非如此"。[80]作为拟议的效忠派国家的元首，克鲁登承诺参与抵抗英国、西班牙和北美效忠派共同的敌人：共和制。他的弟弟詹姆斯远赴维也纳，也是为了寻求哈布斯堡皇帝约瑟夫二世（Joseph II）对这个帝国联盟的支持。("他痛恨共和派",克鲁登写道。)"无论您认为我的计划如何不切实际或空泛牵强,"克鲁登对西班牙人说,"这样一个宏大的愿望可能会为英国和西班牙建立愉快、友好而长久的同盟铺平道路。"北美效忠派和欧洲各大帝国可以联合起来击败后起的共和制美利坚合众国,恢复王权的统治。[81]

和托宁一样,泽斯彼得斯也觉得克鲁登的"满腔狂热"过于虚妄:"我觉得他只是一个空想家而已",他说,他唯一担心的是克鲁登的想法"可能会对从美国出走的大批赤贫而绝望的流亡者,那些在巴哈马群岛找不到生计的人,产生很大的影响"。当克鲁登1785年想去新斯科舍集结更多支持力量时,泽斯彼得斯迫不及待地给他签发了护照,巴不得"他永远消失"。[82]当这位西班牙人继续收到"这个不安分的人"的来信轰炸时,他一定不胜其烦;这次它们不是从遥远的加拿大,而是从几十英里之外的巴哈马群岛上发来的。克鲁登从那个新的栖息地继续向四面八方的联系人游说他的计划,比方说,他对诺斯勋爵说"只需要一点点帮助,在上帝的支持下,我不光能把迷失的羔羊找回来,还会让墨西哥为我的国家门户大开"。[83]

约翰·克鲁登再也没有回佛罗里达,相信他的言论的人越来越少。然而把他的计划说成是没有意义的胡言乱语却有失公平,原因有二。首先,克鲁登之所以有那些特立独行的想法,源自数万效忠派共同经历的颠沛流离，说明革命也能让效忠派的政治立场变得激进起来，虽然这听起来是个悖论。英国的撤离彻底颠覆了效忠派的世界，他们被赶出家园，继而又被驱离避难所，难怪有些人开始摸索起极端做法了。个人的创伤会强化政治不平感。第二个应该严肃对待克鲁登的计划的原因，是他的同时代人并没有对他的想法嗤之以鼻。英国高层官员阅读他的信件，而泽斯彼得斯也逐渐认为托宁总督本人同样参与了密谋。[84] 这说明欧洲列强对美国的领土统一持极度怀疑的态度。如果美国真如许多人预想的那样分裂了，英国、法国和西班牙都想在那些领土碎片中分一杯羹。克鲁登在佛罗里达谋划的行动只是英国对该地区加强控制的一系列计划中的第一步。不久，克鲁登的地位就会被一位名叫威廉·奥古斯塔斯·鲍尔斯的马里兰效忠派取代，他请求英国支持另一个效忠派独立国家，人口主要是克里克人。不到十年后，当法国革命使得英国和西班牙联合起来共同反对法兰西共和国时，帝国联盟共同抵制共和制的现实果然被克鲁登不幸言中了。

整个 1784 年，效忠派和奴隶们乘坐驳船继而又乘轮船迁出了东佛罗里达，在荒野中艰难前行。根据一份官方估计，共有 3398 个白人和 6540 个黑人离开东佛罗里达，前往英国的其他领地。另有 5000 人"据估计翻山去了美国等地"，其中大多数人都隐没在历史的洪流中无人问津了。[85] 托宁总督本人拖了很长时间才离境，可以将这看成实际撤离时人们经历的重重压力和满心不舍的缩影。和平条约为撤离设定的 18 个月期限截止到 1785 年 3 月，其时托宁本指望"这项费力而烦心的工作可以在几周内彻底完结"。但他事实上又请求了四个月的延期（并获准）才完成了手头的工作，直到 1785 年 8 月才从停泊在圣玛丽港的**塞勒斯号**（Cyrus）上发回报告说："我终于把最后一批撤离者打发走了，心头卸下了一副重担。"托宁仍然迫不及待想"走出这最糟糕的困境"，乘船驶向英格兰。但紧接着，仿佛佛罗里达硬是把他拽了回来。1785 年 9 月 11 日，海上的风浪在**塞勒斯号**一出海就把它引向沙洲，继而又突然改变了它的航向，使它猛冲向沙洲。护卫舰每小时进水达六英寸，最终艰难地回到岸上返修。托宁又在圣玛丽别扭扭地待了两个月，才有新的船只从巴哈马群岛赶来接他。[86]

1785 年 11 月 13 日，纽约撤离日两年、约克敦战役四年之后，托宁和最后一批佛罗里达难民才最终启程出海。托宁在离开圣奥古斯丁那天写道，"看到一片曾经那么繁荣的国土如今变得荒无人烟——一个曾经美丽的城市变成废墟，真令人震惊而难过；这些……或许可与我个人的不幸相提并论，还有那些高尚而体贴的忠实民众，他们从幸福和富裕的生活……一落千丈，变得贫穷而苦难，实是残酷地违逆了人情世故"。[87] 如果他和同行的乘客回望岸上，大概会看到沙滩上到处都是被丢弃的木板堆。效忠派无法把自己的房子卖给即将到来的西班牙人,就拆掉了房子,希望把它们带走,到巴哈马群岛或其他地方重新拼装起来,但船上根本没有足够的空间容纳那些木板。[88]重建一所房子尚且不易,重建生活和社区更是可怕的严峻考验。但当最后一批佛罗里达难民驶入大西洋时,他们至少是朝着一个充满希望的方向前行。他们即将前往英国,那里如今正在制定蓝图,让效忠派东山再起,让帝国卷土重来。

## 注　释

1 Thomas Townshend 致盖伊·卡尔顿爵士, 1783 年 2 月 16 日, NYPL: Carleton Papers, Box 30, no.6917。

2 William Smith, *Historical Memoirs of William Smith, 1778-1783*, ed. W. H. W. Sabine ( New York: New York Times and Arno Press, 1971 ), p.574.

3 Townshend 致卡尔顿, 1783 年 2 月 16 日, NYPL: Carleton Papers, Box 30, no.6917。

4 卡尔顿致悉尼勋爵, 1783 年 3 月 15 日, NYPL: Carleton Papers, Box 30, no.7139。

5 约翰·帕尔致悉尼, 哈利法克斯, 1783 年 6 月 6 日, NA: CO 217/56, f.89。

6 "Return of Ordinance proposed for Roseway," March 2, 1783, NYPL: Carleton Papers, Box 30, no.7049.

7 "List of items sent out to Nova Scotia," NYPL: Carleton Papers, Box 32, no.7631.

8 卡尔顿致帕尔, 1783 年 4 月 26 日, NYPL: Carleton Papers, Box 32, no.7557。

9 《黑人牧师波士顿·金的生平回忆录》, 引自 Vincent Carretta, ed.,

*Unchained Voices: An Anthology of Black Authors in the English-Speaking World of the Eighteenth Century* ( Lexington: University of Kentucky Press, 1996 ), pp.352–356。

10  Early American Imprints, Series 1, no.44375.

11  已出版的 "黑人登记表" 版本, 见 Graham Russell Hodges, ed., *The Black Loyalist Directory: African Americans in Exile after the American Revolution* ( New York: Garland Publications, 1995 )。四 月 的 船 队把 660 个黑人男女和孩子们带往新斯科舍。Cassandra Pybus, *Epic Journeys of Freedom: Runaway Slaves of the American Revolution and their Global Quest for Liberty* ( Boston: Beacon Press, 2006 ), p.66.

12  Smith, pp.585–587.

13  乔治·华盛顿致卡尔顿, 1783 年 5 月 6 日, 以及卡尔顿致乔治·华盛顿, 1783 年 5 月 12 日, NYPL: Carleton Papers, Box 32, nos.7637 and 7666。

14  Christopher Leslie Brown, "Empire without Slaves: British Concepts of Emancipation in the Age of the American Revolution," *William and Mary Quarterly* 56, no.2 ( April 1999 ): 276–281. 卡尔顿认可摩根的出色才干, 亲自从谢尔本伯爵的办公室里聘用了摩根。这位威尔士的博学者还涉足莎士比亚评论, 撰写了一篇有关约翰·法斯塔夫爵士这个人物的颇有影响的论文。

15  引 自 Catherine S. Crary, ed., *The Price of Loyalty: Tory Writings from the Revolutionary Era* ( New York: McGraw-Hill, 1973 ), pp.391–392。

16  卡 尔 顿 致 Townshend, 1783 年 5 月 27 日, NYPL: Carleton Papers, Box 32, no.7783。

17  Deposition of Oliver De Lancey, May 20, 1783, NYPL: Carleton Papers, Box 32, no.7727. 又 见 John Fowler ( no.7728 ) 和 Robert Hunt ( no.7738 ) 的书面证词。

18  报纸报道, 1783 年 5 月 23 日, NYPL: Carleton Papers, Box 32, no. 7796。

19  "TO All Adherents to the British Government and Followers of the British Army Commonly called TORIES Who are present Within the City and County of New-York," August 15, 1783, Early American Imprints, Series 1, no.44464.

20  "Extract of a Letter from Port Roseway, dated May 25," *Royal Gazette* ( New York ), June 7, 1783.

21  "Extract of a Letter from Port Roseway···dated the 29th June 1783," *Royal Gazette* ( New York ), July 19, 1783.

22  "Extract of a letter from a gentleman in St. John's, Bay of Fundy···" *Royal Gazette* ( New York ), August 9, 1783.

23  "To those LOYAL REFUGEES who either have already left, or who hereafter may leave their respective Countries, in search of other Habitations," *Royal Gazette* ( New York ), April 20, 1783.

24  *Royal Gazette* ( New York ), June 28, 1783, p.3.

25 "Extract of a late Letter from New-York," *Providence Gazette*, September 6, 1783.

26 "Account of sundry Stores sold at public auction, by order of the Commissary General, and pr. Particular account in his Office," July 24, 1783, NYPL: Carleton Papers, Box 35, no.8515.

27 见 *Royal Gazette*（New York）的广告，1783 年 8 月 16 日。

28 "List of Sundry distressed Loyalists who have take [n] Refuge within the British Lines at New York to whom the following allowances are recommended for their support from 4th January to 31 March 1783 inclusive," NYPL: Carleton Papers, Box 31, no.7258.1783 年第二季度，巡察员们向 454 位效忠派支付了 7400 英镑："List of Persons recommended by the Board appointed by His Excellency the Commander in Chief to consider the circumstances and claims of distressed Loyalists, for their support from 1st April to 30th June 1783 inclusive," NYPL: Carleton Papers, Box 34, no.8252.1782 年的下半年，英国军官为救济纽约难民支付了 12000 英镑。摘要见 NYPL: Carleton Papers, Box 29, no.6843。

29 弗里德里克·菲利普斯·鲁宾逊爵士的日记，无日期，RMC，pp.10-11。

30 贝弗利·鲁宾逊致亨利·克林顿爵士，引自 Judith L. Van Buskirk, *Generous Enemies: Patriots and Loyalists in Revolutionary New York*（Philadelphia: University of Pennsylvania Press, 2002），p.157。

31 科特兰·斯金纳致悉尼勋爵，1783 年 3 月 7 日，NA: FO 4/1, f.18; 斯金纳致诺斯勋爵，1783 年 10 月 5 日，BL: North Papers, Add. Mss.61864, f.34。

32 贝弗利·鲁宾逊致卡尔顿，1783 年 6 月 6 日，NYPL: Carleton Papers, Box 33, no.7911。

33 关于这些数字，见附录; cf.Philip Ranlet, *The New York Loyalists*（Knoxville: University of Tennessee Press, 1986），pp.193-194。

34 弗里德里克·菲利普斯·鲁宾逊爵士的日记，无日期，RMC, p.13。

35 Smith, pp.615-616。

36 伊丽莎白·约翰斯顿致威廉·约翰斯顿，1783 年 1 月 3 日，PANS: Almon Family Papers, reel 10362。

37 Elizabeth Lichtenstein Johnston, *Recollections of a Georgia Loyalist*（New York: M. F.Mansfield and Company, 1901），pp.74-75.

38 共有 2917 个白人和 4448 个黑人乘船从佐治亚和南卡罗来纳来到此地，"A Return of Refugees and their Slaves arrived in the Province of East Florida from the Provinces of Georgia and South Carolina taken upon Oath to the 23rd December 1782," NA: CO 5/560, p.507. "A Return of Refugees & their Slaves arrived in this Province from Charlestown, at the time of the Evacuation thereof & not included in the last return, the 31st Decembr 1783 [sic]," April 20, 1783, NYPL: Carleton Papers, Box 31, no.7468.12000 人的估计数字是当时人们广泛提出的，见，例如 Lord Hawke's "Observations on East Florida," in John

Walton Caughey, ed., *East Florida, 1783-85: A File of Documents Assembled, and Many of Them Translated by Joseph Byrne Lockey* (Berkeley and Los Angeles: University of California Press, 1949), pp.120-121。

39  帕特里克·托宁致谢尔本勋爵, 1782 年 11 月 14 日, NA: CO 5/560, pp.469-470。

40  Bernard Bailyn, *Voyagers to the West: A Passage in the Peopling of British North America on the Eve of the Revolution* (New York: Vintage, 1988), p.440. Charles Loch Mowat, *East Florida as a British Province, 1763-1784* (Berkeley and Los Angeles: University of California Press, 1943), pp.60-61.

41  Carole Watterson Troxler, "Refuge, Resistance, and Reward: The Southern Loyalists' Claim on East Florida," *Journal of Southern History* 55, no.4 (November 1989): 586-587. 威廉·约翰斯顿的弟弟安德鲁和小刘易斯·约翰斯顿早在 1776 年 11 月就已经在致托宁的请愿书上签名, 请求分得地块定居: Wilbur Henry Siebert, *Loyalists in East Florida, 1774 to 1785: The Most Important Documents Pertaining Thereto, Edited with an Accompanying Narrative*, 2 vols. (Deland: Florida State Historical Society, 1929), I, p.48。

42  Bailyn, pp.451-461; Linda Colley, *The Ordeal of Elizabeth Marsh: A Woman in World History* (London: HarperPress, 2007), pp.124-132.

43  Edward J. Cashin, *The King's Ranger: Thomas Brown and the American Revolution on the Southern Frontier* (New York: Fordham University Press, 1999), p.159.

44  Troxler, pp.587-590.

45  《威廉·查尔斯·韦尔斯的生平回忆录, 自传》, 见威廉·查尔斯·韦尔斯, *Two Essays: One on Single Vision with Two Eyes; the Other on Dew* (London: Constable, 1818), pp.xx-xxii。*East Florida Gazette* 是以约翰·韦尔斯的名义出版的, 但威廉·查尔斯·韦尔斯在回忆录中明确指出了自己参与其中。有三期报纸留存至今: 见 *Facsimiles of the extant issues of the first Florida newspaper*… intr. Douglas C. McMurtrie (Evanston, Ill.: privately printed, 1942)。

46  约翰·克鲁登致 C. Nisbet, 1783 年 3 月 25 日, NYPL: Carleton Papers, Box 30, no.7213。

47  James Clitherall 致约翰·克鲁登, 1783 年 5 月 25 日, NYPL: Carleton Papers, Box 32, no.7766。

48  Clitherall 致克鲁登, 1783 年 5 月 31 日, NYPL: Carleton Papers, Box 32, no.7834; 克鲁登致 J. K. Rutledge, David Ramsay, Ralph Izard, and John Lewis Gervais, 1783 年 5 月 31 日, NYPL: Carleton Papers, Box 32, no.7832; 以及克鲁登致 Major MacKenzie, 1783 年 6 月 5 日, NYPL: Carleton Papers, Box 33, no.7891。克鲁登还在 1783 年 5 月 3 日的 *East Florida Gazette* 上刊登了一则广告, "ordering all persons holding negroes that were sequestrated, in Carolina to give in a list of

49 见克鲁登致诺斯勋爵，1783 年 8 月 22 日，NA：FO 4/1, ff.63–66。

50 这是克鲁登接洽爱国者 Robert Morris 时秉持的态度，后者曾出资支持美国一方作战，计划垄断大西洋烟草市场。"我可以让诸多事项令你满意，让它们为你个人和你的家人创造取之不尽的高额利润。"他曾神秘地暗示道。约翰·克鲁登致 Robert Morris，1782 年 8 月 15 日，LOC：Lovering-Taylor Family Papers。Morris 对克鲁登的计划作出了善意的答复：Morris 致克鲁登，1782 年 8 月 5 日和 13 日，见 John Catanzariti and E. James Ferguson, eds., *The Papers of Robert Morris, 1781–1784*, vol.6（Pittsburgh：University of Pittsburgh Press, 1984），pp.137, 157。

51 伊丽莎白·约翰斯顿致威廉·约翰斯顿，1783 年 4 月 20 日。PANS：Almon Family Papers, reel 10362。约翰斯顿在她的回忆录中记得那是 1784 年（Johnston, p.75）。

52 约翰·克鲁登，"An Address to the Monarchical and Thinking Part of the British Empire," BL：North Papers, Add. Mss.61864, f.141。

53 J. Mullryne Tattnall 致 John Street，1783 年 5 月 30 日至 8 月 28 日，NA：CO 5/560, ff.483–486。虽然言者无心，但这样的句式呼应了乔治三世对诺斯勋爵所说的告别辞。

54 David Fanning, *The Adventures of David Fanning in the American Revolutionary War*, ed. A. W. Savary（Ottawa：Golden Dog Press, 1983），p.64。

55 "Substance of Talks delivered at a conference by the Indians to His Excellency Governor Tonyn, Colonel McArthur, and the Superintendent," May 15, 1783, NA：CO 5/560, pp.617–619.

56 关于麦克利夫雷家族，见，例如 Edward J. Cashin, *Lachlan McGillivray, Indian Trader: The Shaping of the Southern Colonial Frontier*（Athens：University of Georgia Press, 1992）；John Walton Caughey, *McGillivray of the Creeks*（Norman：University of Oklahoma Press, 1938）；and Claudio Saunt, *A New Order of Things: Property, Power and the Transformation of the Creek Indians, 1733–1816*（Cambridge, U. K.：Cambridge University Press, 1999），pp.67–89。

57 亚历山大·麦克利夫雷致托马斯·布朗，1783 年 8 月 30 日，NA：CO 5/82, f.405。

58 布朗致卡尔顿，1783 年 4 月 26 日，NYPL：Carleton Papers, Box 32, no.7556。

59 布朗致卡尔顿，1783 年 5 月 15 日，NYPL：Carleton Papers, Box 32, no.7688。Colin G. Calloway, *The American Revolution in Indian Country: Crisis and Diversity in Native American Communities*（Cambridge, U. K.：Cambridge University Press, 1995），p.248.

60 引自 Calloway, p.26。

61 Cashin, *The King's Ranger*, pp.163–167；William S. Coker and Thomas D. Watson, *Indian Traders of the Southeastern Spanish*

  *Borderlands*: *Panton, Leslie & Company and John Forbes & Company*, *1783–1847* ( Pensacola: University of West Florida Press, 1986 ), pp.49–55.

62 托宁致悉尼, 1784 年 12 月 6 日, 引自 Caughey, ed., *East Florida*, pp.324–325。

63 引自 Thomas Nixon 致 Evan Nepean, 1783 年 10 月 22 日, NA: CO 5/560, p.848。

64 托宁致诺斯, 1783 年 9 月 11 日, NA: CO 5/560, p.685。

65 托宁致悉尼, 1783 年 5 月 15 日, NA: CO 5/560, pp.585–586。

66 刘易斯·约翰斯顿致未知收信人, 1783 年 7 月 14 日, NA: CO 5/560, pp.927–933。关于约翰斯顿在圣基茨, 见 Alexander A. Lawrence, *James Johnston*: *Georgia's First Printer* ( Savannah: Pigeonhole Press, 1956 ), p.3。

67 伊丽莎白·约翰斯顿致威廉·约翰斯顿, 1783 年 10 月 11 日, 1783 年 11 月 10 日, 1784 年 1 月 2 日, 1784 年 1 月 15 日, PANS: Almon Family Papers, reel 10362。

68 伊丽莎白·约翰斯顿致威廉·约翰斯顿, 1784 年 2 月 12 日, PANS: Almon Family Papers, reel 10362。

69 伊丽莎白·约翰斯顿致威廉·约翰斯顿, 1784 年 4 月 6 日, PANS: Almon Family Papers, reel 10362。

70 伊丽莎白·约翰斯顿致威廉·约翰斯顿, 1783 年 11 月 10 日和 1784 年 2 月 3 日, PANS: Almon Family Papers, reel 10362。

71 "Return of Persons who Emigrated from East Florida to different parts of the British Dominions," William Brown, May 2, 1786, NA: CO 5/561, f.407.

72 Tattnall 致 Street, 1783 年 5 月 30 日至 8 月 28 日, NA: CO 5/560, ff.483–486。

73 克鲁登这里提到了威尔士王子马多克（Madoc）的传说, 据信这位王子在 12 世纪发现了美洲。关于当时对威尔士印第安人的讨论, 见 John Williams, L. L. D., *An Enquiry into the Truth of the Tradition*, *Concerning the Discovery of America, by Prince Madog ab Owen Gwynedd, about the Year, 1170* ( London: J. Brown, 1791 )。

74 署期为 1784 年 6 月 30 日的纸片, LOC: East Florida Papers, Reel 82, Bundle 195M15。

75 托宁致克鲁登, 1784 年 5 月 26 日, 引自 Caughey, ed., *East Florida*, pp.195–196。

76 比森特·曼努埃尔·德·泽斯彼得斯致 Bernardo de G´alvez, 1784 年 7 月 16 日, 引自 Caughey, ed., *East Florida*, p.231。

77 詹姆斯·克鲁登致 Robert Keith 阁下, 1784 年 11 月 24 日, BL: Add. Mss.35533, f.141。

78 引自 Siebert, I, p.169。

79 《效忠派致西班牙国王的请愿书》, 1784 年 10 月 28 日, LOC: East Florida Papers, Reel 82, Bundle 195M15。该文本的副本出现在 Caughey, ed., *East Florida*, pp.301–302。

80  克鲁登致 Carlos Howard, 1784 年 12 月 8 日, LOC: East Florida Papers, Reel 82, Bundle 195M15。该文本的副本出现在 Caughey, ed., *East Florida*, pp.431-432。

81  克鲁登致 Howard, 1785 年 3 月 10 日, 及克鲁登致泽斯彼得斯, 1785 年 3 月 10 日, 引自 Caughey, ed., *East Florida*, pp.485-487。

82  泽斯彼得斯致 G´alvez, 1785 年 3 月 23 日, 引自 Caughey, ed., *East Florida*, p.484。

83  克鲁登致诺斯, 1785 年 5 月 16 日, BL: North Papers, Add. Mss.61864, ff.133-134。

84  泽斯彼得斯归咎于托宁的态度可见于他写信给托宁说"我不禁感到吃惊, 克鲁登先生在一份署期为去年 11 月的声明中似乎充分了解我致阁下的信件的内容"(泽斯彼得斯致托宁, 1785 年 4 月 11 日, 引自 Caughey, ed., *East Florida*, pp.587-588)。他觉得前总督"虚伪而可疑", 并发现了托宁的朋友们似乎"在他的批准下"策划的"多重阴谋"。(泽斯彼得斯致 G´alvez, 1785 年 6 月 6 日, 引自 Caughey, ed., *East Florida*, pp.552-553。)

85  "Return of Persons who Emigrated from East Florida to different parts of the British Dominions," William Brown, May 2, 1786, NA: CO 5/561, f.407。

86  托宁致悉尼, 1785 年 4 月 4 日, 引自 Caughey, ed., *East Florida*, p.500; 托宁致悉尼, 1785 年 8 月 29 日, NA: CO 5/561, f.353; 托宁致悉尼, 1785 年 8 月 10 日, NA: CO 5/561, f.235; 托宁致悉尼, 1785 年 9 月 15 日, 引自 Caughey, ed., *East Florida*, p.721; 托宁致悉尼, 1785 年 11 月 10 日, 引自 Caughey, ed., *East Florida*, pp.738-739。

87  托宁致 Lord Hawke, 1785 年 4 月 4 日, 引自 Caughey, *East Florida*, ed., p.536。

88  Siebert, I, p.177.

第二部分　**殖民者**

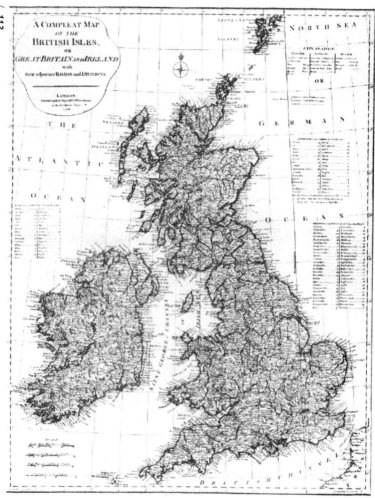

托马斯·基钦（Thomas Kitchin）:《不列颠诸岛完整地图》(*A Compleat Map of the British Isles*, 1788)。

## 第四章　帝国之心

"第一次踏上英国的土地，真不知该怎么形容我此刻激动的心情！"来自查尔斯顿的年轻效忠派难民路易莎·韦尔斯（Louisa Wells）1778 年在肯特海岸登陆时，自言自语道。"我多想亲吻这沙滩上的石子啊！这里是我的故乡，是我长久以来热切地渴望一见的国土，是自由与和平之岛。"备尝艰辛的韦尔斯有充分的理由感到欣慰。她的父亲是查尔斯顿首屈一指的印刷商，身为效忠派的女儿，她留在那个饱受战争蹂躏的城市里，保护家族财产不被没收，"房在人在"，而亲人们早已四散，简直就是效忠派大流散的一个缩影。[1] 她的父母去了英格兰；哥哥威廉和詹姆斯带着家族的印刷设备去了东佛罗里达；她的未婚夫曾是她父亲的学徒，去了牙买加。韦尔斯费了很大力气才把查尔斯顿的家族资产变现，用收益买了一些容易运输的靛青，但她正准备出发前往英格兰时，货物却被爱国者没收了。她乘坐的船只也因为有私掠船嫌疑而被扣下。在离开查尔斯顿五个月后，她终于横穿大西洋，旅程中不但狂风肆虐、海浪滔天，还要时刻担心法国人的袭击。

对北美效忠派来说，英国或许不是地理上最近的避难所，但因为这里是帝国世界的中心，它在某种程度上成了最理所当然的选择。战争期间，英国是效忠派难民的首选目的地。因为语言、宗教、文化等因素，它有着其他地方无法匹敌的吸引力，更何况许多白人效忠派在这里还有骨肉至亲。然而几乎没有人到达英国之后抒发过韦尔斯那样的情绪。远为常见的情况是，他们会对她的言词中所蕴含的悖论心怀戚戚。[2] 她所谓的"故乡"，远在她"长久以来热切地渴望一见"却从未有机会一见的他处。虽说许多美国人自幼便把英国视为自己的"故乡"，但这里断然是异国他乡。[3] 亲近与差异之间的矛盾将是效忠派在英国遭遇的诸多悖论中的第一个，因为古怪的是，他们最心仪、最信任的避难之所事实上却是个疏离之地。

这是个多么奇妙的新世界啊！这些刚从北美来的外省人根本无法适应乔治时代伦敦的感官刺激，那是当时地球上最大、最光怪陆离的城市之一。一位来自殖民地的游客曾宣称，"任何北美人如果从未在伦敦居住过，就根本不可能对这里有一星半点儿的了解。"[4] "不管我有过多么宏大的想象，"一位马萨诸塞流亡者解释说，伦敦"仍然大大超出了我的期待"——自是好坏参半。这个城市最好的一面是那些优美的广场洋房和圣詹姆斯公园（St. James's Park）雅致的草坪，那里常常是"效忠派聚集的地方。"[5] 这座都市有无穷无尽的东西值得参观和体验。你可以挤到一群戏迷中去观看戴维·加里克[①]扮演的哈姆雷特，[6] 可以去大英博物馆把玩古代手稿、凝视远古时期的化石、对着最近刚刚由詹姆斯·库克船长[②]带回来的南太平洋的珍品惊叹一番。你可以去威斯敏斯特大教堂瞻仰沃尔夫将军的墓地，也可以去王家艺术学院欣赏本杰明·韦斯特等著名画家的宏大的历史画作。你可以在伦敦各大教堂聆听著名牧师讲道，也可以去法院观摩杰出的法学专家审案，还可以侧耳倾听亨德尔的《弥赛亚》[③]中华丽的合唱，那是"全世界最庄严的音乐曲目"。[7]

---

① 戴维·加里克（David Garrick，1717~1779），英国演员、剧作家、剧院经理和制作人，在整个 18 世纪英国戏剧实践的几乎所有方面都具有一定的影响力，是萨缪尔·约翰逊博士的学生和朋友。

② 詹姆斯·库克（James Cook，1728~1779），英国探险家、航海家、制图师和王家海军上校，人称"库克船长"。库克曾经绘制过纽芬兰的详细地图，后来三次出海进行太平洋航行，成为历史上有记录的第一个到达澳大利亚东岸和夏威夷群岛的欧洲人，也是有历史记录的第一个环新西兰航行的人。

③ 《弥赛亚》（Messiah）是巴洛克时期著名音乐家亨德尔（George Frideric Handel，1685~1759）创作的大型清唱剧，也是他最有名的作品之一。亨德尔出生于神圣罗马帝国，后来定居英国并加入英国国籍。

　　然而效忠派沉醉于所有这些活动的同时，也被伦敦压得喘不过气来。难民们穿过"有马车、手拉车和运货车等熙熙攘攘来来往往、拉拉扯扯挤挤挨挨"的街道时，总是被拥挤的人群推来搡去，到处都是乞丐和小贩，时刻都要提防扒手。[8] 在伦敦东区——绝大多数黑人效忠派都在那里安顿下来——肮脏的街道上充斥着"妓女、流氓和水手"，来自印度、美国和非洲的货船不分昼夜地卸货，货运码头像村庄一样繁忙热闹。[9] 天空连日昏暗阴沉，湿度接近饱和，让这些北美人精神抑郁、身体不适。一人曾抱怨说，英国人很少有"古道热肠"或"对难民的悲惨境遇有一丝怜悯"。[10] "本地英国人的腼腆、保守和寡言真是臭名昭著啊"，另一个人也牢骚满腹。[11] 伦敦看来是个彻头彻尾的粗鲁之地，每个人都只顾自己，外国人不过是次要的消遣而已。半是出于这个原因，很多效忠派选择居住在布里斯托、巴思等小城镇，那里物价便宜，生活节奏也慢一些。效忠派往往还彼此为伴，他们住得很近，常光顾同样的公共场所。一位来自缅因的难民与三位马萨诸塞流亡者一起在南肯辛顿的一个街区找到了住处，在那里，来自新英格兰的效忠派组成了一个"北美俱乐部"，定期聚餐。咖啡馆——新英格兰、纽约、卡罗来纳等地的人聚会的地方——成了与北美联系的生命线，他们在那里互通有无、辩论争执、闲聊八卦，那里还是收发宝贵家信的方便场所。[12]

战争期间，效忠派难民悲伤地记下了自己离开北美的纪念日，期待着有朝一日和平了，他们可以重返家园。[13] 然而战争的结束和不如人意的和约似乎对他们关上了回家的门，反而又有数千难民在英国海岸登陆。由于住在英国的成本很高，这里距离北美很远，再加上政府实施的激励政策鼓励在英属北美和巴哈马地区殖民，只有大约 15% 的白人效忠派难民（约8000 人）选择移居英国，是黑人效忠派人数的不到两倍，后者往往是因为参与作战才有机会来这里。绝大多数横跨大西洋的白人效忠派都是中上有产阶级，他们的主要目标是为自己在北美的损失和被没收的财产赢得赔偿。帝国联盟的前倡导者约瑟夫·加洛韦和威廉·富兰克林成为政府救济的主要说客。效忠派也会投靠自己的保护人尝试获得新的工作，并想方设法把孩子送到好学校去读书，让他们走上有前途的职业发展道路。他们对自己能获得多少财务支持毫无把握，也不知道在哪里定居有利可图，因而就连享有特权的效忠派在英国的日子也很不如意。不过跟少数一到英国就生活在窘迫中的难民相比，他们已经算是幸运的了。有几百个初来乍到的穷苦人——包括残疾人、文盲、单身母亲和前奴隶，就指望救济活着了。

然而面对王国各地的效忠派纷纷叫嚷着要补助，英国却显得力不从心。"再没有比这个富裕的、忠诚的、治理不善的岛国更糟糕的地方了。"1784 年，一位不堪忍受的难民在流放将近十周年时怒吼道。[14] 议会似乎永远都是一片骚乱，政府部门因竞争和内讧而变得极为低效。战争费用使国债再创新高，达到 2.32 亿英镑（大约相当于现在的 250 亿英镑）。在批评家们看来，英国在《巴黎和约》中割让领土就暴露了它面对欧洲竞争对手的软弱无能。美国的独立同样提出了让人不安的形而上的问题：国家与帝国之间的关系未来将会呈现出何种态势？[15] 随着十三殖民地的丧失，在种族、宗教、文化或语言上与英国人相似的帝国臣民将越来越少：印度东部的孟加拉大约有 2000 万居民，显然是大英帝国最大的领地。同样，正如那场战争所显示的，议会虽然能代表英伦三岛的人民，但它却连白人殖民者也无力代表。帝国政府受到了冲击，但它还没有学会适应新的形势。

效忠派难民把战败的社会影响和实质性后果径直带到了帝国之心。这些失去财产、生计和家园的人让英国丧失十三殖民地之事不再是个抽象的概念，而变成了一个个活生生的面孔。难民以及他们所依附的帝国该如何重新部署？战后英国成了一个平行的重建过程的中心。个体效忠派试图依靠财物补助和新的社会地位重建生活，英国当局则着手改革帝国政府，向新的领地扩张，这些都奠定了"1783 年精神"的基础。然而虽然这些项目在很多方面是和谐一致的，但远赴英国的效忠派却遭遇了一个又一个矛盾。他们强烈地

自我认同为英国臣民，却在这片陌生的土地上倍感疏
离。他们坚信自己应该得到赔偿，却在寻求支助的过
程中屡遭挫折。这个新近扩张的帝国在海外为他们提
供了数量巨大的工作机会，但他们要想在英国本土获
得成功却没那么容易。身在英国的难民受益于帝国复
兴，同时也亲身经历了随之而来的巨大挑战。

*

　　身在伦敦的北美人频繁提到那些象征国家权力
的壮观标志。从威斯敏斯特教堂到圣詹姆士宫，从白
厅里面林立的办公室到雄伟森严的棕色伦敦塔，单是
政府建筑传递的威严就很难不让人心生敬畏，何况还
有帝国的人物。许多效忠派都曾参与过下议院的辩论
会，看那些天赋卓越的政治家谈经论道，雄辩如埃德
蒙·伯克、激昂如查尔斯·詹姆士·福克斯、早慧如
小威廉·皮特，1783 年，皮特年仅 24 岁便高居相位，
是英国历史上最年轻的首相。有人曾在剧院瞥见过夏
洛特王后的芳姿，她穿戴的"钻石的光芒"在烛光中
闪烁。还有人见过英王乔治三世坐在王家马车里，由
八匹用宝蓝色缎带装饰的白马拉着穿街而过。[16] 少数
效忠派甚至有幸在国王早朝时一睹王室成员的风貌。
不过还没有哪一位难民像萨缪尔·休梅克那么走运，
有一天，他在温莎城堡见到了君王本人。

休梅克是来自宾夕法尼亚的贵格会教徒，身为费城前市长，他是战争期间纽约效忠派群体的中流砥柱。（他曾与贝弗利·鲁宾逊一起担任被占领城市的难民巡查员。）休梅克与卡尔顿、威廉·史密斯及其他同事一样，是跟随最后一支撤离舰队离开纽约的，他们到达英国时，很多难民朋友已经在那里安顿下来了。但他至少二十年没见过他的宾夕法尼亚同乡本杰明·韦斯特了，自从这位画家 1763 年迁居英国继续绘画事业以来，两人一直天各一方。韦斯特是王家艺术学院的创始人之一，在该学院担任院长近三十年，现在他是国王钦定的历史画家，也被国王视为亲信。

休梅克与好友久别重逢相谈甚欢，也常常去韦斯特位于温莎城堡的住宅里拜访他们一家。一天下午，他正在外面徘徊，希望在王室成员回城堡的路上一瞥王家风范，韦斯特突然从城堡里出来，带来了惊喜的消息：国王刚刚提出要亲自接见休梅克。惊慌失措的休梅克还没缓过神，就被韦斯特带到王室成员的面前了。突然之间，他就出现了：帝国的首领、效忠派一切希望的寄托、爱国者万般憎恶的化身、长着一双圆眼睛的英王乔治三世本人，还有夏洛特王后和他们的四个女儿陪伴在旁。"S 先生，我们大家可都久仰您的大名了。"国王一开口，休梅克紧张的心情就放松了不少。国王问道，为什么"宾夕法尼亚……比［殖民更早的］邻近各殖民地"先进得多？休梅克"认为应该恭维一番王后的同胞们",便大度地说,这要归功于吃苦耐劳的德裔殖民者。国王回报了他的好意,说宾夕法尼亚的繁荣一定"主要归功于贵格会教徒"。接下来的45分钟,休梅克愉快地与国王和王后聊到了美国、他的家人,还有其他话题,其间部分谈话用德语进行。汉诺威王室成员匆匆离开之后,他们这位忠诚的臣民陷入了痛苦的思索。"我无法表达此刻的心情,但我希望自己那些充满戾气的同胞能有机会像我一样,"休梅克在日记中写道,"眼见为实,他们看过就知道乔治三世的身上没有一丝暴君秉性,他们总是狭隘地说他心肠冷酷,他不是,也不可能是。这样一个情感细腻的人、体贴的丈夫、慈爱的父亲,绝不可能是一个暴君。"[17]

与国王本人这次超长时间的非正式会面,让效忠派休梅克近距离接触了这个只存在于许许多多美国人想象中的人——无论他们对此人是爱是恨。休梅克对自己君主的正面印象彰显出美国革命为君主制带来的一个简直堪称惊喜的重要影响:虽然国王乔治三世曾经激烈反对承认美国独立,但十三殖民地以及那些谴责他为"暴君"的前臣民的退出,事实上却加强了他在帝国其他地方的象征力量。战后那几年,国王在英国人气飙升。[18] 相应的,海外的帝国官员也越来越多地使用仪式、象征和庆典来培养人们与君主和王室的情感联系。[19] 许多领地为加强王权而削弱了民选立法机构，明确体现了"1783年精神"。

然而效忠派对国王的依恋掩盖了他们与议会和其他政府机构之间更为矛盾复杂的关系。他们的赔偿要求使这些紧张关系凸显出来。和在美国一样，在英国的效忠派们关心的问题同样围绕着和平条约中恶毒的第五条。和约谈判时期的首相谢尔本勋爵曾担心，如果无法为效忠派提供充分支助，难免会给政敌们留下攻击他的口实。这当然不是杞人忧天。当与美国、法国和西班牙签订的条约提交下议院辩论时，政敌们不遗余力地谴责其中的条款。英国慷慨的领土割让已经让他百口莫辩了，更糟的是，（此时的反对派）诺斯勋爵认为，效忠派遭受的恶劣待遇"唤起了人心中无法抑制的怜悯之情"："我们抛弃了那些人，简直是前所未有地无耻玷污了国家的荣誉，他们惨遭背弃又一贫如洗，如今的处境窘迫而危险。"他的盟友们随声附和。这是"对国家形象的严重伤害，"埃德蒙·伯克宣称，"用一个无耻的条款，像匕首一样刺入了效忠派的心脏。"一位议员的"心在滴血……这是丑闻，是不光彩的！"另一个议员断言，这是"这个国家永远的耻辱柱"。议员和剧作家理查德·谢里登（Richard Sheridan）大声朗读了佛罗里达效忠派那一字一血的请愿书，像演戏一样使用了"生动鲜活的抑扬顿挫"，突出表现他们的愤慨。简言之，正如一位反对派成员的慷慨结辩所说：

> 欧洲、亚洲、非洲和美洲全都看到了大英帝国的分裂和领土缩小。但不管这是多么令人恐慌的灾难，与目前和平时期所犯下的另一个罪行相比都不算什么——我们把那些人拱手交给了他们的敌人，这些不幸之人曾经那么信任我们的花言巧语，却落得如此下场，财产被没收，要面对暴政、愤怒和压迫。[20]

很少有人怀疑过这一切责难会产生什么结果。1783 年冬，下议院投票抨击了和平条约，为内阁带来了不信任决议的严重后果。谢尔本即刻宣布辞职，这是内战导致的另一个政府解体。（他将在 1783 年 4 月被一个联合政府替代，组建该联合政府的是一对不可能的组合，诺斯勋爵和激进的查尔斯·詹姆斯·福克斯。[21] 事实上这一政府也很短命，只坚持到 1783 年底，随后威廉·皮特便出任了首相。）

虽然效忠派赔偿的问题间接导致了谢尔本政府倒台，但必须说，效忠派自己那些狂飙突进的慷慨陈词并非总能为他们赢得朋友。在战争的后几年，许多政治家都厌倦了效忠派关于忠诚的北美人聚集在英国旗帜下的荒诞想象；英国的反战派越来越倾向于责怪效忠派的游说（特别是约瑟夫·加洛韦）毫无必要地延长了一场失败的冲突。"他们说话行事像愚蠢的赌棍，"一位议员如是说，"越是气急败坏地输钱，就越是斗志昂扬地贪恋赌桌。"[22] 有一次，在为和约辩论作总结时，德比郡（Derbyshire）的律师约翰·厄德利·威尔莫特发表了显然经过了一番字斟句酌的演讲，发誓他会"跟他们分享我的最后一个先令和最后一片面包"，但警告人们最好不要过多地关注那些继续抨击和平的效忠派："我觉得我们不能指望在一场成功的叛乱击败了这个国家之后，胜利者会因为任何理由再次放弃自己的地产和事业，献给那些曾与他们对抗的人。"既然绝大多数效忠派仍然留在美国境内，那么在威尔莫特看来，那个规定不得对他们采取任何惩罚性行为的条款（第六条）就是"从法律上彻底保护了北美效忠派的绝大部分利益"。至于那些没能在美利坚合众国获得足够赔偿的效忠派难民，他认为"[英国]国家的荣誉和公正"一定会以其他方式来补偿他们。[23]

对身在英国的效忠派难民的困境，威尔莫特看得比任何人都清楚。战争期间，财政部已经为数百位难民支付了特别抚恤金，其数额在某些年份高达近 70000 英镑。这些补贴原本是作为"临时性"救济发放的。但战争的结束打开了一个无底洞，后续支出源源不断。上任后不久，谢尔本勋爵便任命威尔莫特和另一位议员丹尼尔·帕克·科克（Daniel Parker Coke，两位都反对战争，但又都是独立于任何党派的人士）评估向个人赔偿的金额。他们在一个个寒冷的冬天工作到深夜，筛查了数百个案例，约见效忠派并审查他们的证据，因为必须权衡"对照索偿声明、损失和这么多人的处境"，而他们的财产又位于"**遥远偏僻的世界另一端**"，这份工作变得"困难重重而令人憎恶"。到 1783 年 1 月底，关于和平条约的辩论即将开始时，他们终于完成了这项任务，把抚恤金的支付金额削减了三分之一。[24]

不过这种短期补贴又全然不同于对被没收、毁坏和放弃的财产进行赔偿。任何政府部门应该怎么应对，又会怎么应对此事？效忠派难民有现成的答案：政府应该从国家财政中拨款对他们予以补偿。难民们启动了一个十分全面的游说方案，任命了一个代理人委员会，牵头人是前佐治亚总督詹姆斯·怀特爵士，成员有加洛韦和其他代表各个殖民地的知名人物。代理人开始为"他们从本国政府那里获得赔偿的权利"据理力争。[25] 效忠派代理人还发行了一本匿名的小册子，题为《北美效忠派的案件和索赔，客观陈述和考察》(*The Case and Claim of the American Loyalists, Impartially Stated and Considered*)，阐明了他们的逻辑。虽是匿名，但据推测，这本小册子至少是由加洛韦参与编写的。它写道，社会契约规定"**保护和效忠是国家与臣民之间的相对义务**"。"像居住在伦敦或米德尔塞克斯的任何人一样，作为不列颠国家无可争议的臣民"，效忠国王的北美人"承担着一切社会责任和义务，因而也有［和其他任何英国人］同样的权利，受到国家的保护和公正对待"。他们争辩说，国王未能保护效忠派，他们便有权获得财务补偿。既然英国政府已经决定"在没有确保效忠派获得任何补偿"的前提下承认美国独立，那么"自然正义"就要求英国的纳税人承担相关成本。该小册子继续指出，效忠派的损失也应适用于国家征用原则①，并就此援引了颇有影响力的 18 世纪政治理论家的话作为理论支持。最后，他们还提出了（难免牵强的）类似英国政府赔偿的先例：1706 年法国入侵之后，圣基茨和尼维斯岛上的种植园主，以及 1715 年詹姆斯党人起义中汉诺威效忠派的财产被破坏之后，都获得了赔偿。[26]

游说的效果不错。1783 年 7 月，议会通过了一个法案，正式任命了一个委员会"调查在北美刚刚结束的这场纷争中因为忠于国王陛下并依附于英国政府而导致权利、财产和职业受损的所有人士的损失和贡献"。此前有过处理赔偿经验的约翰·厄德利·威尔莫特和丹尼尔·帕克·科克两位议员显然是委员会成

---

① 国家征用原则（principle of eminent domain）是指支付有权在没有业主许可的情况下征用私人土地用于公共事业。大多数国家的宪法规定必须向业主支付赔偿。在英格兰等没有成文宪法的国家，议会拥有的最高权力使它在理论上可以无须赔偿便征用地产，但事实上都会支付赔偿。

员的不二人选；另外两位成员是美国革命的老兵，分别参加过萨拉托加和约克敦战役，还有一位是野心勃勃的公务员约翰·马什（John Marsh）。[27] 这五个人将共同证实每一个索赔人对帝国的忠诚，查明其财产的价值，并就赔偿金额提出建议。（最终赔付的决定权仍归议会。）该法案给了效忠派九个月的时间提交索赔材料，委员会有两年的时间来处理这些索赔。1783 年 9 月中旬，效忠派赔偿委员会在林肯律师学院广场（Lincoln's Inn Fields）敞开大门，欢迎它的第一批宣誓证人。[28]

虽说效忠派代理人们主动提供了几起先例，但事实上效忠派赔偿委员会处理案件的规模之大，是没有先例可循的，正如迄今已经向难民们提供的其他补偿——分得土地、免费旅行、配给和供给等，也从未有过先例。在这一救济项目出台的时代，公共福利跟现代福利制度几乎没有什么可比性。军队养老金计划才刚刚成形；国家慈善制度的核心——《济贫法》（Poor Law），要到女王伊丽莎白一世时代才面世；孤儿院等许多其他社会救济还主要依靠私人行为。在英国此前处理过的仅有的两次规模相当的难民危机中，私人支助与政府救济所起的作用一样重要：一次是 17 世纪末大约有 50000 名法国胡格诺派教徒涌入英国（正是他们把"难民"一词引入了英语）；另一次是 1709 年，13000 名穷苦的普法尔茨德意志人逃往英格兰。[29] 1783 年以前，英国政府自身还从未为难民承担过如此巨额的财政义务。如今，在英国国债屡创新高之时，政府要承担可能高达数百万英镑的赔偿负担，无疑凸显了该委员会的非凡性质。

当然，北美效忠派在一个重要方面不同于胡格诺派教徒和普法尔茨难民：他们是英国的臣民。前两次难民危机曾引发过关于移民和外国人权利的争论。但接收效忠派则触及了一个截然不同的问题，也正是这个问题，在一定程度上导致了美国革命的爆发。英国国内的臣民和它的海外臣民所享受的权利有无任何差别？北美效忠派认为没有。他们提出赔偿要求的前提，就是无论居住在哪里，凡英国臣民一律平等。但英国当局对这个问题的答案却模棱两可。虽然英国法律传统上只区分了本国国民和外国人，但和平条约的第五条中却提到"真正的英国臣民"，暗指不同类型的臣民还是有区别的。效忠派对这一逻辑很是不满："要证明一个人在多大程度上是臣民，语言逻辑不通，法律逻辑也不成立。"一位效忠派如是说。[30] 然而英国官员并不认为效忠派"和伦敦或米德尔塞克斯的任何人一样，是无可争议的英国臣民"。按照议会的说法，效忠派获得赔偿不是因为他们**有权**得到支助，而是因为英国有道义责任提供救济。议会力图维护"国家荣誉"，保护"国家形象"，以防"有失国体"。这一至关重要的道德感也有助于解释为什么那么多政治家此前曾谴责效忠派的游说在战争期间有蓄意妨碍政策的企图，此时却转而支持效忠派获得赔偿了。

如果说赔偿委员会为支助英国臣民而启动了一项非同寻常的干预计划，那它也就国家如何定义自己的责任发出了同样重要的声明。这不是关于臣民权利的泛泛而谈，而是家长作风的国家关于自身义务的明确宣示。如此一来，它也就以另一个变调奏出了很快就会为人们所熟悉的主旋律，即殖民地的要求与首都的供给能力之间的差距。它为一个漫长的赔偿过程铺平了道路，但对它旨在帮助的很多效忠派而言，赔偿结果却让他们深深失望了。

\*

莫特莱克（Mortlake）曾经是泰晤士河南岸的一个安静的小村庄，如今则地处大伦敦地区郊外，盖满了排屋。这里无论如何都无法跟贝弗利·鲁宾逊位于达切斯县（Dutchess County）的地产相提并论，但上校和家人们还是尽量对他们新的生活环境做出一副满足的姿态。[31] 1783 年夏末到达英格兰后，为了降低生活成本，他们决定在伦敦郊外定居。就算在莫特莱克，曾经生活富裕的鲁宾逊一家也只能租得起"一所很小的老式房子，或者毋宁说那是个面包房的一部分，家具齐全，每周租金 12 英镑"。在这座不起眼的房子的一侧住着"给全村人烘烤面包"的烘焙师，另一侧住着上校、他的妻子苏珊娜和他们的两个女儿乔安娜和苏珊。新住处根本谈不上精致优雅，但鲁宾逊还是写信给他的儿媳安（Ann），说："我们住得很舒服……街区很不错，也结识了几个很礼貌、很和善的家庭，他们都以极大的尊敬和热情对待我们。"[32] 知道儿子们都过得相当不错，他很欣慰。长子小贝弗利已经跟安和孩子们一起在新斯科舍定居下来。幼子威廉起初睡在莫特莱克的空床上，后来就到日内瓦参加军需官职业培训去了。20 岁的菲尔·鲁宾逊此时正和他所在的军团一起驻扎在斯塔福德郡（Staffordshire），跟那些放荡的军官同伴们一起过着纵情欢闹的生活。年轻的中尉"一如既往地疯狂，"乔安娜·鲁宾逊写道，"他还是个最不可救药的花花公子，在斯塔福德集市上肆意妄为。真是本性难移。"[33]

鲁宾逊一家也毫不寂寞。他们很快就发现了流亡生活的一大安慰：能跟朋友们同甘共苦。北美的朋友、亲戚和熟人都住得不远。（曾作为议员出席第一届大陆会议的）纽约效忠派同乡艾萨克·洛和妻子一起住在莫特莱克的一所房子里；在附近的东希恩（East Sheen）还住着鲁宾逊一家仅有的几位英国朋友：海伦和布鲁克·沃森，布鲁克曾在纽约担任兵站总监。苏珊娜·鲁宾逊的哥哥弗雷德里克·菲利普斯住在伦敦，她姐姐一家也"非常安适地"住在伦敦，后来又搬到了巴思。<sup>34</sup> 鲁宾逊一家人很少去伦敦，但他们常常在家里接待来客，包括萨缪尔·休梅克、威廉·史密斯和贝内迪克特·阿诺德的妻子佩姬·阿诺德，她常常骑马出城，来莫特莱克郊游。乔安娜说，"她变得非常健壮，但我第一次在伦敦见到她时，还真没想到她的状态会有这么大的改善"。<sup>35</sup>

然而还是没有什么能够平复与至亲分离的痛苦。2 月的一天，乔安娜·鲁宾逊提笔给住在新斯科舍的哥哥小贝弗利写信时，似乎被刺骨的严寒影响了心情，想到她抛在身后的一切，便心痛不已："我们在纽约分别的场景永远不会从我的记忆中抹去，无须说，将心比心，你一定知道此刻我的心里有多难过。"<sup>36</sup> 她和双亲绝望地维系着与小贝弗利一家人的情感纽带。"妈妈还没有见过小家伙呢，但每次回忆起跟可爱的孙辈们分离的场景，都让她那么伤心，有时还忍不住落下泪来。"乔安娜告诉哥哥说，而上校本人则恳求自己的儿媳："请尽一切可能不要让小亨叽［亨利］忘了我，告诉亲爱的小伙子我日日夜夜想念着他，有时整夜都想着他，因为他常常出现在我的梦里。"听说贝弗利和安的第三个儿子在新斯科舍出生的消息，身在英国的鲁宾逊一家人非常开心。"上帝保佑他，我已经这么爱他了，但他决不会夺走我对小亨叽的爱。"上校的家信充满欢喜和爱意。他们急切地想知道"他长得像谁，出生时有什么迹象或值得纪念的事，谁在帮你，你卧床了多久，有没有朋友陪伴，还有谁在照顾你"等细节，全都是为了掩饰一个残酷的事实，那就是他们有生之年或许根本没机会见到这位新生的小小鲁宾逊。[37]

"要是能在这里过上舒适的生活，这该是个多么迷人的国家啊！而现在，我还需要极大的哲学修养，才能对这一切安之若素。"乔安娜最后说。[38] 此话中传递的情绪是整个效忠派流亡社区所共有的。他们失去了旧日的工作和收入来源，轻易无法在英国找到替代，对自己能否获得足够的赔偿在英国生活下去全无把握。乔安娜信中说："北美效忠派分散在王国各处，有人去了切斯特（Chester），有人……约克郡，还有些人四处漂泊，不知命运会作何安排。"[39]

对成百上千的难民来说，他们的命运此刻就掌握在林肯律师学院广场那间效忠派赔偿委员会的办公室里。有传言说政府或许会赔偿那些在撤离之前到达纽约市的效忠派，一些难民就快马加鞭地提出索赔。[40] 萨缪尔·休梅克刚到伦敦一个月，就和盖伊·卡尔顿爵士与"若干等待被引见的所谓难民一起"，等在内政大臣悉尼勋爵的办公室门厅里了。贝弗利·鲁宾逊也在场，还有休和亚历山大·华莱士兄弟，这对出生于爱尔兰的富有商人在1750年代定居纽约，分别娶了同是商人的艾萨克·洛的两个妹妹。纽约三一教堂的前教区牧师查尔斯·英格利斯是大家熟悉的另一张面孔。所有这些人都在寻求某种优先权；举例而言，休梅克希望能在悉尼的建议下，获得"一笔丰厚的补贴，以便我在损失赔偿一事得到解决之前贴补家用"。[41] 未来数月，他在与北美朋友社交和参观伦敦的名胜古迹的间隙，频繁地登门拜访财政部和效忠派赔偿办公室。

提起赔偿诉求、提交证据和等待回复的冗长过程，让许多效忠派陷入了一种焦虑的停滞状态。关于这种紧张不安的困境为他们带来了怎样的精神压力，当数前议员艾萨克·洛的描述最为充分。被剥夺了纽约州的财产和公民权之后，洛和妻子玛格丽特跟随最后一批撤离舰队来到了英国。他们经历的"风浪肆虐的艰难航程"成了未来种种事件的阴郁凶兆。[42] 玛格丽特在伦敦几乎不间断地生病，而在艾萨克看来，"这里只有无序和混乱，让我们这些可怜的流亡者无比沮丧"。[43] 他们唯一喜悦的是与儿子小艾萨克重逢，后者被提前送到了英格兰。年轻的艾萨克是个"健壮"活泼的少年，"是我们回访朋友时的一个很好的向导，我真心觉得他只用几个月就对这里了如指掌，比我在这里居住数年了解的还要多"。然而洛本人却"因为太过专注于我们当前的窘境，我根本无法注意路线，那些街名不到两天就全都忘光了"。他手里的积蓄根本不够养活家人，那点儿钱仿佛"很快就振翅飞走了"。[44] "无事可做，要靠我积攒的这么点儿家当过活，真是最令人不快的处境了。"[45] 在等待赔偿委员们回复期间，他要靠弟弟尼古拉斯借钱给他，尼古拉斯是成功的商人，仍然住在纽约，还要靠尼古拉斯帮他变卖掉他好不容易保存下来的那一点儿留在美国的财产。

1784 年 4 月，洛从委员们那里听到了一些好消息。他已被批准"在我的赔偿诉求被审议之前，每年得到 140 英［镑］的<u>丰厚</u>补贴"，但他挖苦地在"<u>丰厚</u>"下面画线强调，因为这根本不够他决定"如何自处，目前一切都悬而未决"。[46] 那年夏天在莫特莱克，洛有时会在开心的时候安慰自己说他"已经获得了部分最需要的东西"——钱——"除了与亲爱的朋友们分离之外，我们应该没什么遗憾了"。[47] 然而他将"如何、在何处或何时"恢复自己的地位，则是"我一刻都无法释怀的问题"；有时他无法抑制那种绝望的情绪，"生怕一切已彻底无望"。[48] 洛曾经写信给他留在纽约的两位已婚奴仆提供建议，字里行间处处透着他对个人经历的百般懊恼。虽然洛一家人为了不拆散那对夫妻，把他们双双留给了朋友，担保朋友会"像对待孩子而非奴仆"那样对待他们，那对夫妇还是"表示他们渴望获得自由，除非能重新跟我们生活在一起"。"我当然觉得他们要在这种时候漂洋过海，来过这朝不保夕的生活，才是傻透了，"洛警告说，"要是他们能看到……他们的生活比这个国家的穷苦白人劳

工好得多，他们就会为自己的幸运而称颂上帝，再也不会希望改变现状了。" [49]

当然，洛的失望是因为他的期望值太高。许多人会觉得 140 英镑的年收入简直是一笔巨额财富了。他貌似很穷，但还是有办法在莫特莱克保有一处住宅，也留下了至少一个奴仆——他从纽约带来的奴隶安妮。和许多身在英国的效忠派一样，洛也把帮助孩子获得事业成功视为优先事项，为此不惜代价，因而"以每年 100 英镑的巨额花费"把小艾萨克送入了肯辛顿最好的学校读书。[50] 让洛这样的效忠派难民深受折磨的不光是脱离了富裕阶层这显而易见的事实，还有惊恐万状地担心生活会从此一落千丈，让他们沦于破产，名誉扫地。

鲁宾逊和洛两家人都在努力适应节俭克制的郊区生活，但其他难民的处境想必早已令他们一筹莫展。在麦尔安德（Mile End）、沃平（Wapping）、斯特普尼（Stepney）和萨瑟克（Southwark）等街区的贫民窟里，数百个一贫如洗的难民挣扎在生存线上。在哀伤的信件和备忘录中，但凡能跟什么大人物说得上话——或者但凡有纸有笔——的难民，都会对效忠派赔偿委员会诉说自己的种种艰辛。例如，让艾萨克·洛备受折磨的担忧是一个纽约女人必须面对的现实，她的商人丈夫在战争中失去了财产，为了躲债出走，连家人也找不到他的踪影。两年后妻子在伦敦看到了他，生活"极其困难"，不久为了逃避监禁，他又一次消失了，留下妻子和三个幼小的孩子，衣不蔽体，"三餐难继"。[51] 更糟的是一个同样被丈夫抛弃的波士顿女人，靠"每天两个便士的面包和一周一磅牛肉"勉强度日，但还是因为欠债，被关进了纽盖特监狱那乌烟瘴气的牢房。[52]

在英国，有不少最穷困的白人难民事实上是在英伦三岛出生的，只不过通常都出生在偏远地区，到了伦敦，他们和许多北美本土出生的人一样无依无靠，无亲无故。一个爱尔兰人在流亡生活一开始就在伦敦德里郡染上了"疟疾"，后来他到伦敦寻求赔偿时，也因为欠债而被关进了纽盖特监狱。一个不识字的苏格兰高地人为他在北卡罗来纳丧失的三所房子和土地提出赔偿；但年过七十的他还在伦敦一个贫民窟的床垫上因为高烧不退而挥汗如雨，一定怀疑过有生之年还能不能看到政府发放救济给他。[53] 另一个苏格兰高地人到伦敦时已经瘸腿，他的难民妻子在新斯科舍去世了，他在萨凡纳城外亲手建造的房产也付诸东流。这位母语是盖尔语的人甚至无法自己提出索赔：他几乎不懂英语，始终需要一位翻译提供帮助。[54]

然而在所有在战后的英国勉强度日的贫苦效忠派中，数目最大的一群人在许多方面也是最显而易见的：黑人效忠派，他们的数目多达 5000 人，绝大部分是男性，多是以复员水手、士兵、奴仆等身份到达英格兰的。他们经历了那么残酷的战争，能到达英国本身就是奇迹。谢德拉克·弗曼（Shadrack Furman）是弗吉尼亚的自由黑人，曾为英国军队提供军需，之后又为他们做向导和线人，并因此被爱国者军队俘虏。弗曼因为拒绝提供情报，被判500下鞭刑。对许多人来说，这样的宣判几乎等同于死刑了，但不幸的弗曼却活了下来，他皮开肉绽，因为头上的斧伤而精神失常，双眼失明，一条腿也瘸了。这具浑身到处是伤疤的残破躯体步履蹒跚地到了新斯科舍，后来又到了英格兰，在街上拉小提琴，讨几个零钱度日。[55] 来自纽约的本杰明·怀特卡夫（Benjamin Whitecuffe）在战争中幸存的故事也一样惊心动魄。他也是生而自由的黑人，是美国梦的产物：怀特卡夫那位黑白混血的父亲驾驶着自己的单桅帆船在长岛湾附近做生意，此外还在长岛旁边经营着面积不小的牧场和果园。战争期间，他的父亲和哥哥加入了爱国者阵营，但本杰明却义务为英军做间谍。被叛军俘虏后，他被径直送上了绞刑架。整整三分钟，怀特卡夫觉得血液冲上头部怦怦作响，眼前什么也看不见了，他沉重的身躯吊在空中，但他的脖子却奇迹般地顶住了绳子的拉力。被过路的英军割断绳子后，年轻而命硬的怀特卡夫后来再次与死刑擦肩而过，又被一艘私掠船掳走，曾在直布罗陀海上为海军服役，最后才带着自己的英格兰白人妻子一起到了伦敦，没有工作，捉襟见肘。[56]

　　中产阶级效忠派成功地说服威斯敏斯特和白厅的政治掮客们关注自己的问题，但黑人效忠派那触目惊心的苦难——比如一个名叫彼得·安德森（Peter Anderson）的约克敦老兵，用他自己的话说，"因为没有人给我一片面包，真的就要饿死在街头了，又不敢回到我自己的国家"——却让很多英国人犹豫了。[57]某些人看到这些黑人"在伦敦街头乞讨，因为无所事事和贫困，必然会引发一切恶行和麻烦"，更是对他们充满了种族主义的敌视。[58]但"穷苦黑人"（这群人的统称）的命运却激发了不少行善者全然不同的反应。帮助穷苦黑人的最持久的努力是由著名慈善家乔纳斯·汉韦（Jonas Hanway）牵头的，他曾靠同俄国贸易赚了很多钱，用于帮助成千上万被忽视的小人物改善生活。他的早期慈善项目包括成立了海运协会（Marine Society），帮助培训穷人家的男孩，送他们去海军服役；建立了弃婴医院（Foundling Hospital）并担任院长；还开展了一项斗争，替被虐待和发育不良的清扫烟囱的小男孩伸张正义。想到穷苦黑人还要在伦敦忍着饥寒挨过另一个冬天，汉韦简直无法忍受，就像他无法忍受喝茶这个"有害的习俗"，他曾发动了一次戒绝喝茶的倡议，那是他领导的最不成功的运动。[59]

　　1786年初那几周，汉韦召集了几位富裕的商人朋友，成立了"穷苦黑人救济委员会"。该委员会把总

部设在王家交易所对面的一个咖啡馆里，发起了帮助
黑人效忠派及其饥饿同胞的筹资活动。"他们中间的
大部分人都曾为英国服务，在英军的旗帜下战斗过，"
一份登在报纸上的呼吁书写道，"他们……本指望英
国总督和指挥官们向他们许下保护承诺，如今却就在
他们曾冒着生命危险甚至（许多人）洒过热血为之服
务的人面前，挨冻受饿，如枯叶般凋萎。"这些信奉
基督教的爱国的人，怎么能对此无动于衷？捐款很快
便涌向委员会，从德文郡公爵夫人和首相威廉·皮特
这样乐善好施的达官显贵，到只能捐得起六便士或把
家里的木碗木勺拿来捐赠的身轻言微的好心人，纷纷
解囊相助。到 1786 年 1 月底，200 多位穷苦黑人在委
员会开设的三个施粥厂外排起了长队，领取简单的三
餐，有 250 人穿着新发放的鞋子和袜子摇摇晃晃地往
家走。[60]

　　和那个时代的许多人道主义行动一样，这次行动
之所以能够成功，在部分程度上也有赖于人们的同情
心和基督教宣扬的善意。但它显然启发了另一种广泛
存在的情感：对效忠派臣民的集体责任感，以及效忠
派赔偿委员会所崇尚的国家荣誉感。它的逻辑是，黑
人效忠派为英国服役，到头来却沦落在英国的街头一
贫如洗，这是不公平的，正如效忠派受到了巨大损失
却得不到赔偿是不公平的，也正如越来越多的英国人
认为，把掳来的黑人当作奴隶在大西洋两岸买卖交易

是不公平的。穷苦黑人救济委员会从一群贵格会废奴主义者那里收到了最大金额的单笔捐款不是巧合，英国最重要的反奴隶制运动领袖格兰维尔·夏普一直密切关注着该委员会的各项活动也绝非偶然。废奴主义者参与到这次救济活动中，会对黑人效忠派难民的命运产生至关重要的长期影响。

因为随着越来越多穷困的黑人们在白渡鸦客栈和约克郡的斯汀格客栈前排起长队，等待着施粥厂的肉汤、面包和一枚六便士硬币带回去养家糊口，委员会成员们认识到，设立施粥厂和诊所只不过是权宜之计。海军或许能雇佣一些人，但战后经济萧条，白人的失业水平尚且很高，这一大群无业黑人的前景就更加黯淡了。一些穷苦黑人主动提出了自己的解决方案。或许他们最佳的成功机会根本不在英国，而在大英帝国的其他领地。或许他们可以去新斯科舍，戴维·乔治、波士顿·金和其他数千黑人效忠派不就在那里安家了吗？还可以去个更暖和点儿的地方，不至于像现在这样整天冻得哆哆嗦嗦——比方说西非海岸，那个他们的祖先被掳走的地方？这个有趣的建议得到了昆虫学家亨利·斯密斯曼（Henry Smeathman）的热心支持，他曾在塞拉利昂生活了四年。斯密斯曼曾一度倡导英国在塞拉利昂河口殖民，那是世界上最大的天然港之一，也是英国最大的奴隶交易站之一邦斯岛的所在地。斯密斯曼凭借着出色的推销技巧，很快便说服了穷苦黑人救济委员会，让他们把穷苦黑人送到塞拉利昂去做拓荒殖民者。到 1786 年春，委员会最终得到了英国财政部和海军局（Navy Board）的支持，把穷苦黑人运往海外，并为他们配备了建设新殖民地所需的供给品。[61]

从穷苦黑人救济委员会在伦敦的一家咖啡馆里召开会议，到一支舰队在格林威治准备起航，一切在短短数月内就准备就绪了：这个庞大昂贵、老实说只有一个模糊概念的计划进展神速。它以惊人的方式证明了当时英国国家和私人投资者有着极强的能力和意愿启动殖民项目，哪怕项目计划还只是个有趣的雏形。然而另一方面，若不是英国政府已经熟练地把数万效忠派运送到世界各地并对他们提供支持，或者若不是英国公众已经开始对效忠派遭受的苦难给予极大的同情，仍然很难想象这样一个庞大的计划会启动得如此之快。汉韦本人没能看到这一计划的结果：1786 年 9 月，此次远征的目的地和路线还没有最后确定下来时他就去世了。（死前一个月，汉韦放弃了对塞拉利昂的支持，预见到这个计划与邦斯岛的奴隶贸易商发生冲突，并试图说服委员会把穷苦黑人定居在新斯科舍。）[62] 但在那以后，由他启动的这项计划由格兰维尔·夏普等废奴主义者接手，逐渐演变成了那个时代最怪异也最长久的乌托邦社会实验之一。

与此同时，成千上万的效忠派，包括黑人和白人，男人和女人，仍在苦苦等待着官方赔偿的结果。效忠派赔偿委员会的索赔申请截止日期原本定在 1784 年 3 月 25 日，截止到那时，委员们已经收到了 2063 份索赔，统计起来，为财产损失索赔的金额高达 7046278 英镑，为无法偿还的债务索赔的金额总计 2354135 英镑。"这是一笔惊人的数额"（相当于如今的 100 亿英镑），约翰·厄德利·威尔莫特惊呼道，更何况还有数千效忠派仍希望有机会提交申请。[63] 为了接收更多的索赔申请，议会把截止日期延长到了1786 年，并决定每年更新委员会的授权书，直到其任务完成为止。总共有 5072 人提交了各种形式的备忘录，委员会总共审查了 3225 份索赔申请。[64]

效忠派赔偿委员会的记录构成了关于美国革命效忠派一方的最大的一宗证据档案。[65] 在这成千上万份卷宗里潜藏着关于战争的蹂躏、冒险和个人创伤的非凡故事。比方说，正是在这里，托马斯·布朗讲述了他遭受的酷刑；约翰·利希滕斯坦解释了他如何被逐出自己的种植园；莫莉·布兰特描述了她的财产被没收和逃往尼亚加拉的过程。这些索赔申请把美国革命这场内战的宏大场面呈现在我们眼前，也给了我们一个非同寻常的透镜，一窥殖民者的物质世界，简直就是一部杂乱无章的殖民地末日审判书。人们在这些纸页里随口报出那些从美国的家中消失的物什：朗姆酒桶、锦缎被褥、木匠的工具、古老的铜质咖啡壶、锃亮的新马鞍、最钟爱的石榴石耳环。这些物件清单乍一看去似乎跟他们关于苦难经历的自述差别很大，但是二者相结合，却构成了关于美国革命性质的有力陈词。某些历史学家把美国革命描述为一个相当古板无趣的事件，没有后来的法国和俄国革命中的暴力场景和大批财产转手，但这份由背井离乡的效忠派提供的记录却表明，至少对数量相当可观的一群北美人而言，美国革命毫无疑问是一场充满骚乱和动荡的大事件。

当然，阅读所有这些记录时，都应考虑到提交它们的具体背景，也就是说，切勿盲信。这些堆积成山的文件也是主观的、非典型的，因此不能作为可靠依据，得出关于战争期间效忠派人口构成和分布的统计学结论。[66] 然而它在两个方面的确能说明问题，一是效忠思想广泛分布于整个美国社会谱系的各个阶层，二是来自大西洋两岸各个阶层各个行业的效忠派，都成功地向委员会表达了自己的困境。[67] 在 3225 份索赔申请中，有 468 份是由女人提交的，还有 47 份是由黑人提交的。[68] 大约 300 份申请的提交人甚至都不会签写自己的名字。[69] 考虑到提交申请所涉及的算术难度，这尤其值得深思。虽然委员们在英国和爱尔兰的各大报纸上发布公告，并通知了北美的政府官员，但许多效忠派都是听到传言才知道有这么个委员会存在，有的人知道时已经太晚了。[70] 索赔需要投入大量的时间和金钱，更何况起初还要求索赔者必须本人出面作证，这就意味着他们要支付昂贵的旅费来到伦敦。数百人依靠律师、代理人或家庭成员替他们提交申请。威廉·约翰斯顿代表自己的哥哥、已经迁居巴哈马群岛的小刘易斯·约翰斯顿提交了备忘录，而老刘易斯·约翰斯顿医生则从自己位于爱丁堡的新家出发，去伦敦面呈证据。[71]

委员会简报的措辞，即调查"因……忠诚"而遭受的损失，而不仅仅是由战争破坏造成的损失，意味着索赔人必须在自己的忠诚与损失之间建立直接联系。虽然索赔申请的长度和细节大相径庭，但它们往往都遵循一个现成的模式。一份 1783 年出版的题为《北美效忠派以备忘录形式向诸位委员阁下陈述案情指南》(*Directions to the American Loyalists in Order to Enable Them to State Their Cases by Way of Memorial to the Honourable the Commissioners*) 的小册子向效忠派们提供了一个很有用的填空模板：

> 致尊敬的委员阁下……原北美 C—殖民地居民 A—B—的备忘录……谦卑呈上……当内战在上述 C—殖民地爆发之时，本备忘录提交人曾极

力反对篡夺政府权力之人，因而被其监禁，时时面临巨大的生命危险，直到从监狱中逃出，登上了国王陛下的战舰D—号，该战舰由E—F—阁下指挥，停靠在上述 C—殖民地的 G—港。[72]

诸如此类。在概要列出索赔人身为效忠派的经历和苦难之后，索赔申请通常会继续描述索赔人丧失的财产、收入和债务。（该小册子甚至还为效忠派提供了详细表格，帮助他们索要对逃亡奴隶的赔偿，那些奴隶都被英军赋予了自由。）对每一个案例来说，至关重要的最后一步是要有证词，包括可以担保索赔人忠于国王的见证人的证词以及可以证明所丧失财产之价值的邻居、商业合伙人或世交故友的证词。

在林肯律师学院广场的总部，五位赔偿委员会成员要处理堆积如山的文件，肩扛着千斤重担。就算是这几位颇有经验的行政管理人员，要筛选数千份个人自述也是一项重大挑战，何况那些自述往往都是传言多于铁证。在开始听证之前，委员们在伦敦会见了效忠派的代理人，以便了解美国的价值和物价体系。一英亩的耕种土地在纽约的特赖恩县（Tryon County）、宾夕法尼亚的巴克斯县（Bucks County）或南卡罗来纳的九十六区（Ninety-Six District）分别价值几何？1778 年新泽西一蒲式耳的印第安玉米收成，或者一头待宰的弗吉尼亚肥猪，或者波士顿住宅里的桃花心木家具，分别值多少钱？随着调查的继续，委员们意识到他们的某些问题根本无法在千里之外获得确切的答案，于是委派了一个名叫约翰·安斯蒂（John Anstey）的律师，作为代理人到美国当地去调查。安斯蒂在美国待了近两年，现场收集了大量记录，并询问了效忠派的邻居、亲戚和代理人。1785年，委员会的两名成员还亲自前往英属北美，从定居在那里的索赔人和证人处收集证据。[73]

委员会很快就变成了一个处理案件的官僚机构，并随之摆出了一副官僚主义态度，威廉·史密斯前去呈送文件时就看出了这一点。他把"卷宗"交给秘书，后者随即在史密斯的文件里挑错，"说应该符合官方印刷的说明"。史密斯本人作为一名卓越的律师，坚称它符合说明，秘书听后便"发脾气说必须符合官方说明，还问我要不然官方发布说明干什么。我回答说毫无疑问是为了指导笨蛋。"又吵了几句之后，秘书才意气用事地接收了文件，对史密斯说很可能"两年之内不予考虑"，就把他打发走了。[74]

索赔委员会的办公室成了效忠派们进进出出的活动中心，有时是为了提交自己的材料，有时则是为了帮他人作证。刘易斯·约翰斯顿医生来这里为自己和儿子丧失的收入和财产当面作证；本杰明·怀特卡夫来这里描述他在绞刑架上的濒死经历。[75] 阅读丹尼尔·帕克·科克委员的笔记本就像是阅读一份效忠派名人录，因为著名的效忠派支持者们都曾在委员会的桌前就座：邓莫尔勋爵和康沃利斯勋爵等官员；威廉·富兰克林和约瑟夫·加洛韦等效忠派领袖；贝弗利·鲁宾逊和新泽西将军科特兰·斯金纳等效忠派军官。有一次，威廉·史密斯走进办公室为一位纽约同乡作证时，恰巧碰到亨利·克林顿爵士往外走，两人站在那里聊起了和平解决之事。（克林顿觉得“北美还是会属于英国的”。）[76] 有好几次，萨缪尔·休梅克与委员们进行了很长时间的会谈，“非常真诚地［提供］我的几位同胞的情况”。[77] 休梅克出席自己案件的听证会那天，请约瑟夫·加洛韦担任主要证人，还看到另一位朋友站在门厅里，就请他进来提供了一些额外的信息。[78] 这些听证会是索赔人向委员们陈述自己案情的最佳时机，他们总是尽量提供能够收集到的全部证词。一位效忠派“最全面地向委员们［解释了］整个家族因为忠诚而遭受的苦难，向他们展示我身上的伤疤，他们很满意地回复说，这样的功劳自然不会得不到政府的补偿”。[79]

休梅克也曾难过地发现有些熟人不诚实，夸大了自己的损失（他抱怨说：“自从最近的骚乱开始以来，我们好像几乎连诚实和德行也弃之不顾了。”）但事实上只有少数几份索赔被认定为故意欺诈。[80] 另一方面，为证明案情所必需的证据的标准定得很高，突出了良好的社会关系和详细的文件记录的重要性，因而事实上获得赔偿的难度极大。就算是对社会地位很高的索赔人来说，证明案情也非易事。艾萨克·洛被告知他必须出具"我们的被没收地产的实际销售证明"，这些文件只能由他还在纽约的兄弟帮忙获得。[81] 休梅克必须回来递交"一份在宾夕法尼亚拖欠我的债务的清单（我想它大概已经丢了），或者其他任何能够支持我的损失陈述的旁证"。[82] 在为贝弗利·鲁宾逊和鲁宾逊的姐夫罗杰·莫里斯（Roger Morris）作证时，威廉·史密斯被详细询问了莫里斯夫妇财产契约中有何条款之类的问题。[83] 尤其是，委员会一方面让那些没有受过教育的人、穷人和没有社会关系的人看到了可能获得救助的曙光，另一方面，它的运作程序却把他们排除在外了。

由于这些标准的存在，就不难理解为什么大多数黑人索赔者只收到了微不足道的赔偿金额，5英镑、10英镑、20英镑，还有些人什么也没有得到。听到一个名叫威廉·库珀（William Cooper）的人说他丧失的房子和土地共值500英镑，委员们的答复不可谓不典型。他们因为他的索赔很难处理而拒收了，裁决"这里陈述的事实很可能没有一项是真实的；所有这些黑人都说他们生而自由，说他们拥有财产，这两件事都不大可能；他提交上来的案情陈述，我们一个字也不相信"。[84] 在好几宗这类案件中，委员会的裁决都隐含着这样一个观念，即黑人效忠派已经获得了自由，不应再获得任何额外回报了。将将超过一半的黑人索赔者获得了救济款，通常还多亏了他们能够从备受尊敬的指挥官那里获得证词。只有一个黑人索赔者成功地获得了对他所丧失财产的赔偿。查尔斯顿的鱼贩西皮奥·汉德利（Scipio Handley）讲述了他如何因为作间谍（这是这些黑人的一个共同经历，他们常常被派作送信人或线人）而被判处绞刑，侥幸逃生之后，又如何在战争中差点儿丢掉一条腿；他为自己的损失提交了书面证据，还带来了一位可靠的证人。然而尽管他受了那么多苦，又那么细心地准备了索赔资料，汉德利也只得到了总计 20 英镑的赔偿。[85]

女性索赔者也往往被整个制度置于不利地位。她们中很少有人拥有委员们所需要的法律文件，也很少有人能够像她们的男性同胞那样背出关于牲口、商品和土地价值的细节，但在细数家里有多少东西时，她们通常要比男人们具体得多。[86] 一位来自南卡罗来纳的简·吉布斯（Jane Gibbes）曾经连续嫁给了不下三个效忠派，她来到委员会面前，为她第二任丈夫的地产索要赔偿。虽然有证人证明吉布斯已故的丈夫"是个了不起的效忠派"——他在自己的土地上被163 个暴徒杀害了——但她却没法向委员们充分证明他持有的地产及其被没收的证据，因而她的大部分索赔申请都被驳回了。[87] 一个名叫简·斯坦豪斯（Jane Stanhouse）的女人的索赔申请更难证明，这位出生于苏格兰的谦逊处女除了小学教师的收入之外，还做些针线活贴补家用。由于为北卡罗来纳的效忠派士兵提供住处，斯坦豪斯不得不逃往纽约，也就丧失了自己那点儿微薄的产业。在英格兰这个"举目无亲的异国他乡"，斯坦豪斯没有证人，她的索赔也被拒绝了，"因为没有财政部提供的参号"。[88]

就这样，文书、质询和裁决工作缓慢而磨人地向前推进着。到 1785 年春，委员们准备宣布他们的第一批支付建议时，"这里可怜的流亡者们还停留在原地，苦苦等待着自己的审判日，更加焦虑，然后又有了一点儿把握，又开始充满希望。对他们中间的许多人而言，一寒如此，真不知他们如何度日。"[89]议会接受了委员会的报告，投票拨款 150000 英镑支付已经通过审查的索赔额。效忠派急切地关注着结果。第一轮支付中最大的赢家是苏珊娜·鲁宾逊的哥哥弗雷德里克·菲利普斯，他得到了近 17000 英镑。约瑟夫·加洛韦和科特兰·斯金纳两人各得到了好几千英镑。和许多人一样，艾萨克·洛听到这些丰厚金额的消息时，也短暂地振奋了一阵子，觉得这对他自己的未决案件来说是个好兆头。但支付给他的两个妹夫休和亚历山大·华莱士的金额却又隐隐透着不祥的暗示：两人都曾跻身战前纽约城里最成功的商人之列，加起来却只得到了 1500 英镑多一点儿的赔偿。[90]"干得漂亮，"亚历山大对纽约的尼古拉斯·洛愤怒地写道，

"我自己和家人来趟英格兰的旅费，再加上我们为了证明我的损失而在伦敦居住的生活费，是这笔数额的两倍……见鬼去吧，你们所有的人和你们那些通过法律剥夺了我们的财产的好人们！"[91]

四季缓慢地流过，赔偿委员会审慎地讨论它的建议，但在那些曾经安富尊荣的效忠派看来，所发放的赔偿额却越来越令人失望。效忠派代理人旋即发出人们熟悉的抗议之声。"根据英国宪法的基本法，"他们宣称他们"不但有公正权利，而且有合法权利为他们失去的地产和财产获得公正合理的赔偿。"但他们却没有获得合理的赔付，"简直无法形容许多北美效忠派此刻的惨痛心情……［自］从许多人被剥夺了财产，与无助的家人一起从独立的富裕生活沦为赤贫和匮乏以来，十年过去了；他们中有些人此刻被关押在英国的拘留所里憔悴凋萎……还有人已经在不幸的重压下崩溃了"。[92] 与此同时，一个纽约难民抱怨道："这里的北美人互相鼓励，帮助彼此振奋起来，除此之外，他们无事可做。"[93] 除了等待委员会更多的报告传出来，带来更多的失望之外，他们的确无事可做。"如果你在大西洋的这一岸见到过一个人对他所获得的赔偿金感到满意，我无话可说，"另一个住在伦敦的效忠派写信给他在新不伦瑞克的兄弟，"赔偿金少得可怜，很多人干脆轻蔑地拒绝了，还有人带着那点儿微薄的钱心碎而死。有些人因为绝望和失望而精神失常了，许多都是有声望的好人，本该有权获得500~1000英镑的赔偿，据说只得到了7英镑10便士、8英镑、9英镑、10英镑、11英镑、12英镑等等，最多也不过只有40或50英镑。"[94]

这些悲叹听起来难免夸张，但它们却准确地反映了艾萨克·洛和他的妹夫华莱士兄弟所经历的现实。到1785年，亚历山大·华莱士已经和家人一起在爱尔兰的沃特福德安顿下来了："我不能说像曾经喜欢纽约那样喜欢这里：但这个地方很合我的心意，我非常满意和快乐。"[95] 他的哥哥休与他们住在一起，热切盼望着不久能够得到赔偿，回到纽约与心爱的妻子重逢。但亚历山大对尼古拉斯·洛说，休"和你上次见到他时的样子已经判若两人了，不幸的遭遇让他忧虑重重"。[96] "没有谁比他更可怜了，财产损失令他大受打击，远离妻子又让他愁肠百结。"[97] 到1786年夏，休·华莱士只拿到了300英镑的赔偿，回纽约的希望也越来越渺茫，他的身体垮了。"他又经历了一次疾病发作"——或许是一次小中风——已经无法走路或骑马了；不久，他每次从床上坐起身，连半个小时都坚持不了。[98] 家人眼看着这个曾经健壮的人形销骨立。到1787年秋，休已经虚弱得需要"他的男仆搀着他的胳膊，像个孩子一样从一间屋子走到另一间屋子。的确，他在任何方面都像个孩子一样无助，记性也变得很差"。那年冬天他就去世了，他的损失没有得到赔偿，留下可怜的遗孀在大西洋的另一侧伤心欲绝。[99]

回到莫特莱克，艾萨克·洛还在等待着自己的赔偿金的消息。他听说可能是 1700 英镑，在任何人看来，那都是一笔丰厚的金额了（如果以购买力来说，价值大约相当于今天 100 倍的金额），但和此前的补贴一样，那远远低于他的期待。他先是绝望了，准备"确定自己变成了一个破产之人"，继而又对他所遭遇的"明显的不公正"充满悲愤。[100] 洛认为他已经呈交了无可指摘的证据和证词（的确，他的证据极其充分，以至于委员们觉得他的文件"太过冗长，不够简洁清晰"），对如此令人失望的结果，唯一的解释就是想象有某个"潜伏的"敌人的幽灵在委员们的耳边发出"恶毒的"耳语。[101] 然而洛有一个他无法抹去的污点："我从以前的审查中发现，我曾在委员会和美国国会任职之事成了一个巨大的绊脚石。"这位前美国国会议员在纽约被人谴责为效忠派，如今到了英国，却又因为曾一度貌似爱国者而遭到歧视。[102]

洛竭尽全力抗议委员会的裁决：他请自己在纽约的兄弟"召集我所有的朋友，给安斯蒂先生的脑袋里塞满证据（就像他们在这个国家给火鸡肚子里塞满酱汁那样）来证明……在一切情形下，我所有的努力都是为了和解与维护和平……首先是为了避免两个国家分裂。"[103] 他最终还是极不情愿地拿了自己的赔偿金，顺从了再也"呼吸不到故国香甜的空气"的命运,在伦敦开始了新的职业生涯,他成了一个保险商。[104] 在英国四年之后,至少"因为又可以挣钱养家了,还提醒自己能在这真正自由的土地上度过余生,曾经萦绕在我心头的阴郁忧愁开始消散了"。[105] 但"消沉"的黑色恶魔的确像影子一样尾随着他,洛再也无法摆脱因匮乏而焦虑、因不公正而忧烦的状态,真正安下心来,而这份新职业的高风险又带来了新的烦恼。焦虑最终损害了洛的健康。一次前往怀特岛疗养期间,他去世了,被自己的损失所压垮。"看到他一生奋斗的所有成果因为在大西洋两岸经历的残酷待遇而付诸东流,这一切让他焦虑忧烦,过早地逝去了。"小艾萨克在给纽约叔叔的信中写道。这位曾在肯辛顿接受教育的年轻人用自己能干的双肩,担起了父亲未能了却的遗愿。[106]

合计下来,英国政府总共支付给效忠派 3033091 英镑——相当于今天的 3 亿英镑——用于赔偿共计 10358413 英镑的索赔损失。有 2291 位效忠派收到了对自己所丧失财产的赔偿金;另有 588 人收到了政府补贴,算是弥补他们损失的收入。[107] 数百位效忠派在索赔过程开始和结束时拥有的资源远比艾萨克·洛少得多,能够赢得救助的概率也比他小得多。然而,虽然那些不幸的索赔者们只得到了一点点微薄的补偿,失落感最严重的却是洛和他的同侪们。他们的不满源

于效忠派与首都对待此事的态度不同，委员会自始至
终坚持着自己的态度。赔偿金不够只不过重新揭开了
他们身为难民的伤疤，加重了大多数难民作为英国的
异乡人的疏离感。他们觉得获得赔偿是他们的权利，
而最终得到的却是一个自觉是家长制作风（且锱铢必
较）的国家发放的慈善救济。身体残疾、双目失明又
精神失常的谢德拉克·弗曼仅仅得到了每年18英镑
的终身补贴，但他看起来多么欢天喜地啊：或许这点
儿钱就足够了，他终于可以把自己的小提琴暂时收起
来，远离街市，靠在舒服的炉火边吃一块新鲜的面
包了。

\*

1780年代末，随着赔偿委员会的工作渐入尾
声，许多效忠派难民对英国彻底失望了。但他们大概
没有清楚地觉察到，自己所在的帝国中心已经经历
了"1783年精神"的改造。1788年6月，威廉·皮
特首相在下院起立，开始了关于清偿最后一批未决的
效忠派赔偿的辩论。他面对的立法机构正在紧张地开
会辩论，辩论的事务恰恰反映了后革命时代英国世界
正在发生的变化。意义最为重大的议题是改革东印度
公司，这个商业机构已经在实质上变形为对孟加拉实
施行政管理的帝国。自美国革命以来，该公司的各

项活动受到了越来越多的审查和议会监督。1788 年
3 月，英国国会以各种"重罪和轻罪"对孟加拉总督
沃伦·黑斯廷斯（Warren Hastings）进行了审判，庭
审场面极为壮观，将监管工作推向了最高潮。数百个
旁观者鱼贯进入威斯敏斯特大厅，观看控方主力埃德
蒙·伯克上演一出扣人心弦的政治大戏。连续四天，
伯克的演讲细数了黑斯廷斯被指控的掠夺、腐败、敲
诈乃至更糟的罪行，观众们听得目瞪口呆。当他描述
英国人被控折磨印度妇女时，所使用的语词达到了
"人类的语言或许从未实现过的惊人效果，不管对现
实世界还是对想象世界：如此生动逼真、如此催人断
肠、如此骇人听闻"，议员理查德·谢里登的妻子因
为惊愕而昏了过去；伯克本人则因胃痉挛发作而不得
不宣布当天休庭。[108] 几天后，当谢里登宣布审判重新
开始时，围观审判的票价据说已被炒到了每场 50 基
尼金币。

　　仿佛黑斯廷斯的审判还不够耸人听闻似的，
1788 年 5 月，皮特又在英国国会引入了一个有争议
的话题，一直以来，整个国家的教堂、咖啡馆和客
厅里都对此事议论纷纷。数个世纪以来，运送奴隶
的船只频繁出入利物浦、布里斯托尔等英国港口，
与非洲和南北美洲构成了奴隶三角贸易。英国公众
似乎对此安之若素。但从 1770 年代开始，废奴主义
者开始描绘这些船上的生活条件有多恶劣，将奴隶

贸易说成是一大国耻。战后，突然之间，仿佛成千上万的人一起抬起头来，对这一现象厌恶之至，异口同声地高呼反对。请愿书从英国的各个角落涌入议会，呼吁终止跨大西洋奴隶贸易。1788年，皮特获得了议会的一致决议，在下一次开会时辩论这个问题，1789年4月，约克郡议员威廉·威尔伯福斯（William Wilberforce）提出了英国历史上第一个废除奴隶制度的议案。[109]

这些事件看似互不相干，但黑斯廷斯审判和废奴主义的兴起与英国失去北美之间的密切关系，一点儿也不亚于效忠派的赔偿问题。这两项改革开始的时间都先于美国革命，但殖民地的丧失却为它们注入了新的现实意义和伦理力量。200多万白人北美臣民离开了帝国，让人们明白地看到，大英帝国是一个绝大多数人口并非白人的事业。东印度公司所统治的孟加拉等地是帝国人口最稠密的地区，该公司本身是帝国最大的治理机构之一。由于人们对北美治理不善的往事仍记忆犹新，尤其是在伯克等"美国的朋友们"看来，改革印度政府，从而避免腐败和滥用权力，就变得比以往任何时候都要迫在眉睫。与此同时，美国革命不但使得50万奴隶离开了大英帝国，还移除了一个重大的利益集团，即美国奴隶主阶级。如此一来，废奴主义者们就能在英国和美利坚合众国之间进行道德评判，前者在1772年的萨默塞特案①之后即判定拥有奴隶为不可执行之非法行为，而后者的奴隶制仍然受到宪法保护。总之，这些事件诠释了"1783年精神"的家长制推动力，旨在把帝国建成一个更加中央集权的政府，并清晰地阐释了自由和道德使命的理想。[110]

到1788年，美国革命对大英帝国的变革性影响还体现在第三个领域，反映了"1783年精神"的最后一个元素。这一领域可以从帝国版图上寻到踪迹。因为就在英国赔偿效忠派损失的同时，它也开始在新的领土上扩张，以补偿自己丧失了十三殖民地的损失。而当成千上万的效忠派难民在大西洋沿岸建立新的殖民地时，身在英国的一位效忠派却协助开启了或许是这一时期影响最为深远的殖民计划，把目光投向了地球的另一侧。

纽约出生的詹姆斯·马里奥·马特拉（James Mario Matra）可以说是那个年代最见多识广的美国人。作为王家海军的一位健壮的海员，马特拉曾在1768~1771年期间随詹姆斯·库克船长乘坐**奋进号**（Endeavour）环球航行，那是一次开拓性的"发现"之旅，如今被公认为启动了英国在太平洋上的帝

---

① 萨默塞特案（Somerset Case）是指1772年由王座法庭裁决的萨默塞特对斯图尔特案，法庭最终裁决奴隶制度不符合英格兰和威尔士的普通法，不过在大英帝国的其他地方，它的合法性仍有待确定。

国扩张。但迄今为止，还没有对库克发现的最有前途的殖民领地——澳大利亚——采取拓殖行动。"我们几乎普遍拥有强烈的故土难离之情，"马特拉意识到，"任何国家都很少有人会想在世界的任何陌生地方居住，不管是出于蠢蠢欲动的心，还是出于浪漫主义的想象。"[111] 但当看到自己的效忠派北美同胞变成了难民后，马特拉发现了一个机会，可以一石二鸟。他指出，既然这么多流亡者渴望新的家园，何不把他们安置在澳大利亚东岸的新南威尔士呢？新南威尔士气候温和、人口稀少，简直就是北美在南半球的倒影。而且北美难民一定是最理想的殖民者。他们已经背井离乡，又证明了自己对帝国的忠诚，在很多方面，又对建立殖民地所需的劳作非常熟悉。马特拉向英国大臣们保证说："最聪明、最正直的北美人……都认为在国王的庇护下，在政府的保护下，那里有迄今最有利的前景，可供他们受苦受难的同胞和同乡重置家业、幸福安康。"[112]

当局所谓的"马特拉计划"成为英国在澳大利亚殖民的模板，不过最终，他的计划却朝另一个方向发展了。革命之前，英国一直把犯人运到北美殖民地去作契约劳工，但如今美国独立了，也就不可能继续这一做法。官员们急需一个新的出口来腾空英国那些人满为患的监狱。马特拉意识到这是个更好的机遇，就立即修改了自己那个在澳大利亚建立效忠派"避难所"的计划，提议将新南威尔士开发为监禁地。于是乎，澳大利亚最终没有成为效忠派的天堂，不过1787年驶往植物湾的第一支舰队中，除犯人外，也带着七个不幸的黑人效忠派。[113] 然而1788年春，当犯人们在悉尼湾上砍伐橡胶树和香桉树，用于搭建自己的帐篷时，所行之事与从圣约翰河岸到塞拉利昂河口的效忠派难民并没有什么差别，只不过地点不同、情境不一而已。

因此，到1788年6月议会就未决的效忠派赔偿展开辩论之时，"1783年精神"显然已经成为难民世界的标志。短短五年前，在为和平条约辩论时，议员们还在为帝国的分裂、英国国际地位的下降和国家荣誉受损而绝望不已；如今救济工作已经向世人展示了英国的人道主义关怀，而行政改革也力求消除从印度到爱尔兰等各个殖民地的不满情绪。在地理版图上，英国已经扩张为横跨太平洋和大西洋的帝国。而如果说1783年"抛弃"效忠派的行为可以看成当时英属北美一切不智之举的缩影的话，那么到1788年，英国对待效忠派的态度就是这个重获生机的帝国一切德行的典范。在总结效忠派赔偿委员会的工作时，埃德蒙·伯克提醒同事们说，"从严格的权利意义上，效忠派无权对议会索赔"；但"议会出于荣誉和公正感而把他们的索赔纳入议题"。赔偿效忠派给了"这个国家最大的光荣……是彰显国家慷慨大度的新的崇高典范"。[114]

伯克使用了"新的"这个形容词，值得注意。美国革命已经清楚地表明，海外臣民，即便是白人臣民，也不一定会像北美殖民者曾一度希望的那样，被认定为帝都臣民的外沿（虽然那并没有阻止海外臣民追求增加权利和代表性）。他们所得到的，就包含在伯克提到的"国家慷慨"的概念中，这个短语触及的是后革命时期这个帝国的基本精神气质。英国官员们自觉地向海外臣民宣传自己的道德责任。根据该逻辑，无论你是白皮肤还是黑皮肤、身披莎丽还是脚穿莫卡辛①、跪在清真寺礼拜还是领取天主教圣餐，都会拥有帝国的保护和负责任的政府。正如效忠派所看到的，你甚至可以赢得自由和财物补助。难民们之所以能为自己的损失获得赔偿，其原因也同样解释了为什么有些政治家希望保护孟加拉臣民免受贪婪总督的欺压，以及为什么废奴主义者希望制止非洲奴隶们死在英国的船只上。"不管人们对这场不幸的战争有何评价，不管是为了解释、为了辩解或是任何一国为自己的行为道歉，"赔偿委员会成员约翰·厄德利·威尔莫特在几十年后满意地写道，"全世界一致为大不列颠的公正和人道行为叫好……它以慷慨之姿，补偿了那些因为坚定忠诚地追随帝国而遭受苦难之人的损失。"[115]

---

① 莎丽（saree）是印度女人披在身上的卷布；莫卡辛（moccasin）是用软皮制成，前有一圈较大针脚的平底便鞋，原为美洲原住民所穿。

效忠派的存在本是在提醒世人帝国的失败，多亏了效忠派赔偿委员会，它变成了骄傲的资本，变成了英国人慷慨丰厚的证明。效忠派赔偿委员会没有真正的先例可循，但它本身却在后来法国革命导致又有数千难民涌入英国寻求庇护之时，成了一个有意义的示范。威尔莫特参与建立了一个流亡者救济委员会，该委员会的许多成员都曾参与过救助北美效忠派的工作。[116]

辩论结束，支付计划起草出来，效忠派赔偿委员会于 1789 年向英国国会提交了它的第 12 份也是最后一份报告，财政部也及时支付了最后一笔款项。不管效忠派难民们得到了多少钱，赔偿过程终结本身就标志着一个漫长的历程终于走到了尽头。对于最幸运的少数人而言，丰厚的赔偿金意味着他们能继续在英国过上相对舒适的生活。然而即便是贝弗利·鲁宾逊也对自己的裁决结果颇为失望，要知道他可是收到了 25000 英镑的巨额赔款，那是最大的几笔赔偿金之一。[117] 决议"似乎让他的精神受到了很大的影响，愿上帝保佑他的健康别再受损"，他的幼子威廉写道。因为年事已高，即便还有职位空缺，鲁宾逊也无法在军队或政府机关任职了，只能寄希望于"或许通过不间断的申请和殷勤奉承，他能再得到一点儿额外的津贴"。[118] 对于鲁宾逊和他的朋友们这样家境优越的效忠派来说，最好的补偿来自孩子们的成功。他的长子小贝弗利正日益成为英属北美精英阶层的中流砥柱。

另外三个儿子也都在生意场或军队管理层中得到了妥善的安置。菲尔·鲁宾逊虽然因为缺钱而没能实现去德意志学习的抱负，但也继续在英国军队中"快马加鞭"地升职加薪。[119] 不过跟教子有方的贝弗利·鲁宾逊相比，另一个难民威廉·富兰克林却满怀失落。1792年与独子坦普尔重聚之后，已经长居伦敦的富兰克林并没有感受到多少愉悦。年轻人很长时间都是由本杰明·富兰克林抚养的，与威廉形同路人，又不思进取、放浪形骸。儿子和父亲变得几乎跟曾经的威廉和本杰明一样疏远。相反，威廉倒是把坦普尔的私生女当作自己的孩子抚养，才总算享受到一点儿天伦之乐。[120]

对英国的其他许多效忠派而言（虽然历史记录不够详细，无法对数字作出准确的估计），赔偿金帮助他们开启了新的旅程。有些人回头望向大西洋彼岸，在那里寻找新的机会。1786年，盖伊·卡尔顿爵士被任命为加拿大总督，威廉·史密斯跟随自己的保护人一起去了魁北克，成为那里的首席大法官。查尔斯·英格利斯牧师多年的游说总算有了成果，于1787年被任命为新斯科舍的首位主教。数百个地位卑微的难民也启程前往英属北美，加入了同样来自十三殖民地的朋友和前邻居们，成为农场主、商人和律师。贝内迪克特·阿诺德也加入了反向的迁徙潮，放弃了在英国昂贵的生活，希望在新不伦瑞克的圣约翰经商赢利。[121] 还有包括萨缪尔·休梅克在内的少数效忠派，结束了在英国的"故国"生活，回到了他们逃离的"家乡"。虽然美国共和国早期局势混乱，时有不愉快的报道传来，还总是担心会对他们采取惩罚措施，但他们还是甘冒风险，奔向了美国。

要深入了解在英国的中产阶级难民作出了怎样的选择，约翰斯顿一家的经历为我们提供了极佳视点。自从 1784 年离开东佛罗里达之后，他们一直住在爱丁堡，威廉在那里完成了医学学业，伊丽莎白也很享受两人终于凑凑合合地建起了自己的小家。1785 年春，她诞下了另一个"漂亮的小男孩"，那时威廉去了伦敦，"想规划一下他最终应该在哪里执业"。他或许根本没见到初生的幼子，因为仅仅三个月后，婴儿就死于鹅口疮——伊丽莎白安慰自己说，上帝带他"离开了这个充满罪恶和伤痛的世界"。四年来，她在四个不同的城市诞下了四个孩子，现在却要在苏格兰的陌生土地上竖起第一块墓碑。后来威廉的培训结束了，他们也得到了赔偿金（两人的父亲各得到了 1000 英镑），约翰斯顿一家开始为自己未来在哪里安家考察新的选项。[122] 因为没有钱，也没有现成的职位，他们不大可能在英国过上舒适的生活。威廉·约翰斯顿去他的保护人那里寻求帮助。其中一个"不错的建议"来自威廉在萨凡纳占领期间的指挥官阿奇博尔德·坎贝尔。[123] 坎贝尔刚刚被任命为马德拉斯（Madras）总督：

威廉愿意和他一起前往印度吗？这是个诱人的建议。对于经济拮据又心怀抱负的英国人来说，驶向印度往往意味着一件事：有机会在海外过上富裕的生活，到退休时积累一大笔财富。因此，在东印度公司服役的机会非常抢手，效忠派如能得到这样的机会，也是个很有吸引力的选项。然而他们也极有可能再也无法返乡，因为印度作为白人坟墓的名声可是震慑八方。

约翰斯顿的另一位战时保护人——前萨凡纳指挥官阿留雷德·克拉克（Alured Clarke）给了他另一个同样诱人的选项。克拉克正准备出发前往牙买加担任那里的新总督。威廉愿意在那里执业吗？[124] 牙买加也一样疾病横行，而且还没有那么多巨额财富的传说抵销风险。不过另一方面，约翰斯顿家人对那里大概要比对印度熟悉得多。那里基于奴隶劳动的种植园社会很像他们离开的佐治亚，跟美国南方有着相似的文化和社会纽带。威廉·约翰斯顿的父母就是在圣基茨岛上相遇和结婚的。

那么他们会选择哪里，东印度还是西印度？约翰斯顿一家可以在同一个全球帝国内的两个不同的机会领域间作出选择。1786 年 10 月，伊丽莎白来到了苏格兰的格里诺克港（Greenock），也就是她仅仅两年多以前登陆的那个港口，开启了又一段通往未知的航程。她很不情愿离开爱丁堡，那里的"人们非常和善温柔"；长子安德鲁要留下来，在爷爷约翰斯顿医生的照顾下接受良好的苏格兰教育，一定让她更加依依不舍。但这次远行是他们走向自立的重要一步。约翰斯顿夫妇不再因为战乱而被迫迁徙，也不再依靠威廉的父亲，而是从此守在一起，总算要安定下来了。那天伊丽莎白带着两个孩子凯瑟琳和刘易斯一起上船，对即将与威廉团聚尤其充满期待。威廉已先走一步，又留她一人品尝那熟悉的"再也不会见面"的恐惧。[125] 然而在这湛蓝色大西洋的另一侧，在牙买加的西班牙镇那座装有白色百叶窗的总督府里，威廉正在翘首盼望着他们的到来。[126]

## 注　释

1  Louisa Susannah Wells, *The Journal of a Voyage from Charlestown to London* ( New York: Arno Press, 1968; repr. New-York Historical Society, 1906 ), pp.61-62, 78.

2  Mary Beth Norton 和 Eliga Gould 等人认为这句引语代表了效忠派对英国的典型态度；但我自己的研究表明这是相当罕见的。Eliga Gould, *The Persistence of Empire: British Political Culture in the Age of the American Revolution* ( Chapel Hill: University of North Carolina Press, 2000 ), p.205; Mary Beth Norton, *The British-Americans: The Loyalist Exiles in England, 1774-1789* ( London: Constable, 1974 ), p.42. 我在本章中的分析在很大程度上借鉴了 Norton 的权威研究结果。

3  在革命前前往英国游历的北美人往往会表达类似的情绪，即"故国"反而强化了他们的外省人身份：Susan Lindsey Liveley, "Going Home: Americans in Britain, 1740-1776" ( Ph. D. dissertation, Harvard University, 1996 )。关于效忠派的反应，见 Norton, esp.pp.41-61。

4  引自 Lively, pp.277-278。

5  Edward Oxnard 的日记，1775 年 10 月 5 日，1776 年 3 月 21 日，UNB: MIC-Loyalist FC LFR.09E3J6。

6　Oxnard，1775 年 11 月 29 日，UNB：MIC-Loyalist FC LFR.09E3J6。

7　Oxnard，1776 年 3 月 27 日，UNB：MIC-Loyalist FC LFR.09E3J6。

8　Samuel Curwen, *The Journal of Samuel Curwen, Loyalist*, ed. Andrew Oliver, 2 vols. ( Cambridge, Mass.: Harvard University Press, 1972 ), I, p.37.

9　Oxnard，1775 年 11 月 13 日，UNB：MIC-Loyalist FC LFR.09E3J6.

10　Oxnard，1776 年 10 月 18 日，UNB：MIC-Loyalist FC LFR.09E3J6.

11　Curwen, I, p.162.

12　Oxnard，1776 年 2 月 8 日，UNB：MIC-Loyalist FC LFR.09E3J6；Norton，pp.73-76。他还参加了罗宾汉社团（一个辩论社团）的一次集会，其间提出了"国会没收身在英格兰的难民的地产是否公平和正确"的问题。该措施被"绝大多数［在场会员］认定为不公平"（1775 年 9 月 24 日）。

13　除其他外，见 Oxnard 在自己 30 岁生日那天的悲叹："愿上苍许我在下一个生日到来之前见到我热爱的家乡。我曾经幸福的国家如今遭遇了如此不幸，而在异国他乡见到那样的和平条约，让我无法重回故乡，自离家以来，我的忧虑无以言表。"Oxnard，1779 年 7 月 30 日，UNB：MIC-Loyalist FC LFR.09E3J6；John Watts 致 Robert Watts，1779 年 4 月 19 日，NYHS：Robert Watts Papers, Box 2；Curwen, II, p.607。

14　John Watts 致 Robert Watts，1784 年 3 月 31 日，NYHS：Robert Watts Papers, Box 2.

15　Stephen Conway, *The British Isles and the War of American Independence* ( Oxford: Oxford University Press, 2000 ), p.54.　关于战争对英国的影响，John Cannon 有过非常精辟的总结，见 "The Loss of America," in H. T. Dickinson, ed., *Britain and the American Revolution* ( Harlow, U. K.: Addison Wesley Longman, 1998 ), pp.233-257。

16　弗里德里克·菲利普斯·鲁宾逊爵士的日记，无日期，RMC, p.14。Oxnard，1775 年 9 月 13 日，10 月 26 日，UNB：MIC-Loyalist FC LFR.09E3J6。

17　萨缪尔·休梅克的日记，1784 年 10 月 10 日，NYHS, pp.248-250。

18　Linda Colley, *Britons: Forging the Nation, 1707-1837* ( New Haven, Conn.: Yale University Press, 1992 ), chapter 5.

19　革命前当然有过先例：见 Brendan McConville, *The King's Three Faces: The Rise and Fall of Royal America, 1688-1776* ( Chapel Hill: University of North Carolina Press, 2006 )。关于 1783 年后帝国效忠主义的培养，见 C. A. Bayly, *Imperial Meridian: The British Empire and the World, 1780-1830* ( London: Longman, 1989 )；David Cannadine, *Ornamentalism: How the British Saw Their Empire* ( New York: Oxford University Press, 2001 )；Bernard Cohn, "Representing Authority in Victorian India," in Eric Hobsbawm and Terence Ranger, eds., *TheInvention of Tradition* ( Cambridge, U. K.: Cambridge University Press, 1992 ), pp.165-209；Miles Taylor, "Queen Victoria and India, 1837-61," *Victorian Studies* 46, no.2 ( Winter 2004 )：

264–274。

20　1783 年 2 月 17 日的辩论，*Cobbett's Parliamentary History of England*, vol.23（London: T. C. Hansard, 1814），columns 452–453（North）, 460（Mulgrave）, 468（Burke）, 524（Bootle）, 481（Sheridan）, 492（Lee）。

21　1783 年 2 月 17 日 的 辩论，*Parliamentary History*, vol.23, columns 503, 571。起初的审查动议分为两部分，第一部分质疑领土割让，第二部分提出"本议院确实认为这个国家应该对那些冒着生命危险并牺牲了自己的财产来展示无尽忠诚之人给予应有的关怀"。第一个动议一经通过，第二个动议就撤回了。

22　1783 年 2 月 17 日的辩论，*Parliamentary History*, vol.23, column 438。

23　1783 年 2 月 17 日 的 辩论，*Parliamentary History*, vol.23, columns 564–570。有时人们会把威尔莫特和他的父亲——普通诉讼法院大法官 John Eardley Wilmot 阁下 搞混，见，如 Simon Schama, *Rough Crossings: Britain, the Slaves, and the American Revolution*（London: BBC Books, 2005），p.177。1812 年，威尔莫特得到王室许可，把"厄德利"加在了自己的姓中，变成了"约翰·厄德利·厄德利-威尔莫特"，他以此名出版了自己在效忠派赔偿委员会工作的回忆录。他的儿子约翰·厄德利·厄德利-威尔莫特阁下遵循家族事业轨迹，先后成为律师、议员和殖民地总督。见 "Sir John Eardley Wilmot," "John Eardley Eardley-Wilmot," "Sir John Eardley Eardley-Wilmot," q. v., *DNB*。

24　Norton, pp.54–55, 111–15, 119; John Eardley-Wilmot, *Historical View of the Commission for Enquiring into the Losses, Services, and Claims of the American Loyalists*, intr. George Athan Billias（Boston: Gregg Press, 1972），pp.15–22. Samuel Curwen 在 1782 年 10 月末的日记中描述了该程序: Curwen, II, pp.864–866。

25　Francis Green 致 Ward Chipman, 1782 年 2 月 7 日, LAC: Ward Chipman Fonds, Reel C-1179, p.608。

26　《北美效忠派的案件和索赔，受其代理人之命印制的客观陈述和考察》（London, 1783）。加洛韦在他的 *Observations on the Fifth Article of the Treaty with America, and on the Necessity of appointing a Judicial Enquiry into the Merits and Losses of the American Loyalists, Printed by Order of their Agents* 中提出了类似的观点。（London: G. Wilkie, 1783）——因此我才提出他有可能参与撰写了 The Case and Claim。

27　关于马什的家庭，见 Linda Colley, *The Ordeal of Elizabeth Marsh: A Woman in World History*（London: HarperPress, 2007）。

28　*The Parliamentary Register*, 112 vols.（London: J. Debrett, 1775–1813），vol.10, pp.204–205, pp.308–309; Norton, p.192; Eardley-Wilmot, p.45。

29　H. T. Dickinson, "The Poor Palatines and the Parties," *English Historical Review* 82, no.324（July 1967）: pp.464–485; Daniel Statt, *Foreigners and Englishmen: The Controversy over Immigration and Population, 1660–1760*（Newark: University of Delaware Press,

1995）, chapters 5-6.

30 George Chalmers, *Opinions on Interesting Subjects of Public Law and Commercial Policy, Arising from American Independence*（London, 1784）, p.8.

31 关于鲁宾逊的地产：Peter Wilson Coldham, *American Migrations: The Lives, Times, and Families of Colonial Americans Who Remained Loyal to the British Crown*（Baltimore: Genealogical Publishing Company, 2000）, p.327。该书是对效忠派索赔的宝贵索引。

32 贝弗利·鲁宾逊致安·巴克利·鲁宾逊, 1784 年 2 月 24 日, NBM: Robinson Family Papers, Folder 2。

33 乔安娜·鲁宾逊致小贝弗利·鲁宾逊, 1784 年 2 月 6 日, NBM: Robinson Family Papers, Folder 7; 乔安娜·鲁宾逊致安·巴克利·鲁宾逊, 1784 年 3 月 9 日, 和 10 月 29 日 [ 1784 ], NBM: Robinson Family Papers, Folder 10。

34 弗里德里克·菲利普斯·鲁宾逊致小贝弗利·鲁宾逊, 无日期, NBM: Robinson Family Papers, Folder 14。

35 乔安娜·鲁宾逊致安·巴克利·鲁宾逊, 10 月 29 日 [ 1784 ], NBM: Robinson Family Papers, Folder 10。

36 乔安娜·鲁宾逊致小贝弗利·鲁宾逊, 1784 年 2 月 6 日, NBM: Robinson Family Papers, Folder 7。

37 贝弗利·鲁宾逊致安·巴克利·鲁宾逊, 1784 年 11 月 29 日, NBM: Robinson Family Papers, Folder 2。

38 乔安娜·鲁宾逊致小贝弗利·鲁宾逊, 1784 年 2 月 6 日, NBM: Robinson Family Papers, Folder 7。

39 乔安娜·鲁宾逊致安·巴克利·鲁宾逊, 10 月 29 日 [1784], NBM: Robinson Family Papers, Folder 10。

40 见, 例如 Bourdieu, Chollet, and Bourdieu 致 Alexander Wallace, 1784 年 9 月 27 日, LOC: Papers of Nicholas Low, Container 3。

41 休梅克日记, 1784 年 1 月 30 日和 2 月 17 日, NYHS, pp.42, 55。

42 休梅克日记, 1784 年 2 月 17 日, NYHS, p.28。另一位效忠派评论道："我们在狂暴的海风海浪中颠簸了六周才到达多佛, 而现在我必须要说, 自从来到这里, 我被政府部门拽来操去, 所受的颠簸一点儿不比海上温和, 只有上帝知道我何时才能进入真正的安全港。"（Jonathan Mallet 致 Robert Watts, 1784 年 7 月 12 日, NYHS: Robert Watts Papers, Box 2.）

43 艾萨克·洛致尼古拉斯·洛, 1784 年 3 月 3 日, LOC: Papers of Nicholas Low, Container 1。

44 艾萨克·洛致尼古拉斯·洛, 1784 年 2 月 6 日, LOC: Papers of Nicholas Low, Container 1。

45 艾萨克·洛致尼古拉斯·洛, 1784 年 3 月 3 日, LOC: Papers of Nicholas Low, Container 1。

46 艾萨克·洛致尼古拉斯·洛, 1784 年 4 月 7 日, LOC: Papers of Nicholas Low, Container 1。

47 艾萨克·洛致尼古拉斯·洛, 1784 年 8 月 4 日, LOC: Papers of Nicholas Low, Container 1。

48 艾萨克·洛致尼古拉斯·洛，1784 年 9 月 1 日，LOC：Papers of Nicholas Low, Container 1。

49 艾萨克·洛致尼古拉斯·洛，1784 年 11 月 30 日，LOC：Papers of Nicholas Low, Container 1。

50 艾萨克·洛致尼古拉斯·洛，1784 年 1 月 31 日。小艾萨克在给叔叔尼古拉斯的一封信中炫耀了自己所受的出色教育——那封信用法语写成。他说自己所在的那所精英学校里只有 8 个男孩，"其中两个是北美人，我们在纽约时也是同班同学"。小艾萨克·洛致尼古拉斯·洛，1785 年 5 月 4 日，LOC：Papers of Nicholas Low, Container 1。

51 Alicia Young 的请愿书，1785 年 12 月 23 日，NA：AO 13/67, f.633. Alicia Young 的索赔见 Coldham, p.375。

52 Sarah Baker 的索赔见 Coldham, p.46。

53 Donald McDougal 的索赔见 Coldham, p.629。

54 Archibald McDonald 的索赔见 Coldham, p.770。

55 Shadrack Furman 的备忘录，NA：AO 13/59, ff.658-659。

56 Benjamin Whitecuffe 的索赔见 Coldham, p.368；Cassandra Pybus, *Epic Journeys of Freedom：Runaway Slaves of the American Revolution and Their Global Quest for Liberty*（Boston：Beacon Press, 2006），pp.79-81；Schama, pp.174-177。

57 引自 Schama, pp.179-180。

58 Gilbert Francklyn, *Observations, Occasioned by the Attempts Made in England to Effect the Abolition of the Slave Trade, Shewing the Manner in which Negroes are Treated in the British Colonies, in the West Indies*（Kingston and Liverpool：A. Smith, 1788），p.vi.

59 Stephen J. Braidwood, *Black Poor and White Philanthropists：London's Blacks and the Foundation of the Sierra Leone Settlement, 1786-91*（Liverpool：University of Liverpool Press, 1994），pp.64-66.

60 Braidwood, pp.63-69.

61 Braidwood, pp.70-93.

62 Braidwood, pp.97-102.

63 Eardley-Wilmot, p.50. 关于英镑的价值换算，我使用了以下网站提供的购买力计算器 http://www.measuringworth.com/ppoweruk，据它估计，1784 年 1 英镑的购买力相当于 2007 年的 97.44 英镑。

64 必须指出，关于效忠派索赔的总额，各个出处提供的数字不一定一致。3225 这一数字来自委员会 1790 年向议会提交的《截至 1790 年 3 月 25 日北美效忠派的索赔和损失陈述》（Eardley-Wilmot, p.90）。这一数字似乎符合 1789 年 6 月委员会的最后一份正式报告，其中提出共有 3157 份索赔（Eardley-Wilmot, appendix VIII, pp.196-197）。但一份提交委员会的索赔数目"综述"列出了 5072 份"索赔，包括在新斯科舍和加拿大提出的索赔"，其中有 954 份被"撤回，或未继续"（Eardley-Wilmot, appendix IX, p.199）。Coldham 根据殖民地对索赔的总结指出十三殖民地共提交了 5656 份索赔（Coldham, appendix IV, p.834）。

65 全面分析见 Wallace Brown, *The King's Friends：The Composition*

*and Motives of the American Loyalist Claimants* ( Providence, R. I.: Brown University Press, 1965 )。

66  Eugene R. Fingerhut, "Uses and Abuses of the American Loyalists' Claims: A Critique of Quantitative Analysis," *William & Mary Quarterly* 25, no.2 ( April 1968 ): 245-258.

67  前往伦敦提交索赔成为一部关于美国革命的流浪冒险小说 *Adventures of Jonathan Corncob, loyal American refugee* ( London, 1787 ) 中的开篇故事。

68  Mary Beth Norton, "Eighteenth-Century American Women in Peace and War: The Case of the Loyalists," *William & Mary Quarterly*, 3rd ser., 33, no.3 ( 1976 ): 388; Mary Beth Norton, "The Fate of Some Black Loyalists of the American Revolution," *Journal of Negro History* 58, no.4 ( October 1973 ): 417. Pybus 提出的黑人索赔者共有 45 人 ( Pybus, *Epic Journeys*, p.81 )。

69  我根据 Coldham 提供的索赔概要得出了 281 这个数字。

70  唐郡 ( County Down ) 的两个人申请提交晚了，抗辩说他们不识字，而且住在 "偏远地区，很少能看到报纸"。Thomas Burns 和 William Henry 的索赔，见 Coldham, pp.452-453, 464。

71  小刘易斯·约翰斯顿的索赔，NA: AO 13/36A, ff.82-89。

72  "A Loyalist," *Directions to the American Loyalists, in Order to Enable Them to State Their Cases, by Way of Memorial, to the Honourable the Commissioners Appointed ( by Statute the 23. Geo. III. C.80. ) to Inquire into the Losses and Services of Those Persons Who HaveSuffered, in Consequences of Their Loyalty to This Majesty, and Their Attachment to the British Government, by a Loyalist*( London: W. Flexney, 1783 ), pp.22-24.

73  Eardley-Wilmot, pp.45-49, 58. 他们的游记见 Alexander Fraser, *Second Report of the Bureau of Archives for the Province of Ontario*, 2 parts ( Toronto: L. K. Cameron, 1904-5 )。

74  William Smith, *The Diary and Selected Papers, 1784-1793*, ed. L. F.S. Upton, 2 vols. ( Toronto: Champlain Society, 1963-1965 ), I, pp.34-35.

75  Thomas Coke, *A History of the West Indies*, 3 vols. ( Liverpool: Nutter, Fishall, and Dixon, 1808 ), pp.132, 246-247, 353-354.

76  Smith, I, p.207.

77  休梅克的日记，1784 年 7 月 16 日，NYHS, p.177。

78  休梅克的日记，1784 年 12 月 9 日，NYHS, 292; Coke, pp.283-284。

79  William Jarvis 致 Munson Jarvis, 1787 年 5 月 23 日, NBM: Jarvis Family Collection, Folder 27。

80  根据 1789 年的报告，有九个这样的案例 ( Eardley-Wilmot, appendix VIII, p.188 )。一个明显的欺诈是由 John Ferdinand Dalziel Smyth 提出的索赔，他是 1784 年《美利坚合众国行纪》( *A Tour in the United States of America* ) 的作者，是出了名的性情夸张之人。Smyth 后来用 Stuart 为姓，自称查理二世的后代。( "John Ferdinand Smyth Stuart,"

q. v., *DNB*；Coke, pp.127-132.）休梅克的日记，1784 年 7 月 31 日，p.191。

81 艾萨克·洛致尼古拉斯·洛，1785 年 9 月 3 日，LOC：Papers of Nicholas Low, Container 1。

82 休梅克的日记，1784 年 12 月 9 日，NYHS, p.292。

83 Smith, II, pp.36, 63-64。

84 William Cooper 的索赔，见 Coldham, p.672。

85 Pybus, *Epic Journeys*, pp.76-79.

86 Norton, "Eighteenth-Century American Women," pp.396-397。

87 Coke, pp.53-55；Jane Gibbes 的索赔，NYPL：Loyalist Transcripts, vol.52, pp.365-385。

88 Jane Stanhouse 的索赔，见 Coldham, p.649。

89 John Watts 致 Robert 和 John Watts，1785 年 2 月 2 日，NYHS：Robert Watts Papers, Box 2。

90 艾萨克·洛致尼古拉斯·洛，1785 年 9 月 3 日，LOC：Papers of Nicholas Low, Container 1。

91 亚历山大·华莱士致尼古拉斯·洛，1785 年 9 月 15 日，LOC：Papers of Nicholas Low, Container 2。

92 引自 Eardley-Wilmot, pp.142-144。

93 John Watts 致 Robert Watts，1787 年 3 月 26 日，NYHS：Robert Watts Papers, Box 2。

94 William Jarvis 致 Munson Jarvis，1787 年 7 月 9 日，NBM：Jarvis Family Collection, Folder 27。

95 亚历山大·华莱士致尼古拉斯·洛，1786 年 8 月 18 日，LOC：Papers of Nicholas Low, Container 2。

96 亚历山大·华莱士致尼古拉斯·洛，1785 年 6 月 14 日，LOC：Papers of Nicholas Low, Container 2。

97 亚历山大·华莱士致尼古拉斯·洛，1785 年 9 月 15 日，LOC：Papers of Nicholas Low, Container 2。

98 亚历山大·华莱士致尼古拉斯·洛，1786 年 8 月 17 日，及 1787 年 2 月 16 日，LOC：Papers of Nicholas Low, Container 2。

99 亚历山大·华莱士致尼古拉斯·洛，1787 年 10 月 2 日，及 1788 年 2 月 4 日，LOC：Papers of Nicholas Low, Container 2。

100 艾萨克·洛致尼古拉斯·洛，1786 年 8 月 15 日和 1786 年 10 月 3 日，LOC：Papers of Nicholas Low, Container 1。

101 Coldham, p.277.

102 艾萨克·洛致尼古拉斯·洛，1786 年 9 月 7 日，LOC：Papers of Nicholas Low, Container 1。

103 艾萨克·洛致尼古拉斯·洛，1786 年 9 月 7 日，LOC：Papers of Nicholas Low, Container 1。

104 艾萨克·洛致尼古拉斯·洛，1790 年 6 月 28 日，LOC：Papers of Nicholas Low, Container 1。

105 艾萨克·洛致尼古拉斯·洛，1787 年 10 月 16 日，LOC：Papers of Nicholas Low, Container 1。

106 小艾萨克·洛致尼古拉斯·洛，1791 年 9 月 5 日，LOC: Papers of Nicholas Low, Container 1。

107 Eardley-Wilmot, pp.90–91; Norton, *The British Americans*, pp.227–229.

108 *The Trial of Warren Hastings, Late Governor-General of Bengal* (London, 1788), pp.7–8.

109 *Parliamentary Register*, vol.23, pp.597–609.

110 关于与革命前帝国的延续，见 P.J. Marshall, *The Making and Unmaking of Empires: Britain, India, and America, c.1750–1783* (Oxford: Oxford University Press, 2005)，特别是第 11 章。我扩展了"道德之都"这一概念，它是由 Christopher Leslie Brown 提出的，见 *Moral Capital: Foundations of British Abolitionism* (Chapel Hill: University of North Carolina Press, 2006)。

111 詹姆斯·马里奥·马特拉：《在新南威尔士建立殖民地的建议》，BL: Add. Mss.47, 568, f.244。

112 马特拉，ff.242–243。关于马特拉的生平，见 Alan Frost, *The Precarious Life of James Mario Matra: Voyager with Cook, American Loyalist, Servant of Empire* (Carlton, Victoria: Miegunyah Press, 1995)。

113 Pybus 在 *Epic Journeys* 中关于效忠派在澳大利亚的待遇的深入分析是绝无仅有的。

114 *Parliamentary Register*, vol.24, pp.51, 55.

115 Eardley-Wilmot, pp.98–99.

116 Kirsty Carpenter, *Refugees of the French Revolution: Emigrés in London, 1789–1802* (Basingstoke, U. K.: MacMillan, 1999), pp.45–47. 该委员会特别为天主教神父提供了协助，这是上一代英国人极其怀疑的一群人，但此时的英国人担心无神论的雅各宾派，反而觉得这些天主教神父是正面人物了。1798 年起义之后由爱尔兰议会建立的"受损效忠派救济委员会"显然引效忠派赔偿委员会为模板。见 Thomas Bartlett, "Clemency and Compensation: The Treatment of Defeated Rebels and Suffering Loyalists after the 1798 Rebellion," in Jim Smyth, ed., *Revolution, Counter-Revolution, and Union: Ireland in the 1790s* (Cambridge, U. K.: Cambridge University Press, 2000), pp.119–127。

117 第十二份索赔报告，即清偿报告，NA: AO 12/109, ff.112–113。

118 威廉·亨利·鲁宾逊致小贝弗利·鲁宾逊，1789 年 7 月 22 日，NBM: Robinson Family Fonds, Box 1, Folder 6。

119 弗里德里克·菲利普斯·鲁宾逊爵士的日记，无日期，RMC, pp.17–22。

120 Sheila L. Skemp, *William Franklin: Son of a Patriot, Servant of a King* (New York: Oxford University Press, 1990), pp.274–276.

121 Claire Brandt, *The Man in the Mirror: A Life of Benedict Arnold* (New York: Random House, 1994), pp.259–264.

122 第十二份索赔报告，即清偿报告，NA：AO 12/109，ff.73-74，79-80。

123 伊丽莎白·利希滕斯坦·约翰斯顿，*Recollections of a Georgia Loyalist* (New York: M. F.Mansfield and Company, 1901)，pp.78-80。

124 Johnston, p.79.

125 伊丽莎白·约翰斯顿致威廉·约翰斯顿，1785 年 9 月 11 日，PANS：Almon Family Papers, reel 10362。

126 约翰斯顿，p.80。

## 第五章　荒野世界

　　**里昂号**（Lyon）从格雷夫森德（Gravesend）出发，在波涛汹涌的大西洋上左摇右摆，刚躲过一个大浪，又被裹进了另一个巨浪的漩涡。纽约三一教堂的前牧师查尔斯·英格利斯用那双深陷的双眼盯着这"猛烈的风暴"，他的双颊因疲惫而深凹，一面紧紧地搂住自己的孩子佩吉和杰克，一面紧握双手，祈祷他们能平安抵达。六周后，他又在海上担惊受怕了3000英里，才终于在地平线上看到了一块紫色的陆地，新斯科舍海岸线上的内湾和滩角出现在视野中：与英国海岸那开阔和缓的丘陵和岩块剥落的悬崖全然不同，令人生畏。1787年10月，英格利斯驶入了哈利法克斯，献上"对全能的上帝的赞美，感谢祂带我平安到达栖居地"——与另一位效忠派神职人员雅各布·贝利八年前使用的语词大致相同。[1]

　　英格利斯从英格兰到新斯科舍这趟旅程有多艰险

杰迪代亚·莫尔斯（Jedidiah Morse）:《新斯科舍、新不伦瑞克和布雷顿角的新地图》（*A New Map of Nova Scotia, New Brunswick, and Cape Breton*, 1794）。

就有多迂回。他一开始就没有想去英国。虽然他和妻子都被纽约州剥夺了公民权和财产权，但 1783 年春，当和平条约的消息传到纽约时，英格利斯还在设法使纽约州撤销针对他的家庭所作的裁决，以便他们继续安全地留在那里。但纽约州议会驳回了他的请求：英格利斯毕竟是整个战争期间纽约态度最坚决也最坦率的效忠派之一。事实上被逐出纽约之后，英格利斯便计划前往新斯科舍，希望成为英国圣公会差会①的传教士。除他之外，还有 54 个杰出的效忠派市民也"渴望继续享受英国宪法的福利"，他们联名请愿，恳求盖伊·卡尔顿爵士像对待退伍军官一样，慷慨地在新斯科舍分赠土地给他们（每人 5000 英亩）。（这份文件，即所谓的"五十五人请愿书"，引起了下层效忠派的抗议，认为精英人士傲慢地认为自己理所当然拥有特权。）² 他收拾了自己的书籍和家具，把它们连同佣人一起运去安纳波利斯罗亚尔，准备随后就出

---

① 英国圣公会差会（Society for the Propagation of the Gospel）原名为"Society for the Propagation of the Gospel in Foreign Parts"，直译为"海外福音传道会"，是英王威廉三世下令于 1701 年成立的圣公宗传教机构，旨在派遣牧师和教师到美洲向殖民地居民提供教会服务。1702 年第一批传教士开始在北美洲工作，1703 年进入西印度群岛，逐渐也扩展到面向"奴隶和印第安人"。美国革命时期，英国圣公会差会在北美有 300 名传教士，很快又扩展到澳大利亚、新西兰和西非。英国圣公会差会对美国圣公会的形成起到了重要作用。

发前往那里。但就在那时，英国占领的最后几周，纽约兵荒马乱，英格利斯的计划也经历了糟糕的一波三折。他的妻子玛格丽特因为久治不愈的怪病已经卧床数月了，8 月的日子一天比一天难熬，她还在辗转病榻时，他们的三个孩子突然全都染上了麻疹，那在当时往往是致命的。英格利斯可能要面对家人全部丧生的可怕悲剧。更糟的是，二十年前他曾经有过一模一样的经历，第一任妻子死于生产，紧接着他们的双胞胎孩子也随她而去。这一次，幸亏孩子们恢复了，但饱受病痛的玛格丽特还是在那年的最后一个夏日撒手人寰。[3]

到这时，英格利斯唯一能找到的离开纽约的船只已经不再驶向新斯科舍，而是开往英格兰。他还沉浸在丧妻的悲痛中，便匆匆重新安排计划，提前把一个女儿送到了英格兰，另一个女儿因尚未病愈无法长途旅行，只好和她的奶奶一起留在纽约。1783 年 10 月 21 日，他登上了圣乔治教堂的小讲坛，作了离开纽约前的最后一次布道。"最后，别了，我的兄弟们，"那天的布道词是他精心挑选的，"要完美；要安适；要团结一心；要和睦相处；愿仁爱和平的上帝与你们同在。"几天后，他和 6 岁的儿子一起登上了前往英国的船只。[4]

许多纽约的朋友也都去了英国，包括鲁宾逊一家、洛一家和威廉·富兰克林，因此英格利斯的流亡生活绝不孤单。和朋友们一样，他也利用迁居英国的机会把孩子们送到好学校读书，在自己前程未卜时，却为孩子的未来不惜代价。因为有卡尔顿和威廉·史密斯为他作证，英格利斯在自己的效忠派赔偿申请被正式审议之前，从财政部得到了一笔175英镑的抚恤金。但即便有这笔抚恤金在手，在伦敦的生活又谈何容易。孩子们又病了，他自己也病了近一年，身体十分虚弱。但他克服了重重困难，坚持不懈地追求一个新目标：在人口越来越多的新斯科舍省建立一个主教职位，并获得该任命。在英国，他与坎特伯雷大主教等人召开过无数次会议，耐心地为自己的计划争取支持。经过两年多的敦促，英格利斯坚称"鉴于殖民地的事态发展，需要立即派去一名主教，"并恳求说，"如果我不能得到任命，希望能尽早告知，因为我有家人（两个孩子）要搬迁，我自己离开伦敦之前也有诸多事情需要安排，无论是因为我的健康还是其他原因，这些都是绝对必要的。"[5]他足足等了四年，枢密院（Privy Council）才批准了该主教职位。最后，1787年夏天的一个周日，英格利斯在兰柏宫①接受祝圣，成为新斯科舍主教，也是大英帝国首次为殖民地设立的

---

① 兰柏宫（Lambeth Palace）是英国圣公会领袖坎特伯雷大主教在伦敦的官方住所，位于泰晤士河南岸的伦敦兰柏区（London Borough of Lambeth）。

主教，一切艰苦努力总算以圆满成功告终。两周后，英格利斯一家登上了重返北美的船只。[6]

对于英格利斯这家人来说，前往哈利法克斯并非真正意义上的归乡，但已经是流亡生活中最好的结果了。他们很快就被新老朋友包围了。主教和孩子们下了船就径直坐上了总督本人的马车，带他们穿过那些陌生的街巷，来到一位老友家中。英格利斯与帕尔总督共进晚餐，接待效忠派熟人朋友的拜访，并立即写信给他在安纳波利斯罗亚尔的朋友，要回他四年前从纽约寄到那里的"我的仆人和家具"。[7]他尤其激动的是，哈利法克斯迎来了一位尊贵的访客——国王陛下的三子威廉·亨利王子（未来的国王威廉四世），他也有机会再次见到这位旧相识。1783 年，当这位不满 20 岁的少年王子作为王家海军的军官候补生乘船来到曼哈顿时，纽约效忠派对他崇拜得五体投地。这次王子刚刚与霍拉肖·纳尔逊一起在加勒比地区服役结束，来到哈利法克斯时已是一位经验丰富的中尉，这同样让当地的效忠派精英们顶礼膜拜。英格利斯主教再次巴结奉承"俊朗斯文、友善活泼的"王子，在一次很长时间的私人交谈中，"向他表明自己对国王陛下神圣的忠诚和喜爱。我热爱那个人，同时也尊敬那位君柱［原文如此］——获此任命让我最为高兴的，莫过于如此一来，我便能竭尽全力，更广泛地传播效忠国王的原则"。[8]

新主教一上任就开始扩大英国圣公会在该省的影响。1788年夏，他启程巡察自己的新辖区。他先去了哈利法克斯东北部40英里外的温莎（Windsor），在那里物色合适的地块建立新教堂和学校。然后他又穿越半岛来到了安纳波利斯罗亚尔附近的康沃利斯，那里的居民大多不信奉英国圣公会，因此教会还没有站稳脚跟。安纳波利斯罗亚尔是欧洲人在新斯科舍最早建立的城镇，也是效忠派最大的定居点之一，但英格利斯发现即便在这里，"施行坚振礼的准备工作也还不够完善……教堂规模较小，是由居民们建造的，刚刚完工——还没有建造祭坛、长椅和讲道坛"。他与雅各布·贝利畅聊了一会儿，后者自1782年起便在安纳波利斯做牧师了。虽然在主教任命的过程中，贝利曾支持过他的竞争对手，但英格利斯觉得此人"看上去温顺无害"，便决定不再因他曾经的判断失误而责备他。至少在安纳波利斯，英格利斯放心地看到那里的"居民似乎是我迄今在本省看到的最体面、最虔诚的，他们行圣礼的做法很标准，唱得也很好"。[9]

小小的村落零星散布在沼泽地上，这样的景观大概更像英格利斯的出生地爱尔兰，而不像他成年后居住的纽约城。但他虽然对这里的环境十分陌生，却看到了很多熟悉的面孔。在安纳波利斯城外几英里处，英格利斯专门去拜访了小贝弗利·鲁宾逊的妻子安的姐姐科妮莉亚·德朗西。德朗西夫人虔诚的母亲曾是英格利斯在纽约时最亲密的友人之一，刚刚过世了。母亲的死让德朗西十分悲痛（或许她自己那桩众所周知的不幸婚姻也让她积累了很久的压抑情绪），看到从前的牧师让她喜出望外，以至于"一看到我，[她的]泪水就夺眶而出"。两人聊起他们离开纽约之后分别去了哪里，未来还将去往哪里；德朗西的丈夫刚刚被任命为巴哈马群岛的首席法官。[10] 第二天，英格利斯乘船沿着安纳波利斯河流域来到了迪格比（Digby），这座小城坐落在一个波光粼粼的河湾的南部弧线上。在那里，他"受到了当地居民最为热情的接待，他们都是效忠派。许多人以前曾经是我的教会成员，似乎在争相表达对我的喜爱和尊敬之情"，不过他失望地注意到，"他们很穷，我担心这种情况还会继续，除非他们能分散开来，在各自的农庄安顿下来"。[11]

芬迪湾彼岸就是刚刚成立的新不伦瑞克省，那里的风光与此岸形成了鲜明的对比。英格利斯进入了圣约翰城，这座城镇的港口有繁忙的码头，多岩峻峭的山脊上还盖有漂亮的房子。想想看，这些全都是崭新的！"不到五年前，这里还是一片森林呢"，英格利斯惊叹道；而现在这里有"逾1000座房子……简直就是天道酬勤的极佳典范"。圣约翰的人口几乎全都是效忠派，主要经济支柱也是跨大西洋贸易，看上去就像小一号的纽约，仿佛把纽约平移到了北方。英格利斯再次拜访了很多"我的老熟人……和迪格比一样，教众主要是效忠派——其中许多都是我以前的教区居民"。[12]

主教继续沿着弯弯曲曲的圣约翰河向上游驶去，到达了他此次巡察的最后一站——新不伦瑞克首府弗雷德里克顿。夏末的金色阳光为那些黄澄澄的树木罩上一层光环，宁静的河水温柔地流过兵营方阵，这正是寻访此地的最佳季节。作为托马斯·卡尔顿总督（盖伊爵士的弟弟）的贵宾，英格利斯享受到了这座小省府所能提供的最美体验，在河边悠闲地散步，与当地精英亲切地共进晚餐。一天，英格利斯过河来到弗雷德里克顿对岸的纳什瓦克西斯（Nashwaaksis），去拜访"我的老熟人、老朋友"安·鲁宾逊。她和小贝弗利一年前刚从新斯科舍搬到弗雷德里克顿，在一个很讲究的大庄园里安了家——英格利斯曾在纽约主持过两人的婚礼。安刚刚诞下这对夫妇的第七个孩子，因为她身体尚且虚弱，贝弗利向她隐瞒了她母亲的死讯。但也难说，或许此刻从这位她信赖和依靠的牧师嘴里听到这个消息，反而能缓和这个噩耗的打击。英格利斯离开这座大英帝国的最新首府时，对它的潜力充满信心："大家全都在忙，每个人都想干好自己的农活，建好自己的农场。"

英格利斯主教1788年夏季巡察期间所见到的，

是个几乎一夜之间拔地而起的殖民地社会。仅仅18个月，就有30000个效忠派难民带着1200个奴隶涌入这些省份。正如他这一路所见，他们的工作还远没有完成：教堂还未完工，学校尚未建起，农田也才刚刚开垦出来。但英格利斯寻访的许多定居地仅仅五年前还是原始森林；其他地方也因为效忠派大迁徙而在人口构成上发生了巨大变化。来自新英格兰和纽约的生意伙伴在哈利法克斯、谢尔本和圣约翰重建起自己的公司。被解散军团的老兵们把刀剑换成了铁锹，在邻近的赠地上安顿下来，与战友为邻。英格利斯先前在纽约的教区居民如今在新斯科舍和新不伦瑞克共同祈祷，整个社区仍然保持着信仰，而在白人定居区的边缘，黑人效忠派也同样在自己的村庄保持着信仰——不过英格利斯或许对此并不知情。

效忠派难民在英属北美诸省彻底改变了当地的环境，带来了持久而深远的影响，这是其他地方无可比拟的。后来的历史学家逐渐认为，他们简直就是英属加拿大的"开国元勋"。之所以有这种说法，在很大程度上是因为他们对政界和政府产生了很大的影响。他们在这些领域的影响早在1784年便凸显出来：英国当局看到大批移民迁入，就把新斯科舍一分为二，设立了新不伦瑞克省。新不伦瑞克的白人人口中绝大多数是难民，很像是效忠派自己的国家；效忠派精英则认为，这是他们塑造自己的帝国国家形象、回应美利坚合众国的良机。与此同时，莫霍克人难民也在伊利湖和安大略湖周围建起了一个新的定居点，约瑟夫·布兰特试图在那里建立一个介于美国共和国和大英帝国之间的印第安自治领。在芬迪湾以西的这些土地上，难民们协力建起了一个忠于君主的北美，可以说与他们逃离的共和制北美分庭抗礼。

但如果你像英格利斯那样，在 1780 年代的加拿大诸省寻访一圈，你也会发现这片国土本身也发生了巨大的变化。这种变化在新斯科舍最为明显，那是迄今为止接收难民最多的省份。特别是位于罗斯韦港的效忠派社区，它由谢尔本这座主要是白人的城镇和邻近的黑人村庄伯奇敦组成，成为大出走时期异军突起的城市，几乎一夜之间拔地而起。效忠派难民如何把荒野变成了一个新世界？就其对新斯科舍的人文和自然景观的影响而言，效忠派的涌入与北美其他地方的白人扩张，乃至同一时代在澳大利亚的殖民历程别无二致。[13] 然而这又不仅仅是一项新的殖民事业，它还是一次重大的难民危机，向政府提出了极大的挑战，也凸显了殖民者与当局的诸多矛盾。如果联系英国早期在新斯科舍的殖民努力来考察，难民的影响尤其显著。因为该省一个世代之前才刚刚被英国的一项帝国计划改变了面貌，那可不是个什么殖民计划，而是驱逐旧主，取而代之。

旧日的欧洲地图把这片土地称为"阿卡迪亚"①，因为起初为这片海岸绘制地图的探险家们看到它那高耸的松林和碧绿的沼泽，认为人类的田园梦想可以在这里实现。纯属巧合，不过也巧得恰如其分，当地的米克马克印第安人（Micmac Indians）也用"akadie"这个后缀表示"丰饶之地"，因此起初在这里定居的法国人就很容易把"阿卡迪亚"误读为简化的"拉卡迪（l'Acadie）"。他们计划把北美的这一角落变成新世界的世外桃源。[14]

17世纪初，法国殖民者在安纳波利斯河流域那风平浪静的河岸上建起了一个名叫罗耶尔港（Port Royal）的聚居地，河口正好搂入芬迪湾的海岸线。他们开沟排水，修建堤坝，把沼泽地冲刷成农田和果园，保护庄稼免受来自海湾的18英尺大浪的袭击。他们还建起了一座石头要塞，用星形土垒包围起来，让自己的住地也免受海浪侵袭。他们的村庄很不起眼，但单看它们数目稀少、环境单一，很容易被蒙蔽而看不到那里蕴藏的财富。银色的鳕鱼畅游在北大西

① 阿卡迪亚（Arcadia），原指一种田园牧歌、天人合一的幻想世界，这个词起源于古希腊的一个同名省，该省地形多山、人口稀少且以牧民为主，后来"Arcadia"发展为诗意词语，意指在未经污染的自然世界安逸悠闲的牧歌生活。

洋波光粼粼的水面，有数百万条之多。人们把这看似数之不尽的鱼群从海上拖回来，开膛破肚，晒干，塞进水桶中用盐腌渍，运往欧洲和西印度群岛，成为那里正快速增加的奴隶人口的营养膳食。这片陆地也同样是座宝藏，森林里有成群的动物在奔跑。印第安人带来成捆的光滑的河狸皮和其他毛皮，与欧洲人交换水壶、短斧、缝针和小刀。

法属殖民地阿卡迪亚资源丰富，又有很长的可用海岸线，很快便吸引了马萨诸塞那些野心勃勃而数量众多的殖民者的注意，毕竟两地距离很近，从马萨诸塞出发北行，短短几天就能到达这里了。在英国和法国这两个欧洲国家开战期间，新英格兰冒险家们趁火打劫，在十五年间两度占领罗耶尔港，将它（以安妮女王之名）改名为安纳波利斯罗亚尔。根据 1713 年的《乌得勒支和约》①，英国正式从法国人那里赢得了阿卡迪亚大部分领土的所有权。在英国人眼里，这片

---

① 《乌得勒支和约》(Peace of Utrecht) 是 1713 年 4~5 月由欧洲多国于乌得勒支签署的和约，旨在结束西班牙王位继承战争。该和约不是单一的文件，而是一系列和平条约的总称。签约国包括西班牙帝国、大不列颠王国、法兰西王国、葡萄牙王国、萨伏依公国与尼德兰联省共和国；和约签署人一方为路易十四与其孙腓力的代表，另一方为英国女王安妮、萨伏依公爵维托里奥·阿梅迪奥二世、葡萄牙国王若昂五世与尼德兰联省共和国的代表。该系列和约的签订标志着法王路易十四称霸欧洲的野心落空，在此基础上维持了整个欧洲的权力平衡。

崎岖多岩的地带与其说是一片世外桃源，不如说更像苏格兰：在英国人的地图上它被命名为新斯科舍，与北边的新英格兰为邻，也算恰如其分。正如汉诺威王室治下的英国居民担心与倾向于詹姆斯党人的苏格兰结盟，18世纪来到新斯科舍的殖民者也不得不与那些对王室怀有二心的白人和平相处。[15]

考虑到新教的英国与天主教的法国之间的矛盾在欧洲乃至帝国政治中有多么突出，新斯科舍这些讲英语的新统治者与法裔阿卡迪亚臣民之间关系紧张，也是意料之中的事。面对来自英法两方面的压力，阿卡迪亚人坚持中立态度，承认英国政府的权威，但拒绝宣誓永久效忠英王。然而欧洲帝国竞争如此激烈，他们可不觉得中立有什么价值。阿卡迪亚始终是法国殖民野心的一个焦点。与此同时，在英国人和新英格兰人看来，新斯科舍似乎是他们大西洋东部沿海殖民地的自然延伸。他们希望把它变成一座北方灯塔，照亮来自英伦三岛乃至更远地方的清教徒移民的万里征程。这样的殖民过程自然会牺牲原住民的利益——整个北美的殖民过程无一例外都是如此。[16] 但它的支持者也同样支持将整个殖民计划作为讲英语的新教徒试图统治阿卡迪亚人的自觉努力。

1749年7月的一天，新上任的新斯科舍总督爱德华·康沃利斯上校（查尔斯·康沃利斯勋爵的叔叔），乘坐一艘单桅战船绕过奇布托岬（Chebucto

promontory）在新斯科舍东岸登陆了，身后跟着 13
艘运输船，载着逾 2500 名殖民者。因为它的深水港
口，此地是马萨诸塞殖民地的说客们一向推崇之地。
（在米克马克语中，"奇布托"意为"大港"。）这些
侨民开始了劳作，砍伐树木，搭建帐篷和屋舍，为新
镇规划街道。因为授权该计划的商会会长名叫哈利法
克斯，故他们便以他的名字为此地命名。[17]

英国人登陆几天后，附近村庄的阿卡迪亚人前
来查看港口的动静。康沃利斯有一份官方声明要向他
们宣读。"以国王陛下的名义，"康沃利斯对阿卡迪亚
人说，"希望……引导他们成为未来真正忠诚的臣民，
[国王]慷慨地允许上述居民继续自由信仰自己的宗
教。"但帝国的宽容很少是没有任何附加条件的。阿
卡迪亚人可以信仰自由，"条件是"他们要"根据大
不列颠法律……宣誓效忠"，臣服于新政府的"规则
和秩序"，并"尽一切可能赞成和协助"英国资助的
殖民者。[18]

康沃利斯对阿卡迪亚人的演讲本身就包含着冲
突的种子，很快就生根发芽了。由于英法之间总是处
于战争状态，很少和平相处，阿卡迪亚人拒绝了英国
人提出的让他们拿起武器捍卫本省的要求，因为那就
意味着要跟邻省魁北克他们自己的法语天主教邻居为
敌。有些阿卡迪亚人抗拒对英国的宣誓效忠，便开始
逃离该省。还有人开始回击。面对阿卡迪亚人有组织

的抗议，英国官员们决定采取类似于他们近期刚刚在苏格兰采取的政策，1745 年詹姆斯党人起义之后，英国军队横扫苏格兰高地，没收土地，摧毁村庄，驱逐有叛乱嫌疑的人。同样的命运就要降临在新斯科舍的"叛乱"天主教徒身上了。1755 年暮春，英国军队占领了法属博塞儒尔要塞（fort of Beauséjour），战略性地扼守住连接新斯科舍半岛和大陆之间的地峡。他们用负责在苏格兰高地上烧杀掠夺的那位王室公爵的名字，将其更名为坎伯兰要塞（Fort Cumberland），把那里变成了打击阿卡迪亚人军事行动的据点。阿卡迪亚人的土地、房子和牲畜将被没收，一位英国上校还对格朗普雷（Grand Pré）阿卡迪亚社区那些震惊的居民说，"你们自己也将被本省驱逐出境"。[19] 阿卡迪亚人只能以不超过 1000 人的群体，分散居住在从马萨诸塞到佐治亚等北美殖民地上。

1755 年夏天，围捕开始了，这个季节的新斯科舍，哪怕是艳阳天也时有寒凉的海风吹过，大雨往往会让水涝的土地上泛起迷雾。数百位阿卡迪亚人被关在坎伯兰要塞的牢房里，等着被强行运送出境。在附近的劳伦斯堡监狱，有少数幸运者用偷运进来的小刀和勺子挖通了一条地道，成功地逃了出去。在安纳波利斯罗亚尔附近，英国军官们不得不在一个英法居民混住的社区中筛选出阿卡迪亚人，将其驱逐出境。当运输船出现在格朗普雷附近海面时，男人被首先送上船，他们"祈祷着，唱着，哭着"，几周后才会把妇女和儿童也一块儿送走，他们被塞入拥挤的船只，那"情景惨不忍睹"。[20] 撤离之后，英国和新英格兰军队劫掠了阿卡迪亚人的村落，破坏他们的财产，又把剩下的东西付之一炬，彻底断了逃亡者回来寻找家园的念想。单是 1755 年末，就有 7000 人被从新斯科舍送往十三殖民地，大约相当于当时阿卡迪亚人口的一半。虽然官方的说法是尽量让全家人一起出发，但当时只有 20 岁、在坎伯兰要塞做军需官的布鲁克·沃森哀叹说，"不管我们有多小心，我担心还是有些家人被分开，送到了地球上不同的角落"。[21] 近三十年后，作为英军占领区纽约的兵站总监，沃森尽一切可能救济保护难民，就是希望至少能帮助他们避免他曾经目睹阿卡迪亚人经历的那种最惨痛的骨肉分离。

驱逐和疏散阿卡迪亚人为难民效忠派的经历竖起了一面镜子，仿佛显示出一种跨大陆迁徙的规律，不过两者虽然大致轮廓相似，却经历了彻底的畸变、方向也截然相反。与阿卡迪亚人有关的计划与大英帝国在"七年战争"之后日益宣扬的宽容多种族帝国的形象有着霄壤之别。和北美效忠派一样，阿卡迪亚人也拒绝宣誓效忠；但他们的拒绝却引来了国家支持的有组织的暴力。绝大多数阿卡迪亚人要依赖十三殖民地的收容之人的慈善和好心，而他们在很大程度上本来就是敌人，也有 1000 多名阿卡迪亚难民最终在他们

285

荒野世界

自认为是母国的地方——法国——寻求避难。和一个世代之后身在伦敦的黑人效忠派一样，这些难民被塞进了法国大西洋港口城市的贫民窟里，也被用作殖民拓荒者，送到边疆岗哨去填补人口，最远被送到了福克兰群岛（Falkland Islands）。路易斯安那殖民地的墨西哥湾沿岸逐渐形成了一项更成功的冒险事业，那里的阿卡迪亚人成了"卡津人（Cajuns）"，在距离被驱离的北方阿卡迪亚数千英里之外的亚热带湿地上重建自己的社区。从路易斯安那的新阿卡迪亚到北方的老阿卡迪亚，后代把那次驱逐称为"大动乱"，以故事和歌谣等口头传统形式深深镌刻在人们的集体记忆里。

驱除阿卡迪亚人为三十年后效忠派难民到达的这片土地留下了一道不祥的阴影，当然也有触手可及的遗产。1758 年，新斯科舍议会承认了政府没收阿卡迪亚人土地的合法性，并对天主教在本省民间社会的角色加以限制。阿卡迪亚人的土地则被用来吸引主要来自新英格兰的新教徒殖民者。每个定居在此的家庭的户主可获得 1000 英亩土地，并免收十年的代役税。如此对土地进行重新分配，显然为后来向效忠派难民分发土地的做法开了先河。和东佛罗里达一样，新斯科舍也成了一场抢地热的焦点，殖民地和英国官员总共为投机者们批下了 350 万英亩土地。（好几个人在两个殖民地都有投资。）英国的《1763 年公告》禁止北美人在阿巴拉契亚山脉以西的地区殖民，这进一步鼓励殖民者北移，新斯科舍的人口在十二年间增加了一倍多。[22] 这些殖民者，即所谓的种植园主，为新斯科舍刻上了英国的殖民印记，这一特征将被效忠派进一步拓展和深化。[23]

美国革命前夕，两位约克郡农夫来探访这片"自由的土地"，考察能否将它作为英国人海外移民的目的地。[24] 他们认为这一地带非常适合种植玉米和养牛。哈利法克斯不久前还是在冰天雪地里挣扎存续的边疆岗哨，如今已经变成了一个体面的首府，有高高的石头碉堡、州政府的建筑，还有漂亮的住宅，都带有花木葱茏的大花园。取代阿卡迪亚人的是以清教徒为主的白人人口，数目接近两万人，散居在全省各处的小村庄里，除此之外还有几千名米克马克人、阿布纳基人和其他印第安人。[25] 少数阿卡迪亚人事实上还是回来了，他们被邀请回来修建只有他们才懂得如何维护的大坝。然而这么点儿人口住在如此广袤的土地上，新斯科舍还是远远算不上繁荣，成为英属北美下一个成功典范的希望在很大程度上仍未实现。就是这样一片土地，它在一场帝国悲剧中驱赶人口，却在1783年的另一场帝国动乱之后成了受害者的家园。效忠派难民能否把这个不发达的省份变成经济繁荣、利润丰厚的殖民地呢？

＊

新斯科舍给这些英裔北美来客的第一印象往往很差，难民牧师雅各布·贝利和他的家人也不例外。1779 年 6 月，他们从缅因乘船逃往哈利法克斯时，看到这个贫瘠多风的地方这样"可厌无趣"，那些树木"营养不良、模样丑陋"，直皱眉头。但贝利一家人自己的样子也令人不忍直视。他们从纽约逃离时，除了身上的破衣烂衫，什么也没带。贝利生动地形容自己那双破烂不堪的鞋子"还沾着叛乱和独立的印记"，身上的黑裤子又脏又硬，泛着铁锈一样的暗光，尺寸过大的外套上全是污渍，以至于"人们会真的觉得它是一件迷彩衣"，还戴着个"黄疸色的假发套"，上面扣着一顶软塌塌的獭皮帽。当他们的船在哈利法克斯码头停泊时，有很多人驻足，张口结舌地观看这群奇怪的来客。贝利干脆一不做二不休，在上层后甲板上来了一番即兴演说："先生们，我们是……来自纽约的逃亡者，被饥饿和迫害驱赶着来到你们中间寻求避难，因此我必须恳求你们给以善意和同情，原谅我们如此粗鄙和古怪的衣着。"[26]

他们的外来者身份没有维持多久。贝利刚刚对一脸好奇的围观众人发表完即兴的自我介绍，就在人群中看到了一张熟悉的脸孔：贝利来自缅因的邻居从人群中挤上前来，跟他好久未见的朋友们打招呼。贝利一家在同乡们的陪伴下，沿着哈利法克斯那些极为"宽阔和整齐"的街道转了一圈，参观了周围那些"模样古怪的"建筑物，来到另一位前邻居的家。到达后短短几个小时，他们就已经欢天喜地坐在一张桌旁，热情好客的主人用热茶和新鲜出炉的白面包招待他们，他们精神大振，又接待了一连串老熟人和当地的达官贵人的来访。招待贝利的女主人随即为他订购了一双新鞋和新袜子——"看到和拥有"这些，真觉得"英国产品给我的内心带来了欢乐"——第二天，他们一家人在宜人街（Pleasant Street）找到了自己的住处，那是"城里最幽雅的一条街道"，房子很整洁，客厅里贴着壁纸。[27] 贝利一家的新住处两侧都种着山楂树，面向一片深密葱翠的树林，"赏心悦目，芳香扑鼻"，让他们感觉更像住在"树木葱郁的乡间，而不是一个人口众多的城市的中心"。[28] 新斯科舍议会很快就投票决定给这家人 50 英镑的救济金，为他们在这北方"自由国土"上大受欢迎的第一周画上了完满的句号。[29]

雅各布·贝利对他的新家赞誉有加。"虽然这是个不同民族混居的城市，除英格兰人、苏格兰人和爱尔兰人外，还有黑森士兵和北美士兵，再加上大量印第安人，但我从来没有见过哪个城市如此干净整洁、安定有序。整夜走在街上都不会感觉出一丝混乱或喧嚣，更让新英格兰的清教徒们感到惊奇的是，在这里的公开场合几乎听不到一句脏话。"[30] 但他这些激动的描述却掩盖了这座城市在战时经历的各种困难。虽然帝国主义者们对这座港口城市寄托了满腔希望，但哈利法克斯（整个新斯科舍也是一样）最辉煌的一刻似乎永远都在未来，也从未到来。到 1770 年代，它的人口事实上已经减少了。贝利赞口不绝的公序良俗之所以存在，部分原因是自 1775 年以来，和十三殖民地的那些英属卫戍镇一样，哈利法克斯也一直处于军事戒严状态。由于地理位置相对偏远，这里的物价本来就已经很高了，战时物资匮乏的压力更使物价飞涨；1776 年波士顿撤离之后，军队和效忠派的到来使得租金翻了一番。[31] 市民们抱怨："我们的田地和花园被劫掠，围场被士兵推倒了。"[32] 很少有难民像贝利那样喜爱这个地方，很多人只要一有机会就想办法离开这里，奔向英国那些明显更加宜居的地方。哈利法克斯是个"我真心希望我的朋友们不会被驱赶至此的地方，"一位波士顿人写道，"至于那些<u>自己选择</u>来到这里的人，我对他们没什么可说的。"[33]

哈利法克斯的居民已经抱怨连天了，但事实上因为战争，那些分散在海滨的居民区更糟糕，他们频繁受到新英格兰私掠船的袭击。那些人驶入港口，偷盗小船，有时还登陆抢劫城镇——有些爱国者强烈反对这类行为，因为可能"需要抢劫一百多个托利派，这类出征才有意义"。南岸的利物浦（Liverpool）反复遭到袭击，让当地相对中立的人口也不得不行动起来。倒不是因为美国人抢劫船只和枪支，而是他们在这类行为中表现出来的那种明目张胆的无耻，驶入港口时居然"敲鼓吹笛，振臂高呼"。利物浦的地方行政长官组织起乡民在夜间站岗守卫城市，还制订了袭击响应计划。到1780年，利物浦已经有了一支小型正规军队负责守城，还配备了一艘自己的武装民船。[34]

这么多居民都是近几十年刚刚从新英格兰搬来的，从表面上看，新斯科舍颇有可能成为美国的第14个州。1775年，雅茅斯（Yarmouth）居民向新斯科舍政府请愿，要求官方保持中立，指出："我们几乎全都出生在新英格兰，父兄姐妹都在那片国土，在对至亲的血缘感情与对国王和国家的忠诚和友情之间，我们很难取舍。"（政府拒绝了他们的要求，认为这"荒谬至极，且不符合臣民的义务"。）[35] 贝利刚来不久就被委派到安纳波利斯附近的一个教区，他也抱怨说在那里遇到的"新英格兰的赤子"对国家的忠诚很可疑。[36] 但新斯科舍的地理位置与较低纬度的北美殖民地距离甚远，并没有燃起革命之火。这个省份与英国的贸易关系比之十三殖民地紧密得多，因而在他们看来，加入美国人的阵营不会带来什么好的经济前景。此外同样的，新斯科舍的政治文化形成于新英格兰之后，那是个政治冲突较少的时代，因而省督们更愿意与英国当局谈判并达成妥协。（同样的原因也可以解释为什么英属西印度群岛也没有加入革命。）因此新斯科舍仍坚持效忠立场，但多是默认坚持而非公开声明。这就意味着虽然它为效忠派难民提供了一个可行的避难所，但是贝利等新来者公开声明的效忠立场与许多战前居民更为中立的情感之间还是形成了反差。[37]

1782年秋，一位新总督来到哈利法克斯就职，和那个时代的许多殖民地官员一样，约翰·帕尔也是一位生于爱尔兰的军官，曾在卡洛登（Culloden）和明登（Minden）战场上浴血奋战。[38] 年近六十的帕尔本指望这工作就是个闲职，戎马一生，他一直渴望在退休前有份闲差。那年10月他到任时，倒是格外风平浪静，北美爱国者的战事中止了，而大量即将涌入的难民还没有到来。他在三个总督府中挑选了一个，舒舒服服地住下来，看到自己薪酬丰厚、有位技艺高超的法国厨子，还有储藏丰富的地窖，简直喜出望外，"决定从此幸福生活，还要让每个来到我的地盘的人都能幸福"。[39] 短短几个月后，他许下的这份宏愿就要遭到极其严峻的考验了。

帕尔刚刚就职，就收到了盖伊·卡尔顿爵士的一封信，通知他600多位效忠派难民马上就要到了。听取了卡尔顿的建议，帕尔计划给每个男人300英亩的土地，每个家庭500~600英亩，并为新来的人提供食

物、木板和其他供给。在新的镇区规划中划出 2000
英亩专门建造教堂，另外划出 1000 英亩建造一所学
校。[40]帕尔期待着这些新增人口，"特别是这里十分
匮乏的劳动人口"。[41]他做了一件好事，因为起初的
涓涓细流很快就变成了滔滔巨浪。1783 年 1 月，纽
约的罗斯韦港协会派代理人来察看他们的定居地时，
该协会就已经有大约 15000 名会员了。[42]4 月，难民
船队开始从纽约抵达。到 1783 年 6 月，帕尔报告说
"已经有逾 7000 人在各地登陆，包括男人、女人和孩
子"；十周后，数字变成了"超过 12000 人"。到 9
月末，他说，"据猜测，已经到达的大概超过了 18000
人"。[43]11 月下旬，他更正了自己的估计，"不揣冒
昧地猜测，他们的人数已经大大超过了 25000 人"，
涌入了哈利法克斯、安纳波利斯以及罗斯韦港和圣约
翰那些新的定居地。[44]1784 年夏末，新斯科舍的人
口普查结束时，统计的新居民数超过了 28000 人，是
战前本省殖民者人数的两倍。[45]到迁徙结束时，至少
30000 名难民来到了新斯科舍，包括大约 3000 个自由
黑人和 1200 个奴隶。[46]

只有少数新来者住在哈利法克斯，大多是商人和
专业人员。他们中没有几个很快便喜欢上这座省府。
一位波士顿律师对另一位流亡者抱怨说："天气……
异常阴郁，跟纽约比，这个城市就像当年我们居住的
纽波特一样偏远乏味。物价高得让人难以承受，老居

民把东西以高得离谱的价格卖给新来者，通过搜刮后者迅速积累财富。"[47] 他但愿谁都不要来"这个无聊无趣、物价高昂、多雨多风的破地方"。[48] 和在英国一样，许多人都依赖友谊为艰难的流亡生活增添一点亮光。**五月花号**的后裔爱德华·温斯洛（Edward Winslow）从前是北美效忠派军团的总检阅官，如今是新斯科舍难民社区威望最高的领袖之一，他曾兴高采烈地写信给他在伦敦的密友说，"我们现在经常做些安排，为冬天加点儿消遣——惠斯特①俱乐部、星期六俱乐部，等等等等等等"，让 12 月的漫长冬夜不再那么无聊。[49] "这里的气候比较粗粝，"温斯洛报告说，"总有一股子荒野气息。寒风肆虐，有时下点儿雨。但我们正在设法适应。"[50]

然而，虽然有些效忠派对哈利法克斯抱怨连天（还须注意，温斯洛和他的朋友们都是待遇非常优渥的特权精英，脾气也很坏），但该省其他地区的难民生活却要严峻得多。1783 年，英国驻北美首席军事工程师罗伯特·莫尔斯（Robert Morse）上校受盖伊·卡尔顿爵士的派遣，查看新斯科舍有无可能成为难民的定居地，他的结论是这里绝不是什么世外桃源。单说这里的海岸，那些"高高的悬崖上到处是光秃秃的岩石"，看上去"冰冷而贫瘠"，因而它"常

---

① 惠斯特（Whist），一种纸牌游戏，通常由四人分成两组，相互对抗。

常被称为'崎岖海岸'"。至于"这片国土的腹地",莫尔斯认为,人们对它"所知甚少,根本没什么可说的"。穿过森林的实际道路只有那么几条;其他"不过是些林间小径,要在树上做记号才能找到它们"。"因为天气太糟,再加上这片遍地森林的国土上还有其他种种障碍",莫尔斯用了整整两周时间,才从南岸的罗斯韦港到达北岸的安纳波利斯罗亚尔,而那不过区区 100 英里,还是在温暖宜人的夏季。这里的确孕育着希望,莫尔斯的一些发现也呼应了 1783 年夏天出现在纽约大小报纸上的乐观报道。他仿佛看到了一望无际的果园,里面种着苹果树、李子树和梨树,也证明那里有繁茂的野果,还有大量驼鹿和黑熊可供捕食,更不要说那大片大片的树林里,全是坚硬笔直的木材。然而这片土地上有那么多连绵不绝的荒地,无法想象它们会很快变成农田,而那些已经有人居住的地方看上去又很破败,"一副无人照管的样子",他认为这个问题要归咎于"不够勤奋,缺钱,或许还……缺乏保护"。[51]

虽然纽约的兵站总监布鲁克·沃森已经竭尽全力为效忠派提供食物和供给了,但大多数难民到达时,还是财匮力绌,根本没有准备好应对这里的艰苦条件。安纳波利斯的人口不过 1200 人左右,但雅各布·贝利就看到了九艘轮船携带着纽约人在一个几乎无力接纳他们的城市登陆:"每个居所都人满为患,很多人根本没有住处。"他自己逃离的情景仍历历在目，因而对那些社会地位较高的人尤其充满同情，他们"放弃了殖民地的大笔财产"，来这里"变得一无所有，难免会激发起深深的怜悯之情"。[52] 更糟的是，很多纽约难民都是深秋时节到达的，帕尔手忙脚乱地给他们"片瓦遮身之地，抵御即将入冬的严寒"。[53] 对来自圣奥古斯丁的人们来说，新斯科舍的天气简直就是洪水猛兽，他们是"最穷苦、最可怜的，身无分文，衣不蔽体，缺乏一切生活必需品"。"仁慈让我顾不得冒失，赶紧送给他们温暖的衣物，还有其他东西，以免他们在这酷寒的季节里冻饿而死。"帕尔说。[54]

战争期间，最为"羸弱无助"的难民都被安置在了哈利法克斯的济贫院，市政出资给他们提供衣物。[55] 如今穷困的效忠派大批涌入该省，需要省府作出的响应规模要大得多。卡尔顿曾经承诺给新斯科舍移民12个月的食品配给，希望到12个月结束时，他们就能靠自己种植的庄稼养活自己了。但纽约的库存只能为迁出者提供六个月的食物，新斯科舍的农田又无法凭一己之力弥补缺口。[56] 到1783年末至1784年的初冬，供给危机日益突出。远在白厅的大臣们似乎对供给问题视而不见，但省政府官员眼见着难民们因饥饿而憔悴，不得不直面饥馑和物资匮乏的问题。数千效忠派"如果没有供给，必将陷入极为悲惨的境地,"在第一线直接参与难民救济的官员之一、陆军少将约翰·坎贝尔说,"我们根本无法开口拒绝他们,特别是一旦拒绝,似乎就违背了公共信念。"为了救急,他在严冬时作出了出资再买一个月供给的行政决定。他还派出一个动员小组去各个定居点"查看每个人的情况,看看哪些人还有生计,哪些人真正境况悲惨"。[57]整个 1784 年春夏,动员小组的成员们从一个村庄走到另一个村庄,统计居民人数,警觉地从数千有资格合法申领政府供给的效忠派中挑出少数几个明显的骗子。[58]和其他统计工作一样(如对效忠派索赔的评估和黑人效忠派的登记,仅举两例),政府在施行救济的同时,也采取了相应的谨慎防范措施。

到 1784 年 4 月,新斯科舍人还是没有从英国听到任何关于解决食品短缺的方案,而当地的情况已经变得"相当严重和危急了"。"很多人……毫无疑问会死去,除非王室的慷慨供给能再持续一段时期。"坎贝尔强调说,并转发了纽约效忠派的一份声泪俱下的请愿书,抱怨"占效忠派群体之大多数的穷人的情况比他们离开纽约时更加可怜了"。他警告说,"如此大量的贫困之人因为没有任何赖以维生的生意或职业,一旦突然中断配给,会引发最为危险的动乱,特别是他们认为纽约总指挥曾经以国家名义向他们承诺,至少提供登陆后第一年的供给"。[59]一直到 1784 年夏,坎贝尔才收到了白厅的指示,批准他出资购买粮食,将政府资助的供给再延期一年。[60]

这才总算避免了大饥荒。但效忠派定居还存在着一个更大的结构性障碍：土地的分发。从一开始，承诺分地就是吸引难民来到新斯科舍的最强有力的刺激。然而政府行政人员和难民们都看到，为每个效忠派承诺一定面积的土地是一回事，而把这些土地实际发放到每个人的手里又是一回事。尤其是，在重新分发土地之前，必须先解决现存的土地所有权。效忠派还算幸运，新斯科舍 1760 年代那些面积巨大的土地几乎都没有根据约定的条款进行开发，但测绘员们还是必须确定哪些地块现在可以以违约为理由没收或充公，再重新分配。[61] 另一个土地所有权主张是以国王本人的名义提出的。该地区有一片绵延起伏的胶枞林，使得新斯科舍有一个县如今获得了"世界圣诞树之都"的美名。18 世纪，茂密的常青树林使得这一地区成为宝贵的造船木材产地。根据议会法案，"新斯科舍所有的北美白松"和其他珍贵树种全都"归王室所有"。[62] 没有国王森林测绘总监约翰·温特沃斯（John Wentworth）爵士签发的许可，任何人不得开发这里的林区。

随着效忠派难民踏出运输船涌入本市，两类测绘员开始了穿越全省的艰苦工作，评估芬迪湾两侧的土地状况。温特沃斯和他的副手们穿越森林，确定哪些区域是保留地，哪些可以进行殖民开发。即便在

1783~1784 年那个相对温和的冬天，这也是一项艰苦的任务，他们要拖着靴子穿过融雪和泥泞，在无休止的风暴中沿海岸从一个测绘点前往另一个测绘点。深冬时节，他们得在及腰深的雪地里吃力地行走，寒风刺骨，脸如刀割。经过这样一番折腾，温特沃斯的队伍蹒跚地返回哈利法克斯，"用完了全部供给，队员们个个都累病了"。[63]

确认待没收土地和划分新镇区的任务则落在了新斯科舍的首席测绘官查尔斯·莫里斯（Charles Morris）的肩上。莫里斯的父亲曾在他之前担任该职位，但就连规划过哈利法克斯市、参与策划驱逐阿卡迪亚人的老莫里斯，也从未应对过他儿子在 1783 年面临的挑战。[64] 在人手、供给和资金都严重不足的情况下，莫里斯从自己的积蓄中预支了 1000 英镑，也为完成这项任务透支了自己所有的体力。到 1784 年底，他和下属们已经确认了将近 120 万英亩的可没收土地，大约相当于世纪中期抢地热时分发出去的全部土地的五分之一。难怪他觉得这项工作"堪比埃及的奴隶制"，这么庞大的工作量，加上牢骚不断的效忠派和要求加薪的副手，真是让他焦头烂额。[65]

然而虽然测绘员们的工作已经非常高效，政府当局也竭尽全力提供食物和住处，但在北方的第一个冬天，许多难民的情况还是没有多大改观。在安纳波利斯罗亚尔，雅各布·贝利的教堂"接纳了数百人，还有很多人在这风雪交加的严寒季节无处安身。这些可怜的流亡者中，已经有近400人死于一场强暴风雪了，我相信在下一个春天到来之前，还会有更多人死于疾病、失望、贫困和忧伤"。[66] 1783年圣诞节当天，一位那年夏天跟随军团一起到达圣约翰河口的效忠派老兵伤心地提到，这是"我离开挚爱的双亲后的第七个圣诞节了"，也是"被驱离家园"之后的第七个圣诞节。他本人有很多东西要感恩：他已经分得了很好的地块，就在距离河口几英里处，他盘算着自己的幸福生活："我自己过得很不错，但每天都看到那些既没有房子也没有家的人，在这个严酷的季节，他们缺衣少食，十分可怜。"[67] 在河水上游有个来自纽约的女孩子，蜷缩在政府分发的帐篷里瑟瑟发抖，还记得"等到融雪季节，雪水和雨水会把我们睡觉的被子全都湿透的"。[68] 圣约翰河口的那些营地里蔓延着"惊人的不满"，原因就是分发给难民的那些毯子——都是被军队退回而剩下的——都被烧得满是小洞洞，没有一条"是完整的，能盖得住脚"。[69] 即便在住房和食物储备相对较充足的哈利法克斯，也有效忠派老兵们"在白天或夜间的街道上奄奄一息，被人抬起来，送到各种疾病盛行的济贫院去"。[70]

工程师莫尔斯上校从一个难民营走到另一个难民营，所见所闻让他非常紧张："这些穷人没有土地耕种，也无法养活自己，如果不能在相当长的时间内得到政府的救济，他们一定会死的。他们没有别的国家可去，也没有别的避难所。"[71] 来自马萨诸塞的前总检阅官爱德华·温斯洛也同样悲观，作为效忠派军团的土地代理人，他前往位于圣约翰河两岸的前士兵住处去巡视了一圈。他对一位老朋友描述道：

> 我看到那些（我们曾经检阅过很多次的）外省军团老兵在10月时节来这苦寒之地登陆，没有住处，也不知道该到哪儿去寻找住处。在我看来，军官们的忧愁远没有这些士兵们的<u>不幸</u>更让人发自内心地怜悯和心酸。鲁宾逊、勒德洛、克鲁格军团中那些为人正直的士官们（他们曾经是那片国土上热心而和善的自由民）跟我说的话，真让我心如刀割："长官，我们在战争中服役到最后一刻。您曾亲眼见证了我们的忠诚！我们被承诺可以分得土地，指望着您为我们争取，我们热爱这个国家——但是请给我们一小块自己的土地，给我们一些保护，别让坏人骑在我们头上。"[72]

收到温斯洛发来的另一份关于"不幸的效忠派的悲惨境遇"的充满忧虑的报告后，身在伦敦的布鲁克·沃森把它转给了一位精明强干的内政部大臣，只附上了一个请求："看在上帝的份儿上，请有效解决这类事务并防患于未然。"[73]

见证者们目睹了效忠派的涌入让新斯科舍的居民人数翻了一番，森林里遍地都是帐篷营地，彻底改变了这片土地——亲历迁徙潮的效忠派们想必感受更深。这一切让殖民地繁荣未来的美好憧憬与当下步履维艰的骇人场景构成了鲜明对比；让官方的慷慨承诺与可能发生的残酷现实呈现出霄壤之别。"今年是危机的一年，新斯科舍必须要作出选择了，"1784 年 4 月，约翰·温特沃斯爵士宣称，"要么成为英国丧失的那些［殖民地］高贵的替代品，要么成为它的负担和未来诸多麻烦之源。"至于未来真正的结果如何，温特沃斯也没有什么先见之明。

\*

在所有匆匆开发的英属北美效忠派社区中，最壮观的要数位于哈利法克斯以南的罗斯韦港社区了。至少从移民们为自己的出走精心准备这一点来看，该项目就不同于一般的难民定居点，他们在离开纽约之前就曾派人来查看地点，并集中船运了数次补给品。但即便事先投入了大量时间和精力准备，要从无到有创建一个新镇仍然难如登天。就这一点而言，罗斯韦港是个很有代表性的例子，说明英属北美和其他地方的难民要面对多么巨大的物质挑战。此外，它在另一个方面也十分典型。因为难民们从美国带来的不光是工具、马匹和谷粒，还带来了一整套世界观，主要是关于土地以及黑白人种之间关系的世界观，激发了效忠派与英国官方之间，乃至效忠派内部的矛盾冲突。罗斯韦港定居点是一个极为精彩的案例，那些问题和紧张关系将在整个效忠派大流散中不断重演。[74]

1783 年春，当卡尔顿和沃森在纽约尽力满足难民们离境之前的各项要求时，新斯科舍的官员们也在为他们的到来做准备。4 月 21 日，查尔斯·莫里斯任命了一位来自马萨诸塞的效忠派去罗斯韦港勘察新镇，这位 53 岁的健壮男人名叫本杰明·马斯顿。这项任务让马斯顿成为该地开发过程中的关键人物，也让他敏锐地看到了定居的种种艰辛，他把这一切都记在了一部文笔犀利的日记中，那是这些事件最好的文字记录。马斯顿是个商人，曾在哈佛读书，是同为效忠派难民的爱德华·温斯洛的表兄，他事实上不曾有过测绘员的工作经验。不过如果身为效忠派难民的经验算得上资格的话，他也算是以老资格获此任命了。1775年，马斯顿被一群爱国者暴徒从自己位于马布尔黑德（Marblehead）的家中驱赶出来，逃到了波士顿，在仅仅一年的时间里，他"生活在围城中、在船上、在战争和其他动荡局势下；出过海，去过西印度群岛，躺在树林里等死，背着沉重的行李长途跋涉"，被私掠船抓捕，还曾一度入狱。[75] 其后数年，他无数次冒

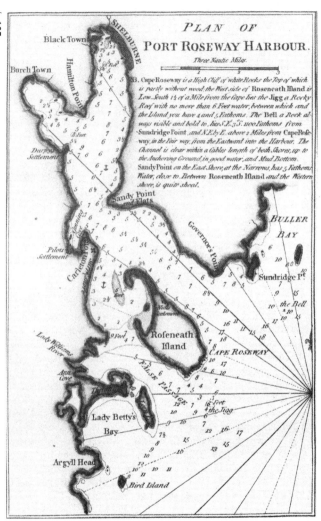

霍兰船长（Captain Holland）:《罗斯韦港港口平面图》（*Plan of Port Roseway Harbor*, 1798）。

险乘坐商船从哈利法克斯前往西印度群岛，其间又有两次被抓捕和监禁。但 1781 年在新斯科舍附近的一趟容易的出行，却引发了他人生中最大的一次磨难。

在从安纳波利斯返回哈利法克斯途中，马斯顿那艘漏水的轮船**不列颠尼亚号**（Britannia）在罗斯韦港以南不远的塞布尔角岛（Cape Sable）附近的冰上沉没了。马斯顿和船员们收拾了少量供给，准备步行前往 130 英里以外的哈利法克斯。12 月中旬是个严寒的季节，夜间冷风刺骨，**大雪盈尺**。第一天晚上，他们在森林里"舒服地住下了"，每人吃了四分之一只鸭子和半个面团。其后几天他们一直在赶路。到第四天，虽然他们开心地在行李里发现了几盎司可可，但前行的"心情越来越沉重，因为我们的补给越来越少了"。四周看不到人影，听不到人声，只有风在林间呼号咆哮。到第十天，马斯顿走不动了。他把自己那份肉给了同伴——前一天晚上他们刚刚宰杀了那只名叫"泰格"的忠诚的狗，那些肉就是从它身上割下来的——并敦促他们别管他，继续走。他们"非常不情愿地"离开了他，因为人人都知道，在这样的情形下落单无异于被判死刑。整整一夜和第二天一整天，接下来又是一夜，又过了一天，马斯顿无助地躺在森林里，啃着驼鹿肉干，思绪已经飘忽至濒死的谵妄状态了。然后他听到了脚步声，继而是人声：两个印第安人站在他头顶上方望着他。他获救了。马斯顿蹒跚着走进印第安人村落，"因为劳累和长期饥饿，非常虚弱，筋疲力尽"。他于 1782 年 3 月回到了哈利法克斯，手里攥着那本饱经风吹雨淋的破旧日记本，里面记录着他的经历。[76]

回到哈利法克斯，马斯顿发现自己的生意陷入停滞状态，前景堪忧，现金吃紧。[77] 测绘员的工作机会来得正是时候。马斯顿立刻出发沿海岸南下，沿途停下来领取测绘仪器。1783 年 5 月 2 日，他的船驶入了罗斯韦港的叉状港口。在黑色的楔形陆地之间，海水的波纹在地平线上起伏。细长的苍鹭在芦苇丛中阔步前行。他来到鹅卵石沙滩上，而后又走进了盘根错节的草丛中，欣慰地看到，那里的土壤看上去要比该地区的报告中显示的更加肥沃。但马斯顿对新斯科舍的荒野略知一二，要把此地变成一个城镇，着实需要大量的劳动。马斯顿和同事们第一天登陆，就在穿越灌木丛时"迎头碰上一头巨大的母熊"，还好母熊转身朝森林深处跑去了。[78]

第二天下午，难民舰队的船帆出现在视野中。到傍晚，30 艘运输船停在港口，马斯顿得知，那些船总共带来了 3000 人。马斯顿在岸边搭起一个大帐篷，和助手们以及殖民者代表一起，用了一天时间分析地形，讨论确定他们应该在海港的哪一侧建立城镇。但第二天，"大批"难民否决了测绘员的选择，"因为——他们说——那片土地崎岖不平——所以他们建议的解决方案是从每一队人中选出三个人，重新测绘一遍"。他们最终还是确定了同一处地点，位于海港的东北方向。

这才开了个头，在跟难民们打交道的过程中，马斯顿多次受挫，愈演愈烈。（就连盖伊·卡尔顿爵士在纽约时也曾因为难民们无尽的抱怨和要求发了脾气。"政府不可能把一群人安置在那里，'说我们不管你了，你们可能会饿死'，"他怒气冲冲地说。"'[如果]有人不满意，自己又有更好的解决方案，最好别去'。"）[79]工作的第一天，马斯顿高兴地发现"这些人开始兴高采烈地砍树了——许多人这是平生第一次砍树"；但不到一周，他就发牢骚说"这些人变得好吃懒做"。并非他对这些殖民者的困境毫无同情，毕竟他们中没有一个人受过相关训练。"他们这一群人的个性非常不适合眼下的工作，"他写道，"这些理发师裁缝鞋匠等所有的技术工……住在大城市，养成的习惯很不适应这些需要吃苦、决心、勤奋和耐心的任务。"砍树、把树桩连根拔起、移动大石、抽干湿地——马斯顿意识到，对于那些"自幼生活在舒适环境中的人来说，新建一个种植园的种种艰辛"的确让他们苦不堪言。[80]

然而马斯顿的同情也是有限的。这些从运输船涌入当地的人毫无组织纪律，简直就是个"糟糕不堪的"群体。"这些可怜的人就像没有牧羊人引导的羊群，"他抱怨说，"没有一个能干的［人］。"就连所谓的领导，即每一队效忠派的队长，也是从这些殖民者的"同一阶层"中挑选出来的，看起来不过是"一帮卑劣的货色，能有现在的地位纯属巧合"。[81] 队长的职衔"让这里的许多人变成了绅士，当然，他们的妻子或女儿也就变成了淑女，事实上他们根本没有相应的性情和学识"。"没有某种真正的过人之处，"马斯顿不以为然地说，"就不可能拥有真正的权威。"[82] 与此同时，他们居住的那个临时帐篷村落变成了一个混乱肮脏、无所事事、臭气熏天的地方，到处都是灰尘和垃圾，每几百步就有个残破的小酒馆。他们整日喝得醉醺醺，喝完酒就唱歌（"多么讨厌的噪音啊"），唱完歌就当街打架斗殴或比赛拳击。国王生日那天，这些蛮横的殖民者点燃了"荒谬的篝火"，几乎把整个住地付之一炬。两位队长差点儿来一场决斗；还有人吹牛说"没有牧师的帮助，他们自己也能建起定居点，一心想要推翻现有的秩序"。真的，马斯顿叹道，"魔鬼就在这些人中间"。[83]

读者几乎可以从马斯顿的字里行间感受到他的势利：这位哈佛毕业的新英格兰人对一帮纽约地痞嗤之以鼻。但这些效忠派们身上还有些东西，让马斯顿的批评更加尖刻。因为从第一天，效忠派"暴民"们质疑他关于新镇选址的决定之时起，马斯顿就坚信这不只是一群无序的盲流，还是一群激进分子。"这种该

遭诅咒的共和制镇民大会做派，"他怒吼道，"已经毁
了我们，如果不用更严厉的政府［治理］加以节制，
会让我们现在恢复正常的努力全都付诸东流。"马斯
顿知道，"过多的自由"是危险的。他在马萨诸塞那
些袭击他的暴徒身上看到了它的面目，也在爱国者的
监狱和荒野中尝到了它的恶果，仅仅18个月前他躺
着等死的荒野距离此地也不过数十英里。他在这些劳
动阶级难民身上隐隐看到了自由的风险。在他看来，
如果效忠派殖民地想要成功，"这可恶的平等精神就
必须受到无情打压，否则过不了多久，我们就和叛军
不分彼此了"。[84] 就这样，在罗斯韦港崎岖不平的地
面上，本杰明·马斯顿一字一句地道出了关于效忠派
难民的一个后来不断重复出现的官方评价：美国效忠
派与美国爱国者会有着惊人的相似。

的确，当马斯顿首次主持新镇的地块抽签时，他
们那"可诅咒的共和原则"的平等目标即刻便土崩瓦
解了。"无论如何，拥有土地是人人内心极度渴望的
东西，"他写道，但没有什么比地盘之争更能激发敌
意了。"来自纽约的团体协会是一群奇怪的人。"马斯
顿说，他们选出了一个委员会，当即禁止了数百难民
前来抽签。[85] 先来的殖民者希望把地块全都据为己有，
以便以高价转售给后来的人。地块投机日渐猖獗，
"效忠派难民连基本的诚实都没有。"不久，马斯顿便
开始"每天［处理］100份关于不合适的宅基地块和

恶劣的浸水地块的申诉了。要是着手处理它们，我每天要做的事情就变成了把人们从这片土地的这一头移到另一头"。[86] "我满脑子都是各种各样的三角形、正方形、平行四边形、梯形和斜长方形，那些边角有时看得我眼睛都快瞎了。"[87]

然而，所有这些争执恰恰证明一切进展神速，正在把罗斯韦港的森林变成一座新兴城镇。1783 年 7月底，帕尔总督驶入海港，主持了五位治安法官、一位公证人和一位法医的宣誓就职，给新镇命名为谢尔本。[88]（这个镇名的选择可不怎么明智，要知道那么多效忠派都在责备谢尔本勋爵在和平条约中出卖了他们。）帕尔还没有驶出海港，新的运输船就到岸了，又从纽约等地带来了数百位殖民者。到那年底，谢尔本的人口就达到了至少 8000 人，与哈利法克斯不相上下。[89] 帕尔总督夸口说谢尔本是：

> 史上最大、最繁荣和建设效率最高的［城镇］，在这么短的时间就已经有了如此规模……已经建成了 800 幢房子，另外 600 幢即将竣工，还有几百幢最近刚刚破土，这里还有码头等其他建筑物，逾 12000 位居民，100 多艘船只，环境优美，土地肥沃，还有世界上最优良的海港。我丝毫不怀疑有朝一日，这里会成为北美第一大海港。[90]

次年 1 月，麦克格拉夫客栈举办了一场庆祝女王生日的舞会，当天有那么一会儿，马斯顿本人也承认了殖民者奋斗的成果。"约有 50 位先生和女士在这所大房子里……跳舞——喝茶——打牌，仅仅六个月以前，这里几乎还是一片根本进不去的沼泽地呢，"他想，"新世界的殖民者们付出了多大的努力啊！这房间如此宽敞暖和，大体上，可以说一切都让人心情大好，心满意足。"[91]

马斯顿当然应该为谢尔本的建设进度暗自庆幸，但如果他看到海港另一侧的发展，大概也会同样满意。到达谢尔本的难民包括几百位从纽约撤离的黑人效忠派，其中就有南卡罗来纳的逃亡奴隶波士顿·金和他的妻子维奥莱特。当浸礼会牧师戴维·乔治终于从查尔斯顿来到新斯科舍，于 1783 年夏到达谢尔本时，他很高兴地看到"很多和我同一肤色的人"已经在那里住下了。[92]帕尔总督下令黑人效忠派不得在谢尔本镇内分配地块，而应该在附近建设他们自己的定居点。到 1783 年 8 月底，马斯顿与被遣散的"黑人拓荒者"军团的指挥官一起前往海港的西北角，"给他看看他的士兵们分到的地"。"他们非常满意"，马斯顿高兴地写道。他随即便开始规划谢尔本的姐妹城，并用当初在纽约为黑人效忠派签发自由证书的指挥官的名字，为之命名为"伯奇敦"。[93]

伯奇敦很快建成了一个规模相当的效忠派社区。

从 1784 年 1 月的名册来看，共有 1485 个自由黑人住在谢尔本市内和周围，使之成为北美最大的自由黑人定居地之一。[94] 罗斯韦港的社团成员们大体上都是对艰苦劳作一无所知的城市居民，但这些从前的奴隶们——像技艺熟练的木匠波士顿·金——都有着建设殖民地最需要的宝贵技能。"每个家庭都有一块地，"金回忆道，"我们都竭尽全力在寒冬到来之前建起舒适的屋舍。"[95] 他们最初分得的地块或许比白人的地块小一些，大约每个家庭半英亩或四分之一英亩，获得的资源也少一些。有些人没法在冬季到来之前建好自己的房子，只好在地下挖一个地窖，用圆木做一个顶棚，斜搭在上面做屋顶。然而在谢尔本，效忠派"彼此间有很多冲突——这在新殖民地可不是个好现象"。而伯奇敦的黑人效忠派却显然维持了一个关系和睦的社区。[96] 如果说魔鬼存在于谢尔本的白人效忠派中间，那么这些黑人和伯奇敦却一直沐浴着上帝的恩典。

他们称卫理公会牧师摩西·威尔金森为"摩西老爹"，不是因为他的年纪（他只有 36 岁），而是因为他身上散发的领袖魅力——因为在邓莫尔勋爵的水上城镇染上了天花，他双目失明，却依然能描述出获得救赎的极乐情景。战争期间，这位弗吉尼亚的前奴隶吸引了一大批黑人效忠派教众，其中许多人，像乔治·华盛顿的逃亡奴隶哈里·华盛顿，跟他乘坐同一条撤离船从纽约来到了新斯科舍。一到伯奇敦，维奥莱特·金就成了摩西老爹的第一个皈依者，她的经历让她的"精神极度痛苦"，导致她身患疾病。波士顿·金也在争取获救，特别是当他看到工友们每天两次聚在一起祈祷之后。1月的一天，金听到他的朋友们在讨论撒种的比喻（"有一个撒种的出去撒种：撒的时候，有落在路旁的……有落在土浅石头地上的……有落在荆棘里的……又有落在好土地里的，就结实，有一百倍的"①），他即刻感受到了顿悟的启迪。[97] 在寂静的冬夜，他徒步跋涉到雪地中，双膝跪地，"向着上天高举起我的双手、双眼和我的心"，盟誓皈依上帝。不久，金一家人就加入了伯奇敦的卫理公会劝士行列，"神的工作在我们中间蓬勃发展起来"。[98]

卫理公会教徒并非新斯科舍黑人难民中唯一一个繁荣发展的基督教众。戴维·乔治也很快建起一个浸礼教会。一如往常，他是在上帝的引导下来到谢尔本的。他的家人登上撤离船离开查尔斯顿后，这一路的旅行十分艰辛，22天的行程中，许多黑人都"在船上病得厉害"。他们的第一个登陆点是哈利法克斯，乔治对此地的印象并不比许多白人效忠派难民好多少。"[这些人]几乎赤裸着从南卡罗来纳的灼热沙漠来到新斯科舍这冰冷的海港，几乎没带什么生活必需品"

① 引自《圣经新约·马太福音》第13章。

（帕尔如此描述查尔斯顿的难民），乔治一家对 12 月份新斯科舍劈头盖脸的风刀霜剑也毫无准备，十分可怜。[99] 更糟的是，在这座白人占大多数的城市里，乔治觉得没有机会"为我自己肤色的人讲道"。他想在罗斯韦港的新定居地中找到更肥沃的土地，就于 1783 年 6 月南行，加入了那个新兴的社区。"那时还没有建起新房子"，只是一片林中空地，但对乔治来说，那就足够了。他到达的第一天晚上，就走出家门来到营地，开始高声歌唱。连着一周，每天晚上他都在那里唱赞美诗，吸引了越来越多好奇的旁观者，有白人也有黑人。来到谢尔本的第一个周日，就有很多人加入了乔治的晨祷，以至于"我唱完赞美诗，〔高兴地〕泪流满面，说不出话来"。[100]

虽然在这勉强维持的边境小镇，很多人对这位狂热的黑人牧师持怀疑态度，但有一位熟人——一位白人——在萨凡纳就认识乔治，他慷慨地允许乔治在自己的地块上盖房子。到那年夏末，戴维、菲莉丝和孩子们住进了一所用抛光的木柱盖起来的"小房子"，从大家那里分得每天的食品配给，还得到了属于自己的四分之一英亩土地。最重要的是，正如乔治所希望的那样，有一条溪流穿过地块，"方便我随时施洗礼。"他的教众一起祈祷，人数越来越多，逐渐形成了规模。春天，冰雪融化、万物复苏时，"世俗的黑人和教会成员一起"，伐树木、锯木板、凿墙板，把仅有的几个铜板拿出来买钉子，一个礼拜堂的框架和设施就这样逐渐成形了。这将是新斯科舍的第一个浸礼会教堂：是十年前在希尔弗布拉夫乡间组成的那批黑人教众的直系后裔。乔治的教众彰显着另一种来自美国的精神，至少跟马斯顿在白人中看到的那种"镇民大会精神"一样鲜活有力。[101]

然而在这片多汉的海港还有第三种美国遗产在起作用：种族仇恨。乔治一到谢尔本，就发现"白人们对我充满敌意"。部分原因在于，1500 位自由黑人效忠派与几百位黑人奴隶同住在一个地区，白人效忠派总共带了约 1200 位奴隶来到新斯科舍，那只是其中的一部分。[102]认为某种肤色的人天生就该被奴役，这种根深蒂固的观念仍然普遍存在于谢尔本的白人效忠派的头脑中。例如工程师罗伯特·莫尔斯曾相对善意地建议新斯科舍政府雇佣黑人效忠派建设城市工程，"因为根据经验，这些在奴役和奴隶制度中成长起来的人需要主人的帮助和保护才能幸福；何况这样还可以让他们远离贫困和窘迫"，就暗含着这样的态度。[103]事实上，由于前奴隶们比较不习惯雇佣劳动，很多黑人效忠派最终都被迫接受了极低的周薪。许多伯奇敦黑人成了谢尔本白人的契约劳工，工作条件也是他们从前身为奴隶时代的翻版。戴维·乔治在试图为一对白人夫妇施洗时，还遭遇了另一种偏见。那对白人夫妇的亲戚们"召集了一群暴徒，试图阻止他们受洗"，那个女人的姐姐"抓住她的头发，不让她下水"。[104]

充满不快的土地分配之事继续催化着白人之间的冲突，对黑人也将造成极其糟糕的影响。由于极缺人手，马斯顿无法满足对地块的各种需要和要求；然而在谢尔本，和在其他地方一样，"许多难民拒绝带上［测量］链去划出自己的地块，为此索要高昂的报酬"。[105] 每次他举行地块抽签，都会听到牢骚抱怨之声四起。有些效忠派不断以投机的高价售出自己的地块，违反了王室恩惠的条件；还有人频繁地让孩子来抽签。更有人公然违背温特沃斯关于不得在附近森林中开辟空地的禁令。鉴于这苦寒之地敌意四起，许多白人看到他们自己苦苦求得的特权居然让从前的奴隶们同样获益而尤其心生怨愤，虽令人沮丧，到底是预料之中的。在马斯顿开始勘测伯奇敦之后不久，谢尔本的"民众"便任命自己的一位测绘员"带着袖珍罗盘和麻绳"踏上了该地区，划出了一个个 50 英亩的地块。这位前来抢地的测绘员愉快地把伯奇敦纳入了自己的测绘范围，"连许可证的影子"都没有，就把许多"黑人的土地"上的地块卖给了白人效忠派。[106]

马斯顿大概有些病态地暗自得意，他知道麻烦一定会来，不过他多半没有预见到麻烦具体会如何发生。1784 年 7 月 26 日，谢尔本发生了"一场巨大的骚乱"："被遣散的士兵们冲向自由黑人，把他们赶出城镇，因为这些劳动力比他们［士兵们］便宜。"40
多位前士兵挥舞着从船上掳来的铁钩和铁链，冲向戴
维·乔治的土地，此情此景定让人联想起了他们所
有人逃离的革命。仅用了几个小时，他们就拆毁了乔
治和其他二十几位自由黑人的房子，威胁要把浸礼会
礼拜堂付之一炬。本杰明·马斯顿冲到兵营打听消
息，但他自己也很快遭到了"暴徒的威胁"，毕竟他
才是效忠派满腹牢骚的焦点。那天傍晚，他爬上了停
泊在新建码头的一条船，开船去了哈利法克斯，才算
逃过一劫。其后几天，他听说暴徒们搜遍了整个乡
间，寻找让他们深恶痛绝的测绘员，扬言要将他就地
正法。[107]

就在城里一片混乱之时，戴维·乔治仍然坚守在
原地。他继续在刚刚建好的讲坛上讲道，全然不惧暴
徒们冲进来"发誓说如果我再讲道，他们就要把我怎
么样"。他继续讲道，直到他们挥舞着树枝和棍棒冲
进来，抽打这位牧师，最后"把我拖到了沼泽地里"。
乔治乘夜回到了谢尔本，带上家人一起过河在城镇的
西部边缘上岸——在逃离奴隶主的那些年，他曾那么
多次这样偷偷溜走——来到了伯奇敦，希望在那里找
到安身之所。

# 注 释

1　Charles Inglis, "Journal of Occurrences, beginning, Wednesday, October 12, 1785," October 16, 1787, LAC：查尔斯·英格利斯及其家族全宗, Microfilm A-709。

2　致盖伊·卡尔顿爵士的请愿书, 1783 年 7 月 22 日, NYPL: Carleton Papers, Box 35, no.8500。Neil MacKinnon, *This Unfriendly Soil: The Loyalist Experience in Nova Scotia, 1783–91* (Kingston, Ont.: McGill-Queen's University Press, 1986), pp.87–88.

3　Brian Cuthbertson, *The First Bishop: A Biography of Charles Inglis* (Halifax, N. S.: Waegwoltic Press, 1987), pp.15, 60–61.

4　Cuthbertson, p.62.

5　英格利斯：《日记》, 1786 年 5 月 30 日, LAC：查尔斯·英格利斯及其家族全宗, Microfilm A-709。

6　Cuthbertson, pp.79–89. Judith Fingard, *The Anglican Design in Loyalist Nova Scotia, 1783–1816* (London: SPCK, 1972), chapter 2.

7　英格利斯：《日记》, 1787 年 10 月 16 日, LAC：查尔斯·英格利斯及其家族全宗, Microfilm A-709。

8　英格利斯：《日记》, 1787 年 10 月 27 日和 11 月 5 日, LAC：查尔斯·英格利斯及其家族全宗, Microfilm A-709。

9　英格利斯：《日记》, 1788 年 7 月 16 日, 26 日, 27 日, LAC：查尔斯·英格利斯及其家族全宗, Microfilm A-709。

10　科妮莉亚的弟弟曾动情地写道, "我亲爱的姐姐德朗西被一位无情之人的喜怒所左右, 他先是去了巴哈马群岛, 后来又要跨越那宽阔的大西洋, 我再也不想看到那个让她倾注了全部感情的人, 哦上帝啊, 他怎么能如此野蛮地鄙视她, 又对她如此轻慢薄情"。安东尼·巴克莱致安·巴克莱·鲁宾逊, 1792 年 9 月 15 日, NBM: Robinson Papers, Folder 21。

11　英格利斯：《日记》, 1788 年 7 月 28–29 日, LAC：查尔斯·英格利斯及其家族全宗, Microfilm A-709。

12　英格利斯：《日记》, 1788 年 8 月 1–2 日, LAC：查尔斯·英格利斯及其家族全宗, Microfilm A-709。

13　对这一过程的经典叙述仍然是 William J. Cronon, *Changes in the Land: Indians, Colonists and the Ecology of New England* (New York: Hill and Wang, 1983)。

14　John Mack Faragher, *A Great and Noble Scheme: The Tragic Story of the Expulsion of the French Acadians from Their American Homeland* (New York: W. W. Norton, 2005), p.6.

15　这个名字是国王詹姆斯一世在 1621 年赐予其第一位（苏格兰裔）所有人威廉·亚历山大爵士的。关于英法对阿卡迪亚之争的最新视角, 见 John G. Reid, Maurice Basque, Elizabeth Mancke, Barry Moody, Geoffrey Plank, and William Wicken, *The "Conquest" of Acadia, 1710: Imperial, Colonial, and Aboriginal Constructions* (Toronto:

University of Toronto Press, 2004）。

16 不过，John G. Reid论证说直到18世纪中期（晚于传统上认为的时间），原住民势力始终是新斯科舍的一股不可低估的力量，效忠派涌入之后才算彻底扫清他们的势力。见John G. Reid, "*Pax Britannica* or *Pax Indigena*?Planter Nova Scotia（1760–1782）and Competing Strategies of Pacification," *Canadian Historical Review* 85, no.4（December 2004）: 669–692; and Emerson W. Baker and John G. Reid, "Amerindian Power in the Early Modern Northeast: A Reappraisal," *William & Mary Quarterly* 61, no.1（January 2004）: 77–106。

17 Thomas B. Akins, *History of Halifax City*（Halifax, N. S.: n. p., 1895）, pp.5–11; Faragher, pp.249–51.

18 Faragher, p.252.

19 Faragher, p.344.

20 Faragher, pp.354, 359.

21 Faragher, p.357.

22 John Bartlet Brebner, *The Neutral Yankees of Nova Scotia: A Marginal Colony during the Revolutionary Years*（New York: Columbia University Press, 1937）, p.94.

23 新斯科舍种植园主是好几本书籍讨论的主题，见，例如Margaret Conrad, ed., *Making Adjustments: Change and Continuity in Planter Nova Scotia, 1759–1800*（Fredericton, N. B.: Acadiensis Press, 1991）。

24 John Robinson and Thomas Rispin, *Journey through Nova-Scotia*（Sackville, N. B.: Ralph Pickard Bell Library, Mount Allison University, 1981; repr. York, 1774）.

25 据估计，1780年米克马克印第安人的人口为3000人。Philip K. Bock, "Micmac," in Bruce G. Trigger, ed., *Handbook of North American Indians* vol.15, *The Northeast*（Washington, D. C.: Smithsonian Institution, 1978）, p.117.

26 雅各布·贝利，"关于各类事件的日记"，1779年6月21日，PANS: Jacob Bailey Fonds, MG 1（reel 14900）, vol. IV, pp.4–6, 19–30。这部日记的一部分见William S. Bartlet, *The Frontier Missionary: A Memoir of the Life of the Rev. Jacob Bailey, A. M.*（Boston: Ide and Dutton, 1853）。

27 贝利，"关于各类事件的日记"，1779年6月21日，PANS: Jacob Bailey Fonds, MG 1（reel 14900）, vol. V, p.10。

28 Bartlet, pp.168–169.

29 雅各布·贝利致Benjamin Palmer，1779年6月24日，PANS: Jacob Bailey Fonds, MG 1（reel 14900）, item 26, pp.9–10。

30 贝利致Major Godwin，1779年6月25日，PANS: Jacob Bailey Fonds, MG 1（reel 14900）, item 26, p.21。

31 Akins, pp.75–76.

32 新斯科舍议会的会议记录，1776年10月9日至12月23日，NA: CO 217/53, f.94。

自由的流亡者

33 Samuel Rogers 致 Joseph Taylor, 1776 年 6 月 27 日, LOC: Lovering Taylor Papers, Box 1。

34 Elizabeth Mancke, *The Fault Lines of Empire: Political Differentiation in Massachusetts and Nova Scotia, 1760-1830* (New York, Routledge, 2005), pp.87-94。

35 Mancke, p.78。

36 "一篇 1779 年康沃利斯行纪的片段", 1779 年 8 月 16 日, PANS: Jacob Bailey Fonds, MG 1 (reel 14900), item 27。

37 关于革命期间的新斯科舍, 有三部主要的研究著作。Brebner 的 *The Neutral Yankees of Nova Scotia* 堪称经典, 其中强调该省地位相对孤立, 与英国的商业联系紧密, 是它中立的原因所在 (尤见第十章)。Gordon Stewart 和 George Rawlyk 指出大觉醒运动 (Great Awakening) 在 "扬基人" 转变为 "新斯科舍人" 的过程中发挥的重要意义: Gordon Stewart 和 George Rawlyk, *A People Highly Favored of God: The Nova Scotia Yankees and the American Revolution* (Toronto: Macmillan of Canada, 1972)。Elizabeth Mancke 在 *Fault Lines of Empire* 中指出新斯科舍人的效忠立场就产生于新斯科舍和新英格兰多有分歧的政治文化中 (尤见第四章)。

38 MacKinnon, p.11。

39 约翰·帕尔致 Charles Grey, 引自 Brebner, p.352, and MacKinnon, p.12。

40 帕尔致 Townshend, 1782 年 10 月 26 日, NA: CO 217/56, f.2。

41 帕尔致 Townshend, 1783 年 2 月 20 日, NA: CO 217/56, f.61。

42 帕尔致 Townshend, 1783 年 1 月 15 日, NA: CO 217/56, f.60。《罗斯韦港社团备忘录》中列出共有 1507 个社团成员计划 1783 年出发。LAC: Shelburne, Nova Scotia Collection, Microfilm H-984, pp.3-23。

43 帕尔致悉尼勋爵, 1783 年 6 月 6 日和 8 月 23 日, 1783 年 9 月 30 日, NA: CO 217/56, ff.89, 93, 98。

44 帕尔致悉尼, 1783 年 11 月 20 日, NA: CO 217/56, f.115。

45 "A General Description of the Province of Nova Scotia… done by Lieutenant Colonel Morse Chief Engineer in America, upon a Tour of the Province in the Autumn of the year 1783, and the summer 1784. Under the Orders and Instructions of His Excellency Sir Guy Carleton… Given at Head Quarters at New York the 28th Day of July 1783," LAC: Robert Morse Fonds, f.44.

46 关于黑人移民的估计, 见 James W. St. G. Walker, *The Black Loyalists: The Search for a Promised Land in Nova Scotia and Sierra Leone, 1783-1870* (London: Longman, 1976), pp.32, 40。Walker 将自由黑人说成是 "黑人效忠派" 曾经遭到 Barry Cahill 的尖锐批评, 见 "The Black Loyalist Myth in Atlantic Canada," *Acadiensis* 29, no.1 (Autumn 1999): 76-87。关于效忠派名下的奴隶, 见 Harvey Amani Whitfield, "The American Background of Loyalist Slaves," *Left History* 14, no.1 (Spring-Summer 2009): 58-87。

47 S. S. Blowers 致 Ward Chipman, 1783 年 9 月 23 日, LAC: Chipman Fonds, Microfilm C-1179, p.95。

48 Blowers 致 Chipman, 1783 年 11 月 8 日, LAC: Chipman Fonds, Microfilm C-1179, p.102。

49 爱德华·温斯洛致 Chipman, 1783 年 11 月 19 日, LAC: Chipman Fonds, Microfilm C-1180, p.1314。

50 爱德华·温斯洛致 Chipman, 1784 年 1 月 1 日, LAC: Chipman Fonds, Microfilm C-1180, p.1327。

51 "A General Description," LAC: Robert Morse Fonds, pp.11-15, 26-32, 34-36.

52 引自 Bartlet, p.193。贝利估计他到达时, 人口为 120 人 ( Bartlet, p.192 )。

53 帕尔致诺斯勋爵, 1783 年 11 月 20 日, NA: CO 217/56, f.115。

54 帕尔致悉尼, 1783 年 7 月 26 日, NA: CO 217/59, f.193。

55 新斯科舍议会会议记录, 1779 年 7 月 2 日, 到 1780 年 3 月 11 日, NA: CO 216/55, f.20。

56 Samuel Seabury 致 Colonel North, 伦敦, 1783 年 7 月 21 日, NA: CO 217/35, f.333。

57 陆军少将约翰·坎贝尔致诺斯勋爵, 1784 年 1 月 1 日, NA: CO 217/41, f.35。

58 "General Return of all the Disbanded Troops and other Loyalists who have lately become Settlers in the Provinces of Nova Scotia and New Brunswick, made up from the Rolls taken by the several Muster Masters," Halifax, November 4, 1784, NA: CO 217/41, ff.163-164.

59 坎贝尔致诺斯勋爵, 1784 年 4 月 1 日, NA: CO 217/41, ff.63 and 65。

60 悉尼致坎贝尔, 1784 年 6 月 1 日, NA: CO 217/41, ff.89-90。

61 帕尔致诺斯勋爵, 1783 年 9 月 30 日, NA: CO 217/56, f.98。关于被收归国有的清单, 见帕尔致悉尼, 1786 年 6 月 3 日, NA: CO 217/58, f.159。

62 温特沃斯致 Lt. Jonathan Davidson, 1783 年 11 月 27 日, PANS: Letterbook of Sir John Wentworth, 1783-1808, RG 1, vol.49 ( reel 15237 ), p.17。

63 温特沃斯致 Grey Elliott, 1784 年 4 月 10 日, 以及温特沃斯致海军专员, 1786 年 4 月 16 日 PANS: Letterbook of Sir John Wentworth, 1783-1808, RG 1, vol.49 ( reel 15237 ), p.32 and no page。

64 Faragher, pp.288-290; Akins, p.10.

65 MacKinnon, pp.13-14, 21-23, 96.

66 贝利致 Dr. William Morice, 1783 年 11 月 6 日, 引自 Bartlet, p.196。

67 Henry Nase 的日记, 1783 年 12 月 25 日, NBM, p.19。

68 "Hannah Ingraham Recalls the Snowy Reception at Fredericton," in Catherine S. Crary, ed., The Price of Loyalty: Tory Writings from the Revolutionary Era ( New York: McGraw-Hill, 1973 ), p.402.

69 D. G. Bell, Early Loyalist Saint John: The Origin of New Brunswick Politics, 1783-1786 ( Fredericton: New Ireland Press, 1983 ), p.63.

70 哈利法克斯穷人监管员致帕尔总督，无日期，1784 年，PANS：Phyllis R. Blakeley Fonds, MG 1, vol.3030。

71 "A General Description," LAC：Robert Morse Fonds, pp.41-44.

72 温斯洛致 Chipman，1783 年 4 月 26 日，LAC：Ward Chipman Fonds, pp.1335-1336。

73 布鲁克·沃森致 Evan Nepean，1784 年 3 月 3 日，NA：CO 217/56, f.380。

74 关于该殖民地的历史，最佳叙事见 Marion Robertson, *King's Bounty: A History of Early Shelburne Nova Scotia* ( Halifax：Nova Scotia Museum, 1983 )。还有一个很受欢迎的陈述是 Stephen Kimber, *Loyalists and Layabouts：The Rapid Rise and Faster Fall of Shelburne, Nova Scotia, 1783-1792* ( Toronto：Doubleday Canada, 2008 )。

75 本杰明·马斯顿的日记，1776 年 11 月 24 日，http://www.lib.unb. ca/Texts/marston/marston3.html，2009 年 11 月 8 日访问。马斯顿的整个日记都可以在网上查阅：上述电子副本为1778 年以前的日记，从 1778 年以后的日记的图像页面，见 Winslow Papers, vols.20-22：http://www.lib.unb.ca/winslow/browse.html，2009 年 11 月 28 日访问。（以下简称马斯顿日记。）

76 马斯顿日记，1781 年 12 月 13-30 日，UNB：Winslow Papers, vol.21, pp.138-142。

77 马斯顿日记，1782 年 9 月 8 日，UNB：Winslow Papers, vol.22, p.57。

78 马斯顿日记，1783 年 4 月 21 日至 5 月 3 日，UNB：Winslow Papers, vol.22, pp.70-72。

79 Joseph Durfee，与盖伊·卡尔顿爵士会面的报告，1783 年 3 月 24 日，LAC：Shelburne, Nova Scotia Collection, Microfilm H-984, pp.94-95。

80 马斯顿日记，1783 年 5 月 24 日，UNB：Winslow Papers, vol.22, pp.81-82。

81 马斯顿日记，1783 年 5 月 16 日，UNB：Winslow Papers, vol.22, pp.76-77。

82 马斯顿日记，1783 年 5 月 16 日和 6 月 9 日，UNB：Winslow Papers, vol.22, pp.77, 89-90。

83 马斯顿日记，1783 年 5 月 26 日和 6 月 4 日，UNB：Winslow Papers, vol.22, pp.83, 87。

84 马斯顿日记，1783 年 5 月 8 日和 1784 年 5 月 18 日，UNB：Winslow Papers, vol.22, pp.74, 153。

85 马斯顿日记，1783 年 5 月 21 日和 5 月 29 日，UNB：Winslow Papers, vol.22, pp.80, 84。

86 马斯顿日记，1783 年 8 月 2 日，UNB：Winslow Papers, vol.22, p.103。

87 本杰明·马斯顿致爱德华·温斯洛，1784 年 2 月 6 日，见 William Odber Raymond, ed., *Winslow Papers, A. D.1776-1826* ( Boston：Gregg Press, 1972 ), p.164。

88 马斯顿日记，1783 年 7 月 22 日和 7 月 20 日，UNB：Winslow Papers, vol.22, pp.100-101。

89 一份 1791 年的人口普查显示，哈利法克斯的人口仅为 4897 人，但这表明人口自 1784 年后有所下降（Akins, p.103）。好几份花名册都显示 1784 年谢尔本的人口大约为 8000 人，其中包括 1500 名自由黑人。

90 帕尔致谢尔本勋爵，1783 年 12 月 16 日，NA：CO 217/56, f.126。

91 马斯顿日记，1784 年 1 月 19 日，UNB：Winslow Papers, vol.22, p.141。

92 "An Account of the Life of Mr. David George …" in Vincent Carretta, ed., *Unchained Voices: An Anthology of Black Authors in the English-Speaking World of the Eighteenth Century* (Lexington: University Press of Kentucky, 1996), p.337.

93 马斯顿日记，1783 年 8 月 28 日，UNB：Winslow Papers, vol.22, p.111。

94 "Persons Victualled at Shelburne the 8th January 1784," PANS: Negro and Maroon Settlements, RG 1, vol. 419 (reel 15460), p.108.1784 年 8 月的花名册显示谢尔本有 1521 个 "黑人"："Those Mustered at Shelburne, NS in the Summer of 1784…" LAC: Shelburne, Nova Scotia Collection, Microfilm H-984, vol.3, p.4。

95 "Memoirs of the Life of Boston King," in Carretta, ed., p.356.

96 马斯顿日记，1783 年 6 月 19 日，UNB：Winslow Papers, vol.22, p.92。

97 Luke 8: 5-8.

98 "Memoirs of the Life of Boston King," in Carretta, ed., pp.356-358.

99 帕尔致 Nepean，1783 年 1 月 22 日，NA：CO 217/59, f.14。

100 "An Account of the Life of Mr. David George," in Carretta, ed., pp.336-337.

101 "An Account of the Life of Mr. David George," in Carretta, ed., p.337.

102 Walker, p.40.

103 "A General Description," LAC: Robert Morse Fonds LAC: Robert Morse Fonds, p.69.

104 "An Account of the Life of Mr. David George," in Carretta, ed., p.338.

105 帕尔致 Evan Nepean，1784 年 4 月 11 日，NA：CO 217/59, f.105。

106 马斯顿日记，1783 年 9 月 19 日，UNB：Winslow Papers, vol.22, pp.118-119。

107 马斯顿日记，1784 年 7 月 26-27 日和 1784 年 8 月 4 日，UNB：Winslow Papers, vol.22, pp.157-159。

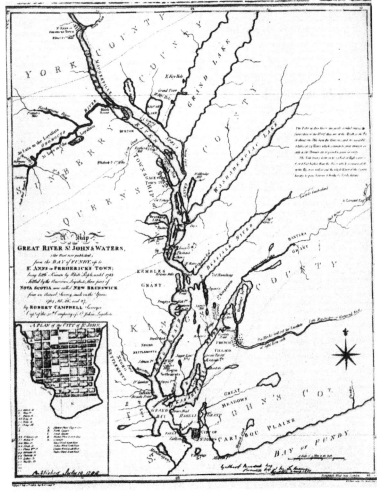

罗伯特·坎贝尔（Robert Campbell）:《圣约翰大河及附近水域地图》（Map of the Great River St. John & Waters, 1788）。

## 第六章　保王北美

　　自从战争爆发，效忠派就发现，他们对英国的期望并非总能成为现实，新斯科舍的难民们住在帐篷里、靠政府配给的粮食维生，焦急地等待着自己的土地，对这一点的体会尤为直接深刻。谢尔本发生的骚乱后来又以各种形式在效忠派大出走的各地重演。政府分地是谢尔本诸多麻烦的核心，也将成为已经饱受物资匮乏的严峻考验的效忠派难民不满情绪的最主要原因。种族紧张成为另一个不断重复的主题，后来一有机会移民塞拉利昂，伯奇敦的黑人效忠派便纷纷响应，就是这一主题引发的戏剧性后果。最重要的是，谢尔本的问题表明，建立新殖民地不仅是对体能的挑战，也是一个政治难题。难民们之所以逃往北方，缘于他们共有的对国王的忠诚，希望继续在英国统治下安定地生活。然而谢尔本的例子说明，效忠派内部也有尖锐的分歧，有些赞同中央集权（像本杰明·马斯顿），有些反对（像那些把他赶出去的暴动者）；北美效忠派也很容易与帝国的代理人（马斯顿就是其一）发生冲突。当效忠派内部的意见如此千差万别——正如马斯顿看到的那样，就连效忠派也可能成为叛乱者——大英帝国又当如何励精图治？若论这个问题之迫切、应对之全面，没有哪个地方可与芬迪湾以西的英属北美相提并论。

远在白厅隔岸观火的英国大臣们得意地关注着英属北美的事态发展。"看到新殖民者之间的争端与不和已经完全平息了，国王陛下十分满意。"1785 年初，内政大臣悉尼勋爵在写给新斯科舍总督帕尔的信中赞许地说。他很高兴地看到，该地区实现了为效忠派提供"舒适的避难所"这一首要目标。不仅如此，悉尼勋爵还胸怀更大的抱负，希望"他们能在国王陛下的政府的保护下，成为邻近各州人民艳羡的对象"。[1]

悉尼的某些效忠派臣民对英属北美的未来持有同样乐观的看法。马萨诸塞效忠派爱德华·温斯洛从新斯科舍报告说，"您在信中引用的悉尼勋爵的话，'他会让新斯科舍成为美国各州艳羡的对象'，激发了大家的感恩之情"。温斯洛最近刚刚去圣约翰河谷探访了被解散兵团的士兵，亲眼看到难民们在严冬的物资匮乏和艰难中苦熬，十分沮丧。但温斯洛也是那种能在危机中看到改革良机的人。

> 当前的事件前无古人，或许亦后无来者。这里聚集着大量人口（他们不是通常先行前往别国定居的道德沦丧的流浪汉，而是受过教育的绅士——农夫、此前独立且受人尊敬的机械师等等，只是因为战争而被剥夺了财产）。他们作出了巨大的牺牲，却仍然紧紧依附于英国的制度。他们拖家带口来到这里，寻求保护，要求政府实施必要的管理，以促进社会的福利康乐。

他断言，如有贤能的政府，"就太好啦——上帝保佑！我们定会成为美国各州艳羡的对象。"[2] 在他看来，能够以自由和繁荣的愿景给世界以鼓舞的，并非美利坚合众国；能为世界树起榜样的是英属北美那些效忠国王的帝国省份，至于具体做法，温斯洛阐释了众多计划中的一个。

他最为关注的始终是他最了解的难民，就是在圣约翰河沿岸勉力挣扎的老兵们。温斯洛认为他们之所以处境如此艰难，哈利法克斯的帕尔总督要承担直接责任，他认为帕尔置身事外，对难民毫无同情，未能及时地提供救助。温斯洛认为，"有效缓解当前困境的唯一可能的途径"就是把新斯科舍一分为二，让芬迪湾西侧的难民拥有自己的政府。他坚信，对于圣约翰河谷的效忠派来说，新省政府的设立既能解燃眉之急（往返哈利法克斯要经过陆路和水路跋涉），也能更加积极地响应他们的具体需求，而不像帕尔总督表现得那么心不在焉。顺带的好处是，设立新的省政府还会自然而然地产生一系列受薪职位，温斯洛和他的军官朋友们正在积极活动，争取填补那些空缺呢。[3]

温斯洛的游说很像此前效忠派为争取财务赔偿所做的努力，他借此成功地鼓动起大西洋两岸人士支持他的计划。具体说来，盖伊·卡尔顿爵士就该计划打动了，希望能以此为契机，启动英属北美政府更大规模的重组。虽然帕尔及其同僚们明确反对，而且对效忠派利益较为同情的福克斯—诺斯政府也倒台了，但伦敦的主要大臣们还是渐渐改变了主意。看到议会的反对派有效地利用遗弃效忠派这一理由推翻了谢尔本内阁，威廉·皮特治下的新政府自是不敢对大西洋对岸日益高涨的效忠派抗议之声充耳不闻。[4] 1784 年 6 月，枢密院通过了一项命令，恰如温斯洛希望的那样，把新斯科舍一分为二。自此，新斯科舍始于芬迪湾，止于连接半岛和大陆的希格内克托地峡（isthmus of Chignecto）。芬迪湾以西一直到魁北克省界的领土变成了新不伦瑞克省。[同一命令还把布雷顿角岛（Cape Breton Island）也设为独立省，但很少有效忠派移民到那里，1820 年，它又被并入了新斯科舍省。]新斯科舍的分裂掷地有声地证明了效忠派为北方带来的变革性影响——在后来的其他事件中，领土分割也成为英国缓和殖民地紧张局势惯用的解决方案。效忠派成功地重新绘制了当地的版图。

新省的座右铭是重燃希望（Spem Reduxit）。在谢尔本和伯奇敦，以及芬迪湾沿海和圣约翰河两岸，效忠派在森林里建起了新的城镇。新不伦瑞克的设立让他们——更确切地说，让他们中间的精英阶层——有机会按照自己偏爱的路线建立起一个完整的殖民政府。北美效忠派从来就不是单纯的反动保守派；许多人在十三殖民地时就主张帝国改革。如今，人口刚刚开始密集起来的英属北美为效忠派难民和英国当局提供了一个实施崭新的帝国政府计划的平台。那么，这一效忠派北美将以何种风貌示人呢？芬迪湾以西的那些殖民地为我们提供了三种不同的答案。新不伦瑞克建立了一个以效忠派为大多数的政府，提出了效忠派雄心抱负的明确主张。一个有启发意义的参照点是魁北克境内的莫霍克人难民。在五大湖附近分得了土地之后，莫霍克人不仅寻求重建他们的村庄，也努力在大英帝国的保护下重建一个印第安部族联盟。与此同时，大约6000个白人效忠派迁居魁北克，虽然其数量大大少于涌入滨海诸省的30000个难民，但还是启发了英国当局改革该省政府，力图避免曾导致帝国统治在十三殖民地溃败的那些问题。他们最终开展了一次制宪行动，对英属北美政府的结构产生了深远的影响。

这些计划中的每一个都彰显了美国革命的一个

后果，长期以来，它在加拿大得到了一致公认，在美国却少有人关注：革命促成了两个而非一个国家的统一。[5]就在南方建立共和北美的同时，效忠派和英国当局在北方重建了一个帝制北美。这些建立英属北美的计划与整个大英帝国高扬的"1783年精神"有些共同之处，都致力于领土扩张和家长制政府。具体而言，它们阐明了帝制自由的形式，与美利坚合众国的共和制自由比肩而立。如此一来，效忠派的迁徙就在一定程度上为加拿大至今仍然清晰可辨的独特的开明自由秩序奠定了基础。[6]然而正如美利坚合众国的建国过程引发了激烈的内部冲突一样，战后英属北美的发展事实上也是一个充满争议的过程。虽然效忠派从根本上效忠王权和帝国，并在此基础上联合起来，但关于帝国的实际行为和做法，他们之间却存在着广泛的意见分歧。北美各省的这三个愿景也是探索帝国可能性的实验，开启了关于帝国权力的性质和界限的三个争论，分别围绕着大众代表权、印第安人自主权和盎格鲁新教徒的统治权。

\*

在圣约翰城北侧，如果你站在河水的弯道上方，会看到脚下的河水被一种奇怪的现象所左右。白浪的激流涌向下游的芬迪湾，逐渐波平浪静，随后漩涡又开始出现了，但这一次的漩涡是朝上游席卷而去。这就是所谓的逆流瀑布，成因是芬迪湾的巨浪在这里涌动得太高（超过 25 英尺），已经有足够的力量改变河水的走向。像圣约翰奔腾不息的河流一样，住在两岸的效忠派难民的际遇也时好时坏，变幻无常。

1783 年夏，效忠派先是在河口搭起了帐篷、棚屋和原始的小木屋。不到 18 个月后，当新不伦瑞克的首任总督驶入海港时，他看到的是一个颇具规模的城镇，已经建起了近 1500 所木结构房屋。这遂了约翰·帕尔总督的心愿，该镇也被命名为帕尔敦（Parrtown）。[7] 新总督或许同样高兴地看到海港另一侧建起了一个规模较小的定居点，为了向效忠派心目中的英雄盖伊爵士致敬，它就被定名为卡尔顿。因为总督不仅和众多效忠派一样对帕尔持怀疑态度，他还是个如假包换的卡尔顿氏人士。他是盖伊爵士的弟弟托马斯。

托马斯·卡尔顿还不满 40 岁，他的职业生涯虽不如哥哥那样辉煌，却胜在见多识广。在参加了"七年战争"的几场欧陆战役后，托马斯被派往直布罗陀，那一经历糟糕透顶，托马斯觉得自己像被监禁在一个"可怕的监狱里"，"跟一群大肚汉关在一起"。[8] 于是他另辟蹊径，设法出差，开启了一次非同寻常的环地中海之旅，探访了梅诺卡岛和阿尔及尔、意大利和法国——这次旅行一定也同时锤炼了他过人的语言能力：

卡尔顿会说西班牙语、法语、意大利语和德语。1773年，卡尔顿效法其他西方军官的冒险精神，到俄国军队去做志愿兵，当时俄国军队正在与奥斯曼帝国打一场大战。在多瑙河两岸，他有机会目睹了帝国历史上的重要一刻，俄国人赶走了土耳其人，迫使后者签订了屈辱的《库楚克开纳吉条约》①，该条约被公认为是对奥斯曼帝国的第一记重击。卡尔顿进入了战败后的土耳其军营，随后又前往康斯坦丁堡，亲眼看到就连最强大的帝国也会一夜间风雨飘摇。9

　　1774~1775年的那个冬天，他是在圣彼得堡度过的，远离盖伊爵士在魁北克听到的革命谣言。但很快，美国革命就把托马斯召唤到了大西洋对岸。在哥哥的支持下，他成为北方军队的兵站总监，在英军占领的最后几个月一直住在纽约。战后，托马斯和哥哥以及位高权重的效忠派一起游说，要求重组北美政府。在盖伊爵士瞄准顶层职位，力图在重组后的英属北美担任第一任大总督之时，托马斯也在同一个支持者圈子里活动，获得了一个较为低阶的职位。多亏他

---

① 《库楚克开纳吉条约》（Treaty of Kuchuk Kainarji）是第五次俄土战争结束之后，沙皇俄国和奥斯曼土耳其帝国于1774年7月在保加利亚北部的凯纳尔贾（Kaynardzha）签订的条约。该条约规定土耳其割让给俄国大片土地，俄国获得了在黑海创建舰队和在伊斯坦布尔海峡、达达尼尔海峡自由通航商船的权利。奥斯曼土耳其因此条约放弃了克里米亚汗国的宗主权，并允许俄国保护土耳其国内的东正教信徒。

交友广泛，再加上无与伦比的卡尔顿的姓氏，才获得了新不伦瑞克省督的任命，他余生一直担任着这一职位，直到 1817 年去世。[10]

卡尔顿在帕尔敦上岸时，受到了 17 声礼炮的欢迎和热心群众的欢呼。"国王万岁，总督万岁！"他们高喊道，还呈上致辞，祝贺他"安全抵达新世界"。城市居民欢迎他，认为他就是那个"遏制专制的傲慢、压制不公的猖獗，建立良好完善的法律〔的人〕——这些是也一直是我们光荣的宪法的基础"。他们多半没有料到，这位总督认为要实现所有这些目标，最佳途径是与一小撮任命顾问合作，进行自上而下的治理。[11] 卡尔顿的政务委员会完全由军官阶层和有产阶级效忠派组成，就像爱德华·温斯洛这样的人，事实上也的确包括温斯洛。他们一起着手重建自己梦想中的新封建寡头政治，温斯洛的说法昭然若揭：他们所构建的政府是"全世界最有绅士派头的政府"。[12]

白厅授权卡尔顿和他的政务委员会管理政务，如有必要，可以一直拖延民选议会的成立，得此授权，他们便开始为省府秩序奠定基础，发布公告、答复请愿、整治跨境走私。卡尔顿总督看到"很多家庭还没有安顿下来"，便把王室为效忠派难民发放的供给又延期了两年。[13] 他继续分地，特别注意只对那些宣誓效忠的人分发地块，"以防任何对我们和我们的政府不满的人成为殖民者"。[14] 爱德华·温斯洛的表兄本杰明·马斯顿是被新省吸引、从新斯科舍前来的几位难民之一。1784 年 1 月，马斯顿曾在谢尔本庆祝女王生日时满意地注意到殖民取得了巨大进展。整整一年后，他在新建的帕尔敦庆祝同一个生日，参加了总督"在议会厅举办的舞会和晚宴"，在场的有"三四十位淑女，近百名绅士……庆祝活动的安排有条不紊，以至于这么多人可以在一间这么小的房间里受到款待"。[15]

卡尔顿选择的首府也突出了寡头政治的特点。1785 年冬，他沿河北上约 75 英里，到一个名叫圣安妮角（St. Anne's Point）的地方查看殖民情况。那里的效忠派经历了一个天寒地冻的冬天。一个 11 岁的小难民还清晰地记得在一个"啊，好冷"的早晨，她的父亲把他们带出自己的帐篷，穿过雪窖般的树林，来到他刚刚在森林里盖好的小屋。"地板还没有铺，没有窗户，没有烟囱，没有门，但至少还有个房顶"，他们靠"烧得很旺的炉火"度过寒冬，终于等来了春天。[16] 她的许多同伴没能活到春天；他们饱经风霜的墓碑有几块留存至今，像断齿一样突兀地立在那里。但卡尔顿在这个河湾处看到了极大的潜力，决定把首府建在此地。总督心血来潮，圣安妮角就变成了"新不伦瑞克的首府"弗雷德里克顿市。[17] 卡尔顿的决定有两个战略原因。首先，建立一个内陆首府能够确保该省腹地的发展，并确保圣约翰河上下游间的稳定交通。另外，他还要建立一个符合他和他的朋友们追求的"绅士派头的政府"的首府，统治阶层并非河口附近的商人，而是缙绅阶层的精英。小贝弗利·鲁宾逊成为这一群人的典型成员，1787 年他们举家搬到弗雷德里克顿，在城市对面的新庄园上，恢复了鲁宾逊一家在殖民地时代的纽约享受的体面生活方式。[18] 鲁宾逊本人也被正式任命为政务委员会成员。

在不止一个方面，弗雷德里克顿有意与海港的草民保持距离。圣约翰的普通难民越来越难以忍受政府的专制作风了。他们一开始就对"五十五人请愿书"的纽约精英群体感到不满，其中就包括要求获得巨大的 5000 英亩土地的查尔斯·英格利斯，这些人声称自己需要这些土地来维持自己崇高的社会地位。[19] 占难民绝大多数的普通人表示，这样傲慢的要求会迫使其他人"要么安于自己位置偏远的贫瘠土地，要么被迫成为他们的佃农，而难民们认为那些人中的大多数无非就是多懂点儿文艺和政治而已，其他一无所长"。[20] 早期的一份圣约翰报纸上刊登了一篇讽刺诗，谴责道："一场长达七年的战争，一纸毁廉蔑耻的和平／没有让我们离自由更近……／过去的牺牲没有补偿／未来也是虚无一场；／一片被野火灼烧的贫瘠土地／我们在那里含辛茹苦，大汗淋漓。"[21] 许多难民认为新不伦瑞克的建立本身不过是对效忠派精英的利益作出的又一个让步。卡尔顿未能召集省议会选举更让他们确信自己的需求根本不会得到满足。

就任之初，卡尔顿根据一个宪章把帕尔敦和卡尔顿合并成为"圣约翰市"（取这个名字符合当地居民的意愿），想以此来平息民愤，该宪章就是以革命前纽约市的宪章为模板制定的。这一行为（温斯洛报告说它"阻止了民众的严肃抗议"）使圣约翰有了自己的市政府，它有对贸易的立法权，也建立了一个民诉法院和地方警务机构。[22] 然而，许多城市居民大概都因为得知了总督采取该举措的态度而焦虑不安。卡尔顿对他远在伦敦的上司们说，"我觉得无论如何，美国的创新精神都不应该在效忠派难民中得到维护"。为什么要敞开大门，欢迎他们就"王权本身就被公认有能力处理"的事项展开辩论呢？他谴责邻近的新斯科舍省，在他看来，该省政府在由派系众多的新英格兰人组成的议会面前束手束脚。在新不伦瑞克，"绝大多数人都是来自纽约或南部各省的移民"，卡尔顿希望另辟蹊径，"尽早利用他们更好的习俗，并通过加强政府的行政权力，阻止其过分依赖宪政的民众力量"。他觉得，"一个坚定有序的政府"不久就会展现奇效，"纠正民众的作风，并引入得体的习俗和勤谨，让因为上一场战争而如此长久地放荡散漫的人们走上正轨"。[23]

然而毕竟在北美住了那么久，就连卡尔顿总督也明白行政权力总有其界限。他"谨慎地避免"采取"可能导致人们认为政府故意不设议会"的措施。事实上他迟早都得召集一个议会。1785 年 10 月，就任将近一年之后，卡尔顿发布了关于新不伦瑞克首次选举的书面命令。在 18 世纪的英国和北美，选举权通常只会授予满足某种最低财产要求的男性。然而，由于新不伦瑞克所有的殖民者都是刚刚到达的，很多土地所有权仍然悬而未决，卡尔顿采取了一项非同寻常的举措，将选举权赋予"所有在本省居住时间不少于三个月的成年男性"。（所有白人男性，也就是说，新不伦瑞克的自由黑人被公然排除在外了。）[24]

总督大概希望这项非同一般的民主举措能够平息长期困扰着圣约翰的"暴力的聚众作风"。[25] 但是十年来，大多数难民经历了战争，往往还长期处在军事戒严中，根本没有任何政治参与的经验。1785 年选举似乎让大家集体松了一口气。本杰明·马斯顿在地处该省最北边缘的米拉米希（Miramichi）监督投票，他如今是那里的治安官和测绘员。马斯顿可不是民主的支持者，他所在的社区"大多数人都是文盲，愚蠢无知，又终日酗酒……这些人只需要两样东西，能够管制他们的法律，还有福音书，能给他们提供一些更好的知识，而不是像现在这样一无所知"，让他看到了谢尔本的阴影。当居民们选出的代表竟然是"一个无知狡诈的家伙"和一个臭名昭著的激进派律师时，虽在意料之中，也让他心灰意冷。[26]

圣约翰的情况尤其如此，选举导致了自殖民之初便日益高涨的愤怒情绪的爆发。这座城市本身的地理环境就强化了社会和政治分歧。在滨水区，也就是所谓"下水湾（the Lower Cove）"附近的街道，住着店主、木匠、劳工和海员这些倾向于反对总督和政务委员会专制的人。他们提交了一份候选人名单，为首的那个纽约退伍军人曾带头反对"五十五人请愿书"。在豪堡（Fort Howe）附近地势较高的山坡上，也就是所谓的"上水湾（the Upper Cove）"，住着本省官员、律师和受过教育的专业人员，他们支持的政府候选人名单里，主要人物是新不伦瑞克首席检察官。

11月的一天下午，投票在下水湾的麦克弗森客栈（McPherson's Tavern）开始了，人们每六人一组进入房间登记各自的选票。两天后，为了平衡选票，治安官把投票地点改在了上水湾的马拉德豪斯客栈（Mallard House Tavern），那是政府支持者的据点。与此同时，在麦克弗森客栈，下水湾的投票者们继续痛饮啤酒，谈论政局。谈论变成了辩论，辩论变成了嘲讽和威胁，威胁引发了敌对支持者之间的一场打斗。过激的言辞出现在客栈："我们上去，他们就在马拉德。该死的，我们要去围攻他们。"少则40多则100个下水湾的人抄起棍棒和尖木桩，离开客栈，沿街向马拉德进发。他们高喊着"下水湾万岁！"试图从守在门口的政府支持者人群里挤过去。一个人高声叫道，"来吧伙计们，我们很快就会把他们都赶走！"还打了那个阻止他的人。几分钟后，抗议就变成了骚乱：石头砸破了窗户，棍棒和拳头打向人脸，到处是破碎的玻璃、瓦器、骨头。直到军队从豪堡冲下来，把斗殴各方分开，强行把抗议者带往监狱，混乱的场面才算告一段落。[27]

卡尔顿总督把这场选举暴乱归咎于一心想"毒害最底层"的激进分子，并暗自得意他采取了"果断措施""遏制住了这种放纵的精神"。一周的冷静期过后，投票重新开始了，"选举现在以最为和平的方式进行着"。[28]当局可以轻而易举地镇压暴乱，但当治安官统计票数时，结果却不那么容易压制了：下水湾的候选人以超过 10% 的多数票当选。这可不是卡尔顿和他的小圈子期待的结果，他们也不打算听之任之。政府没有让六位下水湾候选人进入议会组成反对派，反而采取了一个全然不同的策略。他们重新统计了票数。在 1785 年那个阴郁沉闷的圣诞周，治安官一点点削减选票，驳回了近 200 张选举下水湾候选人的选票，制定了政府候选人名单。

这一消息不啻是在反对派的支持者背后捅了一刀。一位失望的选民愤怒地说，"这样一个议会……*应该被肢解*"，随即便因煽动性言论而被逮捕，又被迫双膝下跪，给议会道歉。[29]一位自称"北美甲虫"

的人在《圣约翰公报》（*Saint John Gazette*）上撰文，慷慨激昂地恳求自己的同胞们不要放弃。"我……一生都是个效忠派，"他声明道，然而看看这个避难所已经变得多么惨淡无望吧，"我们几乎不敢想象未来。我们的救济几乎断供了，土地还没有耕作。我们的效忠立场受到了怀疑。"他敦促，"我可怜的同胞们"，"请坚决捍卫我们与生俱来的权利，它是祖辈传与我们，并受到我们正义的宪法支持的……无论如何都不要……忘记了自己是谁。总之，让世界知道，正如你所知，作为'英国人的后裔'，你拥有那些'让世人妒忌的权利'。"谁也不知道"北美甲虫"的真实身份，但印刷商们却被指控煽动性诽谤罪，报纸也被关停。[30]

全省立刻掀起了反对选举结果的请愿活动。最大的一次请愿有 327 人签名，几乎占圣约翰选民人口的三分之一，吹响了抗议的号角。"我们已经证明了自己是最忠诚、最忠于政府利益的臣民"，请愿书声称道，然而：

> 我们却看到英国臣民公然被关入监狱……选举期间，军队进入城市，在毫无必要且无法律依据的前提下在街上巡逻……政府违法征税……选举的自由……以最为明目张胆的方式……被践踏……

　　我们无比肯定，这样的做法是非法的，违反了选举自由，侵犯了人民的权利，破坏了英国宪法的基本权利。

军队巡街、非法逮捕、不公平的征税、非正义的选举，这一切正在让人忆起革命前夕的十三殖民地。起码效忠派是这么说的。正如美国爱国者援引英国宪法请求赋予他们公平的代表权，圣约翰的效忠派也反对近期各类事件中对他们作为英国臣民之权利的践踏。他们的愤怒是针对国王在殖民地的代表，而不是针对国王本人的：就这一点而言，他们仍然是效忠派（1776 年前的绝大多数美国人也是一样）。的确如此，他们改变现状的最大希望恰恰寄托在国王乔治三世身上。他们呼吁君主解散议会，重新组织选举，从而确保他们"最基本的权利得到维护"。31

　　无论在实质上还是在语言上，仿佛 1760 年代的原型革命式不满都随效忠派一起从十三殖民地迁移到了新不伦瑞克。然而卡尔顿总督并没想打退堂鼓。他旋即给政府反对者贴上了不忠的标签，挑起了效忠派之间的内斗。为防止反政府请愿的势头扩大，议会通过了"防止以公众制定或向……总督提交请愿书为幌子，制造骚乱和混乱的法案"，正式将这类请愿定为非法。当四个人前来向议会提交抗议文件时，他们便依法被逮捕了。他们与被捕的马拉德豪斯暴动者和被指控煽动性诽谤罪的报纸印刷商一起走上了审判席，因傲慢无礼而"各自被定罪并受到了惩罚"。[32] 卡尔顿在 1786 年春宣称，"我敢向阁下保证，这里的派系斗争已经结束了"。效忠派的圣约翰与革命的美国之间的重要区别不在于抗议的内容，而在于这一次，帝国政府取得了胜利。权力似乎践踏了民众要求自由的呼声。瀑布果然逆流而上了。

1785 年在圣约翰进行的选举将成为北美效忠派难民和英国当局之间围绕帝国的一连串鲜明的政治冲突中的一个。参与者得到了怎样的教训呢？在白厅的悉尼勋爵看来，如果卡尔顿一开始就没有那么民主，整个事件可能根本不会发生，根本就应该"把选民限制在有地产阶层人士……如此一来，许多难以驾驭的倔强之人（我猜他们也是社会的最底层人士）就能被排除在外了"。[33] 这次骚乱似乎进一步证明了一点——民主可能是件危险的事情，仿佛美国革命还没有充分证明这一点似的。回顾整个事件，卡尔顿无疑会对此表示赞同。在他看来，这次骚乱彻底证明了面对抗议，威权主义是极有道理的。"考虑到从不同的军队部门收集到的人们的各类说法，以及其中许多人在一场漫长的内战中习以为常的那种无序行为，"他说，"最终的结果似乎只能是政府施加铁腕控制局面，并坚决惩罚那些不逊之人。"[34]

然而新不伦瑞克的骚乱也清楚地表明，英国臣民之间的政治分裂并没有随着战争的结束而弥合。它们凸显了从前革命时期到后革命时期大英帝国的一种重要的延续性，它恰恰是由效忠派难民巩固的。无论人们对"英国人的权利"实际上是什么有着怎样大相径庭的观点，他们仍有可能以同样真诚的态度坚持不懈地追求这一权利。[35] 这样的分歧继续分裂着大西洋两岸的英国臣民。几十年后，豪堡的一位英军中士——他可能参与过瓦解马拉德豪斯叛乱——回忆起1785年选举，说那是他个人开始政治生涯的一座里程碑。他说为了让选举结果进一步有利于政府候选人，上水湾的人们曾经考虑过把选举权赋予驻地的士兵（这一做法的合法性很可疑）。"我们的军官们当然与上水湾站在同一阵营，"中士回忆道，但当这些现役军人被问及支持哪一方时，"我的六个士兵从他们毛茸茸的大帽子底下探出头来，'当然是下水湾，长官！'""很奇怪，"他反思道，"我们居然会在情感上一致倾向于本省的民众一方；但我们就是有这样的情感，就连神圣同盟所执的九尾猫①也未能根除我们心中的这

---

① 神圣同盟（Holy Alliance）是拿破仑帝国瓦解后，由沙俄、奥地利和普鲁士三个国家的君主于1815年9月26日在巴黎会晤时建立的一个同盟。欧洲大多数国家后来参加了这个松散的政治组织。"九尾猫（cats o'nine tails）"又称九尾鞭，是一种多股的软鞭，最初在英国王家海军以及英国的陆军中作为重体罚的刑具，也曾用于英国和其他一些国家的执法体罚。

种情感。"[36] 这位中士名叫威廉·科贝特（William Cobbett），在滑铁卢之后的那几年记下这些回忆时，他（在身为坚定的保守主义者多年之后）逐渐成为他那个时代的英国激进派领袖之一。不管他是否为适应当时的现状而歪曲了回忆，科贝特均会唤起关于1785年选举的这些回忆来高举他的理想，成为英国国内议会改革的一位支持者，并因此而流芳百世。[37]

效忠派又如何呢？那次选举所展示的一个最为惊人的事实，是"效忠派"内部也会出现很多政治形态和规模。他们在一件事情上保持一致：他们都支持国王的权威——至少当国王也支持他们时，理当如此。在这一关键方面，效忠派是忠于王权的；这是政府能够获胜的一个重要原因。但君主政体大概是将千差万别的北美难民集中到一起的唯一原则。爱德华·温斯洛和他的朋友们很高兴地看到不同政见被压制下去，"绅士派头的政府"得到了巩固。他们希望效忠派的新不伦瑞克稳定而等级森严，成为看似无政府状态的共和制美利坚合众国的一个对立面。但"美国各州的艳羡"对下水湾的居民，或者对居住在上游临时住所里的老兵，抑或对像前中士托马斯·彼得斯那样的自由黑人并没有什么吸引力，黑人们已经被排挤到了圣约翰和弗雷德里克顿的贫瘠土地上，并被彻底排除在选民之外。政府的镇压让人想起了革命前的十三殖民地，面对这一现实，一个被判煽动性诽谤罪的印刷商决定重返美国——那里至少是他的家乡。这样巨大的政治分歧让我们根本无法把所有的难民效忠派都定义为坚定的"托利派"。相反，为了探明政府权力的边界，他们展开了关于自由和权威的争论，这些争论将继续改变这一地区的政治文化走向，并在效忠派大流散的其他地方得到呼应。

*

新不伦瑞克精英阶层的成员们并不是唯一对后革命时期的大英帝国怀有美好期待的效忠派。在安大略湖及附近，另一群难民莫霍克人也开拓了他们自己不同于美国的选项，并在此过程中表达了关于在帝国内部拥有自由和主权这一主题的另一种声音。在约瑟夫·布兰特和他的下属们看来，移居魁北克的吸引力不光是土地，还有可能为在五大湖区及附近建立一个新的印第安人联盟奠定基础，从而把易洛魁人和一直到西部辽阔区域的各印第安部族联成一体。布兰特等人希望在这里建立一个介于帝国和共和国之间的自治领，如果他们进展顺利，可以成为大英帝国的独立同盟和它忠诚的臣民。

对与英国结盟的易洛魁各部族来说，1783年和平条约也是毁灭性的，丝毫不亚于那么多白人效忠派所受的打击。它不仅没有作出任何特殊安排，保护印第安人免受对其土地虎视眈眈的美国人的威胁，而且根本连提都没提到他们。此外，该条约要求英国放弃它在五大湖的要塞，也就是移除保护印第安人免受美国扩张侵略的一道重要堡垒。最糟的是，魁北克与美利坚合众国之间确定的边界把大片的印第安人领土都割让给了纽约州，公然违反了 1768 年的《斯坦威克斯堡条约》①。英国官员们也意识到这些条款对易洛魁人有多恶劣，因而尽可能地拖延时间，不向自己的同盟透露这些消息，而当他们最终不得不披露残酷真相时，居然企图靠分给印第安人 1800 加仑朗姆酒来减轻他们所受的打击。[38] 正如一位莫霍克发言人所称，国王"没有任何权利把［莫霍克人的］财产权让与美国各州，这么做是公开践踏一切公正和平等，他们不会就此屈服的"。[39] "英国把印第安人出卖给了美国国会。"约瑟夫·布兰特如是说。[40] 他们对国王的忠诚到此为止。

比起割让佛罗里达之于南方印第安人，易洛魁人认为 1783 年和约是对他们的利益更大的背叛。因

---

① 《斯坦威克斯堡条约》( Treaty of Fort Stanwix ) 是 1768 年英国与印第安易洛魁人在纽约殖民地罗马附近的斯坦威克斯堡签署的条约，根据该条约，以俄亥俄河为一条领土分界线，将弗吉尼亚殖民地的肯塔基部分以及现在的西弗吉尼亚的大部分割让给英国。该条约还平息了六族联盟与佩恩家族（即宾夕法尼亚殖民地的所有者）之间的领土争端。

为虽然克里克人和其他民族都害怕被拱手交给西班牙人，但那也总好过直接落入美利坚合众国的魔爪。多年争夺土地的冲突以一场为时八年的战争作为结束，在印第安人的土地上，那场战争简直无异于为子孙后代提供了一个战争罪行清单。持续不断的暴力让成百上千的易洛魁人越过边境来到魁北克，与当年黑人和白人效忠派逃往英军占领的城市寻求保护别无二致。战争结束时，至少有 200 名来自纽约亨特堡（Fort Hunter）的莫霍克人住在蒙特利尔以南的拉欣（La Chine），而另一个更大的社区集中在西部边境的尼亚加拉附近，英国当局干脆称之为"效忠村"。[41] 如今，这些易洛魁人移民像其他效忠派难民一样，充满沮丧地盘算着应该在哪里长久地安顿下来。

然而失望归失望，易洛魁人还是比南方印第安各族多了一项重要优势，即他们居住在英属加拿大和美利坚合众国的边境上，横跨一个重要的帝国边界。在南方，英国的代理人起初希望能让易洛魁人继续效忠，从而保护贸易，也为英国未来与美国——或可能与西班牙——之间尚不明朗的对抗提供支持。在北方，也就是大英帝国与美利坚合众国交界的地方，英国人积极投入，力求保住印第安人对他们的忠诚。如此一来，莫霍克人的地理位置就把他们置于英美利益的紧要关口。美国人希望诱惑他们回到莫霍克河谷，以便遏制他们继续在边境制造麻烦；英国人希望让莫霍克人守在边界的加拿大一侧，从而维系双方的联盟关系。双方都力求拉拢莫霍克人，后者如此便可在两者之间纵横捭阖，弥补他们的相对弱势。

莫霍克人还有一项优势，那是约瑟夫·布兰特尤其擅长利用的优势。由于他们与英帝国官员之间长期维持着友好关系，他们可以利用私人关系来为自己争取更好的未来。布兰特不仅与接连两任印第安人事务督察专员，即盖伊·约翰逊和约翰·约翰逊爵士，建立了亲密友谊，自己也在印第安人事务部任职；他还有一个相对较为同情他们的中间人：自1778 年开始担任魁北克总督的弗雷德里克·哈尔迪曼德（Frederick Haldimand）将军。与他的前任盖伊·卡尔顿爵士不同，哈尔迪曼德积极寻求易洛魁人的支持，也对印第安人被和平条约出卖境遇感同身受。"看到我们（并非绝对必要地）……接受了如此屈辱的边界，我悲伤难抑。我发自内心地感到屈辱。"哈尔迪曼德坦承道，这无意间附和了南方印第安人事务督察专员托马斯·布朗听说克里克人被抛弃时的感受。[42] 和盖伊·卡尔顿爵士坚持践行英国对黑人效忠派许下的自由承诺一样，哈尔迪曼德也觉得他个人有责任继续维护英国对印第安人的支持。他的个人尊严乃至英国的国家荣誉，全都在此一举。

1783 年那艰难的几个月间，哈尔迪曼德和东佛罗里达及新斯科舍的两位总督一样，应对着效忠派难民不断从美国各州涌入的局面。有些前往新斯科舍的难民还带着些基本的补给,但涌入魁北克的绝大多数人则是真正意义上的一无所有:到1783年底,一个记录显示,3000多难民急需基本的衣物。[43] 可悲的是,哈尔迪曼德可以调用的资源少得可怜。他的办公室列出了一系列极其原始的缩减成本策略。

> 生病和带孩子的弱女子以及那些自身情况不允许外出劳动的人,可以让他们集体住在一两栋大房子里,而不是单独居住,如此可以节省大笔取暖和居住费用。……有些人或许还可受雇,以比加拿大人便宜的固定费用制造毯子、衣服和裤子等。受雇劳动的效忠派(由于本省负担的薪酬费用过高)如果请病假,则应停止供暖和供给,直到他们重新上岗再继续提供。对商人或手工业者也可适用同样的规定。[44]

难民巡视员得到命令,只给"那些<u>绝对</u>必需之人"发放全部配给。[45] 难民们很快便怨声四起。他们抗议道,没有政府救济,"我们便无法度过这酷寒和即将到来的严冬",处境艰难,因为他们身处"一个没有任何手段为生,无法挣得一分钱来支助彼此的陌生荒凉之地……更何况我们中的大部分人口袋里没有一个先令,脚上连双鞋子都没有"。[46] 一位巡视员提到另一群"病得很重的"难民，他们中"有几个人已经死去了，他们认为是缺乏粮食和衣物所致"，却"因为陈述了效忠派的困境"而受到了批评。[47]

对白人效忠派如此克俭克勤，哈尔迪曼德对印第安人的迁就就显得尤为突出。面对如此匮乏和紧缺的背景，他仍然为印第安人承担了一大笔额外的费用：他安排给了莫霍克人效忠派一片属于他们自己的土地。1783 年秋，印第安人代理人丹尼尔·克劳斯（Daniel Claus，威廉·约翰逊爵士的女婿，约瑟夫·布兰特的另一位密友）前往拉欣，鼓动那里的莫霍克难民留在英属加拿大，而不是返回纽约，回到他们深受战争蹂躏的祖居地。他也知道，"让这个在一片丰饶的国土上安居乐业的民族离开他们……先祖从远古时代便定居的地方……是个不通人情的提议"。他还知道，让他们把"死去的朋友和亲人的坟茔抛给敌人，任其毁坏和践踏"有多么勉为其难。但克劳斯成功地说服了整个社区在英国的地盘上"选择一块好地"，"他们和子孙可以在那里无忧无虑地生活下去"。[48] 应英国军官的邀请，约瑟夫·布兰特和一些莫霍克人下属在如今的金斯顿（Kingston）附近的昆蒂湾（Bay of Quinte）选中了一个地点。哈尔迪曼德"欢天喜地"地安排从米西索加印第安人那里购买了这块地送给莫霍克人，并为他们补充供给，帮助他们度过刚刚登陆后那几个难熬的季节："我一贯认为莫霍克人是值得政府关注的原住民，且特别关注他们的福利和重建事宜。"[49]

　　虽然从动机上来看，哈尔迪曼德的行为至少部分是为个人信念所驱使，但他却从战略角度为自己的这笔开支向白厅辩解。他声称这一安排可以确保莫霍克人今后世世代代对国王效忠。到 1784 年底，逾 5600 名白人效忠派聚居在金斯顿 [ 当时名为卡塔拉奇（Cataraqui）] 和圣劳伦斯河沿岸远至索雷尔（Sorel）的地方，那一带的 15 个聚居地建立得极其仓促，连名字都没有起，只是匆匆编了号码。[50] 哈尔迪曼德希望莫霍克人可以混居在这一串新村中，成为与英国同盟各印第安部族的效忠主力，那是他一直想在魁北克和纽约之间建立的缓冲。为确保莫霍克人的支持，哈尔迪曼德采取的另一个措施是下令在金斯顿为约瑟夫和莫莉·布兰特建两座相邻的宅邸。[51] 在英国—印第安人关系的背景下，所有这些措施显得不那么寻常，证明了英国多么迫切地需要莫霍克人同盟来确保帝国安全。然而放在为效忠派分发供给的背景中对照来看，哈尔迪曼德对莫霍克人的优待相当不寻常。他通过给印第安人赠地的做法，为他们提供了英国政府给予其他效忠派难民同样的重大让步。这类行为再次表明，在英国官员看来，莫霍克人不仅是完全独立的同盟，他们还是效忠派，并因此而赢得了特权。[52]

　　那么这一切又将莫霍克人自身置于何地呢？约

瑟夫·布兰特打算最大限度地利用莫霍克人的双重角色。他最担心的问题是他能够借此打造多大的自主权。他一直认为跟美国人相比，英国人为莫霍克人提供的福利更多。为收复易洛魁人的领土而与美国进行的谈判结果不尽如人意，再次证明了他的这一判断。1784 年新签的斯坦威克斯堡条约进一步缩小了易洛魁人的领土范围，让布兰特更希望莫霍克人站在国界线的英国人一边，这当然也是哈尔迪曼德的愿望。[53]

然而在布兰特眼中，大英帝国的吸引力并非像英国当局希望的那样，舒舒服服地融入加拿大。相反，他认为帝国是重建莫霍克主权国家的最佳平台。帝国可以提供土地，土地可以为团结奠定基础——而他知道，团结就是力量。布兰特在听说新和约之后所做的第一件事，是联系西部的印第安各族，希望组成一个比昔日的六族联盟更大的印第安部族联盟。在俄亥俄谷地的桑达斯基（Sandusky）召开的一次大型会议上，来自包括克里克人在内的数十个印第安部族的代表们聚在一起，讨论他们在大英帝国和美利坚合众国的夹缝间求生存的现状。布兰特发表了激动人心的演说，呼吁大家在英国的庇护下团结起来。会议结束时，35 个部族承诺支持建立一个易洛魁人领导的联盟。[54]

有了这一西部各族通力合作的计划在手，布兰特把目光投向了另一块莫霍克人的定居地。它位于伊利湖和安大略湖之间的格兰德里弗，是一个很不错的战略地点，可方便布兰特与西部的印第安各国和南边纽约州的邻居们取得联络。一想到还要花巨资买地给他们，哈尔迪曼德吓得面无人色。但他仍然因为和约而内疚不已，又急于留住布兰特的支持，便同意购买这片领土。1784 年 10 月，"鉴于莫霍克印第安人早先在［国王的］事业中表现出的忠诚，以及他们因此而永久丧失的定居地"，哈尔迪曼德授权购买了格兰德里弗那片土地，将它赠予莫霍克人"供他们和子孙后代……永久享用"。[55] 这笔为印第安人花费的支出将是他的最后几笔开支之一：三周后，哈尔迪曼德就因为财务超支被从总督任上召回英国。

1785 年中，效忠村的印第安人迁到了新的帝国家园。（约 200 名原本生活在亨特堡的莫霍克人选择和他们自己的首领一起留在昆蒂湾。）这次赠地是印第安人的一个巨大成就：他们将以此地为据点，重建个人生活和集体力量。然而约瑟夫·布兰特与大英帝国之间的交易还没有结束。因为和其他效忠派一样，印第安人不光想要一块新的居住地，他们还想为他们在美国丧失的一切获得赔偿。莫霍克人反复接近英国政府提出索赔，都无功而返。一再耽搁让布兰特不胜其烦，便决定走捷径前往帝国之心。他的部落民在格兰德里弗定居之后，布兰特乘船前往英国，决心亲自追究赔偿一事。

1785 年圣诞节前不久，英国新闻界宣布"备受尊崇的莫霍克之王约瑟夫·布兰特上校"即将到达伦敦。
布兰特一如既往地以两种身份周旋：作为"莫霍克人
之王"泰因德尼加，他行使的是"出入英国宫廷的大
使之职"，而作为约瑟夫·布兰特，他动用自己的英式
派头和社交关系在当地赢得好感。在好友丹尼尔·克
劳斯的住处安顿下来后，布兰特立即求见悉尼勋爵。
他在那里力陈莫霍克人应该获得赔偿的理由，用的是
莫霍克语，由一位昔日的军人同事担任翻译。他代表
"整个印第安人联盟"说，"我们听说自己在条约中彻
底被遗忘了，都震惊不已"。[56] 他与其他效忠派难民一
样，请悉尼勋爵尊重"莫霍克人的损失索赔……这一
切全因他们忠诚地依附于国王，以及他们在打击北美
叛乱臣民的过程中所表现的对国王的支持而起"。英国
官方曾承诺"弥补他们的损失"，他最后说，如今实践
该承诺的时间已经过去了很久。[57] 在等待官方就莫霍
克人的集体索赔作出回复期间，布兰特也在追究他和
莫莉·布兰特个人的索赔，索赔金额大约是每人1200
英镑。他还提出他在印第安人事务部任职应当领取半
薪（津贴），但他从未实际收到过这笔金额。

与此同时，和1775年的伦敦之行一样，布兰特
再次受到上流社会的追捧。人们争先恐后想见见这位
来自北美森林的棕色皮肤的武士王子，18世纪末的
英国人将帝国的很多原住民臣民视为活生生的"高贵

的野蛮人"[1]，他便是其中之一。然而如果说英国社会对他的反应没有多少变化，那么布兰特本人又变了多少呢？从他上一次请乔治·罗姆尼给他画肖像以来，十年过去了，布兰特再次请人给他画肖像，这一次的画家是美国出生的吉尔伯特·斯图尔特（Gilbert Stuart）。他再次戴上红色的羽毛，还特意在他闪闪发光的护颈下面戴了一条镶嵌着国王头像的项链垂饰。然而在罗姆尼笔下，年轻的布兰特带着神气十足的性感，从画框中直视着观者，这位布兰特的目光却向下漂移了。十年征战，他显然老了，左眼下垂，下巴的轮廓上满是皱痕，衣领上面堆着层层赘肉。在一个衣香鬓影的化装舞会上，宾客们对布兰特身着莫霍克服饰的装束赞叹不已，他的半边脸上画着深红色颜料的条纹。舞会上，有位土耳其外交官以为布兰特戴着面具，就伸出手抓住莫霍克人的鼻子猛扯了一下，想拽下他想象中的那个面罩。突然之间，"骇人的喊杀声"响彻整个舞厅。谈话声渐渐停下，陷入了沉默，人们看着布兰特从腰带里抽出战斧，在土耳其人的头部周围挥舞着，战斧的钢刃在灯光下熠熠生辉。在那千钧一发的时刻，所有的人都停了下来——直到布兰特把武器插回腰间，众人才如释重负地松了一口气。谁也

---

[1] 高贵的野蛮人（noble savage）是一种理想化的原住民、外族或他者，尚未被文明"污染"，因此代表着人类天生的良善，也是一种文学著作中的定型角色。

不知道布兰特是不是在开玩笑；也许危险恰是他的部分魅力所在。[58]

在会见悉尼勋爵四个月后，布兰特等来了他期待已久的对莫霍克人索赔的答复。悉尼解释说，国王否定了"个人因敌人的破坏造成损失而获得赔偿的权利"。但"作为他对他们最友好态度的证明"且"适当考虑到国民信仰，以及王室的荣誉和尊严"，国王同意无论如何还是赔偿莫霍克人，这是对他们的特别优待。[59] 国王的答复所表达的逻辑与议会回复其他效忠派的逻辑是一样的。莫霍克人不比其他任何效忠派更有"权利"要求赔偿，但"国民信仰"最终会为他们伸张正义。

布兰特于1786年下半年回到加拿大时，因为此行大大小小的收益而兴奋不已：查尔斯·詹姆斯·福克斯赠送的银质鼻烟盒、一块金表、一个镶有他的缩微画像的盒式项链坠、一对笼中的金丝雀。他还拿到了退休首领的半薪。更利好的是，他还收到了共计2100英镑的货品和钞票，是对他本人和莫莉所受损失的丰厚赔偿。[60] 至于英国对莫霍克人的赔偿承诺，也变成了物质现实。他到达格兰德里弗后，发现新的莫霍克村庄"布兰特镇"已经初具规模了。那是个齐整有序的定居点，原木屋都装有玻璃窗，周围是悉心耕种的农田和磨坊，布兰特镇的格局很像他们抛在身后的莫霍克河谷的村庄。一所英国政府出资建设的学校已经竣工。村庄正中心是象征着英国—莫霍克人关系的最大建筑物：一个有着整齐的白色护墙板的教堂，有锐角的面墙和方尖塔，被尖尖的顶饰衬托得格外分明。当传教士约翰·斯图尔特（布兰特曾在 1770 年代和他住在一起）几年后探访这座"大河上的莫霍克村庄时"，他看到那里住着"700 多人"，大多是"我旧日的教民"，住在"许多结实漂亮的房子里"。[61] 他尤其高兴地看到教堂里设施齐全，都涂成深红色，有一架管风琴，还有座专门从英格兰运来的响亮的大钟。座位上方悬挂着王家纹章，而斯图尔特一定注意到了，那里使用的银质圣餐器皿恰是他昔日曾在纽约亨特堡他那座小教堂用过的那些。

在斯图尔特和其他白人访客们看来，布兰特镇是野蛮人被英国文明驯化的典范。"那个村庄的确让人满心欢喜，"斯图尔特宣称，"以至于我都很想把家搬到那里去住了。"[62] 布兰特本人更是在自己的格兰德里弗庄园把贵族气派发挥到极致。他那座装修豪华的宅邸围着一圈整齐的尖桩篱栅，一面英国国旗在屋前迎风飘扬。每逢招待白人宾客时，他都会举起一杯杯马德拉白葡萄酒祝国王和王后身体健康，黑奴们戴着褶边领巾侍奉左右，鞋上还有银质的搭扣。晚餐后，他会带着客人们来到舞厅，在那里跳起曼妙的苏格兰里尔舞，并给他们讲述他在战场上屡立战功的故事。这位在伦敦社交圈一战成名的人一贯用他"文明的"

仪态在布兰特镇热心地招待白人访客,每每令他们久久难忘。[63]

然而在某种意义上,布兰特镇也是泰因德尼加族人的城镇。[莫霍克人称之为"奥斯维肯(Ohsweken)"。]虽然眼前勃勃生机的教堂、学校和农田让布兰特心满意足,看到他建立一个广阔的印第安部族联盟的梦想成真,想必也令他称心如意。搬到格兰德里弗后刚刚一年,就有近2000个印第安人在保留地落户,不仅包括易洛魁人,还有阿尔贡金语系各部落,甚至还有少数克里克人和切罗基人,分民族居住在自己的小村庄里。[64]从英国回来后不久,布兰特参加了另一次重要的印第安人政务会,其间参会各族重申他们将团结起来,还向美国伸出了橄榄枝。至少从当前情况来看,他的新印第安人联盟似乎已经成功地在大英帝国和共和制美国的交界处站稳了脚跟。

谁也不可能真正了解布兰特为发挥自己的纽带作用作出了多大的努力,他既是莫霍克人的领袖,同时又要做一个忠实的英国臣民。令人失望的是,也没有多少现存的资料证明他领导下的绝大多数印第安人对此的态度如何。新不伦瑞克的支持者们倾向于认为他们自己的新建省份是从失败中夺来的胜利果实,这些印第安人是否以同样的方式看待格兰德里弗的定居地?他们一定已经看到,和平可能和战争一样遍地荆棘。布兰特认为，在一个理想的世界，他可以"统一印第安人，在他们与美国之间签订和约，去除所有偏见，让我们安静地生活在自己的土地上，远离忧惧与妒忌"。[65] 然而现实不是理想世界。莫霍克人已经丧失了自己的故土、村庄和财产。他们还在不同程度上丧失了真正的政治独立性，在新的政治格局中被夹在英国和美国各州之间。后来那些年，布兰特会对英国人和他的同胞易洛魁人有诸多抱怨，前者日益限制印第安人的土地权，后者则一点点地东移进入纽约州，抛弃了他的模范社会。

尽管如此，南边那个共和国对印第安人的土地虎视眈眈，对布兰特来说，住在他们的地盘之内显然不如作为同盟和臣民住在大英帝国境内。1780年代中期，他只要对比一下莫霍克人的处境和选择留在边境的美国一方的奥奈达人的处境，就能清楚地看到这一点。奥奈达人回到了自己被战火烧焦的故土，却最终无法抵挡住纽约投机者的侵扰。大英帝国推荐给莫霍克人一件很重要的东西：它为印第安人的利益提供了一把名义上的保护伞。无论印第安人在帝国内扩张有着怎样的重重限制，布兰特建立一个与英国结盟的印第安部族联盟的愿景成为一个先导，极大影响了后续主张印第安人主权的努力——从众所周知的肖尼人首领特库姆塞（Tecumseh）在五大湖区的雄心抱负，到加入克里克人部落的效忠派威廉·奥古斯塔斯·鲍尔斯提出在密西西比河谷建立效忠派印第安国家的计划。对莫霍克人来说，离开美利坚合众国始终是向前迈进了一步，他们还不知道的是，即便在大英帝国，要获得真正的权力，前景也绝非无限光明。

*

为满足效忠派的需要而重新划分了新斯科舍的疆界，莫霍克人也在新的土地上定居下来之后，位于魁北克的第三类定居地提出了另一个迫在眉睫的问题，就是效忠派涌入之后，当如何治理英属北美的问题。英语清教徒居民的增加对一个法语天主教徒占人口绝大多数的省份意味着什么？从某些方面来说，它的影响无远弗届。对英国行政人员来说，它可被纳入一个更加宏观的问题，事关如何最有效地组织和治理英国如今在北美的帝国版图。解决这个问题的首要责任落在了那个曾经在安顿*法语居民*和帮助效忠派难民两件事中都付出过极大努力的人。这一次，盖伊·卡尔顿面对的难题是同时实现这两个目标。

每次卡尔顿回到北美，他的地位都会比前一次更高一级。第一次踏上这片大陆时，他还是个年轻的陆军上校；第二次他已经是个将军和殖民地总督了；再次来时，他是巴思骑士和总指挥盖伊爵士。战后，卡尔顿希望能再上一个台阶。他加入了倡导英属北美改革的效忠派难民游说队伍，他也支持新斯科舍的分割计划，并支持创造一个拥有全权的大总督职位来总管所有北美省份的事务。托马斯·卡尔顿已经被派往新不伦瑞克了，但盖伊爵士打算为自己争取到那个最高的职位。[66]

这个工作本来就非卡尔顿莫属，只是还有两重障碍。首先，皮特内阁抵制创建大总督职位让卡尔顿大权在握，因为那样一来，他就拥有脱离伦敦的完整自治权了。（就在同一时期，与东印度公司改革相关的印度大总督的职权问题正在激烈辩论中。）第二个障碍更难跨越，卡尔顿在接受这一职位的同时开价高昂：他想在任职的同时获封贵族头衔。卡尔顿提出这个要求的动因不仅是爱慕虚荣。他知道，在不列颠世界，贵族头衔是主张权力的最佳途径："一个英国贵族的身份比任何被加冕的君主都要高贵。"[67]如果要负责在北美重建战后帝国，他就需要自己能够拥有的一切权威。他觉得要完成这项任务，需要比将军更高的权威，必须是贵族才行。冗长的谈判持续了两年，他百折不挠地力求获封贵族爵位，国王和政府同样坚持不懈地拒绝。最后，还是卡尔顿的锲而不舍占了上风。虽然大总督一职并没有赋予他所想要的所有权力，他还是获得了自己追求的贵族头衔，成为第一代多切斯特男爵。他在选择封号时，援引了跟他祖上有点儿联系的牛津郡的一个小村庄（不是多塞特郡那个更有名的多切斯特），不过那点儿联系也多半是他想象出来的；选择了一个突出自己辉煌军功的座右铭；还设计了有一对河狸纹章的盾徽，彰显他和北美的关系密切。有了这一整套贵族装备，新晋多切斯特男爵再次跨海西行，这一次，他的身份是不列颠北美大陆帝国的首席长官。[68]

多切斯特（从此以后人们都以此名来称呼他）非常清楚自己这个职位的边界在哪里。在伦敦，他有一次和前秘书莫里斯·摩根闲聊，"开玩笑地聊聊有无可能重建［北美］帝国"。"他们认为，政府绝不是理论谋划的成果，而是意外、偶然和窘迫的产物。"[69]和当时的许多欧洲人（更不要说他的很多效忠派朋友了）一样，多切斯特也认为美国可能会分裂，它的部分领土会重新落入欧洲人之手。即便美国能够存续下去，当时也没有人能够预测哪一个大国势力——美国、英国、西班牙还是法国——能够控制五大湖和密西西比河谷这一大片战略意义极为重要的地区。与此同时，多切斯特也知道，独立的美利坚合众国的存在本身，就是对英属北美的挑衅。从人口和经济发展上来说，英属北美根本无法与美国媲美。单是纽约州的人口就相当于邻近的魁北克省全部人口的三倍半。[70]作为《魁北克法案》的设计师，多切斯特还知道英属北美的多种族人口有着利益冲突，协调起来实非易事。逾35000名难民的到来使得英属北美更像是一个白人、黑人和印第安人居民杂居的地方，他们说着好几种语言，在多种祭祀场所敬神礼拜。新来者的唯一共同点是不同程度的匮乏和不满。如今多切斯特必须让英属北美的战前居民接受和消化这一切具体的"意外、偶然和窘迫"，建立一个稳定的、持续发展的帝国国家。

回来行使自己第三个任期的总督之职的多切斯特站在圣路易城堡上，看着外面熟悉的风景，眼前是无数屋顶和日晒雨淋的石头，偶尔有水滴落在下面的河流中，想想那高度的落差，难免令人眩晕。然而1780年代的魁北克，政治和社会格局都非同以往了。虽然法语居民在人数上仍然大大超过讲英语的殖民者，比例大概是5∶1，在圣劳伦斯河谷一带甚至能达到40∶1，本省的大约6000位效忠派难民却也形成了一个颇有影响的利益集团。[71] 和新不伦瑞克的情况一样，总督本人的随从中尤其不乏效忠派精英。值得一提的是，多切斯特的长期合作者威廉·史密斯随他一起来到魁北克担任首席法官，也是一个说话很有分量的政策顾问。多切斯特的职权说明就反映了革命后英属北美的优先事项有所变化。1770年代他受命缓和英裔居民和法裔居民之间的关系，也须密切关注讲法语的天主教大多数人的利益，这一次他却带着几乎截然相反的任务而来：向政府提供改革建议，迎合日益增加的英语人口的利益。

这一使命反映了英国官员从美国革命中获得了一个重要教训。帝国需要改革，宪政改革。爱尔兰和印度的政府都已经重组，同样的改革动因也导致人们反对大西洋奴隶贸易的呼声越来越高。这一次多切斯特和他的顾问们是带着改革任务来到英属北美的。威廉·史密斯对魁北克的问题有着清晰的判断："这片国土的错误政策一直以来都为国家的'医者'所无视：国王、上议院和下议院。"[72] 他认为，英属北美应该成为加强和改造英国宪法之地，以防患于未然，杜绝曾导致南方帝国崩溃的问题发生。换句话说，从根本上加强王室（以及国王的行政代表）的权威，将其凌驾于殖民地议会的权力之上——后者已经是新不伦瑞克乃至效忠派大流散至其他各地的人们明确表达出来的需求。具体到魁北克，这还意味着要让英语区享有比法语区更高的特权。在法庭上，史密斯立即着手在涉及效忠派的案件中优先适用英国民法而不是法属加拿大法律。查尔斯·英格利斯就任新斯科舍主教也在制度上巩固了英国圣公会在英属北美各省的重要性，虽然这里的白人人口大多由天主教徒和不信奉国教的新教教徒组成。多切斯特和史密斯还提议在魁北克建立一个免费小学教育体系，旨在提升*法语居民*，让他们脱离"*原始野蛮的状态*"。[73] 政府的权力在一个又一个领域得到加强，英国人的利益也大大压过了法国人的利益。[74]

这两项优先事项都将在议会最终通过的法律改革中确立下来，即《1791 年宪法法案》（Constitutional Act of 1791），又称《加拿大法案》（Canada Act），是现代大英帝国政府的基石之一。在很大程度上，加拿大的新宪法是由远在伦敦的国务大臣制定的，因而显然代表了皮特政府的威权主义态度。这一法案明确加强了教会、贵族和国王的权力，因而在部分程度上，句句都像是对美国革命以及彼时革命中的法国正在酝酿的诸多新麻烦发出反击。特别值得一提的是，它规定所有新镇都必须划出七分之一的土地归英国圣公会所有，未来，这不光引发了法语天主教徒的忧虑，也让卫理公会教徒和其他不信奉国教的新教徒忧心忡忡。它虽然有关于民选议会的规定，但也建立了强有力的立法机构，以英国下议院为模型，由委任成员组成。它甚至允许国王在加拿大建立世袭贵族政治。由于上述所有原因，该法案一直被诠释为一项反革命举措，与整个帝国转向威权主义的趋势是一致的。[75]（在英国政治史上，关于该法案的争论最为人们所铭记的，是激进派查尔斯·詹姆斯·福克斯和日益保守的埃德蒙·伯克之间的长期友谊本已因为两人关于法国革命的观点冲突而受到了伤害，最终在下议院的一场关于该法案的激烈冲突中摊牌，两人的关系彻底破裂。）[76]

最终，多切斯特本人在这部立法的条文制定中所起的作用相对很小，远不如当年实际上由他一手起草的《魁北克法案》。这一点值得关注，因为《加拿大法案》在一个关键问题上与《魁北克法案》的精神是相悖的。( 的确，它正式废除了《魁北克法案》的某些条款，认为后者"在许多方面不适用于上述省份当前的条件和形势"。)《魁北克法案》因向法语天主教徒提供了民权而激怒了英裔北美人，但《加拿大法案》却有一个规定明确有利于英语居民的利益，特别是效忠派。效法新斯科舍一分为二的先例，它把魁北克也分成了两个部分。从此以后，该地区东半部成为下加拿大省（如今的魁北克省），保留了法语天主教徒占人口绝大多数的现状。西半部是新的上加拿大省（如今的安大略省），主要人口是讲英语的新教徒殖民者，其中大多是效忠派难民。在旧的省界规定下，这些殖民者位处一个天主教法语居民占优势的省份边缘，苟延残喘。随着上加拿大的建立，效忠派难民有了自己的行政管理机构，如此一来，西边的上加拿大在结构和地位上均等同于东边的新不伦瑞克。作为对效忠派利益的又一让步，上加拿大省的土地租用制度也作出了相应的规定，以非常低的附加费用鼓励殖民。省份的分割成为一个重要举措，在一代人之内，便把这一北方边疆变成了英语加拿大的腹地。

　　然而要理解《加拿大法案》，最鲜明有效的方式还是把它和新兴的美利坚合众国联系起来考察。与其说它是一项反革命举措，不如说它是后革命时期对新的政治格局所作的回应，它并非传统意义上的"反动"。[77]众所周知，"英国宪法"是不成文法，它没有单一的基础文本，而由一系列逐渐产生的文件和常例构成。《加拿大法案》则是革命后英国政府官员们努力明确宪法条文的若干实例之一，他们力图为帝国治理白人和非白人臣民作出明文规定。英国人为加拿大撰写这部宪法的时间与美国人为美利坚合众国制定一部共和制宪法的时间恰好一致，也绝非巧合。英国人和美国人一样，都因为这场内战而开始重新考虑北美政府的基石所在，并在基础文件中把那些想法记录下来。

北美臣民们对这一新的帝国宪法感觉如何呢？在战前的英属北美，人们认为威斯敏斯特的英国议会几乎没有代表殖民地臣民。这一法案事实上则是复制了威斯敏斯特，把它平移到了加拿大。然而并非所有效忠派都拥护它，从立法角度来说，它显然是首都英国人的创造。正如金斯顿的一位效忠派抱怨的那样，"应该是先有一个国家，再为其建立政府，而不是为了实施政府的某个事先预谋的投机计划，去挤压和扭曲一个国家"。[78]多切斯特本人对该法案则是五味杂陈。虽然他"赞同殖民地只能建立在不列颠的原则之上"，但他对变化的速度和性质却颇有质疑。他总是劝焦急的改革派史密斯慢慢来，慢慢来。[79]多切斯特尤其反对将该省分为两半的做法，部分理由是这么做疏远和离间了法裔加拿大人。在他二十年治理北美的生涯中，他一直在鼓励一种能够在帝国权威的统领下容纳不同民族群体的治理模式。这些是他在《魁北克法案》中确立下来的价值观，也是他在监督黑人效忠派撤离时坚持的原则。然而《加拿大法案》却排斥了这一优先考虑。多切斯特和他的弟弟托马斯一样喜欢寡头政治，他也反对另建一个省议会，那只会导致派系林立。相反，他继续鼓吹建立一个单一的全权大总督，并与史密斯一起为此撰写了一份建议书，这也有点像史密斯先前提出的建立北美议会的主张。[80]

从某种程度上，两人提出的对立的改革计划是1839年《达勒姆报告》中诸项建议的先声，那些建议提出要建立"负责任的政府"并统一上下加拿大，是英属北美自由主义抬头的关键一刻。[81] 然而它也明确反映了多切斯特对1791年的《加拿大法案》几无影响，以至于该法案生效时，他甚至都不在北美。他也不赞成上加拿大首任省督的人选。多切斯特倾向于自己的老朋友约翰·约翰逊爵士担任这一职位，考虑到约翰逊与莫霍克人的密切联系和他在上加拿大白人殖民者（许多人都是他业已解散的效忠派军团中的老兵）中的影响力，他是理所当然的人选。英国政府却选择了37岁的革命战争老兵和议会成员约翰·格雷夫斯·西姆科。西姆科曾作为女王军团的上校在北美服役过很长时间，但他与效忠派精英却没什么交集。就英国政府当局而言，这是一个优势，这使他更有可能支持首都政府而不是沉溺于外省的种种变异，但这一任命不啻是对多切斯特的又一记当头棒喝。被这些事件弄得灰心丧气的多切斯特在西姆科到达加拿大之前便请假回国探亲去了。在未来的岁月里，两人因为政策和指挥系统的问题反复发生冲突，最后以多切斯特 1794 年辞职而告终。[82]

和多切斯特不同，西姆科有自己关于威权主义的多民族帝国的愿景，他一来加拿大，就致力于在西部建立一个全新的英国。[83] 他骄傲地宣称，"本省是受到特殊眷顾的，它所拥有的不是一部残缺不全的宪法，而是……大不列颠宪法本身的具象和副本"。[84] 这片土地或许尚未开发，人民或许还很穷，但有英国宪法原则作为指导，他完全可以如自己所希望的那样，打造一个帝国乌托邦。[85] 西姆科进一步疏远北美难民的举措是，他决定不把上加拿大的首府定在本省最大的城镇金斯顿，而是建立一个全新的镇子，在此期间，首府暂定为尼亚加拉。离开英国之前，他曾经（从詹姆斯·库克船长的财产中）买下了一座"帆布屋，和植物湾总督随身带的那个一样"，为他在这片荒地上建立政府作准备。[86] 他的妻子伊丽莎白·西姆科兴冲冲地在日记中记录了他们的西行，因为两人有四个小女儿留在德文郡，这本日记是为她们记录的。她描写了"帆布屋"里面有隔间，还有个取暖用的炉子，几乎变得舒适而温馨。西姆科一家就在那些伸展开的帆布墙壁之间建了自己的准总督官邸。他们在那里招待各路宾客，从约瑟夫·布兰特——他一如既往地魅力非凡，身穿一件英式大衣，聪明地裹着一件深红色毛毯——到当时随所在军团驻军加拿大的国王的四子爱德华王子。他们没日没夜地玩惠斯特，用从英格兰运来的茶具喝茶。约翰·西姆科出行前往该省西部边界时，伊丽莎白在尼亚加拉的生活就像在英格兰一样，绘画、骑马，阅读关于化学和艺术的最新著作，并收集植物和蝴蝶标本寄给远在大洋彼岸的女儿们。[87]

1793 年夏，西姆科一家穿过安大略湖，来到了被总督选作本省首府的地点。伊丽莎白喜欢那里的风景，处处是青藤覆盖的白杨和冷杉，湖边则是闪闪发光的沙洲。他在多伦多半岛附近探寻溪流和水湾时，在水中击溅的桨声偶尔会打断那生机勃勃的荒野喧嚣，潜鸟长鸣，野鸭振翅飞出灌木丛。[88] 对金斯顿的效忠派而言，西姆科总督要在这荒野之地建立"第二个伦敦"的梦想看起来像个"政治上的愚妄之行……完全是乌托邦想法"。[89] 然而总督并不为所动：女王军团（西姆科旧日的军团）的士兵们开始着手清理森林，铺设道路，为一个既可作为军事基地又可作为行政首府的新镇作足准备。西姆科给这座边境小镇取名为约克。[90] 到 1834 年被正式定名为"多伦多"时，它已经是上加拿大的文化和商业中心了。

西姆科身上有着他同时代的效忠派们所谴责的很多东西，但安大略省的保守派后代们也恰恰因此而拥护他：他们认为他是一个格外英国派、反美国式的加拿大政府的奠基之人。[91] 然而西姆科纵然携带着一整套英国首都的态度，他仍然对自己的北美环境作出了一个重大让步。他把上加拿大变得更像"美国"了。西姆科知道，经济成功和安全的秘诀就在于增加本省的人口，特别是在国境线对面，纽约州日益繁荣，成为强有力的竞争对手之时。和新斯科舍的历任总督曾希望从新英格兰引进殖民者一样，西姆科也寻求从美国吸引新的殖民者来上加拿大。他认为，既然那些年有那么多美国人向西部迁移，如果地价合适，某些人当然会被吸引来上加拿大定居。很难找到比他们更好的拓荒者了。他们的民族归属、宗教信仰和对当地气候和土地的熟悉程度与效忠派难民根本没有差别，唯一要做的只是接受英国君主制代替美国的共和制而已。西姆科暗自得意地认为，那应该再容易不过了。他认为"美国有成千上万的居民心系英国政府和英国人"。[92] 再说，《加拿大法案》不正是经过数次考验并被证明为真理的英国宪法的完美版本么？美利坚合众国如此年轻，还在建国初期的日子里蹒跚学步呢；它的宪法还有待批准，未来如何还很难说。

刚刚登陆北美几周后，西姆科便发布了一项公告，邀请美国人跨越国境。殖民者只需宣誓效忠"英国国会的国王"，便能够以相当于美国西部地价三分之一的价格得到 200 英亩土地。[93] "每天都有很多殖民者从美国过来，其中有些甚至来自卡罗莱纳。"伊丽莎白·西姆科写道。[94] 最后，约有 20000 名"后期效忠派"涌入该地区，成为白人在北美西部殖民大潮的一个支流，且帮助把英属北美自己的英语人口从滨海诸省吸引了过来。上加拿大或许只是英国的一个外省，但正如这一波来自美国的移民潮所显示的那样，它的人民仍然以原籍为北美大陆的人口占绝对多数。（到 1815 年边境对美国人关闭了之后，英属北美来自英伦诸岛的移民人数才超过了来自美国的人数。）[95] 诚然，有些美国效忠派也回美国定居了；但没有证据显示这一回潮堪比移民加拿大的规模。[96] 更常见的情况是，效忠派会暂时前往美国联系家人、朋友和生意伙伴，进一步加强了北美人的血缘和邻里关系。战争把北美人分成了爱国者和效忠派，新的国境线隔开了帝国和共和国。但和平又把分裂的社会聚合到一起，因为他们对土地、利润、稳定和安全的追求始终是一致的。跟统治他们的英国官员相比，上加拿大效忠派作为英属北美边境的拓荒者与国境线以南的拓荒者有更多的共同之处，后来的 1812 年战争会把这一立场变得更加复杂和尖锐。[97]

与此同时，加拿大居民为他们在英国统治下获得了美国居民没有的幸福生活而倍感自豪。"无论面对什么难以克服的艰辛，我们都会有一种普遍的疗法，我们在一切场合都会用到它，"金斯顿的牧师约翰·斯图尔特说，"那就是'跟那个经济窘迫、四分五裂的国家的臣民相比，我们有多幸福？'大批居民从美国边境（他们忧心忡忡地抱怨美国的税务、穷困和专制）让我们确信一点，那就是我们应当珍惜自己得到的一切。"[98] 斯图尔特所说不无道理。美国爱国者之所以开战，就是为了反对没有代表权的赋税。然而在北方的英属北美，看起来却是美国效忠派赢得了那场战斗。随着新不伦瑞克和上加拿大的建立，效忠派通过两个新的行政机构和议会的成立，在名义上获得了更大的代表权。至于民众参与极其有限，在效忠派看来反而是一个优势，看看国境线以南那些民众的处境吧，那里到处是乱七八糟的竞选活动、无中生有的报纸，还有零星发生的政治暴力。（所有这一切都促使某些领导人自身也变得越来越专制了。）

在他们看来，征税问题是他们跟美国相比更大的优势所在。在上加拿大，英国政府出巨资建起了行政机构和国防部队，效忠派和移民们以便宜的价格获得了丰厚的土地，基本上无须缴税。而在美国，因为背负着战争债务，州政府对土地的索价要高得多，相应的税负也沉重得多：1790 年代纽约人为土地缴纳的税款相当于上加拿大邻居的五倍。简言之，身为美国人意味着你可以成为积极参政的公民，但为此要支付的也是真金白银。而在加拿大身为英国臣民则意味着接受帝国的权威，但却无须支付高昂的税负。[99]（而当那些税务负担在 1820 年代发生变化时，这也成为上下加拿大酝酿叛乱的原因之一，情况与 1770 年代的十三殖民地毫无差别。）一个世纪之后，加拿大的效忠派后裔仍然以身为"北美大陆上税负最轻、最自由的人"为荣。[100] 把没有税负等同于更广泛的自由，一直是英裔北美政治文化中对公民自由的一个响亮的定义。

当然，斯图尔特知道在边疆生活绝非易事。他曾亲眼见到庄稼歉收让贫困社区的居民陷入绝境；他自己也有一个孩子在艰难的流放生涯中死于蒙特利尔的寒冬。[101] 本人身为难民，又是那么多难民的牧师，他也知道即便身体已经摆脱了困境，背井离乡和倾家荡产也会在人们的心头留下阴影，久久挥之不去。英国统治并非万灵妙药。在金斯顿和约克，以及圣约翰和谢尔本——正如革命前的费城和波士顿一样——效忠派对于明显侵犯其权利的做法和从外部强加的离间政策发出了愤怒的抱怨。西姆科没过多久就跟上加拿大议会中的效忠派发生了冲突，后者希望召开新英格兰风格的镇民会议。他打算在上加拿大逐渐废除奴隶制的计划也遭到了效忠派的反对，其中许多人从美国带来了奴隶，和在包括西姆科在内的首都英国人中迅速高涨的废奴主义意识没有什么共鸣。[102] 从某种意义上来说，《加拿大法案》在解决问题的同时也埋下了很多问题的种子，在法律上确立了英国圣公会的统治地位，也确立了寡头政治的倾向，这些都在后来引发了日益强烈的不满。[103] 帝国统治始终会把它自己的忠实臣民变成敌人。

那么如此说来，在革命后的英属北美，效忠国王又意味着什么呢？答案可以归结为效忠派一贯围绕着它达成一致的核心原则。不管"北美"效忠派难民在政治上多么喜怒无常，他们说到底未曾反对帝国：他们不想割断自己与国王或大英帝国之间的联系。到西姆科建立约克之时，也就是英国人从纽约撤离十年之后，白人、黑人和印第安人难民已经建立起了一个持续而耐久的英属北美版本。首先，他们克服了艰辛的难民生活，幸存了下来。他们在一无所有的条件下，无家可归、挨饿受冻，却建起了自己的房子、码头和磨坊，教堂和学校。他们有自己的权利清晰、不断扩大的省政府。他们在提供保护的君主制度下团结统一；他们以较低的价格获得广袤的土地。的确，对于最边缘化的英国臣民来说，帝国权威可能是一件好事，因为它可以保护自己的臣民免受邻国殖民者的侵扰。像戴维·乔治这样的黑人效忠派一旦受到种族主义难民同胞的迫害，也可以寻求支持他自由的英国法律的保护。莫霍克人可以请求王室给予他们土地和部分主权，而在南边那个多数民主的共和国，要想得到这些可是难上加难。

从某种意义上来说，革命后的英属北美为美国革命那个宏大的"如果"问题提供了一个答案：如果不独立，十三殖民地会是什么样子？英属北美既没有反动的倒行逆施，也没有全然维持现状。关于加拿大政治文化的起源，一个很有影响的诠释认为，效忠派把美国的自由主义带到了加拿大，只是那一丝"托利做派"延缓了大众民主的出现。[104] 然而难民在 1780 年代的英属北美追求政治地位的历史却表明，要理解他们的影响，还有一种不那么目的论的途径。真正将英属北美与美利坚合众国区分开来的并不是追求自由，而是继续忠诚。两种政体都致力于生命、自由和财产；两种政体都就如何最好地实现这些目标展开了激烈的内部争论。[105] 在英属北美，对君主和帝国的忠诚为人们在另一场革命战争——与法国的战争——前夕团结在一起奠定了重要基础。与此同时，在英属北美，和在美国一样，多样化、多民族的群体始终在努力寻找共同基础。（不久后发生的 1812 年战争便考验了国境线两边各自的团结程度。）此外在英属北美，和在英国世界的其他地方一样，民众对自由的表达受到了自上而下的统治的压制。英属北美的效忠派看到了他们远在英国的同胞们同样日益了解的真相——难民们想要的并非总能得偿所愿。至于远行南方的巴哈马地区和牙买加的同胞们有无更好的际遇，还需拭目以待。

## 注 释

1　悉尼勋爵致约翰·帕尔，1785 年 3 月 8 日，NA：CO 217/57，ff.28-29。

2　爱德华·温斯洛致 Ward Chipman，1784 年 4 月 26 日，AO：Ward Chipman Papers，Microfilm C-1180，ff.1343-1344。温斯洛所提到的一定是悉尼早期的一封信，其中使用了很多与上文引用过的 1785 年 3 月的文本相同的句式。The Winslow Papers 是在滨海诸省定居的效忠派个人文件中最为丰富的书藏，可以通过新不伦瑞克大学图书馆的网站在线阅读：http：//www.lib.unb.ca/winslow，2009 年 12 月 24 日访问。

3　关于分裂运动，最佳论述见 Ann Gorman Condon，*The Envy of the American States*：*The Loyalist Dream for New Brunswick*（Fredericton，N. B.：New Ireland Press，1984），pp.97-120。温斯洛在上文引用过的 1784 年 4 月 26 日致 Chipman 的信中详细阐述了该计划。

4　Condon，pp.112-119.

5　Cf.Seymour Martin Lipset，*Continental Divide*：*The Values and Institutions of the United States and Canada*（New York：Routledge，1990），p.1. 不过如下文所示，我不同意 Lipset 关于美国是 "革命的国家，加拿大是反革命的国家" 的简化论理解。

6　这一关于加拿大历史的很有影响的叙事，见 Ian McKay，"The Liberal Order Framework：A Prospectus for a Reconnaissance of Canadian History，" *Canadian Historical Review* 81，no.3（December 2000）：617-645；以及 Jean-François Constant 和 Michel Ducharme 编辑的很有价值的评论文集，*Liberalism and Hegemony*：*Debating the Canadian Liberal Revolution*（Toronto：University of Toronto Press，2009）。关于效忠派对于开明自由秩序的奠基作用，见 Jerry Bannister 很有见地的撰文，"Canada as Counter-Revolution：The Loyalist Order Framework in Canadian History，1750-1840，" in Constant and Ducharme，eds.，pp.98-146。

7　温斯洛致约翰·温特沃斯爵士，1784 年 12 月 26 日，*Winslow Papers*，p.260。关于该城市的建设进度，见 D. G. Bell，*Early Loyalist Saint John*：*The Origin of New Brunswick Politics*，*1783-1786*（Fredericton，N. B.：New Ireland Press，1983），pp.48-49。

8 引 自 "Thomas Carleton," q. v., *Dictionary of Canadian Biography Online*, http: //www.biographi.ca, 2009 年 12 月 24 日访问。

9 与他笔耕不辍且档案丰富的哥哥相反, 托马斯·卡尔顿几乎没有留下过什么文件记录——至少没有多少留存至今——帮助我们充实他的个性和职业生涯。然而卡尔顿写过一份关于自己军旅生涯的短小粗略传记, 刊登 在 *New Brunswick Magazine*, vol.2 (Saint John, N. B.: William Kilby Reynolds, 1899), pp.75-76。又见 "Thomas Carleton," q. v., *Dictionary of Canadian Biography Online*, http: //www.biographi.ca, 2009 年 12 月 24 日访问。

10 这个职位最初的候选人是查尔斯·詹姆斯·福克斯的兄弟、新斯科舍分裂的主要支持者亨利·福克斯将军; 但福克斯因为个人原因和政治原因拒绝了这一任命。Esther Clark Wright, *The Loyalists of New Brunswick* (Fredericton, N. B.: n. p., 1955), p.139.

11 William Odber Raymond, ed., *Winslow Papers, A. D.1776-1826* (Boston: Gregg Press, 1972), p.251; Beamish Murdoch, *A History of Nova Scotia, or Acadie*, 3 vols. (Halifax, N. S.: James Barnes, 1867), III, pp.38-39; Bell, pp.94-95.

12 温斯洛致 Chipman, 1783 年 7 月 7 日, 见 Raymond, ed., p.100。

13 托马斯·卡尔顿致悉尼, 1785 年 2 月 12 日, PANB: Thomas Carleton Letterbook。

14 对托马斯·卡尔顿的指令, 无日期, NA: CO 188/1, f.90。

15 马斯顿日记,1785 年 1 月 18 日, UNB: Winslow Papers, vol.22, p.177。

16 "Hannah Ingraham Recalls the Snowy Reception at Fredericton," in Catherine S. Crary, ed., *Tory Writings from the Revolutionary Era* (New York: McGraw-Hill, 1973), p.402.

17 托马斯·卡尔顿致悉尼, 1785 年 4 月 25 日, PANB: Thomas Carleton Letterbook。

18 小贝弗利·鲁宾逊, "Receipt and Memorandum Book begun 24th Decr 1783," p.75, NBM: Robinson Family Papers, Box 1, Folder 3。

19 见第五章注释 2。关于新不伦瑞克的反应, 见 Condon, pp.89-90。

20 引自 Bell, p.65。

21 引自 Bell, p.74。

22 温斯洛致温特沃斯, 1784 年 12 月 26 日, 见 Raymond, ed., p.260。托马斯·卡尔顿致悉尼, 1785 年 6 月 25 日, PANB: Thomas Carleton Letterbook。

23 托马斯·卡尔顿致悉尼, 1785 年 6 月 25 日, PANB: Thomas Carleton Letterbook。

24 托马斯·卡尔顿致悉尼, 1785 年 10 月 25 日, PANB: Thomas Carleton Letterbook; Bell, p.57。

25 托马斯·卡尔顿致悉尼, 1785 年 11 月 20 日, PANB: Thomas Carleton Letterbook。

26 马斯顿日记, 1785 年 7 月 24 日和 11 月 17 日, UNB: Winslow Papers, vol.22, pp.189-90, 204-205。

27  Bell, pp.104-105.

28  托马斯·卡尔顿致悉尼,1785 年 11 月 20 日,PANB:Thomas Carleton Letterbook。

29  Bell, p.112.

30  Bell, pp.113, 148-149.

31  Bell, p.151.

32  Bell, p.117.

33  悉尼致托马斯·卡尔顿,1786 年 4 月 19 日,NA:CO 188/3, ff.189-190。

34  托马斯·卡尔顿致悉尼,1785 年 11 月 20 日,PANB:Thomas Carleton Letterbook。

35  关于这一主题,见 Jack P.Greene, ed., *Exclusionary Empire: English Liberty Overseas, 1600-1900*(Cambridge, U. K.: Cambridge University Press, 2010),尤其是 Philip Girard, "Liberty, Order, and Pluralism: The Canadian Experience," pp.160-190。

36  *Cobbett's Weekly Political Pamphlet* 32, no.36(December 13, 1817):cols.1148-1150. 又见 Bell, pp.130-131, 142-144。

37  Cobbett 众所周知是一位极不可靠的自传作家。见 David A. Wilson, *Paine and Cobbett: The Transatlantic Connection*(Kingston, Ont.: McGill-Queen's University Press, 1988), esp.(for New Brunswick) pp.99-105。

38  Alan Taylor, *The Divided Ground: Indians, Settlers, and the Northern Borderland of the American Revolution*(New York: Knopf, 2006), pp.112-113.

39  引 自 Barbara Graymont, *The Iroquois in the American Revolution*(Syracuse, N. Y.: Syracuse University Press, 1972), p.260。

40  引自 Taylor, p.113。

41  该地点在 1782 年 6 月的原村名为"忠君联盟谷"。Graymont, p.254.

42  引自 Taylor, p.113。

43  "Abstract of poor Refugee Loyalists that stand in need of Clothing," [1783] BL: Add. Mss.21822, f.62. 另一份文件估计,政府需要供应 3204 双袜子和"加拿大鞋"(每个效忠派一套),以及 1600 码亚麻布和羊毛为难民做衣服。"Estimate of clothing required to Clothe the above number of Refugees, agreeable to the Proportions heretofore granted," BL: Add. Mss.21826, f.103. On the travails of Quebec refugees, see Janice Potter-MacKinnon, *While the Women Only Wept: Loyalist Refugee Women*(Montreal: McGill-Queen's University Press, 1993).

44  Memorandum, Montreal, March 6, 1782, BL: Add. Mss.21825, f.5.

45  Robert Mathews 致 Abraham Cuyler, 1782 年 11 月 18 日, BL: Add. Mss.21825, f.25。

46  "His Majesty's Faithful Subjects Emigrated Under the Conduct of Captain Michael Grass from New York to this place" 的请愿书, Sorel, September 29, 1783, BL: Add. Mss.21825, ff.147-148。

47 Stephen Delancey 致 Mathews，1784 年 4 月 26 日和 5 月 4 日，BL：Add. Mss.21825, ff.233-235。

48 丹尼尔·克劳斯致哈尔迪曼德将军，1783 年 12 月 15 日，BL：Add. Mss.21774, ff.344-345。

49 哈尔迪曼德致克劳斯，1783 年 12 月 17 日，BL：Add. Mss.21774, f.346。

50 "Return of disbanded Troops & Loyalists settled upon the King's Lands in the Province of Quebec in the Year 1784," BL：Add. Mss.21828, f.141.

51 哈尔迪曼德致约翰·约翰逊爵士，1783 年 5 月 26 日，BL：Add. Mss.21775, f.122. Isabel Thompson Kelsay, *Joseph Brant, 1743-1807: Man of Two Worlds*（Syracuse, N. Y.：Syracuse University Press, 1984），p.350。

52 Alan Taylor 认为莫霍克人是证明英国人忽略了印第安人同盟这一"规则的确存在的例外"（p.120）。我觉得英国人把莫霍克人看成是效忠派可以解释那一差别。

53 Kelsay, pp.366-367; Stone, pp.243-245.

54 Kelsay, pp.345-346.

55 哈尔迪曼德赠地证书副本，AO：Simcoe Family Papers, F-47-1-1（MS 1797）。

56 引自 William L. Stone, *Life of Joseph Brant*（*Thayendanegea*），2 vols.（Albany, N. Y.：J. Munsell, 1865），II, p.253。

57 约瑟夫·布兰特致悉尼，1786 年 1 月 4 日，引自 Stone, II, pp.252-253。

58 Stone, II, pp.259-260.

59 悉尼致布兰特，1786 年 4 月 6 日，引自 Stone, II, pp.255-256。

60 Kelsay, pp.385-391.

61 约翰·斯图尔特致 William White，1788 年 9 月 4 日，LAC：John Stuart Papers, pp.46-47。

62 斯图尔特致 White，1788 年 9 月 4 日，LAC：John Stuart Papers, pp.46-47。

63 Isaac Weld, *Travels through the States of North America and the Provinces of Upper and Lower Canada, during the Years 1795, 1796, and 1797*（London：John Stockdale, 1800），pp.485-489.

64 Taylor, p.123; Kelsay, pp.370-371.

65 布兰特致 Samuel Kirkland，1791 年 3 月 8 日，AO：Simcoe Family Papers, Series F-47-1-1。

66 Paul David Nelson, *General Sir Guy Carleton, Lord Dorchester: Soldier-Statesman of Early British Canada*（Madison, N. J.：Fairleigh Dickinson University Press, 2000），pp.174-176.

67 引自 Nelson, p.184。

68 Nelson, pp.176-187; Condon, pp.118-119. 他并未得到首席长官的头衔，这反映了英国诸位大臣对于设立这样一个强势职位的审慎态度。

69 William Smith, *The Diaries and Selected Papers of Chief Justice William Smith*, ed., L. F. S. Upton, 2 vols.（Toronto：Champlain

Society, 1963）, II, p.105.

70 William Smith 估计 1788 年魁北克的人口有 130000 人（Nelson, p.209）。根据 1790 年美国人口普查，纽约州有 340241 位居民。

71 Nelson, pp.208-209.

72 *Diaries of William Smith*, II, p.163.

73 "Report of the Council Committee on Education," in *Diaries of William Smith*, II, p.266; Nelson, p.205.

74 关于这一时期英裔和法裔加拿大人关系的微观讨论，见 Donald Fyson, *Magistrates, Police, and People: Everyday Criminal Justice in Quebec and Lower Canada, 1764-1837*（Toronto: University of Toronto Press, 2006）。

75 Gerald M. Craig, *Upper Canada: The Formative Years, 1784-1841*（Toronto: McClelland and Stewart, 1963）, pp.13-19. 该法案文本见 Adam Shortt and Arthur C. Doughty, eds., *Documents Relating to the Constitutional History of Canada, 1759-1791*（Ottawa: S. E. Dawson, 1907）, pp.694-708. 关于威权主义趋势，见 C. A. Bayly, *Imperial Meridian: The British Empire and the World, 1780-1830*（London: Longman, 1989）。

76 福克斯批评该法案创造了一种贵族制度，嘲笑伯克同情一种已经在法国被消灭的制度。伯克慷慨激昂地说他将誓死捍卫英国的宪政制度，"他最后的遗言将是'远离法国宪法！'"有人听到福克斯咕哝了一句"我们还是朋友"。伯克回应道："不，我们不是朋友了——我们的友谊结束了。"福克斯起身说，"但他的精神如此痛苦，他的心灵因为伯克先生的言行而受到了如此重创，有几分钟，他竟说不出话来。泪水顺着他的脸颊流下来"。1791 年 5 月 6 日的辩论，*The Parliamentary History of England*（London: T. C. Hansard, 1817）, vol.29, columns 359-430, esp.387-388。

77 即便有可能陷入一场关于语义的辩论，我仍应指出我对该法案的理解符合以下人士提出的"反革命"的用法，Eliga Gould, "American Independence and Britain's Counter-Revolution," *Past & Present* 154（February 1997）: 107-141; Eliga Gould, "Revolution and Counter-Revolution," in David Armitage and Michael J. Braddick, eds., *The British Atlantic World, 1500-1800*（Basingstoke, U. K.: Palgrave Macmillan, 2002）, pp.196-213; and Bannister, "Canada as Counter-Revolution"。

78 引自 Elizabeth Jane Errington, *The Lion, the Eagle, and Upper Canada: A Developing Colonial Ideology*（Kingston, Ont.: McGill-Queen's University Press, 1987）, p.30.

79 *Diaries of William Smith*, II, p.163.

80 威廉·史密斯致多切斯特勋爵，1790 年 2 月 5 日，见 *Diaries of William Smith*, II, pp.270-276。

81 McKay, pp.632-633. 又见 Phillip A. Buckner, *The Transition to Responsible Government: British Policy in British North America, 1815-1850*（Westport, Conn.: Greenwood Press, 1985）。作为对

1837~1838 年加拿大叛乱的回应，将上下加拿大合并也很像 1801 年大不列颠与爱尔兰联合，后者也是为了控制新教政体内最近叛乱之天主教人口的努力。

82 Nelson, pp.211-215.

83 关于西姆科的政策的这一特征，除其他外，见 Errington, chapter 2; Craig, pp.20-22.

84 引自 Jeffrey L. McNairn, *The Capacity to Judge: Public Opinion and Deliberative Democracy in Upper Canada, 1791-1854* (Toronto: University of Toronto Press, 2000), p.23。

85 Craig, pp.20-22.

86 引自 Mary Beacock Fryer and Christopher Dracott, *John Graves Simcoe, 1752-1806: A Biography* (Toronto: Dundurn Press, 1998), p.121. J. Ross Robertson, ed., *The Diary of Mrs. John Graves Simcoe* (Toronto: William Briggs, 1911), p.180。

87 *Diary of Mrs. Simcoe*, pp.121-163.

88 *Diary of Mrs. Simcoe*, pp.180-184.

89 引自 Errington, p.31.

90 Craig, p.35; *Diary of Mrs. Simcoe*, pp.184-200; Fryer and Dracott, pp.162-163.

91 关于效忠国王的意义变化，见 David Mills, *The Idea of Loyalty in Upper Canada, 1784-1850* (Kingston, Ont.: McGill-Queen's University Press, 1988); Norman Knowles, *Inventing the Loyalists: The Ontario Loyalist Tradition and the Creation of Usable Pasts* (Toronto: University of Toronto Press, 1997)。

92 Alan Taylor, "The Late Loyalists: Northern Reflections of the Early American Republic," *Journal of the Early Republic* 27, no.1 (Spring 2007): 5.

93 Taylor, "Late Loyalists," pp.5-6.

94 *Diary of Mrs. Simcoe*, pp.136-139.

95 Elizabeth Jane Errington, "British Migration and British America," in Phillip Buckner, ed., *Canada and the British Empire* (Oxford: Oxford University Press, 2008), pp.140-146. 直到美国内战前，英国人移民北美的首要目的地一直是美利坚合众国。

96 英国游客 Isaac Weld（一个鼓励移民加拿大的热心支持者）提到，"我们应该注意到一个事实，它打消了任何有关移民合众国导致居民人数减少的疑虑，那就是事实上每年有大量人口移居加拿大，而那些完全有能力处理自己财产的加拿大人却没有移居美利坚合众国，除了少数居住在城市的人"。（Weld, p.287.）与1784年的7000人（大多为难民）相比，到1791年，上加拿大的白人人口翻了一番，达到了14000人，接着又在1791~1811年间增加了四倍，达到了70000人。就效忠派难民搬回美利坚合众国来看（我没有发现任何证据表明其人数众多），迁回者并没有影响该省的发展。Taylor, "Late Loyalists," pp.4, 19.

97 我对上加拿大作为"北美"外省的诠释借鉴了 Elizabeth Jane Errington 富有启发性的研究：尤见 *The Lion, the Eagle, and Upper Canada,*

chapter 3。关于帝国统治何以对一位典型的早期美国个人主义者有吸引力，见 J. I. Little, "American Sinner/Canadian Saint?" in *Journal of the Early Republic* 27, no.2（Summer 2007）：203-231。

98　斯图尔特致 White，1788 年 9 月 8 日，AO：John Stuart Papers, p.46。

99　Taylor, "Late Loyalists," p.7.

100　Egerton Ryerson, *The Loyalists of America and Their Times: From 1620 to 1816*, 2 vols.（Toronto: William Briggs, 1880）, II, p.474.

101　斯图尔特致 White,1783 年 10 月 14 日，AO：John Stuart Papers, p.18。

102　Craig, pp.28-31.

103　对效忠立场和宗教文化的一个很有启发性的研究，见 Christopher Adamson, "God's Divided Continent: Politics and Religion in Upper Canada and the Northern and Western United States, 1775 to 1841," *Comparative Studies in Society and History* 36, no.2（July 1994）：417-446。

104　Louis Hartz, *The Founding of New Societies: Studies in the History of the United States, Latin America, South Africa, Canada, and Australia*（New York: Harcourt, Brace, and World, 1964）, p.91; Gad Horowitz, "Conservatism, Liberalism, and Socialism in Canada: An Interpretation," *Canadian Journal of Economics and Political Science/Revue canadienne d' economique et de science politique* 32, no.2（May 1966）：143-171.

105　Bannister, pp.102, 126-127. 相关的批评又见 S. F.Wise, "Liberal Consensus or Ideological Battleground: Some Reflections on the Hartz Thesis," in S. F.Wise, *God's Peculiar Peoples: Essays on Political Culture in Nineteenth-Century Canada*（Ottawa: Carleton University Press, 1993）, pp.199-211; Janet Ajzenstat and Peter J. Smith, eds., *Canada's Origins: Liberal, Tory, or Republican?*（Ottawa: Carleton University Press, 1995）。

保　王　北　美

社会科学文献出版社
SOCIAL SCIENCES ACADEMIC PRESS (CHINA)

Maya Jasanoff

# 自由的流亡者

Liberty's Exiles

美国的失落
与大英帝国
的重建

The Loss of America and
the Remaking of the British Empire

甲骨文丛书 | 甲骨文

[美] 玛雅·亚桑诺夫 著

马睿 译

图书策划人　视觉设计师

联合创立

上／ 贝弗利·鲁宾逊位于哈得孙高地的宅邸。鲁宾逊一家人于 1777 年离开之后，这所房子被用作大陆军的一个司令部。1892 年，这幅素描出版后不久，它毁于一场大火。

下／ 《约瑟夫·布兰特（泰因德尼加）》，乔治·罗姆尼（George Romney）作，1776 年。布兰特在 1775~1776 年到访伦敦时，请画家为他创作了这幅肖像。

By his Excellency the Right Honourable JOHN Earl of DUNMORE, his Majesty's Lieutenant and Governour-General of the Colony and Dominion of Virginia, and Vice-Admiral of the same;

## A PROCLAMATION.

AS I have ever entertained Hopes that an Accommodation might have taken Place between Great Britain and this Colony, without being compelled, by my Duty, to this most disagreeable, but now absolutely necessary Step, rendered so by a Body of armed Men, unlawfully assembled, firing on his Majesty's Tenders, and the Formation of an Army, and that Army now on their March to attack his Majesty's Troops, and destroy the well-disposed subjects of this Colony: To defeat such treasonable Purposes, and that all such Traitors, and their Abettors, may be brought to Justice, and that the Peace and good Order of this Colony may be again restored, which the ordinary Course of the civil Law is unable to effect, I have thought fit to issue this my Proclamation, hereby declaring, that until the aforesaid good Purposes can be obtained, I do, in Virtue of the Power and Authority to me given, by his Majesty, determine to execute martial Law, and cause the same to be executed throughout this Colony; and to the End that Peace and good Order may the sooner be restored, I do require every Person capable of bearing Arms to resort to his Majesty's STANDARD, or be looked upon as Traitors to his Majesty's Crown and Government, and thereby become liable to the Penalty the Law inflicts upon such Offences, such as Forfeiture of Life, Confiscation of Lands, &c. &c. And I do hereby farther declare all indented Servants, Negroes, or others (appertaining to Rebels) free, that are able and willing to bear Arms, they joining his Majesty's Troops, as soon as may be, for the more speedily reducing this Colony to a proper Sense of their Duty, to his Majesty's Crown and Dignity. I do farther order, and require, all his Majesty's liege Subjects to retain their Quitrents, or any other Taxes due, or that may become due, in their own Custody, till such Time as Peace may be again restored to this at present most unhappy Country, or demanded of them for their former salutary Purposes, by Officers properly authorised to receive the same.

GIVEN under my Hand, on Board the Ship William, of Norfolk, the 7th Day of November, in the 16th Year of his Majesty's Reign.

DUNMORE.

GOD SAVE THE KING.

A Copy

---

上／  结婚前后的伊丽莎白·利希滕斯坦·约翰斯顿，约 1780 年。

下／  1775 年的《邓莫尔公告》承诺，爱国者名下的奴隶只要加入英国军队，便可获得自由，从而发起了黑人效忠派的解放运动。

NEW-YORK, 21st April 1783.

THIS is to certify to whomsoever it may concern, that the Bearer hereof *Cato Ramsay* a Negro, resorted to the British Lines, in consequence of the Proclamations of Sir William Howe, and Sir Henry Clinton, late Commanders in Chief in America ; and that the said Negro has hereby his Excellency Sir Guy Carleton's Permission to go to Nova-Scotia, or wherever else *He* may think proper.

*By Order of Brigadier General Birch,*

上/ 约 1780 年时的盖伊·卡尔顿爵士。

下/ 黑人效忠派证书，1783 年。这些证书是在撤离纽约时签发给黑人效忠派的，确保他们受到英国官员的保护，并准许他们离境。

上 / 《一个黑人木工在谢尔本》，威廉·布思（William Booth）作，1788 年。这或许是现存的唯一一幅当年所画的黑人难民形象。黑人效忠派波士顿·金就曾在谢尔本附近做过木匠，与画中的人物没有什么差别。

下 / 《谢尔本城中一景》，威廉·布思作，1789 年。这幅水彩画描绘了新斯科舍效忠派都市鼎盛时期的景象。

上 /　《效忠派在位于加拿大圣劳伦斯河两岸的新定居点约翰斯敦扎营》，詹姆斯·皮奇（James Peachey）作，1785 年。这是对效忠派难民营的难得一瞥。

下 /　《格兰德里弗的莫霍克村》，伊丽莎白·西姆科（Elizabeth Simcoe）作，约 1793 年。这是上加拿大省总督之妻眼中的布兰特镇，莫霍克教堂在图的右侧，左边那所门前飘扬着英国国旗的大房子，可能就是约瑟夫·布兰特的宅邸。

布兰特福德的莫霍克教堂是魁北克省建立的第一座英国圣公会教堂。约瑟夫·布兰特就葬在它的旁边。

《威廉·奥古斯塔斯·鲍尔斯》，托马斯·哈代（Thomas Hardy）作，1791 年。

牙买加西班牙镇的罗德尼纪念碑。这座雕像是为了纪念 1782 年桑特海峡之战中英国的胜利而建，理应被视为英国在革命战争中最大的胜利丰碑。

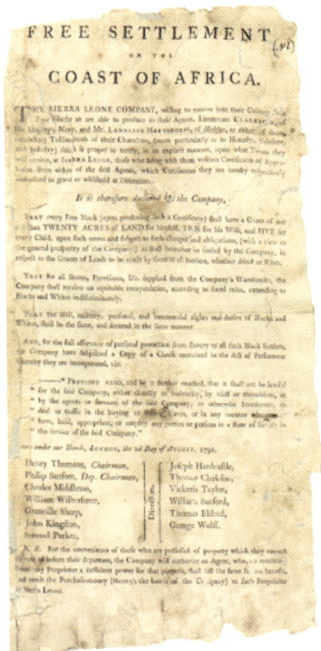

上/　塞拉利昂公司 1791 年的小广告。为协助招募志愿者，这条广告列出了拟议的西非定居点的各项条款，并在新斯科舍的黑人效忠派中流传。

下/　《弗里敦》（素描图），约 1798 年。几乎没有图片展示弗里敦最初几年的景象，因此这幅由威廉·奥古斯塔斯·鲍尔斯在该非洲首都短暂停留期间所绘的素描，意义尤其非凡。

上 / 位于卡斯甘杰的加德纳家族墓地。这一莫卧儿王朝末期风格的陵墓由在纽约出生的威廉·林尼厄斯·加德纳为其长子所建。加德纳和他的妻子被安葬在照片的前景处。

下 / 《大不列颠欢迎北美效忠派》，本杰明·韦斯特（Benjamin West）作，约1812年。这幅版画作为卷首插图收录在一部关于效忠派赔偿委员会的书中，完美再现了"1783年精神"，它的创作者是那个时代最著名的英国历史画家，宾夕法尼亚出生的本杰明·韦斯特。

下　册

# 地图列表

# 第三部分　臣民

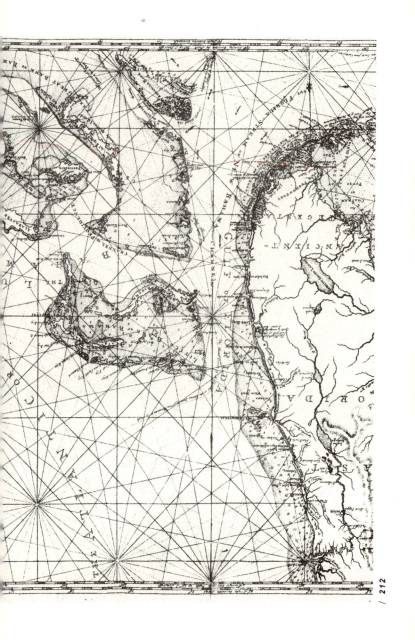

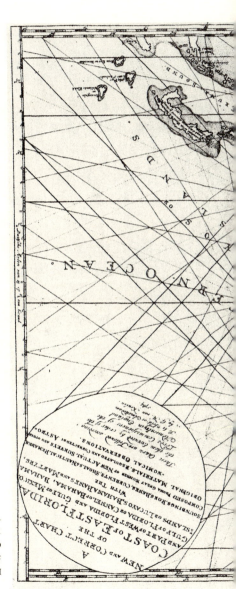

G. H. 范·科伊伦（G. H. van Keulen）:《经更正的东佛罗里达沿海岸海图》（A New and Correct Chart of the Coast of East Florida, 1784, 杨书图）。

## 第七章　风暴中的岛屿

　　站在巴哈马的埃克苏马岛（Exuma）这一新的制高点，前南卡罗来纳被扣押财产专员约翰·克鲁登感觉到山雨欲来。他曾殚精竭虑，也竭尽所能，想在东佛罗里达为效忠派建立一个独立国家，无奈他的效忠派同胞们纷纷弃他而去，到环大西洋各处定居去了。克鲁登本人也曾沿他们四散的路线到过很多地方。他曾前往英国请求政府支付在被扣押财产上发生的许多支出。他曾到过西印度群岛的托尔托拉岛（Tortola）——那不是白人效忠派的避难所，而是著名的奴隶贸易中心——去继续他正义的斗争，追回被离境的效忠派偷走的爱国者名下的奴隶。他曾到过新斯科舍，向坐镇哈利法克斯的效忠派赔偿委员们提出索赔，也曾和迁居谢尔本的美国友人一起做过生意。最后，他终于和来自东佛罗里达的 1000 个难民一起在巴哈马群岛安了家。多年颠沛流离，使克鲁登能够直观地也从很多角度感受到离家漂泊为效忠派难民带来了怎样的考验和重压。但他觉得"我多年体验的逆境的巨大冲击"却"大大拓宽了我的思想境界……不幸的经历对头脑的启迪,让我变得更加理性了"。[1] "我不需要先知的灵气或占卜的天赋便能预测未来,"克鲁登宣称,"世界即将发生一场重大的动乱",英国和效忠派难民必须"利用时代和命运所赐的良机"。[2]

1785 年,克鲁登坐在乏味的埃克苏马小岛上,撰写了史上最雄心勃勃的帝国复兴计划。他为了留在美国已倾尽全力,力图依附于东佛罗里达的一个角落。在写给诺斯勋爵的一封"致国王和大英帝国智囊团"的信中,克鲁登提出英国可以采纳几种新办法,把效忠派大出走变成有利于帝国发展的良机。巴哈马群岛的难民们可以开发那些岛屿上宝贵的盐池,并充分利用它们在大西洋贸易中的战略地位。自由黑人可以前往中美洲,复兴英国人在那里的领地,同时他又热情洋溢地宣称,废奴运动者提出的在西非安置黑人效忠派的计划可以让英国证明"给全世界看,我们配得上地球上最尊贵的称号……人类自由的朋友和保护者"。[3] 此人一面废寝忘食地把被偷走的奴隶归还给前主人,一面又捍卫黑人的自由,看似矛盾。但这两项目标——一方面保护个人财产,另一方面保护个人自由——完全符合

"1783 年精神"，也是新兴的自由主义政治哲学的两大支柱。

然而克鲁登投入了最多激情的事业还反映了"1783 年精神"的另一个元素：地理扩张的冲动。他敦促英国大臣们迅速攫取北美其他各处的土地，补偿十三殖民地的损失。的确，既然时人普遍认为美国会很快分裂，克鲁登相信，如果英国手腕高明，它还能够"把美国人拉回来"。[4] 这些提议的可行性自然可以解释为什么诺斯勋爵和康沃利斯勋爵之流的大人物会把克鲁登的长篇大论作为文件保留下来，而不是随手扔到垃圾堆。随着法国革命的开始和 1793 年英法战争的爆发，克鲁登关于"帝国大动乱"的预言成真，这类想法就更加深入人心了。[5]

约翰·克鲁登在巴哈马群岛提出的每一个计划都显示了那些岛屿在效忠派大出走地理中的特殊地位。正如在新斯科舍和新不伦瑞克一样，巴哈马群岛的效忠派难民也构成了人口中的大多数，对那些岛屿的景观、经济和人口都产生了明显的影响。此外和英属北美一样，难民们也对帝国当局充满不信任。但南北两方的效忠派社会还有若干差异。与英属北美不同，巴哈马群岛的大约 2500 名白人效忠派远少于他们费了很大力气才保住的那些可动财产：约 6000 名奴隶。这一人口失衡为这些岛屿上的政治冲突增加了一层种族色彩，因为白人奴隶主关于如何管理奴隶的观点与统治者更为家长制的意见时有矛盾。此外,英属北美的效忠派变成了美国的某种帝制对立面,而巴哈马群岛的某些效忠派却幻想着与那个显眼的邻居形成一种全然不同的关系,克鲁登就是其中之一。既然巴哈马群岛距离佛罗里达海岸最近的地点只有 60 英里,他们便想把这里作为夺回北美部分领土的战略要地。在奴隶制和扩张问题上的对立立场在巴哈马群岛的效忠派难民之间划出了一道分界线,有些人希望建立一个种植园社会,就像他们离开的美国南方家园那样,而有些人则主张巩固和延伸一种更为家长制的统治作风。从 1786 年以后,后一种态度获得了巴哈马群岛总督的有力支持,他就是克鲁登素日的支持者、前弗吉尼亚总督邓莫尔勋爵。

约翰·克鲁登的想法的空想性质暗示了巴哈马群岛难民生活的最后一个决定性特征。到 1785 年,长期躁狂的克鲁登已经变成了一个疯子。他的熟人们提到了很多迹象。"约翰·克鲁登来了,只有上帝知道他来干吗。"他在哈利法克斯的一个朋友对另一个朋友如是说。"我觉得他疯了……他看起来似乎仍然是我们认识的那个明白事理的好心人,但他的政治主张太狂热,冲昏了他的头脑。"[6] 一位男性生意伙伴收到克鲁登的来信,信上说希望"上帝不久就能给我机会证明我有多么热烈地爱着你"(他在别处解释说"就像大卫爱着约拿单<sup>①</sup>"），"等到那一天，我们将从此再不分离"，[7]想必至少大吃一惊。然而他最古怪的或者至少是他最广为流传的幻想，还要数他那些可归结为"千禧年主义"<sup>②</sup>的胡言乱语。因为克鲁登关于大英帝国的野心还不止于重新征服美国。"如果可以积极地把犹太人团结在一起，"他继续说，"帮助俄国沙皇和皇后打败土耳其人，我们就无所不能了。"[8]克鲁登开始觉得，在美国重建英国势力能够为犹太人的复兴铺平道路，不是在圣地，而是在密西西比河沿岸。从帝国复兴到基督复临：那才是真正"重大的动乱"。[9]

当然，所有这一切都只是一个人头脑中的狂想。然而社会的局外人能帮助我们理解社会规则。随着克鲁登越来越癫狂地想尽办法要把一个破碎的世界缝合起来，他的疯狂冥想也就构成了一个引人注目的案例，供我们研究颠沛流离所造成的心理影响。他自己曾提到他的苦难如何让他的思想变得"成熟"了。几乎有一半巴哈马难民都像他一样，由于东佛罗里达被

---

① 约拿单（Jonathan）是《圣经旧约》中记载的一个人物，是以色列第一位由上帝耶和华膏立的国王扫罗的长子，也是以色列历史上第二位膏立君王大卫（David）的忘年交。他后来在一场战争中与父亲一起阵亡，大卫为此哀痛万分。

② "千禧年主义"是某些基督教教派正式或民间的信仰，相信将来会有一个黄金时代：全球和平来临，地球变为天堂，人类繁荣昌盛，大一统的时代来临以及"基督统治世界"。

割让而不止一次离家漂泊。他们到达这些群岛时，多次迁徙的压力已经在他们的心灵上刻下了烙印，他们因为被出卖而痛苦万分，随时可能爆发不满。这些难民所受创伤的遗产为巴哈马群岛上效忠派与统治者之间尤其戏剧化的冲突搭设了舞台，那是关于大英帝国应该持何种立场的意见冲突。政治观点分歧在英属北美看起来只是一系列不同主张而已，在巴哈马群岛却变成了两极对立，一方质疑帝国权威，另一方却坚定地支持它。这些派系是如何产生的？哪一方将最终获胜呢？

\*

这片新世界从海上看去十分不起眼，不过是一条石灰岩和珊瑚从水中突起，海水如此清澈，几乎能看见洋底沙子的波纹。但连续五周在陌生的涌浪中颠簸，着实令人筋疲力尽，对那些一点点靠近岛屿的海员来说，陆地就是陆地，陆地就意味着生命。他们跟跟跄跄地下了船，在海滩上双膝跪地，祈祷着，并将装饰着绿色十字架和王冠的旗子插在沙滩上。舰队司令给它取名为"圣萨尔瓦多（San Salvador）"，因为在他们看来，这片陆地一定极像他们终于获得了救赎①。10

---

① 萨尔瓦多（Salvador）在西班牙语中有"救赎者""拯救者"之意。

　　1492 年 10 月 12 日，克里斯托弗·哥伦布和他的船员们以为他们到达了印度，而事实上，他们航海进入了巴哈马群岛的礁石群。巴哈马群岛地势平坦，样貌乏味，也没有任何淡水资源，丝毫没有西印度群岛上葱郁繁茂的热带景观。（它们地处大西洋湾流而非加勒比海上，多半位于夏至线以上。）但哥伦布并不是唯一一个在这些突起于海平面的多石陆地上看到天意的人。1640 年代，巴哈马首批讲英语的殖民者，一群来自百慕大的自诩为冒险家的人，在一个他们称之为"伊柳塞拉（Eleuthera）"（这个名字来自希腊语，意为"自由"）的岛上殖民，希望在那里建立一个信仰自由的模范共和国。后来的一波百慕大人重新命名了新普罗维登斯群岛（New Providence）中的一个较大的岛屿，还在其上建立了巴哈马群岛的首府：拿骚。[11]

　　在哥伦布登陆三个世纪之后来到这些岛屿的北美效忠派就尾随着一长串前赴后继的殖民者，都希望巴哈马群岛会带来上天赐予的回报。他们也巩固了巴哈马群岛和北美大陆之间的密切联系的历史。在伊柳塞拉附近的哈勃岛上建立的殖民地，其建筑风格很像马萨诸塞的渔村，这也绝非巧合。[12] 在文化和生态上，与遍地蔗糖种植园且有极大规模的奴隶劳动力的英属西印度群岛中的牙买加和巴巴多斯相比，这些岛屿与南塔基特（Nantucket）和外滩群岛（Outer

Banks）——当然还有百慕大——的共同点更多。到美国革命爆发之时，只有大约1700个白人和2300个黑人（其中约一半是自由人）住在新普罗维登斯岛、伊柳塞拉岛和哈勃岛。[13] 时有船只在暗藏危险的礁石上撞沉，有些人便依靠劫掠那些船只勉强度日。还有人靠捕鱼、捕鲸、捕龟和砍伐木材辛苦谋生。这些岛屿上最赚钱的生意是，季节工人会从那些金光闪闪的盐池中耙盐，正是那些盐池让最南端的那些岛屿表面平滑而结着厚厚的硬壳。这些战前的居民后来被称为"海螺"，因为他们吃的食物中有种海蜗牛，坚硬的螺肉卷在玫瑰花瓣一样的硬壳中。[14]

西印度群岛堪称18世纪大英帝国的经济发动机，而巴哈马群岛却一直处在帝国经济的绝对边缘。这些岛屿因为防御较差而频繁受到西班牙的袭击，又严重依赖与附近美国海港的贸易维持生计。如此说来，难怪巴哈马人（和许多新斯科舍人一样）首先从实用主义角度来看待美国革命，认为它对安全和商业构成了威胁，而没有多少意识形态方面的考虑。1776年3月的一天清晨，七艘美国军舰在新普罗维登斯岛靠岸，算是革命首次触及巴哈马群岛。当总督召唤民兵守卫拿骚时，许多人没有武器，还有人根本没露面。两架大炮在拿骚堡（Fort Nassau）上开炮，作为对入侵者的警告，结果却纷纷从炮架上跌落下来；在拿骚镇东边的蒙塔古堡（Fort Montagu），"连一桶［可用的］

自由的流亡者

火药或一截引火线都没有"。[15] 城堡上的守军听说有三四百名美国士兵在海滩登陆，人数大大超过了他们，干脆回家守护私人财产去了。爱国者未开一枪便攻克了拿骚。两周后他们再次离开那里时，许多人因为狂饮抢来的葡萄酒，已经喝得不省人事了。[16]

虽然这类闹剧时有发生，当地人口对于效忠国王或者革命也没多大兴趣，但巴哈马群岛却是效忠派取得一次重大胜利的地点，事实上，那也是那场战争的最后一次军事行动了。1782 年，西班牙正式占领了巴哈马群岛。附近东佛罗里达的效忠派难民看到西班牙占领军近在咫尺，变得焦躁不安。一位名叫安德鲁·德沃（Andrew Deveaux）的南卡罗来纳效忠派坐不住了，决定掌握主动权。德沃认为"我们眼前的一切都那么可怕，又无法指望大英帝国，只能用我们自己……极大的努力"，德沃开始"招募志愿兵去占领新普罗维登斯岛"。[17] 在靠近拿骚时，德沃施展了一点儿伎俩，让自己的舰队反复离岸靠岸，每次都貌似有一船新的士兵登陆，以此来掩盖他"只有那么点儿衣衫褴褛的民兵"的事实——他们总共大概只有 70 个人。[18] 西班牙守军觉得局势很危险，便毫无抵抗地放弃了蒙塔古堡（正如巴哈马人 1776 年所做的那样）。1783 年 4 月 18 日，德沃在拿骚升起了英国国旗。[19]

德沃占领巴哈马群岛是效忠派对自己自力更生精神的傲然证明，也突出了这些岛屿和大陆之间的对位关系。唯一的问题是，一切都太迟了。[20] 不光北美的敌对局势已经在四周前正式结束了，而且根据 1783 年 1 月签订的初步和约条款，西班牙已经同意把巴哈马群岛归还给英国。效忠派此举是画蛇添足。这次冒险的主要成果不过是在东佛罗里达殖民地被割让之后，给那些因为这个消息而震惊难过的难民一点儿正面的消遣。[21]

这次行动也提醒了人们，巴哈马群岛也不失为一个安置效忠派的所在。[22] 巴哈马群岛起初对佛罗里达的难民们并没有什么吸引力。迄今为止唯一的效忠派定居点是由大约 1500 个纽约人开拓的，他们在 1783 年夏季搬到了北部诸岛中的阿巴科岛（Abaco）。[23] 在大多数难民眼中，巴哈马群岛比"贫瘠的岩石"好不到哪儿去。[24] 刘易斯·约翰斯顿医生在 1783 年夏天从圣奥古斯丁启程来这里调查时，就证实了这一负面印象。他很快就看到了巴哈马人为什么根本不在外围岛屿上发展农业，"而且除了捕龟和砍伐木材，他们根本不到那些岛上去。"[25] 土壤质量太差了，根本无法像在西印度群岛那样开垦蔗糖种植园，也无法像在美国南部那样种植水稻和烟草。然而包括约翰斯顿在内的许多东佛罗里达难民都有一个压倒一切的首要目标。他们需要找个地方把自己的奴隶劳动力派上用场。巴哈马群岛虽然看起来不是什么有前途的殖民地，但新斯科舍"气候……根本不适合南方人居住，也不适合雇用奴隶"，就更非佳选了。牙买加和巴巴多斯已经人满为患，几乎没有什么可以耕种的土地了。巴哈马群岛的优点在于，这里与佐治亚和南卡罗来纳的"纬度几乎相同"，"没有多少居民，但也还没怎么开发"。[26] 一边是"贫瘠的岩石"，一边是新斯科舍那样的苦寒之地，绝大多数佛罗里达难民选择了岩石。

1783 年下半年，英国政府决定出钱买下那些岛屿的世袭业主的全部产权，像在英属北美那样，根据效忠派"以前的状况及各自的耕种能力（无偿）[提供]……土地地块"。[27] 这是巴哈马难民与滨海诸省难民的诸多相似经历中的第一个。其次就是难民到达的情况了。巴哈马总督约翰·马克斯韦尔和新斯科舍的总督帕尔一样，突然之间便陷入了处理难民危机的诸多麻烦中。[28] 到 1784 年中，来自佛罗里达的运输船每每靠岸，都会有数百难民和奴隶登陆新普罗维登斯岛。"他们一下船便随处扎营，毫无秩序，"马克斯韦尔报告说，"遗憾的是，我却不知道政府是否已经买下了土地。"[29] 许多人在拿骚附近安顿下来，生活条件相当原始，其他人迁到了干燥空旷的外围岛屿上，在那里砍下矮树丛，看能否开垦种植。总共有超过 6000 名效忠派及其奴隶到达了巴哈马群岛，相当于战前人口的两倍，将黑人与白人居民的比例从 1∶1 多一点提高到了 2∶1。[30]

虽然巴哈马群岛的气候比新斯科舍温和一些，但在那些未经开发的岛屿上，这些一无所有的新来者能够赖以为生的东西却少得可怜。到 1785 年春，食物短缺已经相当严重，当地官员恳求东佛罗里达总督帕特里克·托宁不要再往此处运送更多难民了。[31]（约翰·克鲁登在策划反对西班牙人接手佛罗里达的政变时，曾请求巴哈马总督提供供给，却遭到了后者的推诿，后者尖锐地提醒他说"剩余的物资是留给那些效忠派的，他们很快就要来了"。）[32] 那些岛屿严重依赖外来货物，单是一条英国补给船在拿骚附近撞沉，就足以把饥饿的难民推向饥荒的边缘了。[33] 当地也没有足够的房屋安置他们。拿骚已经是那些岛屿中最大的城镇，也"只有一条还比较齐整的街道"，沿街盖着简朴的木头房子。一位前来访问的日耳曼博物学家发现所有的建筑物里"都住满了从北美逃出来的难民"。他自己只好被安置在城外的一个"很像谷仓的"住处；很多难民还住在帐篷里。[34]

在纽约效忠派安家的阿巴科，情况也好不到哪里去。他们规划了一个城镇，以他们的恩人盖伊爵士的名字为它命名为卡尔顿，满心希望这个地方像纽约报纸上吹嘘的那样，极有潜力成为下一个庞大的种植园经济体。然而他们很快就发现，这片土地"不如想象中那么肥沃"，"他们至少需要 12~14 个月的时间，才有可能开垦土地、种植和收获自己的劳动成果"。[35]

和圣约翰沿岸的另一个卡尔顿一样，匮乏引发了争端。一位官员报告说，他们"刚上岸没几天""就不满之声四起，那些不满逐渐升级，到最后他们彼此之间也剑拔弩张了"。因为一场关于食物分配的争执，卡尔顿的殖民者们彻底分裂了，有些人迁居马什港（Marsh's Harbour），在那里建起一座对立的城镇。[36]

马克斯韦尔总督预感到："我想这些人如此不满，取悦他们定是件难事。"[37] 这么说还是太含蓄了。阿巴科的骚乱为后来巴哈马和英属北美的效忠派社会最大的相似之处埋下了伏笔：不满的难民与负责帮助他们的官员之间的冲突。新来的佛罗里达难民很快便开始就物资、土地分配和政治代表权等问题牢骚满腹，与北方的难民同胞遥相呼应。和他以前的帕尔和托马斯·卡尔顿总督一样，马克斯韦尔也成了效忠派发泄愤怒的目标。

一切都因食物而起。和土地的分配一样，粮食配给的发放也是效忠派大流散各地难民与政府矛盾的一个老大难问题。但在巴哈马群岛，因为距离美国较近，这个问题出现了一个特殊的转折。马克斯韦尔收到了难民们抱怨食物供给问题的请愿书，作为回应，他在政务会搁置了一项与美国做贸易的禁令，允许美国船只把急需的物资带入拿骚。[38] 马克斯韦尔几乎没有预见到难民们的反应，他发现"在他们看来，这是极大的冒犯"。看到美国船只停在海港，有些难民怒发冲冠，试图上前把星条旗从桅杆上扯下来。[39] 马克斯韦尔谴责这样的行为"背离了我们国王陛下的和平原则，且公然有违一切公共秩序和礼节"，并发布公告，"严格命令和请求国王陛下的所有臣民克制，戒绝此类不名誉和非法的行为"。[40] "我指挥军团时，时常会被告知，如果面包不够，就要注意防止闹事，但那时我还没有跟效忠派打交道，"他沉思道，"谁又曾想到，给他们便宜的面包也会冒犯他们？"[41]

这些事件发生后仅一两天，有人走在拿骚的贝街（Bay Street）上，就看到墙上贴出了古怪的传单。它们几乎可以肯定是在来自查尔斯顿的韦尔斯家族印刷机上印刷的，约翰·韦尔斯刚刚把印刷设备从圣奥古斯丁带到拿骚，现在正用它们印制出版巴哈马群岛的第一份报纸——《王家巴哈马公报》（Royal Bahama Gazette）呢。[42] 传单上刊出了它自己的"公告"，模仿马克斯韦尔的口气对他一通挖苦：

> 鉴于我在政务会上背离且直接违反了国王陛下的命令，允许叛乱者名下的各种船只进入本岛并倾销他们的货物。又鉴于那些名为难民或者另一个同样令我厌恶的名字——效忠派的人……表先［原文如此］出对我的这一行为的不满……我特此宣布……我将……对这一忠于国王陛下的行

为（<u>虽然它跟我的兴趣差之千里</u>）表示我最大的
不快。[43]

马克斯韦尔的效忠派敌人坚信，总督心里偏向战前的
"海螺"居民，而不是这些贫困的新来者。他们谴责
他对美国船只开放港口不是为了帮助他们，而是为了
他自己和他的"海螺"朋友们趁机牟利。因为在他们
看来，允许那些把他们赶出家园、让他们陷入流放困
境的美国人入境，怎么可能是在帮助他们？

　　马克斯韦尔也不失时机地败坏这些敌人的名声。
他的理想社会也跟他的英裔爱尔兰同胞卡尔顿兄弟所
拥护的社会一样，是建立在权威、等级制度和农业经
济的基础之上的。"当我提到笼统的<u>效忠派</u>一词时，"
他小心地说道，"我所指的永远不包括他们中间那些
做出无礼行为的人，大多数人是安静和有序的。"[44]
他特别欣赏那些难民种植园主，"那些人已经带着很
大一家子人，以及 10 个、20 个乃至 100 个奴隶在外
围岛屿上安顿下来了"。制造事端的是城市专业人
员——商人、印刷商和律师——其中东佛罗里达难民
尤甚。（他认为他们是因为受到了托宁总督的默默支
持，后者一直觊觎着巴哈马总督之位。）[45] 马克斯韦
尔对他们彻底失去了信心，说"他们是世界上最惹人
厌烦、欲求不满的人"。[46]"如果要我从目前看到的
来判断（极少数人除外），他们都是我们那些战败的

军队中的残渣败类",而"要是即将来到这里的其他人也都是这样的品性,那么公民政府就危险了"。[47]他总结说,跟这些人打交道的唯一方式就是用军事手段来镇压他们。问题是他没有军队可用:被调遣驻守巴哈马群岛的英国军队还在佛罗里达,要几个月后才能到达这里。

1784年7月底的一天,另一份传单出现在拿骚,上面写道,鉴于"目前在巴哈马群岛的效忠派难民的特殊处境","他们[必须]团结起来坚持到底,保全和维护他们的权利和自由,他们正是为了那些权利和自由才离开故土、倾家荡产的"。该文件宣布召开一个"来自北美大陆的效忠派大会"讨论效忠派关心的问题。文件下方列出的15个签名者立刻证实了马克斯韦尔的偏见。他们包括三位律师、一名医生、几名商人和几位富裕的种植园主,全都来自圣奥古斯丁。这群人的领袖詹姆斯·赫伯恩(James Hepburn)曾经是东佛罗里达的总检察长,从他到达的那一刻起,就开始煽动效忠派反对马克斯韦尔。印刷商约翰·韦尔斯是另一个签名者,他似乎在这里践行了他的报纸的口号:"不羁之民,没有主人。( not bound by any masters. )"[48]会议的主持人不是别人,正是小刘易斯·约翰斯顿,也就是刘易斯·约翰斯顿医生的儿子和威廉·约翰斯顿的哥哥,从听到父亲带回的负面消息那一刻开始,他大概就已经准备好对巴哈马群岛发泄百般不满了。[49]

　　整个1785年夏，效忠派的牢骚就像热锅上的水珠一样失控了。赫伯恩和另外两位律师认为他们遭到了不公正的阻挠而无法在此地执业，便冲进了法庭，"以极端下流的语言"攻击首席法官，导致诉讼不得不休庭。法院休庭持续了好几个月，等待各方都冷静下来。[50]另一次，赫伯恩出现在马克斯韦尔总督的宅邸，指责总督根本没有履行职责，因而他的权威已经失效了。马克斯韦尔立即以极端的语言针锋相对，反驳说："如果这还不算是最大的行为失检乃至危害国家，我无话可说。"[51]与此同时，马克斯韦尔处理了关于土地分配的抱怨，一方面试图解决战前殖民者此前提出的要求，另一方面对效忠派采取怀柔政策："他们看见一块空地，说他们必须占有它，就一定会占有它：按照他们自己的说法，这都是'对他们的承诺'。"[52]

　　暴动随后就发生了。一个星期天早晨，效忠派煽动者站在教堂外"用鼓声敲响了放逐曲，把人们从教堂里驱赶出来"。占领了教堂之后，他们在夜深人静时"敲钟，听上去像城镇着火了一样"，以此来"找乐子"。[53]这样的破坏持续了几周时间，无不起源于"效忠派的住处和帐篷"。[54]有一次，一群"白人和黑人武装"暴民在一天深夜出现在首席法官的家门口，高喊着"开火"，威胁要开枪对住在里面的人射击，此情此景真是和革命中的美国别无二致。[55]然而由于法院休庭，手头也没有军队可供调遣，马克斯韦尔苦于无力报复——身为独裁主义者，他缺乏必要的立威工具。[56]

抗议者可以说是取得了胜利：马克斯韦尔被从总督职位上召回，于1785年春乘船回国，走时明显是松了一口气。他的继任者是代理总督詹姆斯·爱德华·鲍威尔（James Edward Powell），这位"年老昏聩"的慈善之人本人就是来自佐治亚的效忠派难民。[57]鲍威尔希望现在"安静和相互信任能够取代怨毒和愤怒"。[58]但马克斯韦尔在离职之前已经激起了效忠派和政府之间最大的争议。1784年底，他解散了议会，呼吁选举和重组议院，其代表新近在外围岛屿定居的殖民者的共有11位新代表。新选出的议员在1785年2月入职，其中就有臭名昭著的詹姆斯·赫伯恩和他的若干不满政府的效忠派好友。

在第一次议会演讲中，鲍威尔总督承诺"既往不咎，而希望能在未来恢复和谐和相互信任"。他的话音未落，赫伯恩就跳起来，提交了一叠他的伙伴们的申诉书。每个申诉人都声称曾以相对多数入选议会，但军警队队长"错误地、邪恶地、非法地"安排了一位敌对的（代表"海螺"的）候选人顶替了他。赫伯恩和其他六位议员"未得到议长的允许，便非常粗鲁地"离开了会议厅，以示抗议。[59]议会传唤他们到庭陈述离席理由时，赫伯恩和他的朋友们拒绝了，声称他们"选择不参加议会,是因为议会中有些议员是非法入选的。"为了报复,现任议员命令将效忠派的抗议书"由执行绞刑的公共行刑人当众烧毁,那是对本议会的权威和尊严最为邪恶、失礼和可耻的诽谤"。第二天,作为国家权力的生动展示,公共行刑人在法院门前当众烧毁了那些冒犯权威的文件。[60]

煽动性传单和韦尔斯的《公报》上的新闻报道再次传遍了各个岛屿。被煽动起来的效忠派在拿骚召开紧急会议,宣泄"他们及其选民发出的不可容忍的不平"。他们认为,离职的马克斯韦尔总督利用"最大的手段和影响力……阻止最近在这些岛屿上定居的国王陛下的忠实臣民获得任何一点点代表权"。选举的进行"直接、公然、不可容忍地违反了宪法和法律"。议会没有代表他们,因而他们"没有义务遵守议会可能通过的任何法律"。他们要求鲍威尔解散"当前这个非法和违宪的议会"并(从效忠派抗议者队伍中)任命一个委员会代替它"行使职责"。[61]

拒绝遵守法律,要求现任政府停职:这些都是革命式的挑衅。而他们还自称效忠派?日渐升级的冲突让白厅的大臣们挠头不已。"这实在令人诧异,"悉尼勋爵惊叹道,"那些曾因为对王室的忠诚和恪守英国宪法而备尝艰辛的人,竟全然忘记了自己的身份和对国王陛下的义务,如此公然挑衅王室的权威和宪法。"[62]如果有合适的资源,马克斯韦尔总督大概会像卡尔顿在新不伦瑞克那样毫不手软地出兵镇压抗议。但鲍威尔本人就是效忠派，也比前任更有外交手段，因而他拒绝对此事不冷静。他感谢效忠派请愿者"依附并恪守英国宪法"，并宣布议会整个夏季期间休会，责令议员们"尽你们最大的努力修复已经形成且在一定程度上仍将继续存在的分裂"。[63] 克制如他，取得的效果却极其有限。休会四个月后，议会成功地逐出了最为桀骜不驯的议员。但关于代表选举的争议却始终存在，直到鲍威尔本人在 1786 年冬天去世时也远未解决，把紧张关系又传给了下一位总督。

大体上，整个抗议没有哪一点是巴哈马群岛独有的。巴哈马难民诉诸英国宪法来捍卫自己的权利，高声反对违宪行为，并为实现自己的目标使用了印刷媒体、请愿手段和法律。所有这些都是革命前的美国和整个英国世界典型的抗议形式。然而这次巴哈马人抗议却也有其鲜明的风格，爆发了公共极端事件、骚乱和袭击，以及各类原型革命的会议。为什么这里的抗议如此歇斯底里？悉尼勋爵对拿骚发回的报道思考了一番，提出了一个解释。他指出，鉴于"许多效忠派一到巴哈马群岛，看到那里如此不合人意"，那些曾经生活富裕的难民明显地"感受到从前和当前处境之间的差异，这样令人不快的变化当然会播下愤怒的种子"。[64] 当然，全体效忠派难民都要面对一无所有、背井离乡和倾家荡产。但最难驾驭的巴哈马难民来自东佛罗里达实非巧合。他们不仅携带着战争对他们的身体和心理造成的创伤。（比方说，托马斯·布朗到达巴哈马群岛后，就碰上1775 年遇袭遗留的严重的偏头痛发作，以至于为了缓解，他采取极端的方案，接受了颅骨穿孔术，也就是在颅骨上穿一个洞。）[65] 这些两度丧失家园的难民们因为自己的政府放弃了佛罗里达，登陆时心里都怀着极大的不满。更何况巴哈马群岛上的效忠派始终生活在美国的阴影之下，美国既在咫尺又在千里之外，简直就是在恶意地提醒他们自己来自何方，此时又身在何处。邻近美国让某些效忠派惊恐不已，以至于他们要去攻击美国国旗，而对像克鲁登这样的效忠派而言，却不失为他们野心的源泉，他们想象着利用巴哈马群岛作为基地，为帝国的扩张再创辉煌。

所有这些有助于解释为什么这些北美效忠派虽然和其他难民没有多大差别，却又在一个非常重要、有决定性意义的方面像极了美国爱国者：他们似乎随时准备在必要时抄起棍棒和手枪，与他们的总督彻底决裂。的确，在与帝国当局斗争的过程中，效忠派的煽动者们甚至一度看似占了上风，这种情况一直持续到权威被交给了一个很少有人会忘记的统治者。前弗吉尼亚总督邓莫尔勋爵再次横跨大西洋，朝这里驶来。

1761 年，邓莫尔伯爵大概正在春风得意之时，请人为他坐落于艾尔思（Airth）的庄园建造了一所新的装饰性建筑。那时他新婚不久，又代表苏格兰入选了上议院——考虑到他的父亲曾因 1745 年支持小僭王而声名狼藉，这尤其是一份无上的荣耀。那确实是个大而无用的装饰。近看倒像是个石匠的杰作，用各种精雕细琢的石椁和石券精工制成。但站远了看，它简直像个笑话。整座精美雕刻的建筑像个巨大的菠萝，有四层楼之高，把 18 世纪备受青睐的装饰主题夸张到比例失调，在苏格兰低地阴森森的天空背景下，古怪地召唤起热带地区的景观。那时邓莫尔大概不知道，二十五年后他真的会去一片生长着菠萝的地方做总督——菠萝是能在巴哈马群岛成功种植的极少数热带作物之一。[66]

邓莫尔勋爵是个喜欢做大文章的人。他曾短期担任纽约总督，从 1771 年开始担任弗吉尼亚总督开始，他紧抓表现的大好时机，在俄亥俄谷地对肖尼人的战争中大肆推行扩张主义，自己也趁机攫取了 400 万英亩的北美土地——这可绝非偶然。从切萨皮克湾上那个非同寻常的水上政府，到 1775 年那篇引发争议的承诺给奴隶以自由的公告，他在弗吉尼亚阻止革命的努力也同样勤勉。虽然邓莫尔在 1776 年被迫放弃了水上城镇，他却始终没有放弃打赢战争的努力。他成了在大西洋两岸为效忠派奔走呼号、号召英国继续进攻的领袖人物。他支持的计划中有一项是在约克敦战役之后提出的，主张占领密西西比河谷，把它变成效忠派的避难所。[67] 另一项则是克鲁登在 1782 年提出的方案，主张招募一支庞大的黑人军队。邓莫尔是克鲁登最显赫的支持者事出有因，那就是他和克鲁登一样，拒绝把 1783 年视为英国在美国或其南部边境扩张无望的标志。他们眼中的世界永远都在变化，拒不承认任何一次失败意味着终局。

鲍威尔的去世造成了拿骚总督府的空缺，在许多人看来，邓莫尔是接替他的理想人选。（当时在都柏林出差的马克斯韦尔被礼貌地告知，内阁已经决定用"某个与那些岛屿当前的居民毫无关系的人"代替他的职位。）[68] 伯爵对北美的行政管理很有经验，也得到了效忠派的大力支持，他本人也在积极寻求再次担任总督之职。邓莫尔急切地接受了任命，于 1787 年启程横跨大西洋。从逻辑上讲，巴哈马效忠派自然是欢迎他的：这是他们觉得可以依赖的人，他一定能将效忠派的利益置于"海螺"利益之上——这是马克斯韦尔治下紧张局势的首要根源。但他们不久就发现，新总督有他自己的与之冲突的利益。首先，他的威权主义倾向甚至比马克斯韦尔还要严重，其次是此人一刻不停地为自己牟利。更激起争端的是邓莫尔在弗吉尼亚臭名昭著的那件事，解放黑人奴隶，在巴哈马的白人奴隶主们眼中，这多少是个可疑的资质。最后，邓莫尔从没有停止梦想在北美大陆恢复帝国的统治，身为巴哈马群岛总督为他实现这一野心提供了极为有利的条件。虽说邓莫尔曾有过"效忠派之友"的名声，但他的这些目标没有一个与他那些愤怒的新臣民的愿望休戚与共。

邓莫尔到达拿骚之时，如潮水般涌来的难民已经把这座城市挤爆了。一份由议会委托绘制的 1788 年地图可供我们一目了然地纵览当时的拿骚。[69] 以拿骚堡为主要建筑的市中心包括一些公共建筑物，如教堂和议会；一座建于 1787 年的奴隶拍卖所；还有一开放性建筑，有个很荣耀的名称叫"交易所"，事实上是个公共市场和集会场所。[70] 海岸边有 8~10 个繁忙的码头，岛内腹地的新街道一直通到总督府，它坐落在市中心以南不远处的一座丘陵上。扩大的城市被整齐地分成 214 个地块，其中许多都归效忠派难民所有。拿骚近四分之一的地产属于 48 个彼此不相干的女人，有白人也有黑人。24 个地块属于"自由黑人"和"有色"人种，这是很重要的一点，它提醒人们注意在战前巴哈马群岛的黑人和混血人口中，将近一半都是自由人。少数黑人效忠派如今加入了他们，包括戴维·乔治和戴维·利勒的一个人称"阿莫斯兄弟"（Brother Amos）的同伴，此人创立了巴哈马群岛上的第一个浸礼教会。[71] 虽然城市边缘也有很大一片黑人贫民窟，但至少从表面上看，拿骚市内的种族融合程度相当惊人。一位名叫艾萨克·杜波依斯（Isaac DuBois）的白人效忠派在他坐落于王子街（Princes Street）一角的地块上，可以从房前窗外看到政府大楼的正面。如果他从屋后往外看，可以看到他的黑人邻居托马斯·马洛尼的房子；右边可以看到另一位黑人亨利·伊文思的房子，斜对角则是属于"有色人种"的女子丽贝卡·达林的地块。（几年后，杜波依斯迁往塞拉利昂的弗里敦，那时他周围就几乎全都是黑人邻居了。）

邓莫尔到达时，外围岛屿发生了更加剧烈的变化。根据1785年宣布的条款，效忠派无论男女，每人可以申领40英亩的免租金赠地，家中每多一口人——包括奴隶在内，可再增加20英亩。由于土地面积与奴隶拥有量成正比，来自美国的最大的种植园主就有机会在巴哈马群岛上重建昔日的社会地位。托马斯·布朗就是这些幸运的少数人之一。1775年，他曾在佐治亚乡间拥有近6000英亩土地，雇有150个契约奴仆。1785年，布朗在巴哈马群岛申领了6400英亩土地，大都位于大凯科斯岛（Grand Caicos）的盐碱地上，有170个奴隶（包括他在佛罗里达从威廉·约翰斯顿那里买来的奴隶）在其上劳作。[72] 当然，布朗的处境能够与战前不相上下，是较为罕见的；与任何效忠派相比，他分得的土地面积均属最大之列。绝大多数难民只能在不大的地块上度日，通常每一块不到 200 英亩。[73] 布朗拥有 170 名劳工，而巴哈马种植园的平均奴隶数量还不到 13 人，对比相当鲜明。然而总的来看，难民的迁入彻底改变了这些岛屿的景观。效忠派——或者更确切地说，效忠派的奴隶——在短短几年之内就开垦了 13000 英亩耕地，几乎达到了战前总量的四倍。[74]

他们没有像在西印度群岛那样种蔗糖，没有像在低地①那样种水稻，也没有像在切萨皮克那样种烟草。他们转向了对许多人很陌生的一种作物：海岛棉。棉花被巴哈马的种植园主们寄予厚望。1785 年首次在各岛上种植之后，棉花作物在 1786 和 1787 年分别收获了 150 吨和 250 吨的产量。佐治亚效忠派威廉·威利就这个时期各岛的情况写过最好的综述，此人在阿巴科岛上变身为棉花种植园主之后，还额外获得了巴哈马地区的副检察长一职。他吹嘘说，年产量"已经大大超过了他们（种植园主）最乐观的期待"。他喜气洋洋地提到一位种植园主的运气，后者"最多只有 32 个奴隶"，却收获了足足 19 吨作物，"时值 2660 英镑，相当于创造这些产量的黑奴总价值的近两倍"。[75] 然

---

① 低地（Low Country）是指南卡罗来纳沿海（包括海岛在内）的地理和文化区域，曾一度因奴隶劳动种植的亚热带水稻和靛青而闻名。

而很有可能就在威利在他那些齐腰高的棉株间走动的那个季节或者紧接着的那个季节，他就会注意到那些三角形的叶面上宿栖着一种令人发愁的东西：有条纹的、蠕动的毛虫。这些贪婪的小毛虫于1788年首次贻害巴哈马群岛上的棉花作物，后来那些年则变成了一场无情的天灾。

有些效忠派或许会注意到一个残酷的讽刺：毛虫恰在邓莫尔勋爵到达之时肆虐乡间，因为过不了几周，总督本人似乎也开始为害臣民了。掌握着分地大权的邓莫尔很快就让自己成为巴哈马有产阶级精英中的一员，给自己批了丰厚的5355英亩土地，还把另外1700英亩分给了一个儿子。但总督对奴隶劳动的态度却跟效忠派种植园主没什么共同点。作为在美国革命期间率先承诺给奴隶以自由的人，邓莫尔发现，巴哈马群岛上"来自美国的黑人虽有英国将军签发的自由证书，却也同样遭到了自称为效忠派之人的非人的残酷对待，大为不悦。那些不幸的人凭借着自由的承诺和国王的保护逃离了主人的魔爪，如今却每天都被从这些岛上偷走，运送到伊斯帕尼奥拉岛（Hispaniola）上的法国人那里听凭发落。"[76] 约翰·克鲁登已经重拾这一"令人忧烦郁闷"的任务，寻找被效忠派"违反最明确的政府命令"抓走的黑人的下落。[77] 为了杜绝这类行为，邓莫尔发布了一个公告——这是他登陆后的第一个行动——承诺建立一个特别法庭来调查黑人提出的自由申诉。

邓莫尔的命令虽然不像他 1775 年在弗吉尼亚发布的公告那样充满煽动性，却也立即激起了效忠派的愤怒抗议。效忠派带入境内的奴隶已经让岛上的奴隶与白人比例增加了一倍左右。[78] 早在 1784 年，议会看到黑人人口急剧增加，就通过了一项针对奴隶和自由黑人的严苛的新法规，与美国南部各州的那种非常相似。突然间，一位新总督又反其道而行之，发自内心地向黑人让步了。"新居民们认为邓莫尔勋爵是黑人的朋友。"当时有人写道。[79] 邓莫尔冷冷地说："这一要求让某些拥有多位可怜的不幸之人的人士感到不快了，他们还假装自己生活在实行奴隶制的国家呢。"[80] "不快"这个词显然太温和了。在拿骚，一群白人效忠派冲进一个黑白混血儿的房子，野蛮地袭击了她。一位效忠派因为参与此事而被逮捕，却起誓说"他要把那个城区所有属于自由黑人的房子全都烧毁"。[81] 在阿巴科，托马斯·布朗作为种族"动乱"的祸首之一遭到逮捕，自此便公然是"邓莫尔勋爵政府的公开反对者"了。[82] 种族暴力促使邓莫尔本人和他的"黑人法庭"一起驶向阿巴科，在那里审查黑人效忠派的申诉。（然而事实上总督的承诺并没有兑现多少：在 30 位上庭的申诉人中，只有 1 位被判定为自由人。）[83]

事实证明，由于邓莫尔在原则上主张黑人效忠派的权利高于白人效忠派，关于奴隶管理问题的争议只能算是开战突袭，总督与白人效忠派之间乃至当局武力和诉诸权利之间的战斗还将不断升级，愈演愈烈。邓莫尔其人总喜欢离间臣民，随即便掀起了关于那个永远难缠的政治代表权问题的争议。1788 年初，整个巴哈马群岛的效忠派请求邓莫尔解散议会，他们认为，既然任命了新总督，理所当然要解散议会。新普罗维登斯的效忠派提出，他们"认为自己在当前的议会**毫无代表性**；而本殖民地的种植园和商业利益也是一样"。来自埃克苏马岛的效忠派情愿说，他们"被剥夺了在立法机构被代表的权利"。长岛（Long Island）上的棉花种植园主们说"议院当前的许多成员是非法选举入选的"；在卡特岛（Cat Island），效忠派觉得"被排除在立法会代表之外"，因而也被排除在了英国宪法承诺的"自由权利"之外了。在一份最为详细的请愿书中，阿巴科的效忠派提到一个事实，即他们来到岛上时，"坚信在国王陛下最偏远荒僻的领地，他们也能享受英国宪法赋予的那些宝贵的权利和特权"。然而，他们悲叹道："议会的下院几乎没有一位种植园主、商人或北美效忠派。"听到所有这些啰啰唆唆的要求，邓莫尔的回答基本上都一样言简意赅："先生们，我不认为在当前时期解散议会是为国王陛下提供的合时宜的尽职服务。"[84]

邓莫尔的请愿者们可没那么容易接受他的托词。

比方说，副检察长威廉·威利就拒不接受。威利到达巴哈马群岛的时间比邓莫尔早不了几天，但这位出生在佐治亚又曾是佛罗里达难民的人与他的很多新邻居都有密切的联系。（威廉和弟弟亚历山大曾在托马斯·布朗的军团里作战，正因为如此，1781 年威廉·约翰斯顿在萨凡纳城外遭到爱国者袭击时，是威利带兵救了后者。）威利很快便在当地的政界受到了训练，在此期间，首席法官（一位邓莫尔的铁杆拥护者）接近他，阴森森地警告他要"站对立场"。他坚称自己是独立派，或者说无论如何都拒绝与邓莫尔为伍，于是便被指控曾称法官是"见鬼的骗子"而锒铛入狱。同为反邓莫尔一派的托马斯·布朗出具证词为威利辩护；威利的律师也是一位反政府效忠派领袖，总算在审判中成功地让威利脱了身，那场审判暴露出他的被捕就是一场闹剧。[85] 对此，邓莫尔勋爵的反应是立即关闭了法院。

对峙走进了死胡同。和前任马克斯韦尔一样，邓莫尔觉得让他不胜其烦的效忠派就是一群自私的小贩、盗马贼、走私犯和闹事者，这些人最关心的就是保住他们偷来的奴隶。[86] 他认定，确保这些人服从的唯一途径就是把他们的要求扼杀在萌芽状态。为了声势浩大地显示自己的权威，邓莫尔开启了在各个外围岛屿建筑炮组和要塞的工程，还在拿骚以西建起了一座巨大的新城堡，即夏洛特堡（Fort Charlotte）。城堡上那些大炮林立的坚固工事与其说是为阻止大家公认的袭击者，不如说就是为了震慑新普罗维登斯岛上的居民。因为邓莫尔担心"如果我们明天与美国开战"，"效忠派……就是我最有理由担心的人"。[87]

在以威利为首的愤怒的效忠派看来，邓莫尔简直就是最糟糕的独裁者，是（苏格兰）暴政的化身："天性顽固而暴烈；能力在中人之下……对英国宪法及英国臣民的权利一无所知；他的治理原则让人不禁想起某个微不足道的小氏族中不可一世的暴君。"威利对总督的指控听起来很像美国爱国者对十三殖民地总督的辱骂。邓莫尔宣布法院休庭并拒绝召集选举违背了英国臣民所珍视的最基本的权利，如人身保护法。更糟的是，"他的个人生活"也和"他的公众形象一样不道德"。[88]总督肆无忌惮地利用裙带关系：他让一个儿子在一次候补选举中入选议会，后来还单方面任命另一个儿子为副总督。邓莫尔建在艾尔思的巨型菠萝跟他在岛上修建防御工事的愚行相比都不算什么了，那些费用高达惊人的 32000 英镑，是初始估算的八倍，用光了公共资金。[89]

一位效忠国王的巴哈马人还能做什么呢？威利转而请求远在英国的大臣，希望可以在伦敦"为在帝国最遥远的角落遭受不公正待遇的效忠派臣民伸张正义"。[90]然而在拿骚，邓莫尔继续他近乎专制主义的政体，威利担心更糟的还在后面。他一一列出对邓莫尔的抱怨，最后还有一项"或许看似令人难以置信的指控"。因为，威利宣称，特意用楷体字突出他的震惊，"爵士大人正在传播奇怪的报道，企图警示人们说*效忠派*（那些可是为了国王和国家的事业洒过热血的效忠派啊）正在*密谋放弃对大不列颠的效忠……以便寻求叛乱者国会的保护*"。[91] 邓莫尔怎么能指控效忠派——他们是*效忠派啊*——秘密串通美国呢？谁知道他接下来还会犯下何种暴行？

在威利看来，可怕的事实是邓莫尔不仅声称掌握了一个效忠派密谋叛国的证据，还会进而以此为由实施戒严，这可是邓莫尔一直翘首以待的。[92] 总督本人也旋即卷入了密谋中，很可能会把巴哈马群岛上的敌对方推向北美。长期以来，邓莫尔一直支持旨在让英国在北美大陆重获主权的最为激进的方案，来到巴哈马群岛尤其有利于促成那些方案的实施。而在此时，邓莫尔已经找到了一位完美的新合作者代替疯了的约翰·克鲁登，他就是精力充沛的年轻效忠派威廉·奥古斯塔斯·鲍尔斯。

\*

他一定给自己未来的新娘带了些肉和鹿皮，也许还带了条毛毯和几件衣服，以此来表现自己是个可靠的家庭支柱。他或许也盖了他们自己的房子，一座四方形的小屋，有着白色或红色灰泥外墙和柏树皮铺就的屋顶。[93] 他长着宽阔的双肩和坚毅的面庞，看起来肯定像个很不错的武士，然而这位新郎毕竟只有 16 岁，刚刚摆脱稚气，还没有完全成年。虽说他的皮肤在佛罗里达的阳光下晒得黝黑，却还没有多少风霜坎坷能够掩盖血统留下的明显标记：他那眼窝深陷的双目仍旧闪烁着蓝色的光。[94]

在殖民地时期的美国，大概有很多少年都曾对这种生活充满美好想象：把他们从小听到的惊悚故事彻底反转过来：从家里逃走，跟印第安人住在一起，身穿鹿皮革、挥舞着战斧和割头皮用的小刀，在他们想象中的林区自由地享受性、暴力和美酒。出生于马里兰、早熟的威廉·奥古斯塔斯·鲍尔斯少年时就曾尝试过这一切，还不止这些。（就连这次娶了一位克里克酋长之女也是他的第二次了；他已跟第一个切罗基人妻子有过至少一个孩子。）[95] 1777 年，鲍尔斯 14 岁就开始了冒险生涯，在马里兰效忠派的一个军团中获得了掌旗官的职位。但他很不喜欢军队生活，觉得那简直乏味透顶又艰苦异常。1778 年底，他的军团前往彭萨科拉（Pensacola）守城，因为事先得到消息说西班牙人要进攻该城。他痛恨这个臭气熏天、疾病蔓延的闷热港口，一位同行的军官称之为人间地狱："撒旦和他所有的使者都应该被流放到这个地方来。"[96] 鲍尔斯简直快被逼疯了，又天性叛逆，就跟指挥官吵了一架，被开除出军团。一个克里克印第安人代表团来彭萨科拉领取英国人给他们村庄的回礼，待他们回村时，鲍尔斯"愤怒地把我的红色军装扔进了海里"，跟他们一起走了。[97]

鲍尔斯成了18世纪末生活在克里克人部落中的数百位白人之一。[98] [ 克里克人首领是亚历山大·麦吉利夫雷，他的父亲拉克伦·麦吉利夫雷（Lachlan McGillivray）是当时最著名的苏格兰商人之一。] 鲍尔斯做到了真正意义上的"入乡随俗"，他组建了一个克里克人家庭，带领一个克里克人军团守卫莫比尔（Mobile），一位时人曾说他"抛弃了昔日的回忆，在任何方面都像是一个野蛮武士"。[99] 然而他从未放弃自己作为英国臣民的忠诚。1780年，鲍尔斯甚至重新加入了那个效忠派军团，这就意味着在战争结束后，他有权为自己曾在军队作战而获得分地。他选择迁居巴哈马群岛，跟他成长期间的第二故乡美国西南部隔海相望。战后数年，鲍尔斯经常往返于巴哈马群岛和北美大陆之间，像约翰·克鲁登一样，成为另一位战时四处游历、战后生活流离的效忠派难民。

1788年4月，鲍尔斯带着一个危言耸听的故事出现在拿骚。他近期前往佐治亚时遇到了一位在巴哈马拥有地块的军团老兵。那位军官"强烈敦促他[ 鲍尔斯 ][ 一回到巴哈马 ]就去拜访约翰斯顿、赫伯恩、克鲁登等几位先生"。熟人告诉他说，"这些人，还有一些其他人是巴哈马群岛上一个强大党派的主要领袖"，即将实施一个大胆的计划。那位军官拿出了一沓信件来向他解释此事。这些信件中描述了一个宏大的抱负："要让那些岛屿独立于大不列颠。"脱离大英帝国之后，巴哈马群岛新的效忠派统治者将"向全世界开放港口；发展商业贸易，此外还将从大量存在于上述岛屿的盐池中攫取巨大的利润和优势"。该计划已经万事俱备；策划者就等着选定日期"起义并占领政府"了。在那些文件的最下方，鲍尔斯看到撰写该计划之人的秘密签名：约翰·克鲁登。[100]

这次遭遇让鲍尔斯确信"迄今以来，一直都有人企图让本殖民地脱离大不列颠的管辖"。事实上，他非常清楚当前正在进行的议会席位之争"的真正目的并非获得人民的代表权，而是想通过这种方式，看看他们政党的真正实力和人数"。这不是民主，而是政变；这就是邓莫尔关于效忠派密谋推翻其政权的证据。鲍尔斯在威廉·威利审判短短几天之后便在一份证明书上签名宣誓此事属实，时机也恰到好处。叛国罪名（哪怕证据是已经疯了的克鲁登的话）必将一劳永逸地让效忠派反政府煽动者们偃旗息鼓。最终，鲍尔斯耸人听闻的指控却没有取得什么进展，一个主要原因是到他作证之时，约翰·克鲁登已经永远地消失了：1787 年 9 月，克鲁登死在他寄予如此厚望的岛上，年仅 33 岁。[101] 但邓莫尔和鲍尔斯就此案结成的共生关系却在不久后发生了令人十分满意的演变，如果克鲁登在天有灵，想必也会为此而骄傲。

虽然鲍尔斯和克鲁登很可能从未谋面，但将两人联系在一起的事件可不仅仅是克鲁登叛国信件的那几张纸而已。因为和克鲁登一样，鲍尔斯也认为西班牙在佛罗里达的统治必将被推翻，要实现该目的，巴哈马群岛是最好的起始点。区别在于，鲍尔斯希望以克里克印第安人的名义，并在后者的支持下实现这一征服。美国革命在克里克人的社会掀起了持续的变化，把传统的生活方式转变成为以种植园农业和拥有奴隶为基础的经济形态。[102] 克里克酋长亚历山大·麦吉利夫雷就是这一转变的化身。和约瑟夫·布兰特一样，麦吉利夫雷也因为曾在查尔斯顿受过教育，一直以他优雅的做派、白皮肤和欧洲人的装束给白人们留下了深刻印象。他放弃了大多数克里克人冬季打猎的生活方式，转而在墨西哥湾经营自己的庄园，在自己位于小塔拉哈西（Little Tallassie）的庞大种植园度夏，那里有苹果园、有大群的牲畜，还有 60 位奴隶劳动力。1790 年，阿比盖尔·亚当斯（她的丈夫约翰时任美国副总统）见到麦吉利夫雷后，对他"说英语像母语一样流利"十分赞赏，而他对自己的克里克同胞讲话却要通过翻译。鲍尔斯在这一点上自觉地反其道而行之，他的自我形象——至少对白人看客而言——是个彻头彻尾的印第安猎人和武士。现存的唯一一幅肖像把他画成了一个明显的拜伦式人物，穿着褶边衬衫，波纹袖上系着银色的臂带，颈间缠着重重珠链，还戴着装饰精美的鸵鸟毛包头巾。虽然有些白人同胞觉得他的印第安人服饰未免"荒谬"和"凌乱"，但如此华丽的装束同样让他获得了白人的支持。他希望自己在英国人中间建立的联系能够反过来帮助他在克里克人中收获一批拥趸。[103]

鲍尔斯对佛罗里达的野心恰与邓莫尔勋爵一拍即合。自 1783 年和约签订以来，西属佛罗里达的印第安人贸易便一直由一个名为潘顿莱斯利公司（Panton，Leslie and Company）的商户控制着。该公司总部位于拿骚，与邓莫尔的巴哈马政敌们有着密切联系——包括托马斯·布朗，他曾在任印第安人事务督察专员时帮助该公司获得了垄断地位。邓莫尔希望取缔该公司，这主要是出自巴哈马政治和个人的利益，与此同时，鲍尔斯则有自己的理由推翻潘顿莱斯利。该公司在印第安人地盘上的隐名合伙人不是别人，正是麦吉利夫雷，鲍尔斯要想在克里克人中提升地位，最大的敌人就是麦吉利夫雷。凭借邓莫尔的支持，鲍尔斯在威利事件之后几个月带人前往佛罗里达，企图把潘顿莱斯利逐出该地区。[104] 遗憾的是，他的冒险旋即惨败。因为事先得到了托马斯·布朗的通知，西班牙当局让麦吉利夫雷去对付"那个邪恶的鲍尔斯"，后者"不过是为真正的恶棍所利用的愚蠢工具而已"。[105] 麦吉利夫雷给了鲍尔斯一些"有用的建议"，让"他永远离开这片国土"，威胁说如果他拒不服从，就"割掉他的耳朵"。[106]

然而不管是鲍尔斯还是他的支持者邓莫尔，都没有因这次失败而气馁。他们反而在鲍尔斯为佛罗里达的未来制定的更宏大规划中找到了更多的共同点。鲍尔斯计划在沼泽地中建起一个全新的国家归自己领导，这是邓莫尔长期支持的各种计划中的一个颇有说服力的方案。他把那个国家叫作"马斯科吉（Muskogee）"。正如他为总督描画的那样，马斯科吉将是一个独立的印第安国家，既摆脱了西班牙的统治，也远离美国人的滋扰，是任何忠于英国理想之人的避难天堂。它将凭借与大英帝国的联盟获得这一稳固地位，在南部与约瑟夫·布兰特建立的印第安人联盟遥相呼应。英国从这一关系中得到的利益是它能够在密西西比河上航行。邓莫尔喜欢自己听到的这个计划。有了总督的支持，鲍尔斯于 1789 年回到了克里克人的地盘，开始将计划中的马斯科吉变成现实。就这样，巴哈马群岛政客们之间的内部冲突逐渐演变成为商业竞争、印第安人事务和对效忠本身之意义的终极考验。

在查特胡奇河（Chattahoochee River，如今是阿

拉巴马和佐治亚的界河）上的考维塔（Coweta），鲍尔斯召集了一个有克里克人、赛米诺尔人和切罗基人代表参加的政务会。他开始自称"埃斯塔乔卡"，意为"克里克国的总管"。"20000 名武士齐声"（起码他自己如此吹嘘）欢迎他成为他们的领袖，并授权他出使伦敦。[107] 鲍尔斯开启了往返大西洋之旅，希望获得英国的援助，在那趟旅行中，他重走了很多效忠派难民曾经走过的路线。他从巴哈马群岛出发，先去了新斯科舍，想让那里的帝国官员们赏识在马斯科吉和易洛魁人之间建立一个西部效忠派同盟的想法。他成功地在哈利法克斯获得了帕尔总督的支持，部分原因就在于他提交该计划时，人们正处在英西战争即将爆发的高度恐惧中，随后他又继续前往魁北克觐见多切斯特勋爵。[108] 虽然多切斯特一直很警惕印第安人盟友，也试图说服鲍尔斯不要去伦敦，但就连他也认识到，一旦与西班牙开战，克里克人的帮助至关重要。[109] 有了多切斯特的勉强支持（后者还提供了路费），鲍尔斯和他那支小小的随从队伍跨越大西洋，于 1790 年底到达了伦敦。

在伦敦，虽然外交方面的进展与他的愿望相悖，但鲍尔斯还是自信地提出了自己的建议，那无疑是自美国革命以来夺取北美领土的最大的亲英计划。在写给英王乔治三世的请愿书中，鲍尔斯强调了自己身为"一个独立和人口众多的民族的首领"和业已证明了忠诚的英国臣民的双重角色。"我一直保持着对陛下您的忠诚和对这个国家的眷爱。"鲍尔斯向自己的君主保证说。现在他有了表现这些的千载难逢的良机,可以把北美的一片广袤的地区重新带回帝国的怀抱。[110] 鲍尔斯主动向外交大臣提出了更具体的建议。有了英国适当的支持,他认为只需两个月就能把"西班牙人从整个佛罗里达和新奥尔良领土上"赶出去。他将从那里"马不停蹄地继续赶往墨西哥,与原住民人一起宣布当地独立于西班牙"(这一承诺竟然与约翰·克鲁登曾经吹嘘的他将"让墨西哥的门户为我的国家大开"惊人地相似)。[111] 至于马斯科吉对英国王权的忠诚,官员们大可放心。看看帝国的其他领土就知道了,鲍尔斯说:看看印度。他举东印度公司指挥官罗伯特·克莱夫(Robert Clive)为例,正是后者把孟加拉纳入了英国霸权。克莱夫曾发誓说,要想确保印度次大陆的安全,唯一的途径就是利用本土军队,鲍尔斯认为"这一信条在北美和在印度斯坦……一样适用"。既然英国利用印度兵组成的军队维持了对印度的控制,它当然可以利用克里克人和其他原住民的力量维持自己扩大的美洲帝国。"美国人此刻正在伺机占有英国殖民地中剩下的土地呢。"鲍尔斯最后说。英国正好乘此机会先发制人。[112]

不知是因为他的慷慨陈词还是(更有可能)看到

他所费不多，鲍尔斯成功地让英国人同意他实施自己的计划。[113]（不说别的，跟委内瑞拉革命家弗朗西斯科·德·米兰达①几个月前提出的英国支持整个南美起义的计划相比，马斯科吉计划应该算是比较可行的了。）鲍尔斯回到拿骚，从那里启程前往佛罗里达，他自己设计的红蓝色马斯科吉国旗在桅杆上随风飘扬。这一次，鲍尔斯远征的运气好了一些。他成功地得到更多印第安人的支持，并向邓莫尔吹嘘说他"对该国家的全部商业往来握有全权，并在他们未来的政务会中担任主管"。[114]他的副手们占领了潘顿莱斯利的一座仓库，取得了一场关键的战略性胜利。就在邓莫尔满怀信心地向伦敦报告说"世界上最好的国家之一"即将向英国敞开大门时，麦吉利夫雷和他的手下却争取保留自己的影响力，敦促印第安人躲鲍尔斯远一点儿："他自称英国人，但我向你们保证他不是；他对你们说他从英格兰国王那里来，但你们什么时候见过一位国王的军官衣衫褴褛地来到你们面前。"[115]然而不久，麦吉利夫雷就不得不退到彭萨科拉了，时局

---

① 弗朗西斯科·德·米兰达（Francisco de Miranda，1750~1816），委内瑞拉军事领袖和革命者，曾参加过他那个时代的三个主要历史和政治运动：美国革命战争、法国革命和西属美洲独立战争。虽然他自己领导西属殖民地独立运动的计划失败了，但他被认为是后来成功领导西属美洲殖民地独立运动的西蒙·玻利瓦尔的先驱。

对他的权威提出了危险的挑战。面对其领地中发生的这等骚乱，佛罗里达的西班牙总督们决定与鲍尔斯谈判。[116]

1792 年初，鲍尔斯乘坐一艘西班牙轮船驶入新奥尔良与对手们谈判。在他下船踏上这座河流与海湾之间的国际大都市之时，一定感觉自己一生的抱负就要实现了：马斯科吉将被承认，他也为大英帝国争取到了密西西比河。鲍尔斯对新奥尔良的西班牙总督坚称，他，而不是麦吉利夫雷，才应该被拥戴为克里克国的领袖。他承诺，他会把马斯科吉变成抵御美国的堡垒，变成西班牙和英国两大帝国的忠实朋友——和以前的克鲁登一样，他也提到了欧洲帝国在面对共和国敌人时共同的利益。总督看似乐于接受，让鲍尔斯去古巴与那里的高级官员最后签订协议。

然而鲍尔斯一到哈瓦那，站在莫罗城堡（Morro Castle）的森严要塞之下，他心里就咯噔一下，意识到自己被愚弄了。西班牙人已经通过麦吉利夫雷跟克里克人维持着良好的关系，根本没有动机支持鲍尔斯那些宏大的亲英计划。仅仅几周前，鲍尔斯还曾打算领导佛罗里达人独立，作为效忠派加入大英帝国世界呢。现在他变成了西班牙人的囚徒，不久就要被从古巴送往加的斯（Cádiz），随后又被送到菲律宾，西班牙帝国让他距离自己的马斯科吉天高海远。鲍尔斯没能成为马斯科吉的王，却肯定是唯一一位被流放到东南亚的北美效忠派。鲍尔斯滞留在那个太平洋列岛，远在巴哈马群岛的世界另一侧，其间一定曾对全球帝国的实力有过发自内心的赞叹。要想回到马斯科吉，他只能期待奇迹了。[117]

\*

他后来常常被称为"投机分子"鲍尔斯，在某种程度上，这个贬义的绰号不无道理。鲍尔斯企图建立马斯科吉国而未遂，使他成为整个巴哈马事态中的一颗流星，光芒万丈，却旋即熄灭了。然而虽然鲍尔斯的事业有着种种出奇之处，但它却是个极其鲜明的例子，证明了难民效忠派是如何像他们所依附的大英帝国一样，坚持不懈地把失败转化为收益的。

它还突出了巴哈马效忠派社会内部固有的分歧，围绕着大英帝国应该为臣民做些什么这个中心议题，众口不一。赫伯恩、布朗、威利等人关于权利和代表权所表达的反对派辞令很像是美国爱国者的话语。与此同时，他们把自己的奴隶大批运来，改变了巴哈马群岛的种族构成，还带来了美国人的种族态度，并希望这种态度得到法律的承认。然而，邓莫尔和鲍尔斯（还有清醒时期的克鲁登）所支持的大英帝国所代表的形象则与之相反。秉承"1783年精神"，他们展望的未来是一个多种族的社会以忠诚原则团结在一个宽容而保护臣民的王室之下，这种帝国概念历来更迎合首都当局，而不符合外省白人殖民者的利益。邓莫尔这位曾在弗吉尼亚解放奴隶的人，因为对黑人争取自由的主张相对宽容，自然而然地成了巴哈马群岛种族冲突的引雷针。他担任总督期间的各种观念冲突为巴哈马的白人和英国当局之间关于种族和奴隶制的冲突开了先河，那些冲突在他死后多年仍在上演。

而这本身也构成了一个颇有争议的背景，将威廉·奥古斯塔斯·鲍尔斯树成了一个生动鲜活的对立面。这是一个美国白人效忠派，他归化了印第安人，希望在英国的帮助下，领导自己的印第安人兄弟争取领土独立。这一惊人组合证明了大英帝国在世界范围内的多种可能性，就连鲍尔斯——或者约瑟夫·布兰特或亚历山大·麦吉利夫雷——这样的人都能在其中谋得一席之地，成功地树立起自己既是效忠派帝国臣民，同时又是有主权的印第安部族领袖的形象。这些人都希望面对美利坚合众国的蚕食，那个给黑人以家长式保护的帝国能为北美原住民人提供一些支持。然而在巴哈马群岛极端分裂的政治环境下，鲍尔斯的计划尤其招惹众怒，它加深了已经围绕奴隶制和代表权问题挖掘的战线。这些纠葛缠绕的紧张关系使巴哈马群岛成了一个鲜明的例子，说明了为什么必须把效忠派白人、黑人和印第安人的故事放在一起共同探究，才能得到充分的理解。

鲍尔斯那样的领土野心有时看似很难被认真对待，特别是考虑到它们涉及的兵力之弱小和他们渴望控制的领土面积之巨大，且往往距离首都中心万里之外。然而美国革命恰恰激发了英国臣民的扩张主义想法。毕竟，大英帝国一直都是利用帝国对手的弱点才日益强大起来的，而边境岌岌可危的美利坚合众国如今就成了它的众多对手之一。此外，既然效忠派可以在加拿大的荒野上建起城市，易洛魁人可以在五大湖区建立起自己的新领地，自由黑人可以在塞拉利昂开拓一片殖民地，英国的臣民可以在澳大利亚殖民也可以统治孟加拉，马斯科吉为什么不能算作一个可行的计划？不管巴哈马效忠派对鲍尔斯其人多么瞋目切齿，他们都无法对他的事业嗤之以鼻。那恰是问题所在。鲍尔斯生长于斯的 18 世纪末的动荡环境也同样滋养了从约翰·克鲁登到弗朗西斯科·德·米兰达的其他许多帝国空想家，他本人也变成了 19 世纪美国那些力图在西属美洲开拓自己大块领土的阻挠议事者的先驱。〔鲍尔斯被俘仅仅十年后，美国副总统阿龙·伯尔（Aaron Burr）便沿着非常类似的路线，策划攻占下密西西比河谷和墨西哥。〕所有这些计划都显示了表面上看起来是敌对方的英裔北美效忠派与叛乱者，大英帝国与扩张主义的共和制美国，事实上却有着清晰可辨的共同点。

某些效忠派表现出反抗帝国权威的态度，已经到了要彻底决裂的地步，而另一些人却支持旨在扩张和巩固帝国的计划，显然，效忠立场本身可能意味着一整套各自不同的路线。到鲍尔斯被捕时，与共和制的法国间的战争会让大英帝国当局前所未有地更迫切需要忠诚和压制异见。面对法国要袭击巴哈马群岛的威胁，加上担心民众的骚乱会转向危险的共和立场，邓莫尔再也无法拒绝重新选举了。1794年，巴哈马的选民十年来第一次选出了一个新议会。选举结果最终确保了难民种植园主在诸岛上地位的上升，邓莫尔的一贯支持者纷纷出局，他的几位长期政敌却接连当选；威廉·威利被任命为首席法官。因为担心1791年**法属圣多明各**（Saint Domingue）革命引发奴隶暴动，新议会通过了一系列更严苛的种族法律，旨在将黑人和白人安全地隔离开，彻底打败了邓莫尔的家长制政策。最后，看到当地人长期抗议邓莫尔统治、他的巨额开支，以及他不可避免的反常（更不要说腐败）行为，白厅终于在1796年召回了这位众怒所指的总督。邓莫尔在人们的白眼下回到了英国，讽刺的是，他自己的忠诚却为一场个人丑闻所玷污：他的一个女儿在没有王家许可的情况下嫁给了英王乔治三世的一个儿子。[118]

就这样，在巴哈马群岛的特殊背景下，邓莫尔的帝国愿景被挫败了。然而白人效忠派殖民者希望建立一个盛产棉花的种植园社会的梦想也同样遥不可及。

被刘易斯·约翰斯顿医生鄙视的巴哈马群岛的多沙土壤从来没有变得更加肥沃。毛虫继续钻入棉桃。飓风频繁破坏房屋和作物，而持续的降雨却很少发生。到1800年，大多数种植园主都放弃了种植棉花作物的挣扎，转向一种更为多样化的策略，混合种植玉米、豌豆和其他谷物，虽然这种策略获利较少。[119]（作为巴哈马群岛与北美大陆之间对位关系的一个鲜明的例子，海岛棉后来被重新从巴哈马群岛引进到美国南部，它在那里的前景极好，几乎变成了一个传奇。）其中有些人变卖了资产，再度走上了迁徙之路。1805年，托马斯·布朗在圣文森特岛那刚刚从加勒比原住民手里夺来的土地上开发了他第三块6000英亩的庄园，和他在佐治亚和巴哈马群岛上的庄园规模相当。[120]与英属北美的情况差异悬殊，巴哈马群岛从未经历过农业经济的起飞。那些岛屿只有作为航海中心、中途站和离岸中心时才能得到最好的利用，两个多世纪之后，它们仍然扮演着这一角色。

虽然邓莫尔大肆建筑防御工事和街垒，为战争做准备，但他诸多堡垒中的一颗明珠——夏洛特堡，却从未在战斗中开过一枪一炮。[121]驻扎在防御工事中的士兵面朝空旷海洋，每日无聊透顶，他们把自己的姓名首字母刻在烈日暴晒的墙上，等待着从未发生的战斗。正如艾尔思那座装饰性建筑一样，夏洛特堡也仍然矗立在岛上，成为瞻仰昔日远大抱负的遗址。最终，不管效忠派尽了多大的努力改变它的风貌，巴哈马群岛始终处于帝国利益的边缘地带。因为大英帝国的重要挑战（如现实的利益和可能性）位于那片碧海的另一个角落。正是在加勒比海上的牙买加岛，即英国最富有的殖民地上，效忠派难民们最为真切地体会到了希望与现实的断裂，体会到生活在一个再度卷入革命战争的帝国，意味着怎样的压力。

# 注 释

1  约翰·克鲁登致 Joseph Taylor, 1786 年 11 月 25 日, LOC: Lovering Taylor Papers, Box 3。

2  [约翰·克鲁登], "An Address to the Monarchial and Thinking Part of the British Empire," [1785], BL: North Papers, Add. Mss., 61864, f.138; 克鲁登致 Taylor, 1786 年 11 月 25 日, LOC: Lovering Taylor Papers, Box 3。

3  [约翰·克鲁登], "An Address to the Monarchial and Thinking Part of the British Empire," [1785], BL: North Papers, Add. Mss., 61864, f.139–147. Cf.John Cruden, *An Address to the Loyal Part of the British Empire, and the Friends of Monarchy Throughout the Globe* (London, 1785)。

4  克鲁登致威廉·克鲁登牧师, 1786 年 5 月 16 日, NA: PRO 30/11/7, Cornwallis Papers, Box 7, f.52。

5  克鲁登致 Taylor, 1786 年 11 月 25 日, LOC: Lovering Taylor Papers, Box 3。

6  S. S. Blowers 致 Taylor, 1786 年 11 月 7 日, LOC: Lovering Taylor Papers, Box 3。

7  克鲁登致 Taylor, 1786 年 11 月 11 日和 25 日, LOC: Lovering Taylor Papers, Box 3。

8  约翰·克鲁登致威廉·克鲁登牧师, 1785 年 5 月 16 日, NA: PRO 30/11/ 7, Cornwallis Papers, Box 7, f.52。

9  [约翰·克鲁登], 《致亚伯拉罕之子, 涉及英属美洲效忠派……关于犹太人复兴预言的一些想法》("An Address to the Sons of Abraham, Containing thoughts on the Prophecys respecting the restoration of the Jews… by a British American Royalist"), 1785 年 5 月 16 日, NA: PRO 30/11/7, Cornwallis Papers, Box 7, ff.59-71。

10　Michael Craton, *A History of the Bahamas* (London: Collins, 1968), pp.31-34. 关于哥伦布最先踏上的究竟是哪些岛屿，争议很大，但普遍的看法是他的"圣萨尔瓦多"就是如今的瓦特林岛 (Watlings Island)。

11　Craton, pp.56-64.

12　Sandra Riley, *Homeward Bound: A History of the Bahama Islands to 1850 with a Definitive Study of Abaco in the American Loyalist Plantation Period* (Miami: Island Research, 1983), pp.42-43.

13　Craton, p.166.

14　当时对巴哈马群岛的一个很好的描述，见 Johann David Schoepf, *Travels in the Confederation [1783-1784]*, trans. and ed. Alfred J. Morrison, 2 vols. (New York: Bergman Publishers, 1968), II, pp.259-316。

15　引自 Riley, p.101。

16　Craton, pp.149-157; Riley, pp.98-103.

17　引自 Riley, p.131。煽动动乱的效忠派上校 David Fanning 招募了 30 人参加这次远征，却错过了船只，德沃抛下他起航出海了。David Fanning, *The Adventures of David Fanning in the American Revolutionary War*, ed. A. W. Savary (Ottawa: Golden Dog Press, 1983), pp.60-61.

18　引自 Riley, p.132。

19　见 Craton, pp.160-161; Riley, pp.131-134; 安德鲁·德沃致盖伊·卡尔顿爵士, 1783 年 6 月 6 日, NYPL: Carleton Papers, Box 33, no.7906。

20　Riley, p.133.

21　这次出征及和平条款均在 1783 年 5 月 3 日的 *East Florida Gazette* 中有实时报道，又见帕特里克·托宁致悉尼勋爵, 1783 年 5 月 15 日, NA: CO 5/560, pp.583-88。

22　德沃本人以身作则，率先在新普罗维登斯岛上申领了 250 英亩的优质土地 (Craton, p.161)。

23　统计显示，共有 1458 位潜在的阿巴科殖民者: *Report on American Manuscripts in the Royal Institution of Great Britain*, 4 vols. (London: HMSO, 1904), IV, p.x。

24　托宁致卡尔顿, 1783 年 5 月 15 日, NYPL: Carleton Papers, Box 32, no.7691。

25　刘易斯·约翰斯顿致无名收信人, 1783 年 7 月 14 日, NA: CO 5/560, pp.928-933。盖伊·卡尔顿爵士同时下令对诸岛进行了一次调查，显示的结果表明种植棉花还是有不错的前景 (Craton, p.163)。

26　诺斯勋爵致托宁, 1783 年 12 月 4 日, NA: CO 5/560, p.724。

27　诺斯致托宁, 1783 年 12 月 4 日, NA: CO 5/560, pp.724-725; Craton, p.163. 这次购买于 1787 年正式完成。

28 和帕尔及卡尔顿兄弟一样，马克斯韦尔也是爱尔兰新教徒军官。1779
   年他结婚近三年的富有妻子想跟他离婚，理由就是他从未跟她同房。A.
   P.W. Malcolmson, *In Pursuit of the Heiress: Aristocratic Marriage in
   Ireland, 1740-1840* ( Belfast: Ulster Historical Foundation, 2006 ),
   pp.74-75。

29 约翰·马克斯韦尔致悉尼，1784 年 6 月 19 日，NA: CO 23/25, f.139。

30 根据署期为 1786 年 5 月 2 日的 "从东佛罗里达前往英国各个领地的统
   计"，除了前往阿巴科的 1458 位纽约人外，还有 1033 个白人和 2214
   个黑人离开东佛罗里达前往巴哈马群岛，NA CO: 5/561, f.407。See
   population table in Craton, p.166。

31 James Powell 致托宁，1785 年 6 月 9 日，以及托宁致 Powell，1785
   年 8 月 25 日，见 John Walton Caughey, ed., *East Florida, 1783-
   1785: A File of Documents Assembled, and Many of Them Translated
   by Joseph Byrne Lockey* ( Berkeley and Los Angeles: University of
   California Press, 1949 ), pp.695-697。

32 克鲁登致马克斯韦尔，1784 年 10 月 28 日，NA: CO 23/25, ff.247-
   248。马克斯韦尔致克鲁登，1784 年 11 月 25 日，NA: CO 23/25,
   ff.247-249。

33 托宁致马克斯韦尔，1784 年 5 月 10 日，NA: CO 23/25, f.133。马克
   斯韦尔致托宁，1784 年 5 月 5 日，NA: CO 23/25, f.135。

34 Schoepf, II, pp.262-264.

35 Riley, p.143.

36 Arthur McArthur 致 悉 尼，1784 年 3 月 1 日，NA: CO 23/25,
   ff.75-76。

37 马克斯韦尔致悉尼，1784 年 3 月 29 日，NA: CO 23/25, f.83。

38 马克斯韦尔致悉尼的信函附件，《致巴哈马群岛总督和总指挥约翰·马
   克 斯 韦 尔 阁 下 》( "To His Excellency John Maxwell Esq. Captain
   General Governor and Commander in Chief of the Bahama Islands" ),
   1784 年 5 月 17 日，NA: CO 23/25, ff.113-114。

39 马克斯韦尔致悉尼，1784 年 5 月 17 日，NA: CO 23/25, f.111。

40 马克斯韦尔致悉尼的信函附件，1784 年 6 月 4 日，NA: CO 23/25,
   f.117。

41 马克斯韦尔致悉尼，1784 年 6 月 20 日，NA: CO 23/25, f.143。

42 Wilbur Henry Siebert, *Loyalists in East Florida, 1774 to 1785:
   The Most Important Documents Pertaining Thereto, Edited with an
   Accompanying Narrative*, 2 vols. ( Deland: Florida State Historical
   Society, 1929 ), I, p.189.

43 马克斯韦尔致悉尼的信函附件，1784 年 6 月 4 日，NA: CO 23/25,
   f.119。

44 马克斯韦尔致悉尼，1784 年 9 月 4 日，NA: CO 23/25, f.172。

45 马克斯韦尔致悉尼，1784 年 11 月 20 日，NA: CO 23/25, f.238。

46 马克斯韦尔致悉尼，1784 年 5 月 17 日，NA: CO 23/25, f.111。

47 马克斯韦尔致 McArthur，1784 年 6 月 9 日，NA: CO 23/25, f.141;
   马克斯韦尔致悉尼，1784 年 6 月 4 日，NA: CO 23/25, f.115。

48 Gail Saunders, *Bahamian Loyalists and Their Slaves* (London: Macmillan Caribbean, 1983), p.58.

49 该传单连同其签名者的身份说明一起，附于马克斯韦尔致悉尼的信函之后，1784 年 7 月 29 日，NA：CO 23/25, ff.155, 210。

50 马克斯韦尔致悉尼，1784 年 9 月 4 日，NA：CO 23/25, f.171。关于律师们的申诉，除其他外，见 Stephen Haven 致托宁，1784 年 12 月 6 日，见 Caughey, ed., pp.433-434；马克斯韦尔致悉尼，1784 年 9 月 4 日，NA：CO 23/25, f.171；Maxwell 致 Sydney，1784 年 11 月 20 日，NA：CO 23/25, f.238。

51 马克斯韦尔致悉尼，1784 年 9 月 7 日，NA：CO 23/25, f.178。

52 马克斯韦尔致悉尼，1784 年 10 月 9 日，NA：CO 23/25, f.224。

53 马克斯韦尔致悉尼，1784 年 8 月 26 日，NA：CO 23/25, f.165。

54 马克斯韦尔致悉尼，1784 年 9 月 29 日，NA：CO 23/25, f.188。

55 在治安法官 George Bunch 面前所提供的宣示证词，1784 年 9 月 29 日，NA：CO 23/25, ff.211-212。

56 马克斯韦尔致悉尼，1784 年 10 月 15 日，NA：CO 23/25, ff.226-227。

57 [ William Wylly ], *A Short Account of the Bahamas Islands, Their Climate, Productions, & c.* … (London, 1789), p.13. Charles Colcock Jones, *The History of Georgia*, 2 vols. (Boston: Houghton Mifflin, 1883), II, p.420.

58 Powell 致悉尼，1785 年 5 月 11 日，NA：CO 23/25, f.318。

59 1785 年 4 月 4 日 的 会 刊，*Journal of the House of Assembly of the Bahamas, 12 May 1784 to 29 September 1794*, NAB, pp.28-30。

60 1785 年 4 月 26 日 的 会 刊，*Journal of the House of Assembly of the Bahamas, 12 May 1784 to 29 September 1794*, NAB, pp.42, 45。

61 效忠派致鲍威尔的备忘录，1785 年 5 月 18 日，NA：CO 23/25, ff.321-324。

62 悉尼致 Powell，1785 年 7 月 18 日，NA：CO 23/25, f.331。

63 Powell 致效忠派，无日期，NA：CO 23/25,.f.325.1785 年 5 月 13 日的会刊，*Journal of the House of Assembly of the Bahamas, 12 May 1784 to 29 September 1794*, NAB, pp.50-60。

64 悉尼致马克斯韦尔，1784 年 8 月 6 日，NA：CO 23/25, ff.162-163。

65 对于巴哈马效忠派的个人创伤的后果的更完整阐述，见 Michael J. Prokopow, "'To the Torrid Zones': The Fortunes and Misfortunes of American Loyalists in the Anglo-Caribbean Basin, 1774-1801" (Ph. D. dissertation, Harvard University, 1996), pp.221-229。On Brown: Edward J. Cashin, *The King's Ranger: Thomas Brown and the American Revolution on the Southern Frontier* (New York: Fordham University Press, 1999), p.179.

66 Schoepf, II, p.271.

67 J. Leitch Wright, "Dunmore's Loyalist Asylum in the Floridas," *Florida Historical Quarterly* 49, no.4 (April 1971): 370-379.

68 悉尼致马克斯韦尔，1786 年 6 月，NA：CO 23/25, ff.418-419。

69 "Plan of the Town of Nassau and Environs on the Island of New

Providence Surveyed by Order of the General Assembly of the Bahamas, by Captain Andrew Skinner, 1788," NAB. 该城市在 1785 年又进行了重新测绘，将全部新居所考虑在内。*Journal of the House of Assembly of the Bahamas*, *12 May 1784 to 29 September 1794*, p.93.

70 Schoepf, II, p.263.

71 乘坐威廉号（William）和鹦鹉螺号（Nautilus）前往阿巴科的 80 位黑人的《黑人名册》：http://www.blackloyalist.com/canadiandigitalcollection/ documents/official/book_of_negroes.htm, 2009 年 12 月 30 日访问。Riley, appendix D, pp.266-269; Michael Craton and Gail Saunders, *Islanders in the Stream: A History of the Bahamian People*, 2 vols. (Athens: University of Georgia Press, 1999), I, pp.183-184. On Brother Amos, see Whittington B. Johnson, *Race Relations in the Bahamas, 1784-1834: The Nonviolent Transformation from a Slave to a Free Society* (Fayetteville: University of Arkansas Press, 2000), pp.56-58.

72 Saunders, p.20; Cashin, *The King's Ranger*, pp.174-179; Thelma Peters, "The American Loyalists and the Plantation Period in the Bahama Islands" (Ph. D. dissertation, University of Florida, 1960), pp.69-70.

73 见赠地名单，NAB: Registrar General, Land Grants, Book C1(1789-1790)。

74 Riley, pp.180-85; [Wylly], p.7.

75 [Wylly], p.3.

76 G. Barry 致 Anthony Stokes, 1786 年 6 月 30 日, NA: CO 23/26, f.225。

77 约翰·克鲁登的备忘录，1786 年 1 月 14 日，*Journal of the House of Assembly of the Bahamas*, *12 May 1784 to 29 September 1794*, NAB, pp.110-111。

78 Siebert, p.191. 我的这一比例来自 Wylly 的 1788 年人口估测，男性家长所代表的家庭算四口人。

79 "An Account of the present Situation of affairs in the Bahama Islands," n. d., NA: CO 23/28, f.150.

80 邓莫尔勋爵致悉尼，1787 年 11 月 28 日，NA: CO 23/27, f.75。

81 引自 Riley, p.170。

82 "An Account of the present Situation of affairs in the Bahama Islands," n. d., NA: CO 23/28, f.151.

83 [Wylly], pp.21-23, 40-41; Riley, pp.169-170; Craton and Saunders, p.187.

84 请愿书转载于 [Wylly], pp.33-39; 原本见 NA: CO 23/26, ff.102-21, 153-54。

85 这一事件的文件和书面证词，见 NA: CO 23/28, ff.105-106, 149-174。

86 邓莫尔致悉尼，1788 年 2 月 29 日，NA: CO 23/26, ff.103-104。

87 引自 Riley, p.172。

88 [Wylly], p.16.

89 Craton, pp.176-177; Craton and Saunders, p.203.

90 [Wylly], pp.30-31.

91　[ Wylly ], p.24.

92　关于这一点，以及对邓莫尔勋爵的整个职业生涯的全新诠释，见 James Corbett David, "Dunmore's New World: Political Culture in the British Empire, 1745–1796" ( Ph. D. dissertation, College of William and Mary, 2010 )。非常感谢 Jim David 在这部作品创作过程中与我分享其中的某些章节。

93　关于克里克人的婚姻习俗和那些房屋，见 William Bartram, *Travels* ( Philadelphia: James and Johnson, 1791 ), pp.396–397, 514–515; Kathryn E. Holland Braund, *Deerskins and Duffels: The Creek Indian Trade with Anglo-America, 1685–1815*, 2nd ed. ( Lincoln: University of Nebraska Press, 2008 ), pp.12–13, 15–17。

94　鲍尔斯的权威传记是 J. Leitch Wright, *William Augustus Bowles: Director General of the Creek Nation* ( Athens: University of Georgia Press, 1967 )。又见 Elisha P.Douglass, "The Adventurer Bowles," *William & Mary Quarterly* 6, no.1 ( January 1949 ): 3–23; 当代人所写的圣徒式传记是 Benjamin Baynton, *Authentic Memoirs of William Augustus Bowles* ( London, 1791 )。

95　Wright, p.13; Cashin, p.184; William S. Coker and Thomas D. Watson, *Indian Traders of the Southeastern Spanish Borderlands: Panton, Leslie & Company and John Forbes & Company, 1783–1847* ( Pensacola: University of West Florida Press, 1986 ), p.114.

96　Philip Waldeck Diary, transcribed and translated by Bruce E. Burgoyne, LOC, f.217A.

97　扎卡里·麦考利的日记，1798 年 5 月 28 日，Zachary Macaulay Papers, Henry E. Huntington Library [ Harvard College Library: Microfilm A 471, Reel 3 ]; Baynton, pp.12–13。

98　其中最著名的还包括戴维·乔治曾经的主人和爱国者 George Galphin; 以及亚历山大·麦克利夫雷的效忠派父亲拉克伦。关于白人和种族混血人士在克里克文化中的地位，见 Andrew Frank, *Creeks and Southerners: Biculturalism on the Early American Frontier* ( Lincoln: University of Nebraska Press, 2005 ), esp.pp.26–45, 77–95; and Claudio Saunt, *A New Order of Things: Property, Power, and the Transformation of the Creek Indians, 1733–1816* ( Cambridge, U. K.: Cambridge University Press, 1999 ), esp.pp.2–3, 46–89。

99　Baynton, p.29.

100　威廉·奥古斯塔斯·鲍尔斯的书面证词，1788 年 4 月 9 日，NA: CO 23/27, ff.158–159。不管鲍尔斯的证词显得有多可疑，他对克鲁登信件的意译的确都与克鲁登现存信件有明显的呼应。话虽如此，没有文件表明克鲁登曾提议干脆推翻巴哈马政府。相反，他似乎还在 1786 年底和 1787 年初试图说服约克公爵把某些岛屿纳入王国殖民地，派"北部各州最勤劳的居民"前去殖民。见约翰·克鲁登致 General R. Grenville, 1786 年 8 月 8 日，BL: Add. Mss.70959, f.89。

101　虽然克鲁登的弟弟詹姆斯曾被指控在整个欧洲各国的宫廷支持约翰雄心勃勃的计划，此后他一直在为自己家族丧失的 40000 英镑财产向效忠派赔偿委员会索赔。詹姆斯·克鲁登的索赔，NYPL：Loyalist Transcripts，vol.48，pp.528-555。

102　Saunt，pp.38-63.

103　Saunt，pp.70-75，83-88；Coker and Watson，pp.115-116. 麦克利夫雷的内兄 Louis LeClerc de Milfort 曾说起过在伦敦，"鲍尔斯身着印第安人服饰，靠伪装让人们相信他的故事"。Louis LeClerc de Milfort, *Memoir, or a Cursory Glance at My Different Travels & My Sojourn in the Creek Nation* ( Chicago: Lakeside Press, 1956 )。这幅肖像是托马斯·哈代在鲍尔斯 1791 年出访伦敦时所画的；他的团队的另一位成员请 William Hodges 为其画像，也就是因创作了库克船长的第二次航行的油画而名声大噪，继而又前往印度旅行的那位画家。

104　因为没有为这次远征招募到足够的志愿者，邓莫尔从拿骚监狱里释放了几位犯人参加。"在鲍尔斯上校的指挥下从拿骚出征的团队后期参与成员"的请愿书，1788 年 11 月 24 日，LOC：East Florida Papers，reel 82，bundle 195M15。

105　Wright，pp.30-35；Coker and Watson，pp.117-120. 比森特·曼努埃尔·德·泽斯彼得斯致得亚历山大·麦克利夫雷，圣奥古斯丁，1788 年 10 月 8 日，引自 Caughey，*McGillivray*，pp.202-203。

106　麦克利夫雷致约翰·莱斯利，1788 年 11 月 20 日，引自 Caughey，*McGillivray*，p.207；麦克利夫雷致威廉·潘顿，1788 年 2 月 1 日，引自 Caughey，*McGillivray*，p.217；Milfort，pp.xxxi-xxxiv，82-83。

107　Baynton，p.67；Wright，pp.37-38.

108　帕尔斯为鲍尔斯的旅行和住宿提供了支助。见帕尔斯致哈利法克斯财长总监大人，1791 年 5 月 10 日，PANS：RG1，vol.221（reel 15328），no.164。

109　Douglas Brymner, ed., *Report on Canadian Archives* ( Ottawa: Brown Chamberlin, 1891 )，pp.255-56.

110　威廉·鲍尔斯的请愿书，1791 年 1 月 3 日，副本见 Frederick Jackson Turner，"English Policy toward America," *American Historical Review* 7, no.4 ( July 1902 )：726-728。

111　克鲁登致诺斯，1785 年 5 月 16 日，BL：North Papers，Add. Mss.61864，ff.133-134。

112　鲍尔斯致格伦维尔勋爵，1791 年 1 月 19 日，副本见 Turner，pp.728-733。

113　格伦维尔致邓莫尔，1791 年 4 月 1 日，NA：CO 23/31，f.7。

114　鲍尔斯致邓莫尔，1792 年 2 月 6 日，NA：CO 23/31，f.153。

115　潘顿致印第安酋长，1792 年 2 月 19 日，见 Caughey，p.309。

116　Wright，pp.56-70；Coker and Watson，pp.148-156.

117　Wright，pp.71-92.

118　*Votes of the Honourable House of Assembly* ( Nassau: John Wells, 1796 )；Craton and Saunders，pp.203-11；David，chapter 5.

119　一位中产阶级效忠派种植园主的旅行在以下书籍中有很好的记述：Charles Farquharson, "A Relic of Slavery: Farquharson's Journal for 1831-1832," typescript, NAB。又见 Peters，pp.148-154。

120　Cashin, *The King's Ranger*, p.197.

121　Craton，pp.176-178.

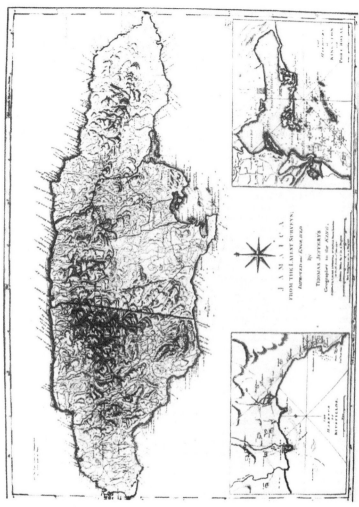

托马斯·杰弗里斯（Thomas Jefferys）：《牙买加最新测绘地图》（*Jamaica*，*from the Latest Surveys*，1775）。

## 第八章　子虚乌有的避难天堂

它的美会让你凝神屏息。在波光粼粼的海面上，你的视线会从峻峭的蓝山（Blue Mountains）直扫上去，径入云霄。起伏的山坡上披挂着一片生机勃勃的绿毯，用各种古怪的热带植被织成：巨型蕨类植物和簇生凤梨花、大叶芭蕉、覆盖着真菌的粗壮树木、倾斜的竹林、高大的棕榈。转过海港的外围，你便飘浮在旧都罗亚尔港的碎石之上，在 1692 年的一场地震中，那座都城大半被毁。明亮的沙滩掠过海岸线通往接替罗亚尔港的新都金斯敦，那是英国在加勒比地区最大的都市。海鸥围着桅杆绕出一圈圈弧线，阳光在水面上切割出明亮的色块，如液钻般耀目。难怪效忠派们一下子就被它吸引了。一个初来乍到的人驶入这片壮丽的景观时惊叹道："这里的丘陵、山峰、草木葱茏；一切都这么明媚鲜亮，真是太美了！"[1]一位 18 世纪的美学家曾滔滔不绝地把金斯敦湾比作那不勒斯湾，说蓝山能与维苏威火山媲美，而罗亚尔港被淹没的废墟就像透明的海水下庞贝古城的魅影。[2]还有人干脆被这"雄伟和壮丽"震慑住了，说不出话来。[3]不管效忠派难民对这个草木茂盛的岛屿知道些什么，眼前的一切均告诉他们，这里已经不是十三殖民地了。

在效忠派于革命期间和之后迁入的所有英国殖民地中，牙买加是最有吸引力的目的地。难民们去了那里之后，没有像新斯科舍和巴哈马群岛的难民那样抱怨连天，这本身就证明了它的吸引力。这是英国在加勒比海上人口最多、最发达、最富裕的岛屿，以奴隶为基础的种植园体系尤其让它成为拥有奴隶的南方效忠派的不二之选。南卡罗来纳难民路易莎·韦尔斯就是一例，她曾逃出查尔斯顿去英国投靠父母，在那里畅然幻想着前往"艳阳高照的热带"。部分原因是她觉得英国这个"自由和平之岛"寒冷潮湿，她到达后不久就病倒了。另一个原因是英国不幸位处大西洋的这一侧：韦尔斯的未婚夫亚历山大·艾克曼已经去了牙买加，她渴望早日到那里与他团聚。1781年，韦尔斯为此冒险再一次穿越战火中的大西洋，却被法国人抓住，监禁了三个月之久。她没有被吓倒，而是再次动身前往牙买加，这次她不管不顾地登上了一条贩奴船。[4]

贩奴船上到处都是尸体、呕吐物、垃圾和汗臭味，哪怕甲板每日用刺鼻的醋液擦洗，也很难去除那熏天臭气，在这样的情形下来到牙买加，也让她亲身感受到了这里的绝大多数移民——被俘的非洲人——是在怎样令人绝望的条件下来到这座奴役与暴力之岛的。历史学家就黑人在英属大西洋的迁徙路线进行了非常详细的研究，揭示出整个黑人社会因位移而改变的大致轮廓。[5] 韦尔斯的远行所突出的一个讽刺是，这个建立在强制迁徙基础上的殖民地，如今却变成了北美难民的避难之所。她所属的那个群体因战争而四处流离，虽然绝对没有像奴隶那样受到强制，却也很难说是完全自主迁徙。这是个很能说明问题的凶兆，预示着效忠派不久将会在牙买加遭遇很多令人不安的矛盾。

所幸对韦尔斯而言，牙买加算得上快乐的避难所：艾克曼在那里顺风顺水，两人于 1782 年初结了婚。艾克曼到达金斯敦后创办了一家报纸，《牙买加水星报》（*Jamaica Mercury*），不久就改名为《王家公报》并饰以王家纹章，从 1780 年开始，他便荣升为王室的官方印刷商了。从效忠派韦尔斯家族在查尔斯顿的那家印刷厂开始，出版物也随他们的迁徙一起四散，到了东佛罗里达、巴哈马群岛，现在又到了牙买加，艾克曼的报纸就是这场出版物大流散的一部分。他的内兄约翰·韦尔斯在拿骚印刷的出版物攻击帝国统治，但艾克曼却成为牙买加政府管理的一个支柱，他因此而获得了种植园和豪华庄园，并在1805~1825年间担任议员。[6]

然而在到达该岛的3000多名效忠派难民中，像艾克曼这样从南卡罗来纳搬到牙买加之后还能获得成功的，实属罕见。牙买加作为效忠派定居之地虽有很多明显的优点，却在某些方面是英属北美和巴哈马群岛的反面，对比十分鲜明。英属北美的难民毕竟还留在北美，还成为新斯科舍和新不伦瑞克人口中的绝大多数；效忠派在巴哈马群岛也是大多数，而且后者在环境和文化上都更像从前的南方殖民地（它们之间的联系也更多），而不是牙买加。单从生态和人口结构上来说，去牙买加就像是去了热带的月球。难民们在两方面都是少数，被包围在牙买加的克利奥尔白人社会中，而后者本身在人数上又远远不及奴隶，黑人和白人的比例大大高于革命前的南卡罗来纳和佐治亚。北美难民很难找到土地，用上自己的奴隶，而且这里素有传染病盛行的恶名，在这样的环境中保持身体健康都是难事（这或许能够解释为什么关于牙买加效忠派生活的记录相对极少）。这里绝非理想的避难之所，效忠派很快就遭遇了牙买加生活的残酷现实：这里传说中的财富遥不可及，以奴隶为基础的社会充满暴力，疾病每次爆发都是灭顶之灾，整个社会内忧外患。期待与现实之间的矛盾本是效忠派<u>大出走各处</u>难民经历的决定性主题，但没有哪个地方呈现出像牙买加这样不可逾越的鸿沟。它们事实上是深植于牙买加社会内部的矛盾。

牙买加对18世纪的英裔北美人意味着很多东西。首先是富饶。牙买加与英国的西印度群岛其他殖民地巴巴多斯和小安的列斯群岛相隔1000英里，与两者共同构成了以蔗糖为基础的帝国财富的紧凑三角形地带。古巴与法属圣多明各各自距离牙买加100英里，也像牙买加之于英国一样，各自为西班牙和法国创造惊人的利润。事实上，英国人最初之所以来到西加勒比，正是被这些竞争对手的财富所吸引。他们初来时可不是种植者，而是海盗。1655年，英国出征豪夺西班牙人领地，占领了牙买加，其后几十年，这个岛主要是作为英国人的海盗基地。一位讽刺作家咒骂这个吵闹而混乱的社会是"宇宙的粪堆、整个世界的垃圾站……潘多拉能用这里的一切装满她的盒子"。难怪人们把1692年那场毁坏罗亚尔港的地震解读为对"宇宙中现实存在的**索多玛城**①"的天谴——特别是考虑到他们那么偏爱那个海盗盛行的社会的接替品，即帝国梦想的种植园经济。[7]然而牙买加距离法国和西班牙殖民地很近，这使它始终位于18世纪最大的帝国战

---

① 索多玛城（Sodom）是圣经中提到的城市，首次出现在《希伯来圣经》。因为城里的居民不遵守上帝的戒律，充斥着罪恶，被上帝毁灭。后来成为罪恶之城的代名词。

区的中心。和其他英属西印度殖民地一样，牙买加在美国革命发生时也坚决采取效忠立场，原因之一就是它太容易受到外来袭击。

不久，种植园的财富来源远远超过了哪怕是最大的海盗宝藏。那些财富被卷裹在不起眼的绿色茎秆里，像小孩子的手腕那么粗。甘蔗满足了英国人对甜食越来越贪婪的热爱。（1780 年代英国人每人每年消耗 12 磅糖，相当于他们祖父母辈的三倍之多。）[8] 种植园主和作家威廉·贝克福德（William Beckford）曾满怀激情地写道："当一片甘蔗园里甘蔗林立（或盛开）时，那是世界上最美的作物之一，最妙的文笔也无法形容它的美。"[9] 不妨说那也是利润最大的作物，因为对主人来说，一片成熟的甘蔗林无异于满园金玉。蔗糖就是 18 世纪的黄金。牙买加的蔗糖和朗姆酒贸易把该岛变成了 18 世纪末大英帝国最富有的殖民地。美国革命前夕，英格兰的白人人均财富约为 42 英镑，十三殖民地的白人人均财富约 60 英镑，而牙买加人的人均财富净值高达 2201 英镑。[10] 唯一一个在盈利上能与牙买加媲美的大英帝国领地是印度，但即便在那里，到 18 世纪末，冒险的英国人（像大富豪罗伯特·克莱夫那样）带回满仓的钻石和黄金的概率也在逐渐减少。牙买加以它仅仅 4400 平方英里的面积——大约相当于康涅狄格的面积，比古巴或伊斯帕尼奥拉岛小得多——可以骄傲地自称是世界上第二富有的殖民地，仅次于法属圣多明各。

然而牙买加的财富依赖的是一种本质上毫无人权可言的体系，才能产生如此巨大的利润。所有那些财富都有赖于一种令人震惊的奴隶劳动制度。只需砍掉一截甘蔗来啃，就能吸到它甜甜的汁液。但要把这些纤维质的茎秆处理成大量的糖，就需要极其密集的劳动过程，包括收割、碾碎、烹煮、定型和结晶——每一个环节都由奴隶来完成。[11] 随着糖的消耗量与日俱增，生产糖所需的劳动力也有增无减。到美国革命结束时，岛上的 18000 个白人拥有大约 210000 个奴隶，黑人和白人的比例接近 12∶1。这一比例在英属加勒比各殖民地还算典型，但与前十三殖民地相比就构成了巨大反差，1790 年，美国还没有一个州是黑人占多数的。[12]

由于所拥有的奴隶数量大大超过了自身的人数，占少数的白人为确保自己的权威，无所不用其极。白人牙买加的存续所依靠的就是恐怖统治。诚然，如今回想起来，北美殖民地的奴隶管教就足够骇人听闻了——更不用说英国的刑法体系定期规定的那些处罚措施。但即便以当时的标准来看，加勒比地区的暴力也属于完全不同的性质。现存的一份文件不动声色地记录了牙买加的日常虐待，那就是种植园监工托马斯·西斯尔伍德（Thomas Thistlewood）的日记，此人在岛上工作了 37 年，直到 1786 年去世。西斯尔伍德记录自己一生中曾在奴隶的裸露皮肤上抽过数十万鞭子，有些奴隶活生生地被他剥了皮。他还（根据自己的统计）曾与138位女人发生过性关系，几乎全都是奴隶。他曾把处死的逃亡奴隶的头颅割下来戳在柱子上；他曾目睹切开脸颊，割掉耳朵。他日常执行的惩罚如下：对一个偷吃甘蔗被抓住的奴隶，"用棍棒好好抽打一顿，把盐水浇在他的伤口上，让赫克托对着他的嘴拉屎"。[13] 这类令人难以置信的野蛮行为表明了牙买加白人社会普遍存在的恐慌：他们害怕占人口绝大多数的黑人会起义，把酣睡中的他们屠杀殆尽。1760年爆发了18世纪大英帝国最大的一次奴隶起义——塔奇起义[①]，参加起义的奴隶后来被施以酷刑：有些人被绞死在铁笼里，还有人在露天的火堆上被慢慢烧死，这些刑罚大概不会让西斯尔伍德眨一下眼睛。[14]

黑人效忠派乔治·利勒还没出发时，就一定听说了牙买加奴隶社会人口结构的惊人失衡。带着他和家人离开萨凡纳开启自由新生活的那些船只上，还带着近2000个到那里继续为奴的黑人。出走牙买加的

---

① 塔奇起义（Tacky's Rebellion）或称塔奇战争，是1760年5月到7月发生在牙买加的阿肯奴隶暴动，也是加勒比地区在1733年圣约翰奴隶起义和1791年海地革命之间最大的一次奴隶暴动。有学者认为，就对帝国体系的冲击而言，整个18世纪只有美国革命超越了塔奇起义。

效忠派的种族组成，显示了白人效忠派在考虑目的地时，奴隶制占有多么重要的地位：近 3000 个迁往牙买加的白人难民携带着整整 8000 个奴隶随行。利勒及其家人属于那些移民中极少数的自由黑人。即便如此，利勒本人的自由也受限于他跟摩西·柯克兰——就是那位帮助他赎回家人自由的军官——签订的束缚契约，这提醒我们，奴役和自由之间的界限是多么模糊。1782 年 8 月利勒一家人乘坐斑马号船队登陆之后，就和 10000 名混血的"自由有色人种"及自由黑人一起开始了在牙买加的生活。[15] 夏天的大雨让金斯敦的街道满是泥泞，利勒从那些街道上走过时，一定为自己有生以来第一次身处一个黑色脸孔居多的城市而惊叹。他终于来到了一个他自己属于种族大多数的社会（虽然种族鸿沟造成了这个社会的分裂），但那个大多数要残酷地屈服于法律和暴力。在佐治亚监狱的那几个月让利勒明白，在美国做一个自由黑人就已足够艰难了。在这里，自由又会带给他什么呢？

对于与利勒一起从萨凡纳撤离的伊丽莎白·约翰斯顿来说，在这个陌生的岛屿登陆想必也给了她同样的冲击。1786 年，威廉·约翰斯顿离开苏格兰前往西班牙镇整整一年之后，她下定决心再次跨越大西洋，带着他们年幼的孩子们一起出发，去牙买加与他团聚。虽然这是这对夫妇时间最长的一次分别，但约翰斯顿这一次却没怎么提到自己渴望见到丈夫的心情；

在苏格兰与众人依依惜别为此行蒙上了一层忧伤。她自己的父亲、那些亲密的妯娌，还有她第一个真正的小家庭，全都留在了苏格兰。最让她揪心的是，她还把大儿子安德鲁留给了他的祖父刘易斯·约翰斯顿医生，准备送他去爱丁堡有名的学校接受教育。那充满异国情调的美景是否让她欣喜若狂，伊丽莎白·约翰斯顿后来从未提起。她对自己到达牙买加的唯一记录只有日期：1786年12月15日。那是她这么多年里定居的第五个地方。虽然她只有22岁，但她的整个成年生活都在迁徙，受美国革命的余波影响，一直动荡不安。如果说利勒的奴仆契约让他的迁徙变得不那么主动，约翰斯顿的搬迁就属于自由选择与环境所迫之间的灰色地带。她在牙买加的生活只能进一步强化她的一种倾向：把每一次迁徙都看成生命必经的艰难考验。

伊丽莎白·约翰斯顿只字未提这个岛屿的美丽，一次也没有提到过蔗糖，也很少提到她周围的奴隶们。(作为生活在牙买加的白人女人，约翰斯顿属于极少数，那里白人的男女比例为2:1。)[16] 但她很快就习惯了牙买加生活的另一个无法回避的特点：死亡。整座岛屿就是一个巨大的停尸房。黄热病和疟疾等热带疾病使得白人的死亡率高达八分之一，证实了一位游客脱口而出的评价："这个岛上每七年就有一次生命轮换的大革命……因为七年就足够岛上的居民全部死光，再换上一批了。"[17] 当然，那也是威廉·约翰斯顿为什么当初选择来到牙买加的原因。他是一名医生，这个职业保证了他在任何逆境中都会奋勇向前。但他们居住在牙买加期间，让约翰斯顿一家在经济上衣食无忧的那些致命力量也自始至终困扰着他们自己。

如此一来，就很容易理解为什么多达三分之二的富裕种植园主舒服地住在遥远的英国，只留一小部分核心人员——白人监工、记账员、律师和医生住在庄园里了。新来的白人效忠派显然在一个重要方面很像他们的牙买加同类：他们都是被境遇所迫，冒很大的风险，希望能有高回报的人。牙买加白人也认为自己是某种流亡者，是短期居留而非长期定居。"来到这个岛上的欧洲人很少会想在这里终老。"牙买加种植园主和历史学家布莱恩·爱德华兹（Bryan Edwards）如是说。"他们的目标一般都是获得一笔财富，以便在自己的祖国过上丰衣足食的生活。"[18] 然而这座岛屿的优势恰恰成了效忠派难民的劣势，他们横竖已经被"自己的祖国"关在了门外，这也突出表明他们来这个地方定居的所谓自由选择，在很大程度上是被迫作出的。与英属北美或巴哈马不同，这里根本没有可供分赠的土地。在供大于求的劳动力市场，几乎没有什么地方可以让艰难维持的效忠派把自己的奴隶派去劳动。此外虽然他们的到来已经大大增加了岛上的白人人口（或许增加了六分之一之多），足以从牙买加当局那里赢得特殊的待遇，但他们也收获了当地白人对这些外来竞争对手的敌对目光。

就这样，牙买加的效忠派难民来到了一个充满对立和极端的岛屿。牙买加度过了战争的危机，蔗糖产量不断上升，经济正在多元化；表面上看来，这似乎是难民们重建生活的完美之所，然而与美国的贸易禁令却让牙买加人感到震惊和愤怒。供应短缺加上严重干旱，导致了一场大饥荒，据说至少造成了 15000 名奴隶死亡。[19] 不妨把这看成是大自然本身对牙买加的报复。在 1780 年代，几乎每年都有呼啸的飓风像掠过棋盘上的棋子一样扫过庄稼和房屋，让最繁茂的景观"一眼望去尽是萧条"。赤裸裸地暴露出即便有最多的财富，也是多么不堪一击。[20] 不管你如何聚焦于财富，仍然无法躲避暴力。它主导了白人与黑人之间的关系。它是机体内部的感染源。它从天堂里面奔涌而出。英国人从美国撤离不到十年后，就把牙买加——以及效忠派难民——变成了另一场革命的战场。效忠派力图在牙买加为自己寻找一个立足之地，却迎面遭遇了理想和现实的脱节，其表现形式如此难以应付，以至于他们中的某些人最终不得不再次迁徙。如果说美国革命在 1790 年代看起来像是历史学家所谓的民主革命时代的第一章即将在法国和法属圣多明各续写的话，那么牙买加的效忠派就从一个难得的角度洞察到，那场革命也开启了一个新的帝国迁徙时代。[21]

　　在西班牙镇主广场的显眼位置，矗立着一座象征帝国信心的宏大纪念碑。它由一座英雄雕塑、精美的圆顶和两边成排的列柱组成。单是那位英雄人物的凉鞋中张开的巨大脚趾，就传递着一种统帅的威严。他身上的罗马服饰，从短裙到短袍，再到那件扬起的宽大披肩，全都突出了他身形的伟岸。他的左手扶在剑和护盾上，右手紧握着一支指挥杖，坚定地指向前方。没有多少游客能够理解雕像底座上镌刻的那几句不怎么优美的拉丁文——致海军上将乔治·布里奇斯·罗德尼爵士，他使牙买加重获安宁，让英国恢复了和平——然而这座纪念碑的主旨却一目了然。[22] 整套辉煌的建筑物统称"罗德尼纪念碑"，是美国革命历史遗迹中的一个反常事物：它是为了纪念英国在那场战争中取得的最大的一场*胜利*。没有什么比它能更明确地说明美国革命之于英属西印度群岛和它之于十三殖民地是多么不同，以及由此延伸，在他们的牙买加接待方看来，效忠派难民的面目又是多么古怪。

　　北美的英属十三殖民地在 1775 年造反了，但英国在整个美洲的另外 13 个殖民地却没有，它们分别位于未来的美利坚合众国的南方和北方。没有哪个地方比西印度群岛更加坚定地效忠，其中最大的岛屿就是牙买加。[23] 虽说牙买加从与十三殖民地的贸易中获得粮食和木材，但跟该岛高度依赖保护主义的英国蔗糖市场相比，这实在不算什么。（牙买加人尤其痛恨美国走私者规避英国关税，从法属西印度群岛进口更便宜的糖蜜。）从经济上来说，加入美国革命的阵营不会给它带来任何好处。从战略上来说，它还会遭受到很大的损失。美国殖民者不满英国军队驻扎在自己的土地上，牙买加人则不然，他们举双手欢迎英国驻军保护他们，免得自己的奴隶群起而攻之。塔奇起义的记忆尚且清晰，不祥的 1776 年 7 月又发生了一场奴隶密谋起义，凸显出牙买加人根本离不开英国军队。虽有传言说这次发生在牙买加西部的密谋行动是由美国爱国者们怂恿的，事实上却主要与该岛半数士兵都已被调往北美有关。[24] 军事戒严和司空见惯的野蛮刑罚成功地镇压了密谋中的起义，但 1791 年，当牙买加人眼见着一场大规模奴隶叛乱在附近的法属圣多明各爆发时，想起这次事件，他们仍心有余悸。对严重依赖英国的少数白人来说，反帝革命，特别是当革命还是由奴隶发起时，简直就是他们的噩梦到来。

牙买加还需要英国保护它免受战争引发的外部危险。1781~1782 年冬，当刚刚在约克敦凯旋的法国舰队驶出切萨皮克进入加勒比海时，这些危险眼看着就朝岛上逼近了。看似锐不可当的法军很快便逐一占领了英国殖民地圣基茨岛、尼维斯岛（Nevis）和蒙特塞拉特岛（Montserrat），视线中可见的下一个目标就是牙买加了。牙买加足智多谋的总督阿奇博尔德·坎贝尔（他在成功指挥了萨凡纳的战斗之后担任了该职位）赶忙制定守岛战略，号召所有的白人、自由黑人和少数"值得信任的奴隶"支持英国军队。[25] 牙买加的克利奥尔人一想到即将发生的入侵就浑身战栗：谣传法国人带着"50000副手铐和脚镣"来抓他们的奴隶了。幸运的是，罗德尼上将指挥下的王家海军在其后追击。4月的一天清晨，一支卓越的英国部队在多米尼克与瓜德罗普（Guadeloupe）之间一个名为"桑特海峡（Saintes）"的地方赶上了法军。罗德尼勇敢地切断了法国船队的后退路线，获得了一次决定性胜利，活捉法国海军上将德·格拉塞（de Grasse）本人。罗德尼挽救了帝国最富裕的岛屿，让英国在和谈中获得了一个宝贵的筹码。[26]

认识到桑特海峡之战（它后来的叫法）的历史意义后，牙买加议会投票决定支出1000英镑，从伦敦请来最好的雕塑师立一座雕像。[27] 然而和所有这类纪念碑一样，罗德尼纪念碑也是个壮观的空架子。原因之一就是，战争开始时，这位海军上将赌债高筑，正无耻地在法国躲避债主呢。1781年他占领了荷属圣尤斯特歇斯岛（St. Eustatius）之后，立刻贪婪地上岛豪抢一番，激起了大西洋两岸的抗议之声和昂贵的官司。更严重的是，罗德尼因为忙于洗劫圣尤斯特歇斯岛，没有在法国舰队前往约克敦的路上把它截住。[28] 桑特海峡之战总算在他此前屡犯错误之后给他挽回了一点儿名声。如此一来，罗德尼这位因过失而导致英国失去美国的无赖，反而成了挽救牙买加的英雄。既然牙买加是英国利润最丰厚的殖民地，加勒比是它最宝贵的帝国区域，那么从整个大英帝国的角度来看，这场会战自然意义非凡。

因此，当桑特海峡之战胜利四个月后，来自萨凡纳的撤离舰队登陆罗亚尔港时，它把一群因失败而憔悴的脸孔突然带到了一个沉浸在胜利喜悦中的岛屿面前。（至少有一家牙买加报纸向读者隐瞒了这实际上是一支撤离舰队，也就是标志着英国在十三殖民地的统治即将结束的事实。）其后六个月，来自萨凡纳和查尔斯顿的船只又带来数千名晕头转向的难民和奴隶，他们散落在金斯敦和附近的首都西班牙镇的街道上，狼狈落魄，乃至不名一文。金斯敦有大约20000名居民，是英属加勒比地区最大的城市，也是美洲英语区的第三大城市，仅次于纽约和费城。[29] 它有着一座殖民地大都会的宏伟城市规划和傲人建筑，在等级上高出萨凡纳和查尔斯顿，更不要说拿骚和哈利法克斯了：设备完善的兵营和宽阔敞亮的街道，一座配有管风琴和钟塔的庄严教堂，一所免费学校，还有一座漂亮的犹太会堂——西班牙镇也有一座。城市宽阔的街道两旁林立着两层或三层的砖房，还特地根据当地的气候条件设计了游廊和露台。"最讲究的美食家"也会看到，金斯敦物品丰富的市场上食品应有尽有。

该市有拉内拉赫（Ranelagh）和沃斯荷（Vauxhall）这两家最奢华的客栈，出席在那里举办的音乐会或舞会，几乎就像置身那两家同名的伦敦游乐园里，心旷神怡。就连县监狱也与众不同：它曾经属于一位数学家，此人在家里设置了一座天文台，"它被转变为不幸之人的监禁之处，不用说……那些人除了仰望星空之外，就其他什么享乐也没有了"。[30]

在这样繁荣的城市景观中，难民们的出现的确骇人。当地人说，"整个城市到处都能见到这些可怜又非同寻常的不幸和惨痛之相"。因为现存的记录极少，无法推测出有多少新来者到达时不名一文，但从萨凡纳和查尔斯顿两地人口的迁徙规律来看，较为富裕的效忠派都选择去东佛罗里达了，据此似乎可以合理地猜测，很大一部分来到牙买加的白人相对较穷。由于 3000 个白人难民中绝大多数都留在了金斯敦，教区当局便成了救济的最前线。数十个效忠派被收入济贫所，还有很多人收到了特别津贴。看到如此可怜的景象而于心不忍的金斯敦居民开始募捐，为难民筹到了 1000 英镑出头的善款。[31] 另一位见证者威廉·亨利（William Henry）王子在海军服役时路过牙买加，触目惊心地看到那么多人衣衫褴褛地从撤离舰队上下来，便自己付出了"一笔丰厚的金额"，用来"救济那些来自南卡罗来纳的难民"。[32] 他的王室典范启动了相关的立法行动。1783 年 2 月（就是议会委托建造罗德尼纪念碑的那一周），议会通过了一项法案——《对国王陛下的北美臣民中因忠诚之动机而已经或即将被迫放弃或抛弃他们在那片国土上的财产，到本岛避难且打算长期定居之人，在限定时间内免除其所有税负》。[33] 这最后一个限定语，"打算长期定居"，值得特别注意。英国官员长期为如何保持牙买加的白人人口而头痛不已，因为疾病和缺席，白人人口总是不够。各类追索差额法律强行规定，种植园主必须在地产上留下最低数目的白人，结果往好了说也是差强人意。如此一来，效忠派难民看起来就成了长期居民的绝佳人选，问题是如何让他们真正融入当地社会。

亚历山大·艾克曼印刷了 460 份该法案，它很快就在难民社会被四处传看。[34] 作为缩微版本的效忠派赔偿委员会，难民们提起索赔，证明自己的忠诚、损失和定居意愿。成功的索赔人收到了证明其免税身份的证书。这些文件为我们打开了一个宝贵的窗口，得以窥见牙买加效忠派难民的构成。（至少有 169 份证书留存至今，不过其中 51 份都属于该法案涉及的另一类索赔者：被从洪都拉斯湾和蚊子海岸这两个英国岗哨中驱逐的殖民者。）[35] 在某种程度上，它们显示了难民的地理和社会多样性。有些移民是 1776 年最初从波士顿撤离的，例如威廉·帕克（William Parker）这种"从婴孩时期便作为英王陛下的忠实臣民在那个地方居住的人"。还有像罗伯特·斯图尔特这样的纽约人，他是一位效忠派老兵，"在纽约撤离之后，就无法留在当地了"。还有伊斯雷尔·门德斯（Israel Mendes）和他的八口之家，他们加入了金斯敦的一个犹太人社区，其繁荣程度一点儿也不次于他离开的纽约殖民地的那个社区。来自费城的本杰明·戴维斯（Benjamin Davis）是"所谓贵格派教徒中的一员"。先是为了躲避宾夕法尼亚的迫害逃到了查尔斯顿，又从那里乘船来到牙买加。两位来自西佛罗里达的索赔者曾在彭萨科拉被占之后，被关在哈瓦那的监狱里。[36]

然而有三分之二的证书属于来自佐治亚和南卡罗来纳的效忠派难民，它们共同构成了一份更重要的记录，事关涌入牙买加的难民中更大却寂寂无名的组成部分：效忠派名下的奴隶。乔治·利勒的保护人摩西·柯克兰登陆牙买加时携带着 41 个奴隶，希望能像过去在北美时那样，让他们在靛青种植园中劳动。一位被剥夺财产的效忠派的遗孀海伦·麦金农（Helen McKinnon），也设法从丈夫被没收的财产中带出了 41 个奴隶，而（威廉的母亲）苏珊娜·威利（Susannah Wylly）带来了 37 个，"这是她本人和孩子们［都是英国臣民］名下奴隶的一部分……他们都在金斯敦和县里受雇，打打零工"。好几位索赔者不光带来了他们自己的奴隶，还有同伴们委托他们带来的。除了自己的 89 个奴隶之外，来自奥古斯塔的塞缪尔·道格拉斯（Samuel Douglas）还携带着 113 个奴隶，为一对伦敦商人所有，"所有这些奴隶，加起来总共 202 人，一度都曾受雇于公共建设"。同样来自奥古斯塔的威廉·特尔费尔（William Telfair）带来了他自己和妻子名下的 66 个奴隶，还带着南卡罗来纳人威廉·布尔（William Bull）名下的 112 人，后者已经在牙买加拥有土地了。名单上还有一位最大的奴隶贩卖商纳撒尼尔·霍尔。他到达时自己名下有 56 个奴隶，还带着帝国官员威廉·诺克斯名下的 102 个奴隶，佐治亚总督詹姆斯·怀特爵士（Sir James Wright）名下的 217 个奴隶，以及其他人名下的 37 个奴隶——"所有这些黑人总共有 412 人，自到达之后便在东部的圣托马斯（St. Thos.）受雇。"[37] 全部加起来，来自南卡罗来纳和佐治亚的 81 个索赔人带着 1359 个奴隶来到了牙买加，白人和黑人的比例达到了 1∶16，甚至高于牙买加人的平均水平。

虽然如此强烈地向富裕的南方奴隶主倾斜，但这些证书还是变成了对不幸遭遇的古怪记录。一方面，所有这些证据都记录了实实在在的损失，以及身为难民的真正问题和匮乏，不管他们抛于身后的是数千英亩土地还是最破旧的房子。另一方面，那些损失财产金额最多的人往往保留下来的也最多，他们保留的是动产——奴隶。以 18 世纪的任何标准来看，拥有几十个奴隶都能让他们衣食无忧。他们成功地申请免税（和效忠派赔偿委员会作出最充分赔偿的那些案件一样）似乎证明了那句格言：凡有的，还要加给他，叫他多余。① 他们真的是急需政府救济的饥饿难民吗？

牙买加的克利奥尔人可没有不声不响地任由这样的反常之事发生。免税措施导致金斯敦教区的收入下降了，尽管效忠派的涌入导致其人口大幅上升，但结果仍是如此。没过多久，教区就开始入不敷出了。1784 年秋，恼火的教堂祭衣室成员们恳愿教堂管理员把"这些人运出岛去，他们正想要走，可能会成为我们的负担"。运费由教区来出；出钱让他们离开可比出钱让他们留下便宜。38 祭衣室随后便向议会提交了一份慷慨陈词的请愿书。他们赞扬免税法律的"崇高动机"。但他们注意到有 70 个"显然非常富裕"的难民住在"漂亮的"房子里，享受着"城里某些最好的条件"，却被免除了税负，而负债累累的教区已经支出了逾 2000 英镑用于救济，济贫所已经人满为患了。39 一年后，祭衣室以更强烈的语气重复了这个请求。法律的本意是"安慰穷人，或者那些被剥夺了所有财产之人"，他们写道；但成功地申请到免税优惠的人却"受雇于利润最丰厚的部门"。[他们是]"身份不明的巡游者和不稳定的逃亡者，不应因国家的慷

---

① 引自《圣经·马太福音》13：12，英文是"to those who have, more shall be given"。

概宽宏，或因貌似效忠派或身处困境的难民而被免除[税负]"。[40]

议会最终没有满足金斯敦祭衣室的要求，很可能是因为它手头有一堆其他请愿书要应付，要尽全力解决战前的经济波动。[41] 随着十三殖民地的丧失，牙买加对大英帝国的经济价值变得比以往任何时候都更加重要。与此同时，美国的独立对牙买加产生了糟糕的影响，英国政府严令禁止与美利坚合众国做贸易。此举导致基本物资的供应量下降，物价上涨。蔗糖市场却出现了相反的现象：出口增加了，价格却呈现下降趋势，而战时的高关税仍然适用，令人沮丧。回头来看，许多人会指出，美国革命的爆发标志着西印度群岛作为大英帝国焦点的地位开始衰落。[42] 很快，牙买加议会就向国王直接递交了自己的请愿书，申请减税和更自由的贸易。要应付商业管制、战争债务、供应短缺和飓风本就已经很难了，北美难民又增加了一个财务负担。他们问道，"现在真的适合"鼓励效忠派在牙买加殖民，"塑造一种新的迁徙和冒险的精神"吗？[43] 虽然牙买加难民的数量还不足以让他们像英属北美和巴哈马群岛的情况那样渗入政治生活，但效忠派难民也同样在牙买加政界留下了自己的印记。战后的帝国世界风云变幻，牙买加的地位也不同以往，当地社会正在艰难地适应这一点，而作为牙买加战后不幸遭遇的焦点，效忠派难民逐渐成为战后牙买加社会一切困境的化身。

　　一直以来，难民们始终都在为自己和名下的奴隶争取机会。有些北美人很难适应热带环境。一位南卡罗来纳人带来 14 个奴隶，本打算在这里建起一个种植园，然而他已经 62 岁了，又"体态肥胖（重达 280磅），非常笨拙和懒散"，根本"无法工作"。[44] 与其他各处为效忠派制定的规定一样，白厅命令坎贝尔总督将未曾分发的土地分给效忠派。[45] 难处在于，这里根本没有土地了。1783 年 4 月，为查尔斯顿难民提供的三个月的粮食配给即将告罄时，就连拥有很多奴隶的效忠派也还没有想出办法解决自己的生计问题。那个季节的天气"反常地格外干燥"，他们抱怨道，他们的奴隶病倒了，但无论如何他们也没有"自己的地块可以雇用他们［奴隶］"。虽然他们尽力把奴隶外租出去挣钱，有些被租给了私人种植园，有些被公共工程项目雇用了，但这也非易事，因为"和平的回归大大降低了对黑人劳动力的需求"。[46]

　　纳撒尼尔·霍尔，就是带了 400 多个奴隶来到牙买加的那位，起初在这方面还算幸运。他与位高权重的种植园主西蒙·泰勒（Simon Taylor）有些私交，后者在很短的时间内就变成了牙买加乃至整个大英帝国最富有的人。[47] 因为两人共同的朋友们"强烈"推荐霍尔，泰勒报告说，"我把他的黑人分派给了朋友们，可以在那里养活他们"。[48] 但泰勒对结果非常失

望。他认为美国奴隶根本无法从事牙买加种植园上需要的那种劳动。"说到美国黑人,"他对一位朋友建议说:

> 我建议你别在任何事情上跟他们打交道。我从没有见过一群被带到这个岛上的人表现满意的。他们就是一群安哥拉和蒙蒂戈黑人,懒得无法养活自己,一贯衣来伸手饭来张口,要么就是听天由命,干脆吃土,饿死拉倒。[49]

他认为,甘蔗需要更强壮、更能吃苦耐劳的人;"习惯了"牙买加工作环境对体力的考验的奴隶,不是来自安哥拉和塞拉利昂,而是(这里倒是承认了黑人牙买加人口的种族差异)来自黄金海岸和比夫拉湾(Bight of Biafra),那两个地方是运往牙买加的奴隶的主要补给站。[50]霍尔本人不久也对那些奴隶的主人之一威廉·诺克斯抱怨说,他无法为他们在牙买加找到足够的工作了。诺克斯发现自己小心运出的人类财产越来越成为一种"累赘之物",便安排通过霍尔把大部分人送回美国卖掉。[51]要考察效忠派难民在牙买加的际遇已非易事,描述效忠派名下之奴隶的迁徙轨迹更是难上加难。然而这个例子表明,其中有些人的命运至少跟留在牙买加一样糟糕:他们再次被运出,经受了这一过程对身心造成的残酷伤害,开启了一个始终不断的迁徙过程的又一个阶段。就算是对效忠派带来的奴隶而言，牙买加也是个靠不住的定居地。

与此同时，那些没地没产的白人难民在做什么呢？他们来到了大英帝国利润最丰厚的殖民地。然而就连最富裕的人也未能挤入一个已经人满为患的种植园社会，最穷苦的人还在依赖来自教区的救济呢。正是在那时，他们开始听说一种很有吸引力的可能性。在黑河（Black River）沿岸的圣伊丽莎白（St. Elizabeth）的西部教区，传说有一片无人认领的王室领土，总面积有两万英亩，甚至更大。据说那里的土壤非常适合种植甘蔗，或许还可以种植许多效忠派战前曾在南卡罗来纳种植的靛青。唯一的问题是，目前那里是一片水淹的沼泽地。"如果可以把水排干，"种植园主爱德华·朗（Edward Long）在 1774 年乐观地提议道，圣伊丽莎白的沼泽便"可以垦殖成很多大型种植园。迄今还没有人做过这类尝试……但对那些有着毅力、能力和耐心进行这一实验的人来说，它有可能为土地所有者产生非常丰厚的回报"。[52] 在牙买加那些无依无靠的难民看来，这样的实验很值得一试。在坎贝尔总督的支持下，一个齐心协力排干圣伊丽莎白沼泽地，把它分给住在牙买加效忠派的项目开始了。

红树林丛把黑河及其支流堵塞成了一片无法进入的根茎迷宫，一张水和树木缠绕交错的网络。只需停留片刻，昆虫就会在你的头顶飞成一道旋风，在你的耳边轰鸣，咬破你的手指和手腕。鳄鱼在污浊的水沟里潜伏。这些背部隆起的棕色动物看起来像浮在水面的树枝一样无害，突然一下便会从水中蹿出，力道大得足以把一个小孩子撕成两半。这就是工程师帕特里克·格兰特（Patrick Grant）在1783年底进入的怪异的沼泽世界，他带着一队奴隶和自己的测绘工具，奉总督之命，把那片沼泽地绘制成地块，分给效忠派难民。这位测绘员花了九个月的时间执行任务，在沼泽地中扑哧扑哧地艰难行走，画出测绘线，尽最大可能无视周围地主的抱怨，后者时不时地利用这里的干地块放牧牛群。1784年秋，格兰特终于摇摇晃晃地回到西班牙镇，筋疲力尽但心满意足。他把一份来之不易的地图（28040英亩）摆在议会面前，那些土地被分成了183个地块，还提交了一份3660英镑的账单，那是他为自己的辛苦工作索要的报酬。[53]

效忠派难民纷纷签字申领圣伊丽莎白的地块，急切等待着议会给他们签发土地专属证明——他们以为剩下的不过是例行公事了。然而议会却出现了一个突发问题：他们认为格兰特索要的工作报酬太高了。他们决定对他的行为启动调查，并进而调查由现已离职的坎贝尔总督启动的这一定居计划是否合法。一个议会委员会在调查圣伊丽莎白的议员时，问他是否认为"水道中［有足够的］干地面积……可以分成183

个宽裕的拓殖地块？"他不这么认为。"那么在你看来，"他们继续问，"除了鱼、青蛙、木头和两栖动物外，还有任何生物可以在这片区域生存吗？"他认为没有。"你觉得这一地区……可以被排干，以便用于人类居住生活吗？"他不以为然。他说，即使有人免费给他这块地，他也不会要。[54]

随着议会休会，调查悬置了整整一年。到议会1785 年下半年重启调查时，效忠派已经等得不耐烦，越来越紧张不安了。不出所料，摩西·柯克兰、纳撒尼尔·霍尔及其妻等牙买加某些最大的难民奴隶主都支持该计划，纷纷幻想着自己的劳动力问题能够在那片黑暗的沼泽地中得到最理想的解决。对他们来说，没有土地就意味着时时刻刻都是财产的损失。一位名叫罗伯特·弗罗格（Robert Frogg）的地位较低的南卡罗来纳裁缝和其他几位效忠派一起，不管不顾地搬到圣伊丽莎白去抢地。可怜的弗罗格开始排干沼泽地的努力促使当地的一位居民打趣道："那里的土地这般贫弱，连一只青蛙[①]都无法生存。"这类报道再次印证了议会对该计划的悲观态度。1785 年底，也就是格兰特开始测绘的两年后，议会裁决："为来自美国的难民规划的……沼泽地无法进行排水开垦，这样做投入费用太高，但很有可能永远无法排干。"它拒绝签发

①　这是双关语，弗罗格的英文名字是 Frogg，与 frog（青蛙）同音。

土地所有证，牙买加唯一一个官方支持的效忠派分地计划就这样不了了之了。[55]

虽有人拿"青蛙"的双关语打趣，但好像没有谁曾经对"沼泽"一词的双重含义（沼泽／困境）开过玩笑。对与此事有关的效忠派而言，这里的隐喻意味简直让人难以承受。这一事件最简洁生动地概括了效忠派在牙买加的待遇与他们在英属美洲其他各处所受待遇之间的强烈反差。在巴哈马地区和英属北美，分地是英国政府为效忠派提供补偿的核心。在牙买加，唯一一次提供土地的努力却以闹剧开始，以悲剧结束。加上金斯敦教区祭衣室的抱怨，议会拒绝继续分地一事再次证明了牙买加人对美国难民悲惨境遇的冷漠态度。

尤其讽刺的是，这片植根于奴隶制度的富裕国土居然让难民中最大的奴隶主也难圆其梦，他们可正是被这里传说中的财富吸引，才迁居该岛的。因为无法获得土地，又不能以有利的价格把自己的奴隶外租出去，美国种植园主们适应牙买加生活要比亚历山大·艾克曼和威廉·约翰斯顿这类专业人员困难得多，后者起码还可以找到工作。（同样，虽然我们始终无法根据职业和社会地位对难民进行分类，但没有看到其他明显的类似成功案例，表明这些案例仍属极少数。）关于牙买加的诸项条件令人失望的消息很快便传回了大陆，东佛罗里达撤离船队又折返回来，就已足够说明问题。只有 196 个白人是从圣奥古斯丁出发前往牙买加的，其中很多人还只是将该岛作为中转站，准备继续前往南美洲北岸，这与数千名从萨凡纳和查尔斯顿涌来的难民形成了鲜明的对比。在他们看来，既然已知牙买加那里缺少机会，而中美洲还有很多未知的可能性，似乎总好过牙买加。[56] 最终，更多的佛罗里达难民决定前往多米尼克这座小岛，而不是英国在加勒比海上的明珠，因为那里的总督承诺分给他们土地。虽然那里的土地"非常糟糕，基本上都在山顶，有些则无法开垦"，但至少它们都在出让——而山顶当然比沼泽强。[57]

黄昏，大自然昼夜交替之时，热带地区一片喧嚣，震耳欲聋。鸣禽走兽，还有聒噪的昆虫发出有节奏的渐强音；蝙蝠在暮色中翻飞躲闪；四脚黏糊糊的壁虎在墙上疾跑；秃鹫俯冲入林，弓起满是羽毛的双肩入睡；在潮湿的空气中，蚊子越来越密集，像升起的水雾。它们一齐飞向温热的躯体，仿佛有某种深刻的智慧引领它们的尖嘴刺向血液。一不小心，你回到室内，就会发现裸露在外的每一片皮肤上都布满了咬伤。

蚊子是害虫，但那时还没有人知道它们也是杀

子虚乌有的避难天堂

手：致命的黄热病和疟疾病毒的携带者。单是凶险的小型**埃及伊蚊**，因为能把黄热病毒注入人体的血液中，在18世纪的加勒比地区造成的白人死亡人数就超过了其他任何单个病因。天花、登革热、雅司病、钩虫病、痢疾、破伤风：所有这些让牙买加变成了一个巨大的死亡陷阱，但在刚刚开始执业的威廉·约翰斯顿医生看来，也正是这些让它变成了机会的灯塔。他是满怀着事业发展的希望来到牙买加的，这合情合理。他享受着总督的巨大恩顾；他持有来自爱丁堡的骄人资质，那是英国世界中最好的医学院；当他的同胞们发现牙买加没有多少地方容纳更多的种植园主时，上帝知道牙买加需要医生，多多益善。总督慷慨地"让他挂名在某个政府机关"——有了这一闲职，约翰斯顿每周能收到20先令的薪水，外加为他的家人提供的丰厚补贴。不久，他接受了牙买加政务委员会成员詹姆斯·怀尔德曼（James Wildman）的邀请，在怀尔德曼位于里瓜纳（Liguana）的地产上行医执业。[ 怀尔德曼是个很有影响的恩主，只是品性多少有些可疑：身为牙买加最富有的缺席业主威廉·贝克福德（William Beckford）的律师，他和弟弟很快就靠佣金敛得大笔财富，并说服贝克福德直接给了他们一片很大的种植园——据说他们简直是巧取豪夺。] 58约翰斯顿崛起的势头很猛，大概也引发了牙买加一位资深医生的牢骚，说"这个国家来了大量行医人员，他们要么是难民，要么在那个地方丢了工作，岛上的医生简直人满为患了，以至于几乎每个小庄园都有自己的医生"。[59]

各种疾病对黑人和白人的影响不同（值得注意的是，黑人对黄热病和疟疾的免疫力比白人强），但无论黑人还是白人，自由人还是奴隶，没有谁能够躲过牙买加无处不在的死亡，企图欺骗死神的医生更是如此。到 1780 年代，西印度群岛的奴隶死亡率高得吓人，已经变成了英国废奴运动者的一项控罪证据，他们以奴隶死亡率持续超过出生率这一事实为由，坚称奴隶制需要改善乃至彻底废除。作为回应，种植园主们也越来越关心降低奴隶死亡率的问题了。[60] 现存的记录表明，在任何特定时间段，一个蔗糖种植园上都有半数奴隶会受伤或染病。约翰斯顿的任务可能包括定期前往一个雇有黑人护理者的庄园医院，在那里治疗和诊断病患的奴隶。他或许还要接种天花疫苗，该做法已经越来越广泛地在牙买加的大小种植园中实施。他的另一项任务大概是应牙买加 1788 年合并奴隶法的要求，填写一份关于奴隶死亡原因的年度报告——那是一份凄凉的记录，讲述了人类如何与自然合谋，让一代又一代奴隶过早地夭亡。[61]

约翰斯顿也继续给白人治病。1793 年，一场蔓延整个美洲的黄热病瘟疫变成了他职业生涯中的一大机遇，他在金斯敦的商人病患请他到他们驶入海港的船上为虚弱的水手们看病。黄热病会引发内出血和黄疸，最初的症状是头疼，继而发烧、恶心和呕吐。当呕吐物变成黑色并带有血颗粒时，病程基本上就结束了：病患通常会在几天内死亡。约翰斯顿医生避免使用其他医生为病人指定的放血疗法；但他也给一个又一个病人服用甘汞，那是一种被用作泻药的汞溶剂，因此他的治疗方案一定也是药效与副作用并存。[62] "有时一天会有 17 个葬礼，甚至更多。"伊丽莎白·约翰斯顿难过地回忆道。在他们位于金斯敦城外不远的哈夫韦树（Halfwaytree）的家中，她有一大群在牙买加出生的小孩子要操心：在伊丽莎白·约翰斯顿到达牙买加整整一年后的 1787 年出生的伊丽莎；1789 年出生的拉莱亚·佩顿；然后还有约翰（1790）、简·法利（1791）和詹姆斯·怀尔德曼（1792）。约翰斯顿暗自庆幸家人没有一个染上黄热病。但他们对岛上各种疾病的抵抗并没能持续多久。到 1793 年底，约翰斯顿夫妇最小的女儿简就死于猩红热，年仅 2 岁。

人无法避免死亡，但可以试着平静地接受死亡。仿佛是为了替代死去的孩子，约翰斯顿夫妇给他们出生于 1794 年的新生儿也取名简·法利。夫妇俩不愿再拿这个孩子冒险了，由于威廉总能接触到天花病毒，他便安排给这个女婴接种疫苗。虽然到那时，这个手术在牙买加已经非常广泛了（在英国也一样），但还是有危险存在，有些病人不但没能产生抵御受控感染的抗体，反而染上了致命的天花。[63]父母焦急地关注着注入病毒的切口，确定感染没有扩散。仅仅来到世上三个月的第二位简·法利·约翰斯顿却没有那么幸运。"她在我膝上的枕头上躺了一段时间，我看得心都碎了，然后一个切口开始变得很黑，她死在了我的怀里"，她"那天使般的蓝眼睛"再也没有睁开。威廉把小小的尸体从伊丽莎白的膝上拿开后，她瘫倒在地上，因为悲痛和祈祷而浑身痉挛。[64]

她已经失去了两个孩子，一个在爱丁堡，另一个在牙买加，但这个孩子的死亡却比其他任何一次带给伊丽莎白·约翰斯顿的伤痛都要深。或许一个原因是她觉得自己本可以阻止这一切的发生，是她同意了（或许还亲眼看着）那致命的细菌被注入她的孩子那如绸缎一般柔软的四肢。但身在那片令人窒息的异乡，举目无亲的她"没有一位女性亲友，只有黑人奴仆，必须事无巨细地抚养照顾这么多年幼的孩子"——似乎已经无力承受了。"身心俱疲"的她陷入了严重的抑郁。孩子死后不久，怀尔德曼一家提出收养约翰斯顿的女儿伊丽莎，并带她跟他们一起回英国。"连续几周，我们无法下定决心与她分别"，约翰斯顿承认，因为他们面临着数代生活在不宜居的帝国边疆的父母们都要面对的两难困境：是把孩子留在身边，让他们曝露于热带的诸多危险里，还是把他们送回到远在千里之外的"故乡"英国？约翰斯顿夫妇最终决定"为孩子好",让伊丽莎跟着怀尔德曼夫妇一起去了英国。本着大致相同的目的,他们听从了孩子祖父约翰斯顿医生的要求,把最大的女儿凯瑟琳也送回了爱丁堡。[65]

日复一日生活在不可阻挡的死亡压力中,约翰斯顿夫妇发现即便对他们而言,牙买加也是个子虚乌有的避难之所。虽然威廉·约翰斯顿很快就在这里开拓了专业对口的事业,拥有了许多南方难民种植园主望尘莫及的成功,但这里格格不入的环境充满敌意,让他的家人散落四方,内心也伤痕累累。1796年,"虚弱的"伊丽莎白·约翰斯顿认输了。她决定和孩子们一起回爱丁堡,那是"为了他们身心健康而必尽的义务",而威廉因为"不可能离开自己的事业",将独自一人留在牙买加。整整40年后,当她回忆起"那个悲伤的早晨,我听到小船来接我们上轮船",要再次与爱人分别,再次跨越大西洋时,还是悲从中来。"我觉得我当时已经丧失理智了。我高声尖叫,让我可怜的丈夫无比忧伤,以至于那时……如果我不走了,他一定会很高兴。他祈求我……让他上船把我们的东西拿回来,但我能说的只有一句话:'太晚了!'"[66]

然而随着码头上的人影缩小为模糊的黑点,罗亚尔港的废墟在海底发出的微光渐渐远去,碧绿的蓝山褪变成灰色的轮廓,她却从一个新的源头获得了力量。在最悲伤和孤独的时候，约翰斯顿获救了。她看到一个不熟悉的上帝伸出双臂来拥抱她：那是个亲切而充满爱意的存在，是浸礼会的上帝。她从佛罗里达时期就试图安慰自己的那些圣公会神祇们，在此时的她看来只是"冷冰冰的说教"。她在"使那么多穷苦人获得了觉醒的新教徒的讲道中"找到了慰藉。[67] 和18世纪后期大西洋世界中的数百万人一样，约翰斯顿也被卷入了福音派潮流，即所谓第二次大觉醒[①]。她自己因为个人生活的动荡和伤痛而走向皈依的过程，似乎是被战争四分五裂的整个英裔北美世界逐渐恢复的更宏大进程的具体化。她在牙买加失去了那么多，但她整个余生都不会放弃这一新发现。

*

因为这座死亡之岛也日益成为基督教信仰之岛。随着福音派新教徒传教士开始使大批被残酷对待的奴隶人口皈依，伊丽莎白·约翰斯顿在自己个人生活的艰辛考验中发现精神慰藉的过程，将在1780年代的

---

① 第二次大觉醒（Second Great Awakening）是指18世纪末19世纪初美洲大陆兴起的宗教复兴。教会的教友及城市百姓们都悔改认罪，基督信仰生活兴起；人们渴慕认识耶稣基督，教会复兴，历史学家称之为第二次大觉醒，类似的第一次大觉醒出现在1730年代到1740年代。

牙买加成千上万次地重演。何况那些传教士本人也是黑人，而且是黑人效忠派。白人难民带来了数千黑人，但他们自己却寂寂无名地融入了牙买加社会，要么死在那里，要么另寻他乡；与之相反，少数自由黑人效忠派却带来了他们的宗教情感，在这座岛屿上留下了不可磨灭的印记。他们的活动在牙买加组建了一个越来越大的泛大西洋黑人福音派教会网络，那是效忠派大流散的一个充满生机又影响久远的结果。活跃在这些传教活动最前沿的是乔治·利勒，他为牙买加带来了浸礼会教义，那恰是他的得意门生戴维·乔治在新斯科舍和新不伦瑞克传播的教义。[68]

和威廉·约翰斯顿一样，利勒来到牙买加的运气也不错，他被推荐给了总督本人——但他是被推荐去做契约奴仆的。因为效忠派摩西·柯克兰曾出钱赎回了他全家人的自由，利勒事实上是因为欠着柯克兰的钱，才必须在1782年随后者一同来到牙买加。柯克兰"承诺会在这个国家成为我的朋友"，便安排利勒在阿奇博尔德·坎贝尔总督相对合宜的劳动环境里劳动。两年后，利勒付清了他的契约债务，坎贝尔就给了他"一份亲笔书写的关于我良好品行的书面证明"。利勒知道英国殖民地社会中文书的作用很大，还"从祭衣室和总督那里［获得了］我本人和我家人的自由人身份证明"。在战时的佐治亚获得解放证书整整七年后，他终于可以宣布自己不再是任何人的奴隶，一旦有人质疑，也能呈上合法证明了。[69]

　　总算获得了真正的自由之后，利勒以"农夫"自居，他买下一个马车队，开始在三个即将成年的儿子的帮助下当车夫养家。但对乔治·利勒而言，真正的成功来自另一个领域。1784 年 9 月前后，利勒又开始讲道了。他在金斯敦的赛马场和西班牙镇的户外讲道，而他的黑人效忠派同事们，如纽约理发师摩西·贝克（Moses Baker）等人则深入腹地去帮他宣传。十年前，利勒曾经凭借他超群的人格魅力在卡罗来纳乡间那些苔藓覆盖的林间空地上吸引了一批追随者，如今在牙买加也一样。他的"话在穷人特别是奴隶中，产生了很好的效果"，他们很少甚至从未听到过这样的讲道，虽然很多人保留着某种非洲灵修的文化。奴隶们每日浸淫在暴力和死亡的阴影中，可怕的生活条件自然让他们更容易接受利勒传播的讯息。他在西班牙镇的河水中、在金斯敦海港的盐水里、在蜿蜒流过乡间的溪流中为皈依者施洗礼。在金斯敦，他把一幢小型私宅改成新教堂，"除我之外［只有］四个来自美国的兄弟"。不久他的教堂就有了 350 位支持者，其中少数是白人，他在这片国土上的追随者人数至少有 1500 人，"有些人住在蔗糖庄园，有些人住在山上、畜栏里和其他地方"，大部分是奴隶，基本上都是文盲。[70]

　　"这片国土上除了我们的教堂外，没有一个浸礼会教堂。"1791 年，利勒骄傲地宣称，那时他已经可以指着一个在建的礼拜堂越来越高的墙壁来证明这一点了。这项工程本身就证明了利勒不仅是个优秀的讲道者，也是个机构建设者。随着很多成员随英军撤离，他在美国南部所建的联系紧密的信仰社区已经解散了。然而从福音派的角度来看，流散是他们期待发生的最好的事。通过来自大西洋各处的信件，利勒骄傲地关注着戴维·乔治在英属北美的活动，关注着另一位黑人效忠派布拉泽·阿莫斯在巴哈马群岛的成功，关注着他本人曾为之施洗的安德鲁·布莱恩继续在萨凡纳吸引黑人皈依。他自己在金斯敦的教堂成了这日益扩大的国际黑人组织的一个重要基地。

为了顺利建好礼拜堂，利勒知道，如果请穷苦的奴隶出钱，"不久就会让宗教蒙羞"。他的自由黑人教众都没有什么积蓄。虽然他的教区居民们纷纷虔诚地把自己的一点一滴贡献出来，利勒还是像他以前在美国所做的那样，来到了黑人社区之外，在牙买加白人中筹集资金。"多位议会议员和其他的好几位绅士"捐赠了四分之一的资金，利勒用这笔钱在金斯敦东部买了三英亩土地，开始施工。当他再次伸手筹资时，他教堂的墙壁已经有八英尺高了，这一次他是向英国的浸礼会教徒筹资。他对他们说，他的教众增加很快，越来越强大了。他唯一需要的只是一点儿加盖屋顶的钱，然后，他向恩主们保证说："这座建筑物就会成为这个国家有史以来最伟大的工程，因为它把灵魂带出了黑暗的深渊，让它们沐浴在福音的光明中。"[71] 利勒的礼拜堂建成于 1793 年，是牙买加的第一座浸礼会教堂，比白人浸礼会教徒开始在这里长期传教早了整整二十年。

利勒成功地向英国的持异见者推销了自己的做法，因为许多人日益把传教活动看成是帮助大英帝国洗清奴隶制污点的最佳途径。然而在一个由支持奴隶制的白人统治的殖民地，他的活动却没有取得很好的效果。正如利勒的一位白人保护人解释的那样，"这里的奴隶主中间最主流的想法是，如果他们［奴隶］的头脑被宗教或其他东西大大启蒙了，那会带来最为危险的后果"。一切关于在上帝面前人人平等的说法，一切关于获得救赎的自由的说法，在奴隶主们听来都是可疑的革命语言，他们担心传教士们会怂恿他们的奴隶起义。而那些传教士还是黑人，并且从前还曾经是奴隶，一定更让他们加倍担心。利勒理解他面对的反对意见。他知道戴维·乔治曾被逐出谢尔本，知道萨凡纳的安德鲁·布莱恩曾经被捕并被野蛮鞭打；他记得牙买加人"起初在我们洗礼和集会时都曾迫害过我们"。[72] 这位天生的外交家努力说服白人听众，说他不会对奴隶制提出任何挑战。没有"奴隶的主人说几句话，确保他们对主人和宗教的良好品行"，他是不会允许奴隶"进入教堂的"。[73] 他强调说，让奴隶皈依是为了启蒙，无关革命。他毕竟是个效忠派：他从没有表达过任何想要颠覆帝国秩序的意愿。

这类保证来得正是时候。利勒开始建设教堂的同一年，法属圣多明各爆发了一场巨大的奴隶起义，给牙买加带来了很大的冲击。奴隶们引用法国革命者的《人权和公民权宣言》（Declaration of the Rights of Man and of the Citizen）中承诺的平等权，横扫该法属殖民地的北部，所到之处，焚烧甘蔗园，杀死了2000名白人。那次起义成为海地革命的序幕，最终导致了美洲第二个共和国的建立。（海地革命的某些领导人曾于1779年在萨凡纳与法国人和美国人并肩战斗，或许最初就是在那里培养了对共和制原则的偏爱。）这些事件培养了他们对大西洋奴隶制社会中黑人和白人的看法。在距离法属圣多明各仅仅100英里的牙买加，邻近地区的革命产生了尤其明显的影响。牙买加的黑人们以极大的兴趣关注着这些事件，而白种牙买加人则试图封锁消息——那些消息让白人害怕，既是因为那是一场挖掘加勒比地区白人恐怖统治这口深井的奴隶暴动，也是一场共和制暴动。[74] 邻近法属圣多明各让牙买加再次成为避难所，这一次它收容的是黑人逃亡者和带着他们的奴隶逃离法属圣多明各的白人难民。[75] 1793年英法战争爆发之后，牙买加又成了英国干预法属圣多明各的一系列行动的补给站。在法属圣多明各随后的所有流血事件、利益纠缠的同盟和政权更迭中，牙买加白人至少清楚地看到了一个教训：这太危险了，它近在眼前，这里绝不允许这种事发生。

利勒再三强调他的教堂会众忠诚地参与守卫岛屿的行动。1791年下半年，他写道："整个岛屿都武装起来了，我们有好几位教众和一位执事都义务参军了；我身为金斯敦那队人马的号手，也常常受到召唤。"然而战争的形势变化很快，严重影响了他的地位，原因有二。第一，在牙买加，政府比以往任何时候都更加关注管制逃亡者、流动人口和开小差的人——他们往往被认为是革命传播的载体，因而加强了这方面的规训，使得单是作为一个自由黑人本身就比以往难得多。[76] 早在1791年，一家金斯敦的报纸就警告说，"只要有色人种出现在公共场所，就很难保证安全"。[77] 牙买加自由黑人人口的一个特殊群体——马龙人（Maroons），成了让英国官员们担惊受怕的一个特殊因素。

科克皮特地区绵延在牙买加的西部腹地，那是幅由斗状谷地和蛋形山峰组成的诡异风景。这个隐秘世界的山顶上住着一群逃亡奴隶的后裔，被称为"马龙人"，他们在1730年代成功地部分摆脱了英国的统治，赢得了半独立地位。他们获准不受干扰地住在五个保留镇中，条件是他们同意不收留逃亡奴隶，而是帮忙抓住他们。发生在法属圣多明各的暴动让这个帝国尤其担心如何阻止马龙人与其他黑人互动的问题。

让马龙人极为愤怒的是，当局对他们实施了新的禁令，试图把他们和其他奴隶分开。1795年（那一年英国当局也遭遇了圣文森特和格林纳达的奴隶起义），马龙人爆发了，特里劳尼镇（Trelawny Town）的马龙人开始攻打英国人。他们藏身在地势起伏的战场，对一支军力五倍于自己的英军发起了成功的游击战。后来英国人不得不改用非传统的战术，从古巴引入100条咆哮的大猎犬，才总算抓住了那些神出鬼没的敌人。战败的马龙人得到承诺说，只要他们同意跪在地上求饶，并愿意迁到政府指定的牙买加其他地区，他们就有权继续留在岛上。然而总督声称马龙人违背和约在先，自己也违背了诺言：他决定一劳永逸地把惹事儿的马龙人赶出牙买加。英国当局把特里劳尼镇的568位马龙人合在一处，派兵把他们送到了英属美洲的另一端——新斯科舍——与当年阿卡迪亚人被逐形成了悲惨的呼应。[78] 马龙人的失败和被逐生动地表明，为加强种族等级制度，帝国政府可谓无所不用其极，也突出了牙买加的任何自由黑人在那些战争和革命年代所面临的困境。

而乔治·利勒的可疑之处不仅在于他是自由黑人，他作为讲道牧师的活动也成了他受攻击的另一个污点。废奴运动者与福音派之间的密切联系使得某些基督教教义形式在很多牙买加种植园主看来，几乎有着和共和制一样巨大的破坏力。一群金斯敦的暴民甚至在福音派废奴主义者威廉·威尔伯福斯（William Wilberforce）的人像旁边焚烧激进派托马斯·潘恩的人像。[79] 在革命氛围中，他们加强了对利勒（及其他讲道牧师）的迫害。虽然利勒从西班牙镇当局那里获准"在我们的任何教众集会被打断时，提及他们的名字"。但也没能阻止一系列暴行。一次在礼拜时，一个人骑着自己的马直接闯进利勒的礼拜堂来到讲坛跟前，轻蔑地挑衅说："来啊老利勒，给我的马来点儿圣餐？"彼时马就在十字架前面嘶鸣着，打着响鼻。另一次，三个人大摇大摆地走到圣餐桌跟前，抢夺圣餐面包，一边诅咒骂人，一边四下抛撒。1794 年，一项新的煽动法彻底终结了利勒的讲道活动。一次在宣讲某个文本之后——该文本最多也就是触到了废奴运动情绪的外围而已，利勒被控在讲坛上"散布危险的煽动性言论"。他被投入监狱，戴上了沉重的铁链，双脚被足枷锁住。[80] 他的同事摩西·贝克则因为引用了一首浸礼会赞美诗的语句而被捕："我们将不再是奴隶／因为耶稣让我们获得了自由／他把我们的暴君们钉在十字架上／赎回了我们的自由。"[81]

就这样，在美国和牙买加两地忠诚地志愿守卫大英帝国之后，在他获得了所有那些自由证书和证明之后，乔治·利勒再次入狱了——这次他不再是奴隶，但仍是个囚犯。（或许他和贝克倒是可以在金斯敦的监狱里尽情地仰望星空。）在对他的审判中，虽然控方协力证明他企图煽动奴隶起义，利勒还是被宣布煽动指控不成立。但他的对手们找到了另一个方式让他丧失自由：他因为在建设教堂时欠下的债务而入狱，被关了三年多。[82]

于是，在仅仅十年间，乔治·利勒迎头遭遇了后革命时期大英帝国的两个目标：道德正义性和自上而下的统治——这是家长制统治的钱币两面。[83] 利勒来到牙买加时体现着一个特别人道主义的承诺：他因为在战争时期依附英国而获得了自己的自由，并由英国政府出资，（名义上）自由地与家人一起被送到另一片英国领土上。他作为浸礼会讲道牧师的工作使他成为一个更大组织的一部分，他们致力于一项个人和集体道德提升的远大计划。利勒似乎是个完美的例子，彰显了大英帝国愿意不分种族、给予其一切自由臣民以英国式自由、法治和分享文化启蒙的机会这一自我形象，这一形象得到了废奴运动者和其他人的拥护。而在海地革命如火如荼的时期，利勒反复强调自己的忠诚，似乎又活生生地证明了这类政策会在很大程度上加强各类臣民与国王和帝国的纽带（至于有多大的诚意就很难说了），而不是绷断那些纽带。

然而当加勒比在一场新的革命中爆发时，利勒却遭遇了大英帝国的专制主义一面。有人大概会声称这是个法治和自由的帝国，但它同时也是奴役大批人口的帝国，英国还是实际上最大的奴隶贩卖国。正如邓莫尔勋爵甚或多切斯特勋爵的行为一样，人道主义情感和约束自由的统治二者绝非不能并存。新不伦瑞克和巴哈马群岛的效忠派难民就在 1780 年代感受到了政府当局围绕政治代表权等问题的铁拳。在 1790 年代的牙买加，当共和制和奴隶暴动敲门时，对不同政见的镇压变成了帝国的必要措施。通过煽动法和对马龙人的驱逐等镇压措施，牙买加政府（远在英国的皮特政府也一样）压制了有可能颠覆政府的个人、信息和宣传话语的传播。1794 年对利勒的迫害仅仅是更大范围地打击持不同政见的嫌疑人士的冰山一角。1802 年，议会通过了一项法律，禁止"居心不良、目不识丁或愚昧无知的热心人讲道，禁止黑人和有色人种（主要是奴隶）集会"——这是限制福音派话语传播的另一项举措。[84] 正是由于这类立法和其他原因，1790 年代后，利勒本人再也未能重返公共讲道坛。

尽管法律更加严苛了，上帝的事业却仍在继续。利勒在监狱里日渐憔悴，浸礼会运动却超越了个体，呈现出一派生机。另一位黑人牧师挣脱出来，建立了一个与他竞争的小教堂，很快就发展出了自己的大量拥趸。[85] 当白人浸礼会传教士于 1810 年代来到岛上时，他们看到了一个繁荣的黑人福音派教众，把非洲传统融入了狂热的基督教信仰中。种植园主与牧师之间的敌意一直持续到 19 世纪中期，直到奴隶制被废除之后仍然存在。[86] 然而在这种暴力和恐怖的氛围中，牧师们有着一项天然优势。面对帝国奴役和死亡的绝望现实，他们从美国带来的救赎的语言不啻为一剂行之有效的解药。

\*

在委托建筑十多年后，花费了 30000 英镑的罗德尼纪念碑终于建成了，沐浴在西班牙镇的阳光下。它横贯整个主广场，两边分别是总督宅邸和议会。然而尽管雕像中罗德尼那只大理石的手笔直地指向总督府的窗户，总督的妻子玛丽亚·纽金特却在日记中描写自己的居住环境时只字未提纪念碑。或许那是因为在她和丈夫、新任总督乔治·纽金特于 1801 年 7 月到达西班牙镇之时，桑特海峡之战似乎已经是相当久远的历史了。过去八年（相当于美国革命的长度），法国革命战争轰轰烈烈，无论从国际影响还是规模而言都是英国战争史上前所未有的。纽金特四年的婚姻生活完全笼罩在冲突的阴影中。这对夫妇此前曾被派驻爱尔兰，在那里，作为英军的将军，乔治·纽金特参与镇压了 1798 年法国人支持的爱尔兰民族起义。二人在爱尔兰的时光让他们"发自内心地难过、疲惫和恶心"。玛丽亚说："目睹了……内战的一切恐怖。"他们最不愿意下一个被派驻的地方就是冲突频发的牙买加。然而职责所在，"身为军人，我们决心服从"。

她在海上的正式晚宴上身穿"全套中将制服"，还在猩红色的大衣上戴着金色的肩章，并非事出无因。[87]

在牙买加的四年间，纽金特在日记中出色地记录了住在这样一个美如神迹却又危如累卵的地方是怎样的体验，那是个一边组织大规模军事动员，一边仍若无其事举办舞会和丰盛晚餐的地方，是"仅有的三个谈话主题"分别是"债务、疾病和死亡"的地方。[88]她的日记是关于这一时期牙买加白人生活的最详细易懂的资料来源。纽金特的思虑与大致同时代的伊丽莎白·约翰斯顿极其相似，虽然两人的社会地位天差地别。（两个女人在牙买加生活的时间有三年半的重合期，但很难说她们有没有见过面。）[89]关于在这样危险的环境下抚养孩子们长大，她们有着同样的焦虑。在由"小黑"（纽金特喜欢这样称呼黑人）和克利奥尔种植园主（这些人的放荡习性让两人都深恶痛绝）占绝大多数的岛上，这两位白人女性有着同样的孤立感。在如此疏离的环境中，和约翰斯顿一样，"宗教"也变成了纽金特"最大的快乐之源"。[90]她们还有着另一个不那么明显却很重要的共性：和约翰斯顿一样，纽金特也是一个北美效忠派难民。

玛丽亚·纽金特娘家姓斯金纳，自幼接受的教育便是生而坚强。她或许不像她的姐姐凯瑟琳那样清楚地记得1776年在新泽西，叛军们到家里来搜捕她的效忠派父亲科特兰·斯金纳将军的那个夜晚。那时凯瑟琳 5 岁，而她只有 4 岁，自那以后斯金纳一家经历过太多的动荡。美国革命的最后几年，他们是在英军占领的纽约度过的，并于 1783 年撤离至伦敦。在那里，和他们的朋友贝弗利·鲁宾逊上校及其家人一样，斯金纳一家也生活拮据但仍强装体面，生活来源主要是从美国抢救下来的财产以及效忠派赔偿委员会的赔偿。虽然战前是一介平民，但斯金纳将军也和鲁宾逊一样，把孩子们都安排在军队，那是提升社会地位的良好途径。他的儿子们都被任命为陆军或海军军官，四个最小的女儿也都嫁给了军人。玛丽亚的姐姐凯瑟琳于 1794 年嫁给了鲁宾逊上校最小的儿子威廉·亨利·鲁宾逊，算是正式与鲁宾逊家族联姻了。新的战争又把好几位家庭成员带回了新大陆。凯瑟琳在丈夫被派驻到西印度群岛担任军需官时随丈夫一起去了那里，而凯瑟琳和玛丽亚最小的哥哥曾短期在牙买加担任税务官，后来在那里死于热病。

玛丽亚·纽金特的日记让她变成了研究牙买加历史之人的试金石，然而如果把她放在美国效忠派难民的背景中去研究，就能显示出整个大流散过程中的一个明显规律，这种规律被几代大英帝国公务员不断重演。迁徙一旦开始，便很难停下来了。让纽金特和亲戚们来到加勒比地区的时代际遇，既呼应也反照出迫使他们全家人在她的少女时代远走英国的那些事件。因为一场战争而丧失所有、背井离乡的家庭，此刻正在另一场战争中担任公务人员，努力收复自己的财产，孩子们正在弥补父辈的损失。与伊丽莎白·约翰斯顿的例子对照来看，纽金特在牙买加的时光也能部分反映出该岛在效忠派难民地图上的位置。该殖民地或许在长期的帝国事业中是个相对诱人且（暂时）有利可图的边疆哨所，这也是纽金特和她的亲戚们来到这里的原因。然而像约翰斯顿这样本打算在牙买加长期定居的效忠派难民，要想收复失去的财富却需要付出更多的努力。他们想在这里重建的是一个家。就这一点而言，牙买加充其量也只是个靠不住的替代品。

纽金特首次到达金斯敦之后不到六个月，伊丽莎白·约翰斯顿再次在牙买加登陆了，因为听到丈夫生病的消息，她又从爱丁堡赶来。她在苏格兰的那些年一直为两个最大的孩子安德鲁和凯瑟琳焦虑，她在他们还未到青春期的童稚时期就离开了他们，却在他们任性倔强的青春期回到他们身边，那是18世纪风格的青春期。15岁的安德鲁英俊而充满魅力，被哄骗着学了医，但和他那位热爱赌博的父亲一样，很快就找到了其他爱好（比如他有很好的滑冰天赋），让父母长期为他忧心烦恼。14岁的凯瑟琳则养成了一种"狂野轻佻的"性情——用她母亲的话说，那是无节制地去图书馆借书，喜欢上不合适的小说造成的。"她一听说我来了爱丁堡，就把我想象成浪漫小说中的女主人公。"约翰斯顿说。但现实可没有那么美好，在关键的成长期分开的这对母女再也未能建立起成功的成年关系。[91]

1802 年回到他们位于哈夫韦树的家中之后，约翰斯顿又开始了新一轮在牙买加的煎熬，疾病和更多的分离困扰着这一家人。[92] 仅此一次，约翰斯顿一家人在 1805 年 12 月团聚了，浪子安德鲁——此刻他和父亲一样成了在牙买加执业的医生——在执业期间请假来探亲。这次探望标志着父母与他们不负责任的孩子之间的和解，孩子似乎终于长成了一个负责任的大人。然而就在他去哈夫韦树的路上，安德鲁觉得头痛欲裂，便留在金斯敦恢复。他的身体非但没有恢复，反而病得更重了，不久他就开始呕吐黑色物：那是黄热病末期的致命征兆。他等死的地方距离父母的住所很近，但安德鲁"无法忍受看到我们难过，祈求我们不要来"。一周之后他就死了。约翰斯顿说，"我的痛苦根本无法描述"。他生前一直令他们失望，死后却在他们的心上刻下了永远无法治愈的伤痕。[93] 更糟的是，安德鲁的死让凯瑟琳陷入了严重的"精神疾病"。用重剂量的鸦片酊治疗之后，她开始出现幻觉——都跟牙买加那些陌生的危险有关——"什么奴隶起义了，他们把房子烧了，她睡的床着火了。"[94]

这个地方杀死了约翰斯顿还在襁褓中的女儿和她的长子；还把她的长女逼到了疯狂边缘。她本人把自己在牙买加的苦难理解为神的考验，祈祷自己能一路向前。（除了健康考虑之外，还发生过什么其他事情导致她和威廉频频决定分开吗？约翰斯顿的单方面记录让我们无法获悉这一点。）从现代心理学的角度来说，我们更容易把这家人不间断的挣扎看作是创伤会跨代际产生影响的一个实例。美国革命开始之时，约翰斯顿还是个孩子，基本上因为父亲是效忠派而自动变成了效忠派。如今，约翰斯顿持效忠立场的后果会以不断重复的分离和迁徙的方式为他们孩子们的生活带去长久的阴影。安德鲁和凯瑟琳不过是在美国革命期间分别出生于英军占领的萨凡纳和查尔斯顿而已，除此之外与革命没有任何关系。然而流离失所的影响——由父母之外的人养大、挣扎着要与被调往大西洋各地的核心家庭建立联系——在他们的身上留下的印记看似至少跟他们的父母一样深刻，也一样悲凉。

约翰斯顿夫妇因为职业机会而迁居牙买加，跟纽金特和鲁宾逊家人在大英帝国领地四处迁徙的原因是一样的。然而在牙买加的那些年让伊丽莎白·约翰斯顿几乎患上了离去强迫症，造就了一种似乎不受人力控制的离散循环。于是，1806 年春季的一天，威廉·约翰斯顿在金斯敦码头踱步，寻找一条船，以便再次把他的家人带离这座时运不济的岛屿。随着 1780 年代的贸易禁令大半解除，海港又停满了准备开往纽约的船只。[95] 纽约位处北方，没有疾病，又很容易到达（更不要说他本人很熟悉那个地方），似乎是威廉的一个很合适的目的地。他开始寻找有空位的船舱时，遇到了一位朋友。"啊医生，"他的朋友一听他的计划就惊呼道，"我很奇怪您这样一位效忠派臣民怎么不想把家人送到某个英国外省去？"提到效忠派，显然触到了威廉的心弦，因为他随即便为家人预订了前往哈利法克斯的船。"送我们去新斯科舍！"伊丽莎白在他带回家这个消息时尖叫道。"怎么，让我们冻死吗？要不干脆送我们去［巴芬湾的］新地岛（Nova Zembla）或格陵兰岛好了！"[96] 或许她还记得早在 1784 年整个圣奥古斯丁流传的关于那个地方的惨淡报道。但她没有想到的是，此时，新斯科舍已经变成了许多效忠派同胞的家园，也将成为她最后一个也最为宜居的目的地。

当约翰斯顿一家人开启下一段航程时，牙买加的大部分效忠派难民要么迁居他处，要么已经埋没在历史的故纸堆里了。一群旧日的沼泽地支持者（包括一位拉克伦·麦吉利夫雷，是克里克酋长亚历山大的堂弟）深入到中美洲的森林，在如今的伯利兹开拓殖民地去了。[97] 其他人搬到了英属美洲的其他地方，据说有些人去了美国；当然，还有很多人死了。效忠派没有在牙买加找到自己的避风港，部分原因是此地固有的障碍，如缺少可用的土地，部分原因则是他们在一个更大的克利奥尔人社会中始终处于边缘地位，后者对他们始终保有戒心，不可能全心接纳。效忠派的故事也映照出牙买加在大英帝国地位的重要变化。在美国革命和海地革命两次动荡之后，种植园主的经济利润和政治势力都大不如前了。1807 年，也就是威尔伯福斯等人发动激情四溢的运动三十年后，英国废除了奴隶贸易，首都的地位明显超过了克利奥尔人的利益。西印度群岛游说惨败的原因不光是由于首都人的道义准则，它也日益被帝国其他地点的光芒盖住了。美国革命之前，牙买加是大英帝国的经济发动机。到一代人之后的法国战争结束时，经济发动机的地位已经让给了印度。

然而，虽然身为自由黑人和浸礼会教徒让他遭遇了双重迫害，但乔治·利勒还是留在了牙买加。即便他曾经动过离开的念头，乘船前往英国或北美的费用大概也会让他望而却步。在牙买加，宣讲福音的工作困难重重，却有很多人在做，也是十分必要的；此外，他的兄弟们已经在西大西洋的其他各地建起了教会。或许从他们发来的关于教会建设的乐观汇报的字里行间，利勒知道无论他去哪里，一个黑人效忠派的前进道路都同样艰难。利勒在新斯科舍的同名者戴维·乔治多半也会有一肚子的苦难故事。的确，对戴维·乔治和他的追随者们而言，虽与利勒不同，但到 1790 年代，在英属北美，身为自由黑人的生活压力也已经变得让人难以承受了。因此，当另一片土地的希望向他们招手时，他们已经准备好再次出走，奔赴新的未知。

自由的流亡者

1　Maria Nugent, *Lady Nugent's Journal of Her Residence in Jamaica from 1801 to 1805*, ed. Philip Wright（Kingston：Institute of Jamaica，1966），p.10.

2　William Beckford, *A Descriptive Account of the Island of Jamaica*, 2 vols.（London，1790），I，pp.21–22，80；II，p.401. 不 要 把 这 位 William Beckford（1744–1799）与 威 廉·托 马 斯·贝 克 福 德（1760~1844）混淆了，后者是牙买加最大的缺席地主之一、Fonthill Abbey 的建造者、哥特式小说 *Vathek* 的作者 Alderman William Beckford（1709–1770）的儿子。历史学家贝克福德是 Alderman Beckford 的侄子，他因欠债被关押在弗利特（Fleet）监狱期间写下了自己的 *Descriptive Account*。

3　Bryan Edwards 解释说，"整个景观……绝美异常，语言本身（起码是我能选择的语言）根本无力表现"。Bryan Edwards, *The History Civil and Commercial of the British Colonies in the West Indies*, 2 vols.（London，1793），I，pp.180–183.

4　Louisa Susannah Wells, *The Journal of a Voyage from Charlestown to London*（New York：Arno Press，1968［1906］），pp.48，111–112.

5　尤见 Alexander X. Byrd, *Captives and Voyagers：Black Migrants Across the Eighteenth-Century British Atlantic World*（Baton Rouge：Louisiana State University Press，2009）。

6　关于艾克曼的职业发展，见 Frank Cundall, "The Early Press and Printers in Jamaica," *Proceedings of the American Antiquarian Society* 26（April-October 1916）：290–354。

7　Richard S. Dunn, *Sugar and Slaves：The Rise of the Planter Class in the English West Indies*，*1624–1713*（Chapel Hill：University of North Carolina Press，1972），pp.149–187. Edward Ward, *A Trip to Jamaica with a True Character of the People of the Island*（London，1700），pp.13，16.

8　Sidney W. Mintz, *Sweetness and Power：The Place of Sugar in Modern History*（New York：Penguin，1985），pp.39，67.

9　Beckford, I, pp.50–51.

10　Trevor Burnard, *Mastery, Tyranny, and Desire：Thomas Thistlewood and his Slaves in the Anglo-Jamaican World*（Chapel Hill：University of North Carolina Press，2004），pp.13–16.

11　Mintz, pp.46–52.

12　J. R. Ward, "The British West Indies, 1748–1815," in P.J. Marshall, ed., *The Oxford History of the British Empire*, vol.2, *The Eighteenth Century*（Oxford：Oxford University Press，1998），p.433. 不过巴巴多斯的白人人口更多，也更安定，奴隶与白人的比例大约维持在 4∶1。

13　Burnard, p.156；Douglas Hall, *In Miserable Slavery：Thomas Thistlewood in Jamaica*，*1750–1786*（London：MacMillan，1989），p.72.

14　Burnard, pp.150-151; Vincent Brown, *The Reaper's Garden: Death and Power in the World of Atlantic Slavery* ( Cambridge, Mass.: Harvard University Press, 2008 ), pp.140-141.

15　Edwards, I, p.230.

16　Burnard, pp.16-18.

17　引自 Brown, p.13. Burnard, p.16。

18　Edwards, I, p.227.

19　Kamau Brathwaite, *The Development of Creole Society in Jamaica, 1770-1820* ( Oxford: Clarendon Press, 1971 ), p.86; Lowell Ragatz, *The Fall of the Planter Class in the British Caribbean, 1763-1833: A Study in Social and Economic History* [ New York: Octagon Books, 1963 ( 1928 )], pp.180-182, 189-190. Brown 提到奴隶死亡率的估计数字较高，让种植园主很方便解释奴隶人口何以下降（p.184）。

20　Beckford, I, pp.103-104.

21　R. R. Palmer, *The Age of the Democratic Revolution: A Political History of Europe and America, 1760-1800*, 2 vols. ( Princeton, N. J.: Princeton University Press, 1959-1964 ).

22　感谢 Josiah Osgood 对该碑文的分析。

23　关于这一话题的全面讨论，见 Andrew Jackson O'Shaughnessy, *An Empire Divided: The American Revolution and the British Caribbean* ( Philadelphia: University of Pennsylvania Press, 2000 )。

24　O'Shaughnessy, pp.151-154.

25　"Memoir Relative to the Island of Jamaica by Major General Archibald Campbell," 1782, NLJ: MS 16.

26　O'Shaughnessy, pp.232-237.

27　Frank Cundall, "Sculpture in Jamaica," *Art Journal* ( March 1907 ): 65-70. 关于英国的纪念活动，见 Holger Hoock, *Empires of the Imagination: Politics, War, and the Arts in the British World, 1750-1850* ( London: Profile Books, 2010 ), pp.67-71。

28　O'Shaughnessy, pp.217-232; Ragatz, pp.160-163.

29　Beckford 估计 1790 年的人口为 8000 个白人，1500 个自由有色人种人和 14000 个奴隶（Beckford, I, p.xxii）。一份由金斯敦教区祭衣室委托调查的报告指出，金斯敦的人口为 6539 个白人，2690 个自由有色人种人（归类为"棕色人种"），590 个自由黑人及 16659 个奴隶。Kingston Vestry Minutes, February 28, 1788, NAJ: 2/6/6.（Edwards, I, p.213 也引用了这些数字。）两套数字的署期当然都是效忠派涌入之后。Edward Long 估计金斯敦的人口为 5000 个白人、1200 个自由黑人和有色人种人，5000 个奴隶（见 Edward Long, *The History of Jamaica. Or, General Survey of the Antient and Modern State of That Island* … 3 vols. [ London: T. Lowndes, 1774 ], II, p.103 )。

30　Long, II, pp.102-118.

31　Kingston Vestry Minutes, November 5, 1784, NAJ: 2/6/6, f.118.

32　引自 Michael John Prokopow, "'To the Torrid Zones': The Fortunes and Misfortunes of American Loyalists in the Anglo-Caribbean Basin,

千虚鸟有的避难天堂

1774-1801" (Ph. D. dissertation, Harvard University, 1996), p.29。

33　下议院日志，1783 年 2 月 11~14 日，NAJ：1B/5/1/31。

34　下议院日志，1783 年 12 月 2 日，NAJ：1B/5/1/32。

35　见 "A List of Loyalists in Jamaica," NLJ: MS 1841. Prokopow 详细分析了籍贯，pp.32-33。

36　"A List of Loyalists in Jamaica," NLJ: MS 1841, pp.9, 16, 24-25, 27, 31-32, 34.

37　"A List of Loyalists in Jamaica," NLJ: MS 1841, pp.9-10, 14, 17, 25, 35, 40-41.

38　Kingston Vestry Minutes, March 11, 1783, NAJ: 2/6/6, f.65; Kingston Vestry Minutes, October 11, 1784, NAJ: 2/6/6, f.116.

39　Kingston Vestry Minutes, November 5, 1784, NAJ: 2/6/6, f.118.

40　Kingston Vestry Minutes, November 28, 1785, NAJ: 2/6/6, ff.156-157.

41　Ragatz, pp.190-191.

42　最著名的提出这一论断的人是 Lowell Ragatz and Eric Williams, *Capitalism and Slavery* (Chapel Hill: University of North Carolina Press, 1944)。Williams 近期又对该观点进行了修正，同样强调海地革命是种植园主衰落的一个原因: David Beck Ryden, *West Indian Slavery and British Abolition, 1783-1807* (Cambridge, U. K.: Cambridge University Press, 2009)，esp.chapter 9。关于那场战争对一个大种植园主家庭的影响，见 Michael Craton and James Walvin, *A Jamaican Plantation: The History of Worthy Park, 1670-1970* (London: W. H. Allen, 1970), pp.154-179。

43　1783 年的请愿书引自 Prokopow, p.36。又见 *To the King's Most Excellent Majesty in Council, the Humble Memorial and Petition of the Council and Assembly of Jamaica* (Kingston, 1784)。

44　引自 Prokopow, p.61。

45　Prokopow, p.69.

46　牙买加的效忠派致卡尔顿的请愿书，1783 年 4 月 8 日，NYPL: Carleton Papers, Box 31, no.7357。

47　Brown, pp.21-22. 西蒙·泰勒的庄园 Prospect Park 后来被亚历山大·艾克曼购得，如今是牙买加总督府邸 (Cundall, "Early Press," p.310)。

48　西蒙·泰勒致 Chaloner Arcedeckne, 1782 年 9 月 9 日，Cambridge University Library: Vanneck Papers, 3A/1782/36。感谢 Vince Brown 引用了泰勒的信件。

49　泰勒致 Arcedeckne, 1787 年 9 月 3 日，Cambridge University Library: Vanneck Papers, 3A/1787/14。"吃土" 是在西印度群岛的奴隶们中间广泛流传的做法，虽然很少有人理解他们为什么这么做。Taylor 等 18 世纪的观察家认为这是个堕落的主动行为；近期的医学见解（虽然尚未达成一致）指出这可能是矿物质缺乏的症状。Sheridan, pp.216-219。

50　一个大西洋奴隶贸易数据的可查询数据库见 http://www.slavevoyages. org/tast/index.faces, 2009 年 12 月 26 日访问。

51 Prokopow, pp.62-63. 在从萨凡纳运出的 102 人中，有 30 个新生儿，但只有 77 人活到了 1786 年被售，其中又只有 25 人被认为可以在查尔斯顿出售。Leland J. Bellot, *William Knox: The Life and Thought of an Eighteenth-Century Imperialist* ( Austin: University of Texas Press, 1977 ), pp.198-199.

52 Long, II, p.189.

53 1784 年 11 月 13 日 的 诉 讼, *Journals of the Assembly of Jamaica* ( Kingston: Alexander Aikman, 1804 ), VIII, p.22。

54 1784 年 12 月 21 日的诉讼, *Journals of the Assembly of Jamaica*, VIII, pp.82-83。关于该计划最完整的阐述见 Prokopow, pp.65-100。"青蛙"作为俚语长期以来一直被用来指代"荷兰人"，以及耶稣会会士和法国人。

55 Prokopow, pp.87-88。关 于 弗 罗 格，见 "A List of Loyalists in Jamaica," NLJ: MS 1841, p.12。他至少成功收到了部分官方救济，1787 年还受托为金斯敦镇卫队提供军服（Kingston Vestry Minutes, June 28, 1787, NAJ: 2/6/6）。

56 "Return of Persons who Emigrated from East Florida to different parts of the British Dominions," signed by William Brown, May 2, 1786, NA: CO 5/561, f.407. 来自佛罗里达的人中至少有 50 个白人和 200 个黑人于 1784 年夏天途经牙买加去了蚊子海岸: Alured Clarke to Sydney, August 15, 1784, NA: CO 137/84, f.157。

57 "Extract of a Letter from Governor Orde, to the Right Honble Lord Sydney, dated Dominica Novr.25th 1784," NA: T1/610, f.192.

58 Boyd Alexander, *England's Wealthiest Son: A Study of William Beckford* ( London: Centaur Press, 1962 ), pp.210-215. 贝克福德后来起诉怀尔德曼兄弟，希望收回位于玛丽亚港附近的魁北克的种植园。Alexander 提到詹姆斯·怀尔德曼的"信件和笔迹显示，他几乎是个文盲，无法用文字表达"。1794 年返回英格兰时，怀尔德曼用他的钱买下了肯特郡的齐勒姆城堡（Chilham Castle）。

59 Allan Karras, *Sojourners in the Sun: Scottish Migrants in Jamaica and the Chesapeake, 1740-1800* ( Ithaca, N. Y.: Cornell University Press, 1992 ), pp.55-56.

60 Brown, pp.181-190; Sheridan, chapters 7-8, passim. 关于牙买加的改善努力，见 Christa Breault Dierksheide, "The Amelioration of Slavery in the Anglo-American Imagination, 1770-1840" ( Ph. D. dissertation, University of Virginia, 2009 ), chapters 5-6。

61 Sheridan, pp.46-47, 83-95, 192, 295-312. 又 见 Craton and Walvin, pp.125-34。

62 Sheridan, pp.9-11; Elizabeth Lichtenstein Johnston, *Recollections of a Georgia Loyalist* ( New York: M. F.Mansfield and Company, 1901 ), pp.82-83. 约翰斯顿医生的前老师 Benjamin Rush 同年在费城使用两种治疗方法治疗黄热病而闻名，但收效甚微。

63 Sheridan, pp.250-263. 十年后，玛丽亚·纽金特的女儿在西班牙镇被从"一个漂亮的混血小姑娘"的胳臂接种疫苗，使用的就是詹纳医生更

　　　安全的牛痘病毒疫苗法（p.177）。

64　Johnston, pp.84–85.

65　Johnston, pp.85, 89, 105. 约翰斯顿并没有详细解释凯瑟琳离开的细节。凯瑟琳于 1785 年和母亲一起来到牙买加（p.80），但伊丽莎白后来哀叹说刘易斯·约翰斯顿"把她从我身边夺走了，认为她能在爱丁堡获得更多对她有利的东西"。那时凯瑟琳 10 岁，也就是说那是 1792~1793 年的事（p.105）。

66　Johnston, p.90.

67　Johnston, pp.85–86.

68　关于战后牙买加的复兴，见 Sylvia R. Frey and Betty Wood, *Come Shouting to Zion: African American Protestantism in the American South and British Caribbean to 1830* ( Chapel Hill: University of North Carolina Press, 1998 ), chapter 5; Brown, chapter 6; Mary Turner, *Slaves and Missionaries: The Disintegration of Jamaican Slave Society, 1787–1834* ( Chicago: University of Illinois Press, 1998 ), chapter 1。

69　"An Account of several Baptist Churches, consisting chiefly of Negro Slaves: particularly of one at Kingston, in Jamaica; and another at Savannah in Georgia," in "Letters Showing the Rise and Progress of the Early Negro Churches of Georgia and the West Indies," *Journal of Negro History 1*, no.1 ( 1916 ): 71. 这和利勒的其他信件均首次出现在 *Baptist Annual Register of 1790–1793*。

70　引语出自 "An Account of several Baptist Churches," 以及乔治·利勒 致 John Rippon, 1792 年 5 月 18 日, in "Letters Showing the Rise," pp.71–73, 81. 又见 Cox, II, p.13. John W. Pulis, "Bridging Troubled Waters: Moses Baker, George Liele, and the African American Diaspora to Jamaica," in John W. Pulis, ed., *Moving On: Black Loyalists in the Afro-Atlantic World* ( New York: Garland Publishing, 2002 ), pp.183–222。

71　"An Account of several Baptist Churches," in "Letters Showing the Rise," pp.73–74. 关于作为领袖和机构建设者的利勒，见 Frey and Wood, pp.115–117。

72　"An Account of several Baptist Churches," in "Letters Showing the Rise," p.71.

73　Stephen Cooke 致 Rippon, 1791 年 11 月 26 日, in "Letters Showing the Rise," pp.75–76。

74　Julius Sherrard Scott III, "The Common Wind: Currents of Afro-American Communication in the Era of the Haitian Revolution" ( Ph. D. dissertation, Duke University, 1986 ), pp.209–212.

75　Scott, pp.213–214.

76　Scott, pp.51–58.

77　Scott, pp.182–183.

78　R. C. Dallas, *The History of the Maroons*, 2 vols. ( London, 1803 ); John N. Grant, *The Maroons in Nova Scotia* ( Halifax, N. S.: Formac, 2002 ); Brathwaite, pp.248–251.

79 Scott, p.231. Anna Maria Falconbridge 的丈夫是一位废奴主义者，参与过塞拉利昂殖民计划，不久后到达金斯敦，说他看到威尔伯福斯"被比作这样一个煽动分子"让"我十分痛心"。A. M. Falconbridge, *Narrative of Two Voyages to the River Sierra Leone during the Years 1791-1792-1793*, 2nd ed. ( London: L. I. Higham, 1802 ), pp.234-235.

80 Francis Augustus Cox, *History of the Baptist Missionary Society, from 1792 to 1842*, 2 vols. ( London: T. Ward and Co., and G. J. Dyer, 1842 ), II, pp.13-15; Brathwaite, p.253.

81 Brathwaite, p.255.

82 Clement Gayle, *George Liele: Pioneer Missionary to Jamaica*( Kingston: Jamaica Baptist Union, 1982 ), p.19.

83 关于牙买加种植园实施的专制，见 Byrd, pp.78-85。

84 Thomas Coke, *A History of the West Indies*, 3 vols. ( Liverpool: Nutter, Fishall, and Dixon, 1808 ), I, p.445; Frey and Wood, p.136.

85 Thomas Nicholas Swigle 致 [ John Rippon ],1802 年 5 月 1 日，"Letters Showing the Rise," pp.88-89。

86 关于 19 世纪牙买加浸礼会的历史，尤见 Catherine Hall, *Civilising Subjects: Colony and Metropole in the English Imagination, 1830-1867* ( Chicago: University of Chicago Press, 2002 )。

87 Nugent, *Lady Nugent's Journal*, pp.1, 10-11, 253.

88 Nugent, p.184.

89 1803 年 10 月，纽金特写道"约翰斯顿夫人和几位小姐出席了今天的晚宴"，但没有提及名字。( Nugent, p.179. )

90 Nugent, p.23.

91 Johnston, pp.91-95, 105-107.

92 Johnston, p.107.

93 Johnston, pp.96-97.

94 Johnston, p.108.

95 关于这一时期美国与加勒比地区的商业，见 Michelle Craig MacDonald, "From Cultivation to Cup: Caribbean Coffee and the North American Economy, 1765-1805" ( Ph. D. dissertation, University of Michigan, 2005 ), chapter 5。

96 Johnston, pp.110-111.

97 关于伯利兹的效忠派，尤见 St. John Robinson 的著作，"Southern Loyalists in the Caribbean and Central America," *South Carolina Historical Magazine* 93, no.3-4 ( July-October 1992 ): 205-20; 以及 Prokopow, section III。

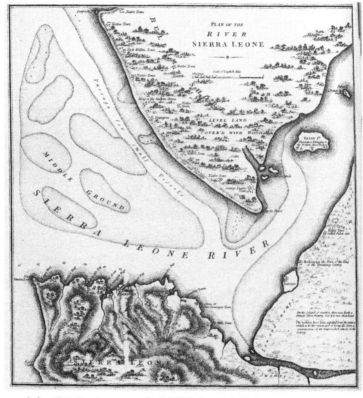

威廉·道斯（William Dawes）:《塞拉利昂河平面图》(*Plan of the River Sierra Leone*，1803）。

## 第九章  应许之地

　　戴维·乔治于 1790 年乘坐一架木雪橇回到了谢尔本，那是他的"兄弟们"为他制作的，他们推着雪橇上的他穿过融雪，因为他的双腿严重冻伤，几乎没有感觉了。自从乔治在 1784 年的大动乱中被逐出该城之后，六年过去了。他在伯奇敦潜伏了五个月后，曾靠着一把粗木锯穿过两个定居点之间冰阻的河流，冒险返回谢尔本。他发现自己的住处被砸，谢尔本礼拜堂被"一个客栈老板模样的人占了，还说，'那个老黑想把这里变成天堂，而我要把这里变成地狱'。"然而乔治凭借着一腔热血和神的好意，从这位邪恶的住户那里夺回了自己的教堂，在谢尔本重建"宗教的重大复兴"。[1]

　　随着这一令人振奋的黑人牧师的口碑逐渐传播开来，乔治决定把神的言语传播到更远的地方。他来到了新不伦瑞克的圣约翰，在那里为黑人效忠派施洗，一群白人和黑人在一旁看得入了迷。然而某些城市居民看到这样的场景却十分不快，坚称他应该去托马斯·卡尔顿总督那里申请到牧师执照，方可布道。乔治于是出发去弗雷德里克顿申请执照。全靠一位他在查尔斯顿认识的白人效忠派的帮助，他终于得到了证书，给予他"来自总督阁下的许可，向黑人传播基督教的宗教知识，并规劝他们信仰基督教"。总督本人也请人带话，说很遗憾自己太忙，无法观看乔治在弗雷德里克顿为人施洗。接下来的那一次，乔治在圣约翰布道时，"我们出发前往河边似乎成了让整个城市欢欣鼓舞的景象"。他的某些新的皈依者看到他回来时"欢天喜地"，以至于"他们在伺候主人用餐时跑了出来，手里还拿着刀叉呢，就跟着我来到了河边"。乔治在整个新不伦瑞克、在新斯科舍的海岸边布道和施洗，为建立新的教会播下了种子。[2]

在那些匮乏和调整的艰难时日，乔治宣讲的教义一定给他的皈依者们带去了难得的希望之光。在难民们仍挣扎于战争的动荡后果时，他在他们中间成功地建起了教会，与乔治·利勒在牙买加的经历极其相似。当然，也有各路人等企图限制和骚扰他，这表明即使这里与西印度群岛远隔千里，白人效忠派对敢于发声的黑人极其有可能引发骚乱的教义仍深感不安。当然，黑人在英属北美的生活环境与牙买加被奴役的黑人大众相比可谓天上地下。乔治的大多数教区居民都是黑人效忠派，是官方赋予自由的人，而且在他们居住的省份，拥有奴隶是合法的，却远不如西印度群岛那样普遍。即便如此，新斯科舍和新不伦瑞克黑人效忠派的生活条件跟他们的白人效忠派邻居相比也很是悲惨。政府承诺给他们的土地一拖再拖，他们的独立受到限制，很多黑人的不满日积月累，已经在考虑新的迁徙了，戴维·乔治也即将在其中扮演重要的角色。

数千效忠派都在埋怨在滨海诸省分得土地的过程太过冗长繁复，但其中 3000 人左右的黑人效忠派是最有理由抱怨的。他们被告知能够以和白人效忠派一样的条件获得土地，但事实上他们分得的土地无不是地块更小、地段更糟、耽搁时间更长。黑人们也毫不犹豫地拿起了英国人最爱用的武器：请愿，来提请有关方面注意他们的境遇。到达新斯科舍之后不久，"黑人拓荒者军团"的两位前军士便向帕尔总督提出请愿，请他践行克林顿将军的承诺，黑人应获得"和其他复原士兵一样的土地和物资"。其中一位军士名叫托马斯·彼得斯，他后来为改善黑人同胞的境遇采取了一系列引人注目的举措，这是其中的第一个。到帕尔指示测绘员们寻找好一点儿的地段分给"黑人拓荒者"老兵时，另一个冬天的雪已经越积越高，根本不可能按照帕尔的命令规划他们理当拥有的那些 20

英亩农田地块了。测绘员们慌忙划出了每个面积只有一英亩的城市地块给黑人，就此作罢。这是个相对典型的分配比例；在最好的情况下，在每个白人能得到100~400英亩地块的地段，一个黑人也只能获得50英亩的地块。比起此前身为奴隶的境遇，黑人效忠派们还能乐观地认为生活到底还是改善了，然而即便与周围条件最差的白人效忠派相比，他们大概也只能算是勉强过活。彼得斯本人放弃了在新斯科舍求得好地块的努力，他穿过芬迪湾，希望能在新不伦瑞克扭转局面。[3]

由于他们大半既没有土地也没有财产，黑人效忠派不得不另想办法维持自己在英属北美的生活。那些从主人的餐桌旁跑出来接受戴维·乔治洗礼的黑人们就属于被雇佣为家丁的难民，他们人数众多。在谢尔本，测绘员本杰明·马斯顿雇了很多黑人来建造临时工房和其他公共建筑物。其他人则雇有手艺的黑人做桶匠、铁匠和锯木工等；他们扫烟囱，剃头发，制做船帆、绳子和鞋子。伯奇敦的早期殖民者之一波士顿·金就靠做木匠勉强维生，先是受托打造木箱子和捕鲑鱼的渔船，后来总算找到了更稳定的工作，给人盖房子，每月的薪水是2英镑和几桶腌鱼。金的生活绝对算不上安逸，但"看到我的很多黑人兄弟们那时的悲惨生活，他们不得不把自己出卖给商人，有些一卖就是两三年；还有人卖身五六年"。[4]他觉得自己的运气还算不错。这些自由黑人的困境中有一个可悲的事实，那就是这些前奴隶中有许多人从未为自己的劳动获得过报酬，或者很少能够奢侈地支配自己的时间，很快就回到了被白人主人暂时奴役的状态。

虽然契约劳役与奴隶制有着重大差别——其中很重要的一点就是契约劳役有时间限制，但新斯科舍和新不伦瑞克的黑人效忠派契约奴仆与黑人奴隶一同劳动，那种文化环境很容易将两者混淆，尤其是对于由白人带入滨海诸省的大约 1200 个奴隶，英国官方使用的标签是"仆人"这个委婉语。（用这个词也是为了避免就被盗奴隶财产之事与美国争执不休。）[5] 对自由黑人劳工的虐待很快便多了起来。雇主们通常不会按约付给他们薪水；在少数情况下，黑人被哄骗签署的劳动契约远比他们预想的时间长得多。白人们把黑人的孩子养在自己家里，"当父母们想要回自己的孩子时，他们得到的答案是——'过去这几年你的孩子都是我抚养的，你该为此付给我每个月一元钱，否则我就要留着他，直到他能自己挣钱还清欠我的债务为止。'"[6] 黑人们还要忍受始终存在的再度为奴的威胁。有些黑人效忠派干脆被抓住并卖到实行奴隶制的美国或加勒比地区，遭受了对自由最为明目张胆的践踏。[7]

1788 年，一位白人访客来到伯奇敦，他被看到的景象吓呆了，说"此地的恶劣程度实在罄竹难书，在新斯科舍无情的酷寒中，他们的茅屋是那么单薄……我想我从未见过有任何人类过着像这些可怜的流亡者这般悲惨和贫穷的生活"。[8] 到此时，他们在战后获得自由已经有五六年了，黑人效忠派们一定也被生活本身折磨得筋疲力尽。就连精力充沛的戴维·乔治也几乎被新斯科舍的冷漠敌意打倒。他结束了又一次全省巡回讲道后，在返家途中，他的船被风吹得偏离了航向，把他带到了数年前本杰明·马斯顿遭遇船难的地方。他在翻腾的海水中漂流，觉得自己裸露在外的双腿被寒冷一点点噬咬着，它们变成了白色，后来又变成了紫色，起初激烈地疼痛，渐渐地什么感觉也没有了。他不知道自己还能不能再用这双腿走路了。当他在1790年的那天瘸着腿走下木雪橇，回到自己的谢尔本教堂时，全靠教区居民们搀扶着，只能祈求自己的冻疮到春天能够好转。

虽说英国人当年给黑人效忠派的承诺都是真诚和善意的，但到1790年，显然他们的实际境遇与希望相差甚远，令人难过——那是效忠派难民在整个大英帝国的遭遇中最触目惊心的例子，也是最残酷的比照。有些人在戴维·乔治那情感丰沛的讲道中获得了精神安慰，还有些人在盲人"摩西老爹"威尔金森和波士顿·金等流动卫理公会劝世的话语中找到了些许慰藉。然而英属北美的黑人效忠派能否同样得到现世的抚慰呢？前军士托马斯·彼得斯将努力为这个问题寻找答案。

1790年50岁左右的彼得斯是个约鲁巴族人，来自现今的尼日利亚，于1762年被带到美国卖为奴隶。早年为奴期间他曾几次试图逃跑，因此当英国人1776年出现在北卡罗来纳的威尔明顿附近，承诺给爱国者名下的奴隶以自由时，他和家人很快就响应了。整个战争期间他都在"黑人拓荒者"军团服役。战后，他逐渐成为英属北美的黑人效忠派最执着的代言人，坚持不懈地为他们请愿。虽然他几乎连自己的名字也不会写，但彼得斯经常在新斯科舍和新不伦瑞克提交请愿书，请求有关方面尊重黑人效忠派的权利。到1790年，因为殖民地官员们无视他的请求，他也越来越绝望了。他开始考虑越过他们，直接向英国的高级官员递交诉状（就像约瑟夫·布兰特等因这一做法而获利的人那样）。后来就有人把无意中听到的一段对话传达给了他。

那段对话来自一张新斯科舍的餐桌，或许属于那一类因为能说会道而攫取了城中最好的土地地块、很快盖起一座漂亮庄园的成功效忠派，是能花钱雇得起黑人难民在桌前伺候的白人效忠派之一。就在这张桌子边缘，站着一位黑人侍者，他默不作声地端菜撤盘时，忽然听到有人提到一个熟悉的名字：废奴主义者格兰维尔·夏普。他的耳朵竖了起来。夏普曾在1772年那个事实上在英格兰终结了奴隶制的法律案例中起到了重要作用，因而在非裔英国人的世界中闻名遐迩。这位侍者接下来听到的话更让他心生向往。晚餐宾客们说夏普正在支持一个让自由黑人在非洲塞拉利昂海岸殖民的计划。黑人们将在一个自由政府的管理下拥有土地和自由，并向全世界证明，一个没有奴隶的非洲殖民地也可以成为英国的商业合作伙伴，为它创造价值，一点儿也不亚于夏普深恶痛绝的非洲奴隶贸易站。有些黑人殖民者已经在英国政府的资助下，出发前往塞拉利昂了。9

虽然听起来有些古怪，但这当然是真的。格兰维尔·夏普此刻正在负责一项由伦敦的穷苦黑人救济委员会发起的、在塞拉利昂建立一个自由黑人殖民地的计划。如今在北美听说了这一项目，无疑更加促使彼得斯下定决心亲自向英国最高官员递交自己的下一份请愿书。新不伦瑞克的100个黑人家庭和新斯科舍的另外100个人委托他（他如是说）前往英国，"诉说他们的不幸遭遇……希望他能为他自己和受苦受难的同胞们获得一片国土，以便他们在那里建成一个适宜的定居点"。其中有些人希望在北美分得土地；其他人则"随时乐意作为大英帝国的自由臣民，前往政府凭借其智慧认为适合提供给他们的任何地方"。10 他们或许没有在新斯科舍获得被承诺的土地，但这片远在非洲的自由的应许之地听起来是个不容错过的良机。1790 年秋，托马斯·彼得斯带着自己的请愿书从新斯科舍乘船前往伦敦，想看看英属北美的黑人效忠派能否加入塞拉利昂殖民项目。[11]

彼得斯的行动后来成就了效忠派大出走中最后一个也是影响最为深远的分支：英属北美的黑人效忠派第二次集体迁徙，目的地是西非。从头到尾，塞拉利昂项目都重演了曾出现在历次效忠派殖民中的所有场景——这表明，即便这一表面上看来非同寻常的殖民项目，也不乏重要的前行和并行事件。然而尽管如此，还是存在一些关键的背景差异，使得塞拉利昂的具体情形成为尤其生动的案例，彰显了大英帝国的效忠派难民拥有怎样的可能性，又受到怎样的制约。塞拉利昂的殖民者们不仅试图在一个英国主要奴隶贸易站的阴影下伸张自由黑人的主权，他们还作为英国殖民势力的先遣部队深入了一个由原住民势力统治的地区。最重要的是，黑人效忠派不是在美国革命刚刚结束的 1780 年代出发前往非洲，而是在法国革命时期的 1790 年代。他们的殖民发生的背景是英法之间激烈的意识形态冲突。那些战争让英国的"1783 年精神"直接遭遇了更加激进和平等主义的共和制法国承诺——当然，在英国人眼中，它们对稳定的破坏力极大。这对塞拉利昂的黑人效忠派产生了重要的后续影响。它意味着当他们像此前英属北美和巴哈马群岛的难民一样，与自己的统治者们就权利和税收问题争吵不休时，他们的抗议有着爆发的潜力。这样一来，塞拉利昂的效忠派就变成了所有效忠派中最有可能对帝国权威发动革命的挑战者。

*

当然在 1790 年，托马斯·彼得斯无法预见到这一切。那个秋天他出发前往伦敦时，也还不知道那些已经到达塞拉利昂的黑人效忠派的遭遇：那 300 个左右在英国一无所有的黑人于 1786 年签约决定，在穷苦黑人救济委员会的庇护下前往非洲。

早在他们离开英格兰之前，这群倒霉的迁徙者就体验到了令人不快的麻烦先兆。虽然整个远征的组织非常高效，但最终出发的日期却因为一个又一个耽搁而拖后了四个月之久：行政管理上的延迟、乘船日期推后、天气不好、运气不好。移民们挤在狭小的船上，船上的条件比运囚船好不了多少。他们不得不靠着定量的盐腌食物维生，冬天来临也没有足够的衣物取暖。约有 50 人尚未出发就死于热病。远征项目的物资供应官、勤奋的前奴隶奥劳达·伊奎亚诺（Olaudah Equiano，他是第一个被国王任命担任这一职位的黑人）与另一位事务官之间爆发了内讧，伊奎亚诺指责后者剥削财政部拨款的资金。对该项目不利的诋毁文章出现在伦敦的报纸上，指控黑人在违背本人意愿的情况下被运走，谁也说不清他们是被运到监禁地还是被运回去重新为奴，但"如果可以，他们大概宁愿游回到岸上，在英国至少还能保命又能保住自由，而此番一旦出海，面对自身幸福的大敌，可就危险重重了"。[12] 与此同时，开往植物湾的第一批囚犯船队也准备出海了，又为格兰维尔·夏普的慈善项目增加了一重阻力。在一些人的心目中，一支船队中登船的囚犯与另一支船队中的所谓慈善救济对象之间没有什么差别。[13]

于是在四个月的等待和两个月的航行之后，当他们终于在 1787 年春看到了西非海岸那高耸的暗黑轮廓时，竟然对自己看到的景象十分满意。他们转进一个巨大海湾的入口，那里看上去像个弯曲的胳膊，继而又驶入了世界上最大的天然港之一。在他们的左边，白色的海滩环绕着布罗姆海滨（Bulom Shore）那些低矮的树林。右边，也就是他们打算建设自己的"自由之省"的地方，高山上不时有些宽大的山坳。15 世纪的葡萄牙探险家们第一次看到这些山峰时，他们觉得这些弓形的山顶形似一头平卧的雄狮，就给它取名"塞拉利阿（Serra Lyoa）"（意为"狮山"），并继续航程，划出了未来的大西洋奴隶贸易路线。1787年来到塞拉利昂的自由黑人殖民者成为第一批在那条人口贸易路线上全面逆行的非裔人群，那是现代史上

第一个"回到非洲"的项目。

殖民者们在一个名叫"法国人湾（Frenchman's Bay）"的小海湾登陆之后，便立即为其更名为宣扬爱国主义的"圣乔治湾（St. George's Bay）"，在灌木丛中开辟了一条小道，插上了一面英国国旗。第二天，一位当地的滕内人小头目（欧洲人称他为"汤姆王"）来与他们"闲谈"（非洲人表示"会面"的词），不久便签署了一个条约，将一片很大的土地赠予新殖民者。事实上该和约之所以能够签署，是因为欧洲人和非洲人关于土地所有权的理解有着令人难过的巨大差异，但撇去这个不谈，汤姆其人也不过是个下级统治者，根本无权签署这类协议。一年之后，殖民者们终于与汤姆的上级乃姆巴纳王（King Naimbana）签下了最终的赠地协议。在这部 1788 年的条约中，乃姆巴纳同意把土地割让给"最近刚从英格兰来到这里的……自由的殖民者群体"，承诺保护他们"免受一切国家或任何人的暴乱和袭击"，并把停泊在港口的船只支付的宝贵关税的一部分分给他们。作为回报，他收到了好几套绣花的衣服、一副望远镜和一只"仿制钻石戒指"，两块巨大的奶酪，以及常见的烟草、枪支和朗姆酒等贡品。[14]

然而到乃姆巴纳在这份文件上加盖自己的大印之时，殖民者中超过四分之一的人已经死去了。因为耽搁得太久，船队最终到达的日期正好赶上一年一度的雨季，大雨破坏了庄稼，把山坡冲刷成光滑的黏土坡，还生成了繁殖细菌和虫豸的死水塘。不幸的来客们在倾泻如注的暴雨中扎营，那个用帐篷搭建的聚居地被他们称为格兰维尔镇（Granville Town）。夏普给了他们一份《临时性规章概略》（名为"概略"，实际上有近 200 页的篇幅），详细说明了应该如何管理殖民地，精细到每天应该念诵哪些祈祷文，以及契约文书的具体用语。以盎格鲁－撒克逊社群政府的理想形式，即他所谓的"十家联保制"为模板，夏普设想了一个以"十户"和"百户"为组成单位的国家，十个家庭构成"十户"，十个十户构成"百户"；从这些构成单位中选出的代表（所谓"十户长"和"百户长"）将开会组建一个公共委员会，有点儿像新英格兰的镇民大会，组织劳动和国防。一个来自"博爱之城"费城的黑人效忠派正式当选为这一"像英格兰一样，没有谁是谁的奴隶的**自由国度**"的首任领袖。[15]

　　然而，考虑到在塞拉利昂河上游仅仅几英里处的邦斯岛上就坐落着英国在西非最大的奴隶贸易站，建立一个"自由之省"实非易事。多达 50000 个奴隶在被戴上镣铐运往大西洋沿岸各处之前，都要被关在邦斯岛的监禁栏里——1780 年代，他们中的许多人都被运到了牙买加。（《巴黎和约》的英方谈判人理查德·奥斯瓦尔德就是邦斯岛奴隶工厂的主要业主之一，他的美国对手亨利·劳伦斯曾在查尔斯顿做过数年的邦斯岛奴隶代理商。）奴隶贩子们住在豪华的多层石头建筑中，享受着朗姆酒、情妇，闲时还会在岛上的两洞高尔夫球场上玩上几个回合。[16] 如果不从奴隶工厂的窗户往外看，你会觉得他们的生活优雅极了，然而楼下的院子里就关着数百个被俘之人，他们被层层铁链锁住，饿了就低头吃马槽里的米。[17] 格兰维尔镇的自由黑人后来贫病交加，身体湿冷，腹内空空，许多人跑去找欧洲奴隶贩子靠马槽果腹，在那里起码有一日三餐的奢侈，也就不足为怪了。奴隶贩子们继而又多方活动，影响汤姆王的继承人、从奴隶贸易中获利的吉米王（King Jimmy），让他反对废奴主义者发起的这一殖民项目。1789 年下半年，在与一条英国船的船员发生冲突之后，被激怒的吉米王命令格兰维尔镇剩下的居民撤离，并把他们的茅屋付之一炬。

从"自由之省"到众所周知的惨败："愿上帝保佑我有生之年不要再看到我被迫在这里目睹的惨象。"不久以后，看到格兰维尔镇的幸存者时，一位名叫安娜·玛丽亚·福尔肯布里奇（Anna Maria Falconbridge）的英国访客悲叹道。[18] 听说殖民地被毁之后，格兰维尔·夏普也绝望了。但他并不是一个长久为忧思折磨的人。他已经开始建立一个合资公司，希望它能接替格兰维尔镇并在此后管理该殖民地，这是他的一次公开的道德重商主义试验。夏普的公司将给自由黑人殖民者分发土地，并把他们生产的农产品纳入"高尚的贸易"，以此来表明自由非洲人劳动也是一项有利可图的事业，削弱奴隶贸易的社会和经济基础。此外，他们还将紧跟着商业的脚步传播"文明"，利用他们的模范社会（和福音派信仰）为"一个一直因奴隶贸易而处境悲惨的大陆［带去］光明和知识"。[19] 虽然因为受到英国国内支持奴隶贸易游说的强力阻挠，让它未能赢得一项王家宪章的支持，但塞拉利昂公司还是在 1791 年 7 月正式成立了。其董事包括那个时代所有的废奴主义名人，夏普、威廉·威尔伯福斯，以及不知疲倦的反奴隶制运动宣传人员托马斯·克拉克森（Thomas Clarkson），还包括数十个商业投资人，突出了它的营利动机。该公司派遣亚历山大·福尔肯布里奇（Alexander Falconbridge，安娜·玛丽亚的丈夫）去重新谈判土地和约，复兴殖民地，福尔肯布里奇曾经是奴隶运输船上的军医，后来转变为废奴主义者。他们现在万事俱备，只欠新的殖民者来填充定居点了。

托马斯·彼得斯就在此时登场了，他于 1790 年底到达英格兰。伦敦是他迄今为止见过的最大的都市，人声鼎沸，车水马龙。然而就算这座国际大都市，也还没有大到一个新来的黑人在城里谈论权利不会很快传到格兰维尔·夏普耳朵里的地步。彼得斯很快就找到了他昔日的军团指挥官和将军亨利·克林顿爵士，后者继而引荐他与威尔伯福斯和夏普会晤。1790年的节礼日那天，彼得斯向国务大臣威廉·格伦维尔（William Grenville）递交了两份请愿书，均有克林顿的背书，敦促格伦维尔勋爵"请这位可怜的黑人为你讲述自己的悲惨故事"。[20] 一份请愿书谴责政府未能为他们划拨像样的地块。另一份是在夏普的帮助下写就的，更为笼统地谴责了新斯科舍"公开承认对奴隶制的容忍，仿佛国王陛下自由政府的良好影响无法触及美洲那么远的国土，'维护公正和权利'，提供英国法律和宪法的保护"。黑人效忠派被"拒绝赋予其他居民所享有的共同权利和待遇"，彼得斯如此抗议道。他所援引的关于英国人权利的言论已经被不满的效忠派使用过多次了。他们"没有享受到法律对殖民地的保护……境遇比畜群和野兽好不了多少，"他最后说，"他们的束缚是令人窒息、惨无人道的，对……自由的有色人种……尤其令人惊心地可恶和可憎，那些有色人种无法相信英国政府的本意……居然是在新斯科舍容忍奴隶制。"[21]

在伦敦的大臣们听来，彼得斯的请愿事实上很有道理：在他们看来，首都人赋予黑人效忠派以自由和土地的好意被省政府扭曲了——这是迄今为止效忠派殖民项目中屡次出现的偏差。格伦维尔勋爵把彼得斯的请愿传达给了帕尔和托马斯·卡尔顿两位总

督，指令他们调查他的投诉，对黑人为获得土地过程
中"无法解释的延迟"作出"某种补偿"。[22] 因为夏
普和塞拉利昂公司的游说，格伦维尔又向前推进了一
步。如果黑人们忍受不了新斯科舍，欢迎他们前往自
由之省：塞拉利昂公司会给他们土地，英国政府会支
付他们前往西非的路费——再次高调重申了十年前他
们在美国对效忠派的承诺。当然，这些可不能看作政
府致力于废奴主义运动的举措。威廉·威尔伯福斯在
1791 年春试图采用一项废除奴隶贸易的法案时，几
乎在国会遭到了惨败。然而当彼得斯从内阁那里获得
这些让步时，法国革命已经启动了自由、平等和博爱
这些充满活力的新概念，而法属圣多明各的奴隶暴动
不久就会以（让依赖于奴隶制的大英帝国）心惊肉跳
的方式，证明法国式的自由有多暴烈。彼得斯的投诉
正好给了大臣们一个良机，他们支持为一群特殊的前
奴隶赋予特殊的自由，趁机表现英国式的更加克制的
自由。

　　既然政府已经授权了一次新的开往非洲的远征，
那么实际操作当由谁来组织管理呢？托马斯·彼得斯
能够帮忙从牢骚满腹的黑人效忠派中招募殖民者，但
还是应该找一位塞拉利昂公司的官员负责运送他们跨
越大西洋的后期工作。废奴主义者托马斯·克拉克森
提出了一个完美人选：他的亲弟弟约翰。约翰·克拉
克森当年只有 27 岁，半生在海军度过，整个美国战

争期间都在服役；他曾作为罗德尼上将的部下去过西印度群岛，近距离地观察过那个种植园社会。1780年代加入废奴主义阵营之后，他曾在法国住过六个月，那是革命力量四处收集证据、反对奴隶贸易的兴奋期。作为一位军官和废奴主义者，约翰·克拉克森也是一位品行高尚的绅士：威尔伯福斯赞美他是"在职业操守和个人品格上都有着极高美德和极多优点的年轻人"。[23]克拉克森的正直品性至关重要。各类效忠派难民都倾向于毁谤中伤管理他们的官员。盖伊·卡尔顿爵士是个罕见的例外，他为难民申冤的努力获得了广泛的尊敬。约翰·克拉克森将成为另一个例外。不管他们对其他白人官员怀有多大的怨恨，大多数黑人效忠派都把文质彬彬却立场坚定、能力超凡的约翰看作是他们的摩西（只有一个显眼的例外，就是托马斯·彼得斯）。鉴于他要带领他们出走是如此的不可思议，对他的领导能力怀有这样的信心将是远征成功所必不可少的要素。

1791年8月，克拉克森启程前往新斯科舍，乘坐的船有个很适合的名字**方舟号**（Ark）。他的哥哥和威尔伯福斯写了很长一列吩咐，指导他该如何探索未知世界。"不要讨论废除奴隶贸易的话题，除非你对同伴完全信任。"不要称效忠派为"黑人或黑鬼"，而要叫他们"非洲人，这是对他们更为尊重的称呼"。要提防托马斯·彼得斯，这样"你就不会因为他可能犯下的错误而被牵连"。"在非洲的河流中要当心鳄鱼，在陆地上要注意有蛇出没。"对当地的风土人情做书面记录。定期写家信——如有必要，就用密码来写信。密切关注社会风气。坚持写日记。[24] 这最后一条建议得到了特别好的落实：克拉克森的日记对这即将开始的最后一次由英国政府支持的北美保护派迁徙进行了完美详尽的记录。

克拉克森于 1791 年 10 月的第一周到达了哈利法克斯，很高兴"从海上看去［这座城市］如此漂亮"，并与帕尔总督共进晚餐。虽然帕尔已经接到命令，让他支持克拉克森完成使命，但他似乎更想"推杯换盏，这是他更偏爱的活动"，而不是鼓励这位热心的年轻人。帕尔和新不伦瑞克的托马斯·卡尔顿两人都不怎么乐意接受托马斯·彼得斯的投诉，特别是他还把状告到了伦敦。卡尔顿气急败坏地回应白厅让他改善黑人效忠派处境的指示，坚称他们"已经获准了自由的英国臣民的每一项特权"，他们分得了土地却没有好好耕种，还说"本省没有一位黑人"委托彼得斯为他们代言。[25] 帕尔也不遗余力地为自己治下政府的行为辩护。克拉克森"能够明显看到，总督希望我的事业最好不要获得成功，他大概觉得如果人们不愿意离开该省，那就很好地证明了他们很满意，他们的抱怨是毫无根据的"。[26]

然而这样的阻挠反而更加坚定了克拉克森的决

心。他分发了一份传单，宣布塞拉利昂公司"**在非洲海岸免费殖民**"的条款。它承诺道，每个自由黑人都能获得 20 英亩的土地，他的妻子还能获得 10 英亩，每个孩子 5 英亩；此外在他们能够自食其力之前，政府将提供粮食配给帮他们渡过难关。据悉，那些土地将免费提供，并且起码在一定时期内将免除代役税（和新斯科舍当初的承诺一样）。[27] 克拉克森在新斯科舍的各个黑人城镇中宣传该计划。当时居住在哈利法克斯附近的黑人村庄普雷斯顿（Preston）的波士顿·金听说这一迁徙计划时，他本人的第一个念头是他没有理由走——这在他的同胞们中十分罕见。他总算找到了一份薪水丰厚的工作（作为家庭佣工），作为卫理公会牧师的工作也有了极大的进展。但金对自己的生活还有更远大的抱负。"我回忆起自己过去几年一直在考虑的非洲人皈依的问题，决定抓住这个机会。"他主动找到招募人员，解释了他想在非洲布道的愿望——虔诚的克拉克森听到这些，当然再高兴不过了。[28]

看到名单上已经有了 200 多个名字，克拉克森乘船前往伯奇敦，那仍然是英属北美最大的黑人城镇。在这里，他再次遭到了官方对该计划的抵制，这次抵制来自帕尔派来帮助他的人、新泽西效忠派斯蒂芬·斯金纳（Stephen Skinner）。斯蒂芬是科特兰·斯金纳的弟弟，当时已经是谢尔本最成功的商人之一了：算是对他人生经历几度起落的重大补偿，战前曾任新泽西财长，其间被指控盗用数千英镑公款，其后又在爱国者的监狱里当了几年囚犯。[29] 斯金纳反对塞拉利昂项目，他说自己的理由是"1786 年前往那个地方的第一批人都苦不堪言"，现在的这批殖民者也会有同样的经历。然而他更深层的担心是这一迁徙计划"会对黑人的思想产生很大的影响，我担心总共会有 1200~1500 人离开本省，我觉得那会为本省带来严重的损失"。[30] 这么多便宜劳动力的离开必然会对谢尔本的经济造成严重影响。斯金纳公然宣称："如果黑人们留在本国，他本人会给黑人两 [ 年的 ] 物资，并将 [ 尽 ] 一切努力阻止他们离开。"[31] 与此同时，他还参与散布谣言，说在非洲等待移民的全都是恐怖之事：死于野蛮人之手、死于疾病，还有那个永恒的威胁，如戴维·乔治听到的，"如果我们走了，会再度成为奴隶"。[32]

克拉克森刚刚在伯奇敦上岸，就有一个 50 岁左右的黑人热情地上前来迎接他。春天果然带来了奇迹，戴维·乔治的腿已经痊愈了，眼前似乎又有了一个新的解脱方式。他立刻绘声绘色地描述起自由黑人"任人差遣的可怜状态"，以及白人们散布的关于塞拉利昂的险恶谣言；"如果城里人得知他 [ 乔治 ] 跟我们私下谈话了，"乔治颇有先见之明地对克拉克森说，"他的生命就有危险；他警告我们天黑之后不要出现在城里或乡间。"[33] 然而和克拉克森一样，这样的威胁也没有劝阻乔治参加该移民计划。他递给了克拉克森一张已经表达出走意愿之人的长名单，并建议克拉克森第二天在伯奇敦召开公众集会。乔治说，只要正面反驳那些恶意报道，他就能打消黑人的顾虑，并赢得很多志愿参与的人。

克拉克森在那个 10 月的早晨走进了摩西老爹的卫理公会礼拜堂，爬上讲坛，看到眼前有三四百人挤坐在朴素的长凳上。他们就在这里，活生生地见证了一个大英帝国许下的诺言，他们看上去充满怀疑、愤怒、疲倦、绝望，却又还怀着些微的希望。而虽然他有着坚定的决心和信仰，但那一刻他的信念却有些动摇了。他凭什么影响"这些可怜人未来的幸福、福祉甚或生命？"他凭什么让他们放弃来之不易的家园，跟随他到一个他们中谁也没有见过的地方？然而他们充满期待地看着他，那么多疲惫不堪的脸上那么多双专注的眼睛，他的信念又回来了，相信自己能够给他们更好的生活。他从头到尾，尽可能清楚地讲述了该计划。托马斯·彼得斯把他们的抱怨带到了伦敦，政府用心倾听了他们的诉求。黑人效忠派有三个选择。他们可以在当地解决自己的土地申请，国王已经下令当地解决了，因而他们可以留在新斯科舍。他们还可以加入另一个黑人军团，在西印度群岛服役，如此就能够享受服役军人通常的福利。（不出所料，这一选项没有多大的吸引力。）或者他们还可以选择彼得斯本人选择的道路，那是克拉克森即将带领他们走的道路，是人们投注了那么多希望的项目：他们可以在塞拉利昂建立一个新的殖民地，且根据明确规定的条款，自由地生活在那里，在免费分发的土地上耕种，免除任何费用或租金。他请他们仔细思量，确定自己绝对愿意才能签字参与。这一趟行程绝非易事。但我向你们承诺我会确保你们得到自己的土地，我会待在那里，直到你们每一个人都满意。[34]

到克拉克森在伯奇敦的演讲结束时，就连斯蒂芬·斯金纳也不得不承认他的建议相当公正，并"完全收回了"自己此前对克拉克森的中伤。接下来的几天，两人在克拉克森于谢尔本的住处接待了一家又一家人，把他们的名字登记在招募者名单上。[35] 克拉克森问每一个人，你是否十分确定已经准备好了放弃这里的一切？你是否理解了提供给你的条件？有一个黑人出生在非洲，只能说磕磕碰碰的英语，坦率地承认："不，先生，我没有听，也没有想，我像个奴隶那样工作，觉得世界上不会有比这里更差的地方了，先生；所以我决定只要您肯带我走，我就跟您走，先生。"让克拉克森大吃一惊。"你必须想清楚，这是个新的殖民地，如果你参与了，那么即便你身体健康允许，也还会遇到很多困难。"克拉克森提醒他说。"那个我很清楚，先生，我可以努力干活，也不担心气候，如果我死了，那就死了，我宁愿死在自己的国家，也好过死在这个寒冷的地方。"[36] 一个最让人心痛的例子是，一位奴隶来替自己的妻子和孩子们登记，他们是自由人。"他的眼泪流下双颊，说虽然这次分离对他来说比死亡还要残酷，但他决心要让他们永远解脱。"克拉克森被此人的故事深深感动了，他试图赎回这位奴隶的自由，好让他也能跟家人一起来到非洲。[37]

三天之内，有 500 个男人、女人和孩子登记迁徙。从伯奇敦到新斯科舍的定居点再到托马斯·彼得斯召集迁徙者的新不伦瑞克，大约有 1200 人登记了自己的姓名。他们构成了这些省份全部自由黑人人口的整整三分之一。每个人似乎都带来了一个悲惨的故事——克拉克森在一个"自由黑人希望离开新斯科舍的理由"的清单中总结了那些故事。当年的黑人登记表登记了离开纽约的黑人名单，算是效忠派从十三殖民地迁出的最完整记录，这些关于黑人效忠派迁徙至塞拉利昂的文件却最为系统地记录了效忠派难民为什么会选择继续征程。关于黑人效忠派愿意再次迁徙的原因，还有一个更宏大的结构性解释。被逐出美国标志着一连串漫长迁徙过程中的一个新阶段，许多人身为奴隶，早已经历了那些过程。他们第二次集体出走则揭示出一个习惯了转移的族群之内不断重复的迁徙逻辑。[38]

　　说来古怪，这些地位最为边缘的英国臣民却产生了最长的书面记录。它在部分程度上反映了他们非同一般的地位。作为一群在各种不同的时间地点可能会被视为财产的人，他们在一个痴迷于记录的帝国的档案中扮演着双重角色。此外它还部分反映了他们对该计划的目的十分清楚。英属北美的黑人效忠派对自己的省政府有着公开的不满，对同为美国难民的白人效忠派的行为更是忿忿不平。然而他们参与本计划就表明，他们始终坚信国王的话和大英帝国的承诺，或者至少相信眼前这位亲切可信的约翰·克拉克森亲口传达的那些承诺。

＊

　　克拉克森觉得担当众人的摩西实在是难，因为他的任务范围在不断地扩大。在哈利法克斯，他几乎单枪匹马地完成了英军从萨凡纳、查尔斯顿和纽约撤离的小规模重演。迁徙者的总人数比他最初预计的多得多，使他很难找到足够的船只和物资。在英国，克拉克森的哥哥托马斯则忙于传阅一张奴隶船的示意图，上面每一寸空白处都填满了小小的人像，显示出船上的拥挤程度令人惊心。这张示意图是废奴主义者最有力的武器之一，而约翰·克拉克森对此尤其敏感，一定要确保在自己的船只上，黑人乘客的条件与它毫无相似之处。他拒绝接受那些舱面之间没有足够空间的船只，坚持要有通风道通向其他舱面；他强制执行严格的卫生标准，每天都要熏蒸消毒并多次清洁。他对乘客的饮食也同样小心，每周要轮流供应咸鱼、牛肉、猪肉和蔬菜，保证营养，而不是只有王家海军饮食中那些干得咬不动的压缩饼干。[39]

1791 年 12 月，移民们聚集在哈利法克斯，以村庄为单位住在临时工房里。因为几天后就是圣诞节了，托马斯·皮特斯提交了另一份请愿，请求"由于这是我们在美洲度过的最后一个圣诞节"，请给他们"提供一天的新鲜牛肉，作为圣诞晚餐"。[40] 至少这还是个很容易满足的要求；但同一周，乘客们开始上船时，他们提出的要求就五花八门，让克拉克森应接不暇了。他们可以带宠物吗？可以带猪吗？（可以，不行。）他们可以和这家人或那家人登上一条船同行吗？克拉克森"为了安排上船操碎了心"，以至于他"害怕我们到达非洲之后，会安排这些人定居还要遭遇多少焦虑和麻烦"。[41] 除了满足所有这些要求带来的心理压力之外，他还每天在结冰的街道上跑来跑去，查看那些拥挤的临时工房；或乘坐一条敞篷船在大船之间穿行，天上飘着鹅毛大雪，脚下的海水寒气袭人。克拉克森觉得头痛欲裂，得了很重的感冒，高烧数月不退。

在白人摩西伤透了脑筋去确保后勤之时，黑人领袖们一直给移民鼓舞士气。克拉克森在伯奇敦演讲之后，戴维·乔治便带领他的全体教区居民登记参与远征。只有几个人没有参加该项目。乔治为了证明自己出走的迫切心情，卖掉了他的礼拜堂和那块地，他为之付出了那么多辛勤劳动，最后却只卖了 7 英镑。但他未曾错过一个讲道的机会，他们在哈利法克斯等待出发期间，他在整个城市的各个教堂和礼拜堂中讲道，带领教众唱赞美诗，他们的歌声飘扬在工房上空，有些最和谐的乐音传到了克拉克森的耳朵里，令他久久难以忘怀。[42] 伯奇敦的卫理公会牧师摩西老爹名副其实，也把自己的精神儿女们聚集在克拉克森的旗帜之下。他对着他们充满激情地布道，以至于有一天克拉克森走到工房附近，听到摩西老爹的"声调极高，我不禁担心他会出什么事"。[43] 对这些虔诚的黑人效忠派而言，即将开启的这段旅程似乎是一次充满宗教意味的出走，从充满束缚的北美走向非洲，正如圣经里从埃及出走以色列。

当他们终于在 1792 年 1 月 15 日启程之后，有信仰能让自己安心，对他们大有好处。接下来的七个星期，他们干呕、疼痛、颤抖，被海上的风暴吹得翻滚在地，那些风暴的肆虐程度就连他们中间富有经验的海员也未曾见过。波士顿·金亲眼看到海水拍打着甲板，把一个人冲到了海里。晕船和发烧让下层的乘客们苦不堪言，其中就包括金的妻子维奥莱特。在丈夫疯狂地为她祈祷之后，她痊愈了，但另外六个人却没有，包括戴维·乔治教堂中的三位老者和克拉克森的贴身男仆。[44] 大概还有其他梦魇困扰纠缠着他们。包括托马斯·彼得斯在内的 50 余人出生在非洲，也就是说那以前，他们几乎肯定是戴着镣铐，被塞在奴隶船的甲板下面穿越大西洋的。

当陆地最终出现在前方时，戴维·乔治说，"看见陆地真是太高兴了"。[45] 他们在杂草丛生的格兰维尔镇原址下船，就立刻投入"清理森林，建立城镇，也就是后来的'自由镇'①"。上岸后的第一个周日，塞拉利昂公司的英国圣公会牧师为他们宣讲了《诗篇》第 127 篇的文本，"若不是耶和华建造房屋，建造的人就枉然劳力"。而不远处，戴维·乔治的追随者们也聚在一起，在一个用船帆拉成的顶棚下听他讲"第一个主日，这是个愉快安宁的时刻"。没过多久，他们就用木柱和茅草盖了一座不错的礼拜堂。[46] 这是塞拉利昂的第一座浸礼会教堂，而这时，那些曾在希尔弗布拉夫的林中空地里礼拜的黑人移民已经建起了一个跨大西洋宗教社群网络，塞拉利昂的这座小教堂是构成该网络的最后一个节点。

与乔治乘坐同一条船的克拉克森听到了同船水

---

① 自由镇（Free Town）后合写为"Freetown"，音译为"弗里敦"。

手们在看见陆地那一刻发出的欢呼和鸣枪齐射。然而
"我无法描述自己此刻的心情，因为我不知道接下来
的数小时"——或者数周、数月、数年——"会发生
什么"。[47] 所幸他们登陆时并没有受到滕内人的攻击，
克拉克森担心的事情没有发生。他听到的是另一则不
受欢迎的消息：塞拉利昂公司任命他为新殖民地的负
责人。他一点儿也不想担此重任。"我在离开英格兰
之前曾经明确地宣布，不会因为任何事在非洲滞留，"
他无人倾诉，只好在日记中悲叹道，"也就是说，我
的任务仅限于在美洲召集殖民者，然后把他们安然无
恙地送到塞拉利昂。"[48] 他已经病了数月，身心俱疲，
渴望能回到英格兰的家中休养，耐心等待他的未婚妻
团聚。"但我能怎么办？"他一想到自己对那些效忠派
发自内心的"喜爱和关怀"，"还有我热切地渴望为周
围各民族，乃至整个非洲……带来文明，我就下定决
心承担起责任……和这些可怜的新斯科舍人在一起，
与殖民地共存亡"。[49]

接下来在这个非洲半岛上，人们的远大抱负遭
遇了千难万险。建设弗里敦的过程重现了英属北美
和巴哈马群岛的效忠派殖民地的重要特征。殖民者
要适应陌生的环境、要对付原先居住在这里的居民，
还要彼此争斗。他们争论的部分焦点无非是始终充
满争议的土地分配问题，这是每个效忠派殖民地的
冲突根源。然而最大的麻烦是，新来者与派来管理

他们的政府之间也吵个不休。因为和他之前的那么多总督一样，克拉克森也很快发现，效忠派难民可不会不假思索地"忠于"自上而下的指令。和拿骚和圣约翰的白人效忠派一样，这些殖民者在权利和代表权等问题上的观念与统治者偏威权主义的风格截然不同。

因为发烧而近乎每时每刻都在战栗发抖的克拉克森每天忙着分配土地、组织工作组、安抚各种各样的选民。弗里敦的首批地块成形了：戴维·乔治和托马斯·彼得斯每人得到九英亩，摩西老爹分到了七英亩；其他人大多每个男人分得了六英亩的地块，女人和孩子还能分得两到四英亩。[50] 与大出走其他各地的情况一样，适应陌生的自然环境已然不易，食物和物资短缺让挑战变得更难应对。而这里还有更为怪异的危险。一天，一只狒狒把一个12岁的小女孩从帐篷里抓走了。豹子潜行在灌木丛中，巨蛇爬行在他们的小屋之间。[51] 雨季还未来临，疾病就已经在弗里敦肆虐蔓延了。安娜·玛丽亚·福尔肯布里奇写道："早上起来问一句'昨晚死了多少人'已经快变成惯例了。"[52] 上岸仅仅三周，维奥莱特·金就病倒了，"像个孩子一样无助"，精神错乱，谵言妄语。她的丈夫和朋友们坐在她的周围祈祷，她"突然坐起身"口中说道："我好了，只是在等神到来呢。"当他们充满信心、抑扬顿挫地齐声高唱一个古老的卫斯理赞美诗时，她颤抖着，和他们一起高喊，终于"在爱的狂喜中故去了"——她死时心中充满了信仰，那是曾在伯奇敦摩西老爹的礼拜堂里让她灵魂觉醒的信仰。[53]

每天晚上，当蟋蟀和牛蛙的叫声"响彻城镇和森林"之时，筋疲力尽的克拉克森还要打起精神，记录他这一天的艰难经历。[54]"每天从早到晚发生那么多事折磨和困扰着我，让我简直有些厌世了。"他坦白道。[55] 首先，他得协调殖民者们和滕内人的关系。登陆之后不久，他与乃姆巴纳有过一次会面，解决了弗里敦后续扩张的问题，急切地承诺说，"我来非洲绝不是为了免费攫取他们的土地"。[56] 他还试图安置格兰维尔镇剩下的幸存者，他们觉得自己被边缘化了，对新政府心怀怨愤。此外还有其他欧洲人。奴隶贸易的中心就坐落在不远处已经够糟，够克拉克森提心吊胆的了，塞拉利昂公司还从伦敦派遣了一个小小的政务委员会，这群人五花八门，内讧不止，有些是可疑的种族主义者，还有两个人是不可救药的酒鬼。[57] 1792 年 6 月，克拉克森总算等来了一些新的白人来客，尤其是效忠派艾萨克·杜波依斯。托马斯·彼得斯的同乡，来自北卡罗来纳威尔明顿的杜波依斯和黑人效忠派一样，也是几经迁徙最终来到了塞拉利昂，起初曾定居巴哈马群岛。他放弃了在那里种植棉花的努力，希望在弗里敦的运气能好些，他是这个自由黑人殖民地中少有的白人殖民者。克拉克森任命杜波依斯为仓库管理员和镇民兵首领，后来越来越倚重他的精明能干。[58]

然而在新殖民地面对的所有困难中，最大的挑战还是来自殖民者自身。威尔伯福斯曾警告克拉克森小心托马斯·彼得斯，因为他知道，彼得斯能够在冲动之下前往伦敦，自然不会甘心在弗里敦做一个顺民。果然，登陆还不到两周，彼得斯就来到克拉克森跟前，"说出了满腹牢骚；他说话极其粗暴轻率，看来是想恐吓大家，破坏士气"。[59] 彼得斯开始参加卫理公会教徒的集会，"每次会后他都要对大家讲话，抱怨他在伦敦得到的承诺没有落实"。[60] 因为迟迟得不到分给自己的土地，黑人效忠派们更加认同彼得斯的说辞，因为"他们一生遭受不公待遇"，"已经开始觉得与其在这里受苦，不如待在新斯科舍呢"。[61] "总督，您知道您在新斯科舍和新不伦瑞克见到我们时，我们的境况很差，"他们提醒克拉克森说，"乔治国王对我们不错，上帝保佑他，制定了很多规定来安慰我们，还承诺给我们土地……但我们在那里待了很多年，却根本没有得到土地。"[62]

克拉克森不久就发现那些殖民者"被**托马斯·彼得斯**灌输了关于自身民权的古怪观念之后"变得难以驾驭，也不愿劳动了。[63] "黑人们不听从命令，牢骚和抱怨与日俱增，"克拉克森说，"这些麻烦常常让我不堪其扰，由于身体虚弱，我都快要昏过去了……

我整天忙着制止恶行，常常自顾不暇。"[64] 1792 年的复活节星期日，克拉克森听说彼得斯正在密谋推翻政府。他立即召集大家在"一棵大树下"开会——或许就是如今弗里敦市中心那棵最显眼的大木棉树。看着殖民者们在红土地上聚集，正如他们六个月前在伯奇敦的教堂座位上那样看着他，他转向彼得斯说："在会议结束之前，很可能我们之间有一个人要被吊死在那棵树上。"克拉克森措辞严厉地劝诫殖民者们，说"不和的魔鬼"会带来"悲惨和罪过"，并"粉碎……在全世界改善黑人生活条件的点滴希望"。[65] 几天后，殖民者们同意发表宣言，"宣称他们在此殖民地居住期间，将遵守这里的法律，只要当地条件允许，这些法律与英格兰的法律绝无冲突"。[66]

随后，托马斯·彼得斯突然在 6 月里暴毙了：他染上了当地一种致命的热病，很快就丧了命。他的死移除了效忠派中间那种最咄咄逼人的政治影响，也消除了克拉克森的心头大患。然而这位社区领袖的遗产却并没有随即消失。一个月后，又有人传说彼得斯的鬼魂在弗里敦的街道上飘荡呢。[67] 他的政治幻影也没有消停，那就是建立一个由黑人们自治的殖民地，而不是被一个白人帝国管理机构牵着鼻子走。

克拉克森继续动用自己全部的外交技巧来处理与权利和土地有关的重要事项。他在伯奇敦承诺说黑人效忠派分得土地后不会被征收代役税，无意间为殖民者和塞拉利昂公司之间最严重的冲突埋下了种子。后来证明，该公司的想法截然不同。此外，克拉克森同意了黑人们提出的与白人共同组建陪审团的要求。他还记得在新斯科舍"他们全都被强占河边地块的白人绅士赶走了"。因而当戴维·乔治和其他市民领袖提出在河边建立公共建筑物的要求时，他满口答应了。[68] 最大的问题来自承诺给他们的 20 英亩农耕地迟迟得不到清理和落实。殖民者们不停地跟克拉克森抱怨说，他们在英属北美根本没有得到土地。然而克拉克森知道，即便他们全力以赴地劳动（事实上他们没有），到夏天结束时，尚且无法把足够的丛林开辟成耕地。相反，克拉克森最终想出了一个妥协方案，让殖民者们暂时先在较小的地块上耕种，直到更多土地被开垦出来。

因为疾病和工作压力，克拉克森的身体垮了，1792 年底，他请假获得批准，总算可以回英格兰了。他回顾自己在非洲这段时间，完全可以对弗里敦安然度过了第一年而感到自豪，这是个重大成就，尤其是在格兰维尔镇建设失败之后。殖民地存活下来了。但他也把很多悬而未决的问题留给了一群要么没有同情心，要么毫无能力，要么两者皆无的白人官员。克拉克森的直接继任者威廉·道斯（William Dawes）是个严肃的福音派教徒，刚刚在植物湾监禁地结束了军官任期。要管理一群试图摆脱奴役和不公记忆的人，这可算不得最优秀的资质。同样不祥的是，道斯的接替者扎卡里·麦考利成年期间有五年时间是在一座牙买加蔗糖种植园度过的。那时他虽然只有二十几岁，却是个极端虔诚的教徒，就连他的支持者们也觉得他"不灵活""不开明"，有时甚至"冷若冰霜"。[69] 殖民地的其他议员们则越来越冲突不断、放荡不羁。亚历山大·福尔肯布里奇是他们中间唯一在该地区生活过很长时间的人，却酗酒成性。1792 年 12 月的一次狂饮之后，他死了。他的遗孀安娜·玛丽亚长期受到他家暴的折磨，写道："我毫无内疚地承认自己在这事儿上说谎了，说他的死让我难过，不！我一点儿也不难过。"[70]

经历了导致他们分裂的一切纠纷之后，黑人效忠派已经把克拉克森看成了一个诚实的代理人，还不止于此：他还是他们的摩西——当然彼得斯除外。克拉克森的离去让他们难过不已，也为他献上了良好的祝愿。乃姆巴纳送了他一把斧子和一篇阿拉伯经文，祝他一路平安。黑人殖民者们一波波前来，每一波都是几十个人，为他们敬爱的总督献上卑微的离别礼物：番薯、鸡蛋、洋葱。菲莉丝·乔治带来了好重的礼物：三只鸡和四个鸡蛋，而她的丈夫戴维则带领大家签名，献上了另一份请愿书。[71] 这份请愿书的诉求对象是塞拉利昂公司的诸位董事，文本中（以其作者们在成年后所学的错漏百出的英文写作）描述了克拉克森"在所有方面都像绅士一样对待我们……我们热烈地希望上述约翰·克拉克森能够回来做我们的总督"。在那以前,"我们将祈祷约翰·克拉克森阁下安全渡海归国,并再次回到我们身边"。[72]

戴维·乔治也准备出发了。从克拉克森在谢尔本下船后两人初次见面,到他们同船来到塞拉利昂,两个男人结下了深厚的友谊。克拉克森常常来听乔治布道,有时还会参加他的祈祷仪式;乔治给他最小的孩子取名克拉克森。或许他们在来非洲的途中曾在**柳克丽霞号**(Lucretia)上讨论过回国之事,乔治突然问自己的朋友:"我今后能去英格兰吗?"乔治"希望去看看住在他的国家的浸礼会兄弟们"。克拉克森答应一有机会就带他去英国。现在乔治也在收拾箱子,"在教堂进行告别布道",并安排副手在他离境期间接替他的工作。[73]黑人效忠派在非洲度过第一个圣诞节后几天,克拉克森和乔治在弗里敦一同出发开启了另一趟旅程,在两人看来,这次旅程的策划者既是上帝,也是大英帝国。

*

1794年9月的一天早晨,七艘飘扬着英国国旗的船只驶入弗里敦港口。这是该定居点一直盼着的场景,因为那里物资短缺,这些船只(如果不是驶向上游的不可避免的运奴船的话）可能会带来他们急需的供给品。"很多人"聚集在海岸上，眼看着意料之外的舰队逐渐靠近，然而新总督扎卡里·麦考利却从他的阳台上用望远镜看到了那些船只的细节。他发现，他们的装备和建造都是英国风格，但上面都是枪支，一艘护卫舰上的水手们正在排列一门大炮——正对着他的方向！他赶紧冲向里屋，子弹从头顶上呼啸而过。几分钟内，那些船只降下了作为诱饵的英国国旗，升起了真正的旗帜：法国革命的三色旗。他们对着弗里敦的方向猛烈开火，刚刚去了英国又安全返回的戴维·乔治那时也在人群中，尖叫着、推搡着，争先恐后地躲避子弹的袭击。麦考利已经下令在阳台上挂上白旗表示休战，但轰炸还是持续了一个半小时。仓库、办公室、住宅和圣公会教堂都着起了熊熊火焰，还冒着催泪的黑烟。随后便是抢劫。朗姆酒、钱、食物，法国水手们抢走了一切值钱的东西。他们捣毁了印刷厂和药铺，把《圣经》踩在脚下，抓走了几百头猪和鸡。无裤党①

---

① "无裤党"或"无套裤汉（sans culottes）"是指18世纪末的法兰西下层的老百姓，这些在旧制度下生活品质极差的群众成为积极响应法国大革命的激进和好战的参与者。"sans culottes"的字面意思是"没穿裙裤"，裙裤是18世纪法兰西贵族和资产阶级时尚的真丝及膝马裤，而工人阶级则穿紧身长裤或直筒长裤。"无裤党"常用于形容雅各宾派的大革命激进分子。

甚至从当地居民的身上扒下衣服，乔治的衬衫被他们扒走了，家人"几乎赤身裸体"。那天结束时，一个小孩子死了，两个居民被炸断了腿。法国军队两周之后才离开，弗里敦变成了一片废墟——此时距离它开始建设还不到两年。[74]

虽然弗里敦的建立与其他效忠派定居点有着诸多共同点，但法国人对弗里敦的袭击却突出了它们之间的一个重要差异。时间已是 1790 年代，而不是 1780 年代：法国革命把英国拖入了一场激烈的全球战争，重新定义了关于自由和权力等问题的争论。对黑人效忠派而言，他们为建设这个定居点已经历了重重艰难险阻，法国人的袭击不啻是雪上加霜。对他们的白人统治者而言，这一事件进一步证明了在另一场革命从根本上威胁英国势力之时，维持纪律、秩序和帝国臣民的忠诚有多重要。弗里敦最初那几年的经历表明，法国革命的爆发更加坚定了英国人从美国革命中吸取教训。它也导致了帝国臣民再次两极分化，一方坚持忠于现有秩序，另一方则以争取更大自由的名义奋起反抗。

麦考利总督曾以中立殖民地为由请求法国指挥官不要劫掠弗里敦，还说黑人殖民者"不是英国人"。黑人效忠派祈求法国人留一些财产给他们，"对他们说我们是来自北美的美国人"，因此（他们声称自己是）法国人的盟友。战争毕竟是不择手段的。然而法国人一离开，这类声明看上去就显得那么可疑。麦考利不仅要求黑人承担塞拉利昂公司财产被毁的部分损失；还迫使他们重新宣誓效忠，否则便不给他们医疗救助或就业。"我们来这里之前已经做了18年、20年的英国臣民了，"愤怒的殖民者反驳道，而"我们来到这里之后，也都曾宣誓对国王和国家效忠，因此我们拒绝从命。"[75] 作为忠诚的英国臣民，他们应该无条件地享有英国人的权利。就此，麦考利耍的花招很像是在新斯科舍和新不伦瑞克拒绝给他们土地和权利的白人的所作所为，他们对此十分熟悉，也极为不安。摩西老爹和他的教众们在一封写给约翰·克拉克森的哀怨的信中总结了他们的不满："您在这里时，我们把它叫作自由镇，而自从您走后，已经完全可以称之为'奴役之城'了。"[76]

要是克拉克森还跟他们在一起就好了！在他担任总督的那一年，他利用自己与效忠派们建立在真正的相互尊重基础上的亲密关系，解决了很多关于土地分配和权利的紧张问题。其后数年，弗里敦的黑人居民们给他写了很多声泪俱下的信件，描述他们的失望，祈求他回来。"自从您离开我们，一切都不同了，"他们悲伤地说，[77] "我们以为是万能的上帝随手选择了由您来作为摩西和耶和华，带领我们这些以色列的子孙来到应许之地，"另一封信中写道——"但是上帝啊，请再次为您的心中注满渴望，让您来这里看看我们吧。"[78] 他们不知道，克拉克森本人已经失去了塞拉利昂公司诸位董事的青睐，他们看到他更支持殖民者的利益而不是公司的利润，甚是反感。他回到英国后不久，董事们就罢免了他的总督之职。克拉克森虽然为这一举动感到"震惊"，却也没有公开表示不满，以免加深公众对整个塞拉利昂公司项目的反对。他回信给弗里敦的黑人朋友们说他最近刚刚结婚，无法回去。[79]

克拉克森曾发誓说他离开后几周之内，殖民者们就能得到他们垂涎的耕地。遗憾的是，继任者们并没有践行他的诺言。他走后还不到两个月，黑人效忠派就再次聚集起来，对延迟分地提出抗议。"克拉克森先生在新斯科舍承诺过，我们在这里的待遇与白人没有差别"；他们提醒克拉克森的接替者道斯总督，"我们现在要求履行这一诺言，我们是自由的英国臣民，理应得到相应的待遇"。[80] 克拉克森不在场期间，艾萨克·杜波依斯成了他们最有力的白人同盟。同为美国难民的杜波依斯一定与严厉刻板的英国福音派军官们形成了鲜明对照，对黑人们充满同情。杜波依斯在塞拉利昂种植棉花的运气并没有比巴哈马群岛好多少，但他的管理才能很快就让他在该殖民地获得了尊敬和名望。他还出乎意料地在这里收获了个人幸福。1793 年初，杜波依斯宣布与刚刚守寡的安娜·玛丽亚·福尔肯布里奇"幸福地结为夫妇"。两人在她的第一任丈夫死后不到三周就结婚了。她"丝毫不为我急于……违背守寡 12 个月的传统而怀有歉意"。[81] 他也不介意牧师未能（如他所吩咐的那样）保守这个秘密，而是"把这个新鲜的消息传播得尽人皆知"。"我很幸福。"杜波依斯说。与他作为效忠派难民所经历的重重失望相比，这实在是人生中不可多得的幸运时刻。[82]

杜波依斯还帮助殖民者们起草了另一份抗议请愿书。"道斯先生似乎希望像对待一群奴隶一样统治我们。"该请愿书写道，并列出了关于土地和其他不公待遇等常见的不满。[83] 黑人效忠派无疑希望重复托马斯·彼得斯曾经在政治上取得的成功，就选出了两名代表，亲自把请愿书送到了伦敦的塞拉利昂公司董事那里。两人于 1793 年 8 月到达英格兰，见到了该公司董事会主席。起初他们还觉得他"和蔼可亲"又有"慈悲心肠"，但他严厉地说他们的"指控轻率而证据不足"。[84] 新婚的艾萨克和安娜·玛丽亚·杜波依斯不久也来到了伦敦，杜波依斯再次帮助他们申诉不满。但董事们拒绝了殖民者的要求，并阻止他们与克拉克森会面，尽快把他们打发回了塞拉利昂。杜波依斯虽费尽全力，但也被草草打发走了。[85] 当安娜·玛丽亚详细记录自己的数次塞拉利昂之旅时，她对她的两任丈夫在该公司遭受的待遇极为反感，以至于她事实上开始反对废除奴隶贸易了，只因为那是该公司的创始原则。

两位黑人特使回到塞拉利昂时，弗里敦又一次陷入了动荡。这一次紧张局势的导火索是黑人殖民者与一条奴隶船的白人船长之间的对峙，原因就是弗里敦与邦斯岛距离太近了，双方都不自在。麦考利总督在自己的大门口放了一门大炮，又提出谁愿意离开弗里敦，他免费送他们（乘坐一艘废弃的运奴船）回哈利法克斯，才算阻止了一场动乱的爆发。[86] 没有谁愿意回去，但有一小撮失望的卫理公会教徒决定迁出该公司地盘，换一个地方重新开始，在那里"我们可以不再受这群暴君的束缚"。[87] 这次事件再度强化了麦考利的成见，即卫理公会教徒要比戴维·乔治和他的浸礼会教徒更难管束。因为到这时为止，乔治已经是弗里敦最心满意足的市民之一，他在非洲和英国的经历更坚定了他的效忠立场。他曾经在新斯科舍深为不满的那些白人的阴谋似乎和伯奇敦时一样，被他远远地抛在了身后。现在，官方对他很不错：他在英格兰期间得到了亲切的接见，他继续扩大教会的行动也得到了英国浸礼会的大力支持。他的那些世俗追求也得到了极大的满足，获得了执照，可以用自己的住宅经营一家小客栈。[88]

比方说，在殖民者与政府的下一次重大冲突中，乔治就没有参与抗议。那次冲突与代役税有关，麦考利坚称殖民者应该就他们刚刚分到的土地缴纳代役税。早在 1783 年，盖伊·卡尔顿爵士就曾提出对分给效忠派的土地不收任何租金或费用：他知道美国人把这些费用看作税收，还提出"无论如何，代役税迟早会变成民众不安的源头"。[89] 卡尔顿一语成谶，麦考利的措施在塞拉利昂的黑人效忠派中激起了极大的不满。他们中间的许多人清楚地记得约翰·克拉克森当年在伯奇敦摩西老爹的讲坛上发出的誓言：塞拉利昂的土地不会收取任何费用。在这里，英国的诺言再度被践踏了。波士顿·金写信给克拉克森，说很多家庭都"在考虑雨季结束时离开，主要原因似乎是因为公司要求他们对自己的土地缴纳代役税"。[90] 1796 年的百户长和十户长选举大大有利于反对麦考利的候选人。[91]

即便如此公开反对这种税收方式，弗里敦的殖民者们仍在继续寻找更大的代表权。当备受人们憎恶的麦考利终于在 1799 年离职（他带走了一些非洲人，想让他们激动地品尝一下英国的文明）时，黑人效忠派抓住这个时机，要求更多的自治权。他们再次表达旧怨，要求有权任命自己的法官，不出所料，公司董事会拒绝了这个要求。但不满情绪经过数年的积累，这一争议把某些弗里敦居民推向了爆发的边缘。有些百户长和十户长不愿意再为持续的侵犯和限制代言，发起了一场运动，最终演变为效忠派政变。1800 年 9 月，他们发布了自己的法典，正式宣布为独立政府。[92] 他们选出了自己的总督，此人就是 1793 年被派往伦敦的特使之一艾萨克·安德森（Isaac Anderson）。他们还组织起自己的武装。在滕内人小首领汤姆王的默许支持下，黑人效忠派叛军们在弗里敦城外的一座桥上建起了自己的阵地，准备为他们自己的政府而战。

在那闷热的一周，弗里敦附近的黑人效忠派不得不再次作出选择，要么继续效忠，要么加入叛军。这是所有的难民效忠派社群向帝国权威提出的最大的一次武装挑衅，让我们有这样一个罕见的机会，洞悉这些英国臣民多年坚守效忠立场，到头来手中又剩下了什么。眼前的一切让戴维·乔治踟蹰不前。几年前曾有一个引发争议的婚姻法旨在整治黑人们"放荡的"性道德，连他也因为愤怒而动摇到了叛乱的边缘，但一想到会有暴力，他还是退缩了。[93] 乔治没有参加这次叛乱的最大原因也是害怕暴力。这一事件再次证明了他对权力的忠诚，正如革命曾经证明他在牙买加的老朋友乔治·利勒忠于帝国一样。然而他周围一半的殖民者都采取了相反的立场。他们曾在大西洋两岸为自由而战，此前多少次被镇压被压制，不愿意看到自我肯定的努力再度以老一套的压制而告终。

然而如果说黑人效忠派没准备投降，那么白人政府也没打算屈服。总督在汤姆王有机会公开参与之前

就采取干涉行动，发起了对叛军的猛烈打击。在桥上
的一次战斗中，英国军队很快便彻底击败了叛军，杀
死2人，俘虏30人。其他人大多被捕获于灌木丛中。
弗里敦自治政府未来的第一位黑人统治者艾萨克·安
德森被判绞刑。二十几位叛军首领因为参与起义而被
逐出该殖民地，其中就有二十多年前从乔治·华盛顿
的弗农山庄逃跑的奴隶哈里·华盛顿。还有一位被流
放者也曾是奴隶，后来给自己取名为不列颠·自由
（British Freedom）。[94] 发生在弗里敦的非裔美国人
革命结束了，不管作为美国人还是英国人，他们追求
更多自由的努力也都就此中断。

\*

    1800年叛乱是自弗里敦殖民地建立以来，围绕臣
民权利爆发的一系列冲突的最高潮。它突出了在约克
敦投降十年之后建立的弗里敦本身如何巩固了在效忠
派大流散中凸显出来的那些规律。和在巴哈马群岛制
造麻烦的那些东佛罗里达难民一样，弗里敦的黑人效
忠派殖民者也经历了两次迁徙，他们在北美内化了对
英国官方深深的不信任，事实证明他们已经很难克服
那种不信任了。他们想要实现更大的政治代表权（和
减少税收）的努力很像是白人效忠派在英属北美和巴
哈马群岛所进行的类似斗争。他们用来主张自己权利

的工具——请愿、代表、选举——也都是白人效忠派
用过的。面对白人统治者的不妥协，这些失望的殖民
者中有一些人甚至和他们之前的美国爱国者一样，与
帝国官方彻底决裂，煽动武装叛乱。

但时代已经不是 1776 年，甚至不是 1780 年代中
期了；现在是 1800 年。曾经是该殖民地精神导师之
一的威廉·威尔伯福斯嘲讽地说，塞拉利昂的黑人效
忠派"简直是雅各宾派，好像一个个曾在巴黎受过训
练和教育似的"。[95]（他还不如说是在太子港，鉴于
叛军们所争取的与海地革命者奋斗的目标相似，也是
一个由自由黑人所治所享的政府。）威尔伯福斯把北
美效忠派与法国革命者相提并论，显示出他长期不懈
地追求与**家长制废奴事业**并行的反民主态度。他的嘲
讽让人们注意到，法国革命在一定程度上促使英国人
锐化了"1783 年精神"的锋芒。数次战争强化了英国
世界自上而下统治的做法，也为领土扩张提供了一个
借口。正如从威廉·威利到乔治·利勒等效忠派难民
所看到的那样，在整个帝国，法国战争对英国臣民的
忠诚提出了新的考验。

如此说来，难怪在风起云涌的 1790 年代，建立
自己定居点的弗里敦殖民者们迎头遭遇了力量非凡的
"1783 年精神"，结果好坏参半。这在他们与帝国权
威的对峙中尤其明显。统治者与被统治者之前的界限
不仅仅被镌刻以黑白种族的差异，随着战争的继续，

首都政府也加强了它的统治。1799 年，塞拉利昂公司向议会请愿，请求一份王家宪章来强化它的统治。主要是因为受到了支持奴隶制游说的影响，议会曾在 1780 年代拒绝了该公司关于王家宪章的请求。然而到 1799 年，该游说的影响早已式微，而法国即将改为共和制的前景影响了欧洲内外各个政权的稳定，使得议会对任何旨在加强中央集权的要求都开始采取偏爱的态度。1800 年，塞拉利昂公司得到了王家宪章，授权它直接管理弗里敦。国家通常会用法律的武器支持武装夺取。仿佛算准了时间，宪章在 9 月——叛乱发生仅仅几周后到达弗里敦。它干脆取消了百户长和十户长，哪怕是虚假的黑人效忠派代议制政府也被画上了句号。1807 年废除奴隶贸易之后，塞拉利昂公司本身也解散了，弗里敦变成了一个直辖殖民地，直接由白厅管理。

直辖统治的实施继而指向了由黑人效忠派广泛传播（字面意思）的"1783 年精神"的第二个方面：扩张主义计划。他们跨大西洋的出走把英国的统治延伸到了迄今还基本上没有被殖民的非洲大陆。作为定居殖民地，弗里敦的出现与英国在西非海岸上建立的功利主义奴隶贸易站形成了鲜明对比，成为帝国在该大陆进一步入侵的桥头堡。（弗里敦也成为邻近的利比里亚殖民地的范本，那是美国废奴主义者在 1820 年代建立的。）黑人效忠派的迁徙为黑人陆续到达该地树立了榜样。1800年，第二批自由黑人加入了弗里敦的效忠派：牙买加马龙人。马龙人已经有过一次追随黑人效忠派路线的行为了，他们被流放到新斯科舍，定居在大多数黑人效忠派1791年撤离的那些村庄之一。但新斯科舍与科克皮特地区天差地别，不幸的马龙人向他们够得上的每一位官员请愿，请求让他们迁往更暖和的地方居住。塞拉利昂公司欢迎他们的要求，觉得马龙人是个不错的群体，可以补充——并稀释——弗里敦那群桀骜不驯的效忠派人口。马龙人到达了弗里敦，时间正好是1800年叛乱的高潮期，真是天缘凑巧。按照政府的命令，他们一下船就被派去帮助镇压叛军——这也是帝国经典的离间和统治策略。1807年废除奴隶贸易之后，第三波黑人来到了弗里敦，他们是王家海军从被拦截的奴隶船中解放的"再度被俘者"。黑人效忠派到达之后的二十年内，他们成为自己建设的城市中的少数人口，后来人们称他们为"新斯科舍人"，以便将他们和越来越多样化的人口中的其他族群加以区分。[96] 这一标签淡化了他们与美国的联系和革命的历史，这或许是该标签被人接受的原因之一。

我们很容易把弗里敦的故事汇入一长串被违背的诺言和被浇灭的希望，尤其是考虑到该地区的近代史，更是如此。然而虽然他们的自治权受限，虽然他们的影响力极小，事实上对它的自由黑人创建者而言，"弗里敦"意义重大。这些黑人移民比其他任何效忠派难民更清楚地显示出"1783 年精神"第三个要素的持续收获：致力于自由和人道主义追求。弗里敦是这些难民为逃脱奴役而在大西洋各处迁徙的最后一个阶段。在十三殖民地，他们大多数人还是动产奴隶。在新斯科舍，他们名义上是自由人，却在各个方面受到限制：许多人成为白人的契约奴仆，从未分得足够的土地，被排除在公民参与之外。在塞拉利昂，他们始终是自由的，还向更好的生活迈进了一步：他们获得了自己的土地，以及各种各样的公民权，例如能够选举代表和参加陪审团。

此外虽然建设这个地方经历了艰难险阻，殖民者们仍能骄傲地宣称一个显而易见的成就，那就是弗里敦事实上存续了下来并日益壮大。只需看看格兰维尔镇的废墟，或者看看同一时间由塞拉利昂公司的一个分裂派系在附近的几内亚海岸建立的另一个殖民地，高下立见。几内亚海岸那个项目从一开始就设计拙劣，不到一年就以惨败告终，所有的殖民者要么死了，要么撤离了。第一批受害者中的一位就是该殖民地的测绘员，此人不是别人，正是近十年前伯奇敦的规划者本杰明·马斯顿。他死于与北美相隔万里的西非海岸，却和他曾经帮助他们定居的许多伯奇敦黑人相隔仅 300 英里。[97] 此事纯属偶然，却也沉痛地提醒人们难民生活是如此脆弱，人们彼此间却又有着千丝万缕的联系。

假如马斯顿有机会拜访弗里敦，他大概会承认，那里的一连串效忠派意见与他曾在谢尔本观察到的那些大同小异。英国人承诺的自由并没有达到托马斯·彼得斯或 1800 年的叛军们希望的程度，但是弗里敦的生活条件一方面迫使某些人揭竿起义，一方面却也强化了另一些人的效忠立场。[98] 戴维·乔治就是一例，他在伯奇敦时，对自己的权利受到侵犯最是直言不讳。而在塞拉利昂，他却很少抗议。自由和财产得到了保障，全面迫害总算告终了，眼前还有一个大有前途的讲道坛，乔治鲜有理由希望自己的政府天翻地覆。波士顿·金似乎也对未来持有同样积极的态度。和乔治一样，金也曾有机会访问英格兰，还在英国卫理公会的资助下，在那里度过了两年难忘的时光。在伦敦和布里斯托尔的礼拜堂中，金"有了一种更真诚的对白人的爱，那是我此前从未有过的"，因为"在我以前的生活中，我因为白人的残酷和不公受了很多苦头"。他得出结论，"很多白人不是我们这些可怜黑人的敌人和压迫者，而是我们的朋友，是帮助我们摆脱奴役的人"。[99] 诚然，这恰恰是金的白人听众们想听的话，他对此一定心知肚明。然而居住在一个自由黑人社会里，也的确让金获得了他从未有过的安全感和自信心。他再也不会像在南卡罗来纳时那样遭受鞭打和酷刑，再也不会像在纽约时那样常常噩梦缠身，梦到主人又回来抓他了。他再也不会在冰天雪地的伯奇敦"因为饥寒而日渐憔悴"。[100] 来自北美的政治抱负或许没有在非洲生根，但那并没有使殖民地难以维系，甚至也不一定让它的居民大失所望。的确，事实证明，包括乔治和金在内的福音派基督教与塞拉利昂公司的教化使命十分契合。

至少还有另一个来到弗里敦的效忠派在这座城市那个充满希望的名字中听到了共鸣。1798 年春天的一个傍晚，扎卡里·麦考利总督步入自己的广场，看到"一个非常奇怪和有趣的人"站在暮色中。"他衣着寒酸，但气质和举止有一种引人注目的威严……他的目光坚定无畏，有一种勇往直前的精神。"麦考利"颇感困惑，甚至无法猜出他来自何方"。而陌生人介绍自己说："'先生，'他说，'我名叫威廉·奥古斯塔斯·鲍尔斯，是克里克印第安族的首领。'"弗里敦对鲍尔斯意义重大，因为它标志着他自己逃离了监禁。鲍尔斯最后一次在帝国官员们的意识中一闪而过还是1792 年，那年他被西班牙人俘虏，然后被送往菲律宾。1798 年，他的西班牙"捕快们"决定把他转交给法国盟友，就把他送上了一艘开往欧洲的船。海船沿西非海岸北上期间，鲍尔斯一直暗中观察，等待着逃跑的机会。当一艘敌船从他自己乘坐的船旁经过时，他终于等来了盼望已久的奇迹。他收拾起自己的一小包衣服，动用全部的智慧溜到旁边那艘船上——那艘船随后驶入弗里敦时，鲍尔斯再次回到大英帝国的领土，重新获得了自由。[101]

鲍尔斯受到麦考利的热情接待，他为弗里敦画了一幅漂亮的素描，整齐的白色住宅温馨地排列着，背后是群山巍峨。[102]这座城市是新的帝国地盘中的一个开拓性殖民地，为"1783年精神"注入了鲜活的生命力。当他在另一片大陆的边缘眺望大西洋时，鲍尔斯觉得自己的扩张主义梦想重新燃起了希望。他和身边那些黑人镇民们都属于因美国革命而流离失所的（6万名）效忠派。他们一起挑战质疑、一起从中获益，也共同参与建设了一个全新的大英帝国。如今另一场革命战争正在全球范围内重新定义各个政权，在继续前进的大英帝国中，他们中的任何人又将继续扮演怎样的角色呢？

## 注　释

1　"An Account of the Life of Mr. David George …" in Vincent Carretta, ed., *Unchained Voices: An Anthology of Black Authors in the English-Speaking World of the Eighteenth Century* (Lexington: University of Kentucky Press, 1996), pp.338-340.

2　"An Account of the Life of David George," in Carretta, ed., pp.340, 348 n.48.

3　James W. St. G. Walker, *The Black Loyalists: The Search for a Promised Land in Nova Scotia and Sierra Leone, 1783-1870* (London: Longman, 1976), pp.23-32; Ellen Gibson Wilson, *The Loyal Blacks* (New York: Capricorn, 1976), pp.100-102, 108-11 (Peters quote p.109); Robin W. Winks, *The Blacks in Canada: A History*, 2nd ed.

（Montreal: McGill-Queen's University Press, 1997）, p.36.

4　"Memoirs of the Life of Boston King," in Carretta, ed., p.360.

5　Walker, pp.40-41; Winks, pp.37-38. 这样的术语滑移让我们很难了解在 1784 年谢尔本和伯奇敦的花名册中列出的那 396 位 "仆人" 中，究竟有多少是被奴役的。

6　约翰·克拉克森的备忘录，BL: Add. Mss.41626B, ff.15-16。该文件中包括许多新斯科舍黑人效忠派受虐待的记录。

7　Walker, pp.50-51. 关于效忠派新斯科舍的奴隶制，见 Barry Cahill, "Habeas Corpus and Slavery in Nova Scotia: *R. v. Hecht, ex parte Rachel, 1798*," *University of New Brunswick Law Journal* 44（1995）: pp.179-209。

8　Wilson, pp.95-96.

9　晚宴一事是托马斯·克拉克森讲述的，引自 Wilson, pp.177-178。

10　《托马斯·彼得斯等人致国王陛下的重要国务大臣之一，尊敬的 W. W. 格伦威尔阁下的备忘录》，NA: FO 4/1, ff.421-423。

11　他从新斯科舍出发的时间一定与威廉·奥古斯塔斯·鲍尔斯从斯科舍出发前往英国寻求对马斯科吉国的支持的事件大致相当。这使得 Wilson 充满想象力地提出，两人一定是乘坐同一条船前往英国的。Wilson, pp.179-180.

12　Wilson, pp.149-150.

13　关于这一穷苦黑人项目，最完整的叙述见 Stephen J. Braidwood, *Black Poor and White Philanthropists: London's Blacks and the Foundation of the Sierra Leone Settlement, 1786-1791*（Liverpool: University of Liverpool Press, 1994）, pp.129-160。但又见 Wilson, pp.144-153; Simon Schama, *Rough Crossings: Britain, the Slaves, and the American Revolution*（London: BBC Books, 2005）, pp.190-197; Cassandra Pybus, *Epic Journeys of Freedom: Runaway Slaves of the American Revolution and Their Global Quest for Liberty*（Boston: Beacon Press, 2006）, pp.111-119; Alexander X. Byrd, *Captives and Voyagers: Black Migrants across the Eighteenth-Century British Atlantic World*（Baton Rouge: Louisiana State University Press, 2008）, pp.139-153。伊奎亚诺在其自传中讨论了这一计划: Olaudah Equiano, *Interesting Narrative of the Life of Olaudah Equiano*（New York: Penguin Books, 2003）, pp.226-231。

14　"Treaty for 1788," NASL.

15　Granville Sharp, *A Short Sketch of Temporary Regulations（Until Better Shall be Proposed）for the Intended Settlement on the Grain Coast of Africa, Near Sierra Leona*, 2nd ed.（London: H. Baldwin, 1786）, p.34.

16　David Hancock, *Citizens of the World: London Merchants and the Integration of the British Atlantic Community, 1735-1785*（Cambridge, U. K.: Cambridge University Press, 1995）, pp.1-2.

17　A. M. Falconbridge, *Narrative of Two Voyages to the River Sierra Leone during the Years 1791-1792-1793*, 2nd ed.（London: L. I.

Higham, 1802), pp.32-33.

18 Falconbridge, p.64.

19 "Manuscript Orders from the Directors of the Sierra Leone Company," ca.1791, NASL, p.5.

20 亨利·克林顿爵士致 Evan Nepean, 1790 年 12 月 26 日, NA: FO 4/1, f.416。

21 托马斯·彼得斯致格伦威尔勋爵的备忘录, 1790 年 12 月 24 日前后, NA: FO 4/1, ff.419-420。

22 Henry Dundas 致托马斯·卡尔顿, 1791 年 8 月 6 日, NA: CO 188/4, f.215。

23 引自 Wilson, p.186。

24 威廉·威尔伯福斯致约翰·克拉克森, 1791 年 8 月 8 日, BL: Add. Mss.41262A, f.5; 托马斯·克拉克森致约翰·克拉克森, 1791 年 8 月 28 日, f.11; Henry Thornton 致约翰·克拉克森, 1791 年 12 月 30 日, f.44; 托马斯·克拉克森致约翰·克拉克森 [1792 年 1 月], ff.64-74。

25 卡尔顿致 Dundas, 1791 年 12 月 13 日, NA: CO 188/4, ff.239-240。

26 克拉克森日记, 1791 年 10 月 8 日, NASL, p.16。克拉克森的日记原本散开, 部分流失了。本书中 1791 年 3~12 月那部分日记的引文摘自塞拉利昂国家档案馆的克拉克森日记手稿。1791 年 12 月至 1792 年 3 月的引文摘自纽约历史学会以下书籍的缩微胶卷: Charles Bruce Fergusson, ed., *Clarkson's Mission to America, 1791-1792* (Halifax: Public Archives of Nova Scotia, 1971); 1791 年 3~8 月的引文摘自一份日记原本的缩微胶卷, 也存于纽约历史学会。克拉克森 1792 年 8~11 月的日记曾刊登于 *Sierra Leone Studies* 8 (1927): 1-114。

27 这份传单的副本见 PANS: RG 1, vol.419 (reel 15460), item 1。

28 "Memoirs of the Life of Boston King," in Carretta, ed., pp.363-364.

29 Lorenzo Sabine, *Biographical Sketches of Loyalists of the American Revolution*, 2 vols., 2nd ed. (Boston: Little, Brown and Company, 1864), II, pp.307-308.

30 斯蒂芬·斯金纳致 Colonel William Shirriff, 1791 年 11 月 2 日, NYHS: Stephen Skinner Letterbook。

31 约翰·克拉克森备忘录, BL: Add. Mss.41262B, f.15。

32 "An Account of the Life of David George," in Carretta, ed., p.340.

33 克拉克森日记, 1791 年 10 月 25 日, NASL, p.32。

34 克拉克森日记, 1791 年 10 月 26 日, NASL, pp.33-34。

35 克拉克森日记, 1791 年 10 月 26 日, NASL, p.37。

36 克拉克森日记, 1791 年 11 月 2 日, NASL, p.41。

37 克拉克森日记, 1791 年 10 月 28 日, NASL, p.38。

38 Byrd, pp.177-199.

39 "Bill of fare—for Victualling the free Blacks to Sierra leone," PANS: RG 1, vol.419 (reel 15460), item 18.

40 托马斯·彼得斯和 David Edmons 致克拉克森, 1791 年 12 月 23 日, BL: Add. Mss.41262A, f.24。

41 克拉克森日记, 1791 年 12 月 23 日和 26 日, NYHS, pp.115, 118。

自由的流亡者

42  Wilson, p.225.

43  克拉克森日记，1791 年 12 月 13 日，NYHS, p.104。

44  "An Account of the Life of David George," in Carretta, ed., p.340; "Memoirs of the Life of Boston King," in Carretta, ed., p.364; Clarkson Diary, January 15 to March 6, 1792, NYHS, pp.161–168.

45  "An Account of the Life of David George," in Carretta, ed., p.340.

46  克拉克森日记，1792 年 3 月 11 日，NYHS, p.171; "An Account of the Life of David George," in Carretta, ed., p.340。

47  克拉克森日记，1792 年 3 月 6 日，NYHS, p.168。

48  克拉克森日记，1792 年 3 月 7 日，NYHS, p.169。

49  克拉克森日记，1792 年 3 月 18 日，NYHS, pp.180–181。

50  地块分别列于 "Names of Settlers Located on the 1st Nova Scotian Allotment," NASL。

51  克拉克森日记，1792 年 3 月 20 日和 27 日，NYHS, pp.8, 37. Anonymous Journal, March 15, 1792, BL: Add. Mss.41264, f.13. Falconbridge, p.162。

52  Falconbridge, p.148.

53  "Memoirs of the Life of Boston King," in Carretta, ed., p.364.

54  克拉克森日记，1792 年 4 月 5 日，NYHS, p.74。

55  克拉克森日记，1792 年 5 月 4 日，NYHS, p.169。

56  克拉克森日记，1792 年 3 月 27 日，NYHS, p.43。

57  Wilson, pp.240–244. 酒鬼是军医贝尔医生和商业代理人亚历山大·福尔肯布里奇。

58  克拉克森日记，1793 年 6 月 23 日，NYHS, p.312。

59  克拉克森日记，1792 年 3 月 22 日，NYHS, pp.20–21。

60  克拉克森日记，1792 年 6 月 15 日，NYHS, p.293。

61  克拉克森日记，1792 年 4 月 8 日，NYHS, p.86。

62  克拉克森日记，1792 年 6 月 26 日，NYHS, p.324。

63  克拉克森日记，1792 年 5 月 19 日，NYHS, pp.221–222。

64  克拉克森日记，1792 年 5 月 29 日，NYHS, p.248。

65  克拉克森日记，1792 年 4 月 8 日，NYHS, pp.81–84。

66  匿名日志，1792 年 4 月 11 日，BL: Add. Mss.41264, f.27。

67  克拉克森日记，1792 年 7 月 25 日，NYHS, pp.388–389。

68  克拉克森日记，1792 年 7 月 30 日，NYHS, p.400。

69  Walker, p.181; Wilson, p.293.

70  Falconbridge, p.169.

71  祈祷文和礼物清单，BL: Add. Mss.41262A, ff.210–20; 艾萨克·杜波依斯的日志，BL: Add. Mss.41263, f.1。

72  《告别请愿》，1792 年 11 月 28 日，见 Christopher Fyfe, ed., "Our Children Free and Happy" : Letters from Black Settlers in Africa in the 1790s（Edinburgh: Edinburgh University Press, 1991），pp.30–31。

73  "An Account of the Life of David George," in Carretta, ed., p.341.

74  扎卡里·麦考利的日志，1794 年 9 月 28 日，Zachary Macaulay Papers, Henry E. Huntington Library [ Harvard College Library: Microfilm

A 471, reel 3）；Schama, pp.368–371；Wilson, pp.317–320；David George 致 John Rippon, 1794 年 11 月 12 日, in Carretta, ed., pp.343–344。

75　Wilson, pp.318, 21.

76　Luke Jordan, Moses Wilkinson et al., November 19, 1794, in Fyfe, ed., pp.43–44.

77　Luke Jordan 和 Isaac Anderson 致克拉克森, 1794 年 6 月 28 日, 见 Fyfe, ed., p.42。

78　James Liaster 致克拉克森, 1796 年 3 月 30 日, 见 Fyfe, ed., pp.49–50。

79　Christopher Fyfe, *A History of Sierra Leone*（Oxford: Oxford University Press, 1962）, pp.49–50；Walker, p.176；Wilson, p.288.

80　Falconbridge, p.205.

81　Falconbridge, p.210.

82　艾萨克·杜波依斯的口志, 1793 年 1 月 7 日, BL: Add. Mss.41263, f.3。这对夫妇生了一个儿子 Francis Blake DuBois, 他的一个儿子又被命名为约翰·克拉克森·杜波依斯。非裔美籍学者 W. E. B. 杜波依斯有一半血统来自巴哈马白人, 他猜想自己的祖先就是效忠派, 曾好奇自己有无可能与艾萨克·杜波依斯有关系, 他知道后者曾在巴哈马群岛上有分得土地。由于杜波依斯去世前最后几年是在西非度过的, 此间的联系就更令人好奇了——他前往西非是受到自己黑人祖先的吸引, 却几乎不知道自己是不是也有白人祖先住在这片大陆上, 如艾萨克·杜波依斯。W. E. B. DuBois, *Dusk of Dawn: An Essay Toward an Autobiography of a Race Concept*（New Brunswick, N. J.: Transaction Books, 1984）, p.105.

83　"Settlers' Petition," in Fyfe, ed., p.38.

84　Falconbridge, p.255.

85　Wilson, pp.295–297.

86　Walker, pp.178–180；Pybus, pp.178–180.

87　Nathaniel Snowball 和 James Hutcherson 致克拉克森, 1796 年 5 月 24 日, 见 Fyfe, ed., p.52。

88　Walker, p.205.

89　盖伊·卡尔顿爵士致悉尼, 1783 年 3 月 15 日, NYPL: Carleton Papers, Box 30, no.7139. Walker, p.219。

90　波士顿·金致克拉克森, 1797 年 6 月 1 日, BL: Add. Mss.41263, f.147。

91　Pybus, pp.189–190.

92　该文件抄录于 Fyfe, ed., pp.63–64。

93　Walker, pp.208–209.

94　Pybus, pp.198–202；Walker, pp.228–235；Wilson, pp.393–395.

95　引自 Fyfe, p.87。

96　到 1811 年, 982 个新斯科舍人里已经有 807 个马龙人。"Columbine 总督下令进行的塞拉利昂境内房屋和人口普查, 1811 年 4 月。" 见 Liverpool 致 Maxwell, 1811 年 11 月 20 日, NASL: Secretary of State Despatches, 1809–［1811］, pp.155–156；Fyfe, pp.114–115。

97 Philip Beaver, *African Memoranda: Relative to an Attempt to Establish a British Settlement on the Island of Bulama* (London: C. and R. Baldwin, 1805), pp.115-116. Deirdre Coleman, *Romantic Colonization and British Anti-Slavery* (Cambridge, U. K.: Cambridge University Press, 2005), pp.80-89.

98 关于黑人效忠立场的发展过程，见 Byrd, pp.245-246。

99 "Memoir of the Life of Boston King," in Carretta, ed., pp.365-366.

100 "Memoir of the Life of Boston King," in Carretta, ed., p.360.

101 扎卡里·麦考利的日志，1798 年 5 月 28 日，Henry E. Huntington Library [Harvard College Library: Microfilm A 471, reel 3]。这是鲍尔斯向麦考利讲述的事件版本，还有另一个故事版本提出，他乘坐的船只受到了王家海军的袭击。J. Leitch Wright, *William Augustus Bowles: Director General of the Creek Nation* (Athens: University of Georgia Press, 1967), pp.93-94。

102 该图片被作为以下书籍的扉页插图：Thomas Winterbottom, *Account of the Native Africans in the Neighbourhood of Sierra Leone*, 2 vols. (London: C. Whittingham, 1803)。

LAKE SUPERIOUR

UPPER

CHIPPEWAYS

TERRITORY

OTTWAS

LAKE MICHIGAN

LAKE HURON

MICHIGAN TERRITORY

CHIPPEWAS

DETROIT

WYANDOTS

LAKE ERI

INDIANA

CHILICOTHE

TERRITORY

VINCENNES

VI
R

Philadelphia Published

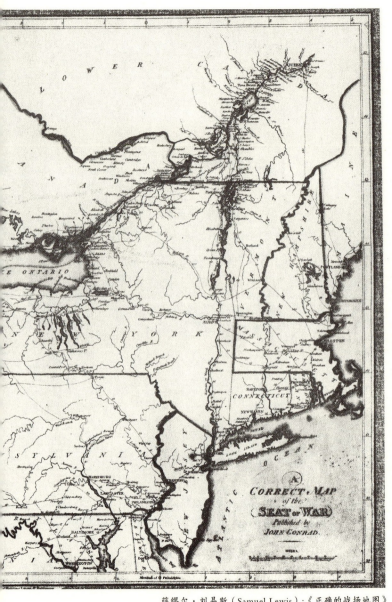

萨缪尔·刘易斯（Samuel Lewis）：《正确的战场地图》
（*A Correct Map of the Seat of War*，1815）。

自 由 的 流 亡 者

## 第十章　自由帝国

世纪之交，效忠派难民散布在整个大英帝国，从再度繁荣起来的英属北美诸省的数万殖民者，到帝国的最远边界澳大利亚的区区几个人。不管他们迁居到了哪里，到 19 世纪初，每个人都以不同的方式受到了"1783 年精神"的影响。他们也目睹了帝国再次经历与法国作战的考验。对塞拉利昂的殖民者们来说，那场战争使帝国加强了对他们的统治。而对一个难民家族，即纽约的鲁宾逊家族来说，散居于帝国各处的家族成员们却非常直接地感受到了帝国的全球触角。

整个家族的大家长贝弗利·鲁宾逊于 1783 年撤退至英格兰，为他被没收的地产寻求赔偿，并为孩子们一一安排了前途光明的职业发展道路。1792 年，他在宁静的桑伯里村去世了，那里位于巴思附近的格洛斯特郡（Gloucestershire）。但假如这个纽约人能活到新世纪，想必会为自己对孩子们的投资取得了巨大回报而兴奋不已。鲁宾逊的子孙们作为帝国军人开启了自己的环球大流散。鲁宾逊的四子弗雷德里克·菲利普斯·菲尔·鲁宾逊实际上已经成为整个家族在英格兰的家长。菲尔是个职业军人，曾参加过美国革命的最后一次行动，于撤离日当天行军离开纽约市，他从法国革命战争一开始就加入了战争洪流，曾参与了1793年西印度群岛的一次进攻。1794年因伤残回国后，一直留在英格兰负责招募新兵，享受着一个军人在战争期间不同寻常的安定生活。他的母亲和两个未婚的妹妹都在桑伯里过着平静的日子，但哥哥们却四散在各处。两个哥哥随军在帝国各处流动，另外两个住在新不伦瑞克，包括大哥小贝弗利·鲁宾逊，他住在弗雷德里克顿城外的大庄园上，早已成为该省精英阶层中的一员。[1]

1799年11月的一天傍晚，在贝德福德（Bedford），菲尔·鲁宾逊和妻子陪着从桑伯里前来拜访他的母亲和妹妹坐在家中温暖的炉火边。家人们在客厅里闲聊时，一个年轻人来到了门口。他们不认识他，却看他多少有些面熟。访客就是菲尔的亲侄子亨利——小贝弗利的次子。他们上次见"小哼唧"——这是祖父过去对他的昵称——他还在英军占领的纽约城里蹒跚学步呢。现在16年过去了，亨利·克林顿·鲁宾逊已经长大成人，从新不伦瑞克来探访他们，刚刚下船。

一时间大家全都愣住了，亨利像舌头打了结一样磕磕巴巴，老迈的鲁宾逊夫人猛然看到仪表堂堂的孙儿，"先是不知所措"。"但随后她就老泪纵横，"菲尔在写给贝弗利的信中激动地说，"也和我们一样，又是问候，又是打听。""亨利对我们的轮番提问应接不暇"，向他们报告北美的消息，父母如何，许多兄弟姐妹都过得怎么样。"我们都很喜欢他，"骄傲的叔叔说，"一定会尽力让他像在自己家里一样快乐自在。"[2]

在贝德福德的壁炉旁享受天伦之乐的另一面，是鲁宾逊家族无法忘怀的永恒现实。大英帝国永远都在作战。菲尔几乎每天都在应对战争的要求，努力寻找健康的志愿者，为这场不断扩大的冲突填补军队的空缺。就连亨利45岁的父亲小贝弗利也曾响应号召，在新不伦瑞克的民兵组织服役，这个经历一下子把他带回到了他最初在美国革命中当兵的日子。如今亨利又带着鲁宾逊家族的新一代人卷入了一场新的革命战争。凭借着他那些人脉深远的亲戚的帮助，他在一个很好的军团里获得了少尉官职，旋即开始了自己的职业生涯，它恰恰突出了战斗的全球性质。

他的战争生涯始于地中海。他驶入马耳他，来到了"最为壮观的"瓦莱塔港（Valletta），对着那些像鲨鱼齿一样伸入海水的防御工事惊叹不已。[3] 他的军团从那里继续前进，来到了更令人啧啧称奇的目的地：埃及，那里自1798年起一直被法国人占领。亨利在那里参加了英国在中东的首次重大军事进攻。他写信给叔叔菲尔，上气不接下气地描述自己的冒险。"他对看到的一切似乎过于惊奇了，但也不无道理，"菲尔向小贝弗利报告说，"生活在转瞬之间发生了这么多巨大变化，或许是他这个年纪的小伙子们从未经历过的；从和平安宁的<u>圣约翰河</u>两岸穿山越海，一直到<u>埃及</u>的战争场景中！"[4]那里酷暑难当，无数裹着头巾的人走在干燥的街上，天干地燥，不时传来宣礼员的声音，骆驼在嚼草，阳光、高温，还有那么多明晃晃的沙子：新不伦瑞克早已远在天边。然而每当亨利和他军团里的另一位效忠派之子待在一起时，"我们总会［在想象中］回到北美"。[5]

亨利回到马耳他后，听说英国和法国即将于1802年签订《亚眠条约》①。但那只是一段令人不安的短命的和平，很快就被拿破仑·波拿巴野心勃勃的法国扩张计划打破了。亨利那时已经去了直布罗陀，那里如今和四十年前托马斯·卡尔顿曾极力逃脱的那个边境哨所一样令人厌恶。[6]亨利抱怨说，"这真是个可厌

---

① 《亚眠条约》(Treaty of Amiens)，指1802年3月，法兰西第一共和国第一执政拿破仑·波拿巴的兄长约瑟夫·波拿巴与英国的康沃利斯侯爵代表法英双方缔结的休战条约。该条约规定英国从马耳他、直布罗陀、埃及等占领地撤军，把管治权交回马耳他的圣约翰骑士团和直布罗陀殖民地的尼德兰（当时是巴达维亚共和国），而法国从那不勒斯王国、罗马教宗领地等地撤军。

的黑洞，远离一切社会，只有一群形形色色的身穿红色军服的士兵，他们被看作战神的荣耀，事实上倒更应被称为酒神的信徒。"[7] 一位刚刚受命的新总督被授权整肃军纪，此人就是肯特公爵爱德华王子。公爵过去十年大部分时间都是在英属北美度过的，在那里和许多效忠派交好；菲尔·鲁宾逊"曾是他最喜欢的人"。[8] 亨利也赢得了公爵的青睐，遗憾的是他所在的军团却没有。公爵整治军队违纪最终引起了一场哗变，带头的正是亨利军团的人。公爵因自己的行动被召回英国，该军团则受到了更严厉的惩罚。他们被送到了英国领地中死亡率最高的哨所：西印度群岛。

亨利尽量粉饰此事："一想到和我敬爱的父母之间的距离近了这么多，想到不久就能见到他们了，我就满心欢喜，即将遭遇的困难都不算什么了。"他对父母说，如果运气好的话，"军团会幸运地被安排驻在牙买加"，"威廉叔叔写信给我说"在那里他能"给我比其他任何地方更多的照顾"，而且"纽金特将军是总督，你们知道的，他娶了威廉叔叔的小姨子"。[9]亨利在多巴哥驻军后，又开心地给家人写信（还寄去了几箱菠萝）："我身体很好，精神也不错，"他对母亲说，"这个小岛很健康，我也是。"[10]然而到1805年初，亨利就死了，死于"致命的西印度群岛"。而此前刚刚有个弟弟服役期间在新不伦瑞克溺水而亡。[11]他的母亲悲痛万分，写信给她在英格兰的妯娌说:"我还不够坚强,无法提及那些让我心碎的话题……我们曾经充满欢笑的家变得四分五裂,两个最繁茂的分支被永远隔绝……此刻我觉得我对幸福的全部希望都跟我的孩子们一起被埋葬了。"[12]

菲尔·鲁宾逊也很难过,他对两个侄子都视如己出,而且"两个孩子出事的时间相隔那么近,哪怕是世界上最严厉、最冷漠的哲学,也无法帮助你鼓起勇气应对这样的人生考验"。[13]然而就在他为这双重悲剧伤心欲绝时,他还有好消息要报告给大哥贝弗利。"鲁宾逊家族在这个国家时来运转了。"他们的兄弟莫里斯得到了一个薪资丰厚的任命:直布罗陀的兵营副主管,事实上相当于总参谋长。最小的弟弟威廉·亨利·鲁宾逊则被任命为牙买加的兵站总监,这个职位的薪水也很不错,以至于菲尔觉得"威廉此生可以自食其力了"。[14]菲尔本人则被提升为陆军中校,后来又踏上了自己的建功立业之路,成为半岛战争中英国军队的指挥官。牙买加、葡萄牙、直布罗陀、埃及——鲁宾逊家族这才刚刚开始成就大业。从1800~1815年,他们出现在拿破仑战争的每一个重要战场上,包括他们昔日的家园——周围的战场。1812年,英国和美国之间的战争爆发了,重演了三十年前导致鲁宾逊家族离散的那场冲突。菲尔·鲁宾逊前往北美为英国而战,而那时他有几个侄子已经搬回纽约定居了。

当美国革命已成为 18 世纪的陈年往事，效忠派该如何适应这个不断变化的帝国世界呢？鲁宾逊家族在不同大陆间的流动可算是一个答案。到 19 世纪初，许多效忠派难民已经完全融入了大英帝国，以至于他们自己的美国出身已经基本上被人遗忘了。除了他们作为英国臣民出生在殖民地，且为保留这一身份而自愿迁往他处定居这一事实之外，能够分辨这些北美效忠派的独特之处越来越少了。最能生动体现难民们融入扩张帝国的人，莫过于少数前往印度的效忠派。那是一片如此辽阔、如此绚烂的疆域，它本身就堪比一个帝国，他们中的有些人沉迷于在那里看到的一切，完全"入乡随俗"了。他们走出美洲的路线与帝国本身的东移并行，因为印度已经代替北美殖民地，成了大英帝国的经济和战略中心。

不过虽然少数效忠派参与了帝国在亚洲的势力攀升，大多数难民仍留在大西洋世界，有一半人始终住在北美一地。他们的经历表明，虽然南亚的重要性与日俱增，大西洋地区仍然是这一全球帝国的重要组成部分，在定义治理模式方面尤其如此。对北美的效忠派来说，19 世纪初也封堵了他们的去路。那不完全是因为随着时间的流逝，他们与故土的联系疏远了——的确不是，有些人（包括鲁宾逊家族的人）甚至回到了美国；而是因为北美本身的政治和社会格局也在转变，在美国边境的两侧都是如此。1812 年，当美国人和英国臣民再度被战争分裂时，人们突然明白了自革命以来发生了怎样翻天覆地的变化，又有多少事情还是原封未动。1812 年战争在部分程度上是美国革命的遗产，起因于英国和美国之间持久的紧张关系。和先前那场冲突一样，它呼吁英国臣民高扬对帝国的忠诚，并锐化了英国臣民与美国公民之间的差别。然而当年的革命曾引发了大规模迁徙，而 1812 年战争却起到了团结英属北美的白人、黑人和印第安人的作用。它为绝大多数难民的迁徙之路画上了句号，同时也改变了此后效忠立场在北美所激起的反响。

效忠派的流散路线顾名思义就是沿着许多方向进行的。然而如果有人想了解他们在离散一个世代之后处境如何，从帝国过去和未来的两大支柱——北美和印度——可以获得很好的历史观点。这两大支柱位处一个全球帝国的两侧，以它们为出发点，就能清楚地看到自 1783 年以后，个体效忠派和大英帝国跨越了怎样的历程。然而无论是帝国还是效忠派，意义都已今非昔比。

\*

在他短暂的一生中，亨利·克林顿·鲁宾逊以英国军人的身份转战于好几个大陆，从北美到北非，从地中海到加勒比海。然而他的大哥也跨越了一个帝国边境，虽不算遥远，却意义重大。"亲爱的母亲，我乘船经过了一段很短却波涛汹涌的航程之后，终于到达了目的地……身体健康，"1796 年，贝弗利·贝夫·鲁宾逊三世在寄往新不伦瑞克的家信中写道，"我发现，这座我出生的城市和未来的家又在接纳流亡者了。"[15] 他"出生的城市"当然是纽约，他 1779 年在那里出生，并由查尔斯·英格利斯施洗礼。他多半已经不大记得这个他四岁就离开的地方了，但不论如何，这个城市已历经沧海桑田。自他出生到现在，美国人口增加了大约一倍，纽约市的人口仅在过去十年间就翻了一番。这座城市曾经短暂地做过新国家的政治首都，且一直是它的商业中心。来自欧洲、西印度群岛和准备东去的船只密密麻麻地停泊在港口；交易商们挤在华尔街唐提咖啡屋（Tontine Coffee House）的房间里交易股票和钞票，那是纽约证券交易所的前身。

贝夫来纽约学习法律，几年后他便获得了学位，认为自己是"一个独立公民"，完全能够自立了。[16]（他的成功鼓励了另一位兄弟莫里斯，后者也在 1802 年来纽约和他团聚了。）1805 年，贝夫娶了他的法律合伙人威廉·杜尔（William Duer）的妹妹范妮·杜尔（Fanny Duer）。他们的婚姻弥合了前面一代人不情不愿的分离。当年贝夫·鲁宾逊的父亲和祖父在革命期间建立自己的效忠派军团之时，杜尔兄妹的父亲是纽约的议员，他们的祖父则是有名的爱国者将领。[17] 贝夫和范妮急切地盼望着自己的第一个孩子出世时，贝夫敦促父亲来纽约看一看。他渴望"带你逛逛这片世界上最美丽的国土之一"，并幻想着与家人团聚在繁花盛开的树荫下、硕果累累的果园里。当天气渐冷，白天越来越短暂时，"我们可以在冬夜里聚在我那个小小的壁炉周围度过最温馨的时光，白天，你可以尽情满足自己的好奇心，去参观你年轻时常常光顾的地方，看看你出生的这座城市这些年来有怎样巨大的发展和变化"。[18]

至于他的父亲曾在内战结束时逃离纽约，被他"出生的"国家剥夺了身份和财产一事，贝夫好像并没有放在心上。他年纪太小，已经不记得英军占领的最后几个月，效忠派担心自己被排挤、被迫害乃至更糟的紧张形势。他对美好未来的展望恰恰表明从那时到现在，世界早已今非昔比。针对效忠派的暴力到1784 年就已基本停止了——部分原因是那么多人实际上都从英国占领的城市中撤离了，但也同样证明了意识形态的灵活性，也证明了很多人仍然是忠于王权的，正是这一点使得北美殖民地的许多人当初迟迟不愿挑明立场。[19] 相反，爱国者与效忠派之间的旧的对立已经被纳入了党派政治的分立，前效忠派绝对站在联邦主义者一方，主张建立强力的中央政府。（他们的共和派政敌则高调指控他们希望复辟君主制。）

关于效忠派重新融入的主要争论不再发生在大街上，而是发生在法庭里。一个棘手的问题事关如何定义谁是美国公民，谁是英国臣民。由于英国法律规定一切生于本土的臣民（包括在 1776 年前出生在殖民地的美国人）将永远效忠君主，就很难把美国公民从这个大杂烩中分离出来。效忠派这群人为美国法庭确定公民身份提出了关键的考验，一连串案例最终确定了一个主动效忠的原则，规定 1776 年前出生的个人有权在公民身份和臣民身份之间作出选择。（围绕这些定义的争议将在 1812 年战争前的那几年里再度激化。）[20] 另一个更为直接的法律问题事关对效忠派的报复。《巴黎条约》第六条规定各州不得因效忠派在战时的归属而迫害他们。该条约中还险些包括一个由国会提议的、禁止被流放效忠派回国的举措。[21] 然而许多州反对这些条款，认为这是联邦政府侵犯各州主权，因而还是通过了形形色色的反对效忠派的法律，直接违反了条约的条款。[22] 纽约作为战争期间英国最大的据点，就前效忠派应该享受怎样的权利和保护的问题发生了尤其激烈的争论。《巴黎条约》签署之后，在纽约没收效忠派的财产的事例事实上还增加了。[23]《联邦党人文集》（*Federalist Papers*）的作者之一亚历山大·汉密尔顿 1782 年在纽约市开始自己的律师生涯时，就坚决反对通过敌视前效忠派的法律。[24] "全世界的眼睛都在看着美国，"汉密尔顿在一篇流传甚广的文章中宣称，并坚称新的共和国应该宽容以前的不同政见者，"以革命的果实来为之辩护。"[25] 这一类论调最终获得了普遍支持。到贝夫·鲁宾逊在1790年代末重返纽约时，法律惩罚大多已经废除或中止了。和那些被剥夺权利和财产的效忠派的许多亲戚一样，他也在州法院奋斗多年，力图归还效忠派们被没收的财产和没有偿还的战前债务，并取得了一定的成功。

效忠派重新融入美国社会映照出英国和美国之间达成和解这一更大的过程。英国一贯希望与美国保持良好关系，部分目的是阻止共和国落入法国的势力范围。美国自身也要依赖英国这个最重要的贸易伙伴，它事实上也的确无法承担牺牲两国关系的严重后果。1793年英法战争的爆发又为双方的担忧增加了新的紧迫性。美国虽然宣布中立，以避免高昂的战争费用，但冲突还是迫使年轻的共和国如乔治·华盛顿所说的那样，"作出两难抉择，再没有什么比让我们卷入欧洲的冲突更痛苦的事了"。[26] 战争使英国和美国自1783年来悬而未决的许多问题变成了焦点。美国人尤其觉得苦恼的是英国还占据着它在五大湖区的堡垒，而没有像《巴黎条约》规定的那样，从那些堡垒中撤出。（英国为自己辩解的理由是美国没有为效忠派提供足够的赔偿。）美国奴隶主仍在叫嚷着赔偿他们在撤离期间被偷走的奴隶，而英国商人和效忠派仍然认为他们战前的债务理应得到偿还。

1794 年，前和平专员约翰·杰伊（他现在已经是美国最高法院的大法官了）前往伦敦协商解决方案。他起草了一项协议，英国可以获得抢手的贸易优惠，但须同意从西部堡垒中撤出，并同意建立委员会裁决边境事务和战争债务。（杰伊本人作为一名废奴主义者，没有敦促为被偷奴隶赔偿一事。）[27]《杰伊条约》显然对英国十分大度，因而成为美国早期历史中激起众怒的文件之一。托马斯·杰斐逊谴责它"简直就是英格兰和这个国家反对美国法律和人民的盎格鲁人之间签署的盟约"。[28] 然而事实上，与双方冲突相比，美国与英国和解能够获得更多经济和战略利益。到 1790 年代末，美国人已经不再叫嚣与英国打仗了，相反，美国正在与法国开战的边缘徘徊呢。

然而白人效忠派与爱国者、英国与美国之间达成的这一利益协调显然漏掉了英国在革命期间的一群盟友：印第安人。尤其是对莫霍克人和克里克人来说，革命的结束并没有终止暴力：它演变成了一系列持续的边境冲突。[29] 有些英国官员，比较突出的像上加拿大省督约翰·格雷夫斯·西姆科，希望继续利用印第安人盟友来守卫英属北美边界免受美国袭击。但英国首都的决策者们签署《杰伊条约》并同意撤出了五大湖区的堡垒，实质上就是为了英美和解的更大目标而把印第安人出卖了。当美国军队向着约瑟夫·布兰特的西部印第安人联盟进军时，西姆科已经无法派遣英国军队前去支援了。1794年在福伦廷伯斯之战（Battle of Fallen Timbers）中战败之后，印第安人联盟把如今俄亥俄州的大部分领土割让给了美国。

　　约瑟夫·布兰特继续在格兰德里弗的保留地运筹，试图周旋于几大帝国之间。英国根据《杰伊条约》撤出尼亚加拉堡（Fort Niagara）之后，他就失去了保护，硬着头皮招架在易洛魁人的边界上虎视眈眈的美国军队。他那个脆弱的自治领看似分裂了。他自己家族内部的一桩悲剧更是加重了他的崩溃感。1795年，布兰特那个不争气的儿子艾萨克喝醉了酒，愤怒地挥刀冲向他。布兰特抓住他的手一扭，没想到却把刀刃直直地插在了儿子的头上。两天后艾萨克因伤不治而亡。其后几年，布兰特一直把那把匕首放在他卧室的壁炉台上，每每看到它，便痛苦地忆起那些希望破灭、厄运来袭的瞬间。[30] 他开始酗酒。他试图把易洛魁人的土地出租或卖给白人效忠派殖民者，筹钱以解莫霍克人的燃眉之急，但英国人却不让他这么做：割让出堡垒之后，北美的帝国当局试图加强他们对印第安人周边地盘的控制，这样万一将来他们与美国人发生冲突，希望还能确保印第安人的忠诚。布兰特反复提到过像1775和1785年那样再次前往伦敦申诉，但他的控制力早已式微，身体也大不如前了，始终未能成行。[31]

当北方的布兰特觉得自己的势力减弱之时，南方的克里克人也面对着对英国—印第安人同盟的另一重考验，这一次牵头的仍然是威廉·奥古斯塔斯·鲍尔斯。这位自封的克里克人领导人 1798 年从弗里敦前往伦敦——多亏扎卡里·麦考利借给他 10 英镑作路费——再次寻找愿意倾听他那些把西班牙人赶出北美的计划的英国大臣。[32] 鲍尔斯不久便再次酝酿起在西南部重建克里克效忠派国家马斯科吉国的计划。通过恢复自己在伦敦的人脉（此时住在伦敦的邓莫尔勋爵坚持请鲍尔斯来晚餐时"要穿得像个埃斯塔乔卡"），鲍尔斯在白厅四处活动，又有一批人表示尽力给予支持。1799 年，他再度横跨大西洋，这一次的路费是由英国政府承担的。[33]

离开七年后，他再次回到了自己的克里克妻子所在的村庄。克里克人的地区也发生了巨大变化：他的老对头亚历山大·麦吉利夫雷死了；现在的美国印第安人事务专员正在积极"教化"克里克人，想把他们变成拥有奴隶的种植园主和消费者。[34] 不过鲍尔斯的要旨并没有变。他敦促同人们，要团结在马斯科吉国，要团结在英国人麾下，获得真正的自治权，才能抵御美国殖民者的入侵和西班牙的统治。1800 年春，鲍尔斯和 300 个印第安人一起，占领了位于墨西哥湾圣马克（St. Mark's）的西班牙军事据点，极大地鼓舞了马斯科吉国的士气。在塞尔米诺人（Seminole）

所在的遍地沼泽的米科苏基村（Miccosukee），也就是如今的塔拉哈西（Tallahassee）附近，鲍尔斯开始建设自己梦想已久的都城，计划在那里开办一份报纸，建立一所大学，还有更多雄心壮志。他私下里还在考虑马斯科吉宪法的条款。虽然这份文件未曾起草完成，但它明确表达出鲍尔斯致力于建立一个大致类似于英国的宪政制度，试图寻找一条介于共和政体和专制政体之间的中间道路。他还希望把新的一群效忠派吸引到马斯科吉来。法国革命将大约 200000 法国侨民驱逐出境，还有 15000 名难民从法属圣多明各逃往美国。[35] 按照鲍尔斯的设想，马斯科吉国将成为任何希望在开明政府领导下获得良田沃土的无家可归之人的避难天堂。[36]

　　然而那些折腾不已的政权既能帮助鲍尔斯冉冉升起，也将把他拉下政坛。大西洋两岸的政策和行政变化，再加上 1802 年的《亚眠和约》，导致鲍尔斯的国际支持网络坍塌了。最终，克里克人自己丧失了对这个哗众取宠之人的信任。感觉到当地人对鲍尔斯的支持减弱之后，美国印第安人事务代理人决定彻底除掉这个频频生事的对手。他与克里克人达成了一项合作，用债务豁免来交换割地，此外他们还同意交出威廉·奥古斯塔斯·鲍尔斯。在 1803 年 5 月的一次印第安人政务会上，一个克里克人分遣队抓住了鲍尔斯，为他戴上手铐（那是专门为此目的而请当地一位铁匠打制的），把他交给了西班牙人。鲍尔斯在不祥的旧日重现中再度被送回到十一年前被监禁的哈瓦那的莫罗城堡，然而这一次他再也没有奇迹般地逃出生天。不知是因为疾病、服毒还是绝食，鲍尔斯瘦成了一副骨架。他于1805年下半年死于哈瓦那。他的归化部族克里克人将为与美国共和国交好而付出沉重代价：四分五裂，陷入内战。[37] 部分美国军队在田纳西州上校安德鲁·杰克逊（Andrew Jackson）的指挥下，在他们的内战冲突中突然袭击，并将其作为借口，向印第安人的国土扩张。正如一个世代之前一样，在美国人歇斯底里地宣称敌人是"英国的野蛮人"的叫嚣声中，杰克逊踩在克里克人的尸体上而变成了美国的全民偶像。[38]

鲍尔斯希望在不久后即将在美国的地盘上建立亲英的效忠派国家，历史证明这是最后一次伟大的尝试，也是约翰·克鲁登和邓莫尔勋爵所倡导的政治路线的终结。鲍尔斯死后两年，约瑟夫·布兰特也去世了，至死都与英帝国政府角力。[39] 虽然布兰特建立的西部印第安人联盟将在肖尼人首领特库姆塞的领导下存续下去，但莫霍克人对帝国政府的屈服与日俱增。如果说在鲍尔斯和布兰特生前，克里克人或易洛魁人看似还能够颇有成效地周旋于几大帝国之间，建立和运作自治政权，那么他们的死无疑标志着那样的时代一去不返。

而当印第安人终于沦为美国人逐渐膨胀的野心和英国人与日俱减的支持的牺牲品，他们的落败指出了英国和美国最大的一个相同点：同样的帝国野心。就在鲍尔斯被俘的那个春天，美国从法国手里买下了路易斯安那领地，一夜间将国土面积足足扩大了一倍。这次购买标志着世界上最大的共和国转变为一个奋起直追的大洲帝国，用托马斯·杰斐逊的话说，那是一个"自由帝国"，以共同的语言、信仰和文化统一起来，是一个自由贸易、自治和天赋人权的帝国。[40] 对杰斐逊和他的同代人来说，共和国和帝国这两个概念没有任何矛盾。他们生活在一个帝国的世界里，他们的国家既是共和时代的先驱，也是帝国时代的产物。

然而大英帝国的自我认知难道不正是一个"自由帝国"吗？人们常常对美国和法国的共和制政体加以比较。但美国的帝制虽说有着大洲势力的明显特征，但其最大的榜样却是英国。美国和英国的帝国主义者都认为自己传播了不那么崇尚武力的自由政体，打个比方说，起码强于拿破仑刀兵相见的暴政。印第安人的命运突出了自由帝国这一概念本身内在的矛盾，但它也可以解释美国和英国、爱国者和效忠派，为何能够在内战之后如此迅速地达成了表面上的和解。他们虽然风格不一，但对版图和自由的向往却大同小异。

*

19 世纪的第一个十年，当贝夫·鲁宾逊在纽约风生水起，而他的兄弟们为大英帝国浴血奋战时，他似乎觉得英国和美国和谐相处、共生共荣是天经地义的。他以为"每个美国人都一定会在英国政府确保的福利和稳定中获得安全感"。[41] 那么又为什么短短几年后，两个表面上顺理成章的盟友居然会兵戈相向？或许贝夫可以从他的弟弟莫里斯那里得到一些启发。莫里斯也搬到了纽约，事业有成，还娶了贝夫那位（祖上是爱国者的）妻子的妹妹。但当贝夫骄傲地自称"美国人"时，在新斯科舍出生的莫里斯却一直觉得纽约是个"陌生的国度"。[42] 而当贝夫自信地预言只要美国与英国保持同盟关系，前途必将一片光明时，莫里斯却（在 1806 年）沮丧地提到，"如果美国几年后卷入一场内战，我一点儿也不吃惊"。[43] 战争的确在 1812 年爆发了，再度确认和证明了美国革命对像他本人这样的白人效忠派、北美的黑人以及印第安人的影响。

莫里斯的预言在大西洋两岸都不乏其他人呼应，反映了英美两国之间的紧张关系逐步升级。到 1807 年，《杰伊条约》已经失效，双方谈判达成替代条约的努力也失败了。有三个主要问题威胁着英美关系。

首先，英国在 1807 年实施的枢密令中禁止中立国（美国当然是其中之一）与法国开展贸易。第二，关于美国公民和英国臣民的定义双方仍有分歧，英国声称有 20000 名英国臣民在美国商船上服务，其中很多人携带着美国官方签发的可疑的公民证书。[44] 它觉得自己完全有理由命令权力极度扩张的王家海军拦截美国船只，让船上的海员们意识到自己是英国臣民，哪怕在美国看来，这样的行为简直是明目张胆的侵犯国家主权。第三个问题事关美国边境上的印第安各族的身份问题，美国认为，英国仍在继续支持那些印第安人的自主权和自治权（从特库姆塞的例子来看，美国的指控不无道理）。

到 1810 年代初，对英国的不满激起了美国国会共和派内部的一个派系叫嚣开战——这就是美国最早的"鹰派"。绝大多数英国人正好也想跟美国在战场上一决高下。他们此时焦头烂额。拿破仑的帝国版图已经从地中海扩张到波罗的海，从安达卢西亚（Andalucia）扩张到俄国边界。英国被西班牙的一场鏖战拖得疲惫不堪，为了保护它在西印度群岛、非洲和亚洲的财产而左支右绌。国内的形势也好不到哪里去。1810 年，（虽然已经半盲，还患有风湿病，但仍然）极受大众欢迎的国王乔治三世最终还是疯了，他那位放浪形骸的长子被任命为摄政王。经济萧条日益加深；1811~1812 年，不满的工人发动了对作坊和工厂的一系列袭击，以神秘的"鲁德船长（Captain Ludd）"的名义砸了织布机。然后在 1812 年 5 月的一天，首相斯潘塞·珀西瓦尔（Spencer Perceval）刚走进下议院的大厅，就有个人从门道里出来，冷静地对着他的胸口开了枪。珀西瓦尔几乎当场身亡，成为英国历史上唯一一个被暗杀的首相。他的继任者们旋即废除了争议重重的枢密令，希望缓和与美国的关系。但为时已晚。五天后，詹姆斯·麦迪逊（James Madison）总统签署了对英国的宣战书。

美国的鹰派把 1812 年战争称为第二次独立战争。（鉴于美国人口自 1775 年起已经大约增加了两倍，很大一部分美国人大概根本就不记得第一次独立战争了。）相反，很多英国人认为这是美国人背信弃义。但在某种意义上，莫里斯·鲁宾逊预言美国将陷入一场"内战"倒是更接近事实真相。的确，新英格兰联邦主义者们坚决反对战争，几乎到了威胁正式退出战争的地步。与此同时在英属北美，战争对帝国臣民的忠诚提出了重大考验。而虽然这是美国和英国之间的战争，但和美国革命一样，它也是由北美人发起的一场混战，参与者包括白人、黑人和印第安人。它将对所有这些人群产生明显影响，并将在美国和英属北美双方各自巩固一种归属感和团结精神。

美国和大英帝国共有一段数千英里长的国境线，双方都没什么防御，威灵顿公爵曾叹息说："全是边疆啊!"[45] 1812 和 1775 年一样，美国的首要目标就是占领加拿大。英属北美当时可用的英国正规军只有几千人，只好严重依赖印第安人备用军和当地民兵连作为守军。[46] 还好，滨海诸省有王家海军保护，不大可能遭到袭击；他们为英属北美的其他各地提供了急需的物资供给。下加拿大讲法语的大多数人似乎跟英国人一样讨厌美国，因而和 1775 年一样，他们嘴上不说，其实还是效忠派。[47] 然而讲英语的上加拿大却另当别论。它环绕着五大湖的战略位置意味着它将受到美国侵略的最大冲击。但它的 10 万人上下的居民中，有 80% 都出生于国境线以南。能否指望这些所谓的晚期效忠派挺身而出为帝国而战呢？就此而言，原先的效忠派又如何？1789 年，多切斯特勋爵曾授予他们"联合帝国效忠派"的名号作为荣耀的标志，并为他们的子孙免费拨赠土地，希望以此来确保下一代人忠于帝国。[48] 然而该省民众屡次对政府发起挑衅，虽说都不成熟，却也十分激烈，省政府因而屡屡受到冲击。统治者们害怕的那种麻烦的一个例子是，上加拿大议会投票否决了英国将军艾萨克·布罗克（Isaac Brock）提议的为保持战时风纪而中止人身保护法的要求，而在英国和美国，这项措施都已得到授权实施了。[49]

英国对北美人是否忠诚的焦虑没那么容易平息，整个战争期间，招募上加拿大人加入民兵组织始终是个难题。不可避免，自有某些英国臣民投靠了美国人；还有人（与我们更熟悉的 20 世纪的潮流相反）搬到美国以逃避服军役的义务。许多人保持缄默，这是一场没必要的战争，他们也不想采取立场。[50] 然而敌人入侵的威胁也让加拿大人团结了起来，英属北美人了解到联邦主义者和新英格兰人都反对开战（加拿大的报纸对此事大肆渲染）时为之一振，也觉得自己那个稳定有序的政府总好过美国的共和制乱象。[51] 美国军队发出一份公告，承诺上加拿大人"能够从暴政和压迫中解放出来，恢复自由人的尊贵之身"，却被加拿大人耻笑为虚伪。他们自己的才是自由的政府；共和制实施的是多数人的暴政，更何况还有高额的税负。[52]

虽然托马斯·杰斐逊等人想当然地认为美国占领英属北美"只是行军的问题"，但战争很快就证明他错了。[53] 美国人放弃了对蒙特利尔的进攻，因为民兵没有得到在自己所在州之外战斗的命令，拒绝跨越国境。在底特律和尼亚加拉，布罗克将军靠印第安人盟友的帮助阻止了美国人的进攻。1812 年 10 月，在安大略湖以南的昆士敦（Queenston），布罗克迎面遭遇了一支军力比自己强三四倍的美国侵略军。纽约民兵以不可阻挡之势一船人又一船人地穿过尼亚加拉河，直到看到有船只带回死者和伤者，士兵们才想起来不该跨越国境，便留在原地。那天的战斗以英国人的胜利而告终，但布罗克将军也殉职了。布罗克在冲上昆士敦高地时被击中倒下，重现了沃尔夫将军的英勇，被尊为英属北美早期的几位大英雄之一。[54]

这些初期的胜利有助于动员另一群先前躲在战争背后无动于衷的上加拿大人口，还有一次令人难忘的失败也是一样。1813年4月，美国人跨过安大略湖，对约克发动了一次袭击。约翰·格雷夫斯·西姆科梦想中的"小伦敦"一直以来都只是个小镇，但约克毕竟是省府，有配套的公共建筑、一个庞大的卫戍区，还有武器库。英军一看敌人来势凶猛，决定撤退，走时炸掉了要塞的火药库。爆炸造成了数百美国人或死或伤。愤怒的美国士兵开始了疯狂的抢劫掠夺，把他们能找到的每一所还未沦陷的房子洗劫一空，还报复性地把上加拿大议会烧为灰烬。火舌吞没政府所在地的景象着实让人难忘，尤其是这只是开了个头，"美军的燃烧系统"后面还有很多"辉煌战绩"。[55]

约克发生的一切随后为美国民族神话中的一个标志性事件开了先例，英国海军上将亚历山大·科克伦（Alexander Cochrane）命令他的部队"劫掠"切萨皮克的海滨城镇，直到美国赔偿上加拿大的损失为止。1814年8月，英国人决定直捣美国首都华盛顿。华盛顿市内的市民听到枪声在几英里外响起，都吓坏了，在英军袭击之前纷纷逃走。在白宫，第一夫人多丽·麦迪逊一定要在出逃时把一幅乔治·华盛顿的全身像带在身边妥善保管。因为从墙上拧下螺丝太麻烦了，她命人把相框打破，取出画布卷起来带在身边。然而这幅辟邪的画像没有给她带来多少好运：在城外的一家客栈，她被华盛顿的难民拒之门外，盖因人们气愤地指责是她的丈夫把他们拖入了这趟浑水。[56] 久经沙场的英国人无意间在天黑后走入这座废都，像美军对待约克一样把华盛顿洗劫了一番。在军队爆破专家们的监控下，他们向窗户里面发射康格里夫火箭炮，焚烧了国会大厦。英军进入白宫，先是看到了一桌供 40 人享用的宴席，开开心心地坐下吃饱喝足了，然后便一个一个房间冲进去，点火焚烧里面的物品和家具。整座都城燃烧了一夜。就连点火的士兵们看到"美国的骄傲"被付之一炬也深感不安。但战争本来就令人不安——英国人可没忘记，这一切是美国人先挑起来的。[57]

到那时，由于欧洲的冲突似乎终于要结束了，英国的处境得到了大大的改善。拿破仑在俄国大败而退，而伊比利亚半岛经历了四年鏖战之后，英国军队终于把法国人赶出了西班牙。受到这些事件的鼓舞，英军指挥官们决定一举结束北美的战争。半岛战争的数千老兵乘船前往北美增援，其中就包括菲尔·鲁宾逊。他到达北美时，军服上添加了新的领章，胸前也挂上了新的勋章，因为在西班牙的勇敢表现，他已升职为准将。这是他自 1783 年从纽约市撤退之后，第一次回到自己出生的大陆。

英国战略家们计划在战争开始的加拿大边境结束这场战争。如果一切按计划进行，鲁宾逊会在战争胜利的过程中发挥很大的作用。他将指挥一个旅占领尚普兰湖和安大略湖，但计划遭到破坏，整个行动以不体面的方式结束了。[58] 于是，1812 年战争的最后一次行动大概会被威廉·奥古斯塔斯·鲍尔斯看作是梦想成真，一支英国舰队出现在墨西哥湾，控制了密西西比河。1814 年的最后几天，英国士兵们在新奥尔良附近的沼泽地下了船。他们于 1815 年 1 月 8 日进入城市，遭遇了一支由安德鲁·杰克逊指挥的美国军队。美军猛烈开火消灭了英国侵略者，一排排红衣英军倒在地上。战斗结束时，2000 多名英军士兵死亡、失踪或受伤，而美军的伤亡人数只有 71 人。可怕的杀戮让杰克逊手下那些来自边远地区的士兵都望而生畏。"我从未见过这样的景象！"一位肯塔基民兵说。一位苏格兰士兵反驳他说："这没什么，伙计；你要是像我们一样在西班牙打过仗，见到的场景可比这可怕多了！"[59]

这位白发苍苍的老兵的不屑言论成为新奥尔良之战事实上的结语。美国的胜利来得太迟了。两周前，英国人对自己战胜拿破仑充满信心，便和美国谈判官在根特（Ghent）签订了一项和平条约，结束了 1812 年战争，重申双方将回到战前的状态。英美战争结束了。至少15000名战斗人员或死或伤，而名义上一切原封未动。

*

和平条约的条款大致确认了英国人对1812年战争的诠释，它是一场（虽然血腥但）说到底毫无意义的事件，一场在英国对法国及其盟国作战过程中多余的杂耍。然而对它的北美参与者而言，这第二次英美冲突有着更为深远的意义。1812年战争是在仅仅三十年前刚刚由内战分裂的两群人之间进行的，因而明确了美国革命为一度曾为效忠派的三类人留下的遗产：黑人奴隶、与英国结盟的印第安人和英属北美白人难民。

1812年战争最清楚地重演革命脚本的一幕，发生在1814年春，科克伦上将发布了一篇公告，邀请美国人叛变。他承诺说，任何接受邀请者都将被欢迎加入英国武装部队，并有机会"以自由殖民者的身份前往英国在北美或西印度群岛的属地，他们将在那里受到适当的鼓励"。[60]虽然科克伦没有赘言明说，但每个看到他的舰队在切萨皮克湾潜伏的人都知道他打算吸引的是哪一类志愿兵：这是对奴隶发出的邀请。黑人和白人都不会忘记邓莫尔勋爵的1775年公告：的确，美国人名下的奴隶至少从1813年就开始投靠英国人了，最远的跑到了新斯科舍。当科克伦沿着四十年前邓莫尔招募摩西老爹、哈里·华盛顿和数百位其他黑人的水湾航行时，有 3000 多个奴隶跑来加入了英军。他们在战后的遭遇也重复了革命战争的先例。英国政府把 2000 个"难民黑人"重新安置在新斯科舍那些当年由黑人效忠派建立的村庄里。其他加入英军的奴隶在英国新获得的特立尼达殖民地分得了土地，成为和新斯科舍及塞拉利昂的黑人效忠派前辈一样的殖民拓荒者。

这些处理逃亡奴隶的做法生动地表明，虽然在大英帝国，黑人效忠派的自由在很多方面大打折扣，但在革命过去三十年后，英国的承诺对美国奴隶仍然至少有着一定的吸引力。[61] 不过二者间有一个差别值得一提。在美国革命中，盖伊·卡尔顿爵士曾拒绝了乔治·华盛顿提出的英国人要么交还黑人效忠派、要么赔偿的要求。在 1812 年战争中，无疑因为考虑到革命争议，英国政府本身没有过多参与科克伦的公告。当美国要求赔偿被撤离的奴隶时，英国没有交还逃跑者——那样就过分违背诺言了——而是在一次国际仲裁之后，同意为 3601 个被解放的奴隶赔偿美国奴隶主大约 120 万英镑。[62] 这一次出钱为奴隶赎得自由，更加凸显出英国在美国革命期间拒绝这么做的出奇之处。此时它坚持的是那时通行的赎回解放的做法，后来的 1833 年，当大英帝国废除奴隶制时，政府在更

大规模上遵循了这一先例，总共赔偿了奴隶主 2000
万英镑。这有力地证明了英国"自由帝国"和美国一
样，会在某些地盘上尊重黑人的自由，而在另一些地
盘上支持奴隶制——仿佛奴隶们还需要这样一个证明
似的——在美国，新英格兰各州、纽约和新泽西也在
1804 年废除了奴隶制。

对于英国的印第安人同盟来说，1812 年战争与
美国革命之后相比，形势大不如前，希望渺茫、前途
暗淡。革命之后，英国官员们试图利用易洛魁人在北
方抵御美国，为南方的印第安人自治提供了有限的支
持。1800 年代初，布兰特和鲍尔斯都亲身感受到，英
国已经不再像以往那样支持他们了。虽然某些英国官
员在 1812 年战争开始时认为，特库姆塞领导的印第
安人国家提供了很好的缓冲，但战争结束时，这类讨
论全都停止了。因为真相是，到 1815 年，英国已经
不再需要印第安人作为抵御美国的缓冲了。和平确定
了国界，并彻底消除了此前所有关于美国可能会分裂
的期待。相反，随着加美边界两侧的白人殖民地日益
稳固，白人和印第安人之间先前确立的合作和谈判模
式，以在地图上划分被分割和收复的土地的方式得到
了解决。[63] 在美国的南部边界，1812 年战争也同样彻
底结束了英国人的设想。当英国人不再提供支持，克
里克人尤其难过地目睹了发生的一切。1814 年，安德
鲁·杰克逊迫使他们签订了屈辱的《杰克逊堡条约》

（Treaty of Fort Jackson），他们割让了一半多的领土给美国，并同意西迁。撤退至墨西哥湾岸区的英国军队的确试图给他们参战的盟军留下些什么：阿巴拉契科拉河（Apalachicola River）上的一座坚固的城堡，就在鲍尔斯的马斯科吉国的腹地。和平之后曾有很短一段时间，这座所谓的"黑人城堡"吸引了各国人，包括巧克陶人（Choctaws）、塞尔米诺人，特别是逃亡的奴隶们，它也成了抵御美国支持的所谓"文明"武力的一座自治堡垒。但 1816 年，杰克逊就下令摧毁了这小小的避难天堂。[64]

对第三类参与者，即英属北美的白人效忠派而言，1812 年战争以最明确的方式巩固了革命的遗产。传统上，美国人一直把 1812 年战争理解为对国家身份的重要考验，1931 年，当弗朗西斯·斯科特·基（Francis Scott Key）在英国轰炸巴尔的摩时所写的歌曲《星条旗永不落》（The Star-Spangled Banner）被确认为美国国歌时，更加强化了这种观念。[65] 但英属北美也丝毫不亚于美国，正是在这里，这场战争才真正可以说是转变了一种集体身份——几乎相当于美国革命之于国境线以南的美国。尤其是对上加拿大人来说，1812 年战争在好几个方面堪比革命期间美国革命者的立场。让他们在帝制和共和政体中作出选择；请他们拿起武器抵御军力比他们强大得多的武装侵略；还要求许多居民在他们个人对当地的忠诚与对国家的忠诚之间找到平衡。只是这一次,帝国的支持者们赢得了胜利。美国的主要战争目标——占领加拿大,以失败告终。[66] 加拿大民族主义历史学家把1812年上加拿大的"忠君"卫士们纳入革命时代的"联合帝国效忠派"中,因而在事实上用一个抵抗和团结的救赎叙事重写了早期的失败故事。[67] 作为战后身份的汇合点,1812年战争使得对帝国的"忠诚"——或者毋宁说对"自由身份"或"自由权利"的忠诚——在其后至少一个世代成为英属北美政治话语的核心概念。[68]

但特别强调忠诚也开启了关于它的意义的争论。在某些人看来,忠诚是关于谁应该归属于英属北美这样一个包容性概念的基础。只要忠诚,在美国出生的"后效忠派"、法裔加拿大人和印第安人都可以毫无困难地被纳入英国臣民身份的怀抱。而另一些人认为,忠诚恰是排除这些群体、使他们无法享受充分的英国人权的重要测试。战后不久,在上加拿大人所谓"外国人问题"——也就是1783年后迁入的美国人是否应被归化为英国臣民的问题——的争论中,这些意见就引起了冲突。[69] 反对归化美国人的政治家领袖之一就是约翰·贝弗利·鲁宾逊(John Beverley Robinson),这位上加拿大少年老成的首席检察官是纽约鲁宾逊家族的远亲。鲁宾逊的态度代表着英裔加拿大人基于对美国的仇视而日益产生的优越感。作为第二代效忠派和第一代加拿大爱国者,鲁宾逊1791

年生于上加拿大的效忠派家庭，曾在昆士敦与布罗克并肩作战，并在英格兰学了两年的法律。（菲尔·鲁宾逊在那里见到他时"开心坏了"，希望"在我们两人离开这个国家之前，有机会介绍你认识更多鲁宾逊家族的成员"。）[70] 居住在帝国之心进一步增强了年轻的鲁宾逊（近乎沙文主义）的爱国感情，当一位英国朋友"选择用'扬基'这个词取笑我，他好像觉得这个词适用于每个［北］美人"时，他立即明确了自己的爱国立场。"我生于加拿大，如果我能被称为扬基人，那么奥克尼群岛的那些人也是扬基人了，"他反驳说，生怕人们把"加拿大人""与他们如此憎恶、还打了这么久的仗的人混为一谈。"[71]

约翰·贝弗利·鲁宾逊的态度代表了1812年后逐步成形的加拿大"托利派"效忠立场。他和他的保守派同人们把效忠派——不管是联合帝国效忠派还是1812年战争中的忠诚斗士们——尊崇为一个咄咄逼人的帝制加拿大的开国元勋。他们的英属北美并非许多效忠派在1812年以前支持的那个低税率的稳定政府之下的英属北美，而是帝国忠实的守卫者，绝对忠君、彻底反美国的英属北美。[72] 对他们而言，"效忠国王"一词所引发的联想与这个词如今的含义（尤其是北爱尔兰对这个词的用法）有关，所表达的是对帝国的铁杆支持。1812年战争后，上加拿大保守派有效地重构了效忠立场的意义，以至于他们在一定程度上巩固了革命时期认为效忠派是保守派这一由来已久的观念。然而这样的描述充其量也是误导，它只抓住了北美难民大概会承认的一小部分观点。

在为北美效忠派巩固美国革命的遗产方面，1812年战争似乎以一种休战替代了某些紧张关系。冲突结束时，英属北美和美利坚合众国都认为自己一方胜利了，也还各自强化了"自由疆域"的自我形象。在国界线以南，美国承诺给自己的公民一个拥有个人自由和民主政府的帝国，当然这些仍将奴隶和大部分印第安人排除在外，后者没有充分参与的权利。在国界线以北，英属北美呈现的是一个有序自由的帝国，建立在世袭立宪君主制的基础之上，起码在表面上，对多个种族的差异予以包容。无论他们未来还将有何争议，这两个对立的帝国在一条很长的国境线两侧均彼此映照，再也没有过正式宣战。

因为虽然1812年战争重复了美国革命的某些特征，进一步割裂了大英帝国和美国，但它本身既不是独立战争，也不是革命，所以到战争结束时，并没有难民大规模迁徙。相反，还有很多人重返家园。在上加拿大的服役期结束之后，刚刚因为自己的英勇表现而获封爵位的菲尔·鲁宾逊决定去看看他童年时代的家。那是他自青春期后第一次沿哈得孙河谷穿行，突然对当地的风光涌起了一种原始的亲近感，那熟悉的土地的味道、潺潺的溪流、泛红的秋叶。菲尔住在很长时间没见面的堂兄弟家，继续自己对昔日家族的朝圣之旅，找到了在他婴孩时期照顾过他的乳母。如今已过八旬的老妇已经认不出他了，但"当我介绍了自己是谁后，她十分激动"。[73] 随后他又去寻找当年住过的宅子。这么多年过去了，它还在吗？是什么样子呢？他的嫂子凯瑟琳·斯金纳·鲁宾逊到新泽西的安博伊（Amboy）探访自己的出生地去了，"但我父亲的房子已经了无踪迹——一块石头也没有留下。那里变成了一片荒草地！"[74]

而他看到了：那幢很长的白色木结构房屋分为三个相互连接的部分，装有漂亮的百叶窗和一对整齐的屋顶窗，坐落在舒格洛夫山（Sugarloaf Mountain）的山脚下。那棵樱桃树显然长高了，路旁的柳树（因为他父亲那位臭名昭著的朋友而被称为"阿诺德柳"）看起来受过不小的冲击，饱经雪雨风霜。[75] 除此之外，眼前的风景与他的记忆"相差不大"，以至"我热泪盈眶，在心底里发出了许多沉重的叹息"。菲尔"离开那个宁静而舒适的山谷时"，感觉自己又回到了 13 岁。他记得那些低矮的房间里环绕着他的父母及友人宾客的声音；他记得自己和兄弟姐妹们在那里享受过"最美好的和乐幸福"，从那以后便一去不返。[76] 那是怎样无忧无虑、舒适安逸的时光啊！作为一个充满信心的殖民地精英的孩子，这群山环抱的家园安全无虞，几乎就是他们全部的世界了。

然而现在已经是 1815 年，那些旧日风光已经是 18 个世纪的往事。他长大了，大英帝国也发生了天翻地覆的变化，如今是一个横跨亚洲和大西洋的帝国，结构更加中央集权，治理风格也更有意地开明自由了。将军弗里德里克·菲利普斯·鲁宾逊爵士转向身边的儿子，两人一起离开了那个地方。

\*

如果说 1812 年战争标志着北美效忠派难民的故事的某种结局，那么少数其他效忠派移民的迁徙路线则代表了这一时期大英帝国更为宏大的转变。和雇用他们的帝国一样，这些人也转向了东方的南亚。

1810 年 2 月的一天傍晚，菲尔·鲁宾逊的母亲苏珊娜正在桑伯里的家中，意外地听到一阵敲门声，看到一个恍惚有些面熟的年轻人走进了房间。自从亨利·克林顿·鲁宾逊从北美前来拜访他们，已经过去了十年，眼前的年轻人是远在新不伦瑞克的小贝弗利·鲁宾逊的另一个儿子、她的孙儿威廉·鲁宾逊。"哦，祖母看到我高兴坏了，哭得像个孩子"，威廉在桑伯里的第一晚在家信中写道，"您，我亲爱的父亲，是她最牵挂的人，虽然你们已经分开了这么久，她的爱仍然和您最初离她时一样强烈。"年仅 16 岁的威廉追随死去的哥哥亨利的足迹，来英国参与作战。他也被拉进了他那个大家族的宽大怀抱。他的祖母和婶婶给他讲了很多古老的家族故事。"菲尔叔叔是我见过的最和蔼可亲的人，总能让我们开怀大笑"，而他的叔叔威廉·亨利·鲁宾逊"在每个方面都很像爸爸，他总是开玩笑"，让年轻人立刻就像在家里一样无拘无束。[77] 菲尔像对待亨利一样，为年轻的威廉作了安排，把他安置在一个很好的军团里。威廉穿上自己崭新的漂亮蓝色军装，出发参战去了。但他的目的地是鲁宾逊家族从未有人去过的地方。他坐船去了印度。

至少从 1750 年代开始，印度一直是大英帝国的下一个关注焦点。在北美的损失使得印度成为它的首要投资。那并不是说英国的大西洋帝国完蛋了——对此，效忠派难民看得比大多数人都要清楚。具体而言，英属北美继续作为殖民政府的模板，远至澳大利亚，各个殖民地纷纷效仿。然而到 18 世纪末，由于英国的精力越来越投入在印度及其周边地区，大西洋世界的帝国利益显然被抵销了，革命—拿破仑战争更强化了这一趋势。在印度内部，害怕对手法国成为英国人军事扩张的极好借口。在印度之外，英国占领了通往次大陆的一系列战略中转站：马耳他、好望角、锡兰和新加坡。到 1815 年，印度对大英帝国的重要性一点儿也不亚于四十年前的北美和加勒比群岛等殖民地：这是面积最大、经济上最有价值、战略上最为

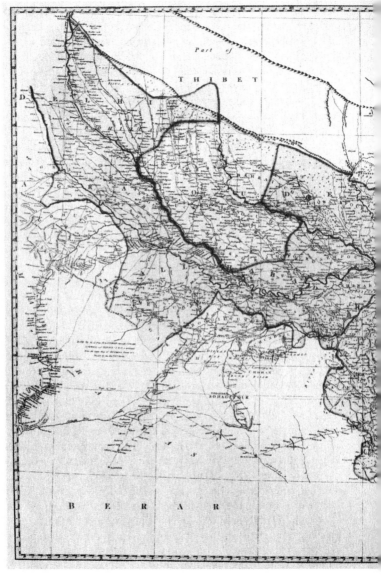

詹姆斯·伦内尔（James Rennell）：《孟加拉、巴哈尔、阿瓦德和安拉阿巴德地图》
（*A Map of Bengal, Bahar, Oude, & Allahabad*, 1786）。

重要的领地，因而也是对首都政治和文化最有影响的领地。

只有一个区别：这不像英属北美和如今的澳大利亚那样是一个殖民帝国，它本身就是一个帝国。即便在英国统治最高潮的 1900 年前后，也只有大约 10 万英国人居住在印度，与该国的近 2.5 亿人口相比，少得不值一提。在 1858 年前，英国的利益一直由东印度公司管理，这个私人贸易公司对其董事和股东负责，只不过受到议会越来越多的监督。该公司还维持着一支 200000 人兵力的私人印度西帕依军队，这是当时世界上规模最大的常备军之一。英国在印度统治的最大神话，是它并没有实施在场统治。德里的莫卧儿王朝皇帝及其下属们名义上统治着印度北部的大部分地区；这块次大陆的其他地区则分裂为数百个独立的公国。各个印度宫廷用它们充满异国风情的富饶物品诱惑英国人，特别是当他们能够安全地得到英国的宗主权保护时尤其如此。一个又一个本土小国或多或少地受到英国的直接控制，最初始于 1750 年代的孟加拉，然后是莫卧儿王朝的阿瓦德（Awadh）、海得拉巴（Hyderabad）和阿尔果德（Arcot）诸省。迈索尔的蒂普苏丹曾经是英国在印度南部最大的对手，死于 1799 年敌人对他所在都城的一次大规模的猛攻。英国在西印度最大的威胁马拉塔人联盟在 1818 年的一系列惨烈战争中被制服了。

1780 年代的议会管制帮助结束了"纳勃卜（nabob）"（波斯语"nawab"的英语拼法）的疯狂敛财，他们在英属印度的地位相当于加勒比地区的糖业大亨。但印度成了扬名立万的首选，在帝国的职业生涯阶梯中高居首位。革命战争老兵阿留雷德·克拉克（Alured Clarke）和阿奇博尔德·坎贝尔都在牙买加担任总督之后赴印度身居要职。约翰·格雷夫斯·西姆科先是在上加拿大任职，后来被升职为印度总指挥，只不过还未上任就去世了。最有名的例子是康沃利斯勋爵在美国经历了尴尬的失败后，于 1786~1793 年担任印度总督期间颇有影响，替自己挽回了名声。（约克敦战役仅仅五年后，一位东印度公司上尉设立了英国在马来西亚的第一个哨所，他以新任总督之名把那里的堡垒命名为康沃利斯堡。）康沃利斯在任时期取得的成功获得了东印度公司的极大肯定，后来他再次得到任命，于 1805 年又重返印度，不久就在那里去世了。

印度作为高风险但上升空间极大的职业舞台，尤其吸引那些野心勃勃但又在某种程度上被边缘化的人，像没落贵族、苏格兰人、爱尔兰新教徒——以及北美效忠派难民。如玛丽亚·纽金特亲眼所见，东印度公司军不久便来了不少在美国出生的军官。[78] 1811 年，离开牙买加六年后，她陪丈夫来到了印度，他刚刚被任命为那里的总指挥。她至少有两个外甥在公司服役，还曾前往加尔各答和她的哥哥、英国将军菲利普·斯金纳团聚了一次。[79] 在安格拉城外的马图拉（Mathura），她与公司后台老板爱德华·阿诺德和他的姐姐索菲亚度过了一个愉快的夜晚。她在日记中没有提到阿诺德夫妇也是效忠派的后代：他们的父母不是别人，正是贝内迪克特·阿诺德和他的第二任妻子玛格丽特（佩姬）·希彭。[80] 1799 年，贝内迪克特把爱德华送到孟加拉，让他生活"在康沃利斯勋爵的保护下"。佩姬"因为与大儿子分别而十分难过"，但父母认为这是"必要的一步"——他必须挣钱——"而且只要他身体健康，我们丝毫不怀疑他一定能成功"。[81] 三年后，爱德华的弟弟乔治也加入了孟加拉军队。

索菲亚·阿诺德大概是为了自身社会地位的提升才来到印度的，那时人们把来印度这个男性占主导地位的白人社会寻找丈夫的女人称为"渔船队"。该策略一般来说是很成功的：就连 18 岁的威廉·鲁宾逊在印度西部的苏拉特（Surat）驻军时，也曾冷酷地想娶一位附近的白人寡妇："不是因为我爱她，而是因为她有一大笔财富。"[82] 索菲亚 1813 年嫁给了爱德华的一位军官同僚。[83] 但适婚的欧洲女子太少了，这是许多白人男性与印度伴侣建立长期关系的一个原因。[84] 爱德华·阿诺德在他的遗嘱中为"长期陪伴我的原住民女人马胡莫蒂·豪努姆（Mahummedy Khaunum）"留下了大笔遗产。[85] 当乔治·阿诺德 1828 年在印度去世时，他把大部分遗产留给了自己的英国遗孀和孩子，但也给"在我的房子里陪伴了我十年半的原住民女人塞图拉尔·哈努姆（Settural Khanum）"留了一笔年金，还为他们年近 15 岁的女儿留了丰厚的遗产。[86] 贝内迪克特·阿诺德那位有一半印度血统的孙女被取名为路易莎·哈丽雅特·阿诺德，算是那个年代的欧亚混血姑娘中最走运的了。1830 年代，路易莎以她索菲亚阿姨的鳏夫的被监护人身份去往爱尔兰，1845 年嫁给了一位英国建筑师。自那以后，她的名字就从阿诺德变成了亚当斯，她可疑的血统也无人再提了。[87]

像菲尔·鲁宾逊这样雄心勃勃的效忠派军官大概会问自己：如果他没有选择当前的道路，而是一路向东，加入了东印度公司军，他的命运将会怎样？他的财富和生命轨迹会呈现出什么状态？1758 年出生于波士顿的将军戴维·奥克特洛尼（David Ochterlony）爵士，是他的印度同代人中最响当当的人物之一。在他的母系亲戚成为著名的效忠派之时，戴维在 1777 年就以军校学员的身份前往印度了。奥克特洛尼没有在北美的战场上行军杀敌，而是拓展了英国在亚洲统治的边界，最著名的事件就是他指挥军队在 1814~1816 年征服了尼泊尔。他因为军功显赫而获得了准男爵的爵位，但他作为英国居民在德里居住的那些年，往往更喜欢被人称呼他从莫卧儿皇帝那里得到的波斯语头衔：纳西尔·乌德－达乌拉（Nasir ud-Daula），意为"国家的守卫者"。奥克特洛尼身上没有一丝新英格兰清教徒的痕迹，他轻率地汲取了莫卧儿贵族的一切习惯。传说这位抽阿拉伯水烟、戴包头巾、吃酸辣酱的波士顿人有 13 位印度妻子，她们每天晚上骑着 13 头大象与他一起在城中漫步。[88] 即便欧洲人从印度回国后在西方仍然过着"纳瓦卜"的生活已经不那么常见了，奥克特洛尼却成为留在印度、选择在东方过莫卧儿王朝纳瓦卜生活的诸多西方人之一。[89]

但就效忠派难民的事业而言，菲尔·鲁宾逊还能找到一个与他更接近的参照系，那就是生于 1771 年的威廉·林尼厄斯·加德纳，加德纳长大的地方距菲尔不到 80 英里。加德纳的母亲阿莉达·利文斯顿（Alida Livingston）来自旧时纽约最大的有产家族；事实上，鲁宾逊和加德纳还是通过联姻结成的远房亲戚。[90] 在鲁宾逊家位于哈得孙河谷的地产以北的利文斯顿庄园，加德纳的外祖父管理着数百平方英里的土地，过着接近于欧洲贵族的生活，他有个非正式的称谓就是"老爷"。利文斯顿家族有好几个人成了积极的爱国者；其中一人甚至签署了《独立宣言》。但其他人则倾向于效忠国王，包括阿莉达，她嫁给了英国军官瓦伦丁·加德纳（Valentine Gardner）少校。到 1779 年，瓦伦丁·加德纳与英国军队一起在南卡罗来纳作战，而阿莉达则和小威廉一起离开了她父亲的庄园，来到了他的身边。那年晚些时候，这一家人试图乘船前往英国，但途中被俘，一直留在美国，直到纽约撤离。[91]战争结束时，加德纳一家加入了离开美国的效忠派大出走，威廉年仅13岁便在英国军队获得了第一个任命。年满20岁之前，他决定在军队中实现自己的远大抱负，那里的提升空间最大。凭借康沃利斯勋爵热情地替他拉关系，加德纳转战了几个军团，于1790年到达印度。[92]

从20岁到30岁，加德纳一直四处调动，继续着断断续续的军旅生涯。或许因为他在战时的童年时代便开始了无根的漂泊，他一直在寻找不同的机会。1791年母亲去世后，他继承了纽约的地产，曾想过重返美国。他也考虑过在英国定居，他的父亲如今在那里过着还算气派的生活。但在1798年前后，在苏拉特，加德纳的人生发生了一次重大转折。这位年轻的军官曾承诺帮助坎贝［Cambay，旧时名为卡姆巴特（Khambat）］已故的纳瓦卜从家族篡位者那里讨回原有的地位。加德纳心不在焉地参加累人的外交谈判时，注意到会议室尽头的帘子被拉到一边。帘子后面"我看到了我觉得是世界上最美丽的一双黑眼睛"。那是纳瓦卜13岁的女儿玛·蒙奇尔·乌尔－尼萨（Mah Munzel ul-Nissa）的眼睛。她的眼睛"让我白天黑夜魂牵梦萦"。加德纳对她着了迷，便"要求与公主结婚"；她的亲戚们因为他的军官身份而不情愿地同意了这位白人基督徒的求婚。由于内房制度的限制，加德纳直到婚礼当天才看到妻子的脸。当他最终揭开她的面纱，"看到那双让我神魂颠倒的亮眼睛"时，他一点儿也没有失望。"我笑了，年轻的贵妇人也笑了。"[93]

现在他一点儿也不想回到西方了，相反，他在印度社会越陷越深，辞去了英国的任命，加入了马拉塔军阀贾斯万特·拉奥·霍尔卡（Jaswant Rao Holkar）的军队，成为被原住民军队雇佣的几十名白人军官之一。马拉塔人战败之后，加德纳为东印度公司培养了一个骑士军团，名为"加德纳骑兵"。[94] 他带领该军团尾随自己的美国同胞奥克特洛尼进入尼泊尔，指挥这支军队在印度中部与平达里人作战，并加入了英国1825年入侵缅甸的行动。在这些帝国战争的间隙，加德纳回到自己位于卡斯甘杰（Kasganj）的家，它就坐落在德里东南部的恒河岸边，住在由莫卧儿皇帝赠给他妻子的田庄上。在这里，这位英裔美国军官成为"半个亚洲人"，脱掉军服、穿上睡衣，餐桌上看不到欧洲食物，在一幢"满是从金发碧眼到一头毛茸茸的乌发的小家伙的房子里"享受着混乱的乐趣。[95] 他为最喜欢的孙女取的名字在印度斯坦语中的意思是"晨星"；但每当他们称呼她的英语名字阿莉达，那是威廉母亲的名字，也是利文斯顿家族很受欢迎的名字，他便会听到一声来自纽约的微弱回响。他决定永不离开印度，"比起欧洲那寒冷的气候和冷漠的人心，这片土地甚合我意"。[96]

玛丽亚·纽金特如果看到她的美国同胞们在莫卧儿王朝的印度如此"入乡随俗"，一定会感到吃惊。在德里遇到加德纳的堂兄弟爱德华穿着印度服装，留着"络腮胡子"，拒绝吃牛肉或猪肉，"与其说是个基督徒，大概更像是个印度教徒"，[97]已经让她很吃惊了——爱德华那位十足英国派头的哥哥艾伦·加德纳勋爵正租住着纽金特位于白金汉郡（Buckinghamshire）的房子。但一位东印度公司公务员的妻子范妮·帕克斯（Fanny Parkes）曾在1830年代与加德纳相处过一段时间，被这位"和善、温柔、具绅士风度、举止优雅、风趣幽默的同伴"深深迷住了，大呼："一个如此身份高贵的人！"[98]帕克斯一直催促加德纳写一部自传。"如果我要写自传，"他说，"你大概很难相信它；它读起来会像小说。"[99]虽然他不常谈起"我的扬基老家"，但他的个人史的第一章当然会从美国革命说起。[100]如果没有美国革命，他还是哈得孙河上的一位继承人。然而现在他却在这里，变成了印度斯坦的一位乡绅——他失去了纽约，却得到了印度。

在帕克斯遇到他后不久，加德纳于1835年去世了，他深爱的贵妇人也在仅仅一个月后便离开了人世。他们合葬在一处（她的头朝着麦加的方向），旁边是他们几年前刚刚为长子建起的坟墓：一座圆顶的莫卧儿陵墓，顶上用白色的大理石包裹着。如今大理石顶已被削去，但陵墓仍然竖立在加德纳的古老田庄上，成为各种文化跨越大洲、相互融合的永恒纪念。加德纳从美洲走向亚洲遵循的正是他有生之年大英帝国的扩张轨迹。当然，那条路线在北美效忠派难民中相对比较罕见。但虽说加德纳比大多数人走得更远，但从另一种意义上说，他正是北美人大出走的一个代表人物。和其他许多人一样，他也被纳入了一个大大扩张的全球领地，帝国的万花筒在一个有着千丝万缕的世界中折射着、环绕着它的臣民，加德纳就是万花筒中的另一绚烂色片。

## 注　释

1　关于莫里斯、约翰和菲尔·鲁宾逊后来的事业发展，见 Julia Jarvis, *Three Centuries of Robinsons：The Story of a Family*（Toronto：T. H. Best，1967），pp.85-111；威廉·亨利·鲁宾逊的事业发展见 Catherine Skinner Robinson，*Lady Robinson's Recollections*（London：Barrett, Sons and Co.，Printers，1842）。

2　F.P. 鲁宾逊致小贝弗利·鲁宾逊，1799 年 12 月 3 日，NBM：Robinson Family Papers，Folder 14。

3　亨利·鲁宾逊致小贝弗利·鲁宾逊，1801 年 10 月 10 日，NBM：Robinson Family Papers，Folder 7。

4　F.P. 鲁宾逊致小贝弗利·鲁宾逊，1801 年 5 月 1 日，NBM：Robinson Family Papers，Folder 14。

5　亨利·鲁宾逊致小贝弗利·鲁宾逊，1802 年 4 月 21 日，NBM：Robinson Family Papers，Folder 7。

6　亨利·鲁宾逊致小贝弗利·鲁宾逊，1802 年 4 月 21 日，NBM：Robinson Family Papers，Folder 7。

7　亨利·鲁宾逊致安·巴克莱·鲁宾逊，1802 年 5 月 27 日，NBM：Robinson

Family Papers, Folder 8。

8　F.P. 鲁宾逊致小贝弗利·鲁宾逊，无日期 [ 1804 年秋 ]，NBM: Robinson Family Papers, Folder 14。

9　亨利·鲁宾逊致小贝弗利·鲁宾逊，1803 年 6 月 1 日，NBM: Robinson Family Papers, Folder 7。

10　亨利·鲁宾逊致安·巴克莱·鲁宾逊，1804 年 6 月 11 日和 8 月 22 日，NBM: Robinson Family Papers, Folder 8。

11　R. Burnham Moffat, *The Barclays of New York: Who They Are, and Who They Are Not* ( New York: Robert Grier Cooke, 1904 ), p.106.

12　安·巴克莱·鲁宾逊致苏珊·鲁宾逊，1805 年 8 月 20 日，NBM: Robinson Family Papers, Folder 10。

13　F.P. 鲁宾逊致小贝弗利·鲁宾逊，1805 年 5 月 1 日，NBM: Robinson Family Papers, Folder 14。

14　F.P. 鲁宾逊致小贝弗利·鲁宾逊，1805 年 7 月 3 日，NBM: Robinson Family Papers, Folder 14。

15　贝弗利·鲁宾逊三世致安·巴克莱·鲁宾逊，[ 1796 年 ] 10 月 29 日，NBM: Robinson Family Papers, Folder 5。

16　亨利·鲁宾逊致安·巴克莱·鲁宾逊，1802 年 3 月 12 日，NBM: Robinson Family Papers, Folder 8。

17　Jonathan J. Bean, "Duer, William"; http: //www.anb.org.ezp-prod1.hul. harvard.edu/articles/10/10-00470.html; *American National Biography Online*, February 2000, 2010 年 3 月 14 日访问。Craig Hanyan, "Duer, William Alexander"; http: //www.anb.org.ezp-prod1.hul.harvard. edu/articles/11/11-00259.html; *American National Biography Online*, February 2000, 2010 年 3 月 14 日访问。出生于德文郡的 William Duer Sr. 移民纽约之前曾经在印度做过罗伯特·克莱夫的秘书。他们共同的祖父是 William Alexander, Lord Stirling。

18　贝弗利·鲁宾逊三世致小贝弗利·鲁宾逊，1806 年 7 月 21 日和 8 月 6 日，NBM: Robinson Family Papers, Folder 4。

19　没有特别针对效忠派的暴力的另一部分原因，是共和国早期整个国家充斥着暴力。见 Allan Kulikoff, "Revolutionary Violence and the Origins of American Democracy," *Journal of the Historical Society* 2, no.2 ( March 2002 ): 229–60。

20　James H. Kettner, *The Development of American Citizenship, 1608–1870* ( Chapel Hill: University of North Carolina Press, 1978 ), pp.173–209, 245–246.

21　Aaron Nathan Coleman, "Loyalists in War, Americans in Peace: The Reintegration of the Loyalists, 1775–1800" ( Ph. D. dissertation, University of Kentucky, 2008 ), p.90. 关于效忠派的重新融入，又见 David Edward Maas, "The Return of the Massachusetts Loyalists" ( Ph. D. dissertation, University of Wisconsin, 1972 ), chapters 8–11; Robert M. Calhoon, "The Reintegration of the Loyalists and Disaffected," in Robert M. Calhoon, et al., *The Loyalist Perception and Other Essays* ( Columbia: University of South Carolina Press,

1989），pp.195-215；Rebecca Nathan Brannon, "Reconciling the Revolution: Resolving Conflict and Rebuilding Community in the Wake of Civil War in South Carolina, 1775-1860" (Ph. D. dissertation, University of Michigan, 2007)。

22 Coleman, pp.89-116.

23 Daniel J. Hulsebosch, *Constituting Empire: New York and the Transformation of Constitutionalism in the Atlantic World, 1664-1830* (Chapel Hill: University of North Carolina Press, 2005), p.192.

24 Hulsebosch, pp.192-202.

25 "Letters from Phocion," Letter II, in Alexander Hamilton, *The Works of Alexander Hamilton*, ed. Henry Cabot Lodge, 12 vols. (New York: G. P.Putnam's Sons, 1904), IV, p.289.

26 乔治·华盛顿致 Charles Cotesworth Pinckney, 1795 年 8 月 24 日，见 George Washington, *The Writings of George Washington*, ed. Worthington Chauncey Ford, 14 vols. (New York: G. P.Putnam's Sons, 1892), XIII, p.95。

27 关于债务，见 Kettner, pp.186-187。

28 Robert W. Tucker and David C. Hendrickson, *Empire of Liberty: The Statecraft of Thomas Jefferson* (New York: Oxford University Press, 1990), p.67.

29 Peter Silver, *Our Savage Neighbors: How Indian War Transformed Early America* (New York: W. W. Norton, 2009), chapter 9.

30 Isabel Thompson Kelsay, *Joseph Brant, 1743-1807: Man of Two Worlds* (Syracuse, N. Y.: Syracuse University Press, 1984), pp.564, 601.

31 Alan Taylor, *The Divided Ground: Indians, Settlers, and the Northern Borderland of the American Revolution* (New York: Knopf, 2006), pp.326-341.

32 委内瑞拉弗朗西斯科·德·米兰达也再次去了伦敦，恳求美国和英国支持他在整个西属美洲酝酿革命的计划。亚历山大·汉密尔顿 (Alexander Hamilton) 提议 "一支大不列颠舰队，一支美国军队" 就能联合协助米兰达。[Alexander Hamilton to Francisco de Miranda, August 22, 1798, in Charles R. King, *The Life and Correspondence of Rufus King*, 6 vols. (New York: G. P.Putnam's Sons, 1894-1900), II, p.659.] 当米兰达最终开启解放委内瑞拉的远征时，他并非从伦敦而是从纽约出发，在前爱国者和效忠派中都招募到了志愿者。James Biggs, *The History of Don Francisco de Miranda's Attempt to Effect a Revolution in South America, in a Series of Letters* (Boston: Edward Oliver, 1812), 指出许多参与者，包括约翰·亚当斯的外孙 William Steuben Smith，都充当起了米兰达的副官，还有几位效忠派也是一样。又见 James Leitch Wright, *William Augustus Bowles, Director General of the Creek Nation* (Athens: University of Georgia Press, 1967), pp.98-99。

33 Wright, pp.96-106.

34 Claudio Saunt, *A New Order of Things: Property, Power, and the Transformation of the Creek Indians, 1733-1816* ( Cambridge, U. K.: Cambridge University Press, 1999 ), p.139.

35 关于这些大流散的对比, 见我的 "Revolutionary Exiles: The American Loyalist and French Émigré Diasporas," in David Armitage and Sanjay Subrahmanyam, eds., *The Age of Revolutions in Global Context, c.1760-1840* ( Basingstoke, U. K.: Palgrave Macmillan, 2010 ), chapter 3。

36 Wright, pp.124-141, 146-149.

37 Saunt, pp.233-272.

38 引 自 Jon Latimer, *1812: War with America* ( Cambridge, Mass: Harvard University Press, 2007 ), p.29; Jon Meacham, *American Lion: Andrew Jackson in theWhite House* ( New York: Random House, 2008 ), p.31. 又见 Anthony Wallace, *The Long, Bitter Trail: Andrew Jackson and the Indians* ( New York: Hill and Wang, 1993 )。

39 Taylor, pp.357-365; Kelsay, pp.564, 601, 615-652.

40 关于帝国模式在早期美国政治思想中的中心地位, 见 Hulsebosch, esp. pp.213-219; David Hendrickson, *Peace Pact: The Lost World of the American Founding* ( Lawrence: University Press of Kansas, 2003 )。关于杰斐逊和帝国, 见 Peter Onuf, *Jefferson's Empire: The Language of American Nationhood* ( Charlottesville: University of Virginia Press, 2001 ), esp.chapter 2; Tucker and Hendrickson, esp.part III。

41 贝弗利·鲁宾逊三世致小贝弗利·鲁宾逊, 1809 年 11 月 5 日, NBM: Robinson Family Papers, Folder 4。

42 莫里斯·鲁宾逊致小贝弗利·鲁宾逊, 1806 年 2 月 14 日, NBM: Robinson Family Papers, Folder 13。

43 莫里斯·鲁宾逊致小贝弗利·鲁宾逊, 1806 年 4 月 5 日, NBM: Robinson Family Papers, Folder 13。

44 Latimer, pp.17, 32.

45 Latimer, p.42.

46 Latimer, pp.45-46.

47 J. I. Little, *Loyalties in Conflict: A Canadian Borderland in War and Rebellion, 1812-1840* ( Toronto: University of Toronto Press, 2008 ).

48 Norman Knowles, *Inventing the Loyalists: The Ontario Loyalist Tradition and the Creation of Usable Pasts* ( Toronto: University of Toronto Press, 1997 ), p.21. 当初曾想把 "United Empire" ( 联合帝国 ) 的缩写字母 "U. E." 放在他们的名字后面作为尊称。各省土地管理局也开始列举联合帝国效忠派的名单, 但这些做法都没有全面保留下来。

49 Gerald M. Craig, *Upper Canada: The Formative Years, 1784-1841* ( Toronto: McClelland and Stewart, 1963 ), pp.57-70; Elizabeth Jane Errington, *The Lion, the Eagle, and Upper Canada: A Developing Colonial Ideology* ( Kingston, Ont.: McGill-Queen's University Press, 1987 ), pp.64-67; George Sheppard, *Plunder, Profits, and Paroles:*

A Social History of the War of 1812 in Upper Canada (Montreal: McGill-Queen's University Press, 1994), pp.27-29, 41-42.

50 Sheppard, pp.56-65; Latimer, p.107.

51 Errington, pp.70-80.

52 Craig, p.72.

53 A. J. Langguth, *Union 1812: The Americans Who Fought the Second War of Independence* (New York: Simon and Schuster, 2006), p.174.

54 Donald R. Hickey, *The War of 1812: A Forgotten Conflict* (Urbana: University of Illinois Press, 1989), pp.80-90; Errington, p.80; Latimer, pp.51, 64-83.

55 Hickey, pp.129-30; Latimer, pp.131-33. 引自 Sheppard, *Plunder, Profit, and Paroles*, p.102。

56 Duncan Andrew Campbell, *Unlikely Allies: Britain, America and the Victorian Origins of the Special Relationship* (London: Hambledon Continuum, 2007), p.29.

57 Latimer, pp.304-322.

58 Latimer, pp.349-360. 关于鲁宾逊参加战争记述节选,见 C. W. Robinson, "The Expedition to Plattsburg, Upon Lake Champlain, Canada, 1814," *Journal of the Royal United Service Institution* 61 (August 1916): 499-521. 这篇文章出版于第一次世界大战中,那时大量加拿大志愿兵加入英军在西线鏖战,它很好地陈述了后代加拿大人对 1812 年战争的反应,他们认为那场战争是"那些将加拿大与母国凝结在一起的忠诚与献身的纽带通过鲜血得以巩固"的时刻(p.499)。

59 Latimer, pp.386-387.

60 引自 Harvey Amani Whitfield, *Blacks on the Border: The Black Refugees in British North America, 1815-1860* (Burlington: University of Vermont Press, 2006), p.33。

61 Whitfield, pp.31-40; Robin W. Winks, *The Blacks in Canada: A History*, 2nd ed. (Montreal: McGill-Queen's University Press, 1997), pp.114-116. 伦敦的 *Times* 说科克伦的公告"针对南部各州的黑人奴隶",但事实上文本中根本没有提到奴隶。Malcolm Bell Jr., *Major Butler's Legacy: Five Generations of a Slaveholding Family* (Athens: University of Georgia Press, 1987), p.171.

62 Winks, p.115.

63 Richard White, *The Middle Ground: Indians, Empires, and Republics in the Great Lakes Region, 1650-1815* (Cambridge, U. K.: Cambridge University Press, 1991), esp.chapters 10-12; Taylor, passim. Jeremy Adelman and Stephen Aron 还将 1812 年战争诠释为"对五大湖边界的最后一次垂涎"(p.823): Jeremy Adelman and Stephen Aron, "From Borderlands to Borders: Empires, Nation-States, and the Peoples in between in North American History," *American Historical Review* 104, no.3 (June 1999): pp.814-841。

64 William S. Coker and Thomas D. Watson, *Indian Traders of the Southeastern Borderlands: Panton, Leslie & Company and John Forbes*

& *Company*, *1784-1847* (Pensacola: University of West Florida Press, 1986), pp.302-9; Saunt, pp.273-290.

65 基的叔叔 Philip Barton Key 曾经是一位效忠派，是马里兰效忠派 Ensign Bowles 的指挥军官中的一员。Philip Key 在他的效忠派索赔中提到，他的哥哥（弗朗西斯·基的父亲）"是个坚定的叛军。不建议两位兄弟采取不同的立场"。他于 1785 年回到美国，后来成了一位联邦党人议员。Daniel Parker Coke, *The Royal Commission on the Losses and Services of American Loyalists, 1783-1785*, ed., Hugh Edward Egerton (New York: B. Franklin, 1971), pp.387-388; "Philip Barton Key," q. v., Biographical Directory of the United States Congress, http: //bioguide. congress. gov/scripts/biodisplay. pl?index=K000159, 2009 年 7 月 22 日访问。

66 这不是说边界没有动荡——考虑到 1837~1838 年的加拿大叛乱就包括从美国发动的袭击，以及 1866 年和后来的芬尼亚突袭。在 1930 年代以前，美国一直维持着周密完备的入侵加拿大的计划: Latimer, pp.407-408。

67 例如用 Egerton Ryerson 的话说，1812 年战争"诠释了效忠派的精神和加拿大人、法国人及英国人乃至真正的美国人的勇气；因为除了少数例外，生活在加拿大的北美人是效忠派臣民，是像联合帝国效忠派们本人一样勇敢地捍卫其归化国家的人"。Egerton Ryerson, *The Loyalists of America and Their Times: From 1620 to 1816*, 2 vols. (Toronto: William Briggs, 1880), II, p.317.

68 虽然关于这场战争在大众记忆中的奠基角色已经达成了广泛共识，关于它的影响在 19 世纪是如何具体发挥作用的，还是有很丰富的文献资料。除其他外，见 David Mills, *The Idea of Loyalty in Upper Canada, 1784-1850* (Kingston, Ont.: McGill-Queen's University Press, 1988), esp.pp.12-33; S. F.Wise, "The War of 1812 in Popular History," in S. F.Wise, *God's Peculiar Peoples: Essays on Political Culture in Nineteenth-Century Canada* (Ottawa: Carleton University Press, 1993), pp.149-167; Errington, pp.55-86; Little, pp.11-56; Knowles, pp.14-25。

69 Mills, pp.34-51.

70 弗里德里克·菲利普斯·鲁宾逊致约翰·贝弗利·鲁宾逊，1816 年 1 月 4 日，AO: Sir John Beverley Robinson Papers, MS 4, Reel One。

71 约翰·贝弗利·鲁宾逊的日记，1814 年 10 月 31 日，AO: Sir John Beverley Robinson Papers, MS 4, Reel Two, pp.62-63。

72 Knowles, p.14; S. F.Wise, "Upper Canada and the Conservative Tradition," in Wise, pp.169-84. 关于效忠派传统，又见 J. M. Bumsted, *Understanding the Loyalists* (Sackville, N. B.: Centre for Canadian Studies, Mount Allison University, 1986)。

73 约翰·贝弗利·鲁宾逊爵士的日记，RMC, pp.278-279。

74 Catherine Skinner Robinson, *Lady Robinson's Recollections* (London: Barrett, Sons and Co., Printers, 1842), pp.24-25.

75 Benson John Lossing, *The Pictorial Field Book of the Revolution*, 2 vols. (New York: Harper & Brothers, 1852), II, pp.140-141.

Charles A. Campbell, "Robinson's House in the Hudson Highlands: The Headquarters of Washington," *Magazine of American History* 4 (February 1880): 109-117. 那座房子后来归纽约州参议员 Hamilton Fish 所有，于 1892 被毁。

76 弗里德里克·菲利普斯·鲁宾逊爵士的日记，RMC, pp.279-280。

77 威廉·亨利·鲁宾逊致苏珊·鲁宾逊，1810 年 2 月 6 日，NBM: Robinson Family Papers, Folder 9。

78 这一时期服役的出生在美国各地的约 20 位军官名单，见 V. C. P. Hodson, *List of the Officers of the Bengal Army, 1758-1834*, 4 vols. (London: Constable, 1927-1947)。

79 Maria Nugent, *A Journal from the Year 1811 till the Year 1815, Including a Voyage to and Residence in India*, 2 vols. (London: T. and W. Boone, 1839), I, p.126. 几位外甥分别是她的姐姐 Euphemia 的一个儿子 Cortlandt Skinner Barberie 和她大哥的一个儿子 Philip Kearny Skinner。关于他们的军官学员文件，见 APAC: L/MIL/10/25/255 and L/MIL/12/70/1。

80 Nugent, I, pp.386-387.

81 贝内迪克特·阿诺德致 Jonathan Bliss, 1800 年 9 月 19 日，NBM: Arnold Papers, Folder One。

82 他后来又想把那位可怜的女人打发到新不伦瑞克，那里的"第一场暴风雪就会让她一命呜呼或者陷入麻烦"。威廉·亨利·鲁宾逊致苏珊·鲁宾逊，1811 年 6 月 20 日，NBM: Robinson Family Papers, Folder 9。

83 索菲亚的丈夫 Pownall Phipps 有自己非同寻常的背景，他大部分童年和少年时期在法国度过，他在法国革命的好几年里事实上是被软禁在家里的；他的第一任妻子是法国人，他说英语也有法语口音，之所以被送到印度，是因为家人希望让他"远离法式幻想"（也就是不要转向法国立场）。纽金特 1812 年见到索菲亚·阿诺德时，他已经与索菲亚订婚了。Pownall William Phipps, *The Life of Colonel Pownall Phipps*(London: Richard Bentley and Son, 1894), pp.43-44, 90.

84 关于这些关系，见 Durba Ghosh, *Sex and the Family in Colonial India: The Making of Empire* (Cambridge, U. K.: Cambridge University Press, 2006); William Dalrymple, *White Mughals: Love and Betrayal in Eighteenth-Century India* (New York: Viking, 2003); Maya Jasanoff, *Edge of Empire: Lives, Culture, and Conquest in the East, 1750-1850* (New York: Knopf, 2005), chapter 2-3.

85 Edward Shippen Arnold 中尉的遗嘱，APAC: L/AG/34/29/26, Bengal Wills 1814, p.193.

86 乔治·阿诺德中校的遗嘱（1829），APAC: L/AG/34/29/44, Bengal Wills 1829, vol.1, pp.22-23。这份遗嘱在大法官法院引发一起诉讼（Arnold v. Arnold, 1836-1837），也对路易莎的遗产提出了挑战。

87 Phipps, pp.152, 167. Phipps 没有提到路易莎的印度母亲。这个时期的父母往往担心孩子在两种文化下长大。比如说，戴维·奥克特洛尼就担心"我的孩子们非常漂亮……但如果她们接受的是欧化教育，那么不管她们的面容多么姣好，人们仍然会说他是'原住民女人生养的奥克特洛尼的女儿’，那对她们不利”。（奥克特洛尼致 Hugh Sutherland 少校，约 1804 年，APAC: Letterbook of Robert Sutherland, MS Eur D 547, f.133。）

88　Dalrymple, pp.23-24. "Sir David Ochterlony," q. v., DNB.

89　1828 年进行了一次公开募捐，要在梅登公园（Calcutta Maidan）为奥克特洛尼建一座纪念碑。由于奥克特洛尼对伊斯兰文化着迷，据说那座纪念碑就是以伊斯兰的建筑风格建造的：一座 165 英尺高的凹槽立柱，顶上还有个小小的洋葱形圆顶。奥克特洛尼纪念碑如今已经被更名为 Shahid Minar（意为“圣徒塔”），纪念为争取印度独立而战的勇士们。

90　这些亲戚关系中有加德纳父母的表兄弟的女儿 Frances 和 Henrietta Duer，二人分别嫁给了菲尔的侄子贝夫和莫里斯·鲁宾逊。

91　关于加德纳在查尔斯顿的行动，见 Independent Ledger（Boston），June 19, 1779, p.2.“第 16 军的加德纳少校、他的妻子和家人”是 1779 年 9 月被带往波士顿的俘虏：New Jersey Gazette（Burlington, N. J.），September 29, 1779, p.2.（该报纸解释说加德纳“在佐治亚指挥坎贝尔上校军队的轻步团，那里更著名的叫法是短军团，他是著名的人道主义指挥官”。）瓦伦丁获得假释之后，威廉·史密斯（他的妻子是利文斯顿家的人）1779 年 12 月底在纽约见到了瓦伦丁和阿莉达·加德纳。史密斯后来派阿莉达·加德纳前去试图说服有效忠派倾向的利文斯顿一家“与大不列颠和解”。William Smith, Historical Memoirs of William Smith, 1770-1783, ed., William H. W. Sabine（New York: Arno Press, 1971），pp.202, 258. NYPL Carleton Papers 中零星提到了 Valentine Gardner.

92　上述细节有助于表明，提到加德纳早在 1774 年初就和母亲一起去了法国 [Lionel J. Gardner, The Sabre and the Spur: An Account of Colonel Gardner of Gardner's Horse（1770-1835）（Chandigarh: Siddharth Publications, 1985），pp.6-7] 以及 DNB 说他“在法国长大”都不对。加德纳自己说，“和平支行我们都去了英格兰”确认了他们在纽约撤离之时离境的说法。Narinder Saroop, Gardner of Gardner's Horse（New Delhi: Palit and Palit, 1983），p.11. On his Continental education: Saroop, pp.14-15.

93　Fanny Parkes, Wanderings of a Pilgrim in Search of the Picturesque, 2 vols.（Karachi: Oxford University Press, 1975），I, pp.417-418.

94　另一位在 Maratha 服役的美国人，马萨诸塞的 John Parker Boyd 抛弃了自己有一半印度血统的女儿，回到美国后在蒂皮卡诺与特库姆塞作战，并在 1812 年战争中与英军作战。Ronald Rosner, "John Parker Boyd: The Yankee Mughal," Asian Affairs 34, no.3（November 2003）: 297-309.

95　Saroop, p.97.

96　Emma Roberts, Scenes and Characters of Hindostan, 3 vols.（London: William H. Allen and Co., 1835）III, p.142. Parkes, I, p.348. Roberts 的素描的早期版本出现在报纸上，加德纳给 Asiatic Journal and Monthly Register 写了一封信修改画像中出现的错误——特别指出，他的女性后代因为自己的容貌的关系，会很难找到欧洲人做丈夫。Asiatic Journal 38（1835）: pp.60-61.

97　Nugent, II, p.9.

98　Parkes, I, pp.185, 230.

99　Parkes, I, p.185.

100　威廉·林尼厄斯·加德纳致爱德华·加德纳，1821 年 8 月 21 日，伦敦国家军队博物馆：Gardner Papers, p.241。William Dalrymple 把他的加德纳信件抄本给我研究，我对此非常感激。

## 尾声　所失与所得

　　1815 年 6 月 18 日，英国及其普鲁士盟军在滑铁
卢大败法军，结束了拿破仑战争。那个 6 月里的一
切——从隆重凯旋到巨额军费，再到数万的死伤数字
（这是这类战争典型的伤亡规模）——都与英国上一
场大战结束时的场景大相径庭：1783 年的那个深秋，
他们忧伤地离开了纽约城。1815 年的胜利帮助英国
开启了最辉煌的全球霸权时代。在维也纳会议进行的
和谈按照英国人的开明理想在欧洲内外恢复了立宪君
主和帝国，在共和制和专制政体之间找到了一条中间
道路。[1] 此外，英国和美国也结成了对英国有利的关
系，英国无须承担成本就能享受到许多在美国实施帝
国统治的好处。在帝国各处，英国似乎已经巩固了一
种完全能够对抗共和制（和极权主义）挑战的帝国主
义形式。在世界各地，英国国际地位的上升看上去无
可匹敌。这一切非凡成就恰恰是"1783 年精神"的

胜利。效忠派难民们似乎也终于找到了自己的心安之所。到 1815 年，大规模效忠派迁徙已经停止了。从北美到印度，幸存的难民及其子女充分融入了大英帝国，某些人甚至重新回到了美国。效忠派大出走结束了。

那么到头来，所有那些倾家荡产、颠沛流离和天翻地覆又有什么价值呢？看到效忠派的伤痛像帝国（失去十三殖民地）的创伤一样，在一个世代之后以胜利告终，算不算是公平的结局？本杰明·韦斯特这位在北美出生、尤擅绘制大英帝国场景的著名画家用题为《大不列颠接收北美效忠派》（The Reception of the American Loyalists by Great Britain）的寓言画，为这个问题提供了一个生动的答案，他的答案是肯定的。虽然这不是一幅独立的画作，而是以画中画的形式出现在 1812 年为效忠派赔偿委员会成员约翰·厄德利·威尔莫特所画的肖像中，后来又作为威尔莫特关于委员会工作的回忆录的卷首插图，在 1815 年以版画的形式得以出版。[2]

韦斯特讨喜地描绘了效忠派在一个复兴帝国中的地位。在画幅的右半部，一个夸张的不列颠尼亚[①] 向

---

① 不列颠尼亚（Britannia）是罗马帝国对不列颠岛的拉丁语称呼，后据此设立不列颠尼亚行省。这一拉丁语称谓后来又被罗马人神化，衍生成为"不列颠女神"，成为现代英国的化身和象征，她的现代形象通常是身披盔甲，手持三叉戟和盾。

一大群各种各样的难民伸出了仁爱之手。（老年韦斯特和妻子虽然早在革命前就移民英国了，但还是站在不列颠尼亚的膝下。）那些难民中有杰出的白人效忠派，像威廉·富兰克林。还有一位北美印第安人，他如雕塑一般的体格，以及动物毛皮、羽毛和珠子的装束，都在显示出"高贵的野蛮人"模样。他用自己的右臂护着（套用说明文字中的话）一个"寡妇和孤儿们，他们都因为内战才沦落至这般田地"，而他身后则挤着一群黑人，他们"抬头望着不列颠尼亚，心怀感恩地追忆起自己摆脱奴役的经历"。画作的说明文字解释说，那两个手握不列颠尼亚斗篷的人物分别是"宗教"和"公正"。在整个场景上方飘浮的那些小天使正忙着将英美关系的饰带缠在一起，两国关系因1812 年战争而受到了新的考验。但另一个象征物则无须解释：王冠，那是帝国忠诚的焦点所在，一位难民正伸手抚摸着它。

这是 1815 年的统治者们乐于向世人展示的大英帝国，清楚地表达了"1783 年精神"的胜利。这是一个等级分明的帝国，国王掌舵，法律和教会紧随其左右。白人站得离权力宝座最近，女人和非白人臣民则顺从地跟在后面。这是一个仁慈的多种族帝国：一个表面上保护黑人自由并包容原住民民族的帝国，一个对穷人和无权无势者伸出人道主义救援之手的帝国。这是一个充满民族自豪感的帝国，也是看似能够缝合与美国的战争裂痕的帝国（这是韦斯特本人关心的问题）。翻过卷首插图继续阅读威尔莫特的书，读者就会发现，这本记述效忠派赔偿委员会的书暗示，赔偿效忠派恰是英国弥补战败损失的一种方式。而只看到韦斯特的画而没有往下看的人，大概根本就意识不到英国失败了，这也情有可原。在他的描述中，效忠派难民倒成了象征大英帝国成功的代表人物。

尤其是在英属北美，许多难民大概会认同这幅画中的欢乐场景。伊丽莎白·约翰斯顿最后总算加入了心满意足的行列。1837 年，约翰斯顿在回忆录中详细讲述自己跌宕起伏的一生时，已经 73 岁了。她的视力因白内障而变得模糊，记忆与那些旧日的伤痛缠绕在一处，活像一棵生长在带刺的篱笆旁边的树：那么多迁徙和分别，那么多亲人的离世（威廉也于 1807 年死于牙买加）。她在内战期间成年，那以后几十年都在经历离乡之苦、丧亲之痛。然而约翰斯顿的回忆中没有愤怒，对失去的家园也没有多少眷恋；甚至要说，她的口气相当自鸣得意。因为她现在已经在一个新的家乡扎下了根。"我很少……想到我和全家人最终会在新斯科舍定居。"她回忆道。一方面，她得到了前所未有的稳定生活和社交抚慰，另一方面，她幸存的孩子们也加入了新斯科舍的专业和政治精英队伍，成为其中的出色成员，某些还得到了更高的社会地位——假如他们留在美国，不大可能会有这样的成就。[3] 在经历了那么多磨难和迁徙之后，约翰斯顿一家来到英属北美——从美国的效忠派变成了英属北美的爱国者。按照约翰斯顿的叙事——这也符合加拿大托利派对效忠派涌入的诠释，这些失败者反而是笑到最后的人。[4]

认为这些难民的生活象征着从失败走向胜利的征程至今仍有极大的说服力，其中一个原因就是，它在一定程度上解释了北美难民与其他明显的"失败者"和流亡者之间的区别。随着革命硝烟散尽，难民们声泪俱下的诉说也停止了。他们和子孙后代没有创造出一种曾经参与过共同动荡的跨国话语。他们没有像阿卡迪亚人那样，用歌曲或诗歌的形式留下关于失去家园的传说。他们没有像詹姆斯党人那样，暗地里举杯祝愿君主制在美国复辟。他们没有像美国内战期间的大部分南方人那样，集体培养一种类似于"败局已定"的意识形态。就算在英属北美，也不是所有难民都怀着某些难民所宣扬的反美情绪。因为与其他难民社会不同，在他们漂泊的起点和终点，效忠派的身份都是同一个君主之下的臣民。英国臣民地位是他们从未丧失的东西。他们的后代没有发出悲悼之声，这份胜于雄辩的沉默表明，效忠派融入了一个能够让他们保持温和克制的帝国。

与此同时，要说韦斯特呈现的帝国形象（或者

任何单个效忠派，如伊丽莎白·约翰斯顿的观点）
是看待大流散结局的唯一方式，未免太肤浅了。韦
斯特或许利用效忠派难民把"1783 年精神"描述成
一个积极正面的混合物，包括等级严明的统治、开
明自由的理想和横跨几大洲的疆域。然而许多效忠
派也发自内心地了解到"1783 年精神"的反面：权
威可能是压迫性的，承诺可能不会兑现，全球扩张
可能会促使他们几次三番地抛离家园。的确，这幅
画作中赞美的每一个元素都有它的黑暗面。就最明
显的效忠派赔偿委员来说，它的确引人注目地彰显
了人道主义动力，但它也让许多效忠派失望而归，
绝大多数人甚至分文未得。正如这幅画作骄傲地表
现的那样，黑人效忠派的确得到了自由，使得英国
当局站在了位于美国同行之上的道德高地——然而
黑人的自由事实上处处受限，奴隶制当然仍在继续。
至于印第安人，到这幅绘画创作之时，总的来说，
大英帝国大概看着还是要比美国慈祥一些，但在英
国的庇护下真正实现印第安人主权的希望不久就彻
底破灭了。

最后，虽然韦斯特突出表现了效忠派的种族和
社会多样性，且由此延伸，将其作为英国自我认知的
包容性的核心，但他的画作却彻底掩盖了效忠派难民
中一种最杰出的多样性。效忠派绝对不是整齐划一的
"忠君保王"。他们的政治信仰一直并将继续呈现出

分布广泛的样态，在很多方面推翻了该画作中所暗示的顺民形象。效忠派是抱着对国王的信任和对帝国的维护离开十三殖民地的，就此而言，英国在战后地位的上升和1815年的胜利是他们既衷心欢迎又从中受益的。但许多效忠派难民也寻求帝国内部的改革和扩大权利，却一再与帝国当局发生冲突。效忠派难民把政治敏感性从殖民时期的美国带到了革命后的大英帝国，事实上成了帝国不同政见的发声者，这与他们所代表的忠诚顺从一样清晰可见。

效忠派对个人生活的抱怨之声或许销匿了，但他们抗议的话语却持续了下去。例如在巴哈马群岛，关于奴隶管制的冲突继续制造着北美难民种植园主与帝国官员之间的分裂。1817年，邓莫尔勋爵曾经的对抗者、此时已担任首席检察官的威廉·威利，阻止一位效忠派种植园主向美国出口奴隶，造成了种植园主和官方之间长达三年的僵局——早在1772年，也正是这一类事件导致英国废除了奴隶制。[5]（过了一段时间，威利本人迁居圣文森特，但他在新普罗维登斯的种植园至今仍绵延在一条现代高速公路旁，成为巴哈马群岛效忠派种植园主时期的一个罕见的遗迹。）在牙买加，1831年震动该岛西部地区的大规模奴隶暴动中，响彻着另一位效忠派的遗产。叛军的领袖之一是自学成才的黑人浸礼会牧师，他所做的恰是白人当局当年一直害怕乔治·利勒会做的事：利用自己的祈祷集会组织起义。这一事件史称浸礼会战争①，利勒本人如果活到那个时候，大概不会赞同这场战争。（他死于1820 年代。）但作为向牙买加奴隶讲道的第一位黑人浸礼会教徒，他对这次事件发挥了关键的启发作用。6这次起义汲取了一位获得自由的美国奴隶引介的言论，最终加速了整个大英帝国废除奴隶制的步伐，其中倒也有些善恶因果报应。

但效忠派所影响的辩论最为朝气蓬勃的舞台，还是吸收了绝大多数难民的英属北美。1837~1838 年，围绕权利和自由的斗争一直在发酵，终于在上加拿大和下加拿大爆发了一系列相互联系的反政府暴乱。虽然导火索都是当地的事件，但从根本上来说，这些抗议所申诉的不满听起来与美国爱国者——以及牢骚满腹的效忠派难民——的不满惊人地相似。暴乱和英国的反应——1839 年的《德拉姆报告》，宣扬"负责任的政府"这一概念——被看成是加拿大自由传统的基石。但它们还有更为广泛的影响，它们构建了外省治理的概念，后来以呼吁地方自治告终。这不是英属北美第一次成为帝国改革的实验室，也不是最后一次。7

---

① 浸礼会战争（Baptist War），也称圣诞起义（Christmas Rebellion），是始于 1831 年 12 月 25 日的一场为期 11 天的奴隶起义，涉及牙买加 30 万奴隶中的 6 万人。起义由黑人浸礼会传教士萨缪尔·夏普（Samuel Sharpe）领导，参与者主要都是他的教众。

　　如此说来，应当如何把效忠派参与"1783 年精神"与这些更有争议的遗产协调起来加以理解呢？答案是，虽然难民们往往能够成功地融入革新后的大英帝国，找到——并创立——帝国内的替代方案来弥补他们的损失，但他们也加深（乃至引入了）后革命时期帝国地基的裂痕。在美国革命中，外省对权利的理解战胜了对首都的理解。关于权利的类似话语在部分程度上被效忠派难民转而带往各地，最终将再度获胜。效忠派难民还以另一种方式预示了帝国未来的剧变。他们因为大英帝国的首个大规模独立战争而分散在帝国各处，预示了 20 世纪殖民地独立运动所导致的更大规模、更为暴力的迁徙。

　　本书中许多人的人生结局都呈现出同样有得有失的综合画面，这不足为奇。到 1815 年，许多难民都去世了，其他人也都融入了所在的社会，像伊丽莎白·约翰斯顿和菲尔·鲁宾逊，两人都在 80 岁后寿终正寝，分别在新斯科舍和英国去世。在影响过效忠派命运的所有帝国官员中，从职业角度来说，在美国战败的康沃利斯勋爵在 1815 年去世时地位最高，身居印度总督之位。他死后被葬在一座比例均衡的新古典主义陵墓中，看上去更像是英国豪华宅邸上的陵墓，而不是远在外省，坐落在印度的加齐普尔镇（Ghazipur）边缘。冗长的墓志铭赞扬康沃利斯在印度的功绩，只字未提他的美国往事。在这个大英帝国势力的新中心，根本没必要重提旧事。然而和许多建在印度的这类英国纪念物一样，这座陵墓的庞大体量本身，似乎也试图补偿它远离故乡这一惨痛事实，令人不胜唏嘘。

第一代多切斯特男爵盖伊·卡尔顿1808年死在他三座英国庄园中的一座里，那时他年事已高、安富尊荣，只不过因为与政敌冲突而心怀怨恨。他来之不易的男爵爵位到世纪末就被剥夺了，不过他在加拿大的政治遗产应该说持续了更长时间。邓莫尔勋爵于第二年去世，时年78岁，死于"衰老"，拥有的财富少得多，心里的怨愤大概也更多。他生命的最后几年住在肯特郡海边的拉姆斯盖特（Ramsgate）度假胜地，还要在一定程度上依靠女儿奥古斯塔扶养，这个女儿未经许可就嫁给了国王乔治三世的一个儿子，因为有失体面而被逐出王室。1803年，在后来证明是邓莫尔最后一次与国王乔治三世见面时，国王谴责他们共同的孙儿们是"杂种！杂种！"，男爵气坏了，极力克制自己，才总算忍住了，没有殴打自己的君主。[8]

邓莫尔的效忠派门生约翰·克鲁登和威廉·奥古斯塔斯·鲍尔斯都英年早逝（分别死于1787和1805年），他们在美国西南地区建立新国家的不切实际的野心都没有实现。他们自己的"忠君"计划有时让人们把他们贬为叛徒，有时则又被看作无可救药的梦想家。然而，他们的故事却是最好的例子，凸显了帝国之间战争不断的世界会创造出怎样的活力和希望。如果他们活到壮年，大概会看到美国和英国议会的冗长演说采纳跟他们的计划相似的动议，更不要说到 1820 年代末，风起云涌的革命大潮推翻了大部分西班牙美洲帝国。

与此同时，约瑟夫·布兰特则经历了另一种全然不同的来世。1807 年，他在位于安大略湖伯灵顿湾的家中去世，死时对大英帝国彻底幻灭了。1850 年，他的尸体被掘出，以接力的方式被送往格兰德里弗，他在那里被正式重新葬在"一个得体的陵墓"中，旁边就是布兰特福德（布兰特镇后来更名为布兰特福德）的白色护墙板教堂。那是他被尊奉为神的开始。在效忠派大出走百年纪念时，约 2 万人聚集在布兰特福德的维多利亚公园，目睹布兰特的一座雕像揭幕，那是用一门被捐赠的英国大炮上的铜打造而成的。[9] 布兰特的名字在美国仍然象征着野蛮行径，但他在加拿大却被尊为民族英雄，因为对帝国的忠诚、对印第安人的"教化"影响，以及对加拿大"种族马赛克"的贡献而备受赞美。

戴维·乔治于 1810 年死于弗里敦。他的教堂如今早已荡然无存，但黑人效忠派为当地的克里奥语里添加了美国英语的词汇变化，因而在今天塞拉利昂的通用语言克里奥语（Krio）中，仍然能听得出黑人保护派的影响，算是鲜活地提醒着人们，他们曾经来过、生活过。在效忠派迁徙的所有地点中，弗里敦有着迄今最暴力也最悲壮的后续历史。但乔治去世之时，跟他离开的新斯科舍的谢尔本相比，那里还是相当繁荣的。政府津贴在 1790 年代停发时，便宜劳动力急速减少（主要是由于黑人迁出），这座一度可与哈利法克斯媲美的城市几乎像它当年迅速崛起一样，旋即就崩溃了。在建成仅仅十年后，这座新兴城市变成了一座鬼城，有些居民回到了纽约。[10]

这些千差万别的结局构成了一段重要的总结陈词，说明了这些北美效忠派的多样性，以及他们在大英帝国留下的不同的痕迹。虽然如此，放在一起来看，它们也显示出一种极为连贯的规律。如果说许多人的故事都喜忧参半，那当然在一定程度上是因为构建了他们所在世界的"1783 年精神"本身固有的冲突，那是一个他们的愿望并不一定总能满足的帝国。它也缘于效忠派难民的生活条件本身所内嵌的矛盾。他们本是外省殖民者，却一朝变成了国际移民。这些英国臣民在一种情境下证明了自己的忠诚，却在另一种情境下反抗帝国权威。他们是未能或拒绝在共和国中寻找立足之地的北美人。他们是难民，却没有变成现代意义上的无国籍之人。他们是被流放的人，后来却又回到了美国，多亏战后和解，**终得重返故园**。

因此在 1816 年，由于大英帝国和美国恢复了和平，小贝弗利·鲁宾逊终于满足了儿子反复发出的邀请，到纽约去拜访他们。他的弟弟菲尔最近刚刚到哈得孙高地去看过他们童年的家，小贝弗利也急切地盼望着回到那些熟悉的地方，看一看他和弟弟妹妹们"千百次跳跃嬉戏和奔跑"的地方。他享受着与儿子们的团聚之乐，膝下围绕着他几乎不认识的一大群在美国出生的孙辈，也接待了不少他三十多年未见的老朋友。但鲁宾逊的归乡之旅戛然而止，因为他在纽约病倒，不日便去世了。在他 62 年的人生中，他从特权阶层沦落到生活窘迫，后又东山再起。他有两个儿子在为大英帝国服役时牺牲了，另外两个儿子在美利坚合众国志得意满。他被葬在自己"出生的城市"——墓碑上说他"晚年住在新不伦瑞克省的弗雷德里克顿"。[11] 鲁宾逊去世时和他出生时一样，既是个美国人，也是个英国臣民。他的生命走了一个完整的轮回，如其所寓示的，无论效忠派失去了多少，他们也都找到了一些慰藉。

## 注　释

1　关于这一时期，我同意 Jeremy Adelman 的诠释，"An Age of Imperial Revolutions," *American Historical Review* 113, no.2（April 2008）: 319-40，其中重新诠释了 R. R. Palmer 提出的"民主革命时代"也是帝国革命时代，其巩固帝国统治的作用至少和促成民族国家发展的力量

一样强大。又见 C. A. Bayly, *The Birth of the Modern World, 1780-1914: Global Connections and Comparisons* ( Malden, Mass.: Blackwell, 2004 ), chapter 3。

2　关于这两幅图，见 Helmut von Erffa and Alan Staley, eds., *The Paintings of Benjamin West* ( New Haven, Conn.: Yale University Press, 1986 ), pp.219-222, 565-567。

3　Elizabeth Lichtenstein Johnston, *Recollections of a Georgia Loyalist* ( New York: M. F.Mansfield and Company, 1901 ), p.164. 虽然序言中说约翰斯顿的回忆录是 1836 年写作，但她在文本中提到了一个发生于 1837 年的事件。约翰斯顿的女儿伊丽莎嫁给了入选新斯科舍议会的大律师 Thomas Ritchie。她的儿子约翰也是议会成员。她最小的儿子詹姆斯·威廉·约翰斯顿曾任新斯科舍保守党的长期领袖和新斯科舍省长，还在 1873 年被任命为新斯科舍省督，不过还未上任就去世了。

4　见，例如，移民 200 周年纪念日前后发生的讨论：J. M. Bumsted, *Understanding the Loyalists* ( Sackville, N. B.: Centre for Canadian Studies, Mount Allison University, 1986 ); Wallace Brown and Hereward Senior, *Victorious in Defeat: The American Loyalists in Exile* ( New York: Facts on File, 1984 ); Christopher Moore, *The Loyalists: Revolution, Exile, Settlement* ( Toronto: Macmillan of Canada, 1984 )。

5　Michael Craton, *A History of the Bahamas* ( London: Collins, 1968 ), pp.194-196.

6　Mary Turner, *Slaves and Missionaries: The Disintegration of Jamaican Slave Society, 1787-1834* ( Urbana: University of Illinois Press, 1982 ), chapter 6.

7　Ian McKay, "The Liberal Order Framework: A Prospectus for a Reconnaissance of Canadian History," *Canadian Historical Review* 81, no.3 ( December 2000 ): 632; Philip Girard, "Liberty, Order, and Pluralism: The Canadian Experience," in Jack P.Greene, ed., *Exclusionary Empire: English Liberty Overseas, 1600-1900* ( Cambridge, U. K.: Cambridge University Press, 2010 ), pp.177-181; Robin W. Winks, *The Relevance of Canadian History: U. S. and Imperial Perspectives* ( Toronto: Macmillan of Canada, 1979 ).

8　James Corbett David, "Dunmore's New World: Political Culture in the British Empire, 1745-1796" ( Ph. D. dissertation, College of William and Mary, 2010 ).

9　Isabel Kelsay, *Joseph Brant* ( Syracuse, N. Y.: University of Syracuse Press, 1984 ), p.658; Norman Knowles, *Inventing the Loyalists: The Ontario Loyalist Tradition and the Creation of Usable Pasts* ( Toronto: University of Toronto Press, 1997 ), p.119.

10　Marion Robertson, *King's Bounty: A History of Early Shelburne, Nova Scotia* ( Halifax: Nova Scotia Museum, 1983 ), chapter 15. 对新斯科舍效忠派命运的负面评价，见 Neil MacKinnon, *This Unfriendly Soil: The Loyalist Experience in Nova Scotia, 1783-1791* ( Montreal: McGill-Queen's University Press, 1986 ), chapter 10。

11　小贝弗利·鲁宾逊致弗里德里克·鲁宾逊（儿子），1816 年 6 月 17

日，NBM：Robinson Family Papers，Folder 6. Charles A. Campbell，"Robinson's House in the Hudson Highlands: The Headquarters of Washington，" *Magazine of American History* 4（February 1880）：115。

## 附录 大出走人数

关于效忠派移民的规模，历史学家们提出的标准估计在 60000~100000 人之间，但谁也不知道这些数字的估算依据是什么。[1] 怎么才能对离开美国的效忠派和奴隶数目得出一个可信的数字呢？当时并没有文件系统地记录在战争结束时有多少平民从英军占领的城市中撤离，各地对到达的移民也没有进行全面的登记。何况还有难民在战争期间单个或结队出走，这就更难统计了；而这么多效忠派一再迁徙的事实使得估算变得难上加难。

不过，如果把现存的各类文件分成三部分，就能够对 1785 年前后的出走规模建构出一个合理的估算。迄今为止最翔实的记录就是英属北美监管难民的政府专员们编纂的各种名册。这些名册列出了效忠派所在的殖民地、性别和所属年龄群（成年人还是儿童）；还用了"仆人"这一指称，通常（但并非总是）用于描述黑人奴隶。在其他地区定居的难民则没有这么详细的记录。另一个重要来源是现存的从纽约、萨凡纳、查尔斯顿和东佛罗里达撤离的记录。这些记录分种族（黑人和白人）列出了迁出移民的明细，还列出了他们明确的目的地。在这些撤离中使用的船只名称也有记录；但把这些记录与轮船名册关联起来，最多也只能得到一些关于超员效忠派乘客的随意的信息。[2]

黑人效忠派的迁徙记录至少可以和白人的出走记录一样完整。[3]（撤离报告中列出的绝大多数黑人当然都是奴隶，因此这些是计算效忠派出口奴隶数目的最佳资料来源。）1783 年从纽约撤离的黑人与从滨海诸省迁居塞拉利昂的黑人效忠派一样，不但能够算出总数，还能根据原居地和出走原因等类别作出详细分析。历史学家以前估算的逃亡奴隶的数字高达 80000~100000 人。然而通过对"黑人登记表"和英国军队记录进行仔细分析，卡桑德拉·派伯斯（Cassandra Pybus）权威地用一个保守得多也更站得住脚的数字代替了这些估计，她认为有 20000 名逃亡黑人奴隶，其中 8000~10000 人幸存下来，以自由人的身份跟英国人一起撤离了。[4]

估算逃到各地的效忠派移民总数尚属不易，难怪（对各自持有资产的金额、职业、宗教等）作出详细的人口学分类更如水中捞月。效忠派赔偿委员会的档案虽然是关于战争期间效忠派经历的最佳资料，却也正如本书第四章所说,是很不可靠的难民人口学统计,因为提出索赔的程序让某些类型的人享受到了特权。在撰写本书的过程中,我尽可能地参考了的确能够反映移民社会构成的少量现存记录,例如效忠派在牙买加获得的免税证书。然而以具体的量化类别来分析难民人口,仍然是一个难以实现的目标,更不要说估算多次迁徙的统计学影响了,对效忠派没有占人口大多数的牙买加和英国而言尤其如此。

### 滨海诸省

绝大多数难民都选择在新斯科舍和新不伦瑞克定居,而他们几乎全都是在战争结束时从纽约市迁到那里的。一份撰写于1783年10月的纽约撤离报告统计,有27009人去了新斯科舍(其中14162人前往后来的新不伦瑞克)。一份署期为1783年11月24日即撤离日前一天的报告统计,总人数为29244人。[5]

(虽然最后一批船只驶离的前一天登记的数字更大,但)登记在册的人不一定都离境了,不过这些数字与滨海诸省本地出具的记录基本吻合。1784年5~7月,新斯科舍和新不伦瑞克统计的效忠派名册总共记录有26757个男人、女人和孩子有权从政府库存领取物资,这是只有效忠派难民才可以享用的福利。[6]1784年夏末,稽查员罗伯特·莫尔斯上校正是根据这些名册报告说,共有28347位效忠派搬到该地区定居下来。[7] 这也符合约翰·帕尔总督在 1783 年 12 月对谢尔本勋爵报告的估计数字，他说"来自纽约的大批效忠派难民"不少于"30000 人"。1784 年 8 月，帕尔对悉尼勋爵重复了这一数字，说"安置的人口数字将近 3 万"。[8] 26757 这个数字也十分接近 1785 年新斯科舍、新不伦瑞克、布雷顿角岛和圣约翰岛（如今的爱德华王子岛）公布的一份效忠派名册，那份名册指出，有 26317 人仍在接受政府的配给。[9]

这些名册中只提到了有权领取物资的效忠派。还有些效忠派在滨海诸省定居了，却从未得到过粮食配给。1785 年名册的一个备注解释说，942 名"效忠派和复员军人被从供给名单中划去了……被认为无权继续享受政府的慷慨福利"。这些名单也没有包括在战争期间迁居新斯科舍的人。至少有 1100 人在英军 1776 年撤离波士顿时就前往哈利法克斯了，还有些人像雅各布·贝利一样，后来到达了那里。在这些名册登记完毕后，东佛罗里达撤离又为滨海诸省带来了 725 个白人难民。[10]

我们不是十分清楚这些名册是否包括迁往北方的全部 3000 个自由黑人。1783 年 10 月纽约撤离登记册中列出了 822 个"黑人同伴"。新斯科舍的两份名册中分别包括 791 个和 785 个"仆人"——这个词通常用来指代黑人——而莫尔斯上校 1784 年的报告斩钉截铁地称，该省的"仆人"总数为 1232 人。这些仆人中有多少是自由人、有多少是奴隶，仍然无法确定。比方说，1784 年切达巴克托（Chedebucto）的名册核查官就曾作了一个备注，解释说该镇的 991 个定居者中，有 228 个"黑人定居者没有包括在受雇为仆的黑人中"，其中黑人仆人共有 62 人。这些登记册也没有单独统计伯奇敦的黑人人口，1784 年的一份名册上记录为 1485 人。[11]

把这些数据综合起来，可以较有把握地估算出战后迁居滨海诸省的难民至少有 30000 人。但鉴于这些记录疏漏太多——比方说来自佛罗里达的 725 个难民，以及不管以何种方式仍然留在那里的许多波士顿难民——再加上单单根据纽约记录统计的可以证明的难民人数就稍低于 30000 人，似乎有理由提出，1785 年前后，滨海诸省的难民总数大概要比这一数字高出10%。

## 魁北克

战争期间，难民零零星星地迁往魁北克。该省领取物资的效忠派人数稳步上升，1779 年 7 月仅为 853 人，1779 年 10 月为 1023 人，1781 年 11 月为 1394 人，1782 年 1 月升至 1669 人，到 1783 年 11 月则升至 3204 人。[12] 一份 1784 年底的魁北克效忠派名单列出总共有 5628 人（包括 130 个"仆人"）将定居在政府分给的土地上。[13] 这与一份可能是 1784 年夏季的未署日期文件吻合，该文件指出需要一定面积的土地来安置五个效忠派军团的遣散人员及其家人，共计 5251 人。[14]

后一份记录中还不包括莫霍克人，他们申请的位于格兰德里弗的土地也在同一份文件中有所说明。一份 1785 年的人口普查显示，有近 2000 个印第安人居住在格兰德里弗，其中约 400 个是莫霍克人。另一群至少 100 个莫霍克人居住在昆蒂湾。[15] 这些名册大概也没有包括在战争期间到达该省但没有分得土地的难民，例如在马奇切 [Machiche，就是如今三河市（Trois-Rivières）附近的亚马奇切（Yamachiche）] 定居的难民。[16]

有了 1784 年名册中列出的 5628 人、另外一群莫霍克人，以及那些迁徙而未得到赠地之人这些数字，可以很容易地证明魁北克的难民人口数字最少有 6000 人——同样，可以合理地认为真正的总数会再高出 10%。

## 东佛罗里达

与滨海诸省和魁北克一样，效忠派和奴隶们在整个战争期间陆续到达东佛罗里达，但确切的数字只能在萨凡纳和查尔斯顿撤离之后才能确定下来。到 1782 年底，东佛罗里达的一位难民稽查员统计，共有 2917 个白人效忠派和 4448 个黑人从佐治亚和南卡罗来纳来到此地。[17] 另外一份署期为 1783 年中的报告把新来者的数字确定为 5000 个白人和 6500 个黑人。[18] 如此说来，似乎可以接受帕特里克·托宁总督1783年5月的说法，即"近期到达的效忠派有将近12000人"，假设他的估算数字为效忠派和奴隶人数的总和。[19]（托宁后来还估计本殖民地人口"约16000人"，这个数字也包括东佛罗里达的7000个战前居民。）[20]

东佛罗里达的撤离记录为这些数字提供了证据支持。在东佛罗里达接受任命的登船专员记录，有3398个白人和6540个黑人离开了该殖民地。除此之外，他还提到"应该还有5000名左右本殖民地人士，大多是乡下人，估计翻山越岭前往其他各州了"。[21]托宁也提到过类似的数字，他报告说"专员记录上的条目"显示有"大约10000人"迁出，而"最终还有4000多人去了美国的山区腹地；至少有3000人到美国各州定居去了"。[22]

如此说来，可以确信有5000个白人效忠派在1784年以前到达了佛罗里达，同行的还有至少6500个黑人，其中绝大多数是奴隶。从东佛罗里达迁到英国、巴哈马群岛和牙买加的难民将在下文中那些地方的统计记录中考察。除了那些外流人口之外，东佛罗里达撤离报告还显示有196个白人和714个黑人去了"牙买加和南美洲北岸"——其中许多人在英属中美洲定居下来——还有225个白人和444个黑人去了多米尼克。[23]

## 英国

效忠派移民英国的最佳估计是由玛丽·贝丝·诺顿（Mary Beth Norton）进行的，她查出在1775~1784年间从殖民地来到英国的共有1440个效忠派户主。从这些户主名单，她推算出大约有7000~8000个（几乎都是白人）效忠派在战争期间和战后移民英国。这一数字合理地没有重复计算那些不止一次跨越大西洋的难民，也不包括只为提出效忠派赔偿诉讼而短期前往英国的人。不过这可能也低估了实际数字。它在很大程度上基于两份效忠派赔偿记录合辑中的一份（第12审计办公室），因而把一部分在英国定居但索赔没有进入到审查程序的难民排除在外了，尤其是女性难民。它还遗漏了那些像约翰斯顿家族这样，在1784年或其后从东佛罗里达到达英国的白人效忠派。因此，可以有把握地认为诺顿估计的数字上限即8000人，是最低数字，很可能有更多的白人难民迁居英国。[24]

诺顿的估算还排除了前往英国的移民中的一个大类别：大量黑人效忠派在战争即将结束时到达了该国。根据卡桑德拉·派伯斯的计算，具体数字大约有5000。[25]

## 巴哈马群岛

1783年10月的纽约撤离记录表明，941人已经启程前往阿巴科了。[26] 1783年11月的一份纽约撤离记录，把去往阿巴科的殖民者总人数确定为 1458 人。[27] 东佛罗里达的效忠派于 1784 年春开始驶往巴哈马群岛，根据佛罗里达登船专员的记录，这批迁出者共有 1033 个白人和 2214 个黑人。[28]

一份 1789 年 4 月出现在巴哈马议会的报告指出，1200 个白人难民和 3600 个黑人已经于 1784 和 1785 年从以前的殖民地到达本地，另有 400 个白人和 2100 个黑人于 1786~1789 年间从该地区的各地到达巴哈马群岛。巴哈马群岛的人口从 1784 年初的 1700 个白人和 2300 个黑人上升到 1789 年的 3300 个白人和 8000 个黑人。[29] 大约同一时间，副检察长威廉·威利提到，自革命以来到达的"新"居民包括 330 个白人户主和 3761 名奴隶。[30]

把纽约和东佛罗里达的难民人数相加，似乎可以合理地得出结论，即多达 2500 个白人效忠派迁居巴哈马群岛。他们带来了大约 4000 个奴隶。这一数字稍低于迈克尔·克拉顿（Michael Craton）的"最佳猜测"，即大约有 8000 个效忠派和奴隶移民巴哈马群岛；但他的观点是"谁也不知道究竟有多少人去了那里"，也不无道理。[31]

## 牙买加

现存的名册均未见定居在牙买加的效忠派人数记录，但撤离记录同样能就相关数目给我们一些指导。

W. H. 西伯特（W. H. Siebert）仔细查看了萨凡纳记录，指出大约有 5000 个黑人和"400 个白人家庭"从那里驶往牙买加；另一份记录统计有 1278 个白人和 2613 个黑人从查尔斯顿登船前往牙买加。[32] 还有少数难民是从东佛罗里达去牙买加的。[33]

如果每个"家庭"平均有四口人，那么似乎就有逾 3000 个白人和多达 8000 个黑人奴隶直接迁居牙买加。和许多其他估算一样，这一估算也没有包括可能从纽约或在战争期间前往牙买加的人（如亚历山大·艾克曼）。还应注意，该岛的人口估算显示，1774~1788 年，黑人和白人人口都有明显上升：增加了 44567 个黑人（上升了 17.5%）和 5610 个白人（上升了 30%）。[34]

## 移民总数

把 1785 年各地的移民最低总数相加，得出的大概数字如下：30000 个白人和黑人效忠派前往滨海诸省；6000 个难民去了魁北克，包括 500 个莫霍克人；13000 个难民去了英国（其中约有 5000 个自由黑人）；2500 个白人效忠派迁居巴哈马群岛；还有 3000 个白人效忠派去了牙买加。这样一来，总数就达到了 54500 人。此外，还必须加上有记录从东佛罗里达分批迁居中美洲和多米尼克的难民，以及冒险前往印度等更远的地方的少数人。把这些人包括在内后，总数就上升到了 55000~55500 人。

这些数字无论如何都无法将没有登记记录的情况计算在内，而这样的情况明显存在。如上文所指出的，在每一个地点和类别中，估算数字都有可能低于实际数字，在某些情况下，大概要低 10%。这一统计还把从殖民地撤离的黑人效忠派的人数定在了派伯斯计算的 8000~10000 个移民这一范围的低端。仅仅把英属北美难民人口可能的低估情况计算在内，就能把效忠派移民总数合理地提升到 59000 人。再加上 2000 个自由黑人的部分或全部，轻易就能使该数字朝着 60000 那一端倾斜。事实上，根本无法精确统计这一群始终处于动荡中的人口。但数字可以显示大致的比例。因此，我们可以合理地估计，从革命中的美国迁出的效忠派总数为 60000 人——同样合理地彻底抛弃大大高出该数字的 80000~100000 人的估算结果。

## 奴隶输出

各类效忠派移民的记录还让我们清楚地看到了由效忠派输出的奴隶人数。高居榜首的是驶离萨凡纳和查尔斯顿的船队，它们携带着近 8000 个黑人径直前往牙买加。这些前往牙买加的黑人中（与那些前往新斯科舍和英国的黑人不同）仅有极少数是自由人，如乔治·利勒。从东佛罗里达撤离的人数记录显示另有 3527 个黑人离开了各个英属殖民地。估计有 3600 个奴隶被效忠派带往巴哈马群岛，超过了记录在案的2200这一从东佛罗里达输出的奴隶人数，这表明还有1400个效忠派名下的奴隶经由不同路线到达了巴哈马群岛。根据莫尔斯的估计，效忠派至少携带了1232个"仆人"进入了滨海诸省；总数无疑更多。[35] 另有几百个奴隶由效忠派带入了魁北克。[36] 关于英属北美的效忠派名下的奴隶数字，一个保守估计是2000人。除了这些较大批次的输出之外，效忠派还带了少量奴隶前往英国（到那时，在英国蓄奴已不可行了）用作"仆人"，例如伊丽莎白·约翰斯顿的女仆黑格。最后，还有很多效忠派输出的奴隶被送到了托尔托拉岛等西印度岛屿上的奴隶市场。

还有一份重要证据证明了效忠派奴隶贩运情况，那就是在东佛罗里达撤离之后被送回到美国的黑人人数，虽然这不该被列入输出到大英帝国的效忠派名下奴隶的估算。登船专员记录共有2516人被送回美国；在5000个东佛罗里达人中，还应有较高比例的黑人后来自己想办法回到了美国各州。

这些不同的奴隶人数相加，得出的总数为14927人。这仍然是保守估计的数字，无疑少于效忠派输出奴隶的实际数字——最明显的就是被临时带往东佛罗里达的人。因而似乎可以完全合理地得出结论，效忠派把大约15000个奴隶带出了美国。

# 注 释

1　Mary Beth Norton, *The British-Americans: The Loyalist Exiles in England, 1774-1789* (London: Constable, 1974), p.9 (60-80,000); Esmond Wright, ed., *Red, White, and True Blue: The Loyalists in the Revolution* (New York: AMS Press, 1976), p.2 (80,000); Wallace Brown, *The Good Americans: The Loyalists in the American Revolution* (New York: Morrow, 1969), p.2 (100,000); John Ferling, *A Leap in the Dark: The Struggle to Create the American Republic* (Oxford: Oxford University Press, 2003), p.257 (100,000).

2　船运单保存于 NA: ADM 49/9。

3　和全书一样，我在这里使用了"黑人效忠派"一词来指代那些听到英国人承诺以自由而逃到其地盘上的奴隶，并不代表一种整齐划一的意识形态立场。

4　Cassandra Pybus, "Jefferson's Faulty Math," *William & Mary Quarterly* 62, no.2 (April 2005): 243-264.

5　"Returns of Loyalists & c. gone from New York to Nova Scotia & c. preturns in the Commissary General's Office," New York, October 12, 1783, NA: CO 5/111, f.118. "Return of Loyalists & c. gone from New York to Nova Scotia, Quebec & abbacoe as per Returns in the Commissary General's Office at New York," New York, November 24, 1783, NA: CO 5/111, f.236.

6　"General Return of all the Disbanded Troops and other Loyalists who have lately become Settlers in the Provinces of Nova Scotia and New Brunswick, made up from the Rolls taken by the several Muster Masters," Halifax, November 4, 1784, NA: CO 217/41, ff.163-164.1783 年 10 月纽约的记录显示有 1328 位难民前往魁北克（NA: CO 5/111, f.118）。这些名册表明 Philip Ranlet 对纽约撤离数字的怀疑态度可能过于夸张了：Philip Ranlet, *The New York Loyalists* (Knoxville: University of Tennessee Press, 1986), pp.193-194。

7　"A General Description of the Province of Nova Scotia … done by Lieutenant Colonel Morse Chief Engineer in America, upon a Tour of the Province in the Autumn of the year 1783, and the summer 1784. Under the Orders and Instructions of His Excellency Sir Guy Carleton … Given at Head Quarters at New York the 28th Day of July 1783," LAC: Robert Morse Fonds, MG 21, p.43.

8　约翰·帕尔致谢尔本勋爵，1783 年 12 月 16 日，以及帕尔致悉尼勋爵，1784 年 8 月 13 日。NA: CO 217/56, f.126 and f.216。

9　"General Return of all the Disbanded Troops and other Loyalists settling in Nova Scotia and New Brunswick who are now receiving the Royal Bounty of Provisions," Halifax, November 25, 1785, NA: CO 217/41, f.238.

10 "Return of Persons who Emigrated from East Florida to different parts of the British Dominions," signed by William Brown, Commissioner, London, May 2, 1786, NA: CO 5/561, f.407.

11 "Muster-Book of Free Black Settlement of Birchtown 1784," LAC: Shelburne, Nova Scotia Collection, MG 9, B 9-14, Microfilm Reel H-984, ff.172-207.

12 "An Effective List of all the Loyalists in Canada receiving provisions from the King's Store, that are not Charged for the same; with an exact accompt of the Number of their Families, their age, & Sex, & the quantity of provisions pr day, with remarks opposite their Respective Names," July 1, 1779; "Return of Royalists & their families who receive provisions, not paying for the same at following places, Commencing the 25th day of September 1779 & Ending the 24th of October followg. Inclusive" ; "Return of Families of Loyalists Receiving Provisions out of the Different magazines or Depots in the District of Montreal from the 25th of Octbr to the 24th of Novembr 1780" ; "Return of Unincorporated Loyalists and Families who Received their Provisions gratis from Government from the 25th of Decembr 1781 to the 24th Janr 1782 Inclusive" ; "Return of Unincorporated Refugee Loyalists in the Province of Quebec, exclusive of those at the upper Ports," November 3, 1783, BL: Haldimand Papers, Add. Mss.21826, ff.10-13, 24-30, 33-44, 62-69, 103.

13 "Return of disbanded Troops & Loyalists settled upon the King's Lands in the Province of Quebec in the Year 1784." BL: Haldimand Papers, Add. Mss.21828, f.141.

14 "Estimate of the Quantity of Lands that may be required to settle the K. R. R. New York, the Corps of Loyal, and King's Rangers, and Refugee Loyalists in the Province of Quebec, including those who have lately Arrived from New York," BL: Haldimand Papers, Add. Mss.21829, f.62.

15 Alan Taylor, *The Divided Ground: Indians, Settlers, and the Northern Borderland of the American Revolution* ( New York: Knopf, 2006 ), pp.122-123. J. M. Bumsted, *A History of the Canadian Peoples* ( Toronto: Oxford University Press, 1998 ), p.91.

16 1778 年已经在那里接受供给的有 191 位难民: "List of the Loyalists and their Families lodged at Machiche, 2d December 1778," BL: Add. Mss.21826, f.3。

17 "A Return of Refugees and their Slaves arrived in the Province of East Florida from the Provinces of Georgia and South Carolina taken upon Oath to the 23rd December 1782," NA: CO 5/560, f.507. ( 参见 "A Return of Refugees and their Slaves arrived in East Florida from Georgia and South Carolina taken upon Oath to the 14th November 1782," NA: CO 5/560, f.477 中关于有 2165 个白人和 2240 个黑人的早期说法。) "A Return of Refugees & their Slaves arrived in this Province from Charlestown, at the time of the Evacuation thereof &

not included in the last return, the 31st December 1783 [ sic ]," April 20, 1783, NYPL: Carleton Papers, Box 31, no.7468. 我的数字与 W. H. Siebert 的数字有差异，他把 1782 年 11 月 14 日和 12 月 23 日的名册上的数字相加起来。我觉得没有理由像 Siebert 那样假定这些代表不同的人口而非累积数字。W. H. Siebert, *Loyalists in East Florida 1774 to 1785: The Most Important Documents Pertaining Thereto, Edited with an Accompanying Narrative*, 2 vols. ( Deland: Florida State Historical Society, 1929 ), I, pp.130-131.

18  Lord Hawke, "Observations on East Florida," Bernardo del Campo 致 Conde del Floridablanca 的 随 函 附 件，1783 年 6 月 8 日。John Walton Caughey, ed., *East Florida, 1783-1785: A File of Documents Assembled, and Many of Them Translated by Joseph Byrne Lockey* ( Berkeley and Los Angeles: University of California Press, 1949 ), pp.120-121。关于这些难民中拥有奴隶情况的详细分析，见 Carole Watterson Troxler, "Refuge, Resistance, and Reward: The Southern Loyalists' Claim on East Florida," *Journal of Southern History* 55, no.4 ( November 1989 ): 580-585。

19  帕特里克·托宁致悉尼，1783 年 5 月 15 日，NA: CO 5/560, f.584。

20  托宁致 Digby 海军上将，1783 年 9 月 10 日，NA: CO 5/560, f.698。

21  "Return of Persons who Emigrated from East Florida to different parts of the British Dominions," May 2, 1786, NA: CO 5/561, f.407.

22  托宁致悉尼，1785 年 4 月 4 日，引自 Caughey, ed., pp.498-499。

23  "Return of Persons who Emigrated from East Florida to different parts of the British Dominions," May 2, 1786, NA: CO 5/561, f.407.

24  Norton, *The British-Americans*, pp.36-37; Mary Beth Norton, "Eighteenth-Century American Women in Peace and War: The Case of the Loyalists," *William & Mary Quarterly* 33, no.3 ( July 1976 ): 386-409. Mary Beth Norton, personal communication, January 5, 2010.

25  Pybus, "Jefferson's Faulty Math."

26  "Returns of Loyalists & c. gone from New York to Nova Scotia & c. p returns in the Commissary General's Office," New York, October 12, 1783, NA: CO 5/111, f.118.

27  W. H. Siebert, "The Legacy of the American Revolution to the British West Indies and Bahamas," *Ohio State University Bulletin* 17, no.27 ( April 1913 ): 21. 这 一 数 字 来 自 Carleton Papers 中 的 一 份 文 件。The "Return of Loyalists & c. gone from New York to Nova Scotia, Quebec & abbacoe as per Returns in the Commissary General's Office at New York," New York, November 24, 1783, NA: CO 5/111, f.236 一记录受损，有关阿巴科的数据字迹不清。

28  "Return of Persons who Emigrated from East Florida to different parts of the British Dominions," May 2, 1786, NA: CO 5/561, f.407.

29  *Journal of the House of Assembly of the Bahamas*, April 28, 1789. Department of Archives, Nassau: *Journal of the House of Assembly of the Bahamas, 12 May 1784 to 20 September 1794*, p.248. Cf.Michael

Craton, *A History of the Bahamas* (London: Collins, 1968), pp.165–166.

30  [William Wylly], *A Short Account of the Bahamas Islands, Their Climate, Productions, & c.* (London, 1789), p.7.

31  Craton, p.164.

32  Siebert, "Legacy," p.15.

33  "Return of Persons who Emigrated from East Florida to different parts of the British Dominions," May 2, 1786, NA: CO 5/561, f.407.

34  Trevor Burnard, "European Migration to Jamaica, 1655–1780," *William & Mary Quarterly* 53, no.4 (October 1996): 772.

35  Harvey Amani Whitfield, "Black Loyalists and Black Slaves in Maritime Canada," *History Compass* 5, no.6 (October 2007): 1980–1997.

36  As stated by Robert Morse, "A General Description of the Province of Nova Scotia," LAC: Robert Morse Fonds, MG 21, p.43. 关于滨海诸省的数字，见James W. St. G. Walker, *The Black Loyalists: The Search for a Promised Land in Nova Scotia and Sierra Leone, 1783–1870*( London: Longman,1976), pp.11–12。关于魁北克，见Robin W. Winks, *The Blacks in Canada* (Montreal: McGill-Queen's University Press, 1997), pp.33–34。

## 致　谢

在写作这本书时，我总是屡屡惊叹虽然书中的人物走过了千山万水，他们之间仍然有着千丝万缕的联系。书信把大洋两岸的朋友和家人的心凝聚在一起，一个地方的邻居会在另一个地方再次成为邻居。我自己的研究也始终得到类似的小世界网络的帮助，技术固然创造奇迹，但同事、学生、朋友，甚至有时来自陌生人的慷慨相助更是奇妙和美好。这一过程让我充满感激，这短短的几页致谢实在不足以表达我的谢意。

以下致谢的许多人都曾读过本书手稿的各个部分，我首先要感谢他们给我提供建议，以及在本项目进展中不断提出反馈的无数受众。感谢戴维·阿米蒂奇（David Armitage）、乔伊斯·查普林（Joyce Chaplin）、尼古拉斯·达维多夫（Nicholas Dawidoff）、萨姆·哈兹尔比（Sam Haselby）、希拉·亚桑诺夫（Sheila Jasanoff）、吉尔·莱波雷（Jill Lepore）、彼得·马歇尔（Peter Marshall）、马可·罗思（Marco Roth）、劳雷尔·乌尔里克（Laurel Ulrich）和梅甘·威廉斯（Megan Williams）对草稿初样特别宽泛的阅读。琳达·科利（Linda Colley）不但阅读了整部手稿，还继续给我非同一般的鼓励、建议和启迪。杰里·班尼斯特（Jerry Bannister）、米歇尔·迪沙尔姆（Michel Ducharme）和阿玛尼·惠特菲尔德（Amani Whitfield）就加拿大历史部分提供了不可多得的宝贵协助。其他学者的智慧和支持也让我幸运地受益匪浅，他们在我之前就曾非常专业地探寻过难民的出走路线了，特别是玛丽·贝丝·诺顿（Mary Beth Norton）、卡桑德拉·派伯斯（Cassandra Pybus）和西蒙·沙玛（Simon Schama）。

　　我是在美国革命的两个中心写作这本书的，它们各自在最终的成书中留下了深刻的印记。最初动笔时，我是弗吉尼亚大学历史系的一名教师，我有幸在那里开始我的教学生涯，因为很难想象还有比那里能更受鼎力扶持的环境了。我曾就历史和历史以外的话题与很多同事有过难忘的对话，其中特别感谢里奇·巴尼特（Rich Barnett）、莱纳德·贝朗斯坦（Lenard Berlanstein）、克劳德利娜·哈罗德（Claudrena Harold）、克里尚·库马尔（Krishan Kumar）、查克·麦柯迪（Chuck McCurdy）、克里斯蒂安·麦克米伦（Christian McMillen）、伊丽莎白·迈耶（Elizabeth Meyer）、乔·米勒（Joe Miller）、杜安·奥谢姆（Duane Osheim）、索菲·罗森菲尔德（Sophie Rosenfeld）和马克·托马斯（Mark Thomas）。安德鲁·奥肖内西（Andrew O'Shaughnessy）是一位诲人不倦的仁厚的提问者，还在我开始修订时慷慨地把罗斯福小屋借给我住。在弗吉尼亚工作期间有一件特别开心的事，那就是能和我的18世纪英国史启蒙老师保罗·哈利迪（Paul Halliday）共事，他是学者的典范，也是个正直的友人。另一件快事是近距离领略了彼得·奥努夫（Peter Onuf）作为导师的非凡功底。彼得和夏洛茨维尔的一大群活跃的研究美国建国初期的学者合在一起，对我理解这个课题产生了深远的影响。

在哈佛，我也同样有幸在一种出色的学术氛围里写完本书，我学到了研究国际和全球历史的新方法，它们新奇有趣，令人振奋。我要感谢系里的全体同事，特别是安·布莱尔（Ann Blair）、苏嘉塔·鲍斯（Sugata Bose）、文森特·布朗（Vincent Brown）、乔伊斯·查普林（Joyce Chaplin）、卡罗琳·埃尔金斯（Caroline Elkins）、艾莉森·弗兰克（Alison Frank）、彼得·戈登（Peter Gordon）、安迪·朱伊特（Andy Jewett）、玛丽·刘易斯（Mary Lewis）、埃雷兹·马涅拉（Erez Manela）、伊恩·米勒（Ian Miller）、埃玛·罗斯柴尔德（Emma Rothschild）、蕾切尔·圣约翰（Rachel St. John）和朱迪思·苏尔基斯（Judith Surkis）；还有我的几位系主任：丽莎贝斯·科恩（Lizabeth Cohen）、安德鲁·戈登（Andrew Gordon）和詹姆斯·克洛彭堡（James Kloppenberg）。戴维·阿米蒂奇（David Armitage）、尼尔·弗格森（Niall Ferguson）和马克·基什兰斯基（Mark Kishlansky）尤其对我恩惠无数，让我诚感"负债累累"。他们大大地丰富了我对英国历史的研究视野和写作方法，并在整个过程中与我进行了多次交谈，给了我很多建议。我还想感谢那些在哈佛为我提供很多生活便利的人，包括保罗·祖斯（Paul Dzus）、珍妮特·哈奇（Janet Hatch）、科里·保尔森（Cory Paulsen）、安娜·波皮耶（Anna Popiel）和桑迪·塞勒斯基（Sandy Selesky）；还有几名学生在各个领域对本项目作出了贡献：萨拉·布拉克（Sarah Burack）、克里斯塔·德克斯谢尔德（Christa Dierksheide）、埃里克·林斯特拉姆（Erik Linstrum）、诺厄·麦科马克（Noah McCormack）和蒂姆·罗根（Tim Rogan）。

如果没有以下机构的慷慨支持，本书的写作不可能如此完整和高效：哈佛大学和弗吉尼亚大学，国家人文基金会（National Endowment for the Humanities），国会图书馆约翰克鲁格中心（John

W. Kluge Center at the Library of Congress），罗伯特史密斯国际杰斐逊研究中心（Robert H. Smith International Center for Jefferson Studies），麦克道威尔文艺营（MacDowell Colony），以及美国学术协会理事会的一项查尔斯赖斯坎普研究基金（Charles A. Ryskamp Fellowship）。纽约公共图书馆的多萝西—刘易斯卡尔曼学者和作家中心（Dorothy and Lewis B. Cullman Center）对我的帮助不止于提供研究资金，它还使我加入了一个生机勃勃的创作和学术团体，琼·斯特劳斯（Jean Strouse）的出色领导为它增色不少。这里要对琼、贝齐·布拉德利（Betsy Bradley）、帕梅拉·利奥（Pamela Leo）、阿德里安娜·诺瓦（Adriana Nova）和我的研究伙伴们——特别是戴维·布莱特（David Blight）、吉姆·米勒（Jim Miller）、吉姆·夏皮罗（Jim Shapiro）、杰夫·塔拉里戈（Jeff Talarigo）和肖恩·威伦茨（Sean Wilentz）——致以最衷心的感谢，我们共同度过了难忘的一年。

从多伦多到伦敦，从金斯顿到拿骚，我幸运地受到了不少热情接待，特别感谢斯蒂芬·阿拉尼亚（Stephen Aranha）、理查德·伯克（Richard Bourke）、西蒙·迪基（Simon Dickie），以及我在伦敦的好友和过于频繁叨扰的主人迈克尔·德雷瑟（Michael Dresser）与马丁·雷丁（Martin

Reading）。朱利安·加德纳（Julian Gardner）及其家人欢迎我前往卡斯甘杰并热情招待让我记忆尤深。如果没有弗雷迪·沙巴卡·科尔（Freddy "Shabaka" Cole）、阿米娜塔·福纳（Aminatta Forna）、彼得·汉森－阿尔普（Peter Hanson-Alp）、阿尔法·卡努（Alpha Kanu）、阿布·科罗马（Abu Koroma）、菲利普·米谢维奇（Philip Misevich）、乔·奥帕拉（Joe Opala）、琼·卡特·佩里大使（Ambassador June Carter Perry）、丹纳·范·勃兰特（Danna van Brandt）和乡村酒店的每一个人的极大帮助，我在塞拉利昂的研究工作不可能完成得如此顺利。

克诺夫出版公司的卡罗尔·詹韦（Carol Janeway）再次用她明智的出版建议为这本书增色不少。还要感谢极其能干的利兹·李（Liz Lee）在出版过程中的统筹管理，以及克诺夫公司出色的印制团队的敬业和耐心。在哈珀出版公司，我特别开心能再度由我的老朋友阿拉贝拉·派克（Arabella Pike）来负责出版我的书；并感谢索菲·古尔登（Sophie Goulden）和其他在哈珀参与本项目之人的贡献，还要感谢米茨·安杰尔（Mitzi Angel）早期的参与。如果没有了不起的安德鲁·怀利（Andrew Wylie），以及他在大西洋两岸的庞大团队，这本书大概根本不会问世。

在整个项目进行过程中，我总是想方设法与同为历史学家的朋友们交谈，从中获得启发和快乐。他们是杰弗里·奥尔巴赫（Jeffrey Auerbach）、迈克尔·多德森（Michael Dodson）、理查德·德雷顿（Richard Drayton）、弗朗索瓦·弗斯滕伯格（François Furstenberg）、杜尔瓦·高希（Durba Ghosh）、埃文·黑费利（Evan Haefeli）、戴维·汉考克（David Hancock）、洛伦茨·吕蒂（Lorenz Lüthi）、菲利普·斯特恩（Philip Stern）、罗伯特·特拉弗斯（Robert Travers）——还有已故的斯蒂芬·韦拉（Stephen Vella），我们都很想念他。威廉·达尔林普尔（William Dalrymple）对本项目信心十足，他是我的老朋友和写作的榜样，让我学到了很多。我在夏洛茨维尔、纽约和剑桥都有很多情投意合的同伴，像努里·阿克古尔（Nuri Akgul）、萨布里·阿特斯（Sabri Ates）、道格拉斯·福德姆（Douglas Fordham）、希兰·加斯顿（Healan Gaston）、萨姆·哈兹尔比（Sam Haselby）、格伦·霍罗威茨（Glenn Horowitz）、安迪·朱伊特（Andy Jewett）、亚当·基尔希（Adam Kirsch）、里米·霍尔泽·基尔希（Remy Holzer Kirsch）、约翰·内梅茨（John Nemec）、巴沙拉特·皮尔（Basharat Peer）、巴哈尔·拉希迪（Bahare Rashidi）、阿纳尼娅·瓦杰佩伊（Ananya Vajpeyi）和海迪·福斯库尔（Heidi Voskuhl）。

我大概要写一本书的篇幅才能感谢以下人士，他们通过互联网、通过电波，从数不清的地方给予我持久而珍贵的友谊：邓肯·切斯尼（Duncan Chesney）、安娜·戴尔（Anna Dale）、乔赛亚·奥斯古德（Josiah Osgood）、马可·罗思（Marco Roth）、内尔·萨菲尔（Neil Safier）、杰西·斯科特（Jesse Scott）、柯克·斯温哈特（Kirk Swinehart）、梅甘·威廉斯（Megan Williams）、纳赛尔·扎卡里亚（Nasser Zakariya）和朱莉·齐克赫曼（Julie Zikherman）。的确，如果不是柯克在我上研究生院的第一周介绍我去阅读和研究莫莉和约瑟夫·布兰特，我大概永远不会想出这样一个研究课题。我只能希望未来有足够的机会让我至少能够回报这些由点滴累积起来的善意。

这本书写到了很多妻离子散、颠沛流离的故事，这个主题之所以吸引我，部分原因想必是我自己的混血和移民背景。因此想到我写完这本书时，最亲近的家人全都住在附近，真觉得那是历史的奇妙巧合。艾伦（Alan）、鲁巴（Luba）和尼娜（Nina）总是能给我新鲜的视角，也让我在写作之余，有了很多与家人共度时光的消遣。我的父母杰伊（Jay）和希拉（Sheila）再一次成为我家中的可靠后盾——从做家常饭到编辑建议，再到书名——还给了我无尽的理解和支持。很遗憾，我的祖母和外祖母伊迪丝·亚桑诺夫

（Edith Jasanoff）和卡玛拉·森（Kamala Sen）在本书撰写之前就结束了她们的生命之旅。她们年轻时在世界其他地方的故事曾激发了我说故事的直觉，谨以此书纪念她们。

# 缩略语

| | |
|---|---|
| AO | Archives of Ontario, Toronto |
| APAC | Asia, Pacific and Africa Collections, British Library, London |
| BL | Department of Manuscripts, British Library, London |
| *DNB* | *Oxford Dictionary of National Biography*, Online Edition, http://www.oxforddnb.com |
| LAC | Library and Archives Canada, Ottawa |
| LOC | Library of Congress, Washington D.C. |
| NA | The National Archives [United Kingdom], Kew |
| NAB | National Archives of the Bahamas, Nassau |
| NAJ | National Archives of Jamaica, Spanish Town |
| NASL | National Archives of Sierra Leone, Freetown |
| NBM | New Brunswick Museum, Saint John |
| NLJ | National Library of Jamaica, Kingston |
| NYHS | New-York Historical Society, New York |
| NYPL | New York Public Library, New York |
| PANB | Provincial Archives of New Brunswick, Saint John |
| PANS | Provincial Archives of Nova Scotia, Halifax |
| RMC | Massey Library, Royal Military College of Canada, Kingston, Ontario |
| UNB | Harriet Irving Library, University of New Brunswick, Fredericton |

自
由
的
流
亡
者

# 参考文献

## 已出版史料

Adams, John. *The Works of John Adams*. 10 vols. Edited by Charles Francis Adams. Boston: Little, Brown and Company, 1856.

*Adventures of Jonathan Corncob, loyal American refugee*. London, 1787.

Bartlet, William S. *The Frontier Missionary: A Memoir of the Life of the Rev. Jacob Bailey, A.M.* Boston: Ide and Dutton, 1853.

Bartram, William. *Travels through North and South Carolina, Georgia, East and West Florida*. Philadelphia: James and Johnson, 1791.

Baynton, Benjamin. *Authentic Memoirs of William Augustus Bowles*. London, 1791.

Beaver, Philip. *African Memoranda: Relative to an Attempt to Establish a British Settlement on the Island of Bulama*. London: C. and R. Baldwin, 1805.

Beckford, William. *A Descriptive Account of the Island of Jamaica*. 2 vols. London, 1790.

Brymner, Douglas, ed. *Report on Canadian Archives*. Ottawa: Brown Chamberlin, 1891.

Campbell, Archibald. *Journal of an Expedition against the Rebels of Georgia*. Edited by Colin Campbell. Darien, Ga.: Ashantilly Press, 1981.

Candler, Allen D., ed. *The Revolutionary Records of the State of Georgia*. Augusta, Ga.: Franklin-Turner Company, 1908.

Carretta, Vincent, ed. *Unchained Voices: An Anthology of Black Authors in the English-Speaking World of the Eighteenth Century*. Lexington: University of Kentucky Press, 1996.

*The Case and Claim of the American Loyalists, Impartially Stated and Considered, Printed by Order of Their Agents*. London, 1783.

Caughey, John Walton, ed. *East Florida, 1783–85: A File of Documents Assembled, and Many of Them Translated by Joseph Byrne Lockey*. Berkeley and Los Angeles: University of California Press, 1949.

Chalmers, George. *Opinions on Interesting Subjects of Public Law and Commercial Policy, Arising from American Independence*. London, 1784.

Chesney, Alexander. *The Journal of Alexander Chesney, a South Carolina Loyalist in the Revolution and After*. Edited by E. Alfred Jones. Columbus: Ohio State University Press, 1921.

Clark, Murtie June, ed. *Loyalists in the Southern Campaign of the Revolutionary War*. 3 vols. Baltimore: Genealogical Publishing Company, 1981.

Clarkson, John. "Diary of Lieutenant J. Clarkson, R.N. (Governor, 1792)." *Sierra Leone Studies* 8 (1927): 1–114.

Cobbett, William. *Parliamentary History of England*. 36 vols. London, 1806–20.

Coke, Daniel Parker. *The Royal Commission on the Losses and Services of American Loyalists, 1783–1785*. Edited by Hugh Edward Egerton. New York: B. Franklin, 1971.

Coke, Thomas. *A History of the West Indies*. 3 vols. Liverpool: Nutter, Fishall, and Dixon, 1808.

Coldham, Peter Wilson, ed. *American Migrations: The Lives, Times, and Families of Colonial Americans Who Remained Loyal to the British Crown*. Baltimore: Genealogical Publishing Company, 2000.

Cooper, Thomas, ed. *The Statutes at Large of South Carolina*. Columbia, S.C., 1838.

Cox, Francis Augustus. *History of the Baptist Missionary Society, From 1792 to 1842*. 2 vols. London: T. Ward and Co., and G. J. Dyer, 1842.

Crary, Catherine S., ed. *The Price of Loyalty: Tory Writings from the Revolutionary Era*. New York: McGraw-Hill, 1973.

Cruden, John. *An Address to the Loyal Part of the British Empire, and the Friends of Monarchy Throughout the Globe*. London, 1785.

———. *Report on the Management of the Estates Sequestered in South Carolina, by Order of Lord Cornwallis, in 1780–82*. Edited by Paul Leicester Ford. Brooklyn, N.Y.: Historical Printing Club, 1890.

Curwen, Samuel. *The Journal and Letters of Samuel Curwen, 1775–1783*. Edited by George Atkinson Ward. Boston: Little, Brown and Co., 1864.

Dallas, R. C. *The History of the Maroons*. 2 vols. London, 1803.

*Directions to the American Loyalists, in Order to Enable Them to State Their Cases . . . to the Honourable the Commissioners Appointed . . . to Inquire into the Losses and Services of Those Persons Who Have Suffered, in Consequences of Their Loyalty to This Majesty.* London: W. Flexney, 1783.

Donne, W. Bodham, ed. *The Correspondence of King George the Third with Lord North from 1768 to 1783*. 2 vols. London: John Murray, 1867.

Eardley-Wilmot, John. *Historical View of the Commission for Enquiring into the Losses, Services, and Claims of the American Loyalists*. Introduction by George Athan Billias. Boston: Gregg Press, 1972 [1815].

Edwards, Bryan. *The History Civil and Commercial of the British Colonies in the West Indies*. 2 vols. London, 1793.

Equiano, Olaudah. *Interesting Narrative of the Life of Olaudah Equiano*. New York: Penguin, 2003.

Ewald, Johann. *Diary of the American War: A Hessian Journal*. Edited and translated by Joseph P. Tustin. New Haven: Yale University Press, 1979.

Falconbridge, A. M. *Narrative of Two Voyages to the River Sierra Leone during the Years 1791–1792–1793*. London: L. I. Higham, 1802.

Fanning, David. *The Adventures of David Fanning in the American Revolutionary War*. Edited by A. W. Savary. Ottawa: Golden Dog Press, 1983.

Fergusson, Charles Bruce, ed. *Clarkson's Mission to America, 1791–1792*. Halifax: Public Archives of Nova Scotia, 1971.

Ford, Worthington Chauncey, ed. *Journals of the Continental Congress, 1774–89*. 4 vols. Washington, D.C.: Government Printing Office, 1904.

Francklyn, Gilbert. *Observations, Occasioned by the Attempts Made in England to Effect the Abolition of the Slave Trade, Shewing the Manner in which Negroes are Treated in the British Colonies, in the West Indies*. Kingston and Liverpool: A Smith, 1788.

Franklin, Benjamin. *Memoirs of Benjamin Franklin, Written by Himself and Continued by his Grandson*. 2 vols. Philadelphia: McCarty and Davis, 1834.

———. *The Works of Benjamin Franklin*. 10 vols. Edited by Jared Sparks. Chicago: Townsend McCoun, 1882.

Fraser, Alexander. *Second Report of the Bureau of Archives for the Province of Ontario*. Toronto: L. K. Cameron, 1904–5.

Fyfe, Christopher, ed. *"Our Children Free and Happy": Letters from Black Settlers in Africa in the 1790s*. Edinburgh: Edinburgh University Press, 1991.

Galloway, Joseph. *Historical and Political Reflections on the Rise and Progress of the American Rebellion*. London, 1780.

———. *Observations on the Fifth Article of the Treaty with America, and on the Necessity of Appointing a Judicial Enquiry into the Merits and Losses of the American Loyalists, Printed by Order of Their Agents*. London: G. Wilkie, 1783.

Gentz, Friedrich. *The Origin and Principles of the American Revolution, Compared with the Origin and Principles of the French Revolution*. Philadelphia: Asbury Dickins, 1800.

Hodges, Graham Russell, ed. *The Black Loyalist Directory: African Americans in Exile after the American Revolution*. New York: Garland Publications, 1995.

House of Assembly. *Journals of the Assembly of Jamaica*. Kingston: Alexander Aikman, 1804.

House of Assembly. *Votes of the Honourable House of Assembly*. Nassau, Bahamas, 1796.

[Inglis, Charles]. *The Deceiver Unmasked; or, Loyalty and Interest United: in Answer to a Pamphlet Called Common Sense*. New York: Samuel Loudon, 1776.

[————]. *The True Interest of America, Impartially Stated, in Certain Strictures on a Pamphlet Called Common Sense*. Philadelphia: James Humphreys, 1776.

Jay, John. *John Jay: The Making of a Revolutionary; Unpublished Papers, 1745–1780*. Edited by Richard B. Morris. New York: Harper and Row, 1975.

————. "The Peace Negotiations of 1782–1783." In *Narrative and Critical History of America*, edited by Justin Winsor. Boston: Houghton Mifflin, 1888.

Johnston, Elizabeth Lichtenstein. *Recollections of a Georgia Loyalist*. New York: M. F. Mansfield and Company, 1901.

Lesser, Charles H., ed. *The Sinews of Independence: Monthly Strength Reports of the Continental Army*. Chicago: University of Chicago Press, 1976.

"Letters Showing the Rise and Progress of the Early Negro Churches of Georgia and the West Indies." *Journal of Negro History* 1, no. 1 (1916): 69–92.

Long, Edward. *The History of Jamaica. Or, General Survey of the Antient and Modern State of That Island. . . .* 3 vols. London: T. Lowndes, 1774.

Lossing, Benson John. *The Pictorial Field Book of the Revolution*. 2 vols. New York: Harper & Brothers, 1852.

McCall, Hugh. *The History of Georgia*. Atlanta: A. B. Caldwell, 1909 [1784].

de Milfort, Louis LeClerc. *Memoir, or a Cursory Glance at My Different Travels & My Sojourn in the Creek Nation*. Chicago: Lakeside Press, 1956.

Moultrie, William. *Memoirs of the American Revolution: So Far as It Related to the States of North and South Carolina and Georgia*. 2 vols. New York: David Longworth, 1802.

Nugent, Maria. *A Journal from the Year 1811 till the Year 1815, Including a Voyage to and Residence in India*. 2 vols. London: T. and W. Boone, 1839.

————. *Lady Nugent's Journal of Her Residence in Jamaica from 1801 to 1805*. Edited by Philip Wright. Kingston: Institute of Jamaica, 1966.

Paine, Thomas. *Common Sense*. Edited by Isaac Kramnick. New York: Penguin, 1986.

Parkes, Fanny. *Wanderings of a Pilgrim in Search of the Picturesque*. 2 vols. Karachi: Oxford University Press, 1975.

Raymond, William Odber, ed. *Winslow Papers, A.D. 1776–1826*. Boston: Gregg Press, 1972.

Roberts, Emma. *Scenes and Characters of Hindostan*. 3 vols. London: William Allen and Co., 1835.

Robertson, J. Ross, ed. *The Diary of Mrs. John Graves Simcoe*. Toronto: William Briggs, 1911.

Robinson, Catherine Skinner. *Lady Robinson's Recollections*. London: Barrett, Sons and Co., Printers, 1842.

Robinson, C. W. "The Expedition to Plattsburg, Upon Lake Champlain, Canada, 1814." *Journal of the Royal United Service Institution* 61 (August 1916): 499–521.

Robinson, John, and Thomas Rispin. *Journey through Nova-Scotia*. Sackville, N.B.: Ralph Pickard Bell Library, Mount Allison University, 1981 [1774].

Royal Commission on Historical Manuscripts. *Report on American Manuscripts in the Royal Institution of Great Britain*. 4 vols. London: HMSO, 1904.

Schoepf, Johann David. *Travels in the Confederation [1783–1784]*. Edited and translated by Alfred J. Morrison. 2 vols. New York: Bergman Publishers, 1968.

Sharp, Granville. *A Short Sketch of Temporary Regulations . . . for the Intended Settlement on the Grain Coast of Africa*. London: H. Baldwin, 1786.

Shortt, Adam, and Arthur C. Doughty, eds. *Documents Relating to the Constitutional History of Canada, 1759–1791*. Ottawa: S. E. Dawson, 1907.

Siebert, Wilbur Henry. *Loyalists in East Florida, 1774 to 1785: The Most Important Documents Pertaining Thereto, Edited with an Accompanying Narrative*. 2 vols. Deland: Florida State Historical Society, 1929.

Smith, William. *Diaries and Selected Papers of Chief Justice William Smith, 1784–1793*. Edited by L. F. S. Upton. 2 vols. Toronto: Champlain Society, 1963–65.

———. *Historical Memoirs of William Smith, 1776–1778*. Edited by William H. W. Sabine. New York: Colburn & Tegg, 1958.

———. *Historical Memoirs of William Smith, 1778–1783*. Edited by William H. W. Sabine. New York: New York Times and Arno Press, 1971.

Stone, William L. *Life of Joseph Brant (Thayendanegea)*. 2 vols. Albany, N.Y.: J. Munsell, 1865.

Talman, James J., ed. *Loyalist Narratives from Upper Canada*. Toronto: Champlain Society, 1946.

*The Trial of Warren Hastings, Late Governor-General of Bengal*. London, 1788.

*To the King's Most Excellent Majesty in Council, the Humble Memorial and Petition of the Council and Assembly of Jamaica*. Kingston, 1784.

Walpole, Horace. *Journal of the Reign of King George the Third from the Year 1771 to 1783*. 2 vols. London: Richard Bentley, 1859.

Ward, Edward. *A Trip to Jamaica with a True Character of the People of the Island*. London, 1700.

Washington, George. *The Writings of George Washington*. Edited by Worthington Chauncey Ford. 14 vols. New York: G. P. Putnam's Sons, 1892.

Weld, Isaac. *Travels through the States of North America and the Provinces of Upper and Lower Canada, during the Years 1795, 1796, and 1797*. London: John Stockdale, 1800.

Wells, Louisa Susannah. *The Journal of a Voyage from Charlestown to London*. New York: Arno Press, 1968 [1906].

Wells, William Charles. *Two Essays: One upon Single Vision with Two Eyes; the Other on Dew*. London: Printed for Archibald Constable and Co., 1818.

Williams, John. *An Enquiry into the Truth of the Tradition, Concerning the Discovery of America, by Prince Madog ab Owen Gwynedd, about the Year, 1170*. London: J. Brown, 1791.

Winterbottom, Thomas. *Account of the Native Africans in the Neighbourhood of Sierra Leone*. 2 vols. London: C. Whittingham, 1803.

Wraxall, Nathaniel William. *Historical Memoirs of My Own Time*. London: Kegan, Paul, 1904.

[Wylly, William]. *A Short Account of the Bahamas Islands, Their Climate, Productions, &c. . . .* London, 1789.

自由的流亡者

# 已刊或已出版研究资料

Adamson, Christopher. "God's Divided Continent: Politics and Religion in Upper Canada and the Northern and Western United States, 1775 to 1841." *Comparative Studies in Society and History* 36, no. 2 (1994): 417–46.

Adelman, Jeremy. "An Age of Imperial Revolutions." *American Historical Review* 113, no. 2 (2008): 319–40.

Adelman, Jeremy, and Stephen Aron. "From Borderlands to Borders: Empires, Nation-States, and the Peoples in between in North American History." *American Historical Review* 104, no. 3 (1999): 814–41.

Ajzenstat, Janet, and Peter J. Smith, eds. *Canada's Origins: Liberal, Tory, or Republican?* Ottawa: Carleton University Press, 1995.

Akins, Thomas B. *History of Halifax City.* Halifax, N.S., 1895.

Armitage, David. *The Declaration of Independence: A Global History.* Cambridge, Mass.: Harvard University Press, 2007.

Ashton, Rick J. "The Loyalist Congressmen of New York." *New-York Historical Society Quarterly* 60, no. 1 (January–April 1976): 95–106.

Bailyn, Bernard. *The Ideological Origins of the American Revolution.* Cambridge, Mass.: Harvard University Press, 1967.

———. *The Ordeal of Thomas Hutchinson.* Cambridge, Mass.: Harvard University Press, 1974.

———. *The Peopling of British North America: An Introduction.* New York: Knopf, 1986.

———. *Voyagers to the West: A Passage in the Peopling of America on the Eve of the Revolution.* New York: Vintage, 1988.

Baker, Emerson W., and John G. Reid. "Amerindian Power in the Early Modern Northeast: A Reappraisal." *William & Mary Quarterly*, 3rd ser., 61, no. 1 (2004): 77–106.

Bannister, Jerry, and Liam Riordan. "Loyalism and the British Atlantic, 1660–1840." In *The Loyal Atlantic: Remaking the British Atlantic in the Revolutionary Era,* edited by Jerry Bannister and Liam Riordan. Toronto: University of Toronto Press, forthcoming 2011.

Barnwell, Joseph W. "The Evacuation of Charleston by the British." *South Carolina Historical and Genealogical Magazine* 11, no. 1 (1910): 1–26.

Bayly, C. A. *The Birth of the Modern World, 1780–1914: Global Connections and Comparisons.* Malden, Mass.: Blackwell, 2004.

———. *Imperial Meridian: The British Empire and the World, 1780–1830.* London: Longman, 1989.

Bell, D. G. *Early Loyalist Saint John: The Origin of New Brunswick Politics, 1783–1786.* Fredericton, N.B.: New Ireland Press, 1983.

Bender, Thomas. *A Nation among Nations: America's Place in World History.* New York: Hill and Wang, 2006.

Berkin, Carol. *Jonathan Sewall: Odyssey of an American Loyalist.* New York: Columbia University Press, 1974.

Bethell, A. Talbot. *Early Settlers of the Bahamas and Colonists of North America.* Westminster, Md.: Heritage Books, 2008 [1937].

Braidwood, Stephen J. *Black Poor and White Philanthropists: London's Blacks and the Foundation of the Sierra Leone Settlement, 1786–91.* Liverpool: University of Liverpool Press, 1994.

Brandt, Claire. *The Man in the Mirror: A Life of Benedict Arnold.* New York: Random House, 1994.

Brathwaite, Kamau. *The Development of Creole Society in Jamaica, 1770–1820*. Oxford: Clarendon Press, 1971.

Braund, Kathryn E. Holland. *Deerskins and Duffels: The Creek Indian Trade with Anglo-America, 1685–1815*. Lincoln: University of Nebraska Press, 2008.

Brebner, John Bartlet. *The Neutral Yankees of Nova Scotia: A Marginal Colony during the Revolutionary Years*. New York: Columbia University Press, 1937.

Breen, T. H. *American Insurgents, American Patriots: The Revolution of the People*. New York: Hill and Wang, 2010.

Brooks, Walter H. *The Silver Bluff Church: A History of Negro Baptist Churches in America*. Washington, D.C.: R. L. Pendleton, 1910.

Brown, Christopher Leslie. "Empire without Slaves: British Concepts of Emancipation in the Age of the American Revolution." *William & Mary Quarterly*, 3rd ser., 56, no. 2 (1999): 273–306.

———. *Moral Capital: Foundations of British Abolitionism*. Chapel Hill: University of North Carolina Press, 2006.

Brown, Vincent. *The Reaper's Garden: Death and Power in the World of Atlantic Slavery*. Cambridge, Mass.: Harvard University Press, 2008.

Brown, Wallace. *The Good Americans: The Loyalists in the American Revolution*. New York: Morrow, 1969.

———. *The King's Friends: The Composition and Motives of the American Loyalist Claimants*. Providence, R.I.: Brown University Press, 1965.

Brown, Wallace, and Hereward Senior. *Victorious in Defeat: The American Loyalists in Exile*. New York: Facts on File, 1984.

Buckner, Phillip A. *The Transition to Responsible Government: British Policy in British North America, 1815–1850*. Westport, Conn.: Greenwood Press, 1985.

———, ed. *Canada and the British Empire*. Oxford: Oxford University Press, 2008.

Bumsted, J. M. *A History of the Canadian Peoples*. Toronto: Oxford University Press, 1998.

———. *Understanding the Loyalists*. Sackville, N.B.: Centre for Canadian Studies, Mount Allison University, 1986.

Burnard, Trevor. *Mastery, Tyranny, and Desire: Thomas Thistlewood and His Slaves in the Anglo-Jamaican World*. Chapel Hill: University of North Carolina Press, 2004.

Byrd, Alexander X. *Captives and Voyagers: Black Migrants across the Eighteenth-Century British Atlantic World*. Baton Rouge: Louisiana State University Press, 2009.

Cahill, Barry. "The Black Loyalist Myth in Atlantic Canada." *Acadiensis* 29 (Autumn 1999): 76–87.

———. "Habeas Corpus and Slavery in Nova Scotia: *R. v. Hecht, ex parte Rachel, 1798*." *University of New Brunswick Law Journal* 44 (1995): 179–209.

Calhoon, Robert M. *The Loyalists in Revolutionary America, 1760–1781*. New York: Harcourt, Brace, Jovanovich, 1973.

Calhoon, Robert M., in collaboration with Timothy M. Barnes, Donald C. Lord, Janice Potter, and Robert M. Weir. *The Loyalist Perception and Other Essays*. Columbia: University of South Carolina Press, 1989.

Calhoon, Robert M., Timothy M. Barnes, and George A. Rawlyk, eds. *Loyalists and Community in North America*. Westport, Conn.: Greenwood Press, 1994.

Calloway, Colin G. *The American Revolution in Indian Country*. Cambridge, U.K.: Cambridge University Press, 1995.

Campbell, Charles A. "Robinson's House in the Hudson Highlands: The Headquarters of Washington." *Magazine of American History* 4 (February 1880): 109–17.

Campbell, Duncan Andrew. *Unlikely Allies: Britain, America and the Victorian Origins of the Special Relationship*. London: Hambledon Continuum, 2007.

Cannon, John. *The Fox-North Coalition: Crisis of the Constitution, 1782–84*. London: Cambridge University Press, 1969.

Carp, Benjamin L. "The Night the Yankees Burned Broadway: The New York City Fire of 1776." *Early American Studies* 4, no. 2 (Fall 2006): 471–511.

Cashin, Edward J. *The King's Ranger: Thomas Brown and the American Revolution on the Southern Frontier*. New York: Fordham University Press, 1999.

———. *Lachlan McGillivray, Indian Trader: The Shaping of the Southern Colonial Frontier*. Athens: University of Georgia Press, 1992.

Caughey, John Walton. *McGillivray of the Creeks*. Norman: University of Oklahoma Press, 1938.

Christie, Ian R. *The End of Lord North's Ministry, 1780–82*. London: Macmillan, 1958.

Clark, J. C. D. "British America: What If There Had Been No American Revolution?" In *Virtual History: Alternatives and Counterfactuals*, edited by Niall Ferguson. New York: Basic Books, 1997.

Coker, William S., and Thomas D. Watson. *Indian Traders of the Southeastern Spanish Borderlands: Panton, Leslie & Company and John Forbes & Company, 1783–1847*. Pensacola: University of West Florida Press, 1986.

Coleman, Deirdre. *Romantic Colonization and British Anti-Slavery*. Cambridge, U.K.: Cambridge University Press, 2005.

Colley, Linda. *Britons: Forging the Nation, 1707–1837*. New Haven, Conn.: Yale University Press, 1992.

———. *Captives: Britain, Empire and the World, 1600–1850*. London: Jonathan Cape, 2002.

———. *The Ordeal of Elizabeth Marsh: A Woman in World History*. London: HarperPress, 2007.

Condon, Ann Gorman. *The Envy of the American States: The Loyalist Dream for New Brunswick*. Fredericton, N.B.: New Ireland Press, 1984.

Conrad, Margaret, ed. *Making Adjustments: Change and Continuity in Planter Nova Scotia, 1759–1800*. Fredericton, N.B.: Acadiensis Press, 1991.

Constant, Jean-François, and Michel Ducharme, eds. *Liberalism and Hegemony: Debating the Canadian Liberal Revolution*. Toronto: University of Toronto Press, 2009.

Conway, Stephen. *The British Isles and the War of American Independence*. Oxford: Oxford University Press, 2000.

———. "From Fellow Nationals to Foreigners: British Perceptions of the Americans, circa 1739–1783." *William & Mary Quarterly*, 3rd ser., 59, no. 1 (2002): 65–100.

Craig, Gerald M. *Upper Canada: The Formative Years, 1784–1841*. Toronto: McClelland and Stewart, 1963.

Craton, Michael. *A History of the Bahamas*. London: Collins, 1968.

Craton, Michael, and Gail Saunders. *Islanders in the Stream: A History of the Bahamian People*. 2 vols. Athens: University of Georgia Press, 1999.

Craton, Michael, and James Walvin. *A Jamaican Plantation: The History of Worthy Park, 1670–1970*. London: W. H. Allen, 1970.

Cronon, William J. *Changes in the Land: Indians, Colonists and the Ecology of New England*. New York: Hill and Wang, 1983.

Crow, Jeffrey J. "What Price Loyalism? The Case of John Cruden, Commissioner of Sequestered Estates." *North Carolina Historical Review* 58, no. 3 (1981): 215–33.

Cundall, Frank. "The Early Press and Printers in Jamaica." *Proceedings of the American Antiquarian Society* (April-October 1916): 290–354.

―――. "Sculpture in Jamaica." *Art Journal* (March 1907): 65–70.

Cuthbertson, Brian. *The First Bishop: A Biography of Charles Inglis*. Halifax, N.S.: Waegwoltic Press, 1987.

Dalrymple, William. *White Mughals: Love and Betrayal in Eighteenth-Century India*. New York: Viking, 2003.

Davis, David Brion. "American Slavery and the American Revolution." In *Slavery and Freedom in the Age of the American Revolution*, edited by Ira Berlin and Ronald Hoffman. Charlottesville: University of Virginia Press, 1983.

DeMond, Robert O. *The Loyalists in North Carolina During the Revolution*. Durham, N.C.: Duke University Press, 1940.

Dickinson, H. T. ed. *Britain and the American Revolution*. Harlow, U.K.: Addison Wesley Longman, 1998.

―――. "The Poor Palatines and the Parties." *English Historical Review* 82, no. 324 (1967): 464–85.

Douglass, Elisha P. "The Adventurer Bowles." *William & Mary Quarterly*, 3rd ser., 6, no. 1 (1949): 3–23.

Dunn, Richard S. *Sugar and Slaves: The Rise of the Planter Class in the English West Indies. 1624–1713*. Chapel Hill: University of North Carolina Press, 1972.

Errington, Elizabeth Jane. *The Lion, the Eagle, and Upper Canada: A Developing Colonial Ideology*. Kingston, Ont.: McGill–Queen's University Press, 1987.

Faragher, John Mack. *A Great and Noble Scheme: The Tragic Story of the Expulsion of the French Acadians from their American Homeland*. New York: W. W. Norton, 2005.

Fenn, Elizabeth A. *Pox Americana: The Great Smallpox Epidemic of 1775–82*. New York: Hill and Wang, 2001.

Ferling, John E. *A Leap in the Dark: The Struggle to Create the American Republic*. New York: Oxford University Press, 2003.

―――. *The Loyalist Mind: Joseph Galloway and the American Revolution*. University Park: Pennsylvania State University Press, 1977.

Fingard, Judith. *The Anglican Design in Loyalist Nova Scotia, 1783–1816*. London: SPCK, 1972.

Fingerhut, Eugene R. "Uses and Abuses of the American Loyalists' Claims: A Critique of Quantitative Analysis." *William & Mary Quarterly*, 3rd ser., 25, no. 2 (1968): 245–58.

Fischer, David Hackett. *Washington's Crossing*. New York: Oxford University Press, 2004.

Flick, Alexander C. *Loyalism in New York During the American Revolution*. New York: Columbia University Press, 1901.

Frank, Andrew. *Creeks and Southerners: Biculturalism on the Early American Frontier*. Lincoln: University of Nebraska Press, 2005.

Frey, Sylvia. *Water from the Rock: Black Resistance in a Revolutionary Age*. Princeton, N.J.: Princeton University Press, 1991.

Frey, Sylvia R., and Betty Wood. *Come Shouting to Zion: African American Protestantism in the American South and British Caribbean to 1830*. Chapel Hill: University of North Carolina Press, 1998.

Frost, Alan. *The Precarious Life of James Mario Matra: Voyager with Cook, American Loyalist, Servant of Empire*. Carlton, Victoria: Miegunyah Press, 1995.

Fryer, Mary Beacock, and Christopher Dracott. *John Graves Simcoe, 1752–1806: A Biography*. Toronto: Dundurn Press, 1998.

Fyfe, Christopher. *A History of Sierra Leone*. Oxford: Oxford University Press, 1962.

Gayle, Clement. *George Liele: Pioneer Missionary to Jamaica*. Kingston: Jamaica Baptist Union, 1982.

Ghosh, Durba. *Sex and the Family in Colonial India: The Making of Empire.* Cambridge, U.K.: Cambridge University Press, 2006.

Gould, Eliga H. "American Independence and Britain's Counter-Revolution." *Past & Present* 154 (February 1997): 107–41.

———. *The Persistence of Empire: British Political Culture in the Age of the American Revolution.* Chapel Hill: University of North Carolina Press, 2000.

———. "Revolution and Counter-Revolution." In *The British Atlantic World, 1500–1800,* edited by David Armitage and Michael J. Braddick. Basingstoke, U.K.: Palgrave Macmillan, 2002.

Grant, John N. *The Maroons in Nova Scotia.* Halifax, N.S.: Formac, 2002.

Graymont, Barbara. *The Iroquois in the American Revolution.* Syracuse, N.Y.: Syracuse University Press, 1972.

Greene, Jack P. ed. *Exclusionary Empire: English Liberty Overseas, 1600–1900.* Cambridge, U.K.: Cambridge University Press, 2010.

———. *Pursuits of Happiness: The Social Development of the Early Modern British Colonies and the Formation of American Culture.* Chapel Hill: University of North Carolina Press, 1988.

Griffin, Patrick. *American Leviathan: Empire, Nation, and Revolutionary Frontier.* New York: Hill and Wang, 2007.

Hall, Catherine. *Civilising Subjects: Colony and Metropole in the English Imagination, 1830–1867.* Chicago: University of Chicago Press, 2002.

Hall, Douglas. *In Miserable Slavery: Thomas Thistlewood in Jamaica, 1750–1786.* London: Macmillan, 1989.

Hancock, David. *Citizens of the World: London Merchants and the Integration of the British Atlantic Community, 1735–85.* Cambridge, U.K.: Cambridge University Press, 1995.

Hartz, Louis. *The Founding of New Societies: Studies in the History of the United States, Latin America, South Africa, Canada, and Australia.* New York: Harcourt, Brace, 1964.

Hendrickson, David C. *Peace Pact: The Lost World of the American Founding.* Lawrence: University Press of Kansas, 2003.

Hickey, Donald R. *The War of 1812: A Forgotten Conflict.* Urbana: University of Illinois Press, 1989.

Hoock, Holger. *Empires of the Imagination: Politics, War, and the Arts in the British World, 1750–1850.* London: Profile Books, 2010.

Hood, Clifton. "An Unusable Past: Urban Elites, New York City's Evacuation Day, and the Transformations of Memory Culture." *Journal of Social History* 37, no. 4 (2004): 883–913.

Horowitz, Gad. "Conservatism, Liberalism, and Socialism in Canada: An Interpretation." *Canadian Journal of Economics and Political Science* 32, no. 2 (1966): 143–71.

Hull, N. E. H., Peter C. Hoffer, and Steven L. Allen. "Choosing Sides: A Quantitative Study of the Personality Determinants of Loyalist and Revolutionary Political Affiliation in New York." *Journal of American History* 65, no. 2 (1978): 344–66.

Hulsebosch, Daniel J. *Constituting Empire: New York and the Transformation of Constitutionalism in the Atlantic World, 1664–1830.* Chapel Hill: University of North Carolina Press, 2005.

Irvin, Benjamin H. "Tar, Feathers, and the Enemies of American Liberties, 1768–1776." *New England Quarterly* 76, no. 2 (2003): 197–238.

Isaacson, Walter. *Benjamin Franklin: An American Life.* New York: Simon and Schuster, 2003.

Jarvis, Julia. *Three Centuries of Robinsons: The Story of a Family*. Toronto: T. H. Best, 1967.

Jasanoff, Maya. *Edge of Empire: Lives, Culture, and Conquest in the East, 1750–1850*. New York: Knopf, 2005.

———. "Revolutionary Exiles: The American Loyalist and French Émigré Diasporas." In *The Age of Revolutions in Global Context, c. 1760–1840*, edited by David Armitage and Sanjay Subrahmanyam. Basingstoke, U.K.: Palgrave Macmillan, 2010.

Johnson, Whittington B. *Race Relations in the Bahamas, 1784–1834: The Nonviolent Transformation from a Slave to a Free Society*. Fayetteville: University of Arkansas Press, 2000.

Jones, Charles Colcock. *The History of Georgia*. 2 vols. Boston: Houghton Mifflin, 1883.

Kammen, Michael. *A Season of Youth: The American Revolution in the Historical Imagination*. New York: Knopf, 1978.

Karras, Allan. *Sojourners in the Sun: Scottish Migrants in Jamaica and the Chesapeake, 1740–1800*. Ithaca, N.Y.: Cornell University Press, 1992.

Kelsay, Isabel Thompson. *Joseph Brant, 1743–1807: Man of Two Worlds*. Syracuse, N.Y.: Syracuse University Press, 1984.

Kettner, James H. *The Development of American Citizenship, 1608–1870*. Chapel Hill: University of North Carolina Press, 1978.

Kimber, Stephen. *Loyalists and Layabouts: The Rapid Rise and Faster Fall of Shelburne, Nova Scotia, 1783–1792*. Toronto: Doubleday Canada, 2008.

Kirk-Greene, Anthony. "David George: The Nova Scotian Experience." *Sierra Leone Studies* 14 (1960): 93–120.

Knowles, Norman. *Inventing the Loyalists: The Ontario Loyalist Tradition and the Creation of Usable Pasts*. Toronto: University of Toronto Press, 1997.

Kulikoff, Allan. "Revolutionary Violence and the Origins of American Democracy." *Journal of the Historical Society* 2, no. 2 (March 2002): 229–60.

LaCroix, Alison. *The Ideological Origins of American Federalism*. Cambridge, Mass.: Harvard University Press, 2010.

Lambert, Robert S. "The Confiscation of Loyalist Property in Georgia, 1782–1786." *William & Mary Quarterly*, 3rd ser., 20, no. 1 (1963): 80–94.

Langguth, A. J. *Union 1812: The Americans Who Fought the Second War of Independence*. New York: Simon and Schuster, 2006.

Larkin, Edward. "What Is a Loyalist?" *Common-Place* 8, no. 1 (2007), http://www.common-place.org/vol-08/no-01/larkin/.

Latimer, Jon. *1812: War with America*. Cambridge, Mass.: Harvard University Press, 2007.

Lawrence, Alexander A. *James Johnston: Georgia's First Printer*. Savannah: Pigeonhole Press, 1956.

Lawson, Philip. *The Imperial Challenge: Quebec and Britain in the Age of the American Revolution*. Montreal: McGill–Queen's University Press, 1989.

Leamon, James S. "The Parson, the Parson's Wife, and the Coming of the Revolution to Pownalborough, Maine." *New England Quarterly* 82, no. 3 (2009): 514–28.

Lepore, Jill. *The Name of War: King Philip's War and the Origins of American Identity*. New York: Knopf, 1998.

Lipset, Seymour Martin. *Continental Divide: The Values and Institutions of the United States and Canada*. New York: Routledge, 1990.

Little, J. I. "American Sinner/Canadian Saint?" *Journal of the Early Republic* 27, no. 2 (2007): 203–31.

参 考 文 献

———. *Loyalties in Conflict: A Canadian Borderland in War and Rebellion, 1812–1840*. Toronto: University of Toronto Press, 2008.

Loughran, Trish. *The Republic in Print: Print Culture in the Age of U.S. Nation-Building*. New York: Columbia University Press, 2007.

Lynn, Kenneth S. *A Divided People*. Westport, Conn.: Greenwood Press, 1977.

Mackesy, Piers. *The War for America, 1775–83*. Cambridge, Mass.: Harvard University Press, 1964.

MacKinnon, Neil. *This Unfriendly Soil: The Loyalist Experience in Nova Scotia, 1783–91*. Kingston, Ont.: McGill-Queen's University Press, 1986.

Magee, Joan. *Loyalist Mosaic: A Multi-Ethnic Heritage*. Toronto: Dundurn Press, 1984.

Mancke, Elizabeth. *The Fault Lines of Empire: Political Differentiation in Massachusetts and Nova Scotia, 1760–1830*. New York: Routledge, 2005.

Marshall, P. J. *The Making and Unmaking of Empires: Britain, India, and America, c. 1750–1783*. Oxford: Oxford University Press, 2005.

———, ed. *The Oxford History of the British Empire*, vol. 2, *The Eighteenth Century*. Oxford: Oxford University Press, 1998.

Mason, Keith. "The American Loyalist Diaspora and the Reconfiguration of the British Atlantic World." In *Empire and Nation: The American Revolution in the Atlantic World*, edited by Peter Onuf and Eliga Gould. Baltimore: Johns Hopkins University Press, 2005.

McConville, Brendan. *The King's Three Faces: The Rise and Fall of Royal America, 1688–1776*. Chapel Hill: University of North Carolina Press, 2006.

McCullough, David. *1776*. New York: Simon and Schuster, 2005.

McKay, Ian. "The Liberal Order Framework: A Prospectus for a Reconnaissance of Canadian History." *Canadian Historical Review* 81, no. 3 (2000): 617–45.

McNairn, Jeffrey L. *The Capacity to Judge: Public Opinion and Deliberative Democracy in Upper Canada, 1791–1854*. Toronto: University of Toronto Press, 2000.

Meacham, Jon. *American Lion: Andrew Jackson in the White House*. New York: Random House, 2008.

Mills, David. *The Idea of Loyalty in Upper Canada, 1784–1850*. Kingston, Ont.: McGill-Queen's University Press, 1988.

Mintz, Sidney W. *Sweetness and Power: The Place of Sugar in Modern History*. New York: Penguin, 1985.

Moore, Christopher. *The Loyalists: Revolution, Exile, Settlement*. Toronto: Macmillan of Canada, 1984.

Morgan, Philip, and Andrew Jackson O'Shaughnessy. "Arming Slaves in the American Revolution." In *Arming Slaves: From Classical Times to the Modern Age*, edited by Christopher Leslie Brown and Philip Morgan. New Haven, Conn.: Yale University Press, 2006.

Morris, Richard B. *The Peacemakers: The Great Powers and American Independence*. New York: Harper and Row, 1965.

Mowat, Charles Loch. *East Florida as a British Province, 1763–1784*. Berkeley: University of California Press, 1943.

Nash, Gary B. *The Unknown American Revolution: The Unruly Birth of Democracy and the Struggle to Create America*. New York: Viking, 2005.

Neatby, Hilda. *Quebec: The Revolutionary Age, 1760–1791*. Toronto: McClelland and Stewart, 1966.

Nelson, Paul David. *General Sir Guy Carleton, Lord Dorchester: Soldier-Statesman of Early British Canada*. Madison, N.J.: Fairleigh Dickinson University Press, 2000.

Nelson, William. *The American Tory*. Oxford: Oxford University Press, 1961.

Norton, Mary Beth. *The British-Americans: The Loyalist Exiles in England, 1774–1789.* London: Constable, 1974.

———. "Eighteenth-Century American Women in Peace and War: The Case of the Loyalists." *William & Mary Quarterly*, 3rd ser., 33, no. 3 (1976): 386–409.

———. "The Fate of Some Black Loyalists of the American Revolution." *Journal of Negro History* 58, no. 4 (1973): 402–26.

Onuf, Peter S. *Jefferson's Empire: The Language of American Nationhood.* Charlottesville: University of Virginia Press, 2001.

O'Shaughnessy, Andrew Jackson. *An Empire Divided: The American Revolution and the British Caribbean.* Philadelphia: University of Pennsylvania Press, 2000.

Palmer, R. R. *The Age of the Democratic Revolution: A Political History of Europe and America.* 2 vols. Princeton, N.J.: Princeton University Press, 1959–64.

Pearsall, Sarah M. S. *Atlantic Families: Lives and Letters in the Later Eighteenth Century.* Oxford: Oxford University Press, 2008.

Phillips, Kevin. *The Cousins' Wars: Religion, Politics, and the Triumph of Anglo-America.* New York: Basic Books, 1999.

Piecuch, Jim. *Three Peoples, One King: Loyalists, Indians, and Slaves in the Revolutionary South, 1775–1782.* Columbia: University of South Carolina Press, 2008.

Potter-MacKinnon, Janice. *The Liberty We Seek: Loyalist Ideology in Colonial New York and Massachusetts.* Cambridge, Mass.: Harvard University Press, 1983.

———. *While the Women Only Wept: Loyalist Refugee Women.* Montreal: McGill-Queen's University Press, 1993.

Pulis, John W., ed. *Moving On: Black Loyalists in the Afro-Atlantic World.* New York: Garland Publishing, 2002.

Pybus, Cassandra. *Epic Journeys of Freedom: Runaway Slaves of the American Revolution and their Global Quest for Liberty.* Boston: Beacon Press, 2006.

———. "Jefferson's Faulty Math: The Question of Slave Defections in the American Revolution." *William & Mary Quarterly*, 3rd ser., 62, no. 2 (April 2005): 243–64.

Ragatz, Lowell. *The Fall of the Planter Class in the British Caribbean, 1763–1833: A Study in Social and Economic History.* New York: Octagon Books, 1963.

Ranlet, Philip. *The New York Loyalists.* Knoxville: University of Tennessee Press, 1986.

Raphael, Ray. *A People's History of the American Revolution: How Common People Shaped the Fight for Independence.* New York: New Press, 2001.

Rediker, Marcus, and Peter Linebaugh. *The Many-Headed Hydra: Sailors, Slaves, Commoners, and the Hidden History of the Revolutionary Atlantic.* Boston: Beacon Press, 2000.

Reid, John G. "*Pax Britannica* or *Pax Indigena*? Planter Nova Scotia (1760–1782) and Competing Strategies of Pacification." *Canadian Historical Review* 85, no. 4 (2004): 669–92.

Reid, John G., Maurice Basque, Elizabeth Mancke, Barry Moody, Geoffrey Plank, and William Wicken. *The "Conquest" of Acadia, 1710: Imperial, Colonial, and Aboriginal Constructions.* Toronto: University of Toronto Press, 2004.

Riker, James. "*Evacuation Day*," 1783, Its Many Stirring Events: with Recollections of Capt. John Van Arsdale of the Veteran Corps of Artillery.* New York: Printed for the Author, 1883.

Riley, Sandra. *Homeward Bound: A History of the Bahama Islands to 1850 with a Definitive Study of Abaco in the American Loyalist Plantation Period.* Miami: Island Research, 1983.

Robertson, Marion. *King's Bounty: A History of Early Shelburne, Nova Scotia.* Halifax: Nova Scotia Museum, 1983.

Robinson, St. John. "Southern Loyalists in the Caribbean and Central America." *South Carolina Historical Magazine* 93, no. 3–4 (1992): 205–220.

Ryden, David Beck. *West Indian Slavery and British Abolition, 1783–1807.* Cambridge, U.K.: Cambridge University Press, 2009.

Ryerson, Egerton. *The Loyalists of America and Their Times: From 1620 to 1816.* 2 vols. Toronto: William Briggs, 1880.

Sabine, Lorenzo. *The American Loyalists, or, Biographical Sketches of Adherents to the British Crown in the War of Revolution.* Boston: Charles C. Little and James Brown, 1847.

Saroop, Narinder. *Gardner of Gardner's Horse.* New Delhi: Palit and Palit, 1983.

Saunders, Gail. *Bahamian Loyalists and Their Slaves.* London: Macmillan Caribbean, 1983.

Saunt, Claudio. *A New Order of Things: Property, Power and the Transformation of the Creek Indians, 1733–1816.* Cambridge, U.K.: Cambridge University Press, 1999.

Schama, Simon. *Rough Crossings: Britain, the Slaves, and the American Revolution.* London: BBC Books, 2005.

Sheppard, George. *Plunder, Profits, and Paroles: A Social History of the War of 1812 in Upper Canada.* Montreal: McGill–Queen's University Press, 1994.

Shy, John. *A People Numerous and Armed: Reflections on the Military Struggle for American Independence.* Ann Arbor: University of Michigan Press, 1990.

Siebert, Wilbur. *The Legacy of the American Revolution to the British West Indies and Bahamas: A Chapter Out of the History of the American Loyalists.* Columbus: Ohio State University Press, 1913.

Silver, Peter. *Our Savage Neighbors: How Indian War Transformed Early America.* New York: W. W. Norton, 2008.

Skemp, Sheila L. *Benjamin and William Franklin: Father and Son, Patriot and Loyalist.* Boston: Bedford Books, 1994.

———. *William Franklin: Son of a Patriot, Servant of a King.* New York: Oxford University Press, 1990.

Smith, Paul H. "The American Loyalists: Notes on Their Organization and Numerical Strength." *William & Mary Quarterly,* 3rd ser., 25, no. 2 (1968): 259–77.

Statt, Daniel. *Foreigners and Englishmen: The Controversy over Immigration and Population, 1660–1760.* Newark: University of Delaware Press, 1995.

Stewart, Gordon and George Rawlyk. *A People Highly Favored of God: The Nova Scotia Yankees and the American Revolution.* Toronto: Macmillan of Canada, 1972.

Stone, William L. *Life of Joseph Brant (Thayendanegea).* 2 vols. Albany, N.Y.: J. Munsell, 1865.

Swinehart, Kirk Davis. "Object Lessons: Indians, Objects, and Revolution." *Common-Place* 2, no. 3 (2002), http://www.historycooperative.org/journals/cp/vol-02/no-03/lessons/.

Taylor, Alan. *The Divided Ground: Indians, Settlers, and the Northern Borderland of the American Revolution.* New York: Knopf, 2006.

———. "The Late Loyalists: Northern Reflections of the Early American Republic." *Journal of the Early Republic* 27, no. 1 (Spring 2007): 1–34.

Tiedemann, Joseph. *Reluctant Revolutionaries: New York City and the Road to Independence, 1763–1776.* Ithaca, N.Y.: Cornell University Press, 1997.

Tiedemann, Joseph S., Eugene R. Fingerhut, and Robert W. Venables, eds. *The Other Loyalists: Ordinary People, Royalism, and the Revolution in the Middle Colonies, 1763–1787.* Albany: State University of New York Press, 2009.

Tiro, Karim M. "The Dilemmas of Alliance: The Oneida Indian Nation in the American Revolution." In *War and Society in the American Revolution: Mobilization and Home Fronts*, edited by John Resch and Walter Sargent. DeKalb: Northern Illinois University Press, 2007.

Travers, Robert. *Ideology and Empire in Eighteenth-Century India: The British in Bengal*. Cambridge, U.K.: Cambridge University Press, 2007.

Troxler, Carole Watterson. "Refuge, Resistance, and Reward: The Southern Loyalists' Claim on East Florida." *Journal of Southern History* 55, no. 4 (1989): 563–95.

Tucker, Robert W., and David C. Hendrickson. *Empire of Liberty: The Statecraft of Thomas Jefferson*. New York: Oxford University Press, 1990.

Turner, Frederick Jackson. "English Policy toward America." *American Historical Review* 7, no. 4 (1902): 706–35.

Turner, Mary. *Slaves and Missionaries: The Disintegration of Jamaican Slave Society, 1787–1834*. Chicago: University of Illinois Press, 1998.

Vail, R. W. G. "The Loyalist Declaration of Dependence of November 28, 1776." *New-York Historical Society Quarterly* 31, no. 2 (1947): 68–71.

Van Buskirk, Judith L. *Generous Enemies: Patriots and Loyalists in Revolutionary New York*. Philadelphia: University of Pennsylvania Press, 2002.

Van Tyne, Claude Halstead. *The Loyalists in the American Revolution*. New York: Macmillan, 1902.

Von Erffa, Helmut, and Alan Staley, eds. *The Paintings of Benjamin West*. New Haven, Conn.: Yale University Press, 1986.

Wahrman, Dror. "The English Problem of Identity in the American Revolution." *American Historical Review* 106, no. 4 (October 2001): 1236–62.

Walker, James W. St. G. *The Black Loyalists: The Search for a Promised Land in Nova Scotia and Sierra Leone, 1783–1870*. London: Longman, 1976.

———. "Myth, History and Revisionism: The Black Loyalists Revised." *Acadiensis* 29, no. 1 (Autumn 1999): 88–105.

Wells, Robert V. "Population and Family in Early America." In *A Companion to the American Revolution*, edited by Jack P. Greene and J. R. Pole. Malden, Mass.: Blackwell Publishing, 2000.

White, Richard. *The Middle Ground: Indians, Empires, and Republics in the Great Lakes Region, 1650–1815*. Cambridge, U.K.: Cambridge University Press, 1991.

Whitfield, Harvey Amani. "The American Background of Loyalist Slaves." *Left History* 14, no. 1 (2009): 58–87.

———. "Black Loyalists and Black Slaves in Maritime Canada." *History Compass* 5, no. 6 (October 2007): 1980–97.

———. *Blacks on the Border: The Black Refugees in British North America, 1815–1860*. Burlington: University of Vermont Press, 2006.

Williams, Eric. *Capitalism and Slavery*. Chapel Hill: University of North Carolina Press, 1944.

Wilson, David A. *Paine and Cobbett: The Transatlantic Connection*. Kingston, Ont.: McGill–Queen's University Press, 1988.

Wilson, Ellen Gibson. *The Loyal Blacks*. New York: Capricorn, 1976.

Wilson, Kathleen. *The Sense of the People: Politics, Culture, and Imperialism in England, 1715–1785*. Cambridge, U.K.: Cambridge University Press, 1995.

Winks, Robin W. *The Blacks in Canada: A History*. Montreal: McGill–Queen's University Press, 1997.

———. *The Relevance of Canadian History: U.S. and Imperial Perspectives*. Toronto: Macmillan of Canada, 1979.

参 考 文 献

Wise, S. F. *God's Peculiar Peoples: Essays on Political Culture in Nineteenth-Century Canada*. Ottawa: Carleton University Press, 1993.

Wood, Gordon S. *The Radicalism of the American Revolution*. New York: Knopf, 1991.

Wright, Esmond, ed. *Red, White, and True Blue: The Loyalists in the Revolution*. New York: AMS Press, 1976.

Wright, Esther Clark. *The Loyalists of New Brunswick*. Fredericton, N.B., 1955.

Wright, J. Leitch. "Dunmore's Loyalist Asylum in the Floridas." *Florida Historical Quarterly* 49, no. 4 (April 1971): 370–79.

———. *William Augustus Bowles: Director General of the Creek Nation*. Athens: University of Georgia Press, 1967.

## 相关研究论文

Brannon, Rebecca Nathan. "Reconciling the Revolution: Resolving Conflict and Rebuilding Community in the Wake of Civil War in South Carolina, 1775–1860." Ph.D. dissertation, University of Michigan, 2007.

Chopra, Ruma. "New Yorkers' Vision of Reunion with the British Empire: 'Quicken Others by Our Example.' " Working Paper 08–02, International Seminar on the History of the Atlantic World: Harvard University, 2008.

Coleman, Aaron Nathan. "Loyalists in War, Americans in Peace: The Reintegration of the Loyalists, 1775–1800." Ph.D. dissertation, University of Kentucky, 2008.

David, James Corbett. "Dunmore's New World: Political Culture in the British Empire, 1745–1796." Ph.D. dissertation, College of William and Mary, 2010.

———. "A Refugee's Revolution: Lord Dunmore and the Floating Town, 1775–1776." Working Paper 08–04, International Seminar on the History of the Atlantic World: Harvard University, 2008.

Dierksheide, Christa Breault. "The Amelioration of Slavery in the Anglo-American Imagination, 1770–1840." Ph.D. dissertation, University of Virginia, 2009.

Lively, Susan Lindsey. "Going Home: Americans in Britain, 1740–1776." Ph.D. dissertation, Harvard University, 1996.

Maas, David Edward. "The Return of the Massachusetts Loyalists." Ph.D. dissertation, University of Wisconsin, 1972.

MacDonald, Michelle Craig. "From Cultivation to Cup: Caribbean Coffee and the North American Economy, 1765–1805." Ph.D. dissertation, University of Michigan, 2005.

O'Shaughnessy, Andrew Jackson. "Lord North and Conciliation with America." Unpublished manuscript.

Prokopow, Michael John. " 'To the Torrid Zones': The Fortunes and Misfortunes of American Loyalists in the Anglo-Caribbean Basin, 1774–1801." Ph.D. dissertation, Harvard University, 1996.

Scott, Julius Sherrard. "The Common Wind: Currents of Afro-American Communication in the Era of the Haitian Revolution." Ph.D. dissertation, Duke University, 1986.

Swinehart, Kirk Davis. "This Wild Place: Sir William Johnson Among the Mohawks, 1715–1783." Ph.D. dissertation, Yale University, 2002.

# 索 引

（此部分页码为原书页码，即本书页边码）

自 由 的 流 亡 者

自 由 的 流 亡 者

自由的流亡者

自 由 的 流 亡 者

自由的流亡者

自由的流亡者

# 插图及地图版权说明

## 插 图

地　图

**图书在版编目(CIP)数据**

自由的流亡者：永失美国与大英帝国的东山再起：
上、下 / (美)马娅·亚桑诺夫 (Maya Jasanoff) 著；
马睿译. -- 北京：社会科学文献出版社，2019.7
　书名原文：Liberty's Exiles:The Loss of
America and the Remaking of the British Empire
　ISBN 978-7-5201-4596-1

　Ⅰ.①自…　Ⅱ.①马…②马…　Ⅲ.①英国－历史
Ⅳ.①K561.0

中国版本图书馆CIP数据核字（2019）第054870号

**自由的流亡者：**
**永失美国与大英帝国的东山再起（上、下）**

著　　者 / 〔美〕马娅·亚桑诺夫（Maya Jasanoff）
译　　者 / 马　睿

出 版 人 / 谢寿光
责任编辑 / 陈旭泽　　　文稿编辑 / 赵晶华　秦　婵

出　　版 / 社会科学文献出版社·联合出版中心（010）59367151
　　　　　　地址：北京市北三环中路甲29号院华龙大厦　邮编：100029
　　　　　　网址：www. ssap. com. cn
发　　行 / 市场营销中心（010）59367081　59367083
印　　装 / 北京盛通印刷股份有限公司

规　　格 / 开　本：889mm×1194mm 1/32
　　　　　　印　张：23.125　插　页：0.5　字　数：415千字
版　　次 / 2019年7月第1版　2019年7月第1次印刷
书　　号 / ISBN 978-7-5201-4596-1
著作权合同
登 记 号 / 图字01-2018-7137号
定　　价 / 99.00元（上、下）

──────────────────────────────